高等院校公共基础课系列教材
浙江省高等教育重点建设教材

数字资源检索教程

（第二版）

章云兰　万跃华　舒炎祥　编著

科学出版社
北　京

内 容 简 介

本书系统地介绍了数字资源及其检索的基本知识以及中文文献数据库、外文文摘数据库、外文全文数据库、事实数值型数据库以及电子期刊、电子图书、电子报纸、特种文献等数字信息资源的检索方法与技巧，并就网络学术资源的收集方法进行了介绍。此外，还对信息资源的收集技巧和分析利用、信息管理工具 E-Reference Tool 以及论文写作与投稿指南等作了具体介绍。本书基本反映了国内外主要的数字资源，内容新颖实用、全面系统，编排结构合理，显示了最新的检索方法。

本书可作为高等院校本科生、研究生的信息检索课教材，也可作为科技工作者、教师、图书情报人员的参考用书。

图书在版编目(CIP)数据

数字资源检索教程/章云兰，万跃华，舒炎祥编著. —2 版. —北京：科学出版社，2009

（高等院校公共基础课系列教材）

ISBN 978-7-03-016123-9

Ⅰ.数… Ⅱ.①章… ②万… ③舒… Ⅲ.数字技术-应用-情报检索-教材 Ⅳ.G354.4

中国版本图书馆 CIP 数据核字（2005）第 090728 号

责任编辑：陈晓萍 / 责任校对：柏连海

责任印制：吕春珉 / 封面制作：飞天创意

科学出版社 出版

北京东黄城根北街 16 号

邮政编码：100717

http://www.sciencep.com

双青印刷厂 印刷

科学出版社发行 各地新华书店经销

*

2006 年 2 月第 一 版 开本：787 × 1092 1/16

2009 年 8 月第 二 版 印张：22 3/4

2016 年 8 月第十一次印刷 字数：557 000

定价：33.00 元

（如有印装质量问题，我社负责调换〈双青〉）

销售部电话 010-62134988 编辑部电话 010-62138978-8003

前　言

随着 Internet 的迅速普及与发展，人类社会的信息化进程加快，信息资源的数字化、信息传输的网络化改变着人们的生存环境和生活状态，改变了人们获取信息的方式。人们获取信息的主要来源已不再局限于纸质文献，数字资源已成为非常重要的信息来源。

数字化信息资源不仅数量大，其类型亦多种多样，从数字化全文报纸和期刊、电子图书、书目数据库、联机数据库到软件、服务信息、公益信息、动态性信息等；除文献信息外，还有事实、数据、图像、声音、动画等信息；内容涉及科技、政治、经济、商业、新闻、教育、统计、文学、娱乐等各个领域。数字资源数量和种类的无限丰富，以及信息质量的无保证性，直接对我们的学习与信息的获取能力提出了挑战。因此，在网络环境下如何快捷、准确、全面地获取所需的数字资源，并学会分析、利用信息资源已经成为高等院校学生立足于信息社会的一个重要技能。本书是为了适应高等学校教学改革和人才培养目标的需要，帮助高校学生学习和掌握网络环境下数字资源的检索与利用方法而编写的一本通用性和针对性相结合、编排结构全新的信息技术教材。

作为浙江省高等教育重点建设教材，本书较好地体现了理论知识和检索技能并重的原则，保证了整个教学内容的新颖实用、全面系统，是一本数字资源检索与利用的实用教材。

全书共十一章，分为四个部分：第一部分（第 1 章）主要介绍了数字资源的特点与类型，数字资源的检索原理、检索技术和检索策略等，可为读者学习数字资源及其检索的理论以及掌握数字资源的检索技能奠定扎实的基础。第二部分（第 2 章～第 9 章）介绍了中文文献数据库、外文文摘数据库、外文全文数据库、事实数值型数据库以及电子图书、电子报纸、电子期刊等数字资源的检索方法及技巧。该部分从实用的角度考虑，详略结合，力求显示最新的检索方法，以便提高学生的检索技能。第三部分（第 10 章）介绍了网络学术资源的收集方法，包括常用中外文搜索引擎、网络学术资源导航等。该部分注重实用，力求使读者在最短的时间内掌握 Internet 的应用技能。第四部分（第 11 章）介绍了信息资源的收集技巧，信息管理工具——E-Reference Tool，论文写作与投稿指南等，指导学生如何搜集、整理、管理和分析利用信息，如何利用信息资源进行论文开题及学位论文写作，如何撰写文献综述和述评，并对国内外论文投稿指南作了介绍。这些内容对提高学生信息素养、培养其运用信息的能力有重要的作用。

本书由章云兰、万跃华、舒炎祥编著，编写分工如下：章云兰编写第 1、2、8 章，第 6.1 节，第 6.2.1—6.2.3 小节。万跃华编写第 3、4、5、7 章，第 6.2.4 小节，第 9.1、9.2、11.2 节。舒炎祥编写第 10 章，第 6.3、9.3、9.4、11.1、11.3 节。

本书得到了浙江省教育厅高教处和浙江省高等学校图书情报工作委员会领导的支

持和帮助；浙江工业大学图书馆馆长何立民教授对全部书稿进行了认真详尽的审阅，提出了许多修改意见，并对全书进行了统稿。在此一并表示衷心的感谢。

此外，在本书的编写过程中，我们参阅了许多教材、论文和网页，并引用了部分论点，限于篇幅，仅列出主要参考文献。借此机会向所有参考文献的作者致以诚挚的谢意。

限于编者的学识水平，加之时间仓促，书中难免有疏漏和不足之处，敬请学界同行、师生和读者批评指正。

目　录

第 1 章　数字资源的检索原理与检索策略

引　言

当今社会已进入信息化时代。信息时代，就是以信息资源为主要资源，以信息资源的获取和产生为核心，来促进社会和经济发展的时代。在这一时代里，信息已经成为个人、社会群体和整个社会发展的极其重要的资源，人们需要依赖信息而生存发展。特别是在科学研究中，无论是一个课题的选题、设计、实验，还是成果鉴定，每一步都离不开信息。有资料表明：科研工作者在科研的过程中要用 80%的时间来获取信息，而只用 20%的时间来加工和产生新的成果。因为只有通过信息的查阅，才能明确研究的可行性，并把自己的研究工作建立在一个较高的起点上。相反，如果在科研中，不重视信息的查阅，没有做好继承和借鉴工作，则容易重复研究，浪费大量的人力、物力和财力。据统计，美国每年由于重复研究所造成的损失，约占全年研究经费的 38%，达 20 亿美元之巨。日本有关化学化工方面的研究课题与国外重复的，大学占 40%、民间占 47%、国家研究机构占 40%，平均重复率在 40%以上；我国的重复率则更高。

随着信息社会文献载体的发展、进化以及信息技术和因特网的飞速发展，大量的数字化信息资源通过信息网络快速而平等地摆到了每一个人的面前。人们获取信息的主要渠道已不再是纸质文献，数字资源已成为重要的信息来源。在整个社会的信息消费体系中，数字资源的消费指数正在成倍地增长，并逐步动摇着印刷型信息长期以来在信息消费体系中的主导地位。

海量的数字资源和“信息爆炸”的网络，极大地拓宽了人们获取信息的空间，但同时也给人们检索与利用信息带来了新的问题和矛盾。

首先是数字资源总量的剧增与个人信息获取能力有限之间的矛盾。以 Internet 上的数字资源为例，2003 年 7 月，CNNIC（中国互联网信息中心）的报告显示，全球因特网使用者现有 5 亿人，平均每分钟就有 97 万封电子邮件被发送，以 WWW 方式提供的数字资源平均每过 53 天就翻一番，全球现已有超过 30 亿网页及 2000 万个网站。如此大的信息量对个人来讲是个天文数字，因为每个人的时间、精力与信息的无限是不可比拟的，于是数字资源总量的剧增与个人信息获取能力有限的矛盾便越来越突出。

其次是数字资源生产、发布的任意性、自由性与信息质量无保证之间的矛盾。数字资源的生产和发布不再仅限于官方或正式的出版机构，任何人都可以成为网上信息的发布者，因而对信息缺乏控制和管理，没有认证和审核，使得数字资源质量良莠不齐，各种干扰信息、噪音信息充斥信息共享空间，影响了人们对数字资源的获取和信息质量的评估。

再次是数字资源种类的多样性与人们信息检索能力之间的矛盾。现代信息处理、传播与交流技术为人们提供了多种多样的数字资源类型，信息的形式不再是视觉和静态的形式，而是文本、数据、图形、图像、音频和视频等多媒体和动态形式，这些信息均由功能强大的计算机软件系统来组织和管理，检索这类信息资源也需要一定的技能。不同国家、不同地区、不同行业、不同人群、不同年龄的人们之间对信息技术的了解、对信息检索技术的应用程度都存在差别，这就造成了所谓的“数字鸿沟”的存在，不能跨越这道鸿沟的人最终将会被弱化和边缘化。

以上矛盾的客观存在阻碍了数字资源的传播、交流和共享利用，影响了获取信息的效率。因此，网络环境下数字资源的检索与利用能力就成为人们迫切需要解决的问题。

编写本书的目的在于通过对数字资源及其检索方法与途径的介绍，解决人们在网络环境下查找信息所面临的一系列问题，提高大学生对数字资源的检索、选择、吸收、整理和重组信息的能力。

1.1 数字资源及其检索概述

1.1.1 数字资源的概念与特点

1. 数字资源的概念

数字资源是数字化的信息资源或数字化文献，是指可通过计算机本地或远程读取、使用，以数字形式存放在光、磁载体上，以电信号、光信号的形式传输的图像、文字、声音、视频等信息资源。

数字资源的范围非常广泛，其类型繁杂，形式多样，根据不同的划分标准可分为不同的类型。

1）按生产途径和发布范围的不同，可分为商用资源、网络公开学术资源、特色资源和其他资源。

商用资源是由正式出版机构或出版商 / 数据库商出版发行的数字资源，在数字学术信息资源中所占比例最大，包括各类数据库和电子期刊、电子图书等。

网络公开学术资源是完全面向公众开放使用的数字资源，包括各种学术团体、行业协会、政府机构、商业部门、教育机构等在网上正式发布的网页及其信息。

特色资源，主要指基于各教育机构、政府机关、图书馆的一些特色收藏制作，在一定范围内分不同层次发行的数字资源。

其他资源，如 FTP 资源、新闻组、BBS、电子邮件等。

2）按存储的物理地点的不同，数字信息资源又可分为现实资源和虚拟资源。

现实资源是指置放于本地本部门的数字化信息，有光盘、磁盘、磁带等多种载体形态。包括出版商出版的电子出版物、本单位制作的数字化信息和从网络上下载到本地的信息资源。

虚拟资源又称网络资源或联机资源，是指通过本单位的计算机系统及通信网络才能获取的数字化信息，是置放于异地的数字化信息。

3）按信息源的不同，可分为数据库、电子期刊、电子图书、电子报纸、联机馆藏目录和网络资源等。

2. 数字资源的特点

1）数字资源是以现代信息技术为记录手段而形成的一种数字化的信息，这种数字化的信息以机读数据的形式存在，既可以在计算机内被高速处理，又可以通过通信网络进行远距离传送，不受时间和空间的限制，这就使全球信息资源共享成为可能。随着网络的进一步扩大与应用范围的拓宽，数字化的信息资源将成为信息资源的最终转化方式。

2）数字资源是以磁性材料或光学材料为存储介质的，信息资源由纸张上的文字变成磁性介质上的电磁信号或光介质上的光信息，从而使信息的存储传递和查询更加方便，而且所存储的信息密度高，容量大，占用空间少，检索速度快，检索功能齐全，能提供题名、著者、主题词、关键词、号码、年代、出处等多种检索途径。

3）数字资源包含的信息类型多种多样，从电子报刊、电子工具书、商业信息、新闻报道、书目数据库、文献信息索引到统计数据、图表、电子地图等；既可以是文字、图表等静态信息，也可以是集图、文、声、像于一体的动态多媒体信息；并且各种类型的数据又可借助计算机实现任意的组合编辑，具有打印输出及磁盘输出等多种输出方式。这就使得信息的组织方式发生了巨大的变化，不仅以知识和信息为基本单元，而且充分展示这些单元间的逻辑关系。

4）数据结构具有通用性、开放性和标准化的特点。在网络环境下，数据可以被多人同时访问，是一种共享性的信息资源，这就使得数字资源更易于实现资源的扩充。

5）网络环境下，数字资源传递和反馈快速灵敏，具有动态性的实时性的特点。数字资源在网络的流动非常迅速，电子流取代了纸张和邮政的物流，加上无线电和卫星通信技术的充分运用，任何数字信息源，只要上传到网上，就能够在短短的数秒内传递到世界的每一个角落。

6）数字资源的组织形式从顺序的、线性的方式转变为直接的、网状的方式；由传统的顺序排列发展到超文本技术。数字资源的组织形式的转变使数字资源可按自身的逻辑关系组成相互联系的网络结构，用户不必关注所查信息存在何处，只须由检索工具完成。

1.1.2 主要数字资源类型简介

数字资源的范围非常广泛，类型有多种多样，在此就本书将要重点讲述的数字资源作简要介绍。

1. 参考数据库

参考数据库有时又称为书目数据库，是指包含各种数据、信息或知识的原始来源和属性的数据库。数据库中的记录是通过对数据、信息或知识的再加工和过滤（如编目、索引、摘要、分类等）而形成的。到目前为止，参考数据库主要是针对印刷型出版物开发的，它的作用是为用户指出了获取原始信息的线索，目的是指引用户能够快速、全面地鉴别和找到相关信息。

参考数据库主要包括目录数据库、文摘数据库和索引数据库。目录数据库主要是针对图书进行内容和存储地址的报道与揭示，又称机读目录数据库，其数据内容详细，除描述题名、作者、出版项等书目信息外，还提供用户索取原始信息的馆藏信息。文摘和索引数据库则相对期刊论文、会议论文、专利文献、学位论文等进行内容和属性的认识与加工。它提供确定的文献来源信息，供人们检索，但一般不提供原始文献的馆藏信息。

2. 全文数据库

全文数据库是指收录有原始文献全文的数据库，它将一个完整的信息源的全部内容转化为计算机可以识别、处理的信息单元而形成的数据集合。不仅存储了信息，而且还有对全文数据进行词、字、段落等更深层次的编辑、加工的功能。主要以期刊论文、会议文献、学位论文、研究报告、法律条文、商业信息等为主。

3. 事实、数值型数据库

事实、数值型数据库指包含大量数据、事实、概念，直接提供原始资料的数据库。

1）事实型数据库以各种有检索和利用价值的事实信息为存储对象，库内记录各种名词术语、有关学科、机构、名人等方面的简要情况，其数据资料来源于百科全书、字词典、人名录、公司名录等。

2）数值型数据库以各种调查数据或统计数据为存储对象，库内记录各种有价值的数值、有关的运算公式和规则等信息，如各种物理常数、物质分子量、元件参量、市场行情调查数据、股票证券交易数据、有关部门的统计数据等。这类数据库均以数值形式回答用户提问，在回答之前，系统通常还需按用户要求作某些必要的计算。

4. 电子图书、电子期刊和电子报纸

1）电子图书（Electronic Book，简称 eBook）：又称数字图书，是纸质图书 pBook（Paper Book）的对应物。它是一种以数字形式在因特网上出版、发行，读者可通过阅读终端进行下载的数字化书籍。

2）电子期刊：正如同印刷型期刊在传统的学术资源中占据很重要的地位一样，电子期刊在数字信息资源中也独树一帜，正在发挥越来越大的作用。目前在网上的纯电子版期刊和印刷版期刊的电子版已有两万种左右，这些期刊具有出版周期短，可以检索和重复下载全文，图像与文本结合，包含有多媒体及其他类型动态信息，具备超链接功能等特点，越来越受到用户的欢迎。

3）电子报纸：就是在排、印、投递等方面基本上实现了电子化的报纸，主要有印刷型报纸的电子版和纯电子报纸两种类型，目前主要以光盘版和网络版两种形式发行。

5. 网络资源指南/搜索引擎

网络资源极为丰富，在地理上涵盖天南地北，在内容上更是包罗万象，因此必须依赖一些工具，才能有效地检索、浏览、传输和利用，其中最好的方法就是使用各种网络资源指南以及搜索引擎进行检索。

1.1.3 数字资源检索的发展阶段

数字资源检索起源于 20 世纪 50 年代初。1954 年美国海军兵器中心图书馆利用 IBM701 机开发计算机信息检索系统，它标志着数字资源检索阶段的开始。目前，数字资源检索已成为用户获取信息的主要方式，出现了联机信息检索、光盘信息检索和网络信息检索等多元并存的格局。综观数字资源检索的发展，可以将其划分为脱机检索、联机检索、光盘检索和网络检索等 4 个发展阶段。

1. 脱机检索阶段

20 世纪 50—60 年代是脱机检索的试验和实用化阶段，批处理检索方式是这个阶段信息检索的主要方式。著名的脱机检索系统有美国国家医学图书馆的 MEDLARS，美国化学文摘社发行的《化学题录》机读磁带版等。

在脱机检索中，必须事先把众多用户的各种信息要求编成“用户提问档”格式，以机读形式存储在磁带上，定期地（一个月或半个月）检索数据库新增加的内容，然后把命中的文献信息发给用户。它由专职检索员统一处理，而且不提供任何实际浏览的可能性，用户不接触机器，所以它是一项“机会检索”。这是一种早期的数字资源检索形式，其数据存取与数据通信能力都比较差。

2. 联机检索阶段

20 世纪 60—80 年代是联机检索试验和实用化阶段。1960 年美国麻省理工学院开始实施有关联机检索系统设计的“技术情报计划”，系统发展公司也在它开发的全文检索系统上进行了首次联机检索演示，该公司后来研制成功的联机信息检索软件 OBIT 是联机检索阶段的正式开始。

联机检索是指用户利用终端设备，通过通信网络与计算机检索系统连接，远距离进行“人机对话”，从检索系统的数据库中检索出所需信息的过程。各联机检索系统的检索指令和检索运算符各不相同，一般需由具备专门检索技术的专业检索员来检索。目前世界上已有 600 多个商用联机检索服务系统，其中以 DIALOG、STN、OCLC、BRS、ORBIT、ESA-IRS 等系统最为著名。

传统的联机检索系统绝大多数是集中式管理的，它的主要优点是系统的安全性以及具有在存储设备上处理大量数据的功能。但也存在许多缺点，如主机的负担很重，对主机的依赖性过高，网络的扩展性较为困难等。

随着 Internet 的出现和 ISP 的高速增长，传统的联机信息检索业开始遇到极大的挑战。因此，近年来世界上许多联机检索系统如 DIALOG、STN、OCLC 等都在因特网上建立了 Client-Server 和 Telnet 的应用环境，成为 Internet 的一部分。联机检索系统上网后，在服务项目与内容方面除了保持原有的特色以外，还吸收了 WWW 服务器信息服务方面的长处，增加了许多服务项目和内容，如消息、网络新闻组等。此外，在 Internet 上，联机检索系统用户界面获得了极大的改善，使用同一浏览器以及图形用户界面，系统的可操作性大大加强，使更多的人接受了这类系统。

3. 光盘检索阶段

光盘检索阶段始于 20 世纪 80 年代中期，1985 年世界上第一个 CD-ROM 数据库 BIBIIOFICE（美国国会图书馆机读目录）问世，是光盘检索系统实用化的标志。

光盘检索是以光盘为存储介质，利用光盘驱动器和计算机实现对光盘数据库的读取和检索的系统。这种检索系统的结构比较简单，任何一台安装了光驱的计算机，只要放上光盘数据库即可成为光盘数据库检索系统。由于光盘数据库的制作技术较为成熟和简便，所以光盘数据库的数量激增，内容广泛，成为深受用户喜爱的一种数字信息源。在单机光盘数据库检索系统的基础上，20 世纪 90 年代又开发了光盘塔和光盘网络软件，使光盘数据库检索系统实现了局域网范围内共享。此外，在 Internet 日益成为信息服务主流渠道的今天，许多传统的光盘数据库生产商也开始建立起自己的信息网站，在继续发行光盘版数据库的同时，将光盘数据库的内容放置在网上，实现了光盘检索的网络化，出现了跨网段、跨广域网的多模式、多功能的检索。

4. 网络检索阶段

网络信息检索开始于 20 世纪 90 年代初。1991 年思维机等公司、明尼苏达大学、欧洲高能粒子协会分别推出了因特网上的检索工具 WAIS、Gopher 和 WWW。

目前，WWW 因其集文本、图像、声音等多媒体信息于一体的巨大优点，已占信息服务的主导地位，基于 Web 的搜索引擎已成为最重要的信息检索工具。

在因特网中，主要使用的是分布式的计算机信息检索系统。它与高性能的并行计算机及大型的数据库管理系统共同管理、调度、分配网中的通道和信息资源。网络中的数据库并不是像联机检索系统那样集中于检索中心而是分布在网络中的各个主机。这种分布式数据可以实现分布式存储和分布式处理，因此极大地提高了网络的安全性，并具备模块性、并行性、共享性的主要特点。

以往网络上的信息质量不够可靠，但是近年来，许多传统的信息服务领域纷纷向因特网进军，将自己权威的信息通过独立的网站向全球及时发布，从而大大提高了因特网的信息服务质量。网上的信息一般都通过搜索引擎提供多途径检索，检索界面十分友好，无须掌握复杂的检索技巧，使数字资源检索突破了传统科研学术领域的限制，更深入地融合到了人们的日常生活之中。

1.1.4 数字资源检索的进展

自 20 世纪 90 年代以来，以 Internet 为核心联合起来的全球计算机网络使传统相对集中和规范的文献数据库及其检索系统面临挑战。因为 Internet 的发展，传统检索的中介代理的功能正在逐步减弱，成千上万的人都将成为网络系统的最终用户。网络系统中存储的内容除了原来的二次信息外，已出现越来越多的全文数据、事实数据、数值、图像和其他多媒体信息资源。信息的可获性、传递速度大大提高和增强，跨文件、跨文档和跨数据库以及在多媒体数据库中自由浏览已成为现实。这些变化都是以现代信息技术及网络技术发展为前提的。

1. 全文检索技术

全文检索是20世纪末产生的一种新的信息检索技术。经过几年的发展，特别是以计算机技术为代表的新一代信息技术的应用，使全文检索从最初的字符串匹配和简单的布尔逻辑检索技术演进到能对超大文本、语音、图像、活动摄影等非结构化数据进行综合管理的复合技术。

全文检索就是以文本数据为主要处理对象，根据数据资料的内容而不是外在特征来实现的信息检索手段。它的基本工作方式是能够将所有包含检索此类的文献检索出来，不管这个词出现在文献的什么位置；或者说文献中的任意一个词都可以作为检索到该文献的条件。新型的全文检索主要有三种实现方法：① 自由文本查询，即用自己指定的关键词、字符串直接与全文文本的一次数据高速对照进行检索，它的查询结果是一个按序列值排列的文件列表。② 对文本内容中的每个词进行位置扫描，然后排序，最后建立以每个词（字）的离散码为标目的倒排文件。③ 采用基于HTML语言的超文本模型建立的全文数据库，使用户便捷地查看到查询结果。

在全文检索研究领域中，概念信息检索和超文本信息检索最为活跃，并已取得了突破性进展。

1）概念信息检索：又称基于知识的信息检索，是通过对文献中的原文信息进行语义上的自然语言处理，析取各种概念信息，由此形成一个知识库。然后根据对用户提问的理解，检索知识库中相关信息，以提供直接的回答。它具备了智能检索的一些特性，其系统分析和理解原文内容及用户提问信息的能力较强。Web上的Excite就是采用概念信息检索理论设计的搜索引擎。

2）超文本信息检索：是以超文本网络为基础的信息检索，在该检索系统中正文信息是以节点而不是以字符串为信息的基本单元，节点间以链连接。在检索时，节点间的各种链接关系可以动态的选择激发，通过链从一个节点跳到另一个节点，实现联想式检索。因特网上的搜索引擎代表了超文本检索技术的发展水平，有的还有自动分类、自动文摘、自动索引等功能，使Web信息得到有效的组织，极大地方便了用户对Internet信息的查找和利用。

2. 基于内容的多媒体检索技术

所谓基于内容的多媒体检索是指对文字、图像、音频、视频等多媒体信息进行内容语义的分析和特征的提取，并基于这些特征进行相似性匹配的信息检索过程。在现阶段，多媒体检索技术按检索内容可分为图像检索、视频检索和音频检索等类型。

1）基于内容的图像检索：基于内容的图像检索是一种综合集成技术，它通过分析图像的内容，提取其颜色、形状、纹理等可视特征，建立特征索引，存储于特征库中。检索时，用户只需把自己对图像的模糊印象描述出来，就可以通过多次的近似匹配，在大容量的图像库中查询到所需图像。图像检索可分为基于颜色特征的检索、基于纹理特征的检索、基于形状特征的检索和基于知识的图像检索等类型。

2）基于内容的视频检索：视频检索用途较广泛，如关于卫星云图变化、人体内器官运作等，是当前多媒体数据库发展的一个重要研究领域。它通过对非结构化的视频数据进行结构化分析和处理，采用视频分割技术，将连续的视频流划分为具有特定语义的视频片段——镜头，作为检索的基本单元；在此基础上进行代表帧的提取和动态特征的提取，形成描述镜头的特征索引；依据镜头组织和特征索引，采用视频聚类等方法研究镜头之间的关系，把内容相近的镜头组合起来，逐步缩小检索范围，直至查询到所需的视频数据。它又可分为基于代表帧的检索、基于动态特征的检索和视频浏览等类型。

3）基于内容的音频（声音）检索：对图像和视频，可以采用主色调、纹理等视觉特征来检索；同样，对于音频，可以通过听觉特征来进行检索。基于内容的音频检索就是通过音频特征分析，对不同音频数据赋予不同的语义，使具有相同语义的音频在听觉上保持相似。基于内容的音频信息检索可分为：① 语音检索，即以语音为中心的检索，采用语音识别等处理技术，包括利用大词汇语音识别技术进行检索、基于分词单元进行检索、基于识别关键词进行检索和基于说话人的辨认进行分割等。② 音频检索，即以波形声音为对象的检索，这里的音频可以是汽车发动机声、雨声，也可以是语音和音乐等，这些音频都统一用声学特征来检索，包括声音训练和分类、听觉检索、音频分割等。③ 音乐检索，即以音乐的音符和旋律等音乐特性来检索，如检索乐器、声乐作品等。

3. *数据挖掘技术*

数据挖掘就是从大量的、不完全的、模糊的、随机的数据中，提取隐含在其中的、人们事先不知道的、但又是潜在有用的信息和知识的过程。数据挖掘是近年来在信息检索技术基础上发展起来的一门技术，是信息检索技术的一个重要分支。特别要指出的是，数据挖掘技术不仅是面向特定的数据库的简单检索查询调用，而且要对这些数据进行微观、中观乃至宏观的统计、分析、综合和推理，企图发现事件间的相互关联，以指导实际问题的求解，甚至利用已有的数据对未来的活动进行预测。数据挖掘是一门广义的交叉学科，它汇集了数据库、人工智能、数理统计、可视化、并行计算等多方面的技术。在信息网络化时代，单个的人利用传统的手段几乎不可能处理或阅读整个信息库。同时鉴于信息库中存在着大量无用和冗余的信息，往往使用户所寻找的信息量与信息总量相比非常小，因此如何“去粗取精、由表及里”并迅速、准确以及适量地提供用户所需信息，同时在一定程度上揭示信息与信息之间的关联是文本挖掘的主要任务。

1.2 数字资源检索原理

数字资源检索是指通过检索系统，采用一定的技术手段，根据一定的原则，在数据库或其他形式的数字资源中自动找出用户所需相关信息的过程。

人类的信息检索需求千差万别，获取信息的方法也各种各样，但信息检索的基本原理却是相同的。其本质的部分就是对信息集合和需求集合的匹配和选择，它包括两方面的内容：一方面，为保证用户全面、准确、快速地获得所需信息，要对原始信息进行存储。信息存储包括信息的搜集、著录、标引、整序，使之从无序变为有序，从分散变为集中，从广泛性变为具有针对性（如针对某一学科或某一特定人群），从不易识别变为特征化，以便于识别和查找。这些加工整理过的信息存储成为数据之后，即以数据库或其他形式的资源存在。另一方面，对用户所表达的信息需求进行分析，并与所存储的数字资源进行匹配运算，自动检索出两者相一致的部分，输出给用户，即为检索结果。

1.2.1 信息存储

信息存储是按照既定的标准和方针，从信息源中选择合适的信息，并对这些信息的内容进行概念分析，用系统规定的检索语言进行标引，形成信息的特征标识，进行整理与排序，构成可供检索的数据库等，主要包括信息的采集、著录、标引和整序等过程。

1. 信息的采集

根据数据库或其他类型的数字信息资源检索工具的内容和性质要求，对广泛且分散的信息资源进行有针对性的采集。加载到数据库中的数据可以从多种途径获得，常见的数据来源有：电脑打字产生的文件，电子印刷产生的文稿，计算机网上传递的文件，电子出版物，图文处理产生的文件，专门组织人力录入建库等。

随着信息技术与网络技术的发展，信息采集的内容和方法也发生了巨大的变化。从内容上看，采集的对象在原有的基础上有了扩展，除了原有的内容外，还增加了网络信息这一庞大的信息资源。从方法上看，检索系统也不再全都由工作人员完成，而是更多地借助计算机自动采集，特别是对网络信息的采集。由于网络信息资源极其丰富，单靠工作人员在网络中收集信息的效率是很低的，而且所获信息的数量也有限。在 Web 环境下，信息的自动采集主要体现在 Robot 这类爬虫上，Robot（也称作 Crawler、Spider 等）能利用 HTTP 协议从远程计算机上抓取 Web 网页，并根据 Web 文档内的超链接递归地访问新文档，在短时间内大规模地收集 WWW 信息。

2. 信息的著录

对所搜集的原始信息的外表特征（如题名、著者、文献出处等）和内容特征（如分类号、主题词、摘要等）进行描述，形成一条条款目或记录的过程。在数据库中，其外表特征和内容特征通常称之为字段，一条记录由若干个不同字段构成。

目前，对网络信息资源进行有序化处理的方法主要有三种：第一种是搜索引擎，这些搜索引擎通过网络机器人自动搜索并生成相关信息资源的著录信息，存入数据库中供检索之用。第二种是由图书馆界或其他人员采用相关著录标准 MARC、AACR2 对信息资源进行著录。第三种是由虚拟图书馆将因特网上的某一特定领域中的网页收集起来，作为一次文献，然后对其进行标引和著录。著录的结果形成以款目的形式构成的中央数据库，在中央数据库的基础上抽取有关著录项目形成相应的倒排档。

3. 信息的标引

标引是指根据一定的规则和程序，对信息内容进行分析，然后赋予每篇信息单元以一定数量的内容标识（分类号、主题词、关键词等），作为存储与检索的依据。这是分析提示信息主题特征，并使之显性化的过程。其作用是为信息存储与检索这两环节之间提供某种连接物，为特定的提问提供快速准确的检索途径。

标引作业通常与信息著录工作一起进行，然后把标引结果和其他描述事项填入工作单，交录入人员去录入计算机中，这就是手工标引的过程。手工标引一直是信息标引的主要形式，但目前自动标引正成为一种新的发展方向，使标引作业全部或部分实现自动化的过程就是自动标引。

自动标引包括以下几个步骤：① 自动分词，即借助一定的技术手段（如词典、词表、词频特征、句法或结构特征），设计一种算法来对文本中的语句进行分析，识别出词与非词、内容词和功能词，并采集有关信息。现有的自动分词算法大体上可分为三种类型，即基于字符串匹配的分词方法、基于理解的分词方法和基于统计的分词方法。② 选出标引词，即首先根据预定的文献标引深度，并考虑各种特性，确定可以作为标引词选出的候选词的词权值；然后设计或确定内容词的加权方案，据此计算每个词的权值；最后根据给定的权值选出词权大于等于此值的候选词作为文献的标引词。③ 转换，指把上面选出的词转换为词表中的受控词，或者用文本之外的某个词替换上面选出的某个词或某组词，或者用词表中的范畴号或类号代替文本中出现的权值过低的内容词。

4. 信息的整序

实质上是将采集到的无序信息进行有序化组织的过程，它的任务是对所采集的信息和各种标识进行组织，建立并维护可直接用于计算机检索的数据库，主要功能包括数据评价与转换、数据录入、数据库的维护与更新等。

数据评价与转换都是对信息进行规范化的过程。数据评价的目的是确保数据来源的可靠性、准确性和实用性。目前，各种信息急剧增长，信息种类繁多。各种良莠信息混杂在一起，有必要从大量的信息中进行筛选，选出对本系统有价值的信息。评价的方法可以采用引文评价法、专家评价法、用户调查法、来源渠道和著者鉴别法等。信息来源的广泛性决定了信息存储方式的多样化，对于直接获得的数字信息需要对其格式进行检测与转换，例如将 BIG5 码格式转换成 GB 码格式，将 HTML 等文件格式转换成 TXT 纯文本格式等。

数据录入有手工录入与自动录入两种方式。自动录入主要用于对光盘数据库、磁带数据库等数字信息的套录或转录，以及通过扫描仪与 OCR（光学字符识别）技术结合完成文字的自动录入。

数据库的维护与更新是系统能够持久稳定运行的保证。数据库投入运行后，必须定期对其进行维护与更新，以适应用户需求与信息的变化。维护主要指对数据库系统硬件设备的维修、保养和对系统软件功能的修改和扩充。更新主要指对数据库的内容进行添加或重新组织。

1.2.2 信息检索

信息检索作为信息存储的逆过程，其实质是将描述特定用户所需信息的提问特征与信息存储的检索标识进行异同的比较，从中找出与提问特征一致或基本一致的信息。

在数字资源的检索系统中，该工作是由“系统-用户接口”来完成的，它是一种面

向系统的人-机接口，承担用户与系统之间的通信功能。负责处理用户输入的检索词与提问式，并将它们与数据库中存储的数据进行比较运算，最后将检出结果以一定的形式输出。信息检索包括以下几个主要过程。

1. 识别用户

只用于需要付费的系统。系统为自己的客户提供账号或是对客户的 IP 地址建立允许机制（只有被允许的 IP 才能访问系统），以此来保证只有付费用户才能使用系统。

2. 接收提问

负责接收用户输入的检索词，有三种界面形式：命令行方式、菜单选择方式及视窗方式。

3. 提问校验

对用户输入的检索词进行校验，包括语法检查及用词检查等。语法检查是校验提问式有无语法错误，如布尔检索式的组合是否正确、括号是否对称等。用词检查是指检验提问式的用词是否规范，是否超出数据库允许的范围。

4. 转化提问式

对于用户提出的原始提问式进行解释，转化成便于计算机处理的目标提问式。

5. 检索

检索是进行匹配选择的过程，将转化后的提问式与数据库中的记录进行比较，选出满足要求的记录。

6. 结果输出

系统在将结果输出时，不是简单地将匹配的记录罗列出来，而是对于结果按照相关性的大小进行排序后再输出，常用的方法是计算权值法。

1.3 数字资源的检索技术

1.3.1 布尔逻辑检索技术

数字资源检索经常会使用到布尔逻辑检索技术。所谓布尔逻辑检索是指通过标准的布尔逻辑关系符来表达检索词与检索词间逻辑关系的检索方法。布尔逻辑关系符主要有三种：逻辑与、逻辑或、逻辑非。

1. 逻辑与

逻辑与也称逻辑乘，用关系词“and”或“*”表示。A and B（或 A*B）表示两个概念的交叉和限定关系，只有同时含有这两个概念的记录才算命中信息，可用图 1.1（a）表示，阴影部分即为命中信息。使用“逻辑与”组配技术，将会缩小检索范围，增强检索的专指性，能够提高检索信息的查准率。

2. 逻辑或

逻辑或也称逻辑和，用关系词“or”或“+” 表示。A or B（或 A+B）表示两个概念的并列关系，记录中只要含有任何一个概念就算命中信息，即凡单独含有概念 A 或单独含有概念 B 或者同时含有 A、B 两个概念的信息均为命中信息，可用图 1.1（b）表示，阴影部分为命中信息。使用“逻辑或”组配技术，可扩大检索范围，能够提高检索信息的查全率。在检索中，可对与检索概念有关的同义词、近义词、相关词等用逻辑或来连接，以避免漏检。

3. 逻辑非

逻辑非也称逻辑差，用关系词“not”或“－”表示。A not B（或 A－B）表示两个概念的排除关系，指记录中含有概念 A 而不含概念 B 的记录为命中信息，可用图 1.1（c）表示，阴影部分为命中信息。使用“逻辑非”组配技术，则剔除了不需要的概念，可提高检索信息的查准率，但这种方式也会排除掉相关信息，影响检索信息的查全率。

使用布尔逻辑组配检索词构成的检索式，逻辑算符 AND、OR、NOT 的运算次序在不同的检索系统中有不同的规定。布尔算符的优先执行顺序一般是：逻辑非、逻辑与、逻辑或，但用括号可以规定或改变其执行顺序，如图 1.1（d）所示，三个概念的信息集合中，阴影部分是逻辑表达式（A*B）－C 的命中信息。三个逻辑算符和括号的配合使用，可将检索词组配成较为复杂的逻辑提问式，以满足复杂概念信息检索的需要。

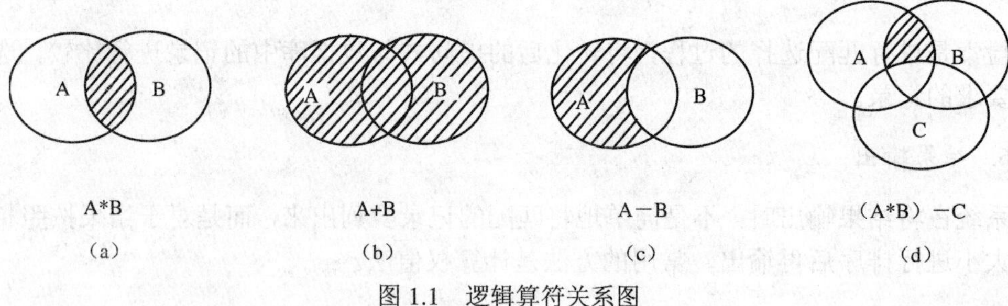

图 1.1　逻辑算符关系图

布尔逻辑检索技术在联机检索和光盘检索中得到了广泛地应用，在网络信息检索中应用得也很多。绝大多数的网络检索工具都具备布尔逻辑检索功能，只是在实现方式上有所差异。有些网络检索工具用“+”和“-”分别代表 AND 和 NOT，默认值为布尔逻辑关系 OR。一些检索工具完全省略了任何符号和关系，直接把布尔逻辑关系隐含在菜单中。现在绝大多数网络检索工具的高级检索功能完全用表格和文字来体现不同的布尔逻辑关系。

1.3.2 截词检索技术

截词检索技术是一种常见的检索技术，特别是在西文数字资源的检索中使用得更为广泛。

所谓截词检索，是指在检索式中用专门的符号（截词符号）表示检索词的某一部分允许有一定的词形变化。在检索中，常会遇到一些词干相同、词义相近的检索词或有英、美不同拼写法的词，为了减少检索词输入量，节省机时，同时又扩大检索范围，保证查全率，可使用截词检索。截词符一般用“?”或“*”表示，不同系统，不同数据库，其代表的含义有所不同。计算机在检索中遇有截词符时，将不予匹配对比，只要其他部位字符匹配，即算命中。

截词检索的方式有多种。按截词位置可分为前截词、后截词、前后截词和中间截词；按截断字符数的不同，可分为有限截断和无限截断。

1. 按截词位置分

1）前截词：也称左截词或后方一致。截词符位于词干的前边，允许检索词的前端有若干变化形式，如“?computer”可检索 computer、minicomputer、microcomputer 等结果。

2）后截词：也称右截词或前方一致。截词符位于词干的后边，允许检索词尾部有若干变化，如“computer？”可检索 computer、computers、computerize、computerized、computerization 等结果。

3）前后截词：词干的前后各有一个截词符，允许检索词的前端和尾部各有若干变化形式，如“?computer？”可检索 computer、computers、computerize、computerized、computerization、minicomputer、minicomputers、microcomputer、microcomputers 等结果。

4）中间截词（也称“通用字符检索法”）：截词符作为通用字符位于检索词的中间，而词的前后方一致，凡前后方一致的词，都能检出，通常用在英美对某些词的不同拼写法。如“defen*e”可同时检出 defence 和 defense 的结果。

2. 按截断字符数的不同分

1）无限截断：在检索词的词干前后，加一个“?”，表示在此位置上可能出现的字符数量不受限制，可查找词干相同的所有词。按截词符的位置分为前截词、后截词和前后截词，如前述所举例子。

2）有限截断：在检索词的词干前后，加几个“?”，表示在此位置上最多允许出现的字符数。两个“？”之间空一格，即“? ?”，表示该位置允许出现 0－1 个字符，在空格前每增加一个“?”，表示增加一个字符，“?? ?”表示该位置允许出现 0－2 个字符，以此类推。按截词符的位置同样分为前截词、后截词和前后截词。如“computer? ?”可检出 computer 和 computers 的信息，“computer??? ?”可检出 computer、computers、computerize 的信息。

截词检索技术能提高检索的查全率。联机检索中一般对截词符号没有统一标准，根据数据库不同其检索符号也有差异，如 DIALOG 系统用“？”，BRS 系统用“＄”，ORBIT 系统用“#”等。网络信息检索工具中绝大多数都支持截词功能，有的是自动截词，有的是在一定条件下才能截词。在允许截词的检索工具中，一般是指后截词，部分支持中间截词，前截词比较罕见。

1.3.3 邻近检索技术

邻近检索又称位置检索，主要是通过检索式中的专门符号来规定检索词在结果中的相对位置。布尔算符检索时，只对检索词进行逻辑组配，未限定检索词之间的位置及检索词在记录中的位置关系。在某些情况下，若不限制检索词之间的位置关系则会造成误检，影响查准率。例如检索“生物防治”的文献，若用检索式“biological and control”检索，则会将“抑制生物”（control biological）的文献也检索出来，这显然不是所需文献。因此，在数字信息资源的检索中常常需要用位置算符来规定检索词在结果中的相对位置。目前，各检索系统使用的位置算符有所不同，广泛使用的主要有相邻位置算符（W）、（nW）、（N）、（nN），句子位置算符（S），字段算符（F）、（L）等。

1.（W）与（nW）算符

1）（W）算符：（W）是 with 的缩写，可简写为“( )”，表示此算符两侧的检索词必须按此前后顺序相邻排列，词序不可变，且两词之间不许有其他的词或字母，但允许有一空格或标点符号。如“biological (W) control”相当于检索 biological control，“CD (W) ROM”相当于检索 CD ROM 或 CD-ROM。

2）（nW）算符：（nW）是 n words 的缩写，表示此算符两侧的检索词之间允许插入最多 n 个词，且词序不可变。如“wear（1W）materials”相当于检索 wear materials、wear of materials 等词。

2.（N）和（nN）算符

（N）是 near 的缩写，表示此算符两侧的检索词必须紧密相连，词序可变，词间不允许插入其他词或字母，但允许有一空格或标点符号。（nN）表示两词间可插入最多 n 个词，词序可变，如检索式“environment（2N）protection”就可检索出包含 environment protection、environment of the protection、environment of water protection、protection of forest environment 等内容的结果。

3.（S）、（F）、（L）算符

1）（S）算符：（S）是 sentence 的缩写，表示两个检索词须同时出现在文献记录的同一子字段中，两词的词序不限，两词间插入词的数量不限。

2）（F）、（L）算符：在联机检索中还有对同字段进行检索的（F）算符和（L）算符。（F）表示此算符两侧的检索词必须同时出现在信息记录的同一个字段内，两词的词序不限，两词间插入词的数量不限。用此算符时须指定所要查找的字段，如题名字段、文摘字段、叙词字段等。例如 digital (F) computer/TI 表示在题名字段（TI）中同时出现这两个检索词的才算命中信息。（L）算符要求检索词同在叙词字段中出现并且具有词表规定的等级关系，因此，该算符只适用于有正式词表、且词表中的词具有从属关系的数据库或文档。

邻近检索对提高检索的查准率和查准率有重要作用，但网络检索中基本上只支持（W）和（N）检索式。

1.3.4 字段检索技术

字段检索是限定检索词在记录中出现的字段范围，检索时，计算机只对限定字段进行查找。这是提高检索效率的措施之一。字段检索分后缀方式和前缀方式，对于在“基本索引字段”，如 TI（题名）、AB（摘要）、DE（主题词）、ID（标识词）中的查找，用后缀方式，常用符号有“:”、“/”或“in”，如 apple?/TI（在 DIALOG 系统中）或 apple* in TI（在 WINSPIRS 中）。对于在“辅助索引字段”，如 AU（著者）、BN（国际标准书号）、SN（国际标准刊号）、CC（分类类目）、CS（机构）、DT（文献类型）或 PT（出版物类型）、JN（刊名）或 JA（刊号）、LA（语种）、PY（出版年）、SO（来源出版物）等中的查找，既可用前缀方式也可用后缀方式，常用符号有“=”、“>=”、“<=”、“>”、“<”等，如 AU=Smith-JS，或 Smith-JS in AU；LA=French，JN=Current Agricultural Research，PY>=1992 等。

1.4 数字资源检索语言

数字资源检索的过程实质上就是把检索提问与检索标识进行比较并决定取舍的过程。为了使这个过程顺利实现，检索提问与检索标识都要用一定的语言来表达，借助于这种语言，检索者和标引员才能彼此沟通。换句话说，标引员按照这种语言描述文献的内容特征和外部特征，检索者也按照这种语言表达检索提问。这种把存储与检索两个过程、标引员与检索者两个方面联系起来表达相同概念和主题的语言就是检索语言，也叫索引语言、标引语言。

检索语言在表达概念上具有单义性和唯一性，可以保证不同标引者和检索者对信息特征表达上的一致性，从而避免检索与标引之间的歧义与误差，减少误检与漏检。同时，还可使内容相同或相关的信息集中，使大量分散无序的信息系统化、有序化，便于进行有规律的检索。

目前数字资源检索工具中经常使用的检索语言主要有分类检索语言和主题检索语言。

1.4.1 分类检索语言

分类检索语言是指用分类号表达各种概念，并将各种概念以学科性质为主加以划分和系统排列的检索语言。按编制方式可分为体系分类语言和组配分类语言，目前数字信息资源检索采用的大多为体系分类语言。

1. 体系分类语言的构成原理

体系分类语言集中体现了学科的系统性，反映事物的从属、派生关系，从上至下、从总体到局部层层划分、展开，是一种用分类号直接表达知识分类等级概念的标识系统，是将文献内容的概念按学科性质进行分类和系统排列，具有等级制结构特点的语言。它以科学分类为基础，运用概念划分的方法，把具有某种或某些共同属性的事物集合划分为一类，用概括该类事物所共有的本质属性的概念作为类目，并给出相应的标记符号作为分类号。分类号是类目的标记符号，分类号的作用，一方面表示类目在分类体系中的位置，另一方面代表某个具体学科。

在一类事物中，每一事物除了具有与同类事物共同的属性外，还有许多与同类事物不同的属性，用这些不同属性的一种作为标准来划分该类事物，会得到若干个下位类，并分别给出每个下位类的类目和分类号。各下位类又可按事物的另外一种属性为标准进行细分，以此类推。这样层层划分，层层隶属，便构成一个井然有序的概念等级分类体系。在此，被划分的类目称上位类，由上位类直接划分出的下位类之间互称同位类，上位类与下位类之间是隶属关系，同位类之间是并列关系。

2. 体系分类法

文献要标引，标什么类号，都要有一个依据。例如，《电脑网络信息检索方法》一书应该分到计算机类呢？还是应该分到图书馆学类呢？应该用什么符号作该类的代号呢？要解决这类问题，必须制定一套分类的准则——分类法，它是根据类目（分类号）之间的相互关系，按一定的原则组织起来的，是提供信息分类存储和分类检索的依据。

目前，分类法在数字资源的管理、组织及检索中得到了广泛的应用。数字资源检索系统使用的分类法类型基本可划分为两种：一种是采用文献信息工作中所使用的文献分类法，我国目前使用的是《中国图书馆图书分类法》(简称《中图法》)；《中图法》将人类知识分为 5 大部类 22 个大类，每个大类下又分了许多下位类，其结构见图 1.2 所示。另一种是由各检索系统依据自身的特点自行编制的。例如，YAHOO 所采用的是等级式主题指南类搜索引擎，对因特网上的海量信息进行搜集、组织、整理，编制等级式索引。

分类法一般具有下列四种属性：

1）网罗性：它是一部类目的汇编，对成千上万个表达事物概念的类目起登录作用，即每个事物的概念在分类表中都能找到自己的位置。

2）体系性：它是一个类目的体系，从知识分类的角度揭示各类目之间的隶属关系、并列关系及其他的类缘关系。其中隶属关系、并列关系是通过类号的分配和排列来体现的，而类缘关系是通过“见”、“参见”这类的注释标记来体现的。

3）明确性：它是一部类目的词典，借助于等级体系和注释对类目起定义作用，即每个类目可以通过它的上、下位类，并列类和注释对其内涵和外延进行限制。

4）可查性：它是一种类目的排列表，通过线性排列形式的分类号，规定各个类目在分类体系中的位置和次序。

3. 体系分类法的特点

体系分类法体现了学科系统性，便于从学科或专业的角度出发进行族性检索。分类表类目是根据编制时的学科专业情况设置的，它是先组式检索语言，缺乏进行多概念灵活组配的能力，无法反映新学科和新技术的内容，间隔数年就需重新修订；而且类目表述的概念概括性较强，遇到专指度高的主题概念，可能找不到相应的类目。再者，体系分类法是按学科性质建立的直线式序列结构，对全面检索有关跨学科跨专业的某一主题的所有信息造成困难。上述诸因素都表明体系分类法不能满足特性检索之需要。

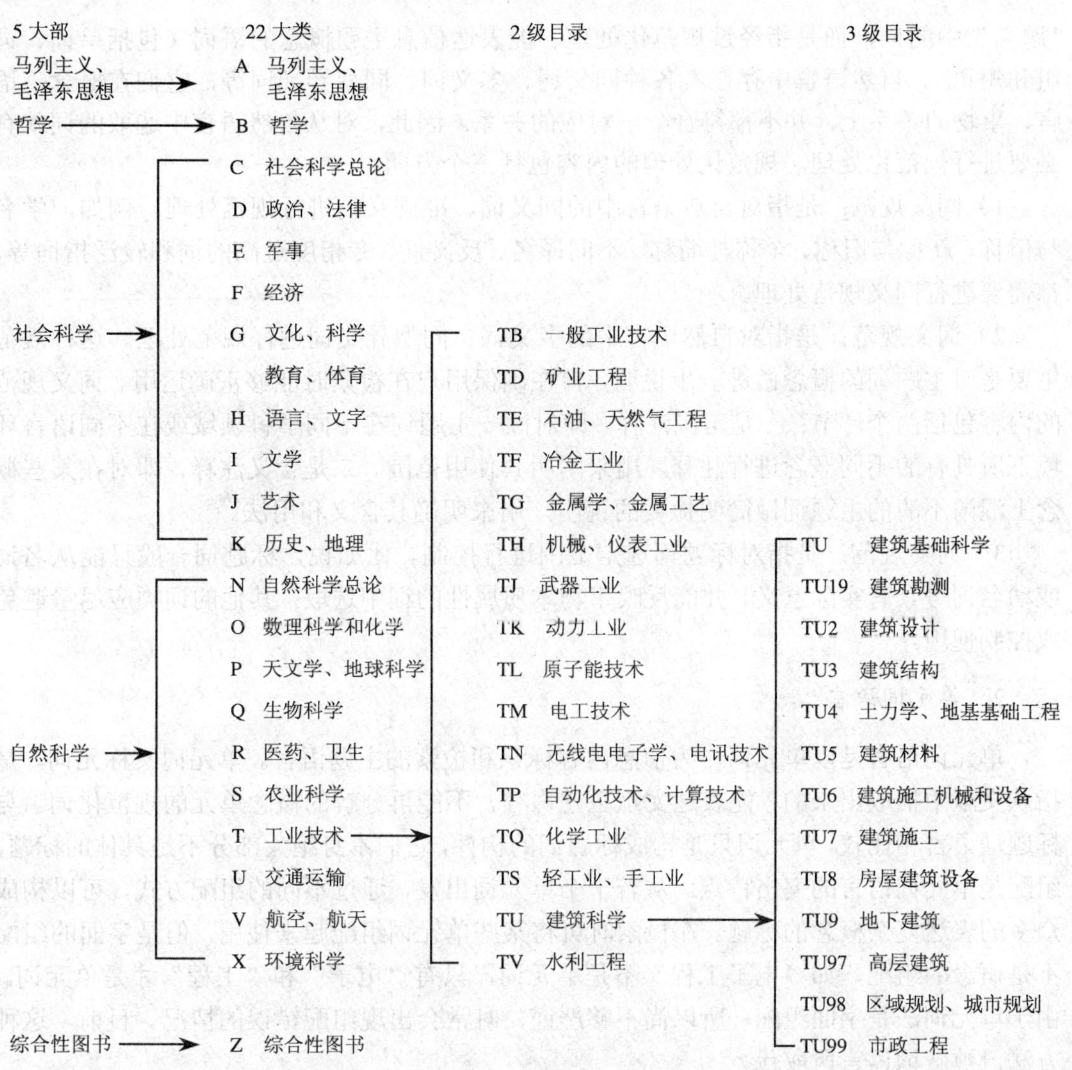

图 1.2 《中图法》结构示意图

1.4.2 主题检索语言

主题检索语言是指描述文献主题的语词标识并按字顺序列排检的检索语言。由于主题检索语言直接以代表信息主题概念的主题词作为信息的标识，以主题事物为中心，将与该主题事物有关的所有信息集中在一起，能够检出各学科论述同一主题事物的所有信息。因而它具有直观、专指性强、使用灵活、适合计算机检索等优点，是数字信息资源检索中使用最为频繁的一种信息检索语言。

在现阶段，主题检索语言按照选词方式划分，主要有标题词语言、单元词语言、关键词语言和叙词语言等四种。

1. 标题词语言

标题词语言是主题检索语言中最早出现的一种语言。这里所说的标题词并非文献

"题名"中的词，而是指经过规范化处理、能表达信息主题概念的语词（包括单词、词组和短语）。自然语言中存在着各种同义词、多义词、同型异义词等，它们在概念、语言、事物的关系上，并不都符合一一对应的关系。因此，对从自然语言中选取的词就有必要进行规范化处理。规范化处理的内容包括三个方面：

1）同义规范：是指对自然语言中的同义词、准同义词进行规范处理。例如，学名与俗称、新称与旧称、全称与简称、不同译名、反义词、专指度过高的词和较泛指词等，都需要进行同义规范处理。

2）词义规范：是指对自然语言中的多义词、同型异义词进行规范处理。这种规范主要是对主题词的概念做进一步说明，旨在确保用户在检索时能够正确运用。词义规范的内容包括两个环节：一是范围注释，即对同一主题词在不同学科领域或在不同语言环境下所具有的不同概念进行注释，用来阐明其使用范围。二是含义注释，即对在某些概念上混淆不清的主题词做简明扼要的说明，用来明确其含义和用法。

3）词类规范：是指对标题词选定范围进行控制。比如说，标题词一般只能从名词或动名词等具有实际意义、并能反映事物本质属性的词中选取，其他的词类应尽量避免或控制使用。

2. 单元词语言

单元词语言是以单元词作为信息内容标识和检索的主题语言。单元词又称元词，是指从文献中抽取出来的，能表达文献主题内容，不能再分解的概念单元的规范化词。与标题词语言相比较，单元词只是构成标题词的构件，它们本身绝大部分不是具体的标题，组配是单元词语言的突出特点。从若干个单元词出发，通过不同的组配方式，可以构成众多的表达复杂概念的标题。在检索时可将某些单元词组配起来使用，但是字面的组配不是概念的组配，如"电子工程"不是单元词，只有"电子"和"工程"才是单元词。由于单元词法是字面组配，所以尚不够严谨，时常会出现组配错误的情况。目前，这种方法已被叙词语言所取代。

3. 关键词语言

关键词语言是指以关键词作为信息单元主题标识和检索的主题语言。关键词是反映文献主题概念，具有实际检索意义，从文献中直接选取，未经规范，用以标引和检索文献信息的词语。关键词又称自由词，属自然语言范畴。

用词的自由性是关键词与标题词、叙词等人工语言词语的最大区别之处。关键词抽取的这种自由性大大方便了标引工作，提高了标引速度，降低了标引成本。但是由于它是一种基本上未经过规范化处理的自然语言，因此存在着多义性、同义性、模糊性、词量大等特性，特别是同义词与近义词、上位词与下位词、全拼词与缩略词均可能同时被标引，检索用词无法一一对应，故会造成文献信息的漏检和误检。但是在计算机检索功能高效运行的条件下，人们对关键词语言的缺点有所"忽视"，反而充分发挥出了它的简便易用的优点，大量用于网络环境下的数字化信息的检索，已成为当前因特网最主要的检索语言。

4. 叙词语言

叙词语言是指以叙词作为信息单元主题标识和检索的主题语言。叙词又称描述词或叙述词，是指从信息的内容中抽出的，以概念为基础，经过优化和规范化处理并具有概念组配和词间语义关系显示功能，用以表达文献主题和检索需求的名词或术语。

叙词语言是分类语言、标题词语言、单元词语言、关键词语言等检索语言发展的产物，它综合了这些检索语言的基本原理和方法，包括：保留单元词语言的组配原理，采用概念组配代替单元词的字面组配；采用标题词语言对语词进行规范化处理，使之具有规范性和单一性；采用并进一步完善标题词语言的参照系统；吸收体系分类语言的基本原理编制范畴索引和词族索引；吸取关键词类似的方法编制叙词轮排索引。

叙词语言在表述主题概念时，强调叙词的灵活组配，对组配级别和主题表达的深度一般不予限制，因此，概念多元组配是叙词语言的一项特有功能，叙词语言通过概念组配来表达信息单元的主题，目的是使检索达到更高的专指度。叙词经过自由广泛的组配后，第一，能形成概念网罗性高的检索标识，概括主题所涉及的各个方面，从而提高查全率；第二，能形成专指度高的检索标识，表达主题所包含的复杂概念，从而提高查准率；第三，能形成若干个检索标识，从而可提供多途径检索。总之，叙词语言是在多种检索语言基础上扬长避短发展起来的一种较完善的检索语言。

1.4.3 主题语言与体系分类语言的区别

主题语言与体系分类语言在原理上是一致的，都是为了表达文献主题。主要区别是标识与组织方式不同，具体表现在以下几个方面。

1. 标识符号不同

体系分类语言采用一套由字母、数字或二者混合构成的号码体系，作为大小类目的标识符号。用体系分类语言编排组织的检索工具，主要是依据类号决定序列。类号和类目必须紧密相联，才能完整地表达知识分类的等级概念，一旦分开，类号就失去了意义。在使用过程中，要将文献学科内容转换成类号，或将类号转换成文献学科内容。

主题语言主要是使用规范化或直接采用自然语言中的语词作为表达文献主题的标识符号。这种符号直观明确，一目了然，概念与类目合二为一，不存在分类语言那样的转换工序，使用方便易懂，迅速准确。

2. 体系编排不同

体系分类表是按学科划分，按等级关系的逻辑分类进行编排，这种体系能充分揭示主题之间的等级关系和相关关系。主题表是按主题词的字顺进行编排，主题同排列的先后顺序不体现主题之间的任何关系。

3. 类目语义关系的表达方式不同

体系分类表类目之间的语义关系主要依据类目的等级划分，显示出上下位类目之间的隶属关系，同位类目之间的并列关系，采用参见法、交替法以及类目注释说明等方法，显示出类目之间的同义、相关关系。主题词表中的主题词之间的语义关系，主要是通过参照系统来显示的。

4. 用途不同

体系分类语言比较适用于图书或文集的处理和检索，而主题语言则比较适用于单篇的文献资料，如期刊论文、研究报告、会议论文等。体系分类语言可用于编制分类目录和分类索引，主题语言主要适用于编制主题索引或主题目录。

5. 检索特点不同

体系分类语言具有族性检索特点，而主题语言具有特性检索特点。

在现代信息技术条件下，人们对检索语言在传统手工检索条件下的一些要求，由于计算机功能的实现，已经变得不那么重要了。一般用户（读者）在检索上所具备的能力要求也有所降低，计算机检索界面已变得越来越“傻瓜”型了。传统检索语言的应用也发生着变化，分类检索语言和主题检索语言在一定领域里仍起着严肃的检索作用，而关键词语言和分类主题一体化语言在更加广泛的领域里的应用大有异军突起之势。

1.5 数字资源的检索策略

在着手检索前，应先制定检索策略。所谓检索策略就是在分析检索提问实质的基础上，为实现检索目标而制定的一个合理的检索方案。广义地说，它包括信息需求分析，数据库和检索方式的选择，检索词的确定和检索提问式的拟定等过程。

1.5.1 信息需求分析

信息检索是要获得特定的信息，检索的内容和目标愈明确，范围越具体，掌握的线索越多，查获信息的可能性就越大。为此，要对信息检索需求进行深入、细致的分析。

1. 分析信息检索目的，制定检索目标

检索信息的目的不同，检索目标也不同。用于编写教材、著书立说、申报专利、从事理论或应用研究的开题报告及总结报告时，往往需对某一专题的信息进行系统详尽的了解，以便掌握其历史、发展与现状，带有横向普查、纵向追溯的特点，这种信息需求要求较高的查全率，可将检索目标定为允许检索出某些“不相关”信息，在允许的查准范围内，检出的信息越多越好。用于解决实际生产或科学研究中某项关键技术或理论问题时，要求检出的信息针对性强，其特点是要“准”，要求较高的查准率，可将检索目标定为以查准为主，在较高的查准率下考虑查全。用于获取现期信息，以了解和掌握最新动态或研究进展情况时，要求所检信息新颖而且及时，而对查全率与查准率则不一定有太高要求，可将检索目标定为查全查准兼顾、新颖、及时获得、迅速传递。

2. 分析所需信息涉及的学科，确定检索的学科范围

随着科学技术的发展，各学科理论与技术研究的交叉渗透越来越普遍和深入，造成

某一专题信息分散于多门学科中，如“超声波技术在医学上的应用”涉及到“超声波技术”和“医学”两门学科。因此，当课题涉及多门学科时，应一一列出，并分清主要学科与次要学科，以主要学科作为检索重点，次要学科作为补充，这样才能全面系统地查获所需信息。

3. 分析所需信息的类型、年代，确定检索的信息类型和年代范围

现代科技信息类型繁多，所需信息可能分散在各种类型文献中，也可能集中于某些特定的类型文献中。例如对基础理论研究的课题，侧重于检索期刊论文、专著和科技报告；搞技术应用和开发的课题，侧重于检索专利文献、标准资料；搞产品选型设计的课题，侧重检索产品样本资料、标准资料和专利文献等。明确信息类型，可为选择数据库提供依据，提高检索的针对性。

分析查找年代，确定检索时间范围，可避免浪费检索时间和精力。主要根据课题的历史背景和检索要求，得出查获所需信息最有可能、最为恰当的年代。例如申请专利的查新检索，回溯年限要长些，而对于为了解课题的研究水平与动向等，回溯时间可短些。

1.5.2 数据库的选择

由于用于检索数字资源的数据库种类很多，各数据库的内容也有很大差别，正确选用合适的数据库就显得非常重要。选择数据库之前应弄清课题明确的检索要求，然后从以下几个方面确定数据库及其他范围。

1）数据库的类型是否满足检索需要。数据库的类型不同，决定了它适用于不同的检索对象和满足于不同的检索要求。例如，只检索文献信息的题名、作者、出处和文摘，可用参考数据库，如 INSPEC（科学文摘）、Chemical Abstracts（化学文摘）等。检索数据、名词术语、图形、声像，可用事实、数据型数据库，如《不列颠百科全书》网络版、《中国雕塑史图录》等。

2）数据库的学科专业范围是否与检索课题的学科专业相吻合，任何一个数据库在收录文献信息时总有一定的学科范围，应有针对性。

3）数据库收录的文献类型、文献存储年限、更新周期是否符合检索需求。数据库出版商往往以某一类型文献编制数据库，如专利、会议录等。

4）数据库描述文献的质量，包括对原文的表达程度、标引深度、专指度如何，是否按标准化著录等。

5）数据库提供的检索入口是否与检索课题的已知线索相对应等。

6）对所需文献信息在国别和语种加以选择限定。

1.5.3 选择检索方式

许多数据库提供多种检索方式，如“中国期刊全文数据库”提供了初级检索、高级检索、专业检索和分类检索等途径，搜索引擎如 AltaVista 提供简单检索与复杂检索界面。初级检索或简单检索易学易用、简单明确、界面友好，适用于一般用户，但是其操作步骤多，而且检索速度、查准率和查全率都低于命令检索。而高级检索或复杂检索可以综合应用各种检索运算符或操作命令精确地表达检索需求，灵活地进行各种检索方案的检

索，较为简捷、快速地得到较为理想的检索效果，但是需要用户熟悉各种系统的检索操作符，适合于有经验的检索人员。

因此，检索时应从自己的实际情况和检索需求的角度考虑选用何种检索方式。如果检索要求较宽泛，可以选用简单检索；如果需要用检索操作符或检索运算符定义检索词之间的关系，或检索词之间的逻辑关系较复杂，最好选用其复杂检索方式或高级检索方式。

1.5.4 检索项的确定

检索项是用户根据自己课题涉及的专业内容所提出的能够全面确切表达主题概念的检索词。因此，检索词选择得当与否，直接影响其检索效果。

检索词一般可分为四类：第一类是表示主题概念的检索词——主题词，包括标题词、单元词、叙词、关键词。第二类是表示学科分类的检索词，如分类号。第三类是表示作者的检索词，如作者姓名、机构名称等。第四类是表示特殊意义的检索词，如专利号、国际标准书号、分子式等。在这四类检索词中，表示作者的检索词和表示特殊意义的检索词的选取比较简单；只要对分类法有一定的了解，分类号的选取也不复杂；而主题词的选取则相对来说要难一些，选取不好就易造成误检和漏检。

选取主题词的基本方法如下。

1. 分析主题，找出课题所包含的显性概念和隐含概念

要从专业技术的角度对课题内容进行认真地分析，明确课题所要查找的具体对象，该对象所涉及的具体问题，或者找出课题所涉及的若干重要概念以及这些概念之间的关系，从中找出课题的主题概念。

从课题的字面表达形式上看，有些主题概念是显性的（主题的含义一目了然），有些却是隐性的（主题要素隐含在某些概念之中）。有时隐性概念甚至是检索的关键，特别是当显性主题专指度过高，查全率不理想时，使用隐性主题检索往往能够获得良好的效果。因此，分析课题时不能仅仅从题目中找出概念就认为是满足检索课题要求了。还应从专业及检索目标与规则等角度分析，找出反映课题本质的概念。例如对于课题“皮肤癌的预防”，它有“皮肤癌”和“预防”两个概念组面。很显然，“皮肤癌”是第一个概念组面的显性概念，除此以外，该概念组面还包含一些隐含的概念，可以将隐含的概念理解为与显性概念相近或相关的概念。“皮肤肿瘤”有良性和恶性之分，恶性的皮肤肿瘤可以理解为“皮肤癌”，因此“皮肤肿瘤”可看作是“皮肤癌”的隐含概念。另外，发生在皮肤上的恶性黑色素瘤与皮肤癌之间也有很大的相关性，甚至可以理解为皮肤癌，因此，“黑色素瘤”也可作为“皮肤癌”的隐含概念。该课题的第二个概念组面的显性概念是“预防”，它也有隐含的概念，如遮光剂（一种医学上公认的对皮肤癌的预防有作用的物质）。因此，对于“皮肤癌的预防”这一课题的检索，“皮肤肿瘤”、“黑色素瘤”、“皮肤癌”、“预防”、“遮光剂”等语词都有可能成为检索的入口词。再比如，“印度政府对解决克什米尔问题的态度”，其隐性主题有“印巴关系”、“印巴领土问题”等。

2. 找出核心概念，排除无关概念和重复概念

过多过严的概念“逻辑与”组配，常会导致漏检。为了提高检索效果，在保证能准确表达课题内容的前提下，应尽可能减少概念组面数，排除无关概念和隐含在某种已列出概念中的重复概念。例如，检索“芸豆中天然食用色素的提取”，乍一看，该课题有五个概念：芸豆、天然、食用、色素、提取。然而，仔细分析一下，芸豆中提取的色素肯定是天然的、食用的，应将天然、食用这两个重复概念排除掉。提取也可排除，因为只要把“芸豆”与“色素”这两个概念组面进行“逻辑与”组配，有关提取、利用等方面的文献都会查出。

3. 从待检数据库和检索工具的词表中选取规范化的词或词组

主题词（指标题词、单元词、叙词）检索时，所用检索词是规范化词语，检索效果较好。但检索过程中主题词确定较难，往往需要利用数据库主题词表，以达到检索提问标识与文献特征标识相吻合。如爱滋病、艾滋病均为自由词，通过主题词表规范化处理后的检索词应为“获得性免疫缺陷综合症”。

4. 选用上位词、近义词或下位词作为检索词

由于新词汇的大量涌现及词表收词量的局限等因素，使得某些主题概念可能在词表中找不到专指度合乎要求的主题词，这时，使用上位类或同义词、近义词等专指度较低的词进行信息检索，查全率才会提高。例如检索彩色电视机，可从上位词电视机着手查找；检索“肺癌”，可从“吸烟”着手查找。

但如果查出的信息量太多，查准率很低时，应提高检索词的专指度，用下位类专指度较强的词进行信息检索。例如，查有色金属时，可用具体的金属名称：金、银、铜……

5. 选用自由词作检索词

由于词表规模限制和新技术词汇、信息需求的发展和变化，当在词表中找不到可替代的主题词，或者数据库本身是用自由词（即关键词）进行标引时，应利用自由词（关键词）检索。用自由词检索时，要将同义词、近义词、相关词、各种词形、缩略语、代码、符号以及英、美的不同拼写法等尽可能选全，以避免漏检，提高检索效果。另外，对检索结果还需注要辨别，选出切题信息，避免误检。

在数据库中，文献的记录都以字段形式存在，确定检索词时，要了解各数据库中可供检索的字段。为防止漏检，还可采用多个字段同时检索。

1.5.5 检索式的构造

检索提问式是数字资源检索中用来表达用户检索提问的逻辑表达式。一般一个课题需用多个检索词表达，并且将这些检索词用一定的方法确定关系，以完整表达一个统一的检索要求。

在编制检索提问式时，准确、合理地运用位置逻辑算符、截词符、字段符等技术是编制检索式的基本要求。

1. 合理的检索提问式应达到以下两个基本要求

1）能充分而准确地反映信息需求的内容。

2）能适应所查数据库的索引体系、用词和匹配规则，即与数据库中的信息标识相匹配。只有确切表达信息需求的检索式，才有可能从数据库中检出符合需要的信息，而只有与数据库中的信息标识达到高程度匹配的检索式，才能把需要的信息检索出来。

2. 编制检索提问式时须注意的问题

1）在构造检索提问式时，要弄清所使用的数据库的检索功能和所采用的操作算符，不同的数据库往往采用不同的符号或文字来描述词与词之间的组配关系。如截词符在 UMI PQDD 中用"？"表示，在 EI Compendex 中用"*"表示。

2）检索词之间用"逻辑或"连接，可扩大检索式概念的外延，拓宽信息检索的范围，有利于提高查全率。在检索中，把与检索概念有关的上位类词、同义词、近义词或相关词等用"or、+"连接在检索式中，能够避免漏检，有效地提高查全率。例如"百日维新 or 戊戌变法"。

3）为提高检索速度，在使用布尔算符时，应把估计出现频率低的词放在"AND"的左边，把频率高的词放在"OR"的左边，同时使用"AND"和"OR"时，应把"OR"放在"AND"的左边。

4）应考虑哪些词可利用截词算符，哪些地方要用位置算符，是否需用字段算符加以限制。综合利用各种算符，可提高检索效率，使检索结果更为理想。

5）应避免可能产生多种逻辑判断的组配。组配的结果只能表示一种含义，如果可能产生两种或多种含义，就应采取相应的措施加以限制。

6）当检索出的信息量太多时，可利用逻辑非"NOT"剔除不符合要求的信息，限制与用户提问不相关信息的检出，进行概念的否定检索，使得到的检索结果更加准确。例如，检索"不包含花生油的食用油"的信息，可用检索式"食用油 NOT 花生油"来描述。

7）检索提问式要精炼明了，在能准确完整表达信息需求的基础上，能简化的必须简化。同时，应事先考虑到各种情况，多准备几个检索提问式，以便上机过程中随时调整使用。检索时，一般采用专指度较高的先检索，逐步扩大检索范围，这样可以节省检索时间并获得较准确的检索结果。

本章主要参考文献

丛石．2003．三种信息检索语言的功能及其应用[J]．图书情报知识，3.

焦玉英．2003．信息检索进展[M]．北京：科学出版社.

李小宾，李景峰．2003．信息检索[M]．北京：科学出版社.

卢文林．2003．信息检索技术发展概况[J]．农业图书情报学刊，3.

魏国韩．2003．加强电子信息资源建设，提高图书馆信息服务质量[J]．情报探索，4.

张丽君，杨绿．2001．电子信息资源管理[J]．情报科学，7.

章云兰，郑江平．2002．科技信息检索教程[M]．杭州：浙江科学技术出版社.

赵千．2003．电子信息资源的获取、收藏与利用[J]．情报科学，11.

第 2 章　中国期刊论文数据库

目前国内主要的期刊论文全文数据库有三个，分别是同方知网的《中国期刊全文数据库》、重庆维普的《中文科技期刊数据库》和万方数据的《数字化期刊全文数据库》，他们基本上囊括了我国出版的学术期刊。因为版权的原因，这三个数据库收录的期刊品种互有重复，收录期刊数量也在不断变化之中。而人大书报资料中心的《复印报刊资料数据库》是其纸质期刊的电子版，它虽然也是期刊论文全文数据库，但因为《复印报刊资料》登载的文章均来自其他期刊上已发表的论文，所以该数据库与其他三家期刊论文数据库也有重复。上海图书馆的《全国报刊索引数据库》收录国内出版的报纸、期刊文章的题录信息，是印刷型《全国报刊索引》的电子版，不是全文数据库，其社科版数据已回溯至 1833 年。全文数据库可直接检索下载原文，而文摘型、题录型数据库则往往通过文献机构的原文传递方法来获取全文。

2.1　中国期刊全文数据库

2.1.1　概述

CNKI（China National Knowledge Infrastructure）是中国知识基础设施工程，简称 CNKI 工程。CNKI 数据库包括《中国期刊全文数据库》、《中国优秀博硕士学位论文全文数据库》、《中国重要会议论文全文数据库》、《中国重要报纸全文数据库》、《中国年鉴全文数据库》、《中国工具书网络出版总库》和《中国引文数据库》等。

CNKI 系列数据库基于 CNKI 知识网络平台 KNS5.0，通过引证文献、参考文献、相似文献和读者推荐文献等相关文献链接，为每篇文献配置了“知网节”，构成了提示知识结构和知识发展脉络的知识网络。

1.《中国期刊全文数据库》(世纪期刊)(1979 年至 1993 年)

对 1994 年以前的 4195 种综合期刊与专业特色期刊回溯至创刊，最早的可追溯到 1915 年，如 1915 年创刊的《清华大学学报（自然科学版）》和《中华医学杂志》。累积期刊全文 546 多万篇。

2.《中国期刊全文数据库》(1994 年至今)

收录 1994 年以来 8200 多种学术期刊论文全文，内容范围覆盖自然科学、工程技术、农业、哲学、医学、人文社会科学等各个领域，各专辑专题分类系统见表 2.1。至 2008 年 10 月，累积期刊全文 2358 多万篇。

3.《中国优秀博硕士学位论文全文数据库》(1999 年至今)

主要收录全国 370 家博硕士培养单位 1999 年及之后毕业的优秀博/硕士学位论文，

也少量收录有1999年以前的学位论文。至 2008年10月，累积博/硕士学位论文全文73多万篇。

表 2.1　CNKI 专辑专题分类系统主表

代码	名称	专题名称
A	理工 A	自然科学理论与方法、数学、非线性科学与系统科学、力学、物理学、生物学、天文学、自然地理学和测绘学、气象学、海洋学、地质学、地球物理学、资源科学
B	理工 B	化学、无机化工、有机化工、燃料化工、一般化学工业、石油天然气工业、材料科学、矿业工程、金属学及金属工艺、冶金工业、轻工业手工业、一般服务业、安全科学与灾害防治、环境科学与资源利用
C	理工 C	工业通用技术及设备、机械工业、仪器仪表工业、航空航天科学与工程、武器工业与军事技术、铁路运输、公路与水路运输、汽车工业、船舶工业、水利水电工程、建筑科学与工程、动力工程、核科学技术、新能源、电力工业
D	农业	农业基础科学、农业工程、农艺学、植物保护、农作物、园艺、林业、畜牧与动物医学、蚕蜂与野生动物保护、水产和渔业
E	医药卫生	医药卫生方针政策与法律法规研究、医学教育与医学边缘学科、预防医学与卫生学、中医学、中药学、中西医结合、基础医学、临床医学、感染性疾病及传染病、心血管系统疾病、呼吸系统疾病、消化系统疾病、内分泌腺及全身性疾病、外科学、泌尿科学、妇产科学、儿科学、神经病学、精神病学、肿瘤学、眼科与耳鼻咽喉科、口腔科学、皮肤病与性病、特种医学、急救医学、军事医学与卫生、药学、生物医学工程
F	文史哲	文艺理论、世界文学、中国文学、中国语言文字、外国语言文字、音乐舞蹈、戏剧电影与电视艺术、美术书法雕塑与摄影、地理、文化 、史学理论、世界历史、中国通史、中国民族与地方史志、中国古代史、中国近现代史、考古、人物传记、哲学、逻辑学、伦理学、美学、心理学、宗教
G	政治军事与法律	马克思主义、中国共产党、政治学、中国政治与国际政治、思想政治教育、行政学及国家行政管理、政党及群众组织、军事、公安、法理、法史、宪法、行政法及地方法制、民商法、刑法、经济法、诉讼法与司法制度、国际法
H	教育与社会科学综合	社会科学理论与方法、社会学及统计学、民族学、人口学与计划生育、人才学与劳动科学、教育理论与教育管理、学前教育、初等教育、中等教育、高等教育、职业教育、成人教育与特殊教育、体育
I	电子技术与信息科学	无线电电子学、电信技术、计算机硬件技术、计算机软件及计算机应用、互联网技术、自动化技术、新闻与传媒、出版、图书情报与数字图书馆、档案及博物馆
J	经济与管理	宏观经济管理与可持续发展、经济理论及经济思想史、经济体制改革、经济统计、农业经济、工业经济、交通运输经济、企业经济、旅游、文化经济、信息经济与邮政经济、服务业经济、贸易经济、财政与税收、金融、证券、保险、投资、会计、审计、市场研究与信息、管理学、领导学与决策学、科学研究管理

4.《中国重要会议论文全文数据库》(2000年至今)

主要收录国家二级以上学会、协会在 2000 年及以后举办的重要学术会议、高校重要学术会议及在国内召开的国际会议上发表的论文，也少量收录 1999 年以前的会议论文。年更新约10万篇文章，至2008年10月，累积会议论文全文96万多篇。

5.《中国重要报纸全文数据库》(2000年至今)

主要收录2000年以来国内公开发行的约1000种重要报纸刊载的学术性、资料性文献，自2005年始，每年精选符合收录要求的文献120余万篇。至2008年10月，累积报纸全文472多万篇。

6.《中国引文数据库》

收录了CNKI所有源数据库产品的参考文献，并揭示各种类型文献之间的相互引证关系。它不仅可以为科学研究提供新的交流模式，同时也可以作为一种有效的科学管理及评价工具。截至2008年10月，累积链接被引文献717多万篇。

2.1.2 开始使用数据库

1. 登录数据库

CNKI一般提供中心网站的远程包库服务和本地的镜像服务，个人用户也可通过购买检索卡得到相应的全文下载服务。CNKI对用户有两种控制方式，一是账号/密码方式，另一种是IP地址控制方式。根据您的访问权限登录总站 http://www.cnki.net 或本地镜像站，如图2.1所示。

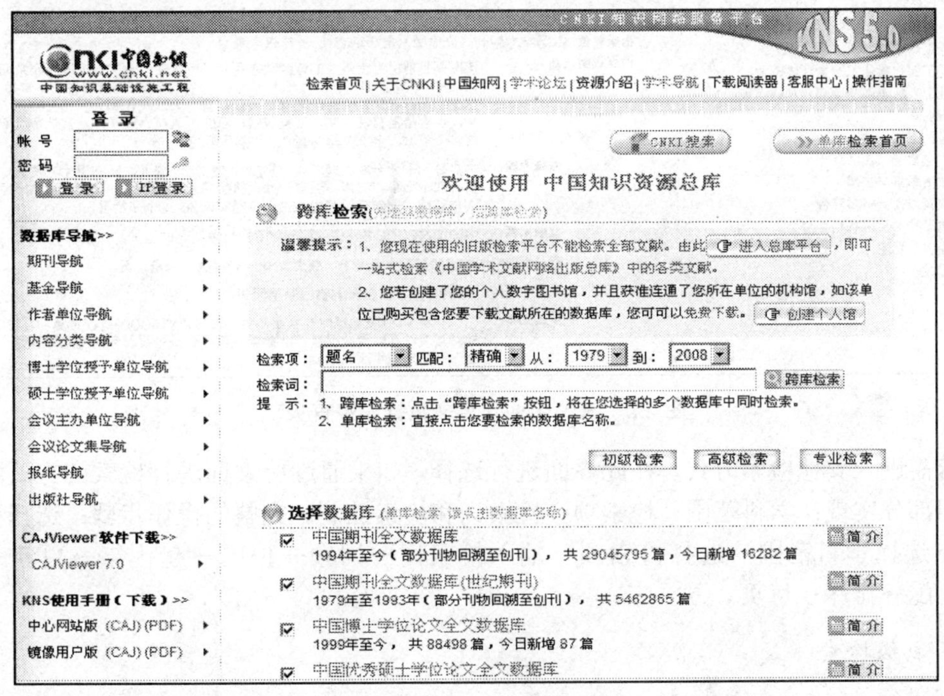

图2.1 CNKI教科网总站

2. 下载并安装全文浏览器

CNKI系列数据库同时提供CAJ（含KDH格式）和PDF两种文件格式，分别使用CAJViewer和Adobe Reader浏览器。如果电脑没有安装这两种浏览器，将无法打开下载的全文，必须选择安装一种浏览器，下次打开全文时就会自动调用相应的浏览器。因为PDF格式是国际通用的标准文件格式，故建议用户安装Adobe Reader浏览器。

2.1.3 数据库检索

登录数据库后，如果您有权限访问多个数据库，您可以进行跨库检索，即在您选择的多个数据库中同时检索，当然也可以直接单击您要检索的数据库名称进行单库检索。下面以《中国期刊全文数据库》为例来介绍数据库的用法。

《中国期刊全文数据库》提供的检索方式有：初级检索、高级检索、专业检索、分类检索和期刊导航等。各种检索方式的检索功能有所差异，基本上遵循由高向低兼容的原则，即高级检索中包含初级检索的全部功能，专业检索中包括高级检索的全部功能。进入《中国期刊全文数据库》，系统默认的检索界面为初级检索，如图 2.2 所示。

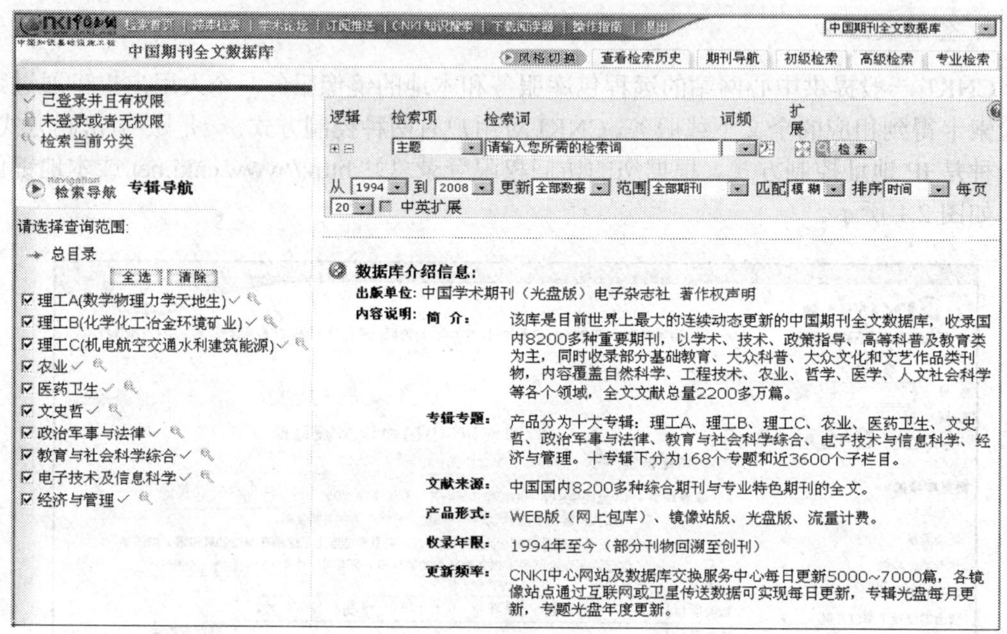

图 2.2 《中国期刊全文数据库》首页

若需进入其他检索方式，在此界面进行选择。如果通过检索词进行检索的方式均需通过四部分实现：学科范围、检索项、检索词和检索控制。完整的操作步骤：选择检索方式→选择学科范围→选择检索项→输入检索词→词频→扩展→起止年→更新→范围→匹配→排序→每页。

1. *初级检索*

初级检索是一种简单检索，检索界面如图 2.3 所示。初级检索具有多种功能，例如，简单检索、多项单词逻辑组合检索、词频控制、最近词和词扩展。

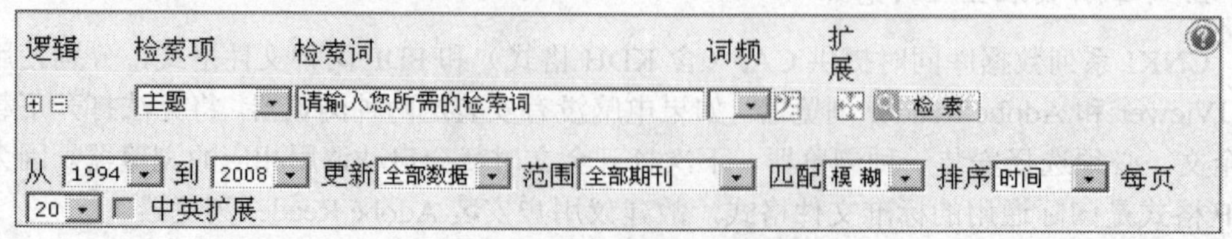

图 2.3 初级检索界面

多项单词逻辑组合检索：多项是指可选择多个检索项，通过单击“逻辑”下方的“⊞”

增加一逻辑检索行；单词是指每个检索项中只可输入一个词；逻辑是指每一检索项之间可使用逻辑与、逻辑或、逻辑非进行项间组合。

最简单的检索只需输入检索词，单击检索按钮，则系统将在默认的“主题”（题名、关键词和摘要）项内进行检索，任一项中与检索条件匹配者均为命中记录。

（1）选择查询的学科范围

检索导航体系将各学科、各门类的知识分成十大专辑（见图 2.4）。学科导航系统有两个作用，一是限定学科范围，二是进行分类检索。不用分类途径检索时，只需限制学科范围即可。

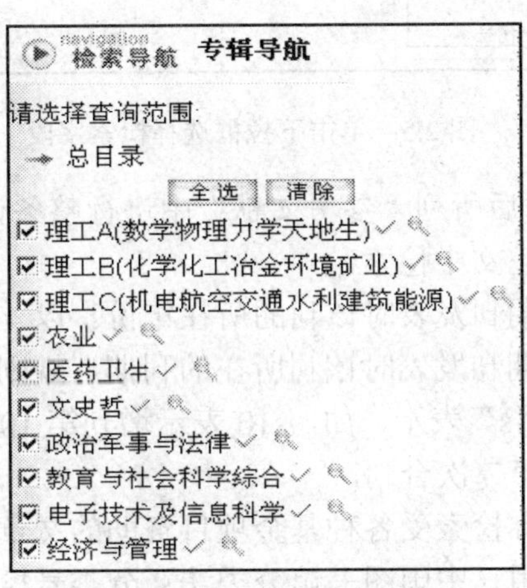

图 2.4 学科导航图

单击专辑名或类目名称，会展开下一级类目，专辑名或类目名称后面有“√”，表示该类目还有下一级类目。专辑名或类目名前有小框“□”，用鼠标单击它，即表示选定此类目。

单击[全选]可一次性选择全部导航类目，单击[清除]可一次性清除全部所选导航类目，单击类目前的“□”可限制在一个类或多个类中进行检索。

（2）选择检索项

该数据库所称的检索项就是检索字段，《中国期刊全文数据库》共有 16 个检索字段：主题、篇名、关键词、摘要、作者、第一作者、单位、刊名、参考文献、全文、年、期、基金、中图分类号、ISSN 和统一刊号，在下拉框中选择合适的字段，如图 2.5 所示。

1）主题：中英文篇名、中英文关键词、机标关键词和中英文摘要。

2）篇名：中文篇名、英文篇名。

3）关键词：中文关键词、英文关键词和机标关键词。

4）摘要：中文摘要、英文摘要。

5）作者：作者中文名、作者英文名。

6）第一作者：多个作者中排列于首位的作者。

7）单位：作者所任职的机构。

8）刊名：中文刊名、英文刊名。

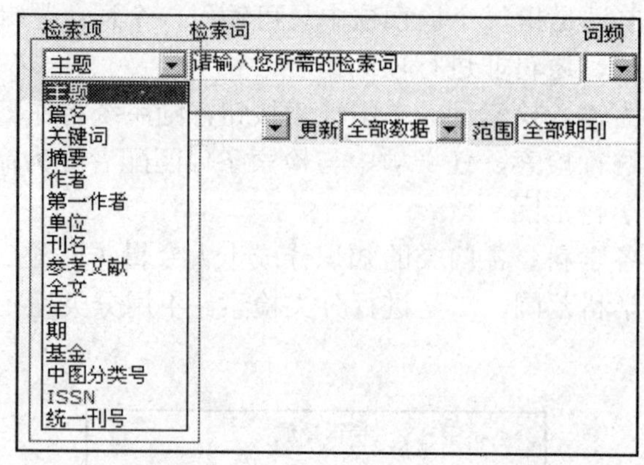

图 2.5　单击下拉框选择检索字段

9）参考文献：在文章后所列“参考文献”中进行整条记录的综合检索。

10）全文：在文章的正文中检索。

11）年：文章在某一期刊发表时该刊的所在年份。以 4 位数字表示，如，2005。

12）期：文章在某一期刊发表时该刊所在的刊期。规则刊期以 2 位数字表示，如，01，表示第 1 期；增刊以“s”表示，如，s10 表示增刊第 10 期；合刊以“z”表示，如，z2，表示某刊在某年度的第二次合刊。

13）基金：用基金名称检索受各种基金项目资助的文章。

14）中图分类号：可用《中国图书馆分类法》分类号检索，如，B82。

15）ISSN：以国际标准刊号进行检索，如，1000-2871。

16）统一刊号：以统一刊号原有形式进行检索，如，31-1296/TQ。

（3）输入检索词

初级检索中，一个检索项只能输入一个检索词，高级检索中一个检索项可输入两个检索词。但通过单击“⊞”能增加一逻辑检索行，最多可至 5 个逻辑检索行，单击“⊟”减少一逻辑检索行。

（4）检索词控制

输入检索词后，可根据需要选择下列检索词控制条件：词频、最近词、词扩展和关系。

1）词频：指检索词在相应检索项中出现的频次，可从下拉列表中选择。词频为空，表示至少出现 1 次，如果为数字，例如 3，则表示至少出现 3 次，以此类推。最大的选择数为 9。

2）最近词：在未输入任何检索词的情况下，单击图标，将弹出一个窗口，记录本次登录最近输入的 10 个检索词。单击您所需要的检索词，则该检索词自动进入检索框中。

3）词扩展：单击图标，将弹出一个窗口，显示以输入词为中心的相关词；相关词可以三种方式自动添加到检索框中：单词自动增加、多词自动增加和相关词取代原输入词。在弹出窗口中，勾选一个相关词前的“□”，再单击“确定”按钮，则该相关词自动以“逻辑与”的关系增加到检索框中；勾选多个相关词前的“□”，再单击“确定”

按钮，则该多个相关词之间以“逻辑或”的关系增加到检索框中；单击所需要的相关词，则该相关词自动进入检索框并取代原先所输入词所需要的检索词。

4）关系：在高级检索方式中，指同一检索项中两个检索词的词间关系，可选择“并且”、“或者”、“不包含”、“同句”或“同段”等关系，如图 2.6 所示。同句是指两个标点符号之间，同段是指 5 句之内。

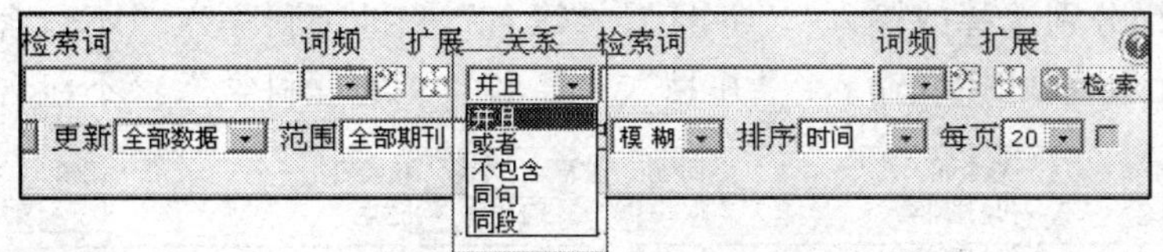

图 2.6 检索词关系控制

（5）检索记录控制

检索记录控制包括起止年份、更新、范围、匹配、排序和每页等。

更新：包括全部数据、最近一周、最近一月、三个月和半年等选项。

范围：包括全部期刊、EI 来源期刊、SCI 来源期刊和核心期刊等选项。

匹配方式：包括精确匹配和模糊匹配两种方式，精确匹配是指检索结果完全等同或包含与检索字/词完全相同的词语；模糊匹配是指检索结果包含检索字/词或检索词中的词素。

排序：包括时间、无和相关度三个选项。时间指按数据入库时间顺序排列；相关度指按词频、位置的相关程度从高到低顺序输出。

每页：指检索结果每页所显示的条数，提供 5 种值供选择：10、20、30、40、50。

（6）检索

单击检索执行检索，系统即可执行数据库的检索，并在检索结果显示区内显示命中的检索结果。

2. 高级检索

高级检索是一种比初级检索要复杂一些的检索方式，但也可以进行简单检索，检索界面如图 2.7 所示。高级检索特有功能如下：多项双词逻辑组合检索、双词频控制。

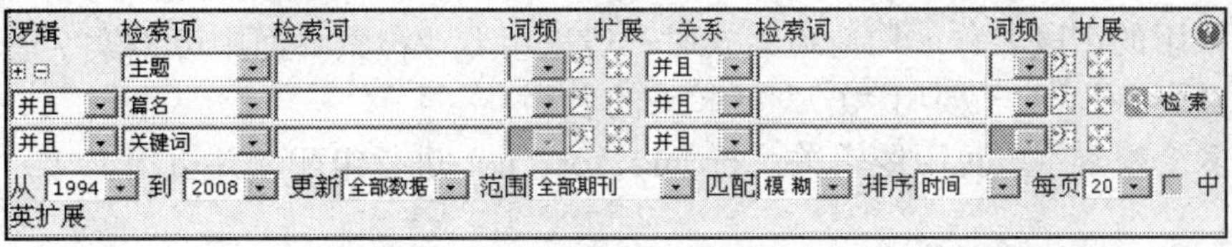

图 2.7 高级检索界面

其中，多项双词逻辑组合检索：多项是指可选择多个检索项，最多可增加到 5 个检索项；双词是指一个检索项中可输入两个检索词（在两个输入框中输入），每个检索项中的两个词之间可进行五种组合（并且、或者、不包含、同句、同段），每个检索项中的两个检索词可分别使用词频、最近词、扩展词；逻辑是指每一检索项之间可使用逻辑与、逻辑或、逻辑非进行项间组合。

例 1：要求检索 2005 年发表的篇名中包含“地理科学”，不要篇名中包含“进展”、“综述”、“述评”的期刊文章，操作步骤如下（如图 2.8 所示）。

1）在专辑导航中点[全选]。

2）第一行分别选择或输入：“篇名”、“地理科学”、“不包含”、“进展”。

3）第二行分别选择或输入：“并且”、“篇名”、“地理科学”、“不包含”、“综述”。

4）第三行分别选择或输入：“并且”、“篇名”、“地理科学”、“不包含”、“述评”。

逻辑 检索项 检索词 词频 扩展 关系 检索词 词频 扩展
篇名 地理科学 不包含 进展
并且 篇名 地理科学 不包含 综述 检索
并且 篇名 地理科学 不包含 述评
从 2005 到 2005 更新 全部数据 范围 全部期刊 匹配 精确 排序 相关度 每页 50 中英扩展

图 2.8　高级检索举例

5）选择检索控制条件：时间从 2005 到 2005、精确匹配、相关度排序、每页 50 条记录。

6）单击检索。

3. 专业检索

专业检索界面如图 2.9 所示，专业检索比高级检索功能更强大，但需要检索人员根据系统的检索语法编制检索式进行检索，适用于熟练掌握检索技术的专业检索人员。

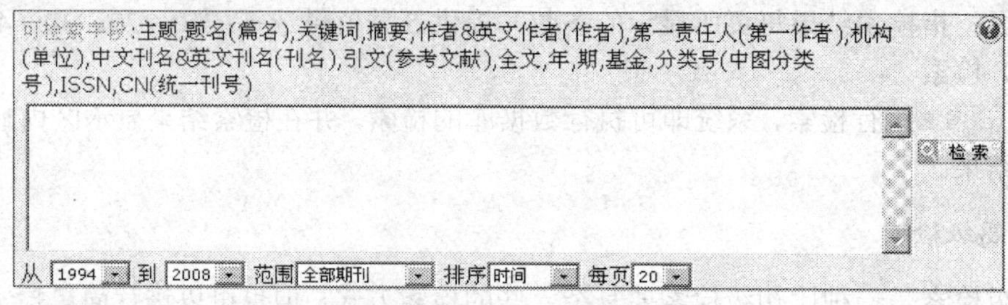

图 2.9　专业检索界面

编制检索表达式采用的语法请参照表 2.2，编制过程中需要注意以下几点。

1）采用的字段名称。构造检索式时一般采用专业检索界面中可检索字段中“()”前的检索项名称，而不要用“()”括起来的名称。

2）多个检索字段可用逻辑关系符 and、or、not 进行组配，并可用“（）”改变运算顺序。

3）所有符号和英文字母(包括所示操作符)，都必须使用英文半角字符。

4）逻辑关系符（and、or、not）及运算符（#、%）前后要空一个字节，运算符（$ 、/SUB、/NEAR、/PREV、/SEN）还必须大写。

5）使用“同句”、“同段”、“词频”时，请注意：用一组西文单引号将多个检索词及其运算符括起，如‘流体#力学’；运算符前后需要空一个字节，如‘流体#力学’。

表 2.2　专业检索语法表

检索项	运算符/式	检索功能	检索含义	备注
年、期、ISSN、CN、分类号	=value	精确	与检索字/词完全相同，不区分大小写	运算符 = 前后不能空格
	=value?	前方一致	与检索字/词前方一致	
	=value1?value2	前方一致 字距	与检索字/词 1 前方一致 并且检索字/词 1 与检索字/词 2 间相隔一个字	
	= value?…?value?		与检索字/词 1 前方一致 并且检索字/词 1 与检索字/词 2 间的?，表示其间隔字数	
	= value1*value2		与检索字/词 1 前方一致 并且检索字/词 1 与检索字/词 2 间隔任意字数	
作者、机构、中文刊名、英文刊名、基金、第一负责人	=str	精确	与检索字/词完全相同	运算符/SUB 大写，前后至少空一字符
	= 'str/SUB N'	序位精确	第 n 位与检索字/词完全相同	
	%str	包含	包含检索字/词	
	%'str/SUB N'	序位包含	第 n 位包含检索字/词	
主题、题名、关键词、摘要、引文、全文	=str	包含	包含检索词	
	%str	模糊	包含检索词及其词素	
	= 'str1 # str2'	词距	同句	
	= 'str1　%　str2'		同句，按词序出现	运算符#%前后空 1 字符
	= 'str1 /NEAR N str2'		同句，间隔小于 N 词	
	= 'str1 /PREV N str2'		同句，按词序出现，间隔小于 N 词	运算符$ /NEAR /PREV /SEN 大写，前后空 1 字符
	= 'str1 /AFT N str2'		同句，按词序出现，间隔大于 N 词	
	= 'str1 /SEN N str2'		同段，按词序出现，间隔小于 N 句	
	= 'str1 /PEG N str2'		全文，词间隔小于 N 段	
	= 'str $N'	词频	检索词出现的次数	

例 1：要求检索钱伟长在清华大学或上海大学时发表的文章。

检索式：作者＝钱伟长 and (机构%清华大学 or 机构%上海大学)

例 2：要求检索姓张的作者在清华大学期间发表的题名或摘要中都包含“物理”的文章。

检索式：作者%张 and 机构%清华大学 and (题名=物理 or 摘要=物理)

例 3：要求检索李姓作者撰写的，题名中包含“流体”、“力学”文章。

检索式：作者%李 and 题名='流体 # 力学'

4. 分类检索

检索导航体系将各学科、各门类的知识分成十大专辑，如图 2.4 所示。展开某专辑，类目名称有“ √ ”图标，表示有下位类，没有“ √ ”图标表示类目已是最后一级。进行分类检索时，单击最后一级类目名称，将检索出此类目的所有文献。而单击某类目后的“ ”图标则能检索任意一级类目所属的文献。

5. 期刊导航

期刊导航系统除了提供常规的刊名首字母导航外，还提供专辑、数据库刊源、刊期、出版地、主办单位、发行系统、期刊荣誉榜、世纪期刊和核心期刊等导航，还能按刊名、ISSN 或 CN 等字段进行检索，如图 2.10 所示。

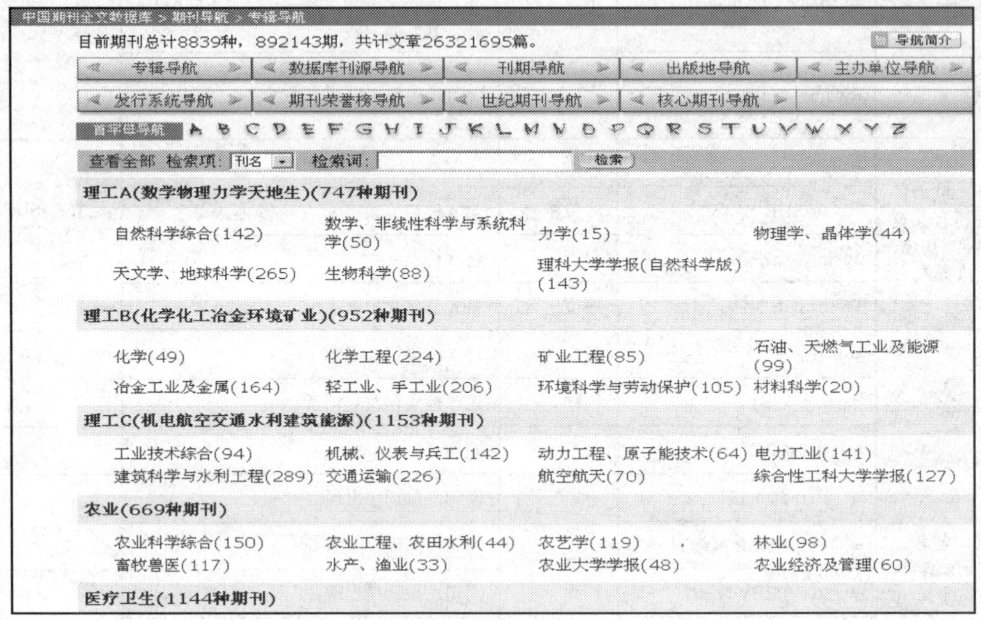

图 2.10　期刊导航界面

浏览或检索到相应的期刊后，再逐渐单击某一刊物名称、选择刊期，即可获得该刊物该年度该期所发表文献的文献记录。

2.1.4　检索结果处理

1. 二次检索

二次检索是指在前一次检索结果的基础上的再次检索，在初级检索、高级检索和专业检索中都可以进行二次检索。只需“在结果中检索”框中单击，并且选择不同的逻辑关系（并且、或者、不包含），然后重新选择检索项，输入相关检索词或直接输入检索式，单击“检索”按钮，便可得到新的检索结果。二次检索可以多次使用，从而实现复杂的检索。

2. 题录保存

题录是题名目录的简称，常包括题名、作者、关键词、作者机构和文献来源等信息。题录保存操作全过程在检索结果页面完成，系统允许在一个题录文件中最多保存 50 条题录。

保存题录操作步骤：选择题录（全选、单选）→存盘→选择存盘格式（简单、详细、引文、自定义）→预览→打印（或复制保存）。

（1）选择题录

选择题录可采取“全选”和“单选”。

全选：单击全选，选择当前页上的全部文献记录，单击清除，将取消前次所选文献记录。

单选：在当前页分别勾选所要保存的文献记录，单击题名前的“□”。

（2）保存题录

在选择好需保存的文献记录后，单击页面右上方的存盘，则系统显示默认的引文格式。系统提供四种题录保存格式：简单、详细、引文和自定义。当选择“自定义”时，则系统提供以下信息项供选择：题名、作者、关键词、单位、摘要、基金、刊名、ISSN、年、期和第一作者。

（3）预览

单击不同的保存格式，再单击预览，可分别查看样式是否符合需求。

（4）打印

单击打印将所选中的题录保存格式输出到纸载体上；如要复制保存，则将页面复制另存文件。

（5）清除设定

只是对“自定义”起作用。单击清除设定，将清除原选所选择的题录信息保存项，可重新勾选自定义信息项。

3. 全文下载及浏览

有正常登录的正式用户才可以下载保存和浏览文献全文。系统提供两种途径下载浏览全文：一是从检索结果页面（概览页），单击题名前的下载 CAJ 格式全文；二是从知网节（细览页），单击 CAJ 下载或PDF 下载，可分别下载 CAJ 格式或 PDF 格式全文。

下载过程中，系统会提示：您想打开或保存此文件吗？如果选择了“保存”，则将全文数据下载到指定的磁盘内；如果选择“打开”，并且本机安装有对应的全文浏览器，则可直接显示全文。

4. 浏览器功能

该数据库的全文数据为图像文件，需要通过全文浏览器 CAJViewer 或 Adobe Reader 来打开。浏览器能对图像文件进行各种处理，特别是可以对图像文件进行文本和图像剪贴处理。如 Adobe Reader 浏览器可以用工具栏中的选择按钮选择文本，用按钮选择图像，用“另存为”的方式把整个图像文件转为文本文件。而 CAJViewer 浏览器则用工具栏中的按钮选择文本，用按钮选择图像，用按钮进行文字识别，用“另存为”的方式把整个图像文件转为文本文件。

2.2　中文科技期刊数据库

2.2.1　概述

重庆维普资讯有限公司是一家大型的专业化数据公司，前身是中国科技情报所重庆分所数据库研究中心。该公司现有《中文科技期刊数据库》(全文版)、《中文科技期刊数据库》(文摘版)、《中文科技期刊数据库》(引文版)、《中国科技经济新闻数据库》、《外文科技期刊数据库》及《VIP Exam 考试学习资源数据库》等数据库产品。

《中文科技期刊数据库》(全文版）是全国三大综合性期刊论文数据库之一，该数据库收录了 1989 年至今的 8000 余种中文期刊，学科范围覆盖理、工、农、医以及社会科学等领域，分社会科学、自然科学、工程技术、农业科学、医药卫生、经济管理、教育科学和图书情报等八大专辑。截至 2008 年 11 月，累计收录文献已超过 2000 多万篇。该数据库与国内其他中文数据库相比，具有以下一些特点。

1）采用《中国图书馆分类法》（第四版）对每一篇文献根据其内容特征进行入类，确保综合类期刊的每篇文献也能准确地归入不同的类别。

2）参照《汉语主题词表》（1980 年版本）、《机械工程叙词表》和《化工汉语主题词表》等学科主题词表，并依据《检索期刊条目著录规则》（GB/T3793-1983）等标引规则对每一篇文献进行主题标引，提高了文献的检索效果。

3）提供同义词库检索功能。以《汉语主题词表》为基础，参考各个学科的主题词表，通过多年的标引实践，编制了规范的关键词用代词表——同义词库，实现高质量的同义词检索，提高查全率。

4）提供同名作者检索功能。根据作者单位信息可以很快区分作者的身份，迅速实现检索定位。

5）提供个性化的“我的数据库”功能。用户可以通过注册个性化的标识名，使用“我的数据库”功能，包括期刊定制、关键词定制、分类定制、保存检索历史以及查询电子书架等功能。

6）支持 OpenURL 协议，提供异构数据库的开放连接增值服务，方便用户提供资源的二次开发利用，例如与图书馆 OPAC 系统的数据关联。

《中文科技期刊数据库》(文摘版)是免费的，可在“维普资讯网”(http://www.cqvip.com)和 google 学术搜索平台 google scholar 上免费检索。

《中文科技期刊数据库》（引文版）是以全文版为基础开发而成，主要检索 1989 年以来国内 8000 多种重要期刊(含核心期刊)所发表论文的参考文献，现有源文献近 500 万篇、参考文献 2000 余万篇，是目前国内检索期刊种类最多的引文数据库之一。该库可独立实现参考文献与源文献之间的切换检索，还可以通过开放接口将引文检索功能整合在全文数据库中，实现引文检索与全文检索的无缝链接操作，是进行文献评价、科学家评价、研究机构评价、期刊评价和职称评定等项工作中重要信息来源。

《中国科技经济新闻数据库》收录国内 420 多种重要报纸和 8000 多种科技期刊的 300 余万条新闻资讯，包括了各行各业的新产品、新技术、新动态和新法规的资讯报道。

该库是科研机构、企业、政府部门获取行业动态，把握市场走向，建立竞争情报系统的重要信息来源，是科技查新单位进行科技查新时重要的查询数据库之一。

《外文科技期刊数据库》提供1992年以来世界 30余个国家的11300余种期刊，800余万条外文期刊文摘题录信息。该库对题录字段中刊名和关键词进行了汉化，帮助检索者充分利用外文文献资源，并联合国内 20 余个图书情报机构提供方便快捷的原文传递服务，完全满足中小型图书馆、科研机构对外文文献资源的需求。

《VIP Exam考试学习资源数据库》是维普资讯专门为高等院校研发的集日常学习、考前练习和在线考试等功能于一体的大型教育资源数据库。VIP Exam系统整合了英语、公务员、考研和计算机等十大专辑220余个热门考试科目的海量题库。

2.2.2 开始使用数据库

1. 登录数据库

首先根据用户的访问权限登录维普资讯网（http://www.cqvip.com）或本地镜像站。

2. 下载并安装全文浏览器

重庆维普《中文科技期刊数据库》提供PDF文件格式，使用Adobe Reader浏览器。如果电脑没有安装浏览器，将无法打开下载的全文，必须先安装 PDF 浏览器，下次再打开全文时就会自动调用相应的浏览器。

2.2.3 数据库检索

《中文科技期刊数据库》提供五种检索方式：快速检索、传统检索、高级检索、分类检索及期刊导航。进入《中文科技期刊数据库》，系统默认的检索界面为快速检索，如图2.11所示。

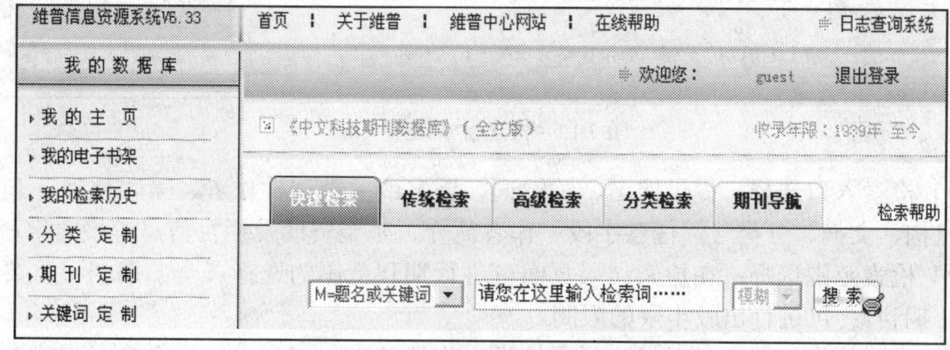

图2.11 《中文科技期刊数据库》首页

1. 快速检索

在首页的检索框中直接输入检索词（或通过布尔逻辑组配的多个检索词）进行检索的方式即为快速检索。首页的“快速检索”默认在“题名或关键词”字段进行检索。在检索结果页面上提供更多的条件限制功能，检索结果页面如图2.12所示。

图 2.12　快速检索结果页面

1）检索入口选择：提供题名、关键词、题名或关键词、作者、第一作者、刊名、作者机构、文摘、分类号、任意字段、作者简介、基金资助及栏目信息等检索字段。

2）检索范围选择：在检索结果页面可进行期刊范围的选择（全部期刊、重要期刊及核心期刊）；可进行出版年限的限制。

3）二次检索功能：在已经进行了检索操作的基础上，可进行重新检索或二次检索（在结果中检索、在结果中添加或在结果中去除），3 种二次检索方式的说明如下：

① 在结果中检索：检索结果中必须出现所有的检索词，相当于使用“逻辑与”。

② 在结果中添加：检索结果至少出现任一检索词，相当于使用“逻辑或”。

③ 在结果中去除：检索结果中不应该出现包含某一检索词的文章，相当于使用“逻辑非”。

2. 传统检索

改版前的检索模式，单击“传统检索”按钮即进入如图 2.13 所示的传统检索界面，传统检索提供以下检索功能：

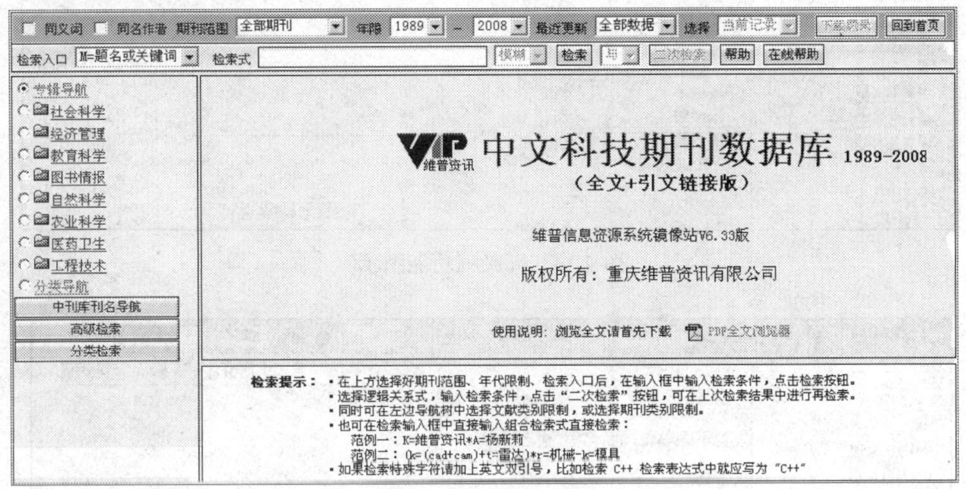

图 2.13 传统检索页面

1）选择检索字段：从题名、关键词、文摘、刊名、作者或机构等常用字段中选择一个。

2）限定检索范围：提供专辑导航、分类导航、出版年限限制和期刊范围限制。

① 专辑导航：《中文科技期刊数据库》将所有资源分为八个专辑：社会科学、自然科学、工程技术、农业科学、医药卫生、经济管理、教育科学和图书情报。每个专辑又可按树形结构展开相应的专题。点某一专题名称，可查看该专题包含的所有数据。

② 分类导航：以《中国图书馆分类法》（第四版）为依据，每一个学科分类都可以按树形结构展开，利用导航缩小检索范围，进而提高查准率和查询速度。

③ 出版年限限制：数据收录年限从 1989 年至今，检索时可进行年限选择限制，（如，选择从 1989 年到 2008 年）。

④ 期刊范围限制：数据库的期刊范围包括全部期刊、重要期刊和核心期刊，用户可以根据检索需要来设定适合的范围以获得更加精准的数据。

3）输入检索词或直接输入检索式。

4）辅助检索功能。

① 同义词：选择题名或关键词字段，然后勾选页面左上角的“同义词”，输入相应检索词，可查看到该检索词的同义词。检索中使用同义词功能可增加检全率。

例如，勾选同义词功能，在关键词字段输入“CAD”并单击“检索”按钮，可查看到“CAD”的同义词，如图 2.14 所示。勾选“辅助设计”并单击“确定”按钮，即可得到“关键词＝CAD＋辅助设计”的检索结果。

② 同名作者：勾选页面左上角的同名作者，选择检索入口为作者（或第一作者），输入检索词“张三”，单击“检索”按钮，即可找到作者名为“张三”的作者单位列表，

如图 2.15 所示，选择具体的作者单位以做进一步检索。

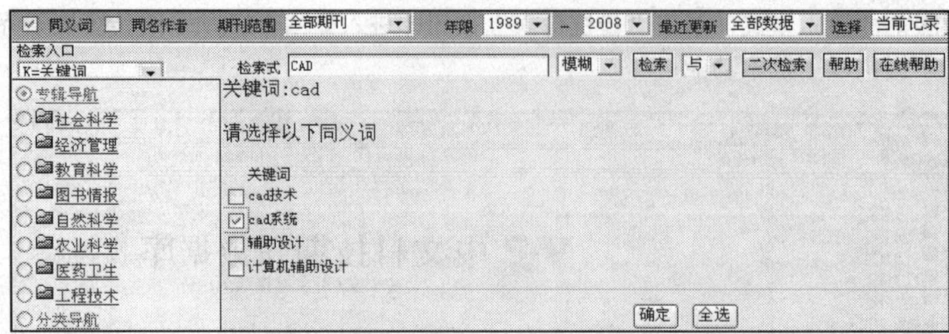

图 2.14　同义词功能图示

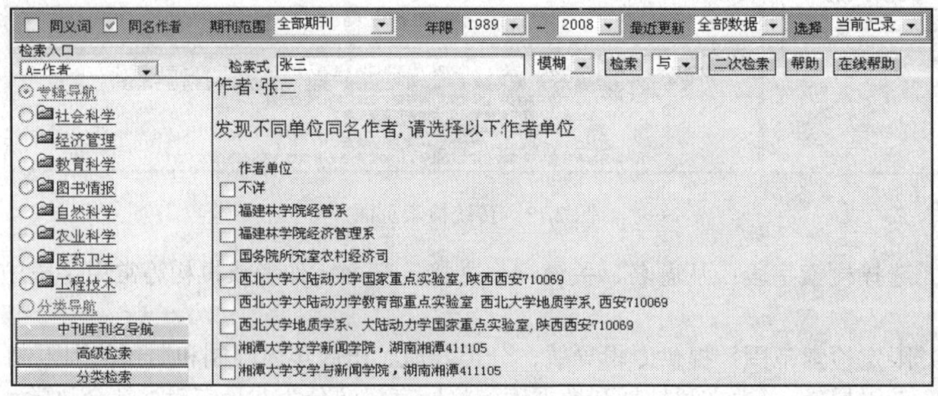

图 2.15　同名作者功能图示

3. 高级检索

单击“高级检索”按钮即可进入高级检索页面，如图 2.16 所示。高级检索是运用逻辑组配关系，查找同时满足几个检索条件的数据库论文。高级检索提供两种方式供用户选择使用：向导式检索和直接输入检索式检索。

（1）向导式检索

为用户提供分栏式检索词输入方法。可选择逻辑运算、检索项和匹配度，还可以进行相应字段扩展信息的限定，最大程度地提高了查准率。

1）扩展功能。选择相应检索字段，系统提供对应的扩展功能，对检索字段进行限制。

① 查看同义词：比如用户输入“土豆”，单击查看同义词，即可检索出土豆的同义词：春马铃薯、马铃薯和洋芋，用户可以全选，以扩大搜索范围。

② 查看同名/合著作者：比如用户可以输入“张三”，见图 2.15 所示。即以列表形式显示不同单位同名作者，用户可以选择作者单位来限制同名作者范围，最多能勾选 5 个单位。

③ 查看分类表：用户可以直接单击按钮，会弹出分类表页，操作方法同分类检索。

④ 查看相关机构：比如用户可以输入“中华医学会”，单击查看相关机构，即可显

示以中华医学会为主办（管）机构的所属期刊社列表，最多能勾选 5 个数据。

⑤ 期刊导航：直接进入期刊导航检索界面，帮助选择准确的期刊名称。

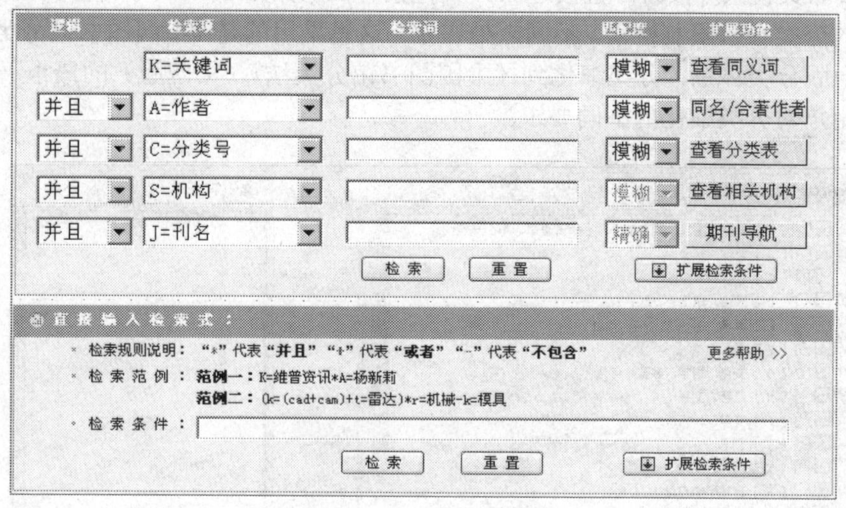

图 2.16　高级检索页面

2）扩展检索条件。用户可以根据需要对时间条件、专业限制或期刊范围作进一步的限制，以减小检索范围。

3）检索顺序。向导式检索的检索操作严格按照由上到下的顺序进行，先检索第一行并把检索结果跟第二行检索结果进行逻辑组配，逻辑组配得到的结果再跟第三行检索结果进行逻辑组配，这样一直组配下去，直至完成所有检索条件。

（2）直接输入检索式检索

用户可在检索框中直接输入逻辑运算符、字段标识等，单击“扩展检索条件”并对相关检索条件进行限制后单击“检索”按钮即可。

1）逻辑运算符。逻辑运算符只使用“*”、“＋”和“－”这三个符号，分别代表逻辑与、逻辑或和逻辑非。

2）字段代码。U（任意字段）、M（题名或关键词）、K（关键词）、J（刊名）、A（作者）、F（第一作者）、S（机构）、T（题名）、R（文摘）、C（分类号）、Z（作者简介）、I（基金资助）、L（栏目信息）。

3）关于检索优先级。无括号时逻辑与“*”优先，有括号时先括号内后括号外。

例 1：要求检索姓张的作者在清华大学期间发表的题名或关键词都包含“物理”的论文。

检索式：A＝张*S＝清华大学*M＝物理

例 2：要求检索钱伟长在非清华大学期间发表的论文。

检索式：A＝钱伟长－S＝清华大学

例 3：要求检索北京大学的作者撰写的，关键词包含“教学改革”并且题名中包含“高等数学”的论文。

检索式：S＝北京大学*K＝教学改革*T＝高等数学

4. 分类检索

单击“分类检索”按钮可直接进入分类检索界面，如图 2.17 所示。分类检索相当于传统检索的分类导航限制检索，不同之处在于：这里采用的是《中国图书馆分类法》（第四版）的原版分类体系，分类细化到《中国图书馆分类法》（第四版）的最小一级分类，能够满足用户对分类细化的不同要求。

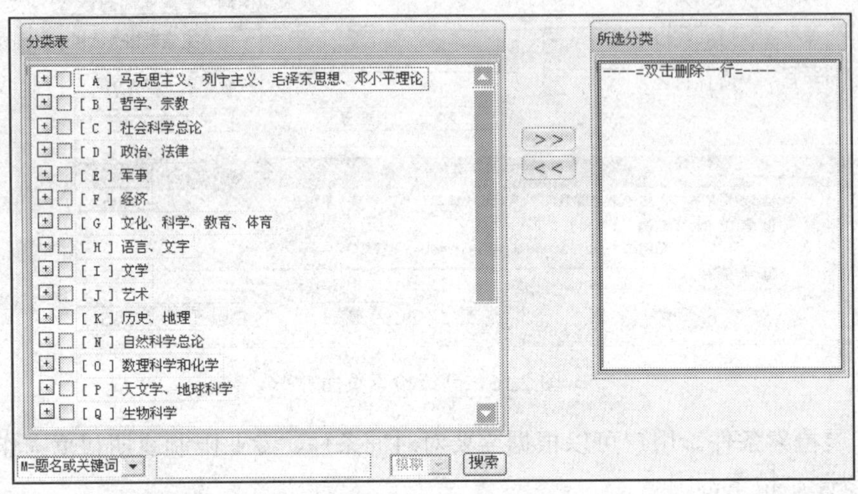

图 2.17　分类检索页面

1）学科类别选择：直接在左边的分类列表中按照学科类别逐级点开查找，并在所选学科前的□中打上“√”，并点 >> 按钮将类别移到右边的方框中，即完成该学科类别的选中。

2）在所选类别中搜索：在选中学科类别以后，在页面下方的检索框处选择检索入口、输入检索条件，即可进行在选中学科范围内的检索操作。

5. 期刊导航

单击“期刊导航”按钮可直接进入期刊导航检索界面，如图 2.18 所示。根据期刊名称字顺或学科类别对数据库收录的所有期刊进行浏览，或通过刊名或 ISSN 号查找某一特定刊，并可按期查看该刊的收录文章，同时可实现题录文摘或全文的下载功能。

浏览或检索到相应的期刊后，再逐渐单击某一刊物名称、选择刊期，即可获得该刊物该年度该期所发表文献的文献记录。

2.2.4　检索结果显示及全文下载

1. 检索结果概要显示

在检索结果窗口里，可以查阅以下信息。

1）检索结果页面上默认显示方式为“概要显示”，其内容包括：文章的标题、文章前两位作者及文章出处（期刊名、出版年、卷、期、页码）。

2）结果可通过显示方式处选择“文摘显示”或“全记录显示”。

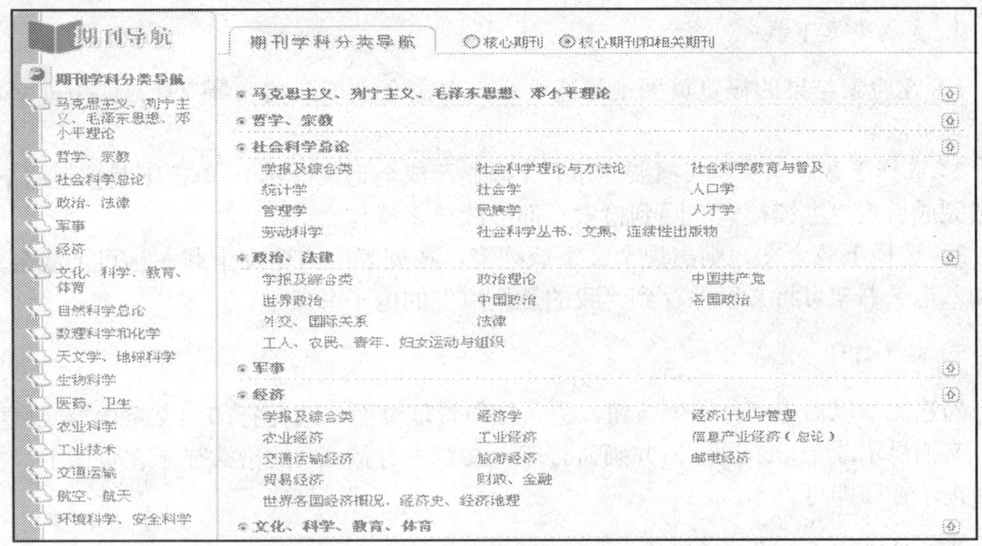

图 2.18　期刊导航页面

3）每次检索操作完成，页面上都会显示检索结果的条数。

4）检索结果默认为每页显示 10 条，也可在显示方式处根据个人需求改成 20 条或 50 条。

5）对于检索结果中的文章，可逐页翻阅，也可用跳转功能跳转至用户希望阅读的页号。

6）点 加入电子书架 可将勾选中的文章保存到“我的数据库”的电子书架中。

7）点“保存检索式”按钮可将当前检索操作的表达式保存在“我的数据库”的检索历史中。

8）提供对应检索条件的“相关检索”内容浏览。

2. 单篇文章详细显示

单击概览页面上的文章标题，可查看到该篇文章的细览页面。

1）提供文章题录的全字段内容显示。

2）在当前检索结果中的翻篇功能、提供返回检索概览页面的功能。

3）提供全文下载的功能、题录文摘下载和打印功能。

4）提供同主题文献的聚类查看功能、提供文章参考文献和被引情况的查看功能。

5）提供作者、机构、刊名、关键词和分类号等字段的快捷检索功能，例如，单击页面上作者字段的“韩波”，则实现的是对检索式“作者＝韩波”的检索查找功能。

3. 单篇文章下载

1）在检索结果页面上，单击与文章对应的全文下载图标即可下载 PDF 格式的全文。

2）在文章题录细览页面上点全文下载图标 PDF全文下载，实现的也是下载 PDF 格式的全文。

4. 多篇文章下载

1）在检索结果的概览页面上勾选文章，单击全文下载按钮 下载，即出现文章下载管理页面。

2）选择下载题录文摘（概要显示、文摘显示或全记录显示），单击下载按钮即下载，下载完成后点“继续检索”回到检索页面继续检索操作。

3）选择下载全文，则出现全文下载列表，在列表中点全文下载图标可下载全文；点加入电子书架可将文章保存到“我的数据库”的电子书架中。

5. 文章打印

勾选文章以后点“打印”按钮，进入打印管理页面。选择打印的文章内容（概要显示、文摘显示或全记录显示）并确认打印，文章内容按.txt 的格式显示在页面上，根据页面提示打印即可。

2.2.5 我的数据库

我的数据库是 2004 年维普公司推出的针对用户的个性化服务。该库提供关键词定制、期刊定制、分类定制、保存检索式和保存文章（电子书架）等功能。使用“我的数据库”前先要申请一个属于用户自己的个人标识码和验证码。只有在成功登录“我的数据库”之后，这些功能才能使用。

1）我的电子书架。在检索结果页面上勾选文章后，单击“加入电子书架”即可将文章保存到电子书架中，最多能保存 50 篇文章，并可将“我的电子书架”中的文章输出。

2）我的检索历史。在进行一次检索操作后，可将检索结果页面上显示的“检索式”保存到“我的检索历史”中，最多能保存 20 条检索表达式。在“我的检索历史”页面上，可利用保存的检索式进行重新检索，甚至可对某几次检索结果进行组配。

3）分类定制。提供《中国图书馆分类法》（第四版）的原版分类体系，读者可根据自身要求定制学科类别，方便快捷检索。

4）期刊定制。读者根据自身要求定制常用期刊，便于快捷检索查找。期刊名称由用户自己填写，每个用户最多只能定制 8 种期刊。

5）关键词定制。对于经常使用的关键词，可采用关键词定制的方式保存该关键词并用于下一次的快捷检索。关键词由用户自己填写，每个用户最多只能定制 8 个关键词。

2.3 万方数据资源系统

2.3.1 概述

万方数据资源系统是中国科技信息研究所和万方数据集团公司联合研究开发的一个以科技信息为主，集经济、金融、社会、人文信息为一体，实现网络化服务的信息资源系统。按照资源类型来分，万方数据资源可以分为全文类信息资源、文献题录类信息资源和事实型动态信息资源。全文资源包括会议论文全文、学位论文全文和法律法规全文和期刊论文全文等。文献题录和事实型资源主要包括科技文献、政策法规、名人机构和企业产品等 100 多个数据库，是科研机构进行科学研究，企业单位技术创新、产品研发，科技管理机构进行科研决策的信息依据。

1. 全文资源

1）中国学位论文全文数据库。该库收录了自 1980 年以来我国自然科学领域博士后、博士及硕士研究生论文，至 2008 年 11 月，累计博硕士学位论文全文 100 多万篇。

2）中国学术会议论文全文数据库。收录了 1998 以来国家一级学会在国内组织召开的全国性学术会议论文全文，是掌握国内学术会议动态必不可少的权威资源。至 2008 年 11 月，累计学术会议论文全文 77 多万篇。

3）中外标准全文数据库。本库收录了国内外的标准全文，包括中国国家发布的全部标准、某些行业的行业标准以及电气和电子工程师技术标准；收录了国际标准数据库及美英德等国的国家标准，以及国际电工标准；还收录了某些国家的行业标准，如美国保险商实验所数据库、美国专业协会标准数据库、美国材料实验协会数据库和日本工业标准数据库等。至 2008 年 11 月，累计标准全文 6 万多篇。

4）中国法律法规全文库。该库包括自 1949 年建国以来全国人大及其常委会颁布的法律、条例及其他法律件文件；国务院制定的各项行政法规、各地地方性法规和地方政府规章；最高人民法院和最高人民检察院颁布的案例及相关机构依据判案实例做出的案例分析、司法解释，各种法律文书，各级人民法院的裁判文书；国务院各机构、中央及其机构制定的各项规章、制度等；工商行政管理局和有关单位提供的示范合同式样和非官方合同范本；以及外国与其他地区所发布的法律全文内容，国际条约与国际惯例等全文内容。至 2008 年 10 月，累计法律法规全文 28 万多篇。

5）中国专利全文数据库。收录从 1985 年至今受理的全部发明专利、实用新型专利和外观设计专利数据信息，包含专利公开(公告)日、公开(公告)号、主分类号、分类号、申请(专利)号、申请日和优先权等数据项。

6）数字化期刊全文数据库。目前集纳了理、工、农、医、哲学、人文、社会科学及经济管理与教科文艺等 8 大类 100 多个类目的近 5500 余种各学科领域核心期刊，实现全文上网，论文引文关联检索和指标统计。从 2001 年开始，数字化期刊已经囊括我国所有科技统计源期刊和重要社科类核心期刊。至 2008 年 10 月，累计期刊论文全文 1130 多万篇。

2. 文献、题录资源

1）会议论文。收录由中国科技信息研究所提供的国家级学会、协会及研究会组织召开的各种学术会议论文，范围涵盖自然科学、工程技术、农林及医学等多个领域，内容包括：数据库名、文献题名、文献类型、馆藏信息、馆藏号、分类号、作者、出版地、出版单位、出版日期、会议信息、会议名称、主办单位、会议地点、会议时间、会议届次、母体文献、卷期、主题词、文摘和馆藏单位等。至 2008 年 11 月，累计会议论文文摘 93 万多篇，并保持年新增 4 万篇的数据量。

2）科技文献。收录来自于机械部科技信息研究院、中国化工信息中心和中国农业科学院科技文献信息中心等权威专业部门的专业文献和中央各部委、省市自治区的综合文献，包括中国机械工程、中国农业科学、中国计算机及中国生物医学等 40 余个数据库，总计上千万条，并保持每年更新一次。

3）科技名人。收录了中科院院士、中国工程院院士、我国科技界卓有成就的科学家与工程师和科技管理者、政策制订人及企业科技负责人的全面信息，包括《中国科技名人数据库》和《全国一级建筑师数据库》，收录了我国总计上万位科技名人与专家的详细信息。

4）科教机构。主要包括《中国科研机构数据库》、《中国科技信息机构数据库》和《中国高等院校数据库》，内容包括机构名称、地址、邮编、负责人、电话、传真、成立年代、职工人数、科研成果和学科研究范围等，收录了我国总计上万家科技机构的详细信息。

5）科技成果。主要收录了国内的科技成果及国家级科技计划项目。内容由《中国科技成果数据库》等十几个数据库组成，收录的科技成果总记录约 50 万项，内容涉及自然科学的各个学科领域。

6）中外标准。综合了由国家技术监督局、建设部情报所和建材研究院等单位提供的相关行业的各类标准题录。包括中国标准、国际标准以及各国标准等数据库，共 20 多万条记录。

7）企业产品。收录了 96 个行业近 20 万家企业的基本信息和产品信息，提供的信息内容包括联系方式、资产规模、产量产值以及产品图片等，还提供产品需求信息、产品进出口和其他产品动态信息。

2.3.2 数据库检索

用户登录后可以在系统首页的检索入口中输入检索词进行检索，也可以通过资源浏览限定资源范围或直接进入跨库检索变更检索范围后进行检索。检索界面如图 2.19 所示。

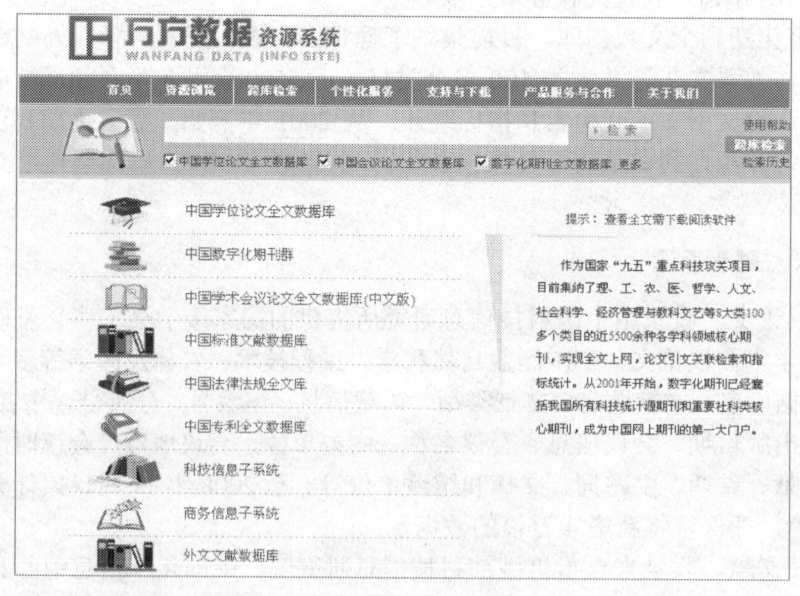

图 2.19 万方数据资源系统首页

1. 资源浏览

打开万方资源数据库首页，在资源浏览栏目下列出了万方数据资源所有的数据库资源及这些数据库的分类信息。这些资源组织成了数据库浏览视图、学科浏览视图、行业浏览视图、地区浏览视图和期刊浏览视图等五个视图。数据库视图显示的是以树状结构组织的所有数据库，而学科视图、行业视图、地区视图和期刊视图是用来显示某个数据库（或者某些具有相同分类的数据库）的分类信息。根据不同的视图先对资源进行数据库、学科、行业、地区及期刊的限制，然后再在检索区通过选择相应检索字段输入检索词进行检索。

（1）按数据库浏览检索

提供数据库浏览功能，用于选择需检索的某个数据库或某类数据库。另外，中国科技成果数据库和科技成果精品数据库与其他数据库有所不同，普通数据库使用的是标准的检索入口，而中国科技成果数据库和科技成果精品数据库定制了自己的检索入口。

（2）按学科浏览检索

提供学科浏览限制功能，选择相应的数据库进行检索，系统默认数据库为《数字化期刊数据库》。

（3）按行业浏览检索

提供《中国企业公司与产品数据库》的行业分类导航功能，检索时可对一个或多个行业进行限制。

（4）按地区浏览检索

提供《中国企业公司与产品数据库》和《中国科技信息机构数据库》的地区分类导航，检索时可对一个或多个地区进行限制。

（5）按期刊浏览检索

提供《数字化期刊全文数据库》中期刊的学科、地区和首字母视图导航功能，帮助定位具体的期刊，并选择相应的年卷期，进行全文浏览。

2. 跨库检索

用户可按数据库、行业、学科、地区和期刊同时检索多个平台上的多种资源，输入一个检索式，便可以看到多个数据库的查询结果，并可进一步得到详细记录和下载全文。与此同时，用户也可选择单个数据库，针对某种具体资源进行个性化检索。

万方数据资源标准镜像系统跨库检索页面。系统提供了两种检索界面，分别是“经典检索界面”和“专业检索界面”。

（1）经典检索

经典检索界面是跨库检索默认的检索页面。进入跨库检索页面后，默认的检索界面如图 2.20 所示，检索界面主要由检索入口区和变更检索范围区组成。

（2）专业检索

专业检索比高级检索功能更强大，但需要检索人员根据系统的检索语法编制检索式进行检索。适用于熟练掌握检索技术的专业检索人员，检索界面如图 2.21 所示。

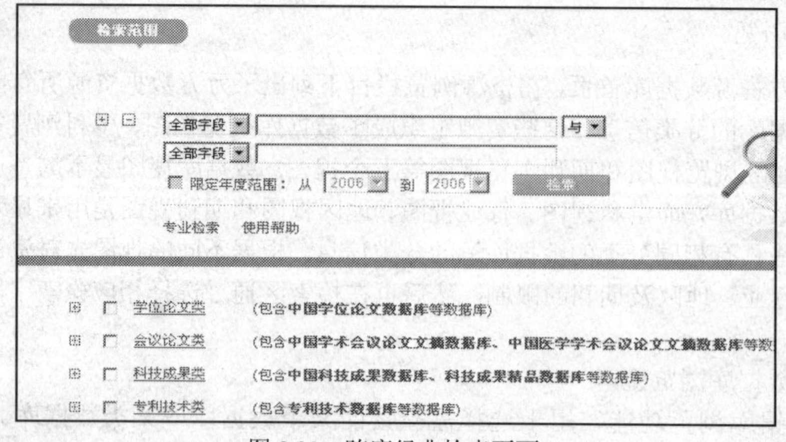

图 2.20 跨库经典检索页面

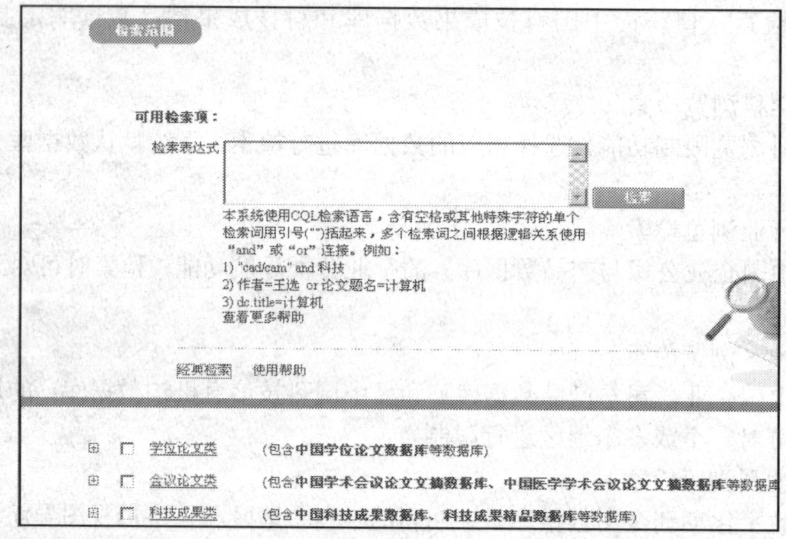

图 2.21 跨库专业检索页面

1）关系运算符。

① =：相当于模糊匹配，用于查找匹配一定条件的记录。例如，论文题名=“计算机辅助设计 研究”，表示查找论文题名是“计算机辅助设计 研究”这个字符串或是包括“计算机辅助设计 研究”的一串字符串。注意：只能在“计算机辅助设计 研究”的前后插入字符，不能在“计算机辅助设计 研究”字符串内插入任何字符。

② exact：能精确匹配一串字符串。例如，作者 exact“王明”，是指查找作者是王明的记录。

③ all：当检索词中包含有多重分类时，它们分别可以被扩展成布尔运算符“and”的表达式。例如，论文题名 all“北京 上海 广州”，可扩展为：论文题名=“北京” and 论文题名=“上海” and 论文题名=“广州”，表示查找论文题名中包括“北京、上海、广州”的记录。

④ any：当检索词中包含有多重分类时，它们分别可以被扩展成布尔运算符“or”

的表达式。例如，论文题名 any“北京 上海 广州”可扩展为：论文题名＝“北京” or 论文题名＝“上海” or 论文题名＝“广州”，表示查找论文题名中包括“北京、上海、广州”或其中之一的记录。

2）关系修饰符。

① 通配符*：表示匹配任意 0 个或多个字符，如果表示单个字符“*”，那么可以用转义字符“*”来表示。例如，计算机*研究，表示查找包括“计算机研究”、“计算机软件研究”、“计算机辅助设计研究”等的记录。

② 定位符^：表示匹配输入字符串的开始或结束位置，如果表示单个字符“^”，那么可以用转义字符“\^”来表示。例如，^北京，表示查找以北京打头的记录；研究^，表示查找以研究结尾的记录。

3）布尔表达式。

① 逻辑与 and：用“与”组合检索项，表示查找包括这两项的记录。例如，北京 and 上海，表示查找包括北京和上海的记录。

② 逻辑或 or：用“或”组合检索项，表示查找包括这两项或仅其中任一项的记录。例如，北京 or 上海，表示查找包括北京和上海或其中之一的记录。

③ 逻辑非 not：使用“非”查找包括某一项而非另一项的记录。例如，软件 not 硬件，表示查找包括软件但不包括硬件的记录。

4）检索字段。

选择某个具体的数据库，在检索框上方将自动显示“可用检索项”，即检索字段。如选择《数字化期刊全文数据库》，则有论文标题、作者、作者单位、刊名、年、期、关键词、摘要和 PDF 全文等检索字段；选择《中国学位论文全文数据库》，则有论文标题、作者、作者专业、导师姓名、授予学位、年、分类号、关键词和摘要等字段。不同的数据库有不同的检索字段，如果选择多个数据库，检索功能将受限制。

3. 检索结果

当用户检索命中记录时，便进入检索结果页面，如图 2.22 所示。检索结果页面分为两个部分：二次检索区和结果显示区。在二次检索区可以进行二次检索；结果显示区显示本次检索结果的描述信息和按页显示的结果列表。

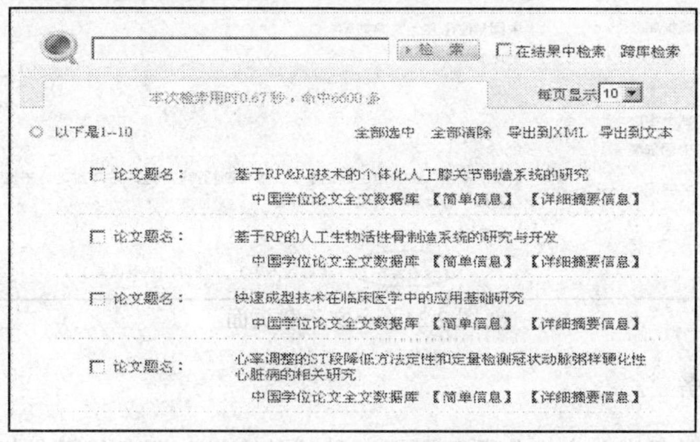

图 2.22 检索结果页面

（1）输出检索结果

可将检索结果导出到 XML 格式文件，也可导出到文本格式文件。

（2）进入细览页

单击某条具体的记录将进入细览页，可获得单条资源的详细内容和相关文献信息链接。它不仅包含了单条资源的详细信息，如数据库名、题名、作者、刊名和摘要等，还提供了各相关信息的入口链接（热链），通过热链可以链接到各字段相关信息页面。细览页面还可以选择不同的显示模式，如图 2.23 所示。

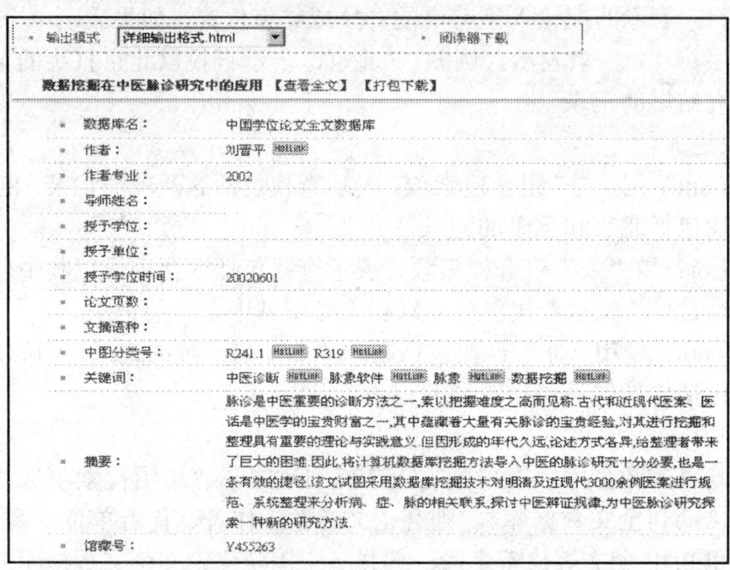

图 2.23　细览页

（3）全文下载及浏览

系统在单条资源详细信息页面（细览页）提供查看全文链接。如图 2.24 所示，单击“查看全文”链接即可下载浏览全文。

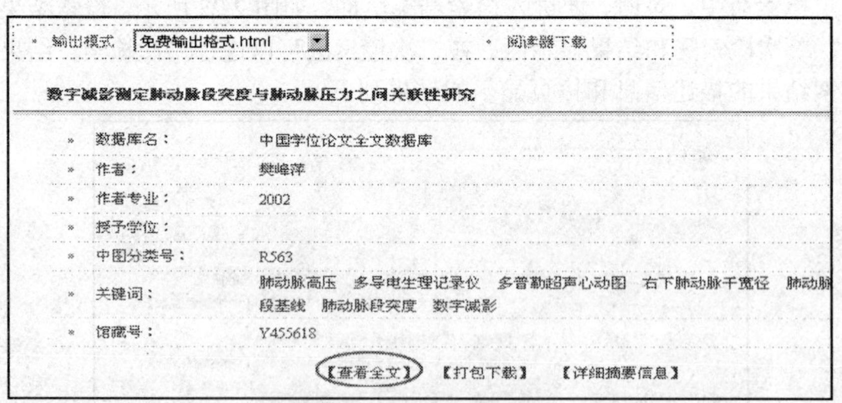

图 2.24　全文下载页面

2.3.3　个性化服务

用户登录后即可进入个性化服务页面，默认的个性化服务界面包括六个板块部分：

用户信息、检索、我的账户、我的收藏室以及我的购物车和新闻板块。在用户信息板块中显示“会员姓名”、“电子邮件”和“注册时间”等信息，用户可以通过单击“修改信息”来修改自己的个人信息；检索板块中提供了个性化检索入口，用户可以进行个性化检索；我的收藏室可以让用户收藏每一个自己感兴趣的资源，将它们保存下来，以便日后查阅；我的账户板块中显示用户目前的账户信息；我的购物车显示用户存放的资源商品信息。

2.4 人大复印报刊资料数据库

2.4.1 概述

中国人民大学书报资料中心成立于 1958 年，出版有复印报刊资料、文摘、报刊资料索引和原发刊等四大系列出版物。学界和期刊界普遍认为，《复印报刊资料》的转载量是人文社科期刊领域中一个客观公正的评价标准。书报资料中心现有六大系列数据库产品。

1. 《复印报刊资料》全文数据库

《复印报刊资料》全文数据库的数据为《复印报刊资料》系列刊（1995 年至今）的全部原文，其中部分专题已经回溯到其创刊年度，其信息资源源于人文科学和社会科学领域国内公开出版的 3000 多种核心期刊和报刊。《复印报刊资料》全文数据库每季度更新数据。

2. 《中文报刊资料摘要》数据库

《中文报刊资料摘要》数据库是人文社科文献要点摘编形式的数据库。该数据库收集了哲学、政治、法律、经济、教育、语言、文艺、历史、地理和财会等方面的 18 种专题文摘，文摘内容都是经过高等院校和研究单位的专业人员提炼和浓缩的学术资料。该数据库于 1993 年建库，数据累积至今 5 万多条，数据库内容每年更新。

3. 《报刊资料索引》数据库

《报刊资料索引》数据库是题录型数据库。它是将《复印报刊资料》系列刊每年选登的目录和未选印的文献题录按专题和学科体系分类编排而成。其每条数据包含多项信息，包括：专题代号、类目、篇名、著者、原载报刊名称及刊期和复印专题名称及刊期等。该数据库汇集了 1978 年至今的百余个专题刊物上的全部题录，共计数据量 430 多万条，是一个比《复印报刊资料专题目录索引》数据库数据量更加宏大的、信息覆盖面更加广泛的索引型数据库，每季度更新数据。

4. 《复印报刊资料专题目录索引》数据库

《复印报刊资料专题目录索引》是题录型数据库。它是将《复印报刊资料》系列刊每年所刊登文章的目录按专题和学科体系分类编排而成。该数据库汇集了 1978 年至今的《复印报刊资料》各刊的全部目录。每条数据包含多项信息，包括：专题代号、类目、篇名、著者、原载报刊名称及刊期、选印在《复印报刊资料》上的刊期和页次等。该数据库为订购《复印报刊资料》系列刊物的用户提供了查阅全文文献资料的得力工具，每季度更新数据。

5. 其他专题数据库系列

对《复印报刊资料》的热门内容制作了 24 个专题系列数据库，包括中国特色社会主义理论、中国共产党、精神文明建设、体制改革、中国政治问题研究和中国立法研究等。

6. 回溯性全文数据库系列

对《复印报刊资料》的热门专题刊物所制作的回溯性专题数据库，使数据从创刊年延续至今保证了数据的完整性。

2.4.2 数据库检索

1. 关键词查询

在首页（如图 2.25 所示）上的检索区域输入关键词直接对全文文献进行检索。

图 2.25 人大复印报刊资料数据库首页

2. 分类导航

提供数字期刊库和回溯库进行分类限制或浏览，也可以对这些库先限制范围，再在检索区进行单字段检索和高级检索。

3. 期刊导航

通过浏览和查询检索帮助定位具体的期刊，并选择相应的年卷期，进行全文浏览。

4. 字段导航

选中相关数据库或确定检索范围，然后通过图 2.26 所示的检索界面进行检索，在下拉框中有命令方式、任意词、关键词、标题字段、副标题、作者、作者简介、正文字段、分类号、摘要、参考文献和原文出处等检索字段。检索框中允许输入字、词，也允许输入由逻辑算符、截词符和优先运算符等算符连接查询词（字）组配成的检索式。

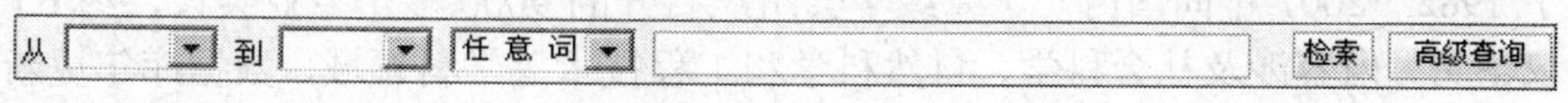

图 2.26　字段检索页面

5. 高级查询

单击“高级检索”，可以对多个字段进行组配检索，如图 2.27 所示。

从　到　任 意 词　检索　高级查询

高级检索　包括任意词

任意词　输入帮助

并且　标　题[KK]

并且　正　文[LL]

并且　作　者[HH]　输入帮助

并且　分 类 名[ZZ]　输入帮助

并且　分 类 号[GG]

并且　关 键 词[SS]

查询　完全展开　命令描述

图 2.27　高级检索页面

2.5　全国报刊索引数据库

2.5.1　概述

《全国报刊索引》编辑部隶属于上海图书馆上海科学技术情报研究所，创刊于 1955 年，是国内最早出版发行的综合性中文报刊文献检索工具。五十多年来，它由最初的《全国报刊索引》月刊，发展成为集印刷版、电子版以及网站为一体的综合信息服务产品。

《全国报刊索引数据库》目前已建成时间跨度从 1833 年至今一个半世纪、报道数据量超过 2500 万条、揭示报刊数量达 15000 余种的特大型二次文献数据库，目前每年更新数据 350 万条。其主要有目次库、篇名库、会议库和西文库等四个子库。

1）目次库。为了全面报道中国每年出版的数百万条报刊信息，《全国报刊索引》编辑部在原《全国报刊索引数据库》基础上通过流程整合，从 2003 年起研制与编辑出版了《全国报刊索引数据库——目次库》。该目次数据库与原有的《全国报刊索引数据库》相比，具有文献信息量多四倍、收录报刊种类近一万种等优势。

2）篇名库。即原《中文社科报刊篇名数据库》，该数据库浓缩了国内（包括港台地区）出版发行的各类报刊中的精华篇目信息，并由专业人员根据《中图法》（第四版）编辑而成。数据库著录字段包括顺序号、分类号、题名、著者、著者单位、报刊名、年卷期、所在页码、主题词和摘要等十余项。目前该数据库数据已回溯至 1833 年，年更新量在 50 万条左右，是目前国内唯一揭示中文报刊资源时间跨度最大、报道报刊品种最多（1600 余种）的报刊数据库产品。

3）会议库。《全国报刊索引数据库——会议库》（原《国内专业会议篇名数据库》）收录了 1982～2007 年间国内一、二级学会组织召开的 9000 多个专业会议，约 65 万余篇会议论文，内容涉及社会科学、自然科学和工程技术等学科领域，数据库年更新数据量近 6 万条。

4）西文库。2003 年起编辑制作的《全国报刊索引数据库——西文库》，收录西文期刊 3000 余种，每年报道信息量 60 万条。该数据库提供题名、作者、刊名、卷期号和年份等检索途径，并可进行逻辑组配检索。

2.5.2 数据库检索

1. 普通检索

数据库检索的默认页面即为普通检索界面，如图 2.28 所示。普通检索支持字段检索，可在全字段、分类号、题名、著者、单位、刊名/会议名、年份、基金项目、主题词、摘要和卷期中进行检索。

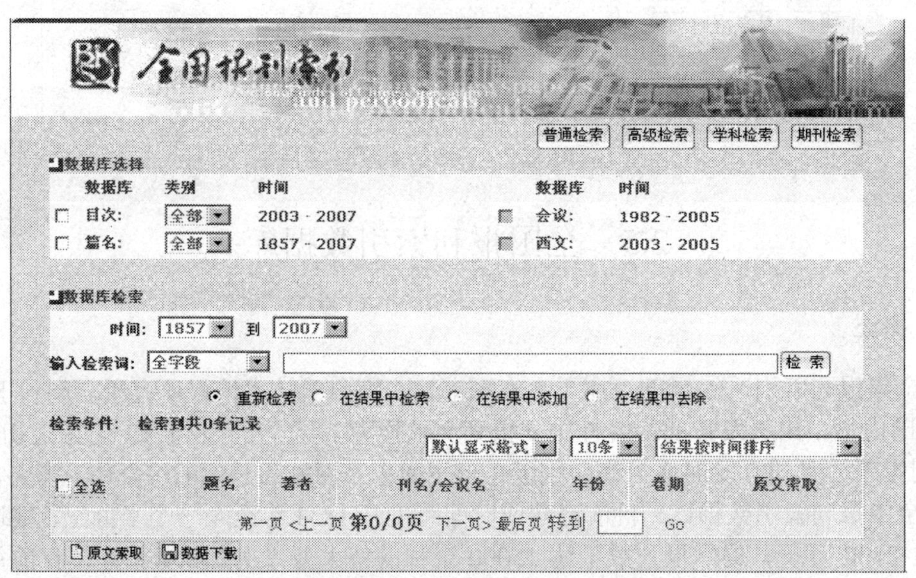

图 2.28 普通检索页面

2. 高级检索

高级检索功能支持字段检索，可在全字段、分类号、题名、著者、单位、刊名/会议名、年份、基金项目、主题词、摘要和卷期等字段中进行检索，也可直接输入检索式进行检索。

1）可在检索词编辑框左边的检索项中选择需要检索的字段，在检索词编辑框内输入多个检索词，然后选择“并且”、“或者”或“不包含”进行检索词的逻辑组配。最多可同时有五个检索词进行组配。

2）字段代码定义：A＝分类、B＝题名、C＝著者、D＝单位、E＝刊名、F＝年份、G＝主题、H＝文摘、I＝全字段、J＝基金项目、K＝卷期。

3）布尔逻辑代码：and＝逻辑与、or＝逻辑或、not＝逻辑非。

4）其他检索算符：“()”可改变优先级，“？”为前方一致截词算符。

注：输入布尔逻辑算符时必须在半角状态下输入，布尔逻辑算符前后必须空一格。

例如，要查找题名中有“文化”，著者姓“王”，年份为2000年及以后的文献，可输入如图2.29所示的检索式：B＝文化 and C＝王? and F＝200?

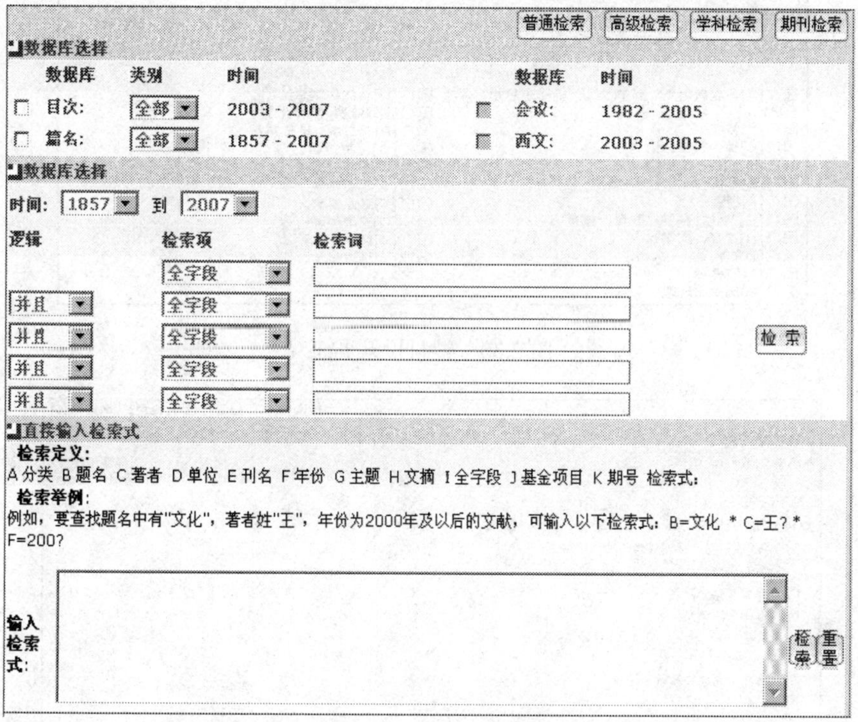

图2.29　高级检索页面

3. 学科检索

学科检索按照《中图法》的类目，通过选择类目作为检索的限定，在此基础上输入检索条件，系统将显示选定类目下符合检索条件的信息。分类支持四层分级显示，学科检索界面如图2.30所示。

4. 期刊检索

期刊检索有三种方式，如图2.31所示：一是根据刊名、期刊分类、译名、ISSN、CN号、邮发编号、出版地、主办单位和编辑部地址等字段检索期刊；二是根据期刊刊名的拼音首字母进行浏览；三是按《中图法》浏览期刊。

5. 二次检索

数据库检索平台的普通检索、高级检索、学科检索、期刊检索和专题数据库检索功能均支持二次检索。普通检索、高级检索、学科检索和专题数据库检索的二次检索包括三种功能：“在结果中检索”、“在结果中添加”和“在结果中删除”。期刊检索的二次检索只有“在结果中检索”功能。

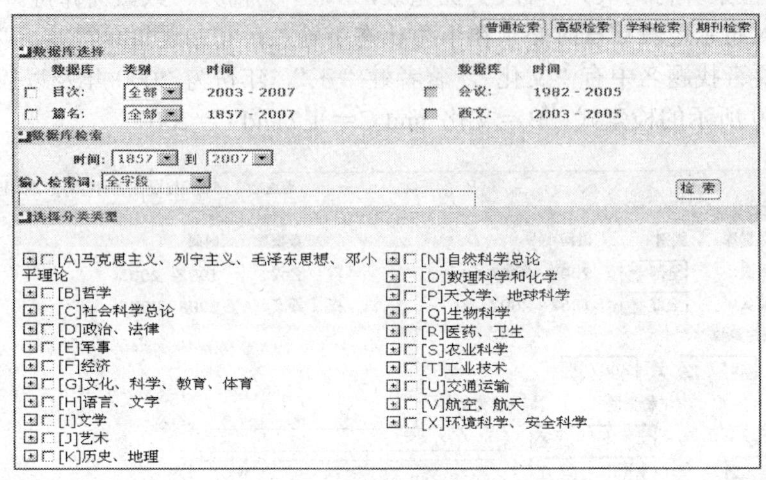

图 2.30　学科检索页面

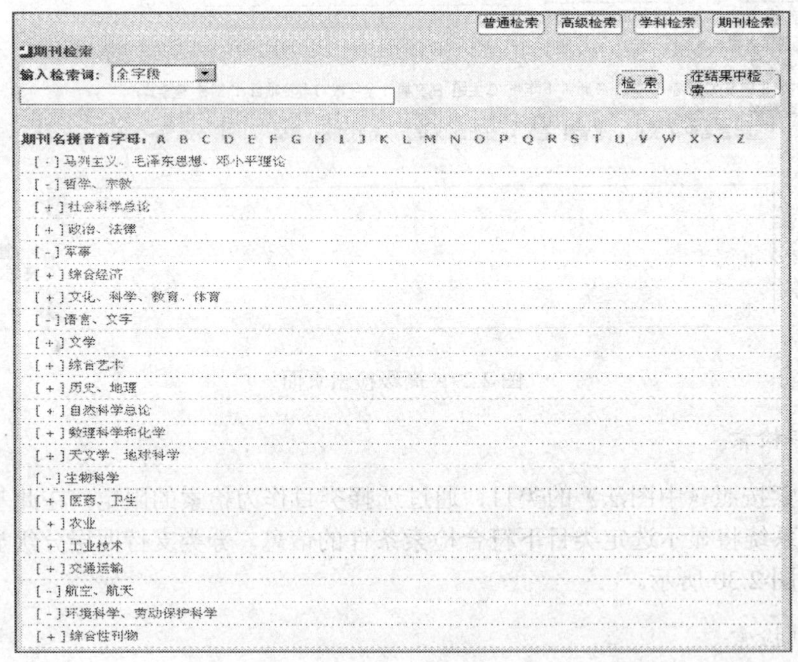

图 2.31　期刊检索页面

2.5.3　检索结果输出

1）检索结果显示。检索结果显示格式为默认显示格式，每页最多可显示 20 条记录；普通检索、高级检索、学科检索、期刊检索和专题数据库检索的默认显示格式字段包括题名、著者、刊名/会议名、年份和卷期；会议检索的默认显示格式字段包括会议名称、会议地点、会议日期、会议录名称、主办单位和会议录编者。

2）检索结果排序。检索结果可按时间、按刊名（或会议名）和相关度排序。

3）检索结果下载、存盘。选中检索结果中需要下载的记录，单击检索结果页左下方“数据下载”进行数据下载、存盘。

本章主要参考文献

http://bksy.clcn.net.cn:8080/ShanghaiLibraryJX/LoginJX.do[OL].

http://book.zlzx.org/[OL].

http://www.cnki.net/index.htm[OL].

http://www.cqvip.com[OL].

http://www.wanfangdata.com.cn[OL].

第 3 章　著名综合性参考数据库

参考数据库，指包含各种数据、信息或知识的原始领域和属性的数据库。数据库中的记录是通过对数据、信息或知识的再加工和过滤，如编目、索引、摘要、分类等，然后形成的。一般来说，参考数据库主要是针对印刷型出版物而开发的。

参考数据库主要包括书目数据库、文摘数据库、索引数据库。参考数据库最重要的用途是用于搜集文献线索，快速和全面地查询某个学科、领域或主题的文献。

参考数据库另一个主要用途是用于个性化的用户定制服务，如最新目次报道、定题服务和回溯检索。

参考数据库还可以用来进行各类统计和评估工作，如统计期刊、个人或机构等的发文量、统计文章被转载和引证的情况，评估期刊的影响力等。

著名综合性参考数据库主要有：科学引文索引（Science Citation Index，简称 SCI）、社会科学引文索引（Social Sciences Citation Index，简称 SSCI）和艺术与人文科学引文索引（Arts & Humanities Citation Index，简称 A&HCI）、工程索引（The Engineering Index，简称 EI）、科学技术会议录索引（Index to Scientific & Technical Proceedings，简称 ISTP）和社会科学与人文科学会议录索引（Social Sciences & Humanities Proceedings，简称 ISSHP）。这些数据库均是跨学科的、国际性的大型综合性检索工具，其中所收录的文献均是选自各个学科领域最核心的期刊、最权威的国际会议或最权威的专著；这些数据库不仅有来源索引，同时还有引文索引，即其不仅对所选中的来源文献（期刊论文、会议论文或专著）进行索引，同时还对这些来源文献中所涉及到的参考文献（引文）进行索引。目前国内多数大学、研究机构在教学科研、基金资助、成果申报、晋级考评、甚至职称评审等项工作中主要以 SCI、SSCI、EI、ISTP 等四大检索工具为依据；国家科学基金和国家青年基金申报等活动也以这几大权威检索工具的查询结果为必备条件。尤其是 SCI 已经成为国内大学教学科研水平评估的一项重要指标，每年度所发表的论文中被 SCI 收录数量的多少越来越受到关注。

3.1　科学引文索引

科学引文索引创刊于 1961 年，是由美国科学情报研究所（Institute for Scientific Information，简称 ISI）编辑出版的大型综合性引文检索工具，收录报道并标引了 6400 多种自然科学、工程技术、生物医学范畴的所有领域的领先期刊，学科范围涉及农业与食品科技、天文学、行为科学、生物化学、生物学、生物医学、化学、计算机科学、电子学、工程学、环境科学、遗传学、地球科学、仪器、材料科学、数学、物理学、医学、微生物学、植物科学、矿物学、原子能科学、海洋学、神经科学、药理学与制药、精神病学与心理学、统计与概率、技术与应用科学、兽医学、动物学等 170 多个领域。历来被公认为世界范围最权威的科学技术文献的索引工具，能够提供科学技术领域所有重要的研究成果。SCI 引文检索的体系更是独一无二，不仅可以从文献引证的角度评估文章的学术价值，还可以迅速方便地组建研究课题的参考文献网络。发表的学术论文被 SCI 收录或引用的数量，已被世界上许多大学作为评价学术水平的一个重要标准。

SCI 目前有四种出版类型：① 印刷版，创刊于 1961 年，双月刊，并有年度累积索引。双月刊和年度累积索引均没有文摘，2005 年收录期刊 3762 种。② 光盘数据库，SCI 光盘有两种，一种是带文摘的（月更新），一种是不带文摘的（季度更新或半年更新），收录期刊和印刷版相同。③ 联机数据库，SCI 在 DIALOG、DataStar 系统均提供联机服务。④ 网络数据库，ISI 的网络数据库服务系统称为 Web of Science（简称 WOS）基于 ISI Web of Knowledge 平台提供检索服务，SCI 的网络数据库名称为 SCI Expanded（简称 SCIE），2005 年收录期刊 6348 种。除了 SCI、SSCI 和 A&HCI 也通过这一系统提供网络服务。

3.1.1 ISI Web of Knowledge

ISI Web of Knowledge 是一个基于因特网（WWW）所建立的新一代学术信息资源整合体系（http://www.isiknowledge.com），如图 3.1 所示。它将各种高质量的信息资源整合在同一系统内，为不同层次、不同学科领域的学术研究人员提供信息服务，兼具知识的检索、提取、管理、分析和评价等多项功能。

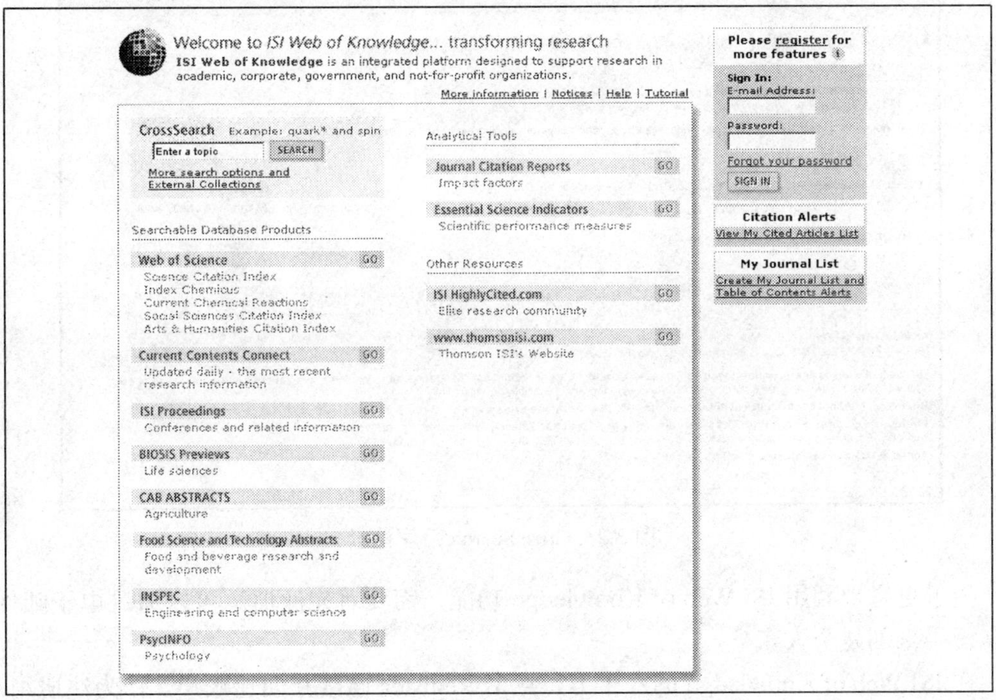

图 3.1 ISI Web of Knowledge 平台

通过 ISI Web of Knowledge，应用 ISI CrossSearch 可由同一界面，具有用自然语言

检索、同时跨库检索多个数据库、实现电子期刊全文和网络资源链接、跨库访问已分类整理的外部学术网络信息资源等特点，如图 3.2 所示。目前，ISI Web of Knowledge 平台提供的数据库包括 ISI Web of Science、ISI Proceedings、Derwent Innovations Index、Current Contents Connect、JCR on Web、Essential Science Indicators、BIOSIS Previews、CAB Abstracts、INSPEC、FSTA、PsycInfo 等。可以提供跨库检索的免费外部三大主题 13 种资源：生物、医学与农业科学领域，即 Agricola（农业科学领域文摘数据库）、PubMed（生物与医学领域文摘数据库）、The Cochrane Library（循证医学领域文摘数据库）；工程、计算及物理科学领域，即 AIAA Meeting Papers（美国宇航局会议论文摘要数据库）、arXiv.org Computer Science e-Print archive（计算机科学全文数据库）、arXiv.org Mathematics e-Print archive（数学全文数据库）、arXiv.org Nonlinear Sciences e-Print archive（非线性科学全文数据库）、arXiv.org Physics e-Print archive（物理学全文数据库）、Civil Engineering Database（土木建筑工程文摘数据库）、NASA Astrophysics Data System（航空航天领域文摘全文数据库）、National Technical Information（美国政府研究报告文摘数据库）；社会与行为科学领域，即 AskEric（教育学领域文摘全文数据库）、Popline（人口普查与计划生育文摘数据库）。ISI 希望通过一个以知识为基础所建立的高度整合的信息平台，以“一站式”的方式提供经过严格遴选的学术信息资源，协助研究人员检索、分析、管理和发布学术研究信息。

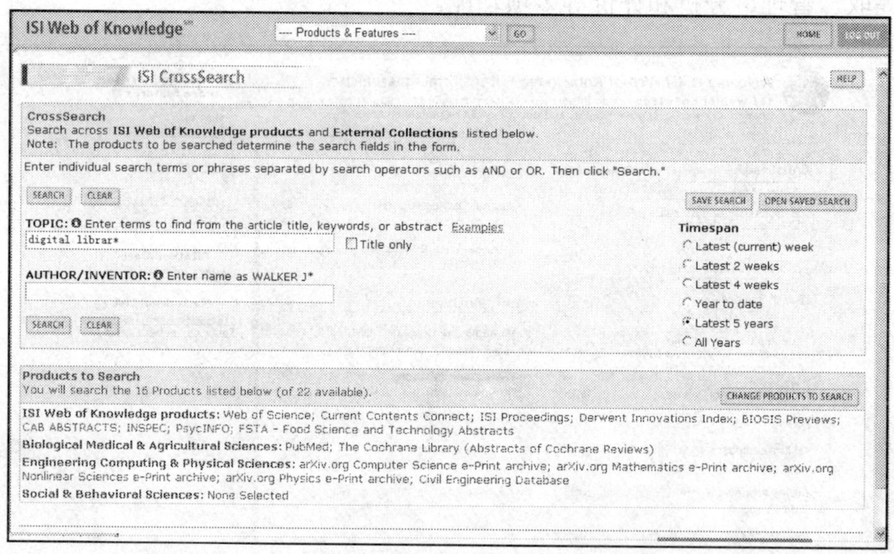

图 3.2　CrossSearch 跨库检索

为了更好地利用 ISI Web of Knowledge 功能，需要首先注册。可以通过电子邮件地址和密码来创建个人账户。

在 ISI Web of Knowledge 的左上方，点击 Register 连接并创建账户。作为注册用户，可以：每次访问 ISI Web of Knowledge 时自动登录；选择一个感兴趣的数据库作为起始页面；将检索策略保存到 ISI Web of Knowledge 服务器；创建引文跟踪服务来追踪感兴趣的文章或者作者的被引用情况（Web of Science 订户可用）；创建用户感兴趣的期刊列表并设置期刊目次快讯服务（Current Contents Connect 订户可用）。

输入邮件地址并创建管理密码，可以选择当访问 ISI Web of Knowledge 时自动登录，如果利用公共计算机登录 ISI Web of Knowledge，请选择第二种操作方式。点击 Submit Registration 完成注册。如果注册成功了，将会看到确认信息。点击 Continue 连接到新注册的个人定制页面。当看到 ISI Web of Knowledge 主页上的√，则表示已经登录。可以利用 My Preferences 连接来选择起始页面并修改注册信息。

3.1.2 ISI Web of Science

Web of Science 是大型综合性、多学科、核心期刊引文索引数据库，由科学引文索引、社会科学引文索引和艺术与人文科学引文索引三个不同的数据库组成，这三个数据库既可以分别独立进行检索也可以同时检索。

科学引文索引收录的文献类型，被选中期刊中的每一项有意义的条目都将被索引。所有文档包括：论文、书目、传记、书评、更正、数据库评论、社论材料、硬件评论、通信、会议摘要、消息报道、再版、综述、软件评论等。

艺术与人文类文档包括：艺术展览评论、舞蹈表演评论、摘录、文集、影评、音乐演出评论、乐谱、乐谱评论、诗歌、唱片评论、剧本剧评、电视评论、广播评论等。

其中在 Science Citation Index Expanded（SCIE）数据库中，书评仅包括在 Science、Nature 和 The Scientist 中的内容，而在 SSCI 和 A&HCI 数据库中，所有的书评均被收录。

SCIE 数据库中会议摘要只收录最核心的 800 种期刊中的内容（按影响因子排序）。而在 SSCI 和 A&HCI 数据库中收录期刊里出现的会议摘要均被索引。

被标示为综述的文章主要包括两种方式：发表在综述性期刊的文章；文章中包含了 100 条以上的参考文献，同时还标明了该文章为综述，例如在目录或者文章中出现“Review”或者“Overview”等字样。

社会科学引文索引全面收录 1800 多种社会科学期刊，同时也收录 SCIE 所收录的期刊当中涉及社会科学研究的论文。学科范围涉及人类学、考古学、学科领域研究、商业与金融、交流、犯罪与刑罚、人口统计学、经济学、教育学、环境研究、人类工程学、人类种族研究、家庭研究、地理学、老人病学、健康与恢复、工业与劳资关系、信息与图书馆学、国际关系、法律、语言学、管理科学、护理、运筹学、计划与发展、政治学、精神病学、心理学、公共管理、社会学、城市研究、女性研究等。

艺术与人文科学引文索引全面收录 1140 多种艺术与人文科学期刊，学科范围涉及考古学、建筑学、艺术、亚洲研究、名著、舞蹈、电影、民间传说、历史、人文学科、语种、语言学、文学评论、文学、音乐、哲学、诗歌、宗教、广播电视、戏剧等。

选择性收录：选择性收录的记录是指从未被 SSCI 或 A&HCI 数据库索引的自然科学期刊中选择出来的记录。每周 ISI 会通过特定的计算机算法标识出候选的记录，以找到符合收录标准的记录，然后再由 ISI 的编辑审阅决定这些条目是否适合被 SSCI 或 A&HCI 收录。例如 Physics of the Earth and Planetary Interiors《地球与行星内部物理学》被 SCIE 完全收录，但只有这篇文献单独被 SCIE 和 A&HCI 收录。Archives of Environmental Health《环境卫生纪要》被 SCIE 完全收录，但只有这篇文献同时被 SCIE

和 SSCI 收录。

3.1.3 数据库检索

在 ISI Web of Knowledge 主页，两种方式均可登录 Web of Science 数据库：通过下拉菜单选择 Web of Science 和点击 Web of Science 连接。进入 Web of Science 数据库后，有四种检索：快速检索（Quick Search）、普通检索（General Search）、高级检索（Advanced Search）和引文检索（Cited Reference Search），另有打开检索历史。点击界面上的提示条即可以在四种检索方法中切换见图 3.3 所示的 Web of Science 数据库主页。

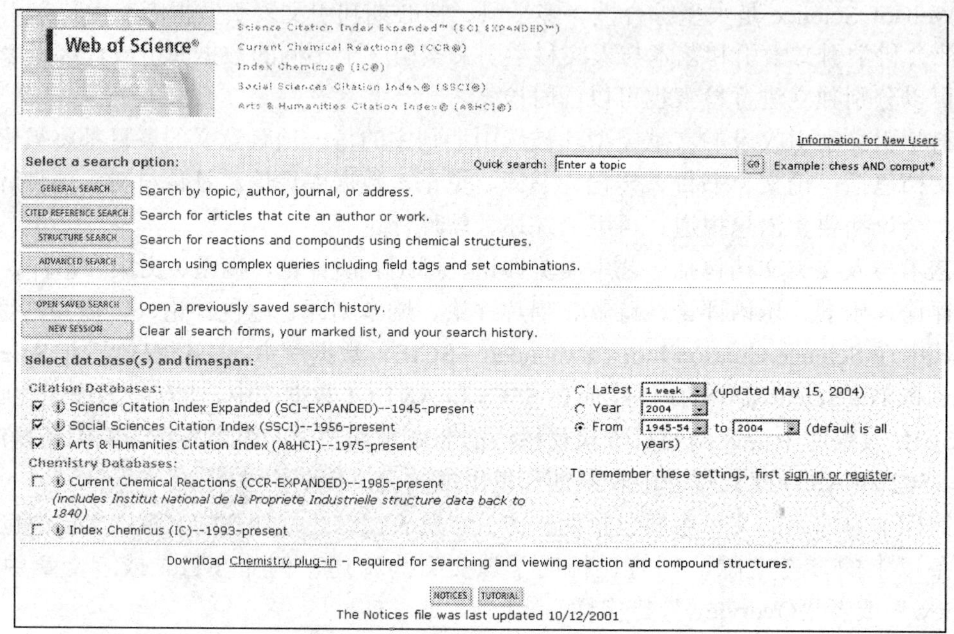

图 3.3 Web of Science 数据库主页

数据库选择与检索年限限定：在 Web of Science 数据库左下方可以看到有 SCIE（1900—）、SSCI（1956—）、A&HCI（1975—）三个引文数据库，默认设置是所有的引文数据库均被选择检索。另外，如果所在机构订购了 Current Chemical Reactions（1986—）和 Index Chemicus（1993—）数据库（这两个数据库为非默认选择数据库），也可以在此页面上看到这些数据库的列表。注意在 Web of Science 数据库左下方的数据库多少和年限是和所在机构订购有关。

检索时间段有三种方式可以选择：①点击第一个单选按钮选择最近 1、2 或 4 周的数据；②点击年份单选按钮并利用下拉菜单选定某一具体年；③利用下拉菜单分别选定起止年，默认设置为可供检索的所有年。注意：所选择的年限不一定为出版年，仅表示文献被处理的年限。一份标注为 2004 年 1 月的期刊可能在 2003 年 12 月已经被处理。有关 Web of Science 的最新信息可以在 Notices 中找到。

1. 快速检索

快速检索方式界面允许用户将要检索的字段输入检索词，并可以进行组配检索，只能进行主题（Topic）检索，相当于部分字段的关键词检索。例如，（face$ or facial）same（detect* or recog* or locat*）。

2. 普通检索

选择时间范围，点击普通检索（General Search）即可进入检索页面如图 3.4 所示。

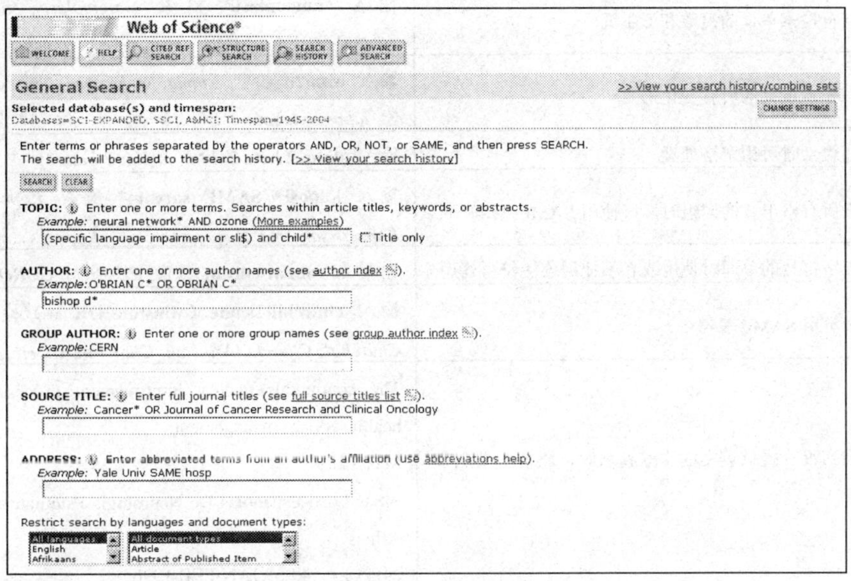

图 3.4 普通检索主页

如果希望将检索限定在标题字段中，点击 Title only 复选框。

（1）可检索字段

普通检索提供了五个检索字段入口和两种检索限定。五个检索字段为：主题检索（Topic）、作者检索（Author）、团体作者（Group Author）、文献来源检索（Source Title）、地址检索（Address）。

1）主题（Topic）检索：相当于部分字段的关键词检索，主题检索的范围包括下列字段：题目（Title），文摘（Abstracts），作者关键词（Author Keywords），扩展主题词（Keywords Plus）。例如，想查找有关降低二氧化碳排放量的相关研究文献，可以在Topic检索方式中输入检索式：((co2 or carbon dioxide) same emission*) and (reduc* or mitigat* or abat*)。

主题检索的规则如表3.1所示。

表 3.1 主题（Topic）检索

规 则	示 例
要检索一个词组，直接输入即可。邻近检索词按顺序检索	输入 **reduc* sodium** 检索 *reduced sodium, reducing sodium, etc.*
利用 SAME 算符连接的两个检索词，其检索结果为两个词出现在同一个句子中，且检索词的顺序是任意的	输入 **reduc* SAME sodium** 检索 *reduced sodium, reducing sodium, sodium intake of experimental group was reduced, etc.*

续表

规　则	示　例
同义词的检索(自然语言的同义词、缩写词、以及专业用语);可使用 OR 算符将其组配	输入 **heart* OR coronar* OR cardio* OR cardia*** 检索 *heart, hearts, heartbeat, coronary, cardiovascular, cardiotonic, cardiopulmonary, cardiac, etc.*
可利用截词符检索单词的复数和派生词	输入 **angioplast*** 检索 *angioplasty, angioplasties, angioplastic, etc.*
利用通配符检索单词的所有变化形式	输入 **wom?n** 检索 *woman* or *women.* 输入 **labo$r** 检索 *labor* or *labour.*
标点符号在检索时可用空格处理	输入 **alpha 2 beta 2** 检索 *alpha(2)beta(2).*
当需要检索所有格形式的词组时，可使用 SAME 算符	输入 **kaposi* SAME sarcom*** 检索 *Kaposi sarcoma, Kaposis-sarcoma, Kaposis sarcoma, Kaposi's sarcoma.*
检索带有连字符号的单词时使用或者不使用连接符号均可	输入 **cd rom or cdrom** 检索 *CD-ROM, CDROM, etc..*
检索人名时可用 SAME 算符	输入 **churchill same （winston OR w）**检索 *Winston Churchill; Churchill,Winston; Churchill, W., etc.*
当非英文期刊没有提供英文的文献题名时，将非英文名译为美式英语	The continuous quality improvement process in mental health services management Massa JLP Actas Luso-Espanolas De Neurologia Psiquiatria Y Ciencias Afines 24:（1） 49-57 JAN-FEB 1996
独创性的研究论文，标题仍用源期刊的语言	The Barbizon School – L'auberge Ganne' Laverroux N Oeil-Magazine International D Art （477）S2-S2 DEC 1995
附加的题名用+号或括号与原题名连起来（仅见于 Arts & Humanities Citation Index）	Speech After Long Silence + The Poetry of Haines,John Berry W Sewanee Review 104:（1）108-110 WIN 1996

2）作者（Author）检索：所有的作者姓名都被标引，所有的作者姓名都可以被检索、显示、打印和输出。建议使用首字母或截词符（*），因为作者名有时有不同的写法。

① 一般规则：输入作者的姓，随后是一个空格，然后输入不超过五个的名的首字母，例如，来源文献 J.R.W. Yates，ISI 数据库 Yates JRW，检索为 yates j* or yates jrw。

② 姓名的不同形式：当姓可能不是放在最后时，用姓名的不同变化形式展开检索。例如，来源文献 Shi-Wa Yen，ISI 数据库 Yen SW 或 Shi WY，检索为 yen sw or shi wy。来源文献 Uzonyi Kiss Sandor，ISI 数据库 Uzonyi KS、Sandor UK、Sandor UK 和 Kiss SU，检索为 uzonyi ks or sandor uk or kiss su。

③ 复姓：在 1997 年以前，复姓的部分是连在一起的。因此如果想得到完整的检索结果，应使用连在一起和分开表示两种方式，如表 3.2 所示。

表 3.2　复姓检索

来源文献	ISI 数据库	检　索
D. Lagadic-Gossmann	Lagadic Gossmann D LagadicGossmann D	lagadic gossmann d* or lagadicgossmann d*
Geraldo Felipe de la Fuente	De la Fuente GF DelaFuente GF	de la fuente g* or delafuente g*
M. D'Angelo	D Angelo M Dangelo M	d'angelo m* or dangelo m*

④ 头衔，等级头衔，世代名称（如 Junior 或者 Senior）以及学术身份（学位忽略不计）检索：例如，来源文献 Lord Duvall Edwards，ISI 数据库 Edwards D，检索为 edwards d*。再如来源文献 W. Brumfitt, Jr.，ISI 数据库 Brumfitt W，检索为 brumfitt w*。

3）团体作者（Group Author）检索：当一个组织或者机构被作为来源出版物的作者时则被称为团体作者。当某个研究课题中涉及了数百个作者时，也可作为团体作者看待。团体作者数据只在 1995 年以来的记录中出现。可以在团体作者字段输入作者名或者利用团体作者索引来帮助锁定团体作者名。无论是哪种方式，应该考虑团体作者名的不同形式，可使用首字母缩写、缩写以及截词的方式来创建检索式。输入团体作者名或者团体作者名的首字母缩写词进行检索。可以用 Group Author Index 来锁定团体作者姓名的其他写法。该字段可使用通配符和截词符。可使用 OR 算符链接不同的写法，例如，要查找作者机构为 GIMEMA Group，可以输入：gimema* or grp* ital* mal* or gruppo* ital* mal*。输入 women* interag* HIV* 或者 WIHS*，可检索 Women's Interagency HIV Study 的论文。

4）文献来源（Source Title）检索：输入期刊全名或输入名称的前几个词，在右边用通配符截断。来源刊标题字段是按照词组标引的。因此，为了检索准确，请从来源刊全称列表（full source titles list）中选择刊名。可以通过关键词检索刊名或者浏览刊名字顺列表。

例如，输入 biochemical and biophys* 可检索 BIOCHEMICAL AND BIOPHYSICAL RESEARCH COMMUNICATIONS，但不能检索 JOURNAL OF BIOCHEMICAL OR BIOPHYSICAL METHODS。输入 science* 可检索 SCIENCE、SCIENCE PROGRESS，但不能检索 SOCIAL SCIENCE & MEDICINE。

名称中的符号或&号可输入并显示出来，但检索时是作空格处理，例如，输入 blood coagulation & fibrinolysis 可检索 BLOOD COAGULATION & FIBRINOLYSIS，输入 a + u-architecture and urbanism 可检索 A + U-ARCHITECTURE AND URBANISM。

如果需要详细了解收录期刊列表，可登录 www.thomsonisi.com/journals/，获取 ISI 数据库收录的期刊的列表。列表中还包括了一年内期刊变化的信息。该列表可以通过关键词进行检索。

5）地址（Address）检索：

① 自 1966 年以来的数据，所有的作者地址都被标引。所有的作者地址都可以被检索、显示、打印和输入。

② 通讯作者在地址列表的第一行给出，同时给出他的地址。其他地址的顺序不一定与作者相对应。

③ 通用的地址词一般采用标准缩写形式。点击地址检索字段后方的 Abbreviations Help 链接来确定需要的缩写地址词。由于这不是一个完整的地址词列表，因此推荐使用截词符来得到更全面的检索结果。某些公司和机构名称以及州/国家名称也采用了缩写方式。如果希望浏览这些缩写词，首先点击 Abbreviations Help，然后选择 Corporate & Institution Abbreviations。诸如“univ”和“inst”一类的缩写词，由于它们在地址信息中出现的频次太高，因此只可以与其他有明确含义的地址词一起检索。点击 Abbreviations Help，然后进入 Help Index，并找到 Stopwords – in address field 可浏览这些禁用词列表。

④ 地址字段可以按照机构名称、部门、街道名、城市名、州名、省名、国家、邮编进行检索或者这些信息组合进行检索。例如，如果想查找由瑞典、波兰和德国的作者所撰写的研究论文，可输入：sweden and poland and germany。如果想检索地址邮编含有 310032 的作者所撰写的论文，应输入：310032。

⑤ 利用 SAME 算符精确检索结果。例如，如果想查找具体在大学某个校区或者某个系的研究人员的论文，可以用 SAME 算符而不是 AND 算符得到具体的检索结果，应输入：Zhejiang Univ Technol SAME dept phys。用 AND 连接的地址词可能会出现在不同的地址行中。而用 SAME 则可以保证这两个地址词出现在同一个地址行中。

⑥ 可以利用高级检索页面中提供的字段标识符来检索地址字段中的一些附加信息。如 OG=Organization、SG=Suborganization、SA=Street Address、CI=City、PS=Province/State、CU=Country、ZP=Zip/Postal Code。例如，OG=univ houston and ZP=77004。

（2）二次检索

在 Web of Science 中完成一次检索后，在返回的检索结果总记录页中，可以看到在此次检索结果中再进行二次检索的检索框。可以在初始检索结果的基础上再进行二次检索，进一步优化检索结果（二次检索目前为主题词检索）如图 3.5 所示。

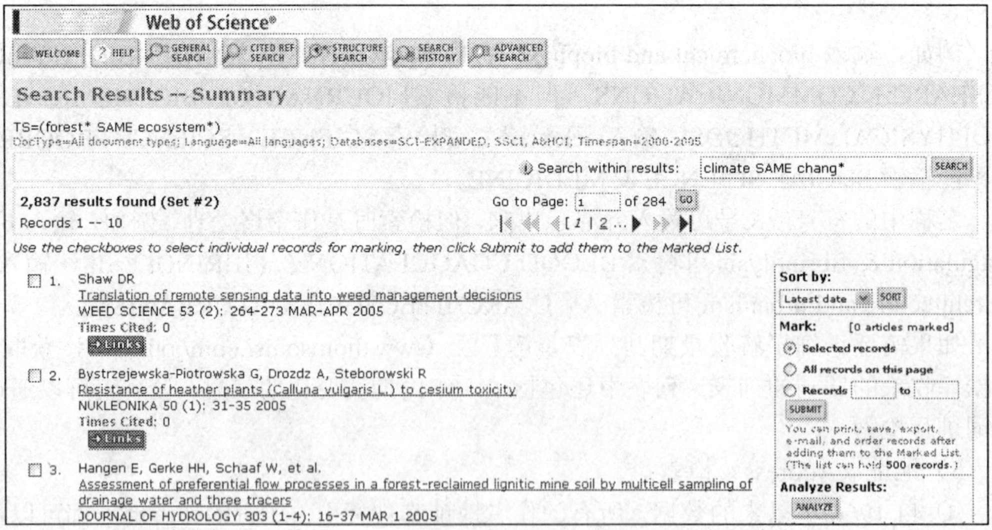

图 3.5　二次检索

（3）辅助检索工具

在普通检索（General Search）、高级检索（Advanced Search）和引文检索（Cited Reference Search）中 Web of Science 设有专业标引项的辅助检索工具帮助锁定检索词：作者索引检索辅助工具（Author Index，如图 3.6 所示）、团体作者索引检索辅助工具（Group Author Index）、来源刊索引检索辅助工具（Full Source Titles List）、地址索引检索辅助工具（Abbreviations help）。可以按照字顺浏览或者输入检索词的词干来查询检索词。截词符选择星号“*”，点击希望添加到检索式的检索词旁边的 Add 按钮，在选择完需要添加的检索词之后，点击 OK，即将选择的检索词输入到所要检索的栏中。

（4）限制检索（Set Limits）

Web of Science 的普通检索提供了两组限定检索结果的选择：语种（Languages）和文献类型（Document Types）。可以将检索限定为一个或者多个语种以及不同的文献类型。所有的非英语标题已经被译为美式英语。

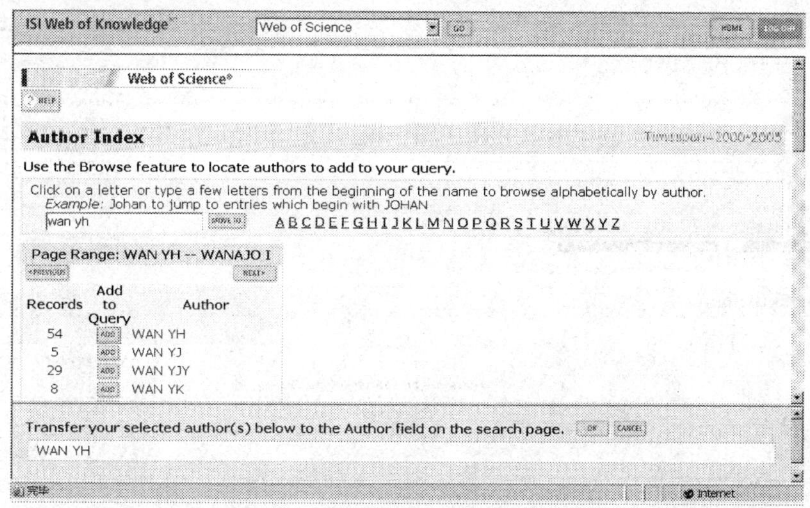

图 3.6　作者索引检索辅助工具

文献语种的选项列表，有包括中文在内的 50 多个语种供选择，Afrikaans、Arabic、Bengali、Bulgarian、Byelorussian、Catalan、Chinese、Croatian、Czech、Danish、Dutch、English、Estonian、Finnish、Flemish、French、Gaelic、Galician、Georgian、German、Greek、Hebrew、Hungarian、Icelandic、Italian、Japanese、Korean、Latin、Macedonian、Multilanguage、Norwegian、Persian、Polish、Portuguese、Provencal、Rumanian、Russian、Serbian、Serbo-Croatian、Slovak、Slovene、Spanish、Swedish、Turkish、Ukrainian、Welsh 等；使用 Ctrl+Click 可选择多个选项。默认选项为“全部语种”（All Language）。

文献类型的选项列表，有 40 多个文献类型供选择，Abstract of Published Item、Art Exhibit Review、Article、Bibliography、Biographical-Item、Book Review、Chronology、Correction、Correction, Addition、Dance Performance Review、Database Review、Discussion、Editorial Material、Excerpt、Fiction, Creative Prose、Film Review、Hardware Review、Item About An Individual、Letter、Meeting Abstract、Meeting-Abstract、Music Performance

Review、Music Score、Music Score Review、News Item、Note、Poetry、Record Review、Reprint、Review、Script、Software Review、Theater Review、TV Review, Radio Review、TV Review, Radio Review, Video Review 等；使用 Ctrl+Click 可选择多个选项。默认选项为“全部文献类型”（All Document Types）。

3. 高级检索

点击 Web of Science 屏幕上方的 Advanced Search 按钮进入高级检索如图 3.7 所示，高级检索页面允许使用两个字符的字段标识符和集合号创建一个复杂的检索式，例如 SO=(Journal of Ecology OR Ecology Letters) AND TI=birch；TS=(nanotub* SAME carbon) NOT AU=Smalley RE。注意不可以在同一个检索式中同时使用字段标识符和集合号。利用右方给出的字段标识符构成复杂的检索式。

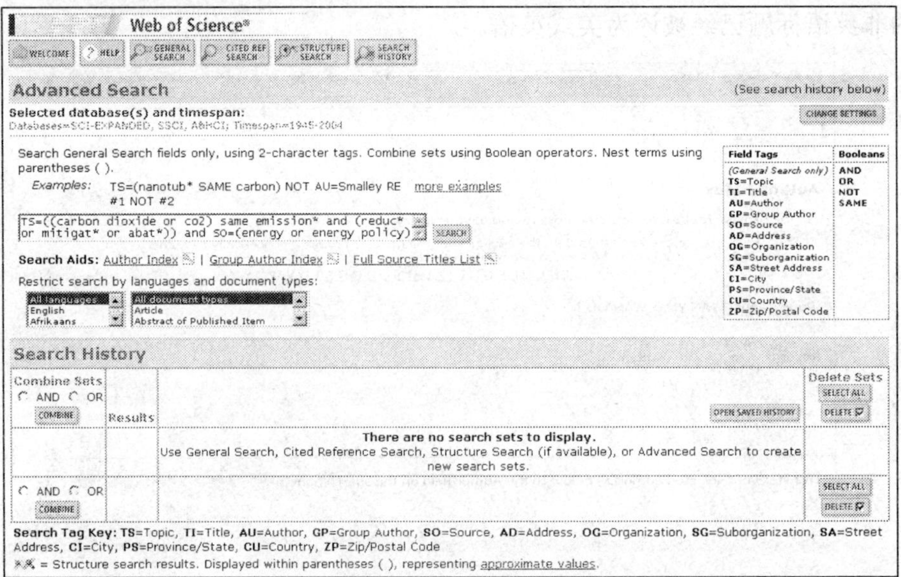

图 3.7 Web of Science 高级检索

字段标识符为：TS=Topic、TI=Title、AU=Author、GP=Group Author、SO=Source、AD=Address、OG=Organization、SG=Suborganization、SA=Street Address、CI=City、PS=Province/State、CU=Country、ZP=Zip/Postal Code。

检索框下有作者索引检索辅助工具（Author Index）、来源刊索引检索辅助工具（Journal List）、团体作者索引检索辅助工具（Group Author Index）；可以利用辅助工具检索后，进行组合组配检索。

例如，如果想检索在 Energy 或者 Energy Policy 发表的有关 reducing carbon dioxide emissions 的文献，可以创建以下检索式：TS=((carbon dioxide or co2) same emission* and (reduc* or mitigat* or abat*)) and SO=(energy or energy policy)。

4. 引文检索

引文索引指利用出版的论文中的参考文献作为索引的条目和入口。它揭示了作者们在撰写论文时所形成的引用与被引用的连接关系。引文检索提供了独特的检索能力，可以让读者通过旧的、已知的信息获得新的、未知的信息。

如果想要找出有哪些文章引用了某一特定文献，点击 Web of Science 屏幕上方的 Cited Reference Search 按钮进入引文检索如图 3.8 所示。

1）第一引用作者的检索：例如，需要了解 K. Anand, J. Ziebuhr, P. Wadhwani, J.R. Mesters, R. Hilgenfeld. “Coronavirus main proteinase (3CL(pro)) structure: Basis for design of anti-SARS drugs.” SCIENCE, 300 (5626): 1763-1767, Jun. 13, 2003 的论文被引文情况。在 CITED AUTHOR 输入 anand k*，在 CITED WORK 输入 science*，如图 3.8 所示。

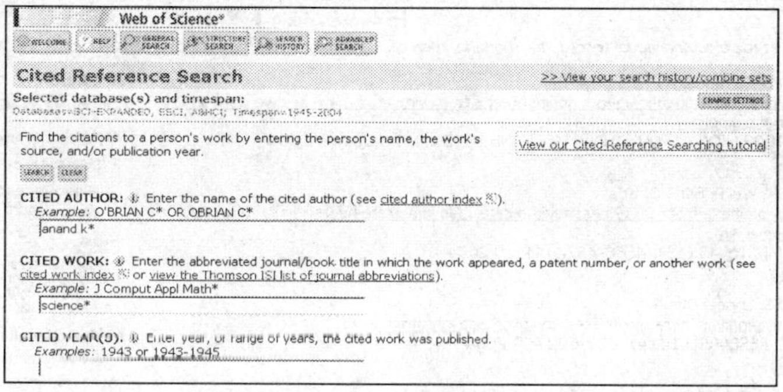

图 3.8　Web of Science 引文检索

注意姓名的不同拼写或者在名的首字母缩写后使用截词符。也可以利用 cited author index 查找作者姓名。在被引著作检索中使用截词符，以便可以匹配刊名或者书名缩写的不同形式。点击 SEARCH 按钮显示一个符合您的检索要求的引文列表。

图 3.9 列出了所有引用了作者 K. Anand 在 Science 杂志上发表论文的情况。如果需要查找某个特定的引文，可通过原文题录信息中的卷、页和发表年信息来锁定。如果看不到到全记录的连接，这往往意味着，该文献被引用的格式是不正确的，或者来源记录不在数据库的收录范围内。

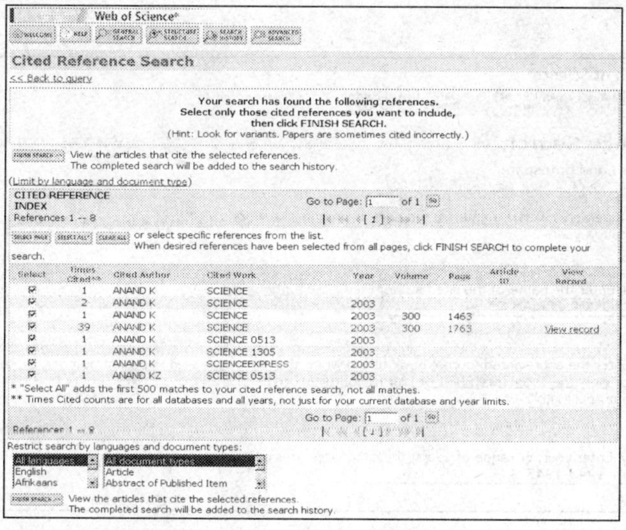

图 3.9　引文检索结果

通过勾选参考文献左侧的复选框选择适当的被引用参考文献列表，应包括引文的不同形式。然后点击 FINISH SEARCH。注意该文章有不同的引用形式。引用的不同主要是由于作者在给出参考文献时列出的论文卷号、页码和出版年信息不正确。点击 View record 浏览该文章的来源记录，如图 3.10 所示。点击标题浏览全记录。由于这些论文都引用了 Anand 的论文，因此尽管他们在文章中采用了不同的术语，但是他们在主题上都是非常相关的。而在传统的主题检索中，很有可能会因为采用术语的不一致而漏检很多文章。

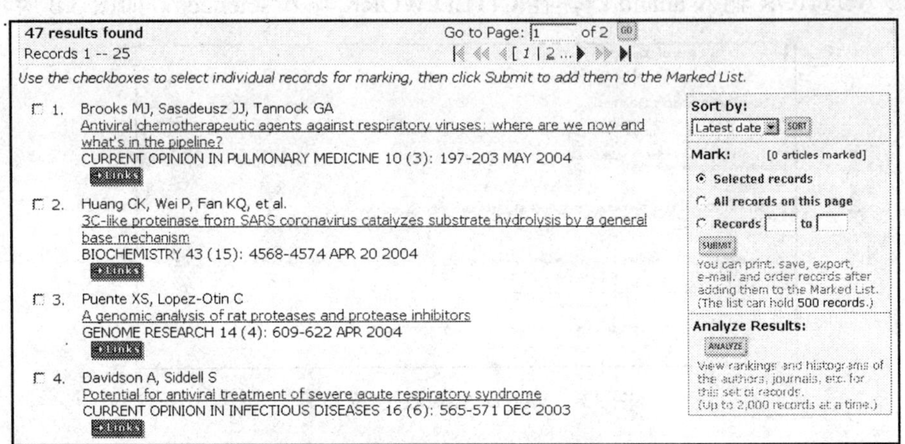

图 3.10　引文检索结果

2）次要引用作者的检索：如果被引用的文章是数据库的一条来源文献，并且在所在单位订购的年限里，则可以对次要引用作者进行检索如图 3.11 所示。例如，查询作者 K. Anand, J. Ziebuhr, P. Wadhwani, J.R. Mesters, & R. Hilgenfeld 共同完成的论文的被引用情况，可以输入 ziebuhr j* 或 wadwhani p* 或 mesters j* 或 hilgenfeld r* 作为被引用作者。但是，如果要找出所有参考文献的不同写法，必须利用被引用的第一作者姓名进行查询。

Web of Science®
Cited Reference Search
>> View your search history/combine sets
Selected database(s) and timespan:
Databases=SCI-EXPANDED, SSCI, A&HCI; Timespan=1945-2004
Find the citations to a person's work by entering the person's name, the work's source, and/or publication year.
View our Cited Reference Searching tutorial
CITED AUTHOR: Enter the name of the cited author (see cited author index).
Example: O'BRIAN C* OR OBRIAN C*
hilgenfeld r*
CITED WORK: Enter the abbreviated journal/book title in which the work appeared, a patent number, or another work (see cited work index or view the Thomson ISI list of journal abbreviations).
Example: J Comput Appl Math*
science*
CITED YEAR(S): Enter year, or range of years, the cited work was published.
Examples: 1943 or 1943-1945

图 3.11　次要引用作者的引文检索

注意：参考文献的不同形式只可以第一作者的方式检索。次要被引用作者的记录只会连接到源记录。圆点“…”标志着该被引用作者不是被引用文献的第一作者如图 3.12 所示。

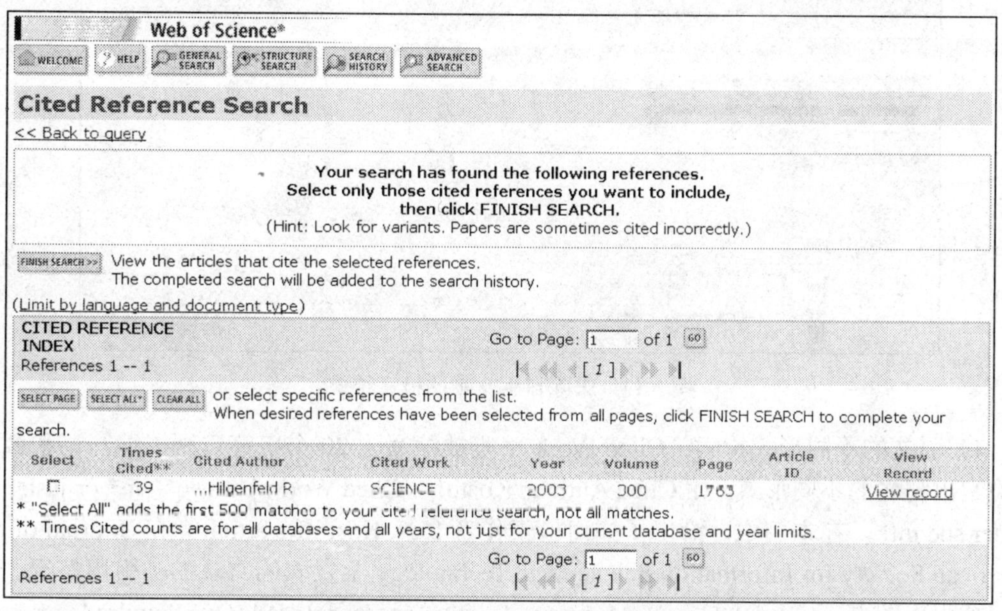

图 3.12　次要引用作者的引文检索结果

3）去除自引：如果想从得到的记录中去除某个作者的自引文献，应该首先通过 Cited Reference Search 执行一个被引作者检索如图 3.13 所示，选择所有属于指定的作者的参考文献，然后点击 FINISH SEARCH 创建一个检索集合 Set #1。然后，再通过 General Search 的方式执行一个作者检索创建检索集合 Set #2.。最后，利用 Advanced Search 功能并将这两个检索式利用 NOT 布尔逻辑运算组配起来。检索集合 Set #3 的结果就是去除了作者 V.C. Baligar 自引文献的检索结果如图 3.14 所示。

Cited Reference Search

<< Back to query

Your search has found the following references.
Select only those cited references you want to include,
then click FINISH SEARCH.
(Hint: Look for variants. Papers are sometimes cited incorrectly.)

FINISH SEARCH >> View the articles that cite the selected references.
The completed search will be added to the search history.

(Limit by language and document type)

CITED REFERENCE INDEX　　Go to Page: 1 of 9 GO
References 1 -- 20　　[1|2|3|4|5|6|7|8|9]

SELECT PAGE　SELECT ALL*　CLEAR ALL　or select specific references from the list.
When desired references have been selected from all pages, click FINISH SEARCH to complete your search.

Select	Times Cited**	Cited Author	Cited Work	Year	Volume	Page	Article ID	View Record
☑	6	BALIGAR V	PLANT SOIL	1997	195	129		View record
☑	1	BALIGAR VC	48TH ANN REPORT OFFO	1984				
☑	4	...Baligar VC	ADV AGRON	2002	77	185		View record
☑	7	...Baligar VC	AGRON J	1997	89	707		View record
☑	11	BALIGAR VC	AGRON J	1993	85	1068		View record
☑	13	BALIGAR VC	AGRON J	1989	81	223		View record
☑	29	BALIGAR VC	AGRON J	1987	79	1038		View record
☑	1	BALIGAR VC	AGRON J	1987	79	1208		

图 3.13　去除自引

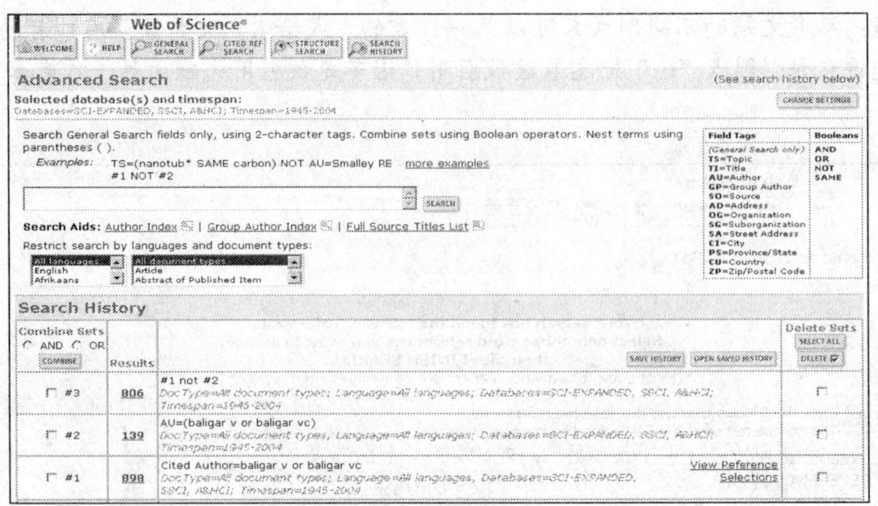

图 3.14　去除自引文献的检索结果

4）引文的不同形式检索：Cited Work 字段被缩写为 20 个字符。利用缩写词和截词可检索出刊名的不同形式。如 Cited Author: Kostoff，Cited Work: j am soc* in* or jasis* or j amer soc inf*，在本例中，给出了如何检索作者 R.N. Kostoff's articles 在 Journal of the American Society for Information Science and Technology 上发表的文章的被引用情况。

被引用图书：Gabriel García Márquez. Cien años de soledad.(One hundred years of solitude). New York: Harper & Row, 1970。如果要查找到引用了这本图书的文章，可输入以下检索词：

Cited Author: garciamarquez or marquez

Cited Work: 100* or one* or cien* or hundred* or cent*

被引专利：Cited Author，即专利权人（个人或组织）；Cited Work，即专利号，不包括国别代码（国别代码可显示，但不可检索）；Cited Year，即被引用专利发表年。例如，Patent Number(s): WO9623010-A Derwent Title: Polyolefin for use as elastomers, moulding resins, adhesives etc. -contains methyl, ethyl, propyl, butyl, amyl, hexyl and longer branches, and is obtd. in presence of novel transition metal catalyst。Inventor Name(s): JOHNSON L K, KILLIAN C M, ARTHUR S D，在被引用著作字段输入 9623010* 来查找有哪些期刊文献引用了此专利。在参考文献查询表中，国别代码显示在卷号栏目中。在被引用作者字段中有多种不同的写法，这是因为有些作者将发明人作为被引作者，而有些人又选择专利权人。

被引团体作者：Cited Author：组织的首字母缩写或者名称。在查询表中这些名字前添加了星号"*"但在检索时不要使用星号在检索信息前；Cited Work：报告名；Cited Year：报告发表年。

团体作者可能是一个商业公司，例如 Intel 或 IBM 也可能是承担了某个研究课题的作者群或研究机构。对于后一种情况而言，他们的发现被作为团体而非个人作者来看待。例如，Writing Group for the PEPI Trial 将被认为是一个团体作者。它可以这样来检索：Cited Author: writ* group pepi* OR pepi tr*。

被引政府报告：Cited Author（对报告负责的个人或机构。在全名或者首字母缩写名前标记了星号。在检索中请不要使用星号）、Cited Work（报告号，通常还含有机构首字母缩写。也有可能给出的是报告的标题或者只有报告的标题而不含有报告号）、Cited Year（报告发表年）。例如，Zimbler, L.J. U.S. Department of Education. National Center for Educational Statistics. Faculty and instructional staff: who are they and what do they do? (NCES #94346.) Washington: GPO, 1994. 输入 Cited Author: nces* or nat* ctr* ed* or us* dep* ed* or dep* ed* or zimbler。Cited Work: fac* inst* or 94346* or nces94346* or nces* 94346*。

在 A&HCI 引文检索中当引文中包含了艺术作品的图像时，在被引用卷号栏目中用“ILL”加以显示；当在引用文献中包含了一部分乐谱信息时，则在被引用卷号栏目中用“MUS”加以标记。A&HCI 把那些对于某些著作引用时不列出正式的书目信息或者脚注的情况统一归为间接引用。对于这些间接引用的情况，会在被引卷号栏目中用“IMP”加以标注。

如果需要了解被引用作者的相关信息，可以点击 ISI Web of Knowledge 主页右下方的 ISI HighlyCited.com，如图 3.15 所示。

图 3.15 ISI HighlyCited.com 主页

在学术界，美国科学引文索引数据库（SCI）对科学家论文的引用次数统计被视为衡量科学家学术地位的标准之一。ISI 把科学引文分成 21 个学科，然后将研究者近 20 年来所发表的 SCI 收录文章的引用次数进行累加后排名。每个学科的“高引用率科学家”全球一般不超过 250 名。ISI HighlyCited.com 提供检索和浏览两种方法来了解“高引用率科学家”，其中浏览可以按照学科领域、作者姓名、作者所在机构、作者所在国等途径进行浏览。注意：SCI引用率要具体分析，评价某一学科要使用国际通用参考指标，即获国际大奖的情况、参加国际高级学术会议的情况、论文被引用的情况和同行评议等。同时这几个方法也要综合起来用，因为没有哪一个指标能够单独衡量一个科学家或研究机构的研究水平。

国内目前用SCI计量方法评价科学成果，不太重视质量的问题，已引发了一些浮躁情绪。同行评价与高质量论文及高质量引用情况都应作为重要的综合参考指标。

3.1.4 检索技术

1. 截词符

利用“*”可代替多个字符，“?*”代表0个至多个字符，“?”仅代表一个字符，“$”可表示0个或者1个字符。可利用中间截词的方式或者通配符来检索词的不同写法或者英式拼写。在使用截词符时，前面至少应有3个字符。例如，Symptom*，可以检索到Symptom、Symptoms、Symptomatic等词；Lap*roscop*，可以检索到Laparoscopic、Laproscopic、Laparoscopy等词；Cell$，可以检索到Cell、Cells、Cello等词；Dosto?evsk*，可以检索到Dostoyevsky、Dostoievsky、Dostoievski、Dostoyevskii等词；Behavio$r*，可以检索到Behavior、Behaviour、Behavioral等词。

2. 运算符

布尔逻辑算符包括AND、OR、NOT，位置算符为SENT或SAME，当连续输入两个和多个检索词时，系统默认为词组进行检索。在一个检索式中最多可使用50个运算符。某些字段包含有唯一的内容，如专利号等，则只能用OR。

如果在同一个字段中使用不同的布尔逻辑算符，运算的优先顺序为：( )→SAME→NOT→AND→OR。

优先算符：当使用多个算符时，可用括号决定优先顺序，将OR前后的词放入括号中，计算机将优先运算括号内的算符。例如，TOPIC: nutrition AND (wom?n OR female*)，检索到的文献中将包含单词nutrition和括号内的两个单词中的任何一个或全部。TOPIC: recogni* SAME (speech* OR speak* OR voice*)，检索到的结果将包括recognition的不同写法，同时在同一个句子中还将出现圆括号中单词的任何一个或者全部。

3. 其他

要在检索中检索同义词，可以包括自然语言词，词的缩写以及可能出现的术语。将这些词用OR逻辑算符链接起来即可，例如，honey bee* OR honeybee* OR apis mellif*。

检索包含有标点符号的关键词，在检索中标点符号将按照空格处理。例如，输入“2 4 dinitrotoluene”将会检索出2,4-dinitrotoluene；输入“xray OR x ray”将会检索出x-ray和xray。

检索含有希腊字母的检索词，可将希腊字符拼写出来进行检索。例如，beta carotene AND alpha omega 将会检索出 Electroabsorption spectroscopy of β-carotene and α,ω-bis(1,1-dimethylheptyl)-1,3,5,7,9,11,13,15-hexadecaoctaene。

3.1.5 检索结果

1. 记录格式

系统检索后，首先显示的是检索结果列表，包括作者、题目、出处（期刊名称）以及全文链接图标（直接在Web of Science的记录中链接到该文献的全文电子版），如图3.16所示。全文链接图标只有订购Web of Science数据库的机构同时订购了某一出版社的电子期刊，才能链接到全文。每屏显示10条记录。点击文章的题目即可以看到该文章的详细记录格式，详细记录格式包括所有Web of Science字段，全记录字段如图3.17所示，包括：文章标题、作者（作者姓名包括姓以及不超过五位字符的名的首字母。所有作者的姓名都被标引并可检索）、来源刊名/出处、文献类型、文献语种、引用的参考文献、被引文献、相关文献、摘要、作者关键词（指作者在文章中给出的关键词）、扩展关键词（是从文章的参考文献的标题中提取出来的关键词）、作者地址（作者通讯地址被首先列出。随后是研究者地址。注意：记录中其他作者地址顺序不一定和所在的研究机构一一对应）、作者电子邮件地址、出版社、学科分类（指的是期刊的学科分类而不是文章的学科分类。这里所提供的学科分类与Journal Citation reports的分类完全相同）、文摘号、ISSN号、全文连接、馆藏连接、OpenURL连接、相关资源连接。注：并非所有的文章都含有关键词或者文摘。

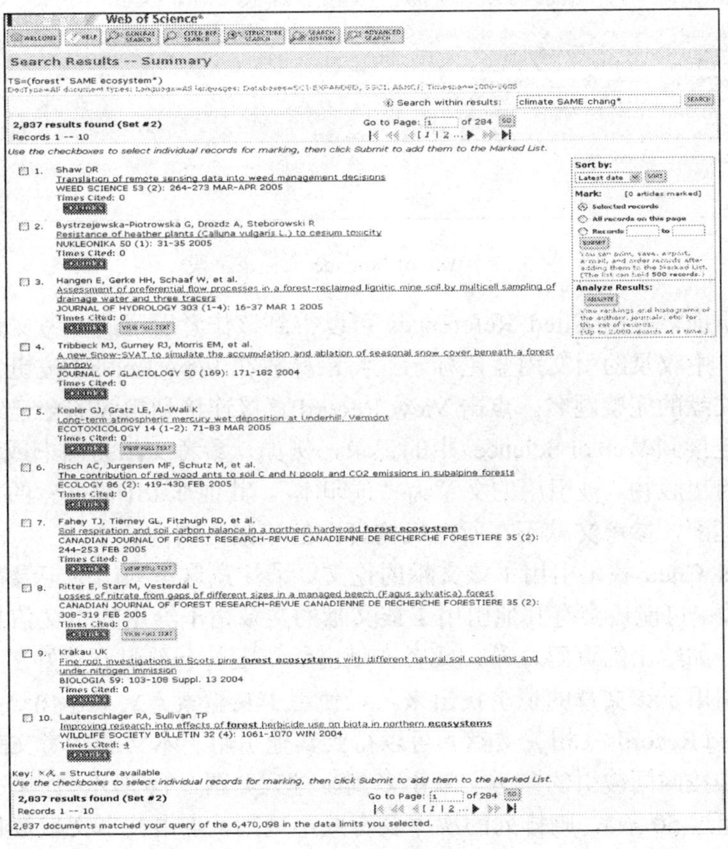

图 3.16　Web of Science 检索结果列表

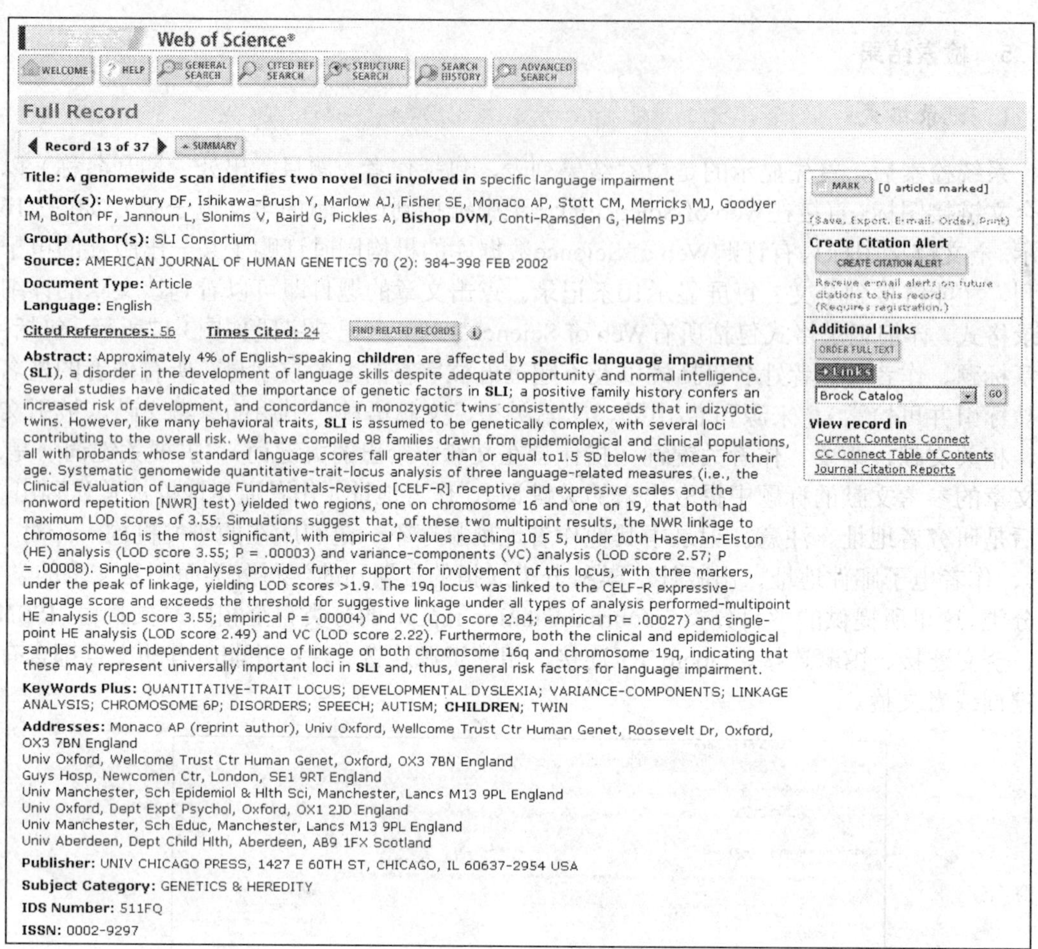

Web of Science®

WELCOME | HELP | GENERAL SEARCH | CITED REF SEARCH | STRUCTURE SEARCH | SEARCH HISTORY | ADVANCED SEARCH

Full Record

Record 13 of 37 | SUMMARY

Title: **A genomewide scan identifies two novel loci involved in** specific language impairment

Author(s): Newbury DF, Ishikawa-Brush Y, Marlow AJ, Fisher SE, Monaco AP, Stott CM, Merricks MJ, Goodyer IM, Bolton PF, Jannoun L, Slonims V, Baird G, Pickles A, **Bishop DVM**, Conti-Ramsden G, Helms PJ

Group Author(s): SLI Consortium

Source: AMERICAN JOURNAL OF HUMAN GENETICS 70 (2): 384-398 FEB 2002

Document Type: Article

Language: English

Cited References: 56 **Times Cited:** 24 FIND RELATED RECORDS

Abstract: Approximately 4% of English-speaking **children** are affected by **specific language impairment** (**SLI**), a disorder in the development of language skills despite adequate opportunity and normal intelligence. Several studies have indicated the importance of genetic factors in **SLI**; a positive family history confers an increased risk of development, and concordance in monozygotic twins consistently exceeds that in dizygotic twins. However, like many behavioral traits, **SLI** is assumed to be genetically complex, with several loci contributing to the overall risk. We have compiled 98 families drawn from epidemiological and clinical populations, all with probands whose standard language scores fall greater than or equal to1.5 SD below the mean for their age. Systematic genomewide quantitative-trait-locus analysis of three language-related measures (i.e., the Clinical Evaluation of Language Fundamentals-Revised [CELF-R] receptive and expressive scales and the nonword repetition [NWR] test) yielded two regions, one on chromosome 16 and one on 19, that both had maximum LOD scores of 3.55. Simulations suggest that, of these two multipoint results, the NWR linkage to chromosome 16q is the most significant, with empirical P values reaching 10 5 5, under both Haseman-Elston (HE) analysis (LOD score 3.55; P = .00003) and variance-components (VC) analysis (LOD score 2.57; P = .00008). Single-point analyses provided further support for involvement of this locus, with three markers, under the peak of linkage, yielding LOD scores >1.9. The 19q locus was linked to the CELF-R expressive-language score and exceeds the threshold for suggestive linkage under all types of analysis performed-multipoint HE analysis (LOD score 3.55; empirical P = .00004) and VC (LOD score 2.84; empirical P = .00027) and single-point HE analysis (LOD score 2.49) and VC (LOD score 2.22). Furthermore, both the clinical and epidemiological samples showed independent evidence of linkage on both chromosome 16q and chromosome 19q, indicating that these may represent universally important loci in **SLI** and, thus, general risk factors for language impairment.

KeyWords Plus: QUANTITATIVE-TRAIT LOCUS; DEVELOPMENTAL DYSLEXIA; VARIANCE-COMPONENTS; LINKAGE ANALYSIS; CHROMOSOME 6P; DISORDERS; SPEECH; AUTISM; **CHILDREN**; TWIN

Addresses: Monaco AP (reprint author), Univ Oxford, Wellcome Trust Ctr Human Genet, Roosevelt Dr, Oxford, OX3 7BN England
Univ Oxford, Wellcome Trust Ctr Human Genet, Oxford, OX3 7BN England
Guys Hosp, Newcomen Ctr, London, SE1 9RT England
Univ Manchester, Sch Epidemiol & Hlth Sci, Manchester, Lancs M13 9PL England
Univ Oxford, Dept Expt Psychol, Oxford, OX1 2JD England
Univ Manchester, Sch Educ, Manchester, Lancs M13 9PL England
Univ Aberdeen, Dept Child Hlth, Aberdeen, AB9 1FX Scotland

Publisher: UNIV CHICAGO PRESS, 1427 E 60TH ST, CHICAGO, IL 60637-2954 USA

Subject Category: GENETICS & HEREDITY

IDS Number: 511FQ

ISSN: 0002-9297

MARK [0 articles marked]
(Save, Export, E-mail, Order, Print)

Create Citation Alert
CREATE CITATION ALERT
Receive e-mail alerts on future citations to this record. (Requires registration.)

Additional Links
ORDER FULL TEXT
Links
Brock Catalog GO

View record in
Current Contents Connect
CC Connect Table of Contents
Journal Citation Reports

图 3.17 Web of Science 全记录字段

在全记录页面，点击 Cited References 可以得到该作者引用的参考文献的列表。在 Web of Science 中收录的引文用蓝色标示。将鼠标放在 View Record 按钮上，系统就会显示出该参考文献的完整题名。点击 View Record 直接连接到相应的全记录页面。某些条目不会直接连接到 Web of Science 中的记录，例如，参考文献为图书或者学位论文，参考文献为政府出版物，被引用的文章为“预印本”，其他非 ISI 数据库的文献，给出的文献与记录不匹配，参考文献不在所在机构订购的年限范围内。

点击 Times Cited 找出引用了该文献的论文。请注意这里列出的记录都是正确引用了该文献的文章。可能还会有其他引用了该文献的文章由于给出的引文信息不准确而未能在此处显示，如给出的页码、卷、或者文献出版年限甚至被引作者姓名拼写错误等。如果想把所有引用了该文章的记录找出来，可使用引文检索方式显示出这些差异。

点击 Related Records（相关文献）可以得到其他引用了本文的参考文献的文章。相关文献列表通常按照同被引的参考文献由多到少排列如图 3.18 所示。如果文章的参考文献量比较大（超过 50 条），则排列的次序会有些不规则。点击共享文献数超链接可浏览这些共享的参考文献。

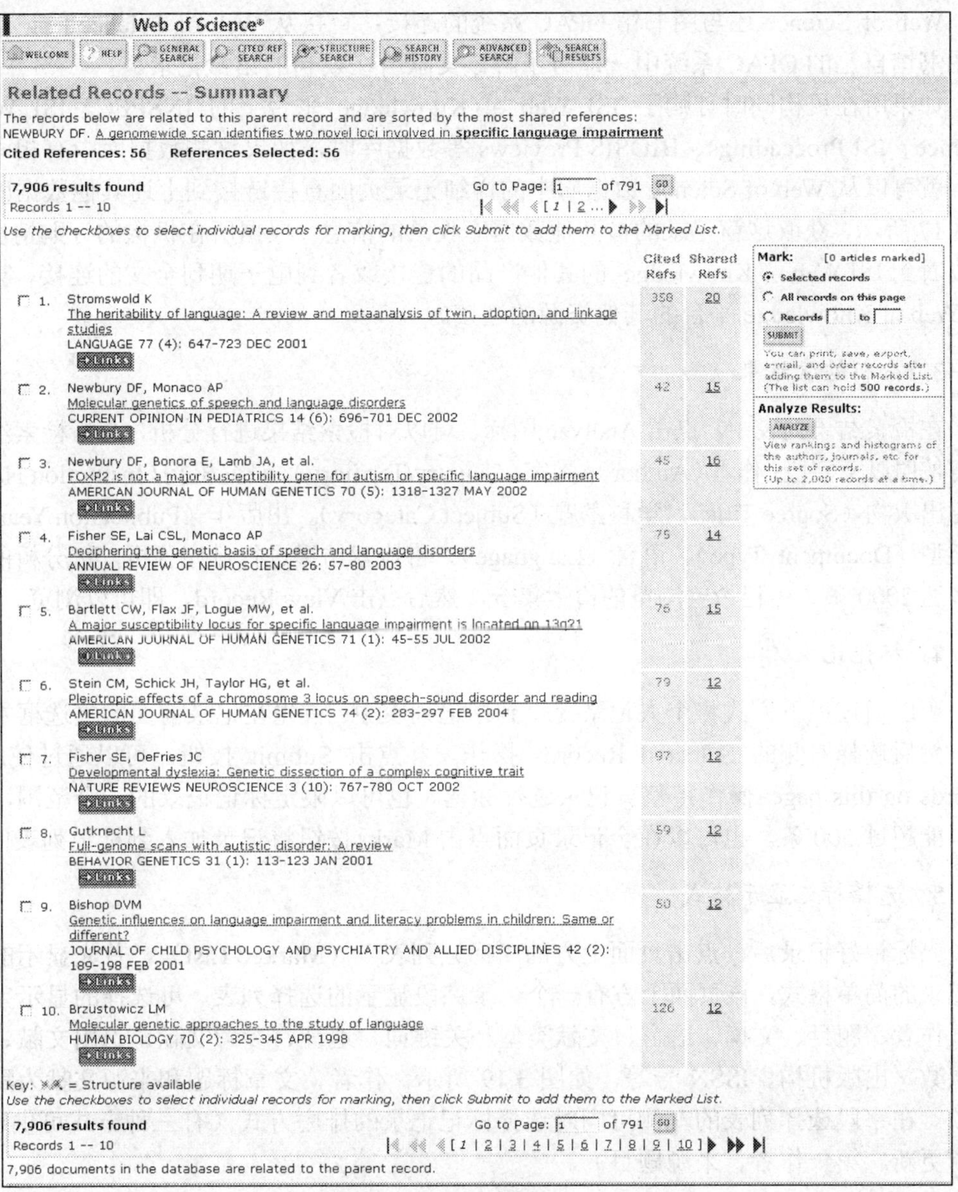

图 3.18 相关文献检索结果

2. 引文跟踪服务（Citation Alert）

在全记录页面，点击 Create Citation Alert，可以通过设置引文跟踪服务来追踪某一篇文献的最新被引用情况。如果该文献被新加入到 Web of Science 中的一条记录所引用，将收到一封包含了该记录的电子邮件。使用引文跟踪服务的前提是同时订购了 Web of Science 数据库并在 ISI Web of Knowledge 主页上注册了邮件信箱和密码。点击 Create Citation Alert，将会看到引文跟踪服务已经成功定制的确认信息。引文跟踪服务的有效期为一年，并可随时更新。跟踪检索每周运行，但是只有当有新的引用了指定的文献的记录加入到 Web of Science 时才会收到通知邮件。

Web of Science 还与图书馆 OPAC 系统的连接：直接从 Web of Science 的记录连接到图书馆自己的 OPAC 系统中，即时了解该文献所在期刊的馆藏记录。

如果所在机构同时订购了 ISI Web of Knowledge 平台上的 INSPEC、ISI Web of Science、ISI Proceedings、BIOSIS Previews 等数据库时，如果这些数据库中有相同的记录，就可以从 Web of Science 数据库中的详细记录页面直接链接到上述其他数据库中如图 3.17 所示，获取这篇记录的被其他数据库收录的信息。根据所在机构的订购情况，还可以看到 ISI Web of Knowledge 的其他产品的连接或者到电子期刊全文的连接，甚至非 ISI Web of Knowledge 平台的其他资源的连接。

3. 分析检索结果

在检索结果列表中，点击 Analyze 图标，可以对检索结果进行分析，分析检索结果功能可按照以下字段：作者（Author）、国家（Country/Territory）、研究机构（Institution Name）、来源出版物（Source Title），学科主题（Subject Category）、出版年（Publication Year）、文献类型（Document Type）、语言（Language）。将检索结果进行排序分析，可分析的结果数多达 2000 条。标记希望浏览的检索集合，然后点击 View Record，即可以浏览。

4. 标记记录

可以通过以下方式将个人记录提交到标记列表中：首先在记录前面的复选框中作标记，然后选择右侧的 Selected Records 操作，并点击 Submit 按钮。可以通过使用 All records on this page 操作将整页记录进行标记。也可以限定标记记录的一个范围，但最多不能超过 500 条。也可以在全记录页面点击 Mark 按钮将记录加入到标记列表中。

5. 选择标记显示格式

当标记好记录后，点击页面上方的“标记列表”（Marked List），首先显示的是标记记录的简单格式，该页面上方有一个记录字段显示的选择列表。可选择的显示字段包括：作者、题目、文摘、语言、文献类型、关键词、地址、参考文献、引用文献、引外系次数、出版机构、ISSN 号等，如图 3.19 所示，作者、文章标题和来源文献为默认选择项。在字段选择列表的左侧可同时选择标记记录的排序方式（有三种方式可供选择：最新更新、第一作者、来源题目）。

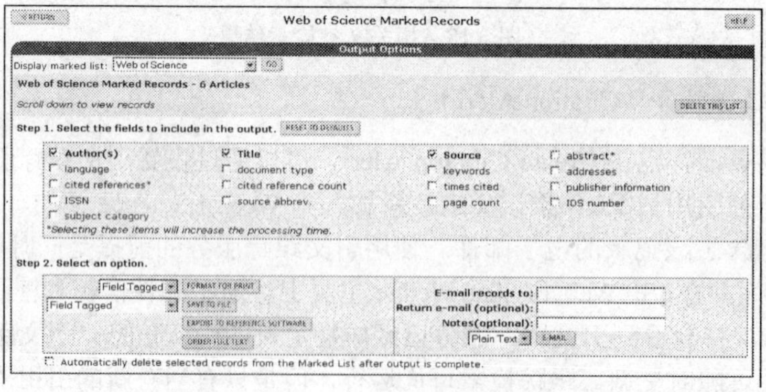

图 3.19 处理记录

6. 排序方式

在执行检索前可以预设记录的排序方式，在标记好记录后也可以设定记录的排序方式。如果需要设定检索结果的排序方式，可以在字段选择列表左侧选择，缺省的排序方式为最后更新，即最新数据排在最前面；另外可以选择的排序方式有：引用情况、相关性、第一作者（按字母顺序排列）、来源题目名称（按字母顺序排列）。

7. 标记记录的处理（检索结果输出）

通过 View Marked Records 页面，设置好记录显示格式和排序方式后，可以对标记的记录进行以下输出操作：格式化打印，存盘，将记录直接输出到 EndNote、ProCite 或者 Reference Manager 信息管理软件中，发送电子邮件等。

可通过 Format for Print 按钮左侧的下拉菜单选择 Field Tagged 或者 Bibliographic 格式，点击“打印格式”（Format for Print），即可按设定的记录格式显示以便打印。点击“保存文件”（Save to File），可以将记录按照标记格式进行保存。该操作可以将标记列表中的记录保存下来，其格式为在每个字段前含有由两个字符组成的字段标识符。在 File/Save As 对话框里指定路径和文件名，文件扩展名仍为.txt。该格式的文件可以输入到文献管理软件中或者利用 Word 进行处理。点击“输出”（Export to Reference Software）则按设定的记录格式将结果输出到专用软件中，如 EndNote、ProCite 或 Reference Manager 中，必须安装 EndNote、ProCite 或 Reference Manager 软件，同时安装了适当的 ResearchSoft export plug-in 插件。使用 Reference Manager 可以帮助用户建立自己的专题文献数据库，更方便用户的论文写作；点击“E-mail”将记录发送到指定的信箱，输入需要发送的邮件的地址，可以通过在地址后输入分号的方式来输入多个地址。还可以选择输入回复邮件的地址和说明项。选择 Plain Text 或者 HTML 格式并点击 E-mail 按钮即可发送。

8. ISI 文献解决方案

可以通过 ISI Document Solution 以付费的方式订购期刊全文。标记希望订购的记录，然后连接到标记记录列表。点击红色的 Order Full Text 按钮提交订购申请，将会被带到 IDS 文献订购页面。如果有用户名和密码，请在此输入。如果没有，请按照 New Users 的操作指示创建账户并获得有关获取文章的价格信息。

3.1.6 保存检索历史和创建定题服务

1. 保存检索历史

检索历史可以保存在本地计算机或者网络计算机上，也可以保存在 ISI Web of Knowledge 服务器上。保存在当地的检索历史可以重新打开并运行。保存在服务器上的检索历史更容易打开和管理，并可以用于建立定题跟踪服务。

保存到服务器，要将检索历史保存到服务器上，请按照如下步骤操作：

利用电子邮件和密码登录 ISI Web of Knowledge 账户。注意：如果还没有登录，可以在保存检索历史的同时进行即时登录。输入需要保存的检索式并执行检索操作。连接到 Search History 页面或者 Advanced Search 页面。勾选检索集合右侧的复选框，然后点击 Delete 按钮删除不需要保存的检索式。点击 Save History 按钮，见图 3.20。输入检索式名 History Name 及描述信息 Description（可选操作 1），见图 3.21，然后点击 Save 将检索历史保存到服务器。如果要得到基于此检索式所建立的定题跟踪服务，在 Send Me E-mail Alerts 复选框中标记并输入邮件地址。也可以通过此页面创建定题跟踪服务或修改跟踪服务设置（所在机构提供此项服务方可）。Alert types 定题跟踪服务类型包括仅为通知邮件、题录（标题、来源、作者）、题录＋文摘，以及全记录。E-mail formats 邮件格式包括 Plain Text、HTML（可链接到全记录）以及 ISI ResearchSoft（可输入到 EndNote, Reference Manager, and ProCite）。E-mail frequency 邮件频率为每周或每月。在浏览过服务器保存确认信息后，点击 Done，见图 3.22，定题跟踪服务有效期是 24 周。在过期前几周将收到通知邮件，告诉如何更新这一服务。

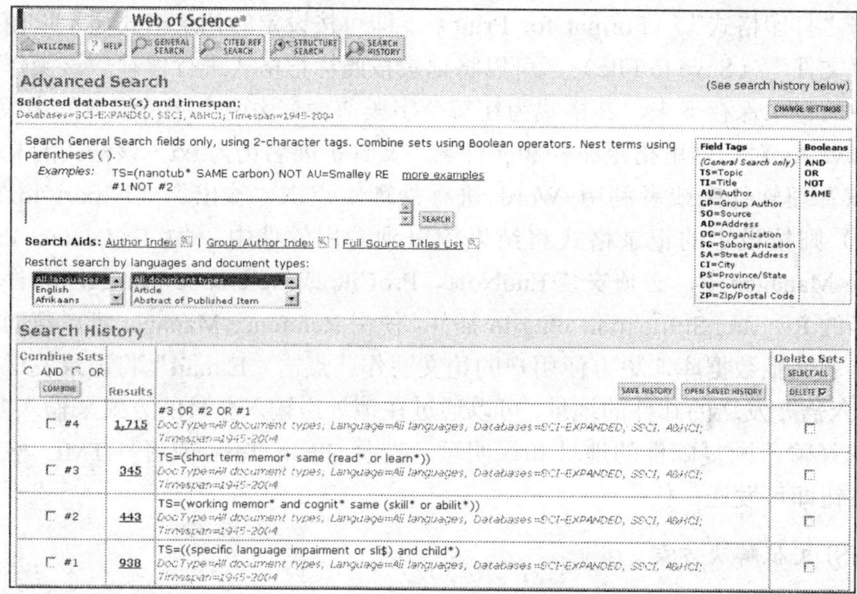

图 3.20 保存检索历史一（服务器）

RETURN　Save Search History　HELP

Save on the ISI Web of Knowledge Server:

Use this box to save your history to your private account.

Server Save

1. Edit the fields you wish to change.
2. Click "Save" below when done.

Product: Web of Science
History Name: memory language (Required)
Description: memory - language - learning (Optional)
Number of Search Queries: 4
Send Me E-mail Alerts: ☑ (Results of the last query in your history will be e-mailed to you.)
Send to e-mail address: elizabeth.pysar@thomson.com
Alert type: Biblio + Abstract
E-mail format: Plain Text
Alert query: #3 OR #2 OR #1
Alert editions: SCI-EXPANDED, SSCI, A&HCI;
Email frequency: ⊙ Weekly ○ Monthly

SAVE　Save your history to the server

图 3.21 保存检索历史二（服务器）

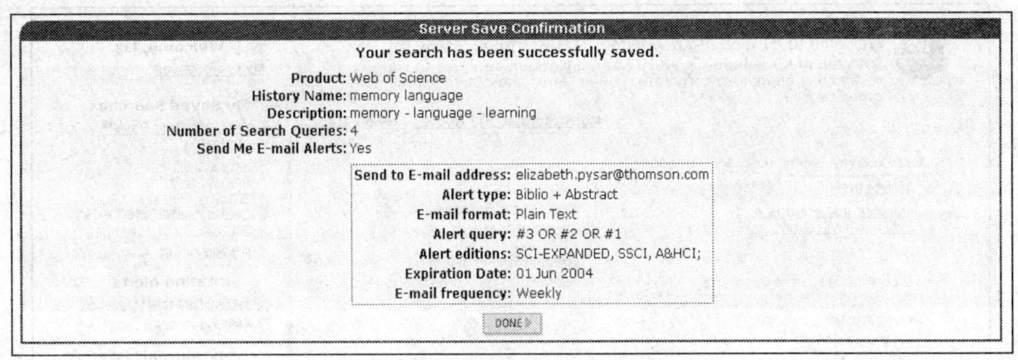

图 3.22　保存检索历史三（服务器）

将检索历史保存到本地，检索历史也可以保存在本地计算机上。按照保存到服务器的第 1 步到第 4 步进行操作，然后点击 Save Search History 页面底部的 Save 按钮，见图 3.23。需要输入 History Name 检索历史名但无法输入任何定题跟踪服务信息。

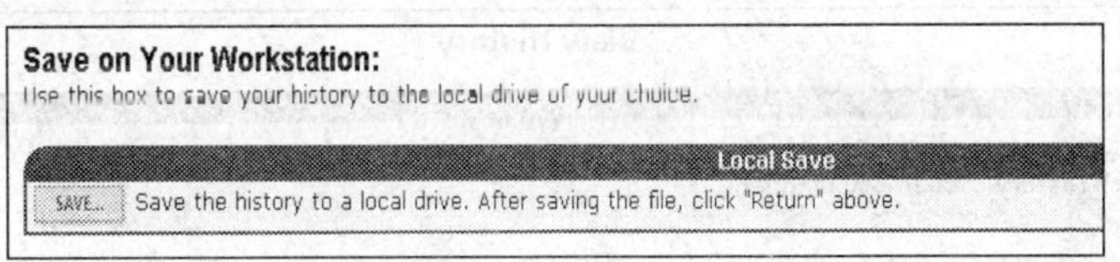

图 3.23　保存检索历史三（本地）

点击 Save…按钮将检索策略保存到计算机硬盘、软盘或者网络驱动器上。

将检索历史保存到本地计算机或者网络上的操作简单快速。可以将此文件任意命名。但文件的扩展名应为.wos。

注意：将检索历史保存到本地的操作无需登录 ISI Web of Knowledge。如果需要将某个检索式定制为定题跟踪服务，则必须登录方可使用。

2. 运行保存的检索历史

可以通过四种方式打开并运行检索历史：Welcome/Quick Search 页面，利用 Search History 中的 Open History 按钮，利用 Advanced Search 页面上的 Open History 按钮，通过 ISI Web of Knowledge 主页（需要登录 ISI Web of Knowledge 页面打开保存在 ISI 服务器上的检索历史）。

注意：当打开并运行检索历史时，当前进程中的所有检索集合都会更新。

在 ISI Web of Knowledge 主页上打开检索历史的过程是：利用邮件地址和密码登录 ISI Web of Knowledge。从 My Saved Searches 栏目中，点击希望运行的检索式名称，如图 3.24 所示。将可以看到选定的检索历史，点击 Run 运行检索历史，如图 3.25 所示。时间段选择 Timespan 将会显示出来，选择需要检索的数据库和检索时段，然后点击 Continue，如图 3.26 所示。检索历史页面将列出检索的所有检索集合，点击检索结果栏中的数字即可浏览检索结果，如图 3.27 所示。

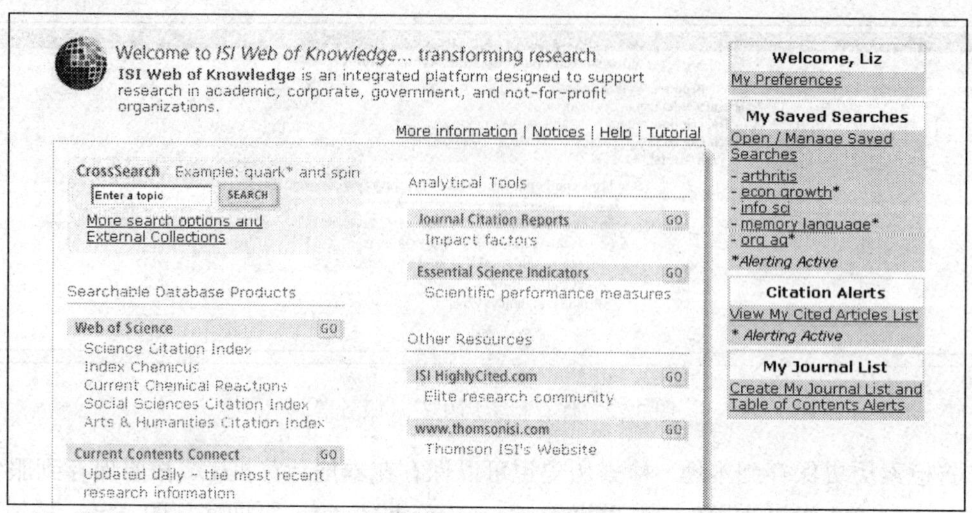

图 3.24　点击希望运行的检索式名称

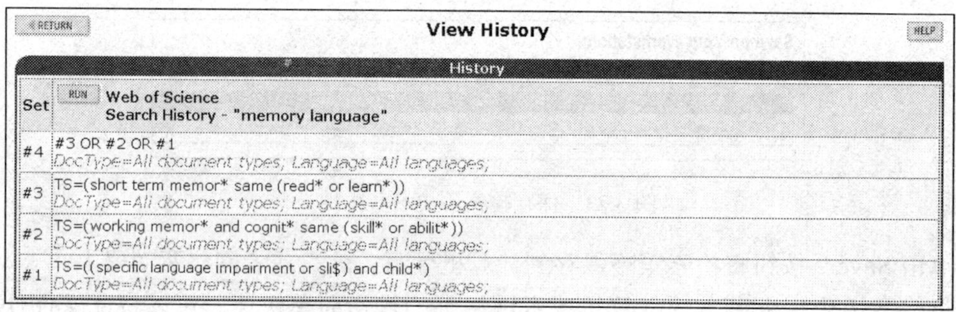

图 3.25　检索历史

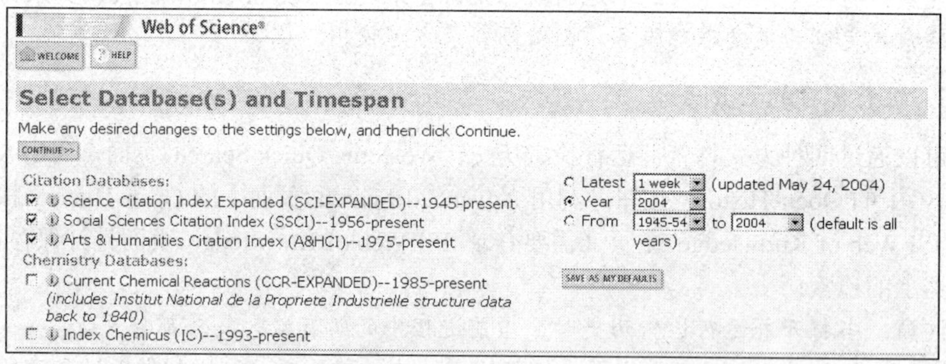

图 3.26　点击 Continue 运行检索历史

3. 在 Web of Science 检索进程中打开检索历史（保存在服务器的检索）

在 Search History、Advanced Search 或者 Welcome/Quick Search 页面上点击 Open History 按钮，即可以在浏览器中看到 Open / Manage Saved Searches 页面（如果还没有在 ISI Web of Knowledge 上登录自己的账号，会在此被提示登录），如图 3.28 所示。选

定需要运行的检索式，点击从 Open/Run History 栏中选择 Open。当检索历史出现之后，点击 Run 按钮执行检索操作，如图 3.25 所示。

Web of Science®

WELCOME | HELP | GENERAL SEARCH | CITED REF SEARCH | STRUCTURE SEARCH | ADVANCED SEARCH

Search History (For complex set combinations, use Advanced Search)

Combine Sets ○ AND ○ OR COMBINE	Results	SAVE HISTORY · OPEN SAVED HISTORY	Delete Sets SELECT ALL DELETE
□ #4	92	#3 OR #2 OR #1 *DocType=All document types; Language=All languages; Databases=SCI-EXPANDED, SSCI, A&HCI; Timespan=2004*	□
□ #3	11	TS=(short term memor* same (read* or learn*)) *DocType=All document types; Language=All languages; Databases=SCI-EXPANDED, SSCI, A&HCI; Timespan=2004*	□
□ #2	28	TS=(working memor* and cognit* same (skill* or abilit*)) *DocType=All document types; Language=All languages; Databases=SCI-EXPANDED, SSCI, A&HCI; Timespan=2004*	□
□ #1	55	TS=((specific language impairment or sli$) and child*) *DocType=All document types; Language=All languages; Databases=SCI-EXPANDED, SSCI, A&HCI; Timespan=2004*	□
○ AND ○ OR COMBINE			SELECT ALL DELETE

图 3.27 点击结果栏中的数字浏览检索结果

RETURN | Open / Manage Saved Searches | HELP

Open from the ISI Web of Knowledge Server:

Use this box to open histories that were saved to your private account on our Server.

Histories Saved on the ISI Web of Knowledge Server

Display histories from: All Products GO

History Name	Product	Description	Alerting	Modify Settings	Delete SELECT ALL DELETE	Open/Run History
arthritis	Current Contents Connect	arthritis alternative therapy	**Status:** Off **Expires:** --	SETTINGS	□	OPEN
econ growth	Web of Science	economic growth technology education	**Status:** On **Expires:** 02 Jun 2004 RENEW	SETTINGS	□	OPEN
info sci	INSPEC	information science	**Status:** Off **Expires:** --	SETTINGS	□	OPEN
memory language	Web of Science	memory - language - learning	**Status:** On **Expires:** 01 Jun 2004 RENEW	SETTINGS	□	OPEN
org ag	CAB ABSTRACTS	organic farming	**Status:** On **Expires:** 02 Jun 2004 RENEW	SETTINGS	□	OPEN

图 3.28 Open / Manage Saved Searches 页面

4. 打开保存在本地的检索历史

在 Search History、Advanced Search 或者 Welcome/Quick Search 页面点击 Open History 按钮，则 Open/Manage Saved Searches 页面将显示在浏览器中。点击 Browse 按浏览保存在当地的检索历史，如图 3.29 所示。在确认了需要运行的检索历史之后，点击 Open 装入检索历史。点击 Run 按钮运行检索历史。

图 3.29 点击 Browse 查找保存在本地的检索历史

5. 接受定题跟踪服务

每周都会收到一封电子邮件，其中给出了符合检索要求的检索结果。下方是一个定题跟踪服务的样例（见图 3.30）和服务过期通知邮件的样例（见图 3.31）。点击该链接连接到 Web of Science 的全记录，这是一个给出题录信息的邮件。其他可选的各式还有：题录 + 摘要，全记录，以及仅为通知邮件。最后一种格式仅告知在数据库中有多少条符合检索要求的新记录而不列出这些记录。

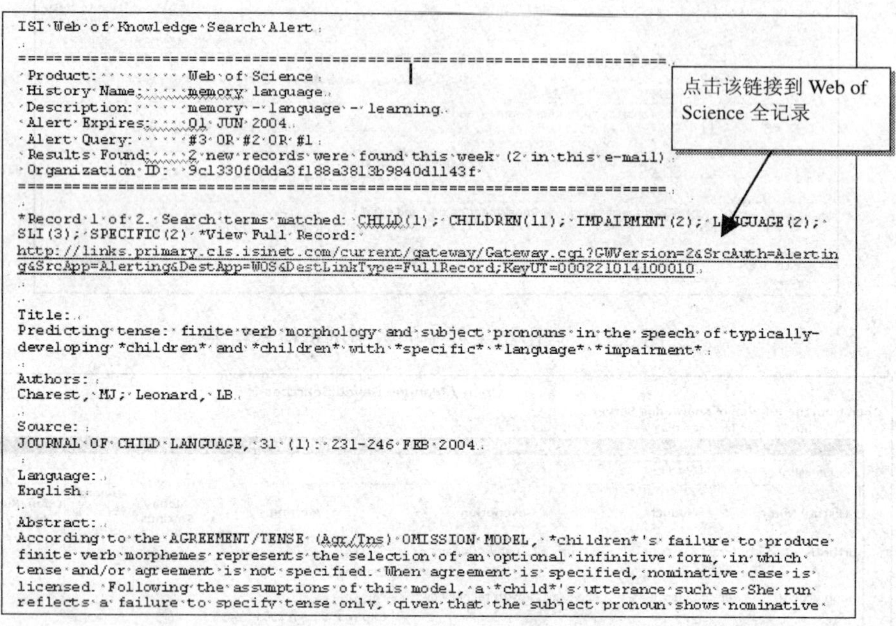


```
ISI Web of Knowledge Search Alert

=====================================================================
 Product:          Web of Science
 History Name:     memory language
 Description:      memory - language - learning
 Alert Expires:    01 JUN 2004
 Alert Query:      #3 OR #2 OR #1
 Results Found:    2 new records were found this week (2 in this e-mail)
 Organization ID:  9c1330f0dda3f188a3813b9840d1143f
=====================================================================

*Record 1 of 2. Search terms matched: CHILD(1); CHILDREN(11); IMPAIRMENT(2); LANGUAGE(2);
SLI(3); SPECIFIC(2) *View Full Record:
http://links.primary.cls.isinet.com/current/gateway/Gateway.cgi?GWVersion=2&SrcAuth=Alertin
g&SrcApp=Alerting&DestApp=WOS&DestLinkType=FullRecord;KeyUT=000221014100010


Title:
Predicting tense: finite verb morphology and subject pronouns in the speech of typically-
developing *children* and *children* with *specific* *language* *impairment*

Authors:
Charest, MJ; Leonard, LB

Source:
JOURNAL OF CHILD LANGUAGE, 31 (1): 231-246 FEB 2004

Language:
English

Abstract:
According to the AGREEMENT/TENSE (Agr/Tns) OMISSION MODEL, *children*'s failure to produce
finite verb morphemes represents the selection of an optional infinitive form, in which
tense and/or agreement is not specified. When agreement is specified, nominative case is
licensed. Following the assumptions of this model, a *child*'s utterance such as She run
reflects a failure to specify tense only, given that the subject pronoun shows nominative
```

图 3.30　定题跟踪服务样例

```
ISI Web of Knowledge Search Alert Expiration Notice

=====================================================================
 Product:          Web of Science
 History Name:     memory language
 Description:      memory - language - learning
 Alert Expires:    01 JUN 2004
 Alert Query:      #3 OR #2 OR #1
 Organization ID:  9c1330f0dda3f188a3813b9840d1143f

=====================================================================
 The ISI Web of Knowledge alert will expire on the date shown above. If you wish to
continue receiving the alert after that date, please follow the renewal instructions below.
 Note:  If you have any questions, please visit the ISI Help Desk Web page at the URL
listed at the end of the e-mail.
=====================================================================

 *Renewal Instructions*
 1. Access ISI Web of Knowledge and Sign In with the e-mail address under which you created
the alert.  2. Once Signed In, use the drop-down menu in the top frame to access "Saved
Searches".  3. Click the "Renew" button for each alert you wish to renew. The change takes
affect immediately.  4. Log out of ISI Web of Knowledge.
=====================================================================
```

图 3.31　定题跟踪服务过期通知邮件的样例

定题跟踪服务有效期为 24 周。在快到期之前，将收到服务过期通知。如果想延长跟踪服务，需要从 ISI Web of Knowledge 主页登录 Open/Manage Saved Searches 页面，然后点击需要延长的定题跟踪服务后的 Renew 按钮。

3.2 工 程 索 引

美国“工程索引”于1884年由美国工程信息公司（Engineering Information Inc.）创办，是一个主要收录工程技术期刊文献和会议文献的大型国际权威检索系统，是世界上四大著名检索工具之一。

EI名为索引，实为文摘期刊，它报道的文献涵盖工程和应用科学领域的各学科，涉及核技术、生物工程、交通运输、化学和工艺工程、照明和光学技术、农业工程和食品技术、计算机和数据处理、应用物理、电子通信、控制工程、土木工程、机械工程、材料工程、石油、宇航、汽车工程以及这些领域的子学科与其他主要工程领域。EI收录的文献经过精心挑选，只报道价值较大的工程技术论文，凡属纯基础理论或者专利文献则不作报道。

1. EI发展的几个阶段

1）1884年创办至今，《工程索引月刊》（The Engineering Index，Monthly）和《工程索引年刊》（The Engineering Index，Annual）印刷版（目前，与Compendex内容相同）。

2）20世纪70年代，电子版数据库（Compendex），并通过Dialog等大型联机系统提供检索服务。

3）20世纪80年代，光盘版数据库（CD-ROM，Compendex）。

4）20世纪90年代，提供网络版数据库（简称CPX Web），推出了工程信息村（Engineering Information Village）。CPX Web包括了Compendex +EI Page One。

2000年8月，EI推出Engineering Information Village-2新版本，于2000年底出版；对文摘录入格式进行了改进，并且首次将文后参考文献列入Compendex数据库。

EI Compendex Web（EI网络版）是《EI Compendex》和《EI Page One》合并而成的Internet版本。该数据库每年新增50万条工程类文献。其数据来自5100种工程期刊、会议文集和技术报告，其中2600种有文摘（EI Compendex部分）。90年代以后，该数据库又新增了2500种文献来源。

目前，该数据库中化工和工艺的期刊文献最多，约占15%；计算机和数据处理占12%；应用物理占11%；电子和通信占12%；另外还有土木工程占6%和机械工程占6%。大约22%的数据是有主题词和摘要的会议论文，90%的文献是英文文献。每周数据库的数据都要更新。

2. EI收录论文的两个档次

1）Compendex。Compendex系Computerized Engineering Index的缩写，即计算机化工程索引，为全记录式。该数据库的文字出版物即为《工程索引》。它收录论文的题录、摘要、标引主题词和分类号等，并进行深加工；有没有主题词和分类号是判断论文是否被Compendex数据库正式收录的唯一标志（会议论文进入Compendex数据库）。

Compendex主要包括：论文标题（Title）；作者（Authors）；第一作者单位（First author affiliation）；英文文摘（Abstract）；论文所在期刊名称（Serial title）；卷（Volume）期（Issue）；论文页码（Pages）；分类码（EI classification codes）；主题词（EI main heading）；受控词（EI controlled terms）；自由词（Uncontrolled terms）等。其中：分类码（EI classification codes)；主题词（EI main heading)；受控词（EI controlled terms)；自由词（Uncontrolled terms）需要由专业人员单独给出。

2）EI Page One 题录。一般不录入文摘，不标引主题词和分类号。有的 Page One 也带有摘要，但未标引主题词和分类号。所以带有文摘不一定算做正式进入 Compendex 数据库。

3．EI 来源期刊的三个档次

1）全选期刊：即核心期刊，收录 EI Compendex 数据库，收录重点是下列主要工程学科：化学工程，土木工程；电子/电气工程，机械工程，冶金、矿业、石油工程，计算机工程和软件。美国工程信息公司副总裁 Katz 认为："这些是 Compendex 数据库的'核心'领域。"目前，核心期刊约有 1000 种；每期所有论文均被录入 EI Compendex，如国内《金属学报》、《清华大学学报》、《化工学报》等方面的文章。要求论文学术水平较高，内容具有创新。

2）选择期刊：一些学科领域的期刊是有选择地收录，包括：农业工程、工业工程、纺织工程、应用化学、应用数学、应用力学、大气科学、造纸化学和技术、高等学校工程类学报等。Compendex 只选择与其主题范围有关的文章，并不是所有文章均被收录。目前，选择期刊约 1600 种，国内以上学科的期刊大多数为选择期刊。

3）扩充期刊：它只收录题录（EI Page One)。在 Ei 的扩充版中，约 2800 种期刊。国内期刊比较多，如《计算机研究与发展》、《燃料化学学报》、《物理学报》。

网上可以检索到 1969 年至今的文献，数据库每年增加选自超过 175 个学科和工程专业的大约 25 万条新记录。Compendex 数据库每周更新数据，以确保用户可以跟踪其所在领域的最新进展。

2003 年 EI Compendex Web 推出 Engineering Village 2。Engineering Village 2 是一个综合性检索平台，除了提供 EI 网络版（Compendex）的检索服务外，还提供了其他数据库产品（如 INSPEC、NTIS、USPTO 等）和 Scirus 网络资源的检索。

3.2.1 检索功能

EI 网络版有四种检索，快速检索（Quick Search)、高级检索（Expert Search)、2005 年推出的简易检索（Easy Search）和限制检索（Search Limits）功能。点击界面上的提示条即可以在四种检索方法间切换，如图 3.32 所示。

1．快速检索

快速检索方式其界面允许用户从一个下拉式菜单中选择要检索的字段后输入检索词，并可以进行组配检索。

用户可以在 Search in 下拉菜单中选择字段共 15 个，下面介绍主要的几个字段：

1）All fields：全部著录项目，默认字段，选择所有字段（All Fields）将从下列所有字段中检索：摘要（Abstract)、题目（Title)、翻译的题目（Translated title)、作者（Author)、作者单位（Author affiliation)、编辑（Editor)、编辑单位（Editor affiliation)、刊名（Serial title)、卷标（Volume title)、专论题目（Monograph title)、图书馆所藏文献和书刊的分类编号（CODEN)、国际标准期刊编号（ISSN)、国际标准图书编号（ISBN)、出版商（Publisher)、EI 编录号（Accession number)、EI 分类号（EI classification（CAL）code)、会议代码（Conference code）、会议名称（Conference title）、会议日期（Meeting date）、会议地点（Meeting location）、主办单位（Sponsor）、EI 受控词（EI controlled terms）、EI 主标题词（EI main heading）、自由词（Uncontrolled terms）、语言（Language）、文献类型（Document type）。

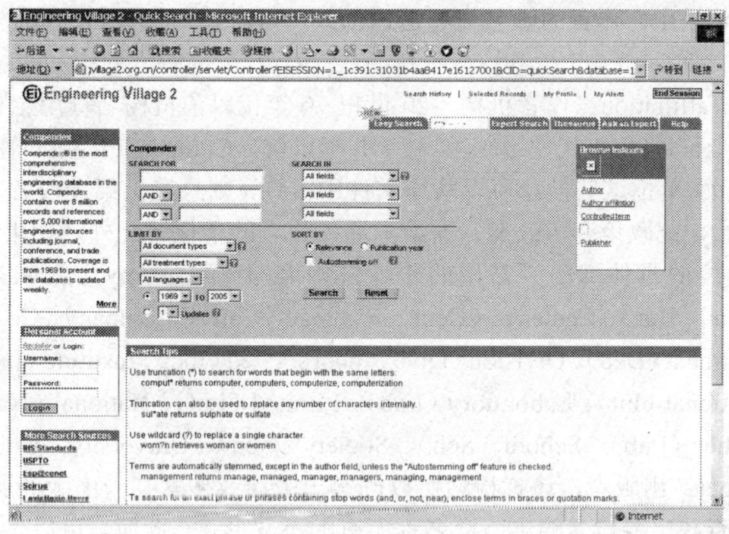

图 3.32 Engineering Village 2 主页

2）Subject/Title/Abstract：主题词、文摘、标题，将从下列字段中检索：摘要（Abstract）、题目（Title）、翻译的题目（Translated title）、EI 受控词（EI controlled terms）、EI 主标题词（EI main heading）、自由词（Uncontrolled terms）。

3）Author：作者或编者，EI 引用的作者姓名为原文中所使用的名字。姓在前，接着是逗号，然后是名。

如果文章中使用的是名的首字母和姓，而全名在原文中某处给出（例如在目录中），则数据库仍提供所有的信息，但不包括头衔如先生（Sir 或 Mister）与学位等。根据 Compendex 的政策，1976 年以后，如果文件中没有个人作者名，则将单位作者名放入作者单位栏，而在作者栏显示 Anon。作者名可用截词符（*）截断。例如，输入“Smith, A*”，将检索到 Smith, A.、Smith A.A.、Smith A.B.、Smith, A. Brandon, 但由此可能导致检索出错误的信息，因为许多作者的姓相同，而且名字的第一个字母也相同。值得注意的是，填写作者姓名时，一定要使用所规定的格式，否则将检索不到。例如，检索“Smith, A. B.”将得不到作者为 Smith, A.的文章。如果只输入姓，则所有姓相同的作者的文献均将被检索到。例如，输入“Bers”将检索到 Bers, A.、Bers, D. M.、Bers, D.M.等。如果希望检索的结果更加精确，可在名字的首字母后加截词符。例如，输入“Bers, D*”将检索到 Bers, D. M.、Bers, D.M.、Bers, Donald M.等。

编辑或整理人也放入作者栏，并在名字后用带括号的符号（ed.）或（compiler）以示区别于通常意义上的作者。

如果要检索的姓名既可能是作者，又可能是编辑者，或者是某文件的搜集整理人，只需在已知姓名部分后面加上截词符，这样就可检索（ed.）或（compiler）。

请注意，如果作者的姓为复姓，须在此姓的后面加逗号和空格，然后加截词符(*)。例如，输入“van der Hart, *”将检索到 Van Der Hart, A.、Van Der Hart, A.W.A.、Van Der

Hart, H.W.、Van Der Hart, J. A.、Van Der Hart, L.H.M.、Van Der Hart, W. J.等。

如果希望检索的结果更加精确，可在名字的首字母后加截词符。例如，输入“Van der Hart, A*”将检索到 Van Der Hart, A.、Van Der Hart, A.W.A. 、Van Der Hart, Andre 等。

在显示的记录中，作者的姓名为超链接形式，点击某一作者名，将检索此数据库中该作者的所有文献。

4）Author affiliation：作者机构。20 世纪 70 年代以前机构名称用全称表示，80 年代使用缩写加全称，90 年代使用缩写。2001 年以前，Compendex 数据库的政策是如果第一作者（编辑）单位这些信息可以从原文件中得到，则只提供第一作者（编辑）单位。从 2001 年开始，此政策有所改变，即给出通信作者的单位。此外，如果可能，也将给出作者所在单位的具体部门。常用的作者机构缩写：Academy（Acad）、Association（Assoc）、Bureau（Bur）、Center/re（Cent）、College（Coll）、Company（Co）、Corporation（Corp）、Department（Dep）、Division（Div）、Incorporated（Inc）、Institute（Inst）、Institution（Inst）、International（Int）、Laboratory（Lab）、Limited（Ltd）、National（Natl）、Published（Pub）、Publisher（Pub）、School（Sch）、Society（Soc）、University（Univ）。

5）Publisher：出版者，该栏检索可以确定出版商或搜索某一出版商所出版的期刊。请注意一定要查找出要检索的出版商名称所有的不同形式。此时，可以参考浏览索引框中的出版商查找索引（Publisher look-up index）。例如，American Institute of Physics 也称为 AIP、AIP Press、Am Inst Phys、American Inst Phys。还可选择用截词符(*) 来检索，如 Acad* Press。

6）Serial title：期刊、专著、会议录、会议文集的名称，在刊名（Serial Title）中检索 polymers，将得到所有刊名含有此词的刊物，如 Polymers for Advanced Technologies、Journal of Applied Polymer Science, etc.等。如果要检索某特定的期刊，用括号或引号把刊名括起来，如{X-Ray Spectrometry}、“Journal of X-Ray Science and Technology”，有时刊名可能会有所变化，此时最好使用刊名查找索引（Serial title look-up index）。刊名查找索引也包括系列专著或会议论文集的题目。

中文刊名在数据库中的存在方式为：中文刊名拼音 / 英文刊名。例如，《中国激光》的刊名为：Zhongguo Jiguang/Chinese Journal of Lasers。读者检索时应优先使用拼音进行检索。

7）Title：文章的标题，如果已知文献的标题而希望查找该文献，可以用括号或引号将刊名括起来（这样在检索时就把它当作一个短语），然后在标题（Title）字段检索，例如，{Unified diode model for circuit simulation}、“near earth asteroid rendezvous mission”。

如果用户希望在标题中检索某些特定的词语，也须在标题（Title）字段检索。标题中的词语常常表明该词语在论文中的重要性。

例如，输入“Radio frequency”，检索出的论文中，radio frequency 将是该文重要的一个概念。

在快速检索中，标题词将被自动取词根，除非用户点击关闭自动取词根（Autostemming off）禁用此功能。关于此功能的更详细信息，请参考自动取词根（Autostemming）。

如果是英文文献，原标题将被逐字复制。如果是非英文标题，有一套特定的规则：

如果文献使用的是非英文语言，但是西文字母，将同时提供英译和原文标题。对于采用非罗马字符的语言，将提供英文的译文标题，也可能提供转成罗马字母的原文标题。如果原文的标题是英文，而论文内容使用的是非英文语言，将采用英文标题，不再提供非英文标题。

8）EI controlled term：EI 受控词。来自 EI 叙词表，它从专业的角度将同一概念的主题进行归类，因此使用受控词检索比较准确。

Compendex 数据库中用于索引记录的 EI 受控词可以从 EI 主词表中查找。第 4 版 EI 主词表含有 18000 个词，其中包括 9000 个受控词，9000 个导入词。第 4 版中新增了 220 个受控词，200 个导入词。

EI 受控词表是一个主题词列表，用来以专业和规范的形式描述文献的内容。可以在 Engineering Village 2 的 EI 受控词查找索引中浏览受控词，受控词在摘要格式和详细格式的记录中以超链接的形式存在，点击后可以检索到开始检索时所设定的时间范围内包含该受控词的记录。1993 年，EI 更新了其受控词的格式。1993 年以前的记录仍用旧格式。用户在 1993 年以前出版的资料中检索受控词，最好参考受控词查找索引和印刷版的 EI 主词表来确定检索词。Compendex 数据库中每个记录均有一个受控词作为主标题词来表示文献的主题（Main Heading）。其余的受控词用来描述文献中所涉及的其他概念。

在快速检索中字段选择（Select Fields）下拉菜单中各项的内容和检索方法见表 3.3。

表 3.3 EI 字段选择（Select Fields）下拉菜单中各项的内容和检索方法

段　名	可检索字段	字段说明	检索规则	检索实例
All Fields（所有字段）	EI 主题词 题目、作者 自由词、作者单位、刊名、文摘 出版者	EI 主题词是标引员用来描述文献主题的词。所有 EI 主题词均出自于 EI 主题词表 自由词是标引员用来描述文献主题的词，自由词不是 EI 主题词表中的词	自动对输入的词做词根运算 不以词组为单位进行检索 连词、介词、冠词将被自动去掉	Computer interface Intelligent pig Abandoned mines TQM Gate array
EI Subject Terms（EI 主题词）	EI 主题词	系统把主题词作为一个词组来检索 推荐使用 Lookup 对话框	不对输入的词做词根运算 以词组为单位进行检索	{GraphicalUserInterfaces} {Graphical User Interfaces} OR {Virtual reality} {GraphicalUserInterfaces} AND {Virtual reality}
Title Words（题目）	题　目	在此字段中可以进行以下检索：检索整个题目；检索题目的一部分；检索题目中一个词	自动对输入的词做词根运算 不以词组为单位进行检索，连词、介词、冠词将被自动去掉	Improving the fuzzy system performance by fuzzy system ensemble Fuzzy system ensemble Fuzzy system

续表

段　名	可检索字段	字段说明	检索规则	检索实例
Author（作者）	作　者	推荐选择 Author 和 Lookup 键浏览作者索引，注意同一作者名其书写格式可能不同 可以输入作者的全名，也可以输入作者名的一部分，使用截词符扩大检索范围	不自动进行词根运算 输入的作者名被作为一个词来检索 推荐在检索中使用截词符	Chen, Kuan Chen*
Author Affiliation（作者单位）	作者单位（EI 每篇文献只提供第一作者单位）	作者在写文章时的工作单位 推荐使用 Lookup 方式，浏览同一个单位可能有的各种名称 可以使用全称，全称的一部分（使用截词符*）或全称中的一个词来检索 一些常用的词（如 University,Laboratory 等）通常使用简写，建议检索时用截词符取代这些常用词后面的一些字母	不自动进行词根运算 整个词组当作一个词来检索 建议使用截词符	General Motors Merck Commonwealth Edison Temple Univ*
Serial Title（刊名）	刊　名	在此字段中可进行如下检索： 用刊名的全称进行检索 用部分刊名进行检索 用刊名中的词进行检索 推荐使用 Lookup 栏进行浏览检索	不自动进行词根运算 把整个词组当成一个词进行检索 建议使用截词符	Journal of Human-Computer Interaction Human-Computer Interaction Computer Interaction Computer Inter*
Abstracts（文摘）	文　摘	检索文摘字段中的词或者词组 为了浏览方便，在检出的文献中，系统将检索词或词组置于高亮状态	自动对输入的词做词根运算 不以词组为单位进行检索 连词、介词、冠词将被自动去掉	Signal processing Rf pulses
Publisher（出版商）	出版商	检索出版商字段中的词或词组	不自动进行词根运算 把整个词组当成一个词检索 建议使用截词符	Polytechnical Northwestern Polytech*

使用 EI 主题词（EI Subject Terms）、作者（Authors）、第一作者单位（Author Affiliations）和刊物名称（Serial Titles）字段检索时，可使用 AND、OR 和 NOT 将输入

到同一检索窗口的词或词组连接起来。

自动取词根（Autostemming）：此功能将检索以所输入词的词根为基础的所有派生词。快速检索界面将自动取所输入词的词根，在作者栏的检索词除外。例：输入“management”，结果为 managing、managed、manager、manage、managers 等。点击关闭自动取词根（Autostemming off）可禁用此功能。

2. 高级检索

高级检索方式其界面如图 3.33 所示。允许用户将检索词用算符“WN”限定在某一特定的字段进行检索，同时可以使用逻辑算符、括号、逻辑算符、截词符和词根符等，也允许用户使用逻辑算符同时在多个字段中进行检索。例如，(International Space Station OR Mir) AND gravitational effects AND (French wn LA or German wn LA or English wn LA)，表示检索结果含有 International Space Station 或 MIR，且所有的结果均含有 gravitational effects 及所有的文献为法语（French）或德语（German）或英语（English）。系统将严格地按输入的检索式进行检索，不自动进行词根运算。高级检索可检索字段的简写及检索实例见表 3.4。

上述各检索示例均适用在“Search in”的下拉菜单中选择“All Fields”的情况，如已选择具体字段，如 EI 主题词或者著者字段等，则不需要使用“WN”这一字段限制词。

注意：同一个检索式在高级检索方式下和基本检索方式下得到的检索结果有可能不同，因为在基本检索方式下，系统默认词根运算。

在高级检索中，系统不自动进行词根检索。若做词根检索，需在检索词前加上“$”符号。如输入“$ management”可检到 managed、manager、managers、managering、management 等词。

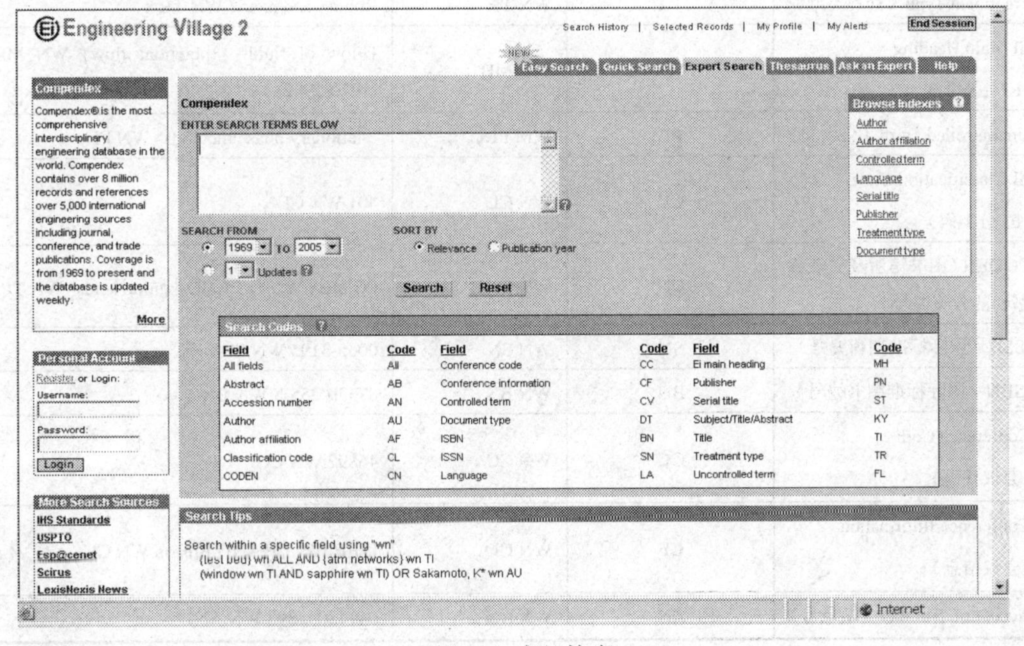

图 3.33 高级检索

表 3.4 可检索字段的简写及检索实例

可检索字段	字段简写	语法	检索实例
All Fields（所有字段）	AL（默认值）	WN ALL	（Lossless compression）AND（image WN TI）
Subject/Title/Abstract（主题/标题/摘要）	KY	WN KY	（Lossless compression）AND（（pattern recognition）WN KY）
Title Words（题目）	TI	WN TI	（Electric power）AND（(distributioncost*）WNTI）
Authors（作者）	AU	WN AU	Relevance AND（Aalber -sberg WN AU）
Author Affiliations（作者单位）	AF	WN AF	（Intel WN AF）OR Pentium
Serial Titles（刊名）	ST	WN ST	（Polymer* WN ST）AND （Guadagno WN AU）
Abstracts（文摘）	AB	WN AB	((solar cycle) WN AB) OR ((diurnal variation) WN AB)
Publishers（出版商）	PN	WN PN	（IEEEWNPN）AND((image processing) WN TI)
EI Controlled Term（EI 控制 s 词）	CV	WN CV	Frequency dividing circuits WN CV
Document Type（文件类型）	DT	WN DT	Image Retrieval WN TI AND CA WN DT
Language（语言）	LA	WN LA	"Sign Language Recognition" AND Chinese WN LA
Treatment Type（处理类型）	TR	WN TR	Robot* and nano* WN TR
EI Main Heading（EI 主题词）	MH	WN MH	{Flow of fluids - potential flow} WN MH (1970-1992)
Uncontrolled Term（自由词）	FL	WM FL	"stationary phase methods" WN FL
EI Classification Code（EI 分类码）	CL	WN CL	401 WN CL
CODEN（图书馆所藏文献和书刊的分类编号）	CN	WN CN	POLJB8 WN CN AND "amino acids" WN TI
ISSN（国际标准期刊编号）	SN	WN SN	0065-3195 WN SN
ISBN（国际标准图书编号）	BN	WN BN	87339-255-8 WN BN
Conference Code（会议代码）	CC	WN CC	46892 WN CC
Conference Information（会议信息）	CF	WN CF	IEEE WN CF AND Boston WN CF
Accession Number（编录号）	AN	WN AN	04148092893 WN AN

3. 简易检索

简易检索如图 3.34 所示，所提供的 Faceted Searching 没有检索字段限制，每次检索用户可以在检索结果页如图 3.35 所示，按照作者（Author）、控制词汇（Controlled Vocabulary）、分类代码（Classification Code）、处理类型（Document Type）、语言（Language）、年（Year）、出版社（Publisher）等分类重新排序，只需选择数据域位，即可修正检索策略以执行更精确的信息检索。

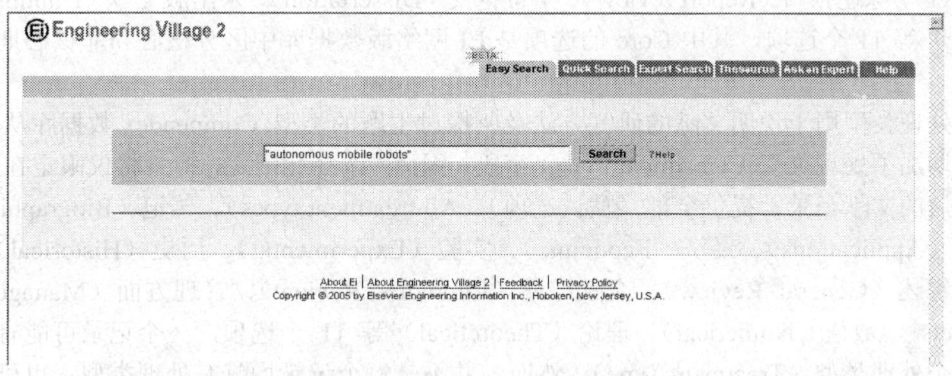

图 3.34　简易检索

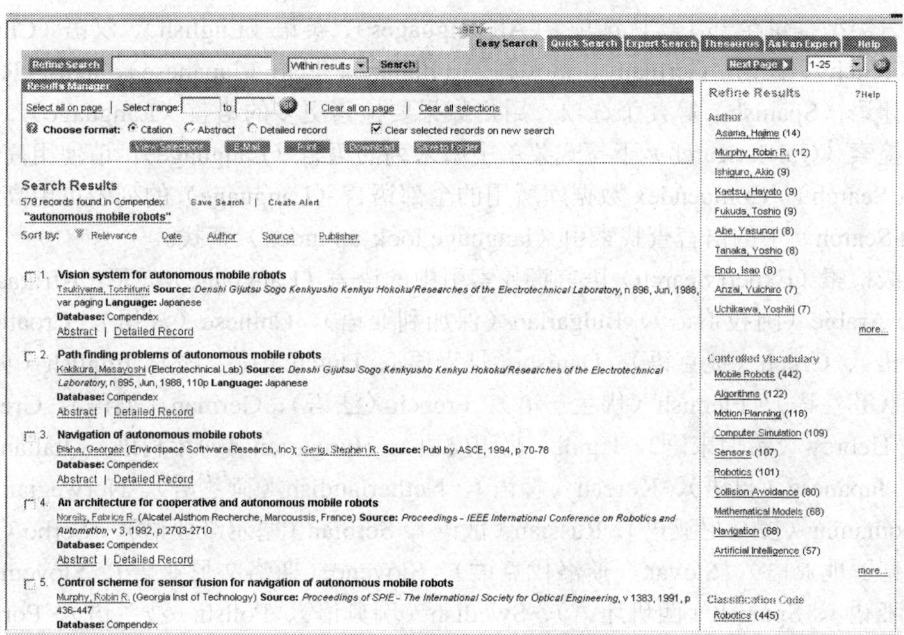

图 3.35　简易检索检索结果

4. 限制检索

EI 的快速检索和高级检索均有提供限制检索功能，EI 网络版提供了四种限制检索选项，分别是文献类型（Document Type）、处理类型（Treatment Type）、语言（Language）和年代（Year）。限制检索是一种有效的检索技巧，使用此方法，用户可得到更为精确的检索结果。

Compendex 数据库从 1985 年起增加了文献类型（Document type）字段。请注意，用户如果把检索范围限定在某特定的文献类型，将检索不到 1985 年前的文献。文献类型提供全部文献类型（默认选项）（All document types）、期刊论文（Journal article）、会议论文（Conference article）、核心期刊（Core）、会议论文集（Conference proceeding）、专题论文（Monograph chapter）、专题综述（Monograph review）、专题报告（Report chapter）、综述报告（Report review）、学位论文（Dissertation）、未出版文献（Unpublished paper）等 11 个选项，其中 Core 的选项是 EI 网络版数据库中区分核心和非核心期刊的标准。

处理类型用于说明文献的研究方法及所探讨主题的类型。Compendex 数据库从 1985 年起增加了处理类型（Treatment Type）字段。因而，选择此限定，检索将仅限定在 1985 年以后的文献记录。提供全部（默认选项）（All treatment types）、传记（Biographical）、应用（Applications）、经济（Economic）、实验（Experimental）、历史（Historical）、一般性综述（General Review）、文献综述（Literature Review）、管理方面（Management Aspects）、数值（Numerical）、理论（Theoretical）等 11 个选项，一个记录可能有一个或几个处理类型（Treatment Type），然而，并不是每个记录均赋有处理类型。也可在高级检索中直接限定处理类型（Treatment Type），例如，engineer* and his wn TR。

语言类型提供全部（默认选项）（All languages）、英语（English）、汉语（Chinese）、法语（French）、德语（German）、意大利语（Italian）、日语（Japanese）、俄语（Russian）和西班牙语（Spanish）等九个选项。用户如果要检索更多的语言（Language），或要检索快速检索（Quick Search）下拉式菜单中所未列的语言（Language），请使用高级检索（Expert Search）。Compendex 数据库所用的全部语言（Language）的列表可由高级检索（Expert Search）中的语言查找索引（language look-up index）查找。

高级检索（Expert Search）语言查找索引中的语言（Language）如下：Afrikaans（布尔语）、Arabic（阿拉伯语）、Bulgarian（保加利亚语）、Chinese（汉语）、Croatian（克罗地亚语）、Czech（捷克语）、Danish（丹麦语）、Dutch（荷兰语）、English（英语）、Finnish（芬兰语）、Flemish（佛兰芒语）、French（法语）、German（德语）、Greek（希腊语）、Hebrew（希伯来语）、Hindi（北印度语）、Hungarian（匈牙利语）、Italian（意大利语）、Japanese（日语）、Korean（韩语）、Netherlandish（荷兰语）、Norwegian（挪威语）、Romanian（罗马尼亚语）、Russian（俄语）、Serbian（塞尔维亚语）、 Serbo-Croatian（塞波-克罗地亚语）、Slovak（斯洛伐克语）、Slovene（斯洛文尼亚语）、Slovenian（斯洛文尼亚语）、Spanish（西班牙语）、Swedish（瑞典语）、Polish（波兰语）、Portuguese（葡萄牙语）等。也可在高级检索中直接限定语言（Language）类型，如"International Space Station" and French wn LA。如果某篇文章所用的语言（Language）不是英语，那么将在引文的最后标示出所用的语言；如果所用的语言（Language）为一种以上，则用逗号将其分开，如 French, German。

5. 调用已保存的检索式

点击“保存检索式”（Saved Searches）来建立用户档案，输入的项目包括 E-mail 地址和密码，然后通过 E-mail 地址登录保存当前检索式。要重新执行此检索式时，点击"Login"后通过 E-mail 登录到个人账户中，找到已保存的检索式，点击即可运行检索。

3.2.2 检索技术

EI 的检索算符包括逻辑算符、位置算符、优先算符和通配符带。

1）逻辑算符包括 AND、OR、NOT 等。

2）位置算符主要有以下几种：

NEAR：如 Bridge NEAR Piling*，laser NEAR/4 diode 检出的文献要同时含有这两个词，这两个词要彼此接近，前后顺序不限。如按相关度排序，两个词越接近，文献就越排在前面。如输入"solar NEAR/3 energy"，可以得到包含下列词汇检索结果："solar energy"、"solar & wind energy"、"energy: wind & solar"。

ONEAR：可限定词汇出现的顺序。如输入"solar ONEAR/3 energy"，可以得到包含下列词汇检索结果："solar energy"、"solar & wind energy"，不包含"wind energy & solar"。如输入"solar ONEAR/0 energy"，可以得到包含下列词汇检索结果："solar energy"。

W/n：如输入"Ping* W/2 pine*"，检出的文献要同时含有这两个词，两词的距离不能超过 N 个单词。

ADJ：如输入"channel ADJ tunnel"，检出的文献要含有这两个词，两词相邻，位置一定。

3）优先算符为括号。如 Relevance AND ((Aalbersberg wn AU) OR (Cool wn AU))，括号中的检索式将优先执行。

4）通配符包括截词符"*"和词根算符"$"等，例如"Optic*"，检索的结果包括以 optic 及后面加任意多个字母的词，如 optic、optics、optical 等。例如"$manager"将检索出与该词根具有同样语意的词，如 managers、managerial 和 management 等词。

5）精确短语检索，如果输入的短语不带括号或引号，由于系统默认将检索结果按相关性排序，因此可以得到比较理想的检索结果。但是，如果需要做精确匹配检索，就应使用括号或引号。例如，"International Space Station"、{solar energy}。

6）连接词：如果检索的短语中包含连接词（and, or, not, near），则需将此短语放入括号或引号中。例如，{block and tackle}、"water craft parts and equipment"、{near earth objects}。

7）特殊字符：特殊字符是除 a-z, A-Z, 0-9, ?, *, #, ( ) 或 { }之外的所有字符。检索时系统将忽略特殊字符。如果检索的短语中含有特殊字符，则需将此短语放入括号或引号中，此时特殊字符将被一个空格所代替。例如，{M/G/I}。

3.2.3 检索结果的处理

1）显示：系统提供简单结果显示和详细结果显示。

在简单结果显示页面，默认每屏显示 25 条记录，每 10 屏 250 条记录为一组，在结果显示页面的右上方可以选择要显示的记录范围，超过 250 条的记录选择"Next"进行显示。

可以在检索结果页面将检索结果重新排序，排序方式包含相关性、日期、作者、来源或出版社。

检索结果最初以引文的格式列出，这种格式可提供足够的信息以确定其来源。对检索结果的显示，用户可以有以下选择：

点击简单结果显示界面中某一记录的“Abstract/Links”（浏览摘要格式）和“Detailed Record/Links”（或详细格式），可进入该记录的详细结果显示页面，分别显示此条的文摘和其他详细项目。

用户如果想发电子邮件（E-mail）、下载（download）或保存（save）某个单独引文（individual citation）、摘要（abstract）或详细格式记录（detailed record），可在每个单独的记录边做标记，然后，选择一种格式，再选择一个输出选项（output option）。关于输出记录的更详细信息，请参考“（3）标记”。

当记录以摘要或详细格式显示时，EI 数据库的受控词及作者姓名均为超链接形式。点击受控词，系统将检索出 Compendex 数据库中用户最初检索时所选定的时间范围内含有该受控词的所有记录。点击作者姓名，系统将检索出 Compendex 数据库中自数据库建立以来（1969 年）该作者的所有记录。详细记录的格式还包括超级链接的分类码和自由词。点击任一个，将检索出用户最初检索时所选定的时间范围内的包含该点击项的所有记录。

2）精简检索结果（Refining Your Search）：在检索结果页（search results page），用户可以选择进一步精简检索结果。在检索结果页的左上角有一精简检索（Refine Search）按钮，点击此按钮用户可定位到检索结果页面（Search Results Page）底部的一个精简检索（Refine Search）框。

用户当前的检索式将出现在精简检索框中，根据用户检索的需要对其做进一步的改动，再点击检索（Search）按钮即可。

3）标记：在简单结果显示界面，如果想选择某条记录，可以采取下列三种方法之一：① 点中每个检索结果前的方框，可对记录进行标记；② 也可一次标记整页的全部记录，点击超链接短语 Select all on page（这样做将选中一页中的 25 条记录）；③ 或选择记录范围（Select reang：? To ?，从第？条到第？条）进行标记，然后点击 GO 按钮。对标记过的记录，可以整页清除或全部清除。

所选择的记录将传送到选定记录（Selected Records）页面，选定记录（Selected Records）页面可容纳多达 400 条记录。点击工具条上的选定记录（Selected Records）图标将切换到选定记录（Selected Records）页面。

每次搜索只能返回 4000 条记录。系统将显示检索记录的数目，但只可选择前 4000 条。

4）检索结果的输出：对标记过的记录，用户需要选择要浏览的格式（citation（引文）、abstract（摘要）或 detailed Records（详细格式）），然后就可选择选定内容的输出方式浏览（View Selections），或通过 E-mail 发送、打印（print）、下载（Download）、保存到文件夹（Save to Folder）等方式进行输出。其中“下载”是指用户将记录以文件的方式保存到自己的软盘或硬盘中，有两种格式可供选择（RIS 格式和 ASCII 格式）。RIS 格式与大多数目录系统应用程序兼容，如 EndNote、ProCite 和 Reference Manager，但是用户的计算机必须安装一种相应的软件，以便将选择的记录输入到应用程序。“保存到文件夹”则是 Engineering Village 2 的服务器上建立自己的账户和文件夹，并将检索结果保存在所建立的文件夹中，如果需要查看或存取，只要通过 E-mail 地址登录即可。在“我的文件夹”中，一位用户可以建立三个子文献夹，每个文件夹可存放50条记录。

5）检索历史（Search history）：Engineering Village 2中有一个检索历史记录，记录所进行的每一次检索。检索历史记录出现在精简检索框的前边。也可以通过界面顶部的导航条来访问，大多数 Engineering Village 2 的页面均有此导航条。检索历史（Search History）可以显示检索的次数、每次检索是在快速检索（Quick）还是高级检索（Expert）模式下进行的、检索式（search strategy）、自动取词根（autostemming）的开关状态、所检索记录的数量及是在哪个数据库中进行检索的。也可点击检索历史（Search History）中的任何一个检索来重新运行此检索。

检索历史（Search History）默认设置为显示最近三次检索。如果想查看前面的所有检索，点击浏览全部的检索历史（View Complete Search History）。用户可在每次单独的检索中选择保存（save）检索或创建一个电子邮件（E-mail）专题服务。

如果想保存一个检索式，需先运行一次检索，然后进入检索历史（Search History）页面，再点击保存（Save）按钮，保存完毕后，此按钮将变为已保存（Saved）。要查看已保存的检索式，在Engineering Village 2网页，点击导航工具条上的已保存检索（Saved Searches）按钮。用户也可以点击删除（Remove）按钮删除某个已保存的检索式，或点击Clear Saved Searches按钮删除全部保存的检索式。

要在检索历史记录中创建E-mail专题服务，需先在Engineering Village 2网页点击导航工具条，选择检索历史（Search History），然后在复选框中选中用户想设置为E-mail专题服务的检索式。在每次电子邮件（E-mail）专题服务中可最多发送25条记录，如果在更新中检索到超过25条记录，在电子邮件（E-mail）专题服务中将出现一个超链接，点击它将连接到Engineering Village 2，就可查看所检索的全部新记录。

在检索历史（Search History）中可以合并过去所做的检索，在Engineering Village 2网页，点击导航工具条选择检索历史（Search History），在合并以前的检索（Combining Previous Searches）下边的编辑框中输入要合并的检索式序号，每个序号前须加#号。例如，#1 and #2。

可以用逻辑运算符AND、OR、NOT合并过去的检索。在合并检索时，用圆括号标明操作的顺序，例如，(#1 or #2) and #3。

3.3 科学技术会议录索引和社会科学与人文科学会议录索引

科学技术会议录索引创刊于1978年，每月更新，收录了所有自然科学与工程技术领域，包括数学、物理、化学、生物学、医学、农业科学、环境科学、生物化学与分子生物学、生物技术、计算机科学和工程技术等领域会议，包括专著、期刊、报告、增刊及预印本等形式出版的各种一般会议、座谈、研究会和专题讨论会的会议录文献。

社会科学与人文科学会议录索引于1994年创刊，季度更新。收录了来自于社会科学、艺术与人文领域的所有学科，包括心理学、社会学、公共健康、管理学、经济学、艺术、历史、文学与哲学等领域的会议，包括专著、期刊、报告、增刊及预印本等形式出版的各种一般会议、座谈、研究会和专题讨论会的会议录文献。

ISTP和ISSHP由ISI公司出版，目前出版的类型有印刷版、光盘和网络数据库。其中网络数据库称为ISI Proceedings，基于ISI Web of Knowledge平台。

网址：http://www.isiknowledge.com。

3.3.1 ISI Proceeding

ISI Proceedings 收录了 1990 年以来 6 万多个会议的 350 多万篇科技会议论文。每年增加近 26 万条记录，其中 66%来源于以专著形式发表的会议录文献，34%来源于发表在期刊上的会议录文献。数据每周更新。ISI Proceedings 同时还收录了自 1999 年至今的文后的参考文献，其中 90%以上的记录都含有参考文献。

ISI Proceedings 汇集了世界上最著名的会议、座谈、研究会和专题讨论会的会议录资料，覆盖广泛的学科范围，其资料来源包括专著、期刊、报告、增刊及预印本。ISI 只收录首次发表的会议录及有全文的会议资料。它收录全球的会议录论文，并不仅限于英文资料。

ISI Proceedings 由科学与技术（Science and Technology Proceedings，即 ISTP）和社会科学与人文科学（Social Science and Humanities Proceedings，即 ISSHP）两个不同的数据库组成，这两个数据库既可以分别独立进行检索也可以同时检索。

3.3.2 数据库检索

在 ISI Web of Knowledge 主页，有两种方式均可登录 ISI Proceedings 数据库：通过下拉菜单选择 ISI Proceedings 和点击 ISI Proceedings 链接。进入 ISI Proceedings 数据库后，有三种检索，即快速检索（Quick Search）、普通检索（General Search）和高级检索（Advanced Search），另有打开检索历史。左下方有 ISTP 和 ISSHP 两个数据库，默认设置是两个数据库均被选择。点击界面上的提示条即可以在三种检索方法中切换，如图 3.36 所示。

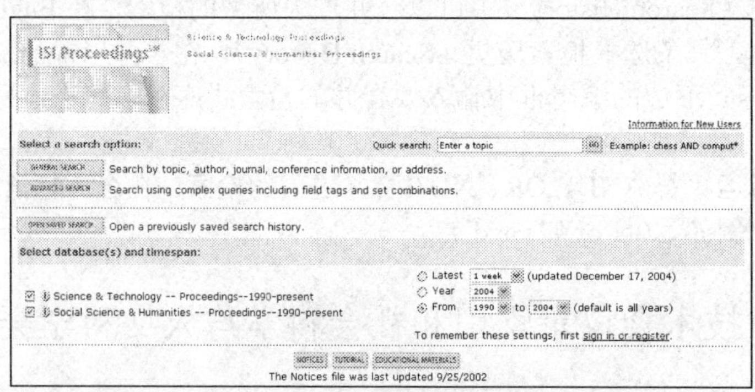

图 3.36 ISI Proceedings 数据库主页

检索时间段有三种方式可以选择，点击第一个单选按钮选择最近 1、2 或 4 周的数据，点击年份单选按钮并利用下拉菜单选定某一具体年，利用下拉菜单分别选定起止年，默认设置为从 1990 年开始检索的所有年。有关 ISI Proceedings 的最新信息可以在 Notices 中找到。

1. 快速检索

快速检索方式其界面允许用户将要检索的字段输入检索词，并可以进行组配检索，只能进行主题（Topic）检索，相当于部分字段的关键词检索。例如，rheumatoid arthritis* and（MRI or magnetic resonance imag*）。

2. 普通检索

通过输入由布尔逻辑算符和位置算符所连接的关键词或词组来检索某个特定主题的信息被称为普通检索。选择时间范围，点击普通检索（General Search）即可进入检索页面，如图 3.37 所示。普通检索提供了六个检索字段入口和两种检索限定。

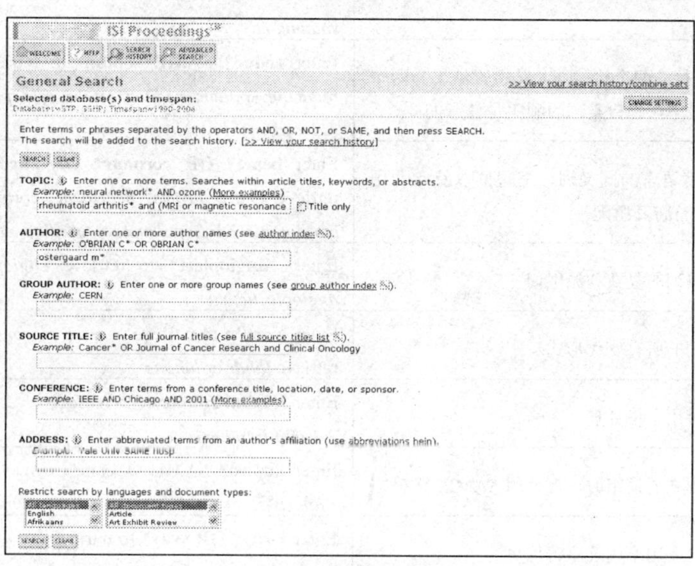

图 3.37　普通检索主页

1）检索字段：普通检索提供了六个检索字段入口。这六个检索字段为主题检索（Topic）、作者检索（Author）、团体作者（Group Author）、文献来源检索（Source Title）、会议检索（Conference）、地址检索（Address）。

① 主题（Topic）检索：相当于部分字段的关键词检索，主题检索的范围包括下列字段：题目（Title），文摘（Abstracts），作者关键词（Author Keywords），扩展关键词（Keywords Plus）。主题（Topic）途径检索方法见表 3.5。

② 作者（Author）检索：作者检索格式为姓在前，全拼，然后输入空格，后面是第一名称，也可以是名的缩写的首字母，建议使用首字母或截词符（*），因为作者名有时有不同的写法。ISI 收录所有的源文献作者。检索方法见表 3.6。

③ 团体作者（Group Author）检索：当一个组织或者机构被作为来源出版物的作者时，则被称为团体作者。或者当某个研究课题中涉及了数百个作者时，也可作为团体作者看待。团体作者数据只在 1995 年以来的记录中出现。可以在团体作者字段输入作者名或者利用团体作者索引来帮助锁定团体作者名。无论是哪种方式，应该考虑团体作者名的不同形式，可使用首字母缩写、缩写以及截词的方式来创建检索式。输入团体作者名或者团体作者名的首字母缩写词进行检索。可以用 Group Author Index 来锁定团体作者姓名的其他写法。该字段可使用通配符和截词符。可使用 OR 算符链接不同的写法，例如，要查找作者机构为 GIMEMA Group，可以输入：gimema* or grp* ital* mal* or gruppo* ital* mal*；输入 women* interag* HIV* 或者 WIHS* 检索 Women's Interagency HIV Study 的论文。

④ 文献来源检索（Source Title）：输入期刊全称或者缩写名，刊名在检索中通常按照词组处理。为了检索准确，请从来源刊全称列表（full source titles list）中选择刊名。

可以通过关键词检索刊名或者浏览刊名字顺列表。文献来源途径检索说明见表 3.7。

表 3.5　主题（Topic）途径检索说明

规　　则	示　　例
要检索一个词组，直接输入即可，不需要用引号。邻近检索词按顺序检索	Enter **reduc* sodium** to retrieve *reduced sodium, reducing sodium, etc.*
利用 SAME 算符连接的两个检索词，其检索结果为两个词出现在同一个句子中，且检索词的顺序是任意的	Enter **reduc* SAME sodium** to retrieve *reduced sodium, reducing sodium, sodium intake of experimental group was reduced, etc.*
同义词的检索（自然语言的同义词、缩写词以及专业用语）;可使用 OR 算符将其组配	Enter **heart* OR coronar* OR cardio* OR cardia*** to retrieve *heart, hearts, heartbeat, coronary, cardiovascular, cardiotonic, cardiopulmonary, cardiac, etc.*
可利用截词符检索单词的复数和派生词	Enter **angioplast*** to retrieve *angioplasty, angioplasties, angioplastic, etc.*
利用通配符检索单词的所有变化形式	Enter **wom?n** to retrieve *woman* or *women.* Enter **labo*r** to retrieve *labor* or *labour.*
标点符号在检索时可用空格处理	Enter **2 4 dinitrotoluene** to retrieve *2,4-dinitrotoluene.*
当需要检索所有格形式的词组时，可使用 SAME 算符	Enter **kaposi* SAME sarcom*** to retrieve *Kaposi sarcoma, Kaposis-sarcoma, Kaposis sarcoma, Kaposi's sarcoma.*
检索词中有连字符时，用不用连字符均可	Enter **x-ray* OR xray*** to retrieve *X-ray, X-rays, Xray, Xrays, X-rayed, etc.*
检索人名时可用 SAME 算符	Enter **hawking same (stephen or s)** to retrieve *Stephen Hawking; Hawking, Stephen; Hawking, S.; etc.*
当非英文期刊没有提供英文的文献题名时，将非英文名译为美式英语名	Visual vertigo: an observational case series of eleven patients de Haller R, Maire R, Borruat FX KLINISCHEMONATSBLATTERFUR AUGENHEILKUNDE 221 (5): 383-385, MAY 2004
创造性的研究论文，标题仍用源期刊的语言	"El sueno de razon produce monstruos," or deconstructing the curriculum of philosophy Tomperi T INTERNATIONALIZATION OF CURRICULUM STUDIES : 337-357, 2003
附加的题名用加号或括号与原题名连起来	The intellectual love of God, an eternal part of the "amor-erga-Deum" + Spinoza's 'Ethics', Part-5 Matheron A ETUDES PHILOSOPHIQUES (2): 231-248 APR-JUN 1997

表 3.6　作者（Author）途径检索说明

规　　则	示　　例	
当姓名中有符号或空格，应该使用两种方式输入	Enter **oneill OR o neill** to retrieve O'Neill. Enter **delarosa or de la rosa** to retrieve articles by de la Rosa.	
当姓放在后面时，要检索姓名的不同写法	Enter **yen sw or shi wy** to retrieve articles by Shi-Wa Yen.	
人名前的头衔，姓名中包含的排行，以及学位、地位的称呼等不做姓名处理	Source Document Lord Duvall Edwards W. Brumfitt, Jr.	ISI Database Edwards d Brumfitt w

表 3.7　文献来源（Source Title）途径检索说明

规　则	示　例
检索刊名请使用通配符或截词符。检索多个期刊时可使用 or 算符连接	Enter **science or nature** to retrieve articles from either journal. Enter **nature*** to retrieve articles from the journals *Nature*, *Nature & Resources*, *Nature Biotechnology*, *Nature Genetics*, etc.

⑤ 会议（Conference）检索：会议信息的检索包括会议名称、会议召开地点、会议主办者和召开日期，一般情况下只需要将几个检索词用 AND 组配起来就可以很好地检索某个特定的会议。例如，要寻找 2004 年在 Joensuu, Finland 召开的 4th IEEE International Conference on Advanced Learning Technologies 的会议论文，可以输入 learning technol* and finland and 2004。

如果需要寻找某一篇特定的会议论文，可以将会议信息检索和主题/作者信息检索组合使用。

例如，TOPIC: sme* AND russia；CONFERENCE: portugal and 2002
或者

AUTHOR: dreissen b*；CONFERENCE: paris and 2003

注意：在会议信息检索字段中不要使用 SAME 算符来组配检索词。可以用 AND 来组配。会议（Conference）检索途径检索说明见表 3.8。

表 3.8　会议（Conference）检索途径检索说明

规　则	示　例
可使用会议名称和会议召开地点等词语限定检索的范围	agricultural AND las vegas
Abbreviate months 检索会议召开日期时，月份使用缩写形式，而年份使用 4 位数字表示	biomass AND oct AND 2002
如果要查找某个特定会议的会议论文，可以将会议信息检索或作者检索组配起来	TOPIC: wireless network* MEETING INFO: portugal AND 2004 -or- AUTHOR: simon n* MEETING INFO: psychiatric AND 2003

⑥ 地址检索（Address）：ISI Proceedings 标引所有作者地址。输入地址中含有的机构名称或者地址词既可检索所有与该地址有关的记录。可使用页面提供的地址缩写词列表。有些缩写词（e.g., UNIV or University）在地址中出现的频次太高，它们只能和其他一些更专指的地名词合在一起检索（e.g., UNIV PENN）。当检索一个很常见的作者名时，如 Smith 或者 Jones，加入地址词进行限定会很有帮助。地址（Address）检索途径检索说明见表 3.9。

表 3.9　地址（Address）检索途径检索说明

规　则	示　例
在该检索字段可使用通配符或截词符	Enter **univ* penn*** to retrieve univ penn, the abbreviated form of the University of Pennsylvania.
用 SAME 算符连接在同一个地址中出现的两个或者两个以上的检索词	Enter **univ* penn* SAME anthro*** to retrieve documents authored by faculty and students at the University of Pennsylvania's Department of Anthropology.

2）限制检索（Set Limits）：ISI Proceedings 的普通检索提供了两种限制检索结果的选择，即语种（languages）、文献类型（document types）。

文献语种的选项列表，有 30 多个语种供选择，All Languages、English（英语）、Afrikaans（布尔语）、Arabic（阿拉伯语）、Bulgarian（保加利亚语）、Catalan（嘉泰罗尼亚语）、Chinese（汉语）、Croatian（克罗地亚语）、Czech（捷克语）、Danish（丹麦语）、Dutch（荷兰语）、Estonian（爱沙尼亚语）、Finnish（芬兰语）、Flemish（佛兰芒语）、French（法语）、Georgian（格鲁吉亚语）、German（德语）、Greek（希腊语）、Hebrew（希伯来语）、Hungarian（匈牙利语）、Italian（意大利语）、Japanese（日语）、Latin（拉丁语）、Macedonian（马其顿语）、Multi-Language、Norwegian（挪威语）、Polish（波兰语）、Portuguese（葡萄牙语）、Romanian（罗马尼亚语）、Russian（俄语）、Serbian（塞尔维亚语）、Serbo-Croatian（塞波-克罗地亚语）、Slovak（斯洛伐克语）、Slovene（斯洛文尼亚语）、Spanish（西班牙语）、Swedish（瑞典语）、Turkish（土耳其语）、Ukrainian（乌克兰语）、Welsh（威尔士语）等，使用 Ctrl+Click 可选择多个选项。默认选项为“全部语种”（All Languages）。

文献类型的选项列表，有 40 多个文献类型供选择，All document types、Article、Art Exhibit Review、Bibliography、Biographical-Item、Book Review、Chronology、Correction、Correction Addition、Database Review、Discussion、Editorial Material、Item about an Individual、Letter、Meeting Abstract、Note、Poetry、Proceedings Paper、Reprint、Review、Software Review 等，使用 Ctrl+Click 可选择多个选项。默认选项为“全部文献类型”（All Document Types）。

3. 高级检索

从 ISI Proceedings 页面上方的 Advanced Search 按钮进入高级检索页面，如图 3.38 所示。

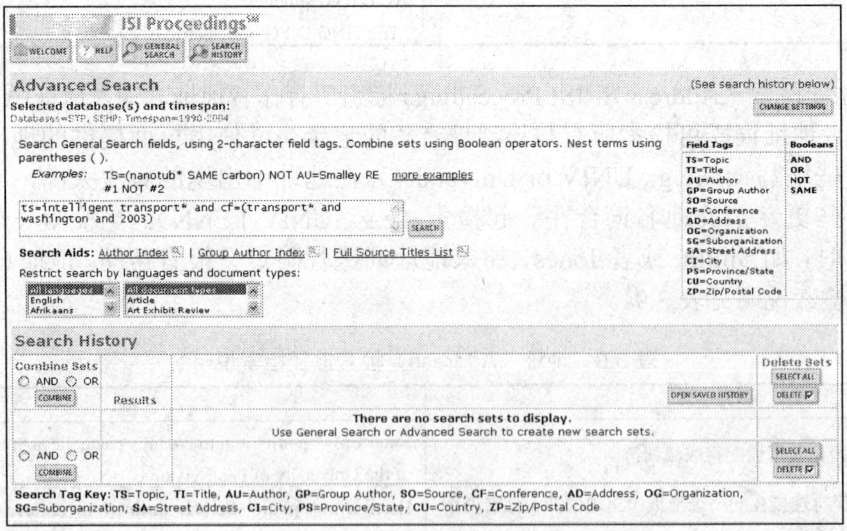

图 3.38 高级检索

高级检索页面允许使用两个字符的字段标识符和集合号创建一个复杂的检索式。在检索框的右侧列出了字段标识符和布尔逻辑算符，利用右方给出的字段标识符构成复杂的检索式，例如，如果需要了解在 2003 年华盛顿召开的 82nd Annual Meeting of the Transportation Research Board 会议的有关 Intelligent Transportation Systems 的会议录，可以输入以下检索式：ts=intelligent transport* and cf=(transport* and washington and 2003)。

注意：不可以在同一个检索式中同时使用字段标识符和集合号。

字段标识符为：TS=Topic、TI=Title、AU=Author、GP=Group Author、SO=Source、CF=Conference、AD=Address、OG=Organization、SG=Suborganization、SA=Street Address、CI=City、PS=Province/State、CU=Country、ZP=Zip/Postal Code。

3.3.3 检索技术

1. 截词符

无限截断，使用“*”作为截词符，例如，Lap*roscop*，可以检索到 Laparoscopic、Laproscopic、Laparoscopy 等词。

有限截断，使用“？”作为截词符，一个？代表一个字符，在同一个检索词中可以同时使用无限截断和有限截断。例如，Dosto?evsk*，可以检索到 Dostoyevsky、Dostoievsky、Dostoievski、Dostoyevskii 等词。

2. 运算符

布尔逻辑算符包括 AND、OR、NOT，位置算符为 SENT 或 SAME，当连续输入两个和多个检索词时，系统默认为词组进行检索。在一个检索式中最多可使用 50 个运算符。某些字段包含有唯一的内容，如专利号等，则只能用 OR。

如果在同一个字段中使用不同的布尔逻辑算符，运算的优先顺序为：( )→SAME→NOT→AND→OR。

优先算符：当使用多个算符时，可用括号决定优先顺序，将 OR 前后的词放入括号中，计算机将优先运算括号内的算符。例如，mammal* SAME (smell* OR odor* OR olfact*)。

需要解释的是，用 SAME 或 SENT 组合的检索词必须出现在同一个句子里，但顺序可以是任意的。

3.3.4 检索结果

1. 记录格式

系统检索后，首先显示的是检索结果列表，包括作者、题目、出处（会议名称）以及全文链接图标（直接在 ISI Proceedings 的记录中链接到该文献的全文电子版），如图 3.39 所示。全文链接图标只有订购 ISI Proceedings 数据库的机构同时订购了某一出版社的电子期刊，才能链接到全文。每屏显示 10 条记录。点击文章的题目即可看到该文章的详细记录格式，详细记录格式包括所有 ISI Proceedings 字段，全记录字段包括文章标题、作者、来源刊名/出处、文献类型、文献语种、参考文献、相关记录、会议信息、摘要、作者关键词、扩展关键词、作者地址、出版社、主题目录、文摘号、期刊代码、ISSN号，如图 3.40 所示。

点击 Cited References 浏览作者列出的参考文献的列表如图 3.41 所示，对于同时在 ISI Proceedings 和 Web of Science 中出现的记录， Citing Articles 可连接到 Web of Science 中了解引用该记录的文献情况。即使没有引用数据，该连接也会出现在所有共享的记录上。

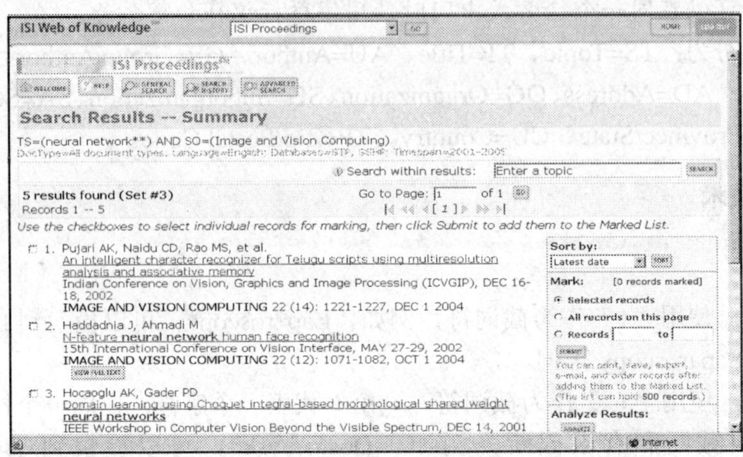

图 3.39　检索结果列表

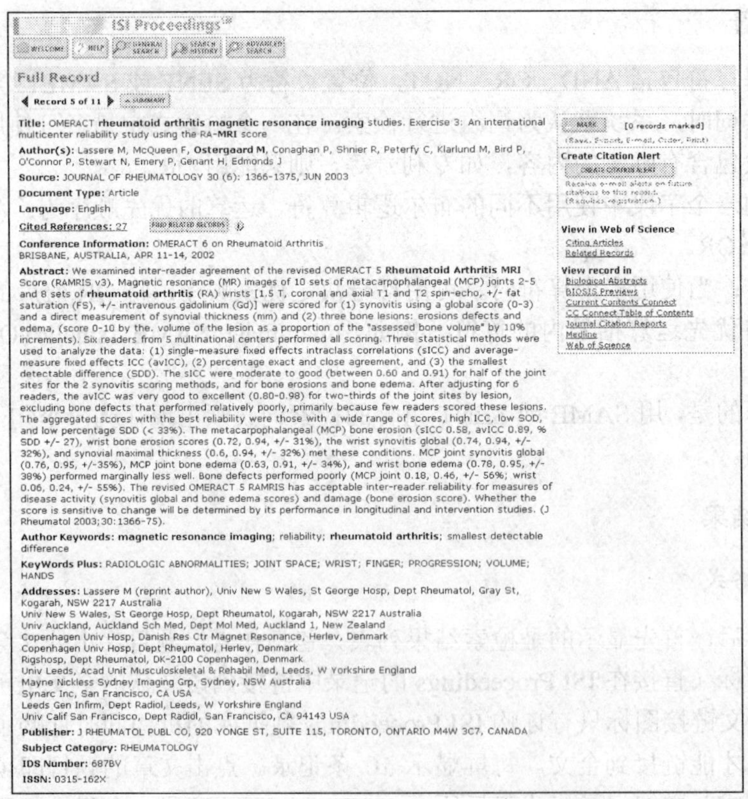

图 3.40　ISI Proceedings 全记录字段

点击 Find Related Records 检索在 ISI Proceedings 中引用了一篇或者多篇这些参考文献的记录。在 ISI Proceedings 中被标引的记录用蓝色表示，点击 View Record 链接到相应的全记录，点击 Web of Science 按钮链接到 Web of Science，浏览相应的记录（取决于所在机构订购的 Web of Science 的年限）。

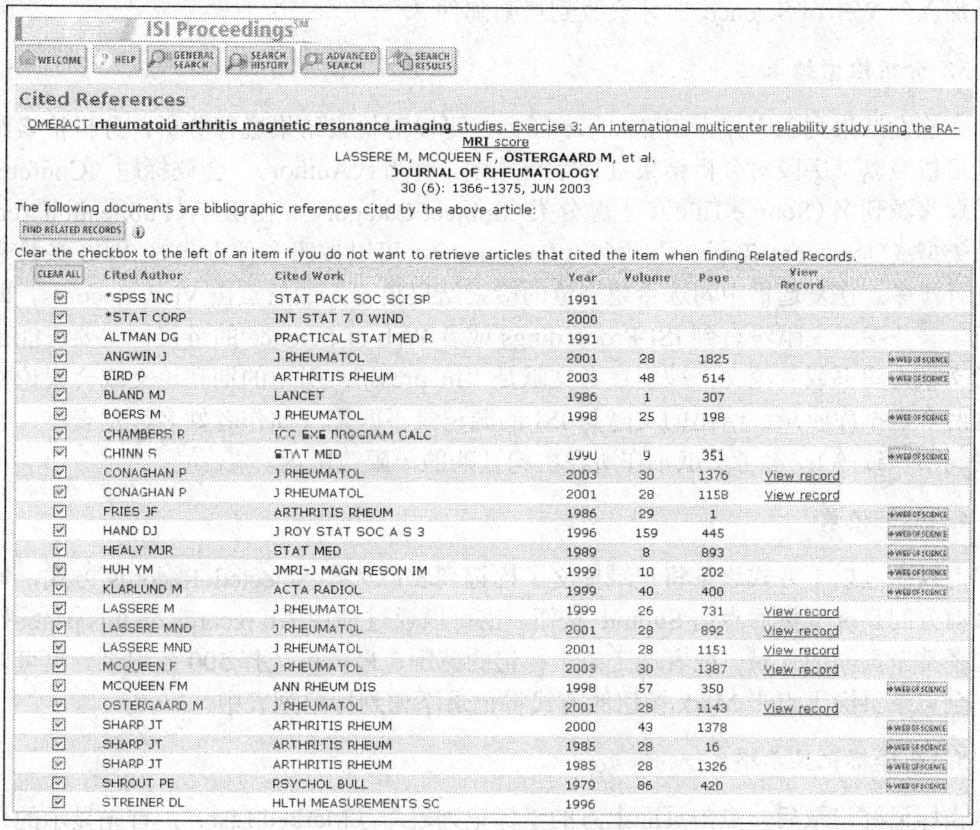

ISI Proceedings[SM]

WELCOME | HELP | GENERAL SEARCH | SEARCH HISTORY | ADVANCED SEARCH | SEARCH RESULTS

Cited References

OMERACT **rheumatoid arthritis magnetic resonance imaging** studies. Exercise 3: An international multicenter reliability study using the RA-**MRI** score
LASSERE M, MCQUEEN F, **OSTERGAARD M**, et al.
JOURNAL OF RHEUMATOLOGY
30 (6): 1366-1375, JUN 2003

The following documents are bibliographic references cited by the above article:

FIND RELATED RECORDS

Clear the checkbox to the left of an item if you do not want to retrieve articles that cited the item when finding Related Records.

CLEAR ALL	Cited Author	Cited Work	Year	Volume	Page	View Record
☑	*SPSS INC	STAT PACK SOC SCI SP	1991			
☑	*STAT CORP	INT STAT 7 0 WIND	2000			
☑	ALTMAN DG	PRACTICAL STAT MED R	1991			
☑	ANGWIN J	J RHEUMATOL	2001	28	1825	WEB OF SCIENCE
☑	BIRD P	ARTHRITIS RHEUM	2003	48	614	WEB OF SCIENCE
☑	BLAND MJ	LANCET	1986	1	307	
☑	BOERS M	J RHEUMATOL	1998	25	198	WEB OF SCIENCE
☑	CHAMBERS R	ICC EXE PROGRAM CALC				
☑	CHINN S	STAT MED	1990	9	351	WEB OF SCIENCE
☑	CONAGHAN P	J RHEUMATOL	2003	30	1376	View record
☑	CONAGHAN P	J RHEUMATOL	2001	28	1158	View record
☑	FRIES JF	ARTHRITIS RHEUM	1986	29	1	WEB OF SCIENCE
☑	HAND DJ	J ROY STAT SOC A S 3	1996	159	445	WEB OF SCIENCE
☑	HEALY MJR	STAT MED	1989	8	893	WEB OF SCIENCE
☑	HUH YM	JMRI-J MAGN RESON IM	1999	10	202	WEB OF SCIENCE
☑	KLARLUND M	ACTA RADIOL	1999	40	400	WEB OF SCIENCE
☑	LASSERE M	J RHEUMATOL	1999	26	731	View record
☑	LASSERE MND	J RHEUMATOL	2001	28	892	View record
☑	LASSERE MND	J RHEUMATOL	2001	28	1151	View record
☑	MCQUEEN F	J RHEUMATOL	2003	30	1387	View record
☑	MCQUEEN FM	ANN RHEUM DIS	1998	57	350	WEB OF SCIENCE
☑	OSTERGAARD M	J RHEUMATOL	2001	28	1143	View record
☑	SHARP JT	ARTHRITIS RHEUM	2000	43	1378	WEB OF SCIENCE
☑	SHARP JT	ARTHRITIS RHEUM	1985	28	16	WEB OF SCIENCE
☑	SHARP JT	ARTHRITIS RHEUM	1985	28	1326	WEB OF SCIENCE
☑	SHROUT PE	PSYCHOL BULL	1979	86	420	WEB OF SCIENCE
☑	STREINER DL	HLTH MEASUREMENTS SC	1996			

图 3.41　参考文献

ISI Proceedings 还与图书馆 OPAC 系统连接：直接从 ISI Proceedings 的记录链接到图书馆自己的 OPAC 系统中，即时了解该文献所在期刊的馆藏记录。

若所在机构同时订购了 ISI Web of Knowledge 平台上的 INSPEC、ISI Web of Science、ISI Proceedings、BIOSIS Previews 等数据库，这些数据库中有相同的记录，就可以从 ISI Proceedings 数据库中的详细记录页面直接链接到上述其他数据库中，如图 3.40 所示，获取这篇记录的参考文献（Cited Reference）、施引文献（Times Cited）和相关记录（Related Records）等引文信息。根据所在机构的订购情况，还可以看到 ISI Web of Knowledge 的其他产品的链接或者到电子期刊全文的链接，甚至非 ISI Web of Knowledge 平台的其他资源的链接。

2. 引文跟踪服务（Citation Alert）

在全记录页面，点击 Create Citation Alert，可以通过设置引文跟踪服务来追踪某一篇文献的最新被引用情况。如果该文献被新加入到 Web of Science 中的一条记录所引用，将收到一封包含了该记录的电子邮件。使用引文跟踪服务的前提是同时订购了 Web of Science 数据库并在 ISI Web of Knowledge 主页上注册了邮件信箱和密码。点击 Create Citation Alert，将会看到引文跟踪服务已经成功定制的确认信息。引文跟踪服务的有效期为一年，并可随时更新。跟踪检索每周运行，但是只有当有新的引用了指定的文献的记录加入到 Web of Science 时才会收到通知邮件。

3. 分析检索结果

在检索结果列表中，点击 Analyze 图标，可以对检索结果进行分析，分析检索结果功能可按照以下字段对分析结果进行重新排序：作者（Author）、会议标题（Conference Title）、来源刊名（Source Title）、主题分类（Subject Category）、出版年（Publication Year）、文献类型（Document Type）和语种（Language）。可以按照多种方式对 2000 条检索结果进行排序。在复选框中勾选希望浏览的检索结果集合，然后点击 View Records，即可浏览。某些参考文献没有到 ISI Proceedings 或者 Web of Science 的链接，主要可能是：参考文献为图书或者论文；被引参考文献是“in press”；引用的期刊论文或会议论文未被这两个数据库收录；给出的文献与 ISI 的源记录不匹配（如作者姓名、发表年、卷或者页码不一致等）；参考文献不在所在机构订购的年限范围内。

4. 标记记录

可以通过以下方式逐条将记录提交了标记列表：选择 Selected Records 方式，勾选记录前方的复选框然后点击 Submit 按钮。也可以通过使用 All records on this page 操作来选择整个页面的记录。或者选定某个标记的范围，最多可选择 500 条记录。也可以通过在全记录页面上点击 Mark 按钮的方式将记录添加到标记列表中。

5. 选择标记显示格式

当标记好记录后，点击页面上方的“标记列表”（Marked List），首先显示的是标记记录的简单格式，该页面上方有一个记录字段显示的选择列表。作者/编者、期刊来源和会议信息字段为默认选择项。可选择的显示字段包括文摘、地址、语言、文献类型、标准出版号、出版社、修改信息、会议信息、专利信息、主题字段。在字段选择列表的左侧可同时选择标记记录的排序方式（有三种方式可供选择：最新更新、第一作者、来源题目）。

6. 排序方式

在执行检索前可以预设记录的排序方式，在标记好记录后也可以设定记录的排序方式。如果需要设定检索结果的排序方式，可以在字段选择列表左侧选择，缺省的排序方式为最后更新，即最新数据排在最前面。注意：利用最新日期和相关性可对所有记录重新排序，而利用第一作者姓名、期刊标题或者会议标题方式仅可对 300 条记录进行排序。

7. 检索结果输出

设置好记录显示格式和排序方式后，点击“打印格式”（Format for Print），即可按设定的记录格式显示以便打印；点击“保存文件”（Save to File），则按设定的记录格式将结果保存到文件；点击“输出”（Export）则按设定的记录格式将结果输出到专用软件中，如 EndNote、ProCite 或 Reference Manager 中（必须安装 EndNote、ProCite 或 Reference Manager 软件）。使用 Reference Manager 可以帮助用户建立自己的专题文献数据库，更方便用户的论文写作；点击“E-mail”将记录发送到指定的信箱。

保存检索历史和创建定题服务与 Web of Science 相同，见本章 3.1.5 节。

本章主要参考文献

冯白云，林佳. 2003. 化学及相关学科信息源[M]. 北京：清华大学出版社.

田达，王新英. 2003. Engineering Village 2 检索指南[M]. 天津：天津大学出版社.

肖珑. 2003. 数字信息资源的检索与利用[M]. 北京：北京大学出版社.

http://www.isiknowledge.com[OL].

第 4 章　英文参考数据库

4.1　科　学　文　摘

《科学文摘》（Science Abstracts，简称 SA），印刷版创刊于 1898 年，目前出版 5 个分册：A 辑物理文摘、B 辑电气与电子工程文摘、C 辑计算机与控制文摘、D 辑信息技术文摘、E 辑生产和制造工程学文摘。电子版称为 INSPEC（International Information Service for the Physics and Engineering Communities）。由英国电气工程师学会（Institute of Electrical Engineering，简称 IEE）出版的 INSPEC 是国际上权威的科技文献信息数据库，主要涵盖物理、电子与电气工程、计算机与控制、信息技术、生产和制造工程学等领域的内容。INSPEC 收录超过 820 万条科学与技术文献，每年增录 40 万条信息，每星期增加近 8000 条文献，覆盖 80 个国家的出版物，收录超过 140 个国家的作者作品，是物理、工程技术和信息科技研究领域不可缺少的研究工具。

INSPEC 收录了自 1969 年以来将近 4000 多种相关领域的学术期刊，2000 多种会议录以及许多学术书籍、技术报告和博硕士论文等学术文献，其中期刊论文占整个数据库的 66%，一般会议论文占 21%，定期出版的会议论文占 11%，其余的报告、图书、技术报告、著作章节、学位论文等占 2%。在 1976 年之前还包含相应学科的专利。文献来源于 80 多个国家和地区，涉及 40 多种语言，其中英语占 94%，中国出版的期刊有 120 多种收录在其中。数据库每周更新。自 2005 年始，INSPEC 更推出 INSPEC Archive，将资料回溯到 1898 年。

数据库的主题为物理、电子与电气工程、计算机与控制、信息技术和生产和制造工程学五大学科，其中物理占数据库数据量的 58%，电子与电气工程为 32%，计算机与控制为 28%，信息技术为 8%（各学科之间内容有重叠），生产和制造工程学数据库是新收录的内容，数据不多。

INSPEC 覆盖的学科范围相当广泛：理论物理、基本粒子物理与量子场论、核物理、电学、磁学、光学、声学、力学、流体动力学、等离子体、材料科学、物理化学、生物医学工程、生物物理学、气象学、地球物理学、天文学、天体物理学、海洋学、纳米生物技术、核工程、动力与能源、电气与电子工程、微波技术、电子器件和材料、超导材料、电光学、光电子学、激光技术、通讯技术、雷达、无线电、电视、声频、测量仪器与设备、电机与电器、发电与输配电、电力系统及其控制系统、计算机科学、系统理论与控制论、计算机硬件、软件工程、计算机应用、自动化与控制技术、图像处理、信息技术、办公自动化、生产和制造工程学等。

4.1.1　INSPEC 的分类结构和主题词表

1. 分类结构

《科学文摘》的特点之一就是有完整的分类体系，1898—1941 年按学科分类编排，

1942—1960 年按《国际十进分类法》分类标引和编排，1961 年之后使用自编的分类表，1977 年起改用目前使用的主题分类表。

在 INSPEC 数据库中，各子数据库的分类和印刷版的各辑文摘一致，各学科按各自的分类体系编排，其分类码为 A 物理（Physics），B 电子与电气（Electrical & Electronic Engineering），C 计算机与控制（Computer & Control Engineering），D 信息技术（Information Technology），E 生产和制造工程学（Production & Manufacturing Engineering）。现在的分类法采用四级分类，每一类目的类号按层累制方式展开，即每个大类之下分若干二级类目、三级类目和四级类目。前三级类号是用数字表示，第四级类号是在第三级之后加一字母。

A 物理（Physics）：A0 通用部分（General）、A1 基本粒子（The Physics of Elementary Particles and Fields）、A2 核物理（Nuclear Physics）、A3 原子分子物理（Atomic and Molecular Physics）、A4 基础物理（Fundamental Areas of Phenomenology）、A5 等离子体和放电物理学（Fluids，Plasmas and Electric Discharges）、A6 固态（非电子）物理（Condensed Matter: Structure，Thermal and Mechanical Properties）、A7 电子固体物理（Condensed Matter: Electronic Structure，Electrical，Magnetic，and Optical Properties）、A8 跨学科物理学（Cross-Disciplinary Physics and Related Areas of Science and Technology）、A9 地球物理学，天文学（Geophysics，Astronomy and Astrophysics）。

B 电子与电气（Electrical & Electronic Engineering）：B0 通用部分（General Topics，Engineering Mathematics and Materials Science）、B1 电路（Circuit Theory and Circuits）、B2 电子组成和部件（Components，Electron Devices and Materials）、B3 磁性和超导材料，材料装置（Magnetic and Superconducting Materials and Devices）、B4 光电子/材料，光电子学（Optical Materials and Applications，Electro-Optics and Optoelectronics）、B5 电磁场（Electromagnetic Fields）、B6 通信（Communications）、B7 仪器及其应用（Instrumentation and Special Applications）、B8 电子系统（Power Systems and Applications）。

C 计算机与控制（Computer & Control Engineering）：C0 普通和管理（General and Management Topics）、C1 系统和控制理论（Systems and Control Theory）、C3 控制技术（Control Technology）、C4 数学和计算机理论（Numerical Analysis and Theoretical Computer Topics）、C5 计算机硬件（Computer Hardware）、C6 计算机软件（Computer Software）、C7 计算机应用技术（Computer Applications）。

D 信息技术（Information Technology）：D1 普通和管理（General & Management Aspects of Information Technology）、D2 信息技术的应用（Applications of Information Technology）、D3 信息技术系统（General Information Technology Systems and Equipment）、D4 办公室自动化/通信技术（Office Automation–Communications）、D5 办公室自动化和计算机技术（Office Automation– Computing）。

E 生产和制造工程学（Production & Manufacturing Engineering）：E0 普通生产和制造工程学（General Topics in Manufacturing and Production Engineering）、E1 制造环境与产品管理（Manufacturing and Production）、E2 工程材料（Engineering Mechanics）、E3 工业界（Industrial Sectors）。

例：电子与电气工程的一级分类有九个，每一个分类下都有若干个二级分类和三级分类及四级分类。如：B7000（仪器及其的应用）之下的B76子分类如下：

B7000 Instrumentation and special applications
B7100 …
……
.B7600 Aerospace facilities and techniques
..B7610 General aspects of aircraft，space vehicles/satellites
..B7620 Aerospace test facilities and simulation
..B7630 Aerospace instrumentation
...B7630A Avionics
...B7630B Power supplies
...B7630D Space vehicle electronics
..B7640 Aerospace propulsion
..B7650 Ground support systems
...B7650C Air traffic control
...B7650E Space ground support centres
B7700 Earth sciences

对于分类号B7650C的分类结构：

B Electrical & Electronic Engineering
B7 Instrumentation and special applications
B76 Aerospace facilities and techniques
B7650 Ground support systems
B7650C Air traffic control

2. 主题词表

INSPEC的另一大特色为其主题词表，即叙词表。叙词为受控词。在进行文献检索的过程中，为了检索结果准确无误，通常在信息的组织与标引的过程中需要标引人员采用一致的标引词组或者标引语言来标识文献中的概念，这就是所说的控制词表（controlled vocabularies）。叙词表（thesaurus）就是一个按照字顺列出标引词或者术语的控制词表，在词表中同时还显示了这些术语之间的相互关系。由于术语是按照关联性组织起来的，所以可以清晰地显示概念彼此之间的相互关系。

在INSPEC中，叙词是一个概念汇编，这些概念均来自于原始文献，主要是对文献主题的描述，而且经过标准化和结构化，可很方便地检索同义词和多种形式的词。1973年INSPEC第一次出版了叙词表，1983年INSPEC叙词表收录词条1万条，1999年INSPEC叙词表已增加主题词1.6万多个，其中正式主题词8600多个，用于标引和检索文献，参见和引词（非正式主题词）7700多个。这些叙词在分类层级中往往排列在第三层或第四层，并注明其分类号。叙词使用的是标准术语，具有标准的拼写和标点方法，如电视天线定义为“television antennas”，而不是“TV antennas”。在检索时，首先在叙词表中选择标准词，然后将该词限制在叙词字段进行检索，可以检索到与主题非常相关的记录，通常在进行检索时，主题词检索是非常重要的检索字段。

4.1.2 数据库检索

到目前为止，INSPEC 的网络版检索系统已经有 OVID、ProQuest、ISI Web of Knowledge、Engineering Village 2、INSPEC-China 等，本节将以 ISI Web of Knowledge 系统为主，介绍 INSPEC 的检索方法（http://www.isiknowledge.com）。

在ISI Web of Knowledge主页，登录INSPEC的方式包括：通过下拉菜单选择INSPEC或点击 INSPEC 链接。进入 INSPEC 数据库后，有三种检索，即快速检索（Quick Search）、普通检索（General Search）和高级检索（Advanced Search），另有打开检索历史。点击界面上的提示条即可在三种检索方法中切换见 INSPEC 数据库主页，如图 4.1 所示。

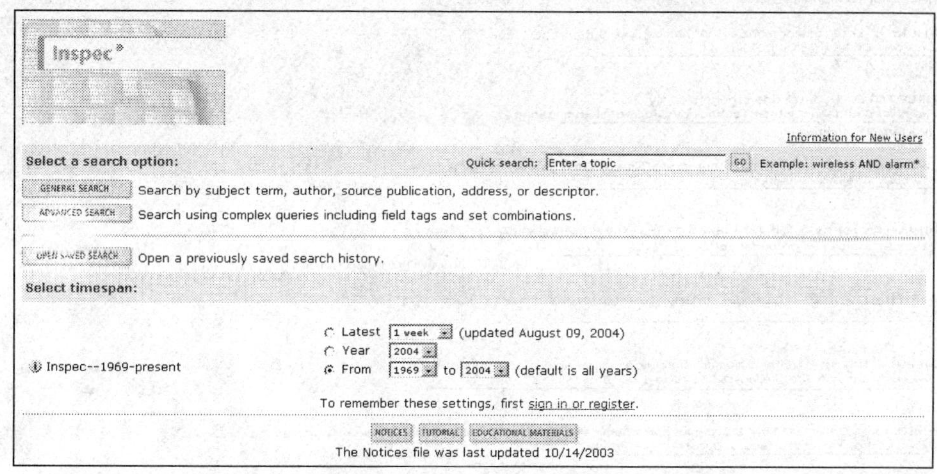

图 4.1　INSPEC 数据库主页

检索时间段有三种方式可以选择，点击第一个单选按钮选择最近 1、2 或 4 周的数据，点击年份单选按钮并利用下拉菜单选定某一具体年，利用下拉菜单分别选定起止年，默认设置为可供检索的所有年。有关 INSPEC 的最新信息可以在 Notices 中找到，点击 Tutorial 可以阅读 INSPEC 的最新培训资料。

1. 快速检索

快速检索方式其界面允许用户将要检索的字段输入检索词，并可以进行组配检索，只能进行主题（Topic）检索，相当于部分字段的关键词检索。例如，(face$ or facial) same （detect* or recog* or locat*）。

2. 普通检索

选择时间范围，点击普通检索（General Search）即可进入检索页面，如图 4.2 所示。普通检索提供了十一个检索字段入口和三种检索限定。

（1）可检索字段

这十一个检索字段分别为主题检索（Topic）、作者检索（Author）、文献来源检索（Source Title）、地址信息检索（Address）、控制索引词检索（Controlled Index）、主题分类表检索（Classification）、数值数据索引的检索（Numerical Data）、化学物质索引的检索（Chemical）、天文学对象索引的检索（Astronomical Object）、会议信息检索（Meeting Information）、识别码检索（Identifying Codes）。INSPEC 的字段说明见表 4.1。下面介绍其中的几个检索字段。

Inspec®
WELCOME | HELP | SEARCH HISTORY | ADVANCED SEARCH

General Search
>> View your search history/combine sets
Selected timespan:
Database=INSPEC; Timespan=1969-2004
CHANGE SETTINGS

Enter terms or phrases separated by the operators AND, OR, NOT, or SAME, and then press SEARCH.
The search will be added to the search history. [>>View your search history]
SEARCH | CLEAR

TOPIC: Enter one or more terms. Searches within titles, classification, controlled index, or abstracts.
Example: satellite* AND weather (More examples)
(face$ or facial) same (detect* or recog* or locat*) ☐ Title only

AUTHOR: Enter one or more author names (see author index).
Example: DiCarlo A* OR Di Carlo A*

SOURCE TITLE: Enter title (see journal list).
Example: Journal of Optical Technology OR Optical Engineering
Pattern Recognition*

ADDRESS: Enter terms from an author's affiliation (use abbreviations help).
Example: Geol AND Ukraine

CONTROLLED INDEX: Enter terms from the controlled vocabulary (see Inspec Thesaurus).
Example: radiowave propagation
☐ Include Uncontrolled Index terms

CLASSIFICATION: Enter codes or terms (use Inspec Classification).
Example: C7470

NUMERICAL DATA: Enter a numerical value or range and select a quantity.
Example: temperature (kelvin) 1.0E+03 to 1.9E+03
-- Select a numerical quantity -- to

CHEMICAL: Enter a chemical compound or chemical group and select a chemical role.
Example: Pd (select "surface or substrate" as a role)
-- Select a role --

ASTRONOMICAL OBJECT: Enter an acronym, catalogue entry number, galactic coordinate, or positional information.
Example: PG 2131

MEETING INFORMATION: Enter terms from the meeting title, location, sponsor, or date.
Example: solid film* AND Copenhagen AND 1998

IDENTIFYING CODES: Enter the ISSN, ISBN, CODEN, report number, contract number, or SICI.
Example: 0030-400X

Restrict search by languages, document types, and treatment types:
All languages / English / Afrikaans | All document types / Journal Paper / Book | All treatment types / Application / Bibliography

图 4.2　普通检索主页

1）主题（Topic）检索：相当于部分字段的关键词检索，主题检索的范围包括下列字段：题目（Title），文摘（Abstracts），控制词索引（Controlled Indexing），非控制词索引（Uncontrolled Indexing），分类（Classification Code(s)）。

2）INSPEC 数值数据索引（Numerical Data）的检索：数值数字索引字段采用了一系列标准数值和单位，或者数值叙词，以帮助读者检索不同数据格式的相关文献，应用于 1987 年后的文献。对于检索特定的数值数据，首先应考虑下面列出的叙词和字段标识符来决定合适的数值单位。

INSPEC 提供独特的近 50 个物理化学变量的数值数据索引，可以直接检索基于某个特定数值或数值范围的变量的研究文献。在基于 ISI Web of Knowledge 平台的 INSPEC

表 4.1 INSPEC 的字段说明

字 段	描 述	举 例
标题（TI） [包含在 Topic/Subject 检索中]	期刊论文标题、会议录标题、会议论文标题、书名、报告明、论文名或者专利名。对于非英语种标题，提供了英语翻译。原始的语种标题也可以显示并检索	输入 **relevance feedback*** 检索 Audio-visual query and retrieval: A system that uses dynamic programming and **relevance feedback** Naphade, MR, et al.Journal of Electronic Imaging 10（4）：861-70, Oct. 2001
文摘 [包含在 Topic/Subject 检索中]	文摘是来源出版物的内容概要。在 INSPEC 中的每一条记录都含有文摘。这些文摘可能来源于作者或者 INSPEC 的学科专家。文摘字段不可以单独检索，而只可以在 Topic/Subject 字段中检索	输入 **space same storm*** 检索有关该主题的信息
作者/编者（AU）	INSPEC 中作者或者编者的姓名通常显示为姓，随后是名的首字母缩写。多位作者的文献中所有的作者姓名（不超过 400 个）都可以检索并在记录中显示。亚洲人的作者姓名通常与原文中一致。建议检索亚洲人姓名时考虑不同的写法	为了检索数据完全，可在名字的第一个缩写词后使用截词符（:） **Alpert J*** 可检索 Alpert J.E., Alpert J.S., etc. 检索作者 **Jer-Guang Hsieh**, 输入: jer-guang hsieh or hsieh jer-guang or hsieh jg
来源文献（SO）	应输入来源文献全标题或者截词。为了检索结果全面又准确，请使用来源文献查询功能，这一连接可以通过点击普通检索或者高级检索页面上的 Source List 链接项访问。注意，利用 Source List 检索期刊，同时也可以检索到期刊的详细信息，如出版社信息以及对照信息等	在来源文献检索框中输入 **parallel process***检索来自于期刊 *Parallel Processing Letters.*的文献 输入 **geophysic* and research*** 可检索 Geophysical Research Letters, Journal of Geophysical Research, Marine Geophysical Researches, etc.
地址（AD）	包含了第一作者的部分地址信息。该信息通常包括部门、机构名称、城市名和国家。很多地址词为缩写形式——在普通检索页面点击缩写词链接可查找缩写词。注意其中含有很多非英语地址词和缩写形式	输入（**lsu or louisiana state**）**and shreveport** 检索 Louisiana State 大学 Shreveport 校园 输入 **santa maria and chile** 检索 Universidad Tecnica Federico Santa Maria in Valparaiso, Chile 的作者的文献
控制词索引（CI） [包含在 Topic/Subject 检索中]	来自于 INSPEC 叙词标的叙词可以在控制词索引字段检索。点击普通检索或者高级检索页面上的 INSPEC Thesaurus list 链接可以看到相应的叙词	在 INSPEC Thesaurus Find 检索框输入 **shape memory** 可检索到控制词 **shape memory effects** 在 INSPEC Thesaurus Find 检索框输入 **stress* and fracture*** 可检索 crack-edge stress field analysis, fatigue, fracture mechanics, mechanical properties, etc.
非控制词索引（UI） [包含在 Topic/Subject 检索]	包含了由 INSPEC 索引人员添加的非 INSPEC 叙词表的检索词，这些检索词来自于文章标题、文摘、全文或者标引人员的意见。在普通检索页面，非控制词索引可以同控制词组配检索。也可以在高级检索中单独使用	输入（**biped* or humanoid**）**same robot***可检索有关 robots with humanoid or biped characteristics 的信息

续表

字　段	描　述	举　例
分类（CL） [Included in Topic/ Subject search]	学科等级分类既提供了较宽泛的上位学科范围，也包括特定的下位细分。INSPEC 采用最为专指的分类代码来分类文献，以表示它的学科主题 INSPEC 最宽泛的学科上位分为四个类目：A（物理），B（电子工程与电器），C（计算机与控制）以及 D（信息技术）。分类体系由分类代码和分类标题组成。在执行分类检索时，这些内容均可检索。检索高层级编码并不自动提供其下属的下层级编码但加入 * 将检索所有下层级编码	有关 predicting earthquakes 的信息检索，可使用 **A9130PEarthquakepredictionandprecursory phenomena** 分类代码可使用截词来检索下位概念。利用 **B86*** 可检索 **B8600 Industrial applications of power** 的记录和所有的下位标题，如 **B8695 Industrial applications of power in water treatment.**
化学物质索引（CR）[提供 1987 年到目前的数据。1987 年前的数据中，化学物质索引被索引载非控制词索引字段]	包含了在原文献中涉及的重要物质和材料信息。不包含有机物质。检索某一物质可以使用化学符号。一条记录中标引的化学物质被指定为以下三种基本角色中的一种： • element（/el） • binary（/bin） • system with 3 or more components（/ss） 物质还可以被划分为以下四种角色中的一种： • adsorbate or any sorbate（/ads） • dopant（/do） • interface system（/int） • surface or substrate（/sur） 检索不区分大小写，因此无法区分 Co（Cobalt）和 CO（Carbon Monoxide）。需要使用化学物质角色和检索的上下文来加以区分在普通检索页面不能使用布尔逻辑算符来组配化学物质名称，但在高级检索页面则可用	To search for information on hydrogen sulfide in a system with three or more components, enter **cr=h2s/ss** on the Advanced Search page.
天文对象索引（AO）	包括天体的命名，这个命名可能是：基于名称的首字母缩写、基于目录的包含了目录首字母缩写以及其后列出的编目流水号、位置信息等。INSPEC 根据由 International Astronomical Union 提供的指南而编制。通过连接 Help 帮助系统可以找到编目列表	输入 **CM Tau** t 可找到有关 Crab Pulsar 的信息
会议信息（MI）	包含会议标题、召开地点、主办者以及召开日期	查找在日本东京召开的会议 *2002 International Symposium on Underwater Technology* 的会议论文，输入（**underwater SAME 2002**）**AND Tokyo**
识别码（IC）	可检索以下字段：CODEN，CODEN of translation，INSPEC Accession Number，ISSN，ISSN of translation，Standard Book Number，Report Number，Contract Number，Patent Number（available 1969—1976），Original Patent Number（available 1969—1976），SICI（Serial Item and Contribution Identifier），and SICI of translation.	输入 **0375-9601** 检索来自期刊 *Physics Letters A*, 的文章。该代码是指国际标准书号

上，INSPEC 特有的数值数据索引全部可以直接点击展开检索，无需使用和记忆任何检索指令，也无需一定采用科学计数法输入数值。

例如，如果希望检索将距离限定为大于等于 6 英里的相关记录，首先应将计量单位由英里转化为米（6 英里＝9656 米）。然后选择表示距离的字段标识 DI，并确定最大值、最小值或者数值的范围：DI>＝9656 或 DI>＝9.656E＋03。数值可以表示为整数、小数或者科学计数法。如：1.8E＋04 for 18000, 9.5E－01 for 0.95，给出了大多数物理量，如频率（frequency）、温度（temperature），单位应用 SI 标准单位，如：hertz，Kelvin。允许用户以整数型、小数型或 INSPEC 所用的符号来输入数值。表 4.2 为数值数据字段标识符。

检索示例：topic 输入“modem* Numerical Data”，选择 bit rate（bit per second），在其后的方框中输入：9.6E+04 to 1.0E+05。关于数值索引的详细信息，请访问 IEE 网站：

http://www.iee.org/publish/support/inspec/document/ChemNum/

表 4.2　数值数据字段标识符

AG＝Age（yr; Year）	MA＝Mass（kg; Kilogram）
AL＝Altitude（m; Meter）	MD＝Magnetic Flux Density（T; Tesla）
AP＝Apparent Power （VA; Volt-amp）	MS＝Memory Size（Byte）
BI＝Bit Rate（Bit/s; Bits per Second）	NF＝Noise Figure（dB; Decibel）
BW＝Bandwidth（Hz; Hertz）	PO＝Power（W; Watt）
BY＝Byte Rate（Byte/s; Bytes per Second）	PR＝Pressure（Pa; Pascal）
CA＝Capacitance（F; Farad）	PS＝Printer Speed（cps; Characters per Second）
CD＝Conductance（S; Seimen）	PX＝Picture Size（pixel; Picture Element）
CE＝Computer Execution Rate（IPS; Instructions per Second）	RA＝Radiation Absorbed Dose（Gy; Gray）
CM＝Computer Speed（FLOPS; Floating-Point Operations Per Second）	RD＝Radiation Dose Equivalent（Sv; Sievert）
CU＝Current（A; Ampere）	RE＝Resistance（Ohm）
DI＝Distance（m; Meter）	RP＝Reactive Power（VAr; Volt-Amp Reactive）
DP＝Depth（m; Meter）	RX＝Radiation Exposure（C/kg; Coulomb per Kilogram）
EF＝Efficiency（Percent）	RY＝Radioactivity（Bq; Becquerel）
EL＝Electrical Conductivity（S/m; Siemen per Meter）	SI＝Size（m; Meter）
EN＝Energy（J; Joule）	SM＝Stellar Mass（Msol; Solar Mass）
ER＝Electrical Resistivity （ohmm; Ohm meter）	SR＝Storage Capacity（Bit）
EV＝Electron Volt Energy（eV; Electron Volt）	TE＝Temperature（K; Kelvin）
FR＝Frequency（Hz; Hertz）	TM＝Time（s; Second）
GA＝Gain（dB; Decibel）	VE＝Velocity（m/s; Meters per Second）
GD＝Galactic Distance（pc; Parsec）	VO＝Voltage（V; Volt）
GE＝Geocentric Distance（m; Meter）	WA＝Wavelength（m; Meter）
HD＝Heliocentric Distance（AU; Astronomical Unit）	WL＝Word Length（Bit）
LS＝Loss（dB; Decibel）	

3）INSPEC 化学物质索引（Chemical）的检索：为无机化合物和材料物质所建立的控制索引，应用于 1987 年以后的文献。可以检索有关某 化学元素的所有文献，可以检索某一化学元素作为简单物质、掺杂物（添加物）、某一化合物或合金的组成成分、

界面物质的所有文献，如：H_2SO_4，$CuSO_4$，Na_2SO_4，对容易混淆的化学物质加以区分，如：Co/el CO/bin。在检索时输入化学物质名称，然后在下拉菜单中选择该化学物质的角色。例如，如果要检索关于 Cobalt（钴）的文献，在 Chemical 节段里，将 Co 放入左边检索框，因为 Cobalt 是元素，应在右边菜单选择“element”，然后点击“Search”。当要检索 CO（一氧化碳）的文章时，因其为两元素组成的化合物，应在右边菜单选择“binary”，然后点击“Search”。

关于化学索引的更详细信息，请访问 IEE 网站：

http://www.iee.org/publish/support/inspec/document/ChemNum/

4）天文学对象索引的检索（Astronomical Object)：用户可以指定研究对象的地理位置、天文对象等。关于天文学主题索引的更详细的信息，请访问 IEE 网站：

http://www.iee.org/publish/support/inspec/document/astron

（2）辅助检索工具

INSPEC 通过两种控制索引来反应数据库中所表达的学科主题，即：INSPEC 叙词表，其中包括了近 8300 多个首选叙词；INSPEC 分类法，共包含了 5000 多个分类条目。

1）INSPEC 叙词表：INSPEC 的标引专家从 INSPEC Thesaurus 叙词表中选择适当的叙词来表达一篇文献的核心概念。在数据库中的每一条记录中都被标引了叙词。

在普通检索页面，可以点击控制词表字段后方的 INSPEC Thesaurus 链接进入 INSPEC 叙词检索辅助工具；也可以通过高级检索页面进入叙词表。

在检索栏中输入检索词词干。可使用星号 (*)作为截词符。可输入一个词组，或者利用 AND、OR、NOT 算符组配多个检索词。Add 按钮显示在每一个控制词旁边。点击它即可将检索词加到自己的检索式中，然后点击 OK 返回到检索主页面。如果未出现 ADD 按钮，这表示该术语是非首选词，不可以用于检索控制词索引。点击非首选词旁边的“T”按钮，可以浏览并选择替代它的控制词。例如输入“video retriev*”，在这个检索示例中“video retrieval”是一个非首选词，并被映射到叙词“content-based retrieval”，“image processing”，“video databases”以及“visual databases”。点击“H”按照层次浏览检索词。点击“T”浏览叙词的细节，如图 4.3 所示。由于这些概念和数据库检索相关，所以“video retrieval”的首选词是“video databases”，还可以在此页面上浏览到其他相关并可以纳入检索式的词汇。

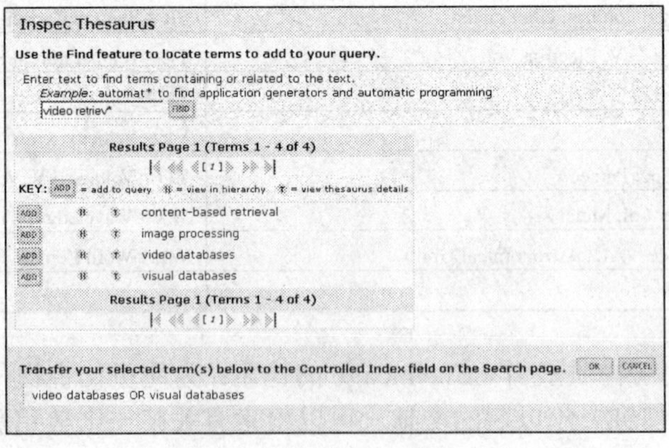

图 4.3　INSPEC 叙词表

2）INSPEC 分类检索：INSPEC 分类可以用于将检索限定在 INSPEC 数据库的某一特定部分。数据库中的每一条记录都会被标引至少一个分类代码。在普通检索页面和高级检索页面，可以通过点击 INSPEC Classification 的链接进入 INSPEC 分类检索辅助工具。

INSPEC 分类检索辅助工具有浏览和检索两种功能。在浏览功能中，展开某一个上位 INSPEC 分类代码可以浏览下位更专指的代码。展开的代码和分类用黄色标示，如图 4.4 所示。

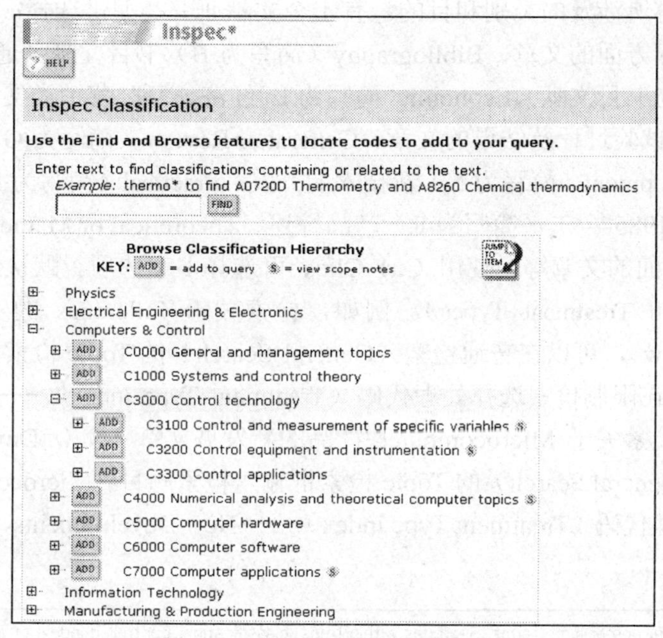

图 4.4　INSPEC 分类检索

在检索框中输入一个词或者词组，然后点击 Find 按钮。该检索是查询 INSPEC 分类代码名和叙词含义说明。注意叙词含义说明是以词的形式进行标引的。点击 ADD 按钮将某一上位分类代码加入到检索式中。或者点击“H”（浏览分类层级）来获取更专指的代码。

（3）限制检索（Set Limits）

INSPEC 的普通检索提供了三组限定检索结果的选择，即语种（Languages）、文献类型（Document Types）、文献研究类型（Treatment Types）。

文献语种的选项列表，有 40 多个语种供选择，如 Afrikaans（布尔语）、Arabic（阿拉伯语）、Armenian（亚美尼亚语）、Bulgarian（保加利亚语）、Byelorussian（白俄罗斯语）、Chinese（汉语）、Croatian（克罗地亚语）、Czech（捷克语）、Danish（丹麦语）、Dutch（荷兰语）、English（英语）、Esperanto（世界语）、Finnish（芬兰语）、Flemish（佛兰芒语）、French（法语）、German（德语）、Greek（希腊语）、Hebrew（希伯来语）、Hindi（北印度语）、Hungarian（匈牙利语）、Indonesian（印度尼西亚语）、Italian（意大利语）、Japanese（日语）、Kazakh（哈萨克语）、Korean（韩语）、Latin（拉丁语）、Latvian（拉托维亚语）、Lithuanian（立陶宛语）、Malay（马来语）、Norwegian（挪威语）、Polish（波兰语）、Portuguese（葡萄牙语）、Romanian（罗马尼亚语）、Russian（俄语）、Serbian

（塞尔维亚语）、Slovak（斯洛伐克语）、Slovenian（斯洛文尼亚语）、Spanish（西班牙语）、Swedish（瑞典语）、Thai（泰国语）、Turkish（土耳其语）、Ukrainian（乌克兰语），使用 Ctrl+Click 可选择多个选项。默认选项为“全部语种”（All Language）。

文献类型的选项列表，有十个文献类型供选择：Journal Paper、Book、Book Chapter、Conference Paper、Conference Proceedings、Dissertation、Patent、Report、Report Section 等，使用 Ctrl+Click 可选择多个选项。默认选项为“全部文献类型”（All Document Types）。

文献研究类型的选项列表，文献研究类型反应了作者讨论的主题的途径，可以帮助读者识别文献内容所涉及的类别和目的。有十个文献研究类型供选择：Application（简写为 A）应用技术方面的文章、Bibliography（简写为 B）书目文献（通常超过 50 个参考文献的文章定为书目文献）、Economic（简写为 E）经济、管理、营销类文章、Experimental（简写为 X）描述试验过程及结果的文章、General or Review（简写为 G）理论与综述性文章、New Development（简写为 N）新技术的开发、Practical（简写为 P）实践性文章、Product Review（1985— ）（简写为 R）产品综述、Theoretical or Mathematical（简写为 T）理论或数学方面的文章等。使用 Ctrl+Click 可选择多个选项。默认选项为“全部文献研究类型”（All Treatment Types）。例如，检索关于 fullerenes 的实验性文章（an experimental review），可以在普通检索（General Search）的 Topic 检索框输入检索题目“fullerenes*”，并在限制检索选择处理代码（Treatment Type index）——Experimental，然后一起检索。检索关于 Microcomputer 产品的新发展文章（New Developments），可以在普通检索（General Search）的 Topic 检索框输入检索题目“Microcomputer*”，并在限制检索选择处理代码（Treatment Type index）——New Developments，然后一起检索，如图 4.5 所示。

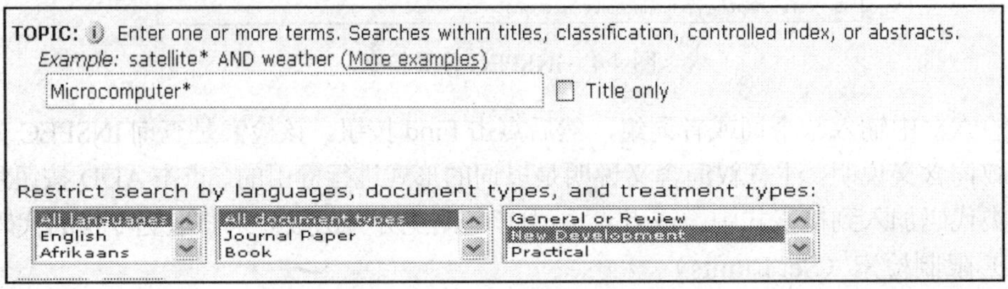

TOPIC: Enter one or more terms. Searches within titles, classification, controlled index, or abstracts.
Example: satellite* AND weather (More examples)
Microcomputer* Title only
Restrict search by languages, document types, and treatment types:
All languages / English / Afrikaans
All document types / Journal Paper / Book
General or Review / New Development / Practical

图 4.5 限制检索

3. 高级检索

通过 INSPEC 数据库上方的 Advanced Search 按钮进入高级检索，如图 4.6 所示。高级检索页面允许使用两个字符的字段标识符和集合号创建一个复杂的检索式，例如 TS=（comet SAME orbit*）NOT AU=Smalley R E。注意，不可以在同一个检索式中同时使用字段标识符和集合号。利用右方给出的字段标识符构成复杂的检索式。

字段标识符为：TS=Topic、TI=Title、AU=Author、SO=Source、AD=Address、MI=Meeting Information、CI=Controlled Index、UI=Uncontrolled Index、CL=Classification、CR=Chemical Index、AO=Astronomical Object、IC=Identifying Codes。

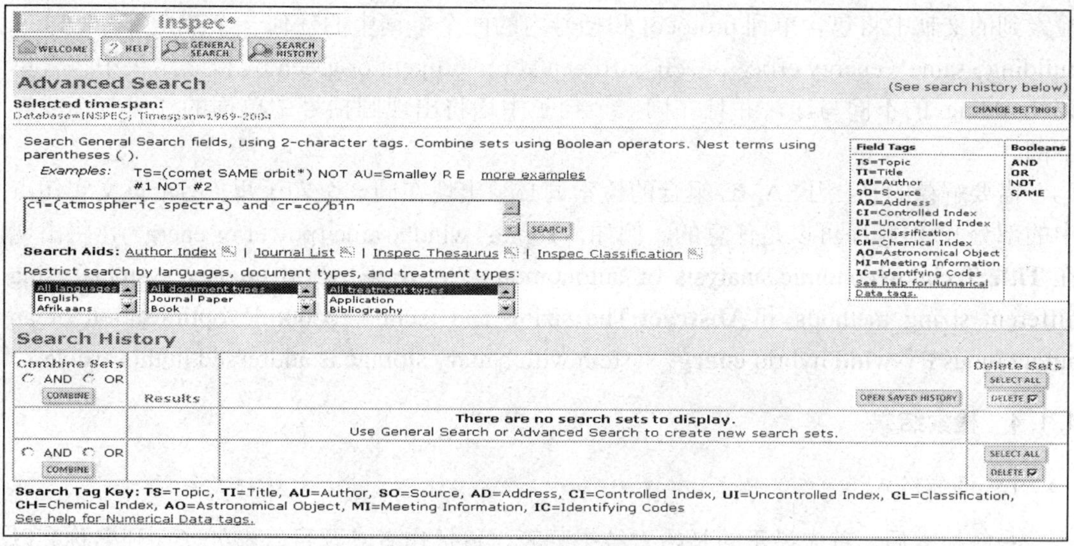

图 4.6　INSPEC 高级检索

例如，当利用 Chemical Index（CR）检索某一物质时，可以输入化学角色的信息。ci=（atmospheric spectra）and cr=co/bin，如图 4.6 所示，在这个例子中，/bin 表示两种元素所组成的化合物，因此 Co/bin 定义检索的是 氧化碳而不是金属元素钻。

检索框下有作者索引检索辅助工具（Author Index）、来源刊索引检索辅助工具（Journal List）、叙词表检索辅助工具（INSPEC Thesaurus）、INSPEC 分类检索辅助工具（INSPEC Classification），可以利用辅助工具检索后，进行组合组配检索。

4.1.3　检索技术

1. 截词符

利用“*”可代替多个字符，“?*”代表 0 个至多个字符，“?”仅代表一个字符，“$”可表示 0 个或者 1 个字符。可利用中间截词的方式或者通配符来检索词的不同写法或者英式拼写。例如，“Volt*”可以检索到 Volt、Volts、Voltage 等词；“Compute$”可以检索到 Compute、Computer、Computed 等词；“Man$euv*”可以检索到 Manoeuvre、Maneuver、Maneuvering 等词；“Sul*uri?ation”可以检索到 Sulfurization、Sulfurisation、Sulphurization、Sulphurisation 等词；“Colo$r”可以检索到 Color、Colour 等词。

2. 运算符

布尔逻辑算符包括 AND、OR、NOT，位置算符为 SENT 或 SAME，当连续输入两个和多个检索词时，系统默认为词组进行检索。在一个检索式中最多可使用 50 个运算符。某些字段包含有唯一的内容，如专利号等，则只能用 OR。

如果在同一个字段中使用不同的布尔逻辑算符，运算的优先顺序为：( )→SAME→NOT→AND→OR。

优先算符：当使用多个算符时，可用括号决定优先顺序，将 OR 前后的词放入括号中，计算机将优先运算括号内的算符。例如，TOPIC: protocol$ and（P2P* or peer-to-peer*），检索到的文献中将包含单词 protocol 和括号内的两个单词中的任何一个或全部。TOPIC：building$ same（energy effic* or self-sufficien* or intelligent or green），检索结果中包含单词 building 的不同写法，并且在同一个句子中还将出现圆括号中单词的任何一个或者全部。

需要解释的是，用 SAME 组合的检索词必须出现在同一个句子里（两个英文实句点中的部分），但顺序可以是任意的。例如，Topic：wind* same (power or energ*)，将出现在 **Title:**Techno-economic analysis of autonomous PV-**wind** hybrid **energy** systems using different sizing methods 和 **Abstract:**The sizing and techno-economic optimisation of an autonomous PV-**wind** hybrid **energy** system with battery storage is addressed in this article。

4.1.4 检索结果

1. 记录格式

系统检索后，首先显示的是检索结果列表，包括作者、题目、出处（期刊名称）以及全文链接图标（直接在 INSPEC 的记录中链接到该文献的全文电子版），如图 4.7 所示。全文链接图标只有订购 INSPEC 数据库的机构同时订购了某一出版社的电子期刊，才能链接到全文。每屏显示十条记录。点击文章的题目即可以看到该文章的详细记录格式，详细记录格式包括所有 INSPEC 字段，全记录字段如图 4.8 所示，包括论文存取号、文献类型、文章标题、作者、来源刊名/出处、文献语种、文献处理代码、摘要、叙词、自由词、分类代码、化学索引、作者地址、出版社、参考文献数、文摘号、期刊代码、ISSN 号、SICI 号、全文链接。

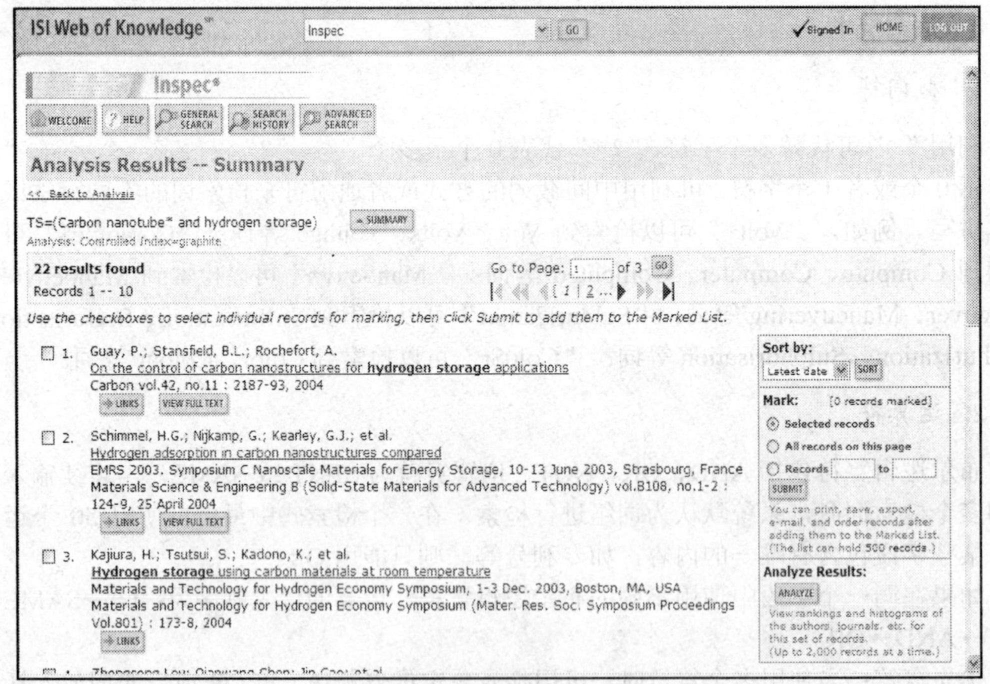

图 4.7 INSPEC 检索结果列表

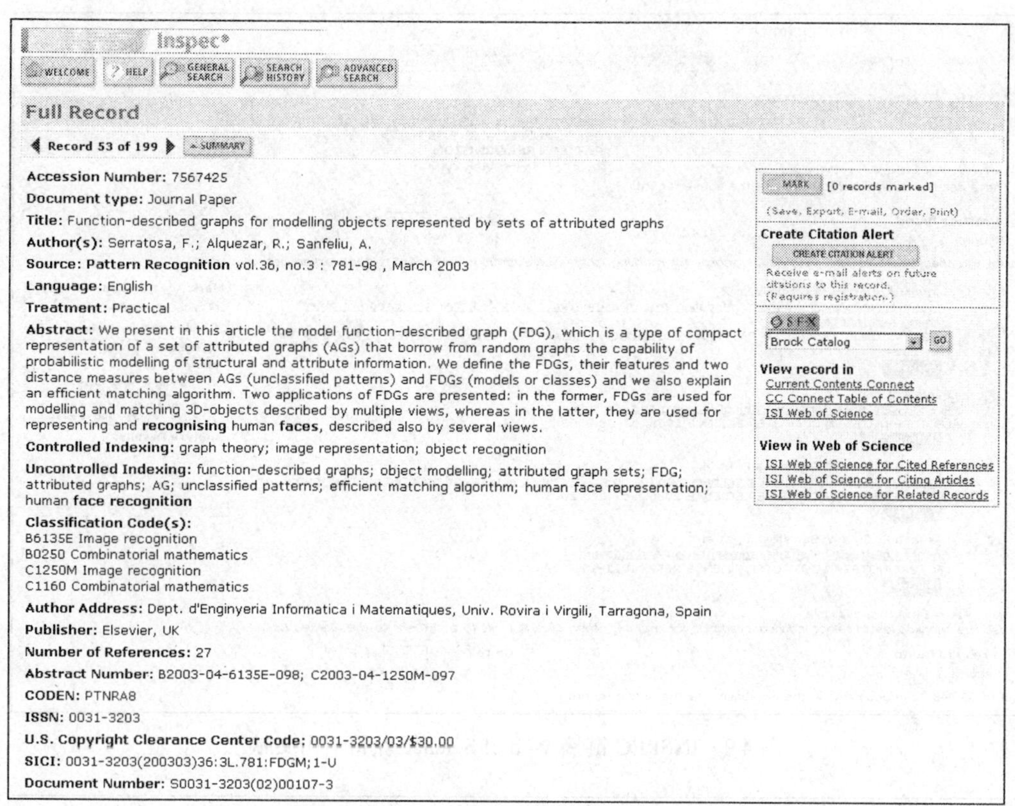
Inspec®
WELCOME | HELP | GENERAL SEARCH | SEARCH HISTORY | ADVANCED SEARCH

Full Record

Record 53 of 199 | SUMMARY

Accession Number: 7567425
Document type: Journal Paper
Title: Function-described graphs for modelling objects represented by sets of attributed graphs
Author(s): Serratosa, F.; Alquezar, R.; Sanfeliu, A.
Source: **Pattern Recognition** vol.36, no.3 : 781-98 , March 2003
Language: English
Treatment: Practical
Abstract: We present in this article the model function-described graph (FDG), which is a type of compact representation of a set of attributed graphs (AGs) that borrow from random graphs the capability of probabilistic modelling of structural and attribute information. We define the FDGs, their features and two distance measures between AGs (unclassified patterns) and FDGs (models or classes) and we also explain an efficient matching algorithm. Two applications of FDGs are presented: in the former, FDGs are used for modelling and matching 3D-objects described by multiple views, whereas in the latter, they are used for representing and **recognising** human **faces**, described also by several views.
Controlled Indexing: graph theory; image representation; object recognition
Uncontrolled Indexing: function-described graphs; object modelling; attributed graph sets; FDG; attributed graphs; AG; unclassified patterns; efficient matching algorithm; human face representation; human **face recognition**
Classification Code(s):
B6135E Image recognition
B0250 Combinatorial mathematics
C1250M Image recognition
C1160 Combinatorial mathematics
Author Address: Dept. d'Enginyeria Informatica i Matematiques, Univ. Rovira i Virgili, Tarragona, Spain
Publisher: Elsevier, UK
Number of References: 27
Abstract Number: B2003-04-6135E-098; C2003-04-1250M-097
CODEN: PTNRA8
ISSN: 0031-3203
U.S. Copyright Clearance Center Code: 0031-3203/03/$30.00
SICI: 0031-3203(200303)36:3L.781:FDGM;1-U
Document Number: S0031-3203(02)00107-3

MARK [0 records marked]
(Save, Export, E-mail, Order, Print)
Create Citation Alert
CREATE CITATION ALERT
Receive e-mail alerts on future citations to this record.
(Requires registration.)
SFX
Brock Catalog | GO
View record in
Current Contents Connect
CC Connect Table of Contents
ISI Web of Science
View in Web of Science
ISI Web of Science for Cited References
ISI Web of Science for Citing Articles
ISI Web of Science for Related Records

图 4.8 INSPEC 全记录字段

2. 引文跟踪服务（Citation Alert）

在全记录页面，点击 Create Citation Alert，可以通过设置引文跟踪服务来追踪某一篇文献的最新被引用情况。如果该文献被新加入到 Web of Science 中的一条记录所引用，将收到一封包含了该记录的电子邮件。使用引文跟踪服务的前提是同时订购了 Web of Science 数据库并在 ISI Web of Knowledge 主页上注册了邮件信箱和密码。点击 Create Citation Alert，将会看到引文跟踪服务已经成功定制的确认信息。引文跟踪服务的有效期为一年，并可随时更新。跟踪检索每周运行，但是只有当有新的引用了指定的文献的记录加入到 Web of Science 时才会收到通知邮件。

INSPEC 还与图书馆 OPAC 系统连接：直接从 INSPEC 的记录连接到图书馆自己的 OPAC 系统中，即时了解该文献所在期刊的馆藏记录。

如果所在机构同时订购了 ISI Web of Knowledge 平台上的 INSPEC、ISI Web of Science、ISI Proceedings、BIOSIS Previews、CAB Abstracts、FSTA、PsycInfo 等数据库，且这些数据库中有相同的记录时，就可以从 INSPEC 数据库中的详细记录页面直接链接到上述其他数据库中，如图 4.9 所示，获取这篇记录的参考文献（Cited Reference）（如图 4.10 所示）、施引文献（Times Cited）和相关记录（Related Records）等引文信息。根据所在机构的订购情况，还可以看到 ISI Web of Knowledge 的其他产品的链接或者到电子期刊全文的链接，甚至非 ISI Web of Knowledge 平台的其他资源的链接。

Web of Science®

WELCOME | HELP | GENERAL SEARCH | CITED REF SEARCH | STRUCTURE SEARCH | SEARCH HISTORY | ADVANCED SEARCH | RETURN TO INSPEC®

Citing Articles--Summary

Function-described graphs for modelling objects represented by sets of attributed graphs
SERRATOSA F, ALQUEZAR R, SANFELIU A
PATTERN RECOGNITION
36 (3): 781-798 MAR 2003

These documents in the database cite the above record:

4 results found Go to Page: 1 of 1 GO
Records 1 -- 4 [1]

Use the checkboxes to select individual records for marking, then click Submit to add them to the Marked List.

1. Sanfeliu A, Serratosa F, Alquezar R
Second-order random graphs for modeling sets of attributed graphs and their application to object learning and recognition
INTERNATIONAL JOURNAL OF PATTERN RECOGNITION AND ARTIFICIAL INTELLIGENCE 18 (3): 375-396 MAY 2004
Links

2. Sanfeliu A
Robot vision for autonomous object learning and tracking
LECTURE NOTES IN COMPUTER SCIENCE 2905: 17-28 2003
Links

3. Staffetti E, Grau A, Serratosa F, et al.
Shape representation and indexing based on region connection calculus and oriented matroid theory
LECTURE NOTES IN COMPUTER SCIENCE 2886: 267-276 2003
Links

4. Staffetti E, Grau A, Serratosa F, et al.
Oriented matroids for shape representation and indexing
LECTURE NOTES IN COMPUTER SCIENCE 2652: 1012-1019 2003
Links

Mark: [0 records marked]
Selected records
All records on this page
Records [ ] to [ ]
SUBMIT
You can print, save, export, e-mail, and order records after adding them to the Marked List. (The list can hold **500 records.**)

Analyze Results:
ANALYZE
View rankings and histograms of the authors, journals, etc. for this set of records. (Up to 2,000 records at a time.)

Key: = Structure available
Use the checkboxes to select individual records for marking, then click Submit to add them to the Marked List.

4 results found Go to Page: 1 of 1 GO
Records 1 -- 4 [1]

4 of 33,948,229 documents in the database cite the above record.

图 4.9　INSPEC 链接 Web of Science 获得引用文献

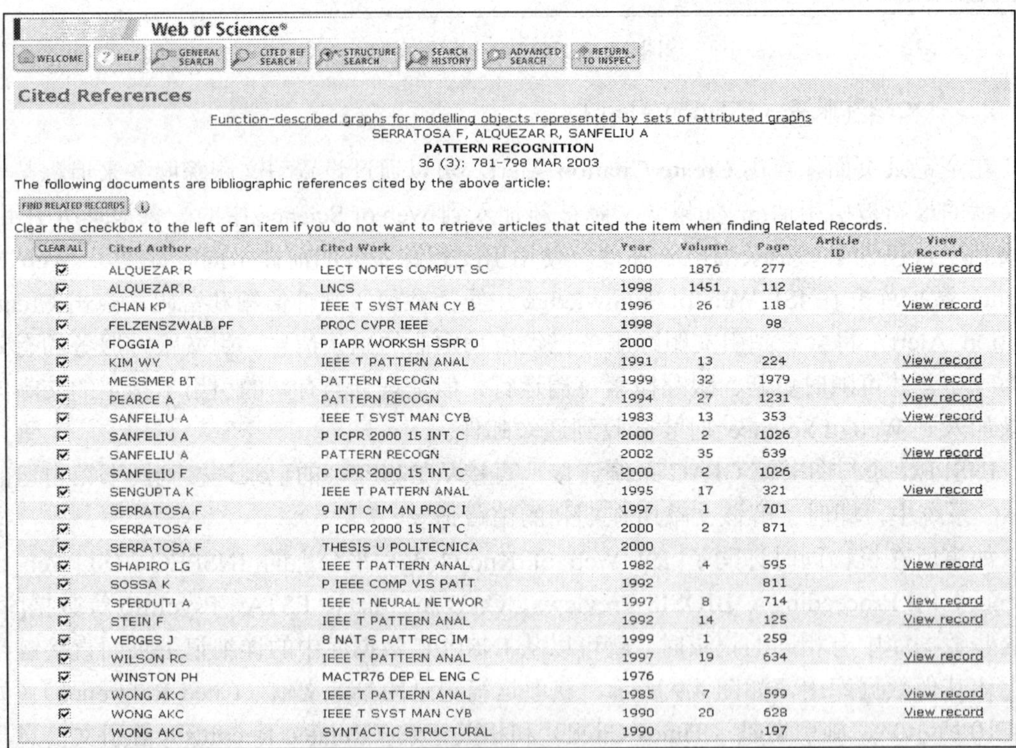

Web of Science®

WELCOME | HELP | GENERAL SEARCH | CITED REF SEARCH | STRUCTURE SEARCH | SEARCH HISTORY | ADVANCED SEARCH | RETURN TO INSPEC®

Cited References

Function-described graphs for modelling objects represented by sets of attributed graphs
SERRATOSA F, ALQUEZAR R, SANFELIU A
PATTERN RECOGNITION
36 (3): 781-798 MAR 2003

The following documents are bibliographic references cited by the above article:

FIND RELATED RECORDS

Clear the checkbox to the left of an item if you do not want to retrieve articles that cited the item when finding Related Records.

CLEAR ALL	Cited Author	Cited Work	Year	Volume	Page	Article ID	View Record
☑	ALQUEZAR R	LECT NOTES COMPUT SC	2000	1876	277		View record
☑	ALQUEZAR R	LNCS	1998	1451	112		
☑	CHAN KP	IEEE T SYST MAN CY B	1996	26	118		View record
☑	FELZENSZWALB PF	PROC CVPR IEEE	1998		98		
☑	FOGGIA P	P IAPR WORKSH SSPR 0	2000				
☑	KIM WY	IEEE T PATTERN ANAL	1991	13	224		View record
☑	MESSMER BT	PATTERN RECOGN	1999	32	1979		View record
☑	PEARCE A	PATTERN RECOGN	1994	27	1231		View record
☑	SANFELIU A	IEEE T SYST MAN CYB	1983	13	353		View record
☑	SANFELIU A	P ICPR 2000 15 INT C	2000	2	1026		
☑	SANFELIU A	PATTERN RECOGN	2002	35	639		View record
☑	SANFELIU F	P ICPR 2000 15 INT C	2000	2	1026		
☑	SENGUPTA K	IEEE T PATTERN ANAL	1995	17	321		View record
☑	SERRATOSA F	9 INT C IM AN PROC I	1997	1	701		
☑	SERRATOSA F	P ICPR 2000 15 INT C	2000	2	871		
☑	SERRATOSA F	THESIS U POLITECNICA	2000				
☑	SHAPIRO LG	IEEE T PATTERN ANAL	1982	4	595		View record
☑	SOSSA K	P IEEE COMP VIS PATT	1992		811		
☑	SPERDUTI A	IEEE T NEURAL NETWOR	1997	8	714		View record
☑	STEIN F	IEEE T PATTERN ANAL	1992	14	125		View record
☑	VERGES J	8 NAT S PATT REC IM	1999	1	259		
☑	WILSON RC	IEEE T PATTERN ANAL	1997	19	634		View record
☑	WINSTON PH	MACTR76 DEP EL ENG C	1976				
☑	WONG AKC	IEEE T PATTERN ANAL	1985	7	599		View record
☑	WONG AKC	IEEE T SYST MAN CYB	1990	20	628		View record
☑	WONG AKC	SYNTACTIC STRUCTURAL	1990		197		

图 4.10　INSPEC 链接到 Web of Science 获得参考文献

3. 分析检索结果

在检索结果列表中，点击 Analyze 图标，可以对检索结果进行分析，分析检索结果功能可按照以下字段：作者（Author）、分类（Classification）、控制词索引（Controlled Index）、来源出版物（Source Title）、文献研究类型（Treatment Type）、文献类型（Document Type）、语言（Language）。将检索结果进行排序分析，可分析的结果数多达 2000 条。标记希望浏览的检索集合，然后点击 View Record，即可浏览。

4. 标记记录

可以通过以下方式将个人记录提交到标记列表中：首先在记录前面的复选框中作标记，然后选择右侧的 Selected Records 操作，并点击 Submit 按钮。可以通过使用 All records on this page 操作将整页记录进行标记。也可以限定标记记录的一个范围，但最多不能超过 500 条。还可以在全记录页面点击 Mark 按钮将记录加入到标记列表中。

5. 选择标记显示格式

当标记好记录后，点击页面上方的“标记列表”（Marked List），首先显示的是标记记录的简单格式，该页面上方有一个记录字段显示的选择列表。可选择的显示字段包括：地址、文摘、语言、文献类型、标准出版号、出版社、修改信息、会议信息、专利信息、主题字段。在字段选择列表的左侧可同时选择标记记录的排序方式（有三种方式可供选择：最新更新、第一作者、来源题目）。

6. 排序方式

在执行检索前可以预设记录的排序方式，在标记好记录后也可以设定记录的排序方式。如果需要设定检索结果的排序方式，可以在字段选择列表左侧选择，缺省的排序方式为最后更新，即最新数据排在最前面；另外可以选择的排序方式有：第一作者（按字母顺序排列）、来源题目名称（按字母顺序排列）。

7. 标记记录的处理（检索结果输出）

通过 View Marked Records 页面，设置好记录显示格式和排序方式后，可以对标记的记录进行以下输出操作：格式化打印，存盘，将记录直接输出到 EndNote、ProCite 或者 Reference Manager 信息管理软件中，发送电子邮件等。

可通过 Format for Print 按钮左侧的下拉菜单选择 Field Tagged 或者 Bibliographic 格式，点击“打印格式”（Format for Print），即可按设定的记录格式显示并打印。点击“保存文件”（Save to File），可以将记录按照标记格式进行保存。该操作可以将标记列表中的记录保存下来，其格式为在每个字段前含有由两个字符组成的字段标识符。在 File/Save As 对话框里指定路径和文件名，文件扩展名仍为.txt。该格式的文件可以输入到文献管理软件中或者利用 Word 进行处理。点击“输出”（Export to Reference Software）则按设定的记录格式将结果输出到专用软件中，如 EndNote、ProCite 或 Reference Manager 中（必须安装 EndNote、ProCite 或 Reference Manager 软件，同时安装了适当的 ResearchSoft export plug-in 插件）。使用 Reference Manager 可以帮助用户建立自己的专题文献数据库，更方便用户的论文写作；点击“E-mail”将记录发送到指定的信箱，输入需要发送的邮件地址，可以通过在地址后输入分号的方式来输入多个地址。还可以选择输入回复邮件的地址和说明项。选择 Plain Text 或者 HTML 格式并点击 E-mail 按钮即可发送。

4.1.5 保存检索历史和创建定题服务

1. 保存检索历史

检索历史可以保存在本地计算机或者网络计算机上，也可以保存在 ISI Web of Knowledge 服务器上。保存在当地的检索历史可以重新打开并运行。保存在服务器上的检索历史更容易打开和管理，并可以用于建立定题跟踪服务。

保存到服务器，要将检索历史保存到服务器上，请按照如下步骤操作：

利用您的电子邮件和密码登录 ISI Web of Knowledge 账户。注意：如果您还没有登录，可以在保存检索历史的同时进行即时登录。输入需要保存的检索式并执行检索操作。链接到 Search History 页面或者 Advanced Search 页面。勾选检索集合右侧的复选框，然后点击 Delete 按钮删除不需要保存的检索式。点击 Save History 按钮，如图 4.11 所示。

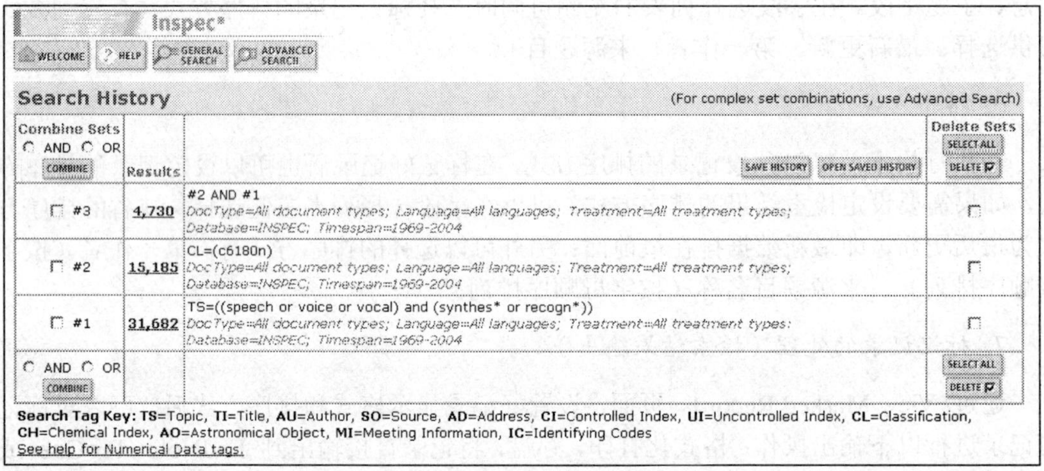

Inspec®

WELCOME | HELP | GENERAL SEARCH | ADVANCED SEARCH

Search History (For complex set combinations, use Advanced Search)

Combine Sets ○ AND ○ OR COMBINE	Results	SAVE HISTORY OPEN SAVED HISTORY	Delete Sets SELECT ALL DELETE
☐ #3	4,730	#2 AND #1 *DocType=All document types; Language=All languages; Treatment=All treatment types; Database=INSPEC; Timespan=1969-2004*	☐
☐ #2	15,185	CL=(c6180n) *DocType=All document types; Language=All languages; Treatment=All treatment types; Database=INSPEC; Timespan=1969-2004*	☐
☐ #1	31,682	TS=((speech or voice or vocal) and (synthes* or recogn*)) *DocType=All document types; Language=All languages; Treatment=All treatment types; Database=INSPEC; Timespan=1969-2004*	☐
○ AND ○ OR COMBINE			SELECT ALL DELETE

Search Tag Key: TS=Topic, **TI**=Title, **AU**=Author, **SO**=Source, **AD**=Address, **CI**=Controlled Index, **UI**=Uncontrolled Index, **CL**=Classification, **CH**=Chemical Index, **AO**=Astronomical Object, **MI**=Meeting Information, **IC**=Identifying Codes

See help for Numerical Data tags.

图 4.11 保存检索历史 1（服务器）

输入检索式名 History Name 及描述信息 Description（可选操作 1），如图 4.12 所示，然后点击 Save 将检索历史保存到服务器。如果要得到基于此检索式所建立的定题跟踪服务，在 Send Me E-mail Alerts 复选框中标记并输入邮件地址。也可以通过此页面创建定题跟踪服务或修改跟踪服务设置（所在机构提供此项服务方可）。Alert type 定题跟踪服务类型包括仅为通知邮件、题录（标题、来源、作者）、题录＋文摘，以及全记录。E-mail format 邮件格式包括 Plain Text、HTML（可链接到全记录）以及 ISI ResearchSoft（可输入到 EndNote、Reference Manager 或 ProCite）。E-mail frequency 邮件频率为每周或每月。

RETURN Save Search History HELP

Save on the ISI Web of Knowledge Server:
Use this box to save your history to your private account.

Server Save

1. Edit the fields you wish to change.
2. Click "Save" below when done.

Product: INSPEC
History Name: speech (Required)
Description: speech recognition language translation (Optional)
Number of Search Queries: 3
Send Me E-mail Alerts: ☑ (Results of the last query in your history will be e-mailed to you.)

Send to e-mail address: elizabeth.pysar@thomson.com
Alert type: Biblio
E-mail format: Plain Text
Alert query: #2 AND #1
Alert editions: INSPEC;
Email frequency: ◉ Weekly ○ Monthly

SAVE Save your history to the server

Save on Your Workstation:
Use this box to save your history to the local drive of your choice.

Local Save

SAVE... Save the history to a local drive. After saving the file, click "Return" above.

图 4.12　保存检索历史 2（服务器）

在浏览过服务器保存确认信息后，点击 Done，见图 4.13，定题跟踪服务有效期是 24 周。在过期前几周，用户将收到通知邮件，告诉其如何更新这一服务。

Server Save Confirmation

Your search has been successfully saved.

Product: INSPEC
History Name: speech
Description: speech recognition language translation
Number of Search Queries: 3
Send Me E-mail Alerts: Yes

Send to E-mail address: elizabeth.pysar@thomson.com
Alert type: Biblio
E-mail format: Plain Text
Alert query: #2 AND #1
Alert editions: INSPEC;
Expiration Date: 09 Sep 2004
E-mail frequency: Weekly

DONE

图 4.13　保存检索历史 3（服务器）

检索历史也可以保存在本地计算机上。按照保存到服务器的办法进行操作，然后点击图 4.12 所示的 Save Search History 页面底部的 Save 按钮即可，见图 4.14。这种方式需要输入 History Name 检索历史名但无法输入任何定题跟踪服务信息。

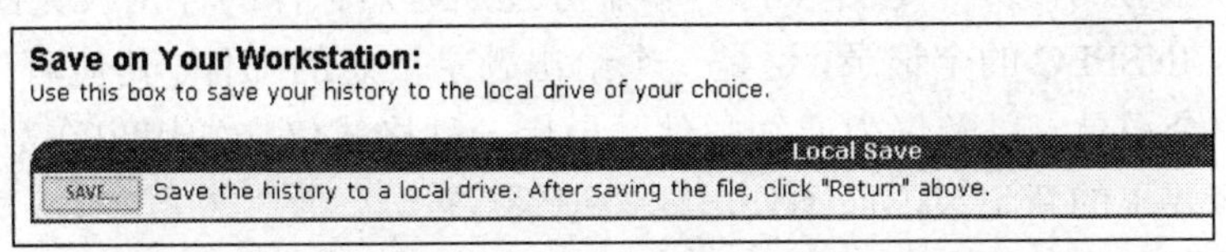

图 4.14　保存检索历史（本地）

点击 Save 按钮将检索策略保存到用户的计算机硬盘、软盘或者网络驱动器上。

将检索历史保存到本地计算机或者网络上的操作简单快速。可以将此文件任意命名。但文件的扩展名应为.inspec。

注意：将检索历史保存到本地的操作无须登录 ISI Web of Knowledge。如果需要将某个检索式定制为定题跟踪服务，则必须登录方可使用。

2. 运行保存的检索历史

可以通过四种方式打开并运行检索历史：Welcome/Quick Search 页面、利用 Search History 中的 Open History 按钮、利用 Advanced Search 页面上的 Open History 按钮、通过 ISI Web of Knowledge 主页（需要登录 ISI Web of Knowledge 页面打开保存在 ISI 服务器上的检索历史）。

注意：当打开并运行检索历史时，当前进程中的所有检索集合都会更新。

在 ISI Web of Knowledge 主页上打开检索历史的过程是：利用您的邮件地址和密码登录 ISI Web of Knowledge。从 My Saved Searches 栏目中点击希望运行的检索式名称，将可以看到所选定的检索历史，点击 Run 运行检索历史。时间段选择 Timespan，从中选择需要检索的数据库和检索时段，然后点击 Continue。检索历史页面将列出检索的所有检索集合，点击检索结果栏中的数字即可浏览检索结果。

3. 在 INSPEC 检索进程中打开检索历史（保存在服务器的检索）

在 Search History、Advanced Search 或者 Welcome/Quick Search 页面上点击 Open History 按钮，即可在浏览器中看到 Open / Manage Saved Searches 页面（如果还没有在 ISI Web of Knowledge 上登录自己的账号，会在此被提示登录）。选定需要运行的检索式。从 Open/Run History 栏中选择 Open。当检索历史出现之后，点击 Run 按钮执行检索操作。

4. 打开保存在本地的检索历史

在 Search History、Advanced Search 或者 Welcome/Quick Search 页面点击 Open History 按钮，则 Open/Manage Saved Searches 页面将显示在浏览器中。点击 Browse 按钮浏览保存的检索历史。在确认了需要运行的检索历史之后，点击 Open 装入检索历史。点击 Run 按钮运行检索历史。

5. 接受定题跟踪服务

每周用户都会收到一封电子邮件，其中给出了符合其检索要求的检索结果。下方是一个定题跟踪服务的样例（见图 4.15）和服务过期通知邮件的样例（见图 4.16）。点击该链接连接到 INSPEC 的全记录，这是一个给出题录信息的邮件。其他可选的格式还有：题录＋摘要，全记录，以及仅为通知邮件。最后一种格式仅告知用户在数据库中有多少条符合其检索要求的新记录，而不列出这些记录。

定题跟踪服务有效期为 24 周。在快到期之前，用户将收到服务过期通知。如果想延长跟踪服务，需要从 ISI Web of Knowledge 主页登录 Open/Manage Saved Searches 页面，然后点击需要延长的定题跟踪服务后的 Renew 按钮。

```
ISI Web of Knowledge Search Alert

=================================================================
 Product:            INSPEC
 History Name:       speech
 Description:        speech recognition language translation
 Alert Expires:      09 SEP 2004
 Alert Query:        #2 AND #1
 Results Found:      8 new records were found this week (8 in this e-mail)
 Organization ID:    9c1330f0dda3f188a3813b9840d1143f
=================================================================

*Record 1 of 8. Search terms matched: C6180N(1); RECOGNITION(2); SPEECH(5); SYNTHESIS(1)
*View Full Record: http://links-
qa.isiknowledge.com/gateway/Gateway.cgi?GWVersion=2&SrcAuth=Alerting&SrcApp=Alerting&Dest
App=INSPEC&DestLinkType=FullRecord;UT=8081832

Accession Number:
Inspec:8081832

Document Type:
Conference Paper

Title:
Computer-based Malay articulation training for Malay plosives at isolated, syllable and
word level

Author(s):
Ting, H.N.; Yunus, J.; Vandort, S.; Wong, L.C.

Source:
ICICS-PCM 2003. Proceedings of the 2003 Joint Conference of the Fourth International
Conference on Information, Communications and Signal Processing and Fourth Pacific-Rim
Conference on Multimedia (IEEE Cat. No.03EX758) : (vol.3) 1423-6, 2003
```

图 4.15　定题跟踪服务样例

```
ISI Web of Knowledge Search Alert Expiration Notice

=================================================================
 Product:            INSPEC
 History Name:       speech
 Description:        speech recognition language translation
 Alert Expires:      09 SEP 2004
 Alert Query:        #2 AND #1
 Organization ID:    9c1330f0dda3f188a3813b9840d1143f

=================================================================
 The ISI Web of Knowledge alert will expire on the date shown above. If you wish to
continue receiving the alert after that date, please follow the renewal instructions
below.

 Note:  If you have any questions, please visit the ISI Help Desk Web page at the URL
listed at the end of the e-mail.
=================================================================

 *Renewal Instructions*
 1. Access ISI Web of Knowledge and Sign In with the e-mail address under which you
created the alert.  2. Once Signed In, use the drop-down menu in the top frame to access
"Saved Searches".  3. Click the "Renew" button for each alert you wish to renew. The
```

图 4.16　定题跟踪服务过期通知邮件的样例

4.2　化 学 文 摘

《化学文摘》(Chemical Abstracts，简称 CA) 创刊于 1907 年，是由美国化学会化学文摘服务社 (Chemical Abstract Service，简称 CAS) 编辑出版的大型文献检索工具，收录报道了 150 个国家和地区用 60 多种文字出版的有关化学及相关学科领域的所有学科分支的文献，涉及有关生物、医学、药学、食品、农药、材料科学、冶金、物理、计算机等领域。到目前为止，CA 已收文献量占全世界化学化工总文献量的 98%。是世界上最大，也是最权威的化学信息检索工具。

CA 目前有四种出版类型：① 印刷版：为周刊，分文摘和索引两部分。创刊于 1907 年，前身为 1895 年创刊的《美国化学研究评论》（Review of American Chemical Research）以及《美国化学会志》两种期刊，1969 年兼并了出版最早的（1830—1969 年）、具有 140 年历史的著名的德国《化学文摘》（Chemisches Zentralblatt）。其中索引除每期有期索引外，还出版卷索引和累积索引。此外还有其他出版物，如索引指南、登记号手册、文献资源索引等。CA 印刷版还同时出版有缩微胶片。② 光盘数据库：称为 CA on CD，1996 年制作出版，月更新。收录的范围和印刷版相对应，文摘号也一致，只是内容编排有些区别，进一步提供了 CA 的可检索性和快速性。③ 联机数据库：在 STN 和 DIALOG 系统均提供 CA 联机服务，数据起始于 1969 年，内容对应于《化学文摘》印刷版。需要说明的是，DIALOG 系统的 CA 数据库无内容摘要。④ 网络数据库：称为 SciFinder 和 SciFinder Scholar。SciFinder 和 SciFinder Scholar 是 CAS 针对不同需求、不同服务对象，提供的两个网络检索系统。后者所含的数据库多于前者，其管理检索功能也强于前者。

4.2.1 SciFinder Scholar 概述

SciFinder Scholar 是美国化学学会（ACS）旗下的化学文摘服务社 CAS 所出版的《化学文摘》的在线版数据库学术版，它是全世界最大、最全面的化学、生命科学、材料和科学信息研究领域中不可缺少参考工具数据库。网络版化学文摘 SciFinder Scholar 更整合了 Medline 医学数据库、欧洲和美国等近 50 家专利机构的全文专利资料以及《化学文摘》1907 年至今的所有内容。另外，它还有分子式、反应式和结构式（包括亚结构检索）以及结构式等多种功能检索。它超越了检索工具的范畴，而成为研发人员不可或缺的研发工具。

1. SciFinder Scholar 所含内容

1）Reference Databases（文献数据库）：该数据库包括 CAplus^SM（化学文摘）和 MEDLINE®（医学文摘）。其中 CAplus^SM 包含来自 150 多个国家、9000 多种期刊的文献、50 多个专利发行机构的专利（含专利族）文献，覆盖 1907 年到现在的所有文献以及部分 1907 年以前的文献，包括有期刊、专利、会议录、论文、技术报告、图书、学位论文、评论、会议摘要、电子期刊、网络预印本。涵盖化学、生命科学、化学工程以及相关学科，还有尚未完全编目收录的最新文献。内容基本同印刷版 CA 和光盘 CA on CD。数据每日更新，数据库大约有 2430 万条参考书目记录，每日约增加 3000 条记录。对于七个主要专利机构发行的专利说明书，保证在两天之内收入数据库。MEDLINE®包含来自 70 多个国家、3900 多种期刊的生物医学文献，覆盖 1951 年到现在的所有文献，以及尚未完全编目收录的最新文献。数据每周更新四次，数据库大约有 1300 万参考书目记录。可以用研究主题、著者姓名、机构名称、文献标识号进行检索。

2）Structure Database（结构数据库）：REGISTRY^SM 查找结构图示、CAS 化学物质登记号和特定化学物质名称的工具。涵盖从 1957 年到现在的 3100 万个特定的化学物质，包括有机化合物、生物序列、配位化合物、聚合物、合金、片状无机物、盐和序列，此外还有相的计算性质和实验数据。REGISTRY^SM 包括了在 CASM 中引用的物质以及特定的注册。例如，管制化学品列表如 TSCA 和 EINECS 中的注册。数据库大约有 7400 万条物质记录，每天更新约 7 万条，每种化学物质有唯一对应的 CAS 注册号。可以用化学名称、CAS 化学物质登记号或结构式检索。

3）Reaction Database（反应数据库）：CASREACT 数据库帮助用户了解反应是如何进行的。包含 1840 年以来的 8 万多个单步或多步反应。CASREACT 中的反应包括 CAS 编目的反应以及下列来源：ZIC/VINITI 数据库（1974—1991，by InfoChem GmbH），INPI（Institut National de la Propriete Insutrielle，法国）1986 年以前的数据，以及由 Klaus Kieslich 博士指导编辑的生物转化数据库。数据库大约有 800 万条反应记录和 40.3 万条文献记录，数据每周更新约 700—1300 条。可以用结构式、CAS 化学物质登记号、化学名称（包括商品名、俗名等同义词）和分子式进行检索。由于它有反应物、产物、溶剂、反应条件、反应核心、产率等较为特殊的检索字段，因此就检索化学反应主题的文献而言，比 CA 更为简便、实用。

4）Commercial Sources Database（商业来源数据库）：CHEMCATS®数据库是用于检索化学物质的优秀的信息来源。包括化学品目录手册以及图书馆等在内的供应商的地址、价格等信息。帮助用户查询化学品提供商的联系信息、价格情况、运送方式，或了解物质的安全和操作注意事项等信息，记录内容还包括目录名称、订购号、化学名称和商品名、化学物质登记号、结构式、质量等级等。包含 700 万个化学品信息。数据库大约有 740 万条商业化学物质记录，来自 655 家供应商的 793 种目录。可以用结构式、CAS 化学物质登记号、化学名称（包括商品名、俗名等同义词）和分子式进行检索。

5）Regulatory Database（管制数据库）：CHEMLIST®数据库包含了大量的由全世界分类权威进行排列而得的物质的相关信息，是查询备案/管控化学信息的工具。用户可以利用这个数据库了解某化学品是否被管控，以及被哪个机构所控。提供了 1979 年到现在的管制化学品的信息，包括物质的特征、详细目录、来源以及许可信息等。数据库大约有 22.8 万种化合物的详细清单，来自 13 个国家和国际性组织，数据库每周更新，每周约新增 50 种物质或添加物。可以用结构式、CAS 化学物质登记号、化学名称（包括商品名、俗名等同义词）和分子式进行检索。

2. SciFinder Scholar 检索软件安装

为了检索 SciFinder Scholar 数据库，需要安装客户端检索软件。该客户端程序经常更新，用户需要到 CAS 的网站（http://www.cas.org/）随时注意 CAS 产品的更新情况。

下载 SciFinder Scholar 2006 客户端检索软件时应注意，目前最新的软件为 ViewerLite5_04.exe、SFS2006.exe 和 site.prf 三个文件。建议安装程序前，关闭所有程序。运行 SFS2006.exe，按照系统的提示安装客户端软件。建议选用典型安装。安装过程中系统提问“Do you have a disk labeled custom site files?”时，请选择“否”，以完成客户端软件安装。然后配置客户端软件，将解压缩后得到的文件 site.prf 复制到客户端软件安装的目录区（默认路径为 C:\SFSCHLR）。如果用户在安装过程中选择了其他路径，请注意正确路径和目录。ViewerLite 是一个查看 3D 模型的视图工具，在 SciFinder Scholar 检索出的物质结果中，有很多都是提供 3D 视图的。如果安装了 ViewerLite，直接点击即可查看。安装完成后最好先运行一遍 ViewerLite（系统会自动进行注册登记），以后在 SciFinder Scholar 中就可以自动正常使用了。软件安装到此就已经完成。点击：开始→

程序→SciFinder Scholar 2006 Edition→ SciFinder Scholar，即可运行 SciFinder Scholar 进行检索。

4.2.2 SciFinder Scholar 数据库检索

1. SciFinder Scholar 检索字段

SciFinder Scholar 提供了如图 4.17 所示的六个检索字段（或称检索点）：

1）化学物质或化学反应（Chemical Substance or Reaction）。

2）研究主题（Research Topic）。

3）著者姓名（Author Name）。

4）文献标识符（Document Identifier）。

5）公司或机构名称（Company Name / Organization）。

6）浏览期刊名称（Browse Table of Contents）。

上述检索字段是实施基本检索的第一层菜单；每一检索字段均由多层菜单构成，层层深入，实施相关的运算，以达到最终检索结果。

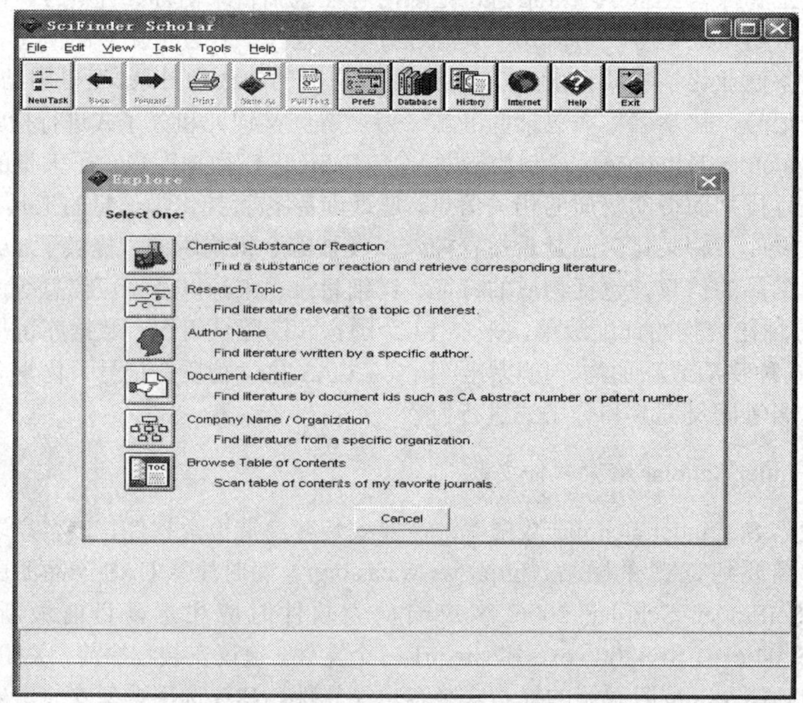

图 4.17 SciFinder Scholar 基本检索页

2. SciFinder Scholar 基本检索

（1）化学物质或化学反应检索

1）进入化学物质检索选项页（Explore by Chemical Substance）。单击图 4.17 中的第一个选项（Chemical Substance or Reaction），即进入下一层菜单：化学物质检索选项，如图 4.18 所示。

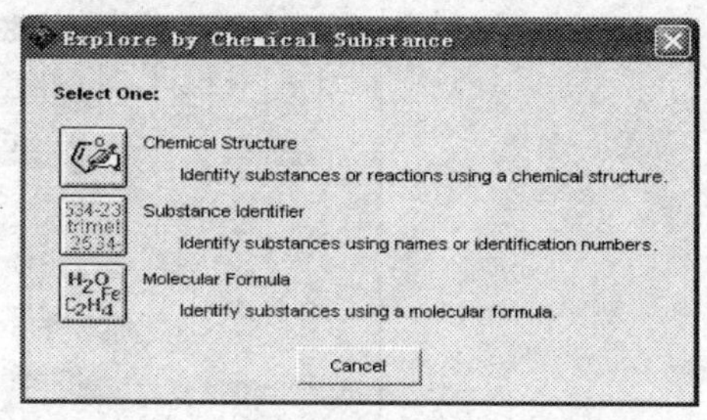

图 4.18　基本检索第二层菜单示例

由该菜单可知检索某一化学物质及其化学反应的文献有三个检索点供选择：化学物质结构（Chemical Structure）；化学物质名称或化学物质登记号（Substance Identifier）；化学物质分子式（Molecular Formula）。

2）调用结构式绘图系统，绘制待检化学物质的相关结构式。其步骤分两步：① 单击图 4.18 中的第一选项“Chemical Structure”，进入绘图系统，如图 4.19 所示。② 应用绘图系统工具绘制化学结构式。

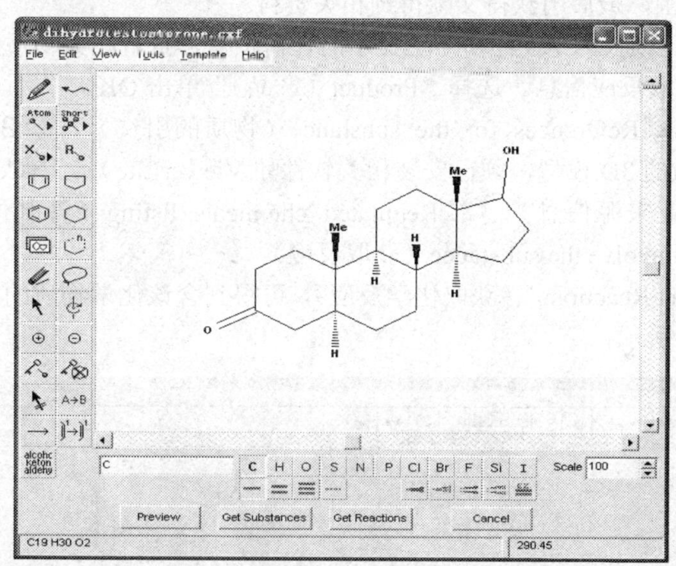

图 4.19　绘图系统

3）得到该结构式化学物质的相应检索结果。

① 单击“Get Substances”（获取化学物质），如图 4.20 所示，然后选择确切的匹配或相关的结构。单击 OK 即能得到该化学物质的文献，如图 4.21 所示。在该结果界面，又有四项选项，作为后续步骤。

- “Get References”（获取参考文献）：得到相关文献的后续界面。
- “Analyze Substances”（分析化学物质）：对上述化学物质深入分析界面。
- “Get Reactions”（获取反应）：可得到含该化学物质的化学反应方面的文献。
- “Back”：返回前界面。

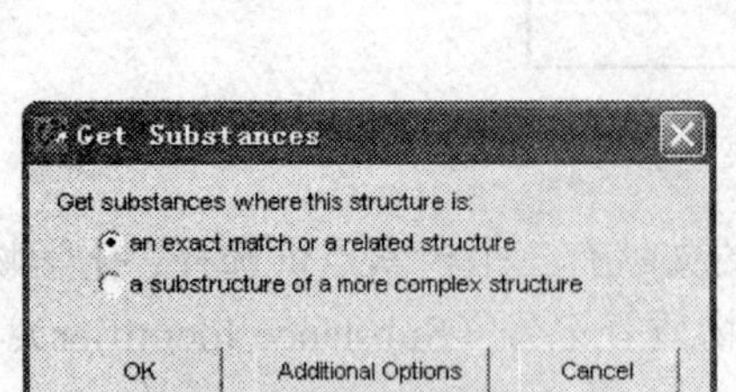
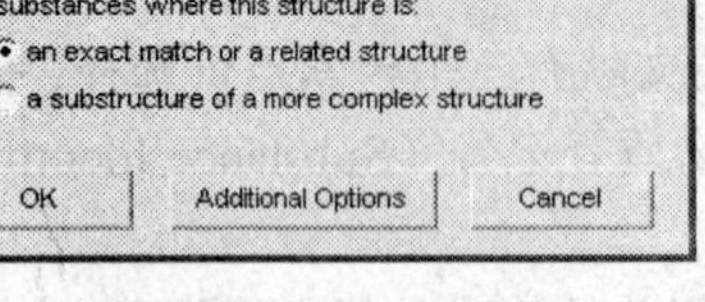

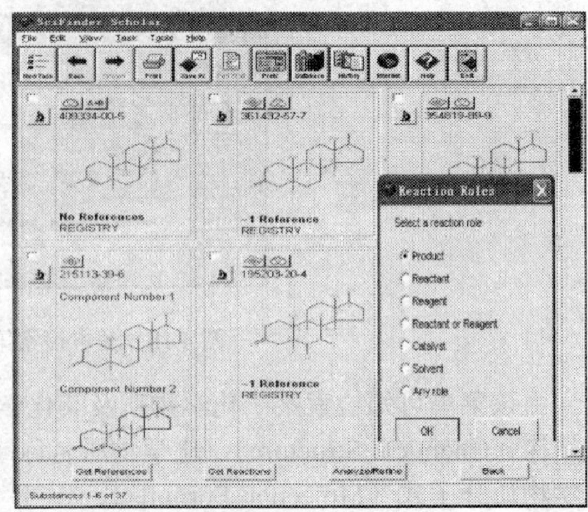

图 4.20　获取化学物质　　　图 4.21　相应检索结果及 Product 页示例

画好结构式，点击获得物质后，会显示出答复。然后可以通过分析和二次检索物质来缩小答复的范围，最后用获得文献得到相关资料。

在图 4.21 可以通过 CAS 注册号上显示的任何按钮，查看相关物质的更多信息。单击 A-B 按钮，获取反应信息。选择“Product（产品）”单击 OK。

图标说明：References for the substance（物质的引文）、3D model of the substance （物质的 3D 模型，须已安装相关软件如 ViewerLite）、Commercial source information（商业来源信息）、Regulated chemicals listing（管制化学品列表）、Reactions that involve the substance（获取反应）。

② 单击“Get Reactions”（获取化学反应），可得到含该化学物质的化学反应方面的文献，如图 4.22 所示。

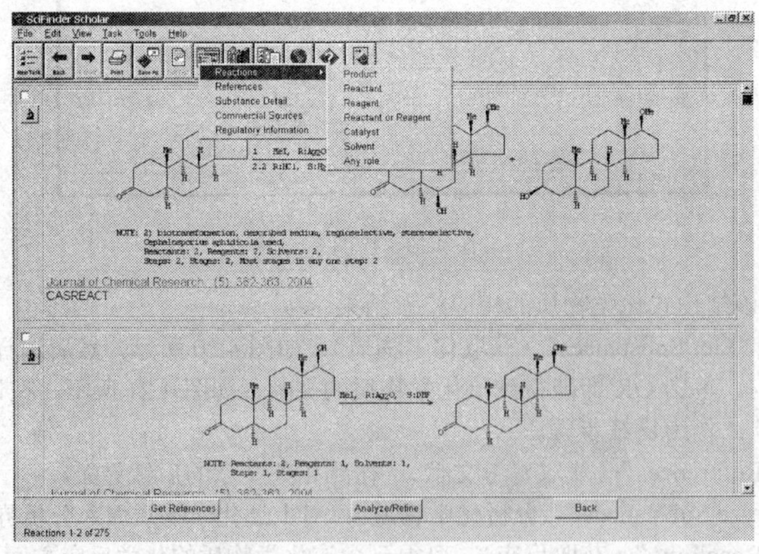

图 4.22　化学结构检索相应检索结果

在该界面中，点击“Get References”可以获取相关文献，点击“Analyze/Refine”可以对结果进行分析或二次检索。SciFinder Scholar 还将检索所有产品物质的候选反应，如图 4.22 所示。单击任何反应参与项，查看更多信息。如果选择“Reactions”反应，含有附加选项的另一屏幕将显示。选择“Substance Detail”（物质详情），将链接到反应参与项的 CAS 注册记录，向下滚动，可查看计算和实验属性的列表，如图 4.23 所示。单击链接引用或者记录号，查找报告所显示实验属性的杂志参考内容。

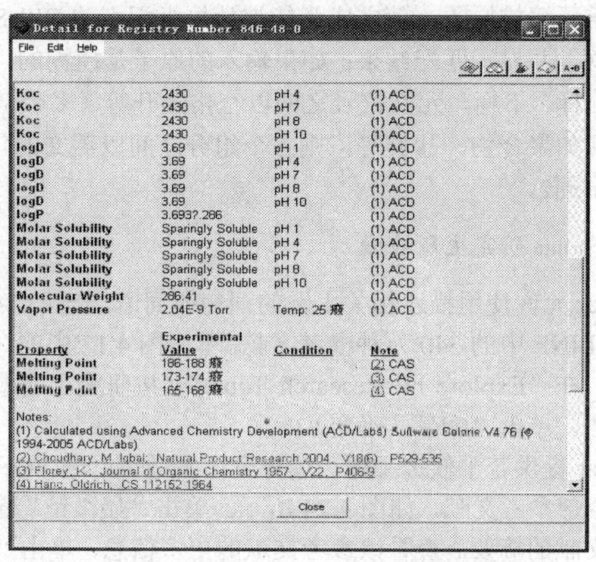

图 4.23　反应参与项的 CAS 注册记录

如果绘制的结构只是亚结构（待检化学物质的部分结构），此时应作进一步的选定选择，为此应进入“预检选择界面”(Preview)，单击图 4.19 下方的“Preview”进入 Preview 界面。Preview 界面下又有四种选择：

- Answers：预示相关文献的数量及实例。
- Real-atom Attachments：预示链接的原子的选择。
- Variable Group(A,Q,X，and M) Composition：预示取代基团位置的选择。
- R-group Composition：预示烷基基团位置的选择。

找到化学物质通常只是第一步。往往还需要寻求参考文献，而在 SciFinder 中可以很容易地找到感兴趣的化学物质的所有相关文献。获得文献目录结果后，可以使用所有分析/二次检索/分类/获取相关（Analyze/ Refine/ Categorize/ Get Related）等选项。因此，有时候从处理具有大量化学物质的检索结果开始，然后获取参考文献（Get References），最后用文献目录检索策略将检索结果缩小范围。

（2）化学名称和 CAS 注册号检索

使用 SciFinder Scholar，可以从 2200 万种有机和无机的物质中按照化学名称或者 CAS 注册号查找相关物质。单击图 4.18 中的“Substance Identifier”（物质标识符），按化学名称或者标识号进行检索。输入一个或多个通用名称、物质名称、物质别名或 CAS 注册号。单击“OK”。

SciFinder Scholar 将检索与您的物质标识符相对应的 CAS 注册号。查看相关参考文献，请单击“Get Reference”（获取参考文献）。选择一个或多个要检索的研究主题。单击“OK”。单击任何参考文献旁的电脑图标，SciFinder Scholar 通过 ChemPort 链接杂志和专利原文。

（3）分子式检索

单击图 4.18 中的“Molecular Formula”（分子式检索），SciFinder Scholar 会分析所输入的分子式，并重新编排原子，使之成为能被计算机识别的 Hill System Order，搜索 CAS Registry 数据库，并显示匹配结果；如果输入的原子是模糊的，则弹出窗口提示修改，如元素符号的上标、下标，元素符号之间以空格隔开等（多数情况下会自动修正）；如果是多组分的物质如聚合物、盐类等，则各个组分之间以英文的句点“.”隔开，如：Component1.Component2。

3. SciFinder Scholar 研究主题检索

SciFinder Scholar 允许使用描述相关主题的词句或词语，查找 CAS 数据库中的 2300 万参考文献和 MEDLINE 中的 340 万种参考文献。单击图 4.17 中的“Research Topic”（研究主题）开始检索。在“Explore by Research Topic”（按研究主题检索）中输入描述研究主题的单词或短语。单击“OK”（确定）。

SciFinder Scholar 提供若干候选主题。选择合适主题，单击“Get References”（获取参考文献）以检索全部参考文献，如图 4.24 所示。单击“显微镜”图标，查看完整的书目详情及相关参考文献的摘要。查看该参考文献的更多信息，单击“Get Related”（获取相关信息），如图 4.25 所示。

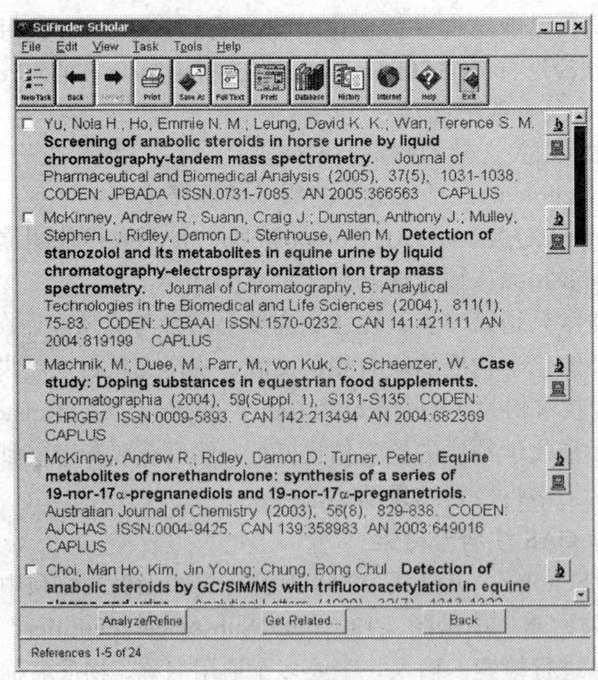

图 4.24　获取参考文献

选择四个“Get Related”（获取相关信息）选项中的一项，进行进一步检索。需要注意的是：在研究主题检索时最多输入五个术语（三个左右最好）；在术语之间用介词连接。如果想寻找分析马的合成代谢类固醇的方法（anabolic steroids in horses），最好输入如下的问题：I am interested in “analysis of anabolic steroids in horses”。尽量避免输入类似下面的短语：“analysis anabolic steroids horses” 或 “analysis and anabolic steroids and horses”。SciFinder 检查那些认为是“概念”的单词，而把这些单词之间的词语置于检索范围之外。因此 SciFinder 把“analysis of anabolic steroids in horses”这个问题当成三个概念“analysis”、“anabolic steroids”和“horses”。

分析参考书目（analyze）下有 11 个选项，如图 4.26 所示。

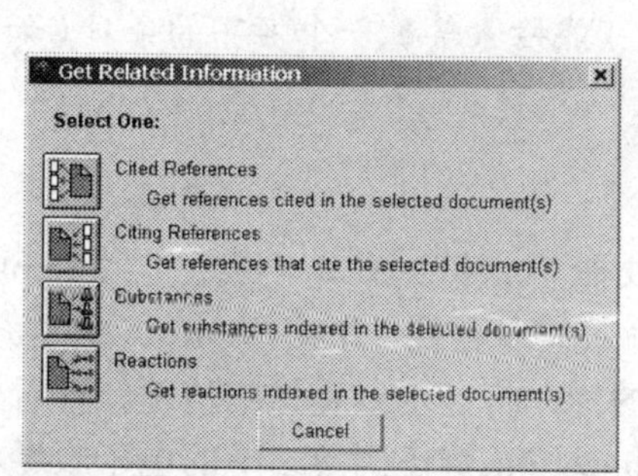

图 4.25 “Get Related”（获取相关信息）

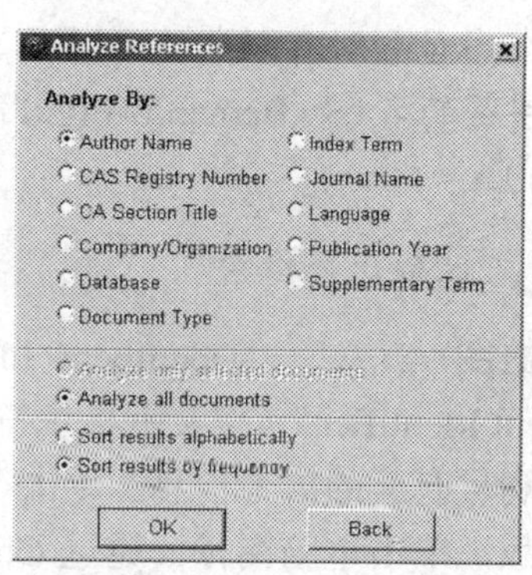

图 4.26 分析参考书目

当任何选项被选择后，SciFinder 会浏览答复集合中的所有记录，并通过柱状图显示出符合要求的记录的数目。例如，点击分析参考书目，选择按文件类型分类，SciFinder 会浏览答复集合的所有记录的文件类型，并显示出每种文件类型的记录的数量（如会议、学报、专利、综述等）。SciFinder 只是简单地告诉它包含有什么记录，以便能对怎样继续工作做出一个明智的决定。必须以各种能被理解的方式缩小答复的范围，也许其中一些方式可以开拓出一个独特的领域。

提炼参考书目（Refine）下有八个选项，如图 4.27 所示。每个选项都需要输入特定明确的数据。例如，如果需要专利，利用文件类型来进行提炼（在专利旁边的选择框打钩），就能立刻检索到相关的专利记录。八种提炼参考书目的选项中有六种和分析参考书目中的选项一样。他们之间关键的区别是：分析参考书目给出的是柱状图，可以在记录中进行选择；提炼参考书目要求直接地输入特定的数据。

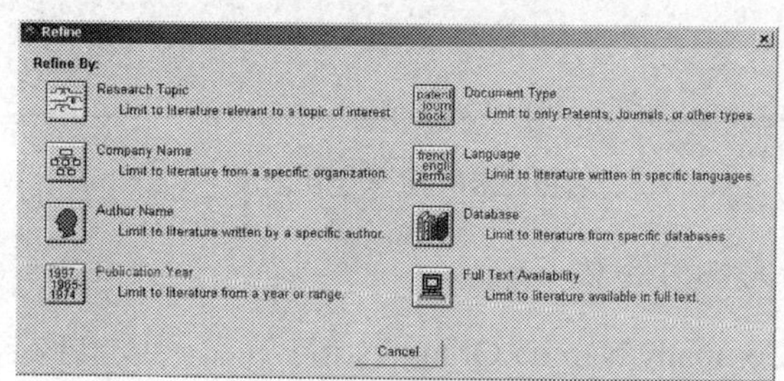

图 4.27 提炼参考书目

4. 作者检索

单击图 4.17 中“Author Name”（著者姓名）开始检索。在“Explore by Author Name”（按著者姓名检索）中输入作者的姓名（英文或拼音），单击“OK”（确定）。SciFinder Scholar 可以以多种方式表达作者的名字（如全名或缩写；可替代的拼写等），因此通常要检索一组名称。

注意：必须填入 Last name（姓），如果不能确认则可选择下面的选项（alternative spelling）；不区分大小写；对于复姓如 O'Sullivan、Chace-Scott 或 Johnson Taylor 可直接输入；如果带有元音变音的，输入字母即可，或在后面接一个 e，会同时搜索名、姓以及姓、名；对于不确认的名，可以输入首字母；如果输入了词首大写字母（如 R），SciFinder 检索这个字母和所有列举的名（如 Roland、Roeland、Richard、Robert 等）；如果输入了带有连字符的名（如 Bernardo-Filho），SciFinder 可能检索单独一个名字的条目（如 rnardo 和 Filho）。

5. 文献标识符检索

单击图 4.17 中“Document Identifier”（文献标识符）开始检索。在“Explore by Document Identifier”（按文献标识符检索）中输入如专利号，单击“OK”（确定），将得到该专利号有关的参考信息。单击“显微镜”图标，将显示专利详细情况，查看该专利的电子版，单击电脑图标，通过 ChemPort Connection 链接到网站中的电子版专利，获得专利全文，如图 4.28 所示。

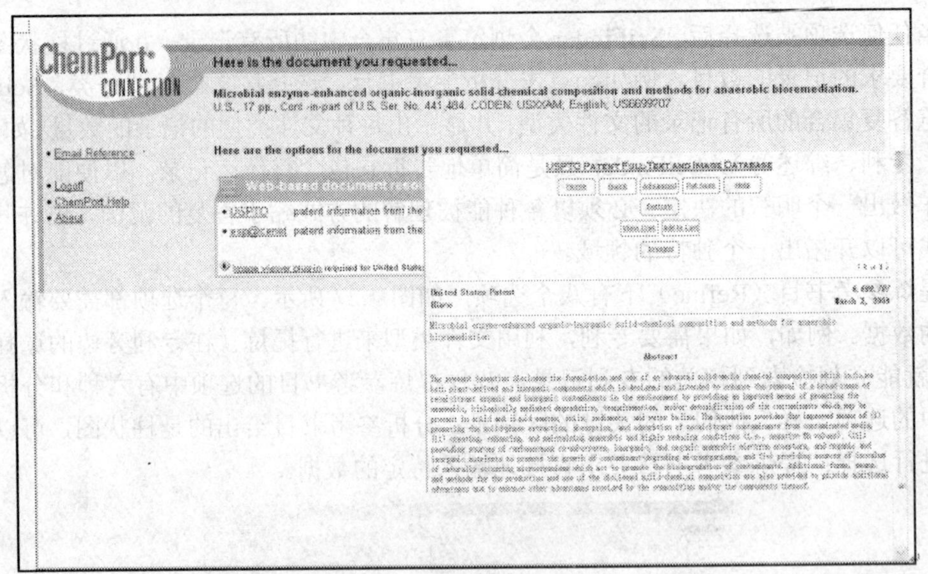

图 4.28 获得专利全文

6. 公司名称和研究机构检索

单击图 4.17 中“Company Name / Organization”（公司或机构名称）开始检索寻找研究领域内的竞争对手或同事。在“Explore by Company Name”（按公司名称检索）中输入需要检索的组织名称，单击“OK”（确定）。要查找该组织是否针对相关主题进行研究，可以使用“Refine”（优化）工具，如图 4.27 所示。单击“Research Topic”（研究主题），输入检索的主题，单击“OK”（确定）。通过“Analyze”（分析）工具（如图 4.26 所示）可以进一步确定该组织中是否已有人拥有相关主题的专利。选择“Document Type”（文档类型），单击“OK”（确定）。SciFinder Scholar 将提供与相关组织的关联的所有文档类型。要查看专利参考信息的详情，选择“Patent”（专利），然后单击“Get References”（获取参考文献）。可以使用任何 SciFinder Scholar 选项，查看不同类型的参考文献。

注意：公司名称可以用多种方式表达，并且随时间而改变。另外，即使在原始文献中出现过好几个关联的情况下，CAplus 和 Medline 在记录中通常也只包括一个关联。如果输入的是“univ”，将会检索诸如 univ、university、universität、universitas 等项目；但如果输入的是“Harvard Univ”，并不检索所有 university 的同义词。类似的，当输入“3M”时，将会检索诸如 Minnesota Mining 和 Manufacturing 等同义词，而如果输入的是“3M Japan”，就不会检索所有这些同义词了。

7. 浏览目录检索

单击图 4.17 中“Browse Table of Contents”（浏览目录）开始检索，在“Browse Journal Table of Contents”（浏览期刊目录）中可以从 1700 多种期刊按字母排序的列表中查找选择需要阅读的期刊，单击“View”（查看），也可通过菜单 Edit→Find 查找所需期刊，注意名称必须完全匹配，一次只能查看一种期刊。在浏览的期刊中，默认结果显示的是最新一期的目录，单击“Select Issue”（选择期刊），然后单击选择的卷册和期刊号，浏览期刊的标题，查找相关文章，Previous、Next、Select 可以浏览其他期的目录内容。要查看书目详情和文章摘要，可以单击“显微镜”图标，如果有电脑图标，点击它即可启动 ChemPort Connection 链接到该电子期刊的网站获取全文。

SciFinder Scholar 系统的基本检索有六个检索点，因而有六条检索途径；实施检索时应根据检索提问选择恰当的检索字段，这样才能达到检索提问的要求。该检索系统各检索途径均由逐层深入的一系列检索界面构成，而每一层检索界面的选项各不相同，故可实施不同的逻辑运算（限定、分析、优化），以达到满意的检索结果。用户应善于操作每一层的选项、图标及有关工具，然后使用分析/二次检索功能获取检索结果。

4.2.3 CA on CD 光盘数据库

CA on CD 光盘数据库由美国化学学会制作，文摘内容对应于书本式《化学文摘》，光盘数据库分五年累积版和年度版两种。五年累积版内容从印刷型的第 12 次累计索引（1987—1991）开始，到现在的第 14 次累计索引（1997—2001）。年度版从 1996 年开始出版，每月更新。当某一累积期的累积版出版后，该累积期内的 CA on CD 就被累积版取代了。

CA on CD 提供四种基本检索途径，即浏览方式检索（Index Browse）、词检索（Word Search）、化学物质名检索（Substance Hierarchy）、分子式检索（Formula Hierarchy），以及其他检索途径，如相关词检索、登记号检索。

1. 浏览方式检索

浏览方式检索如图 4.29 所示。

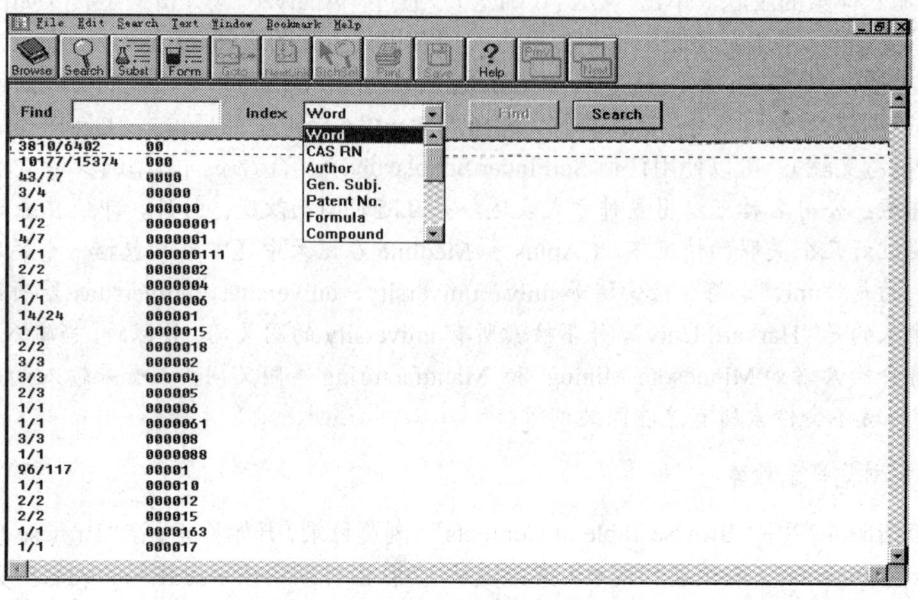

图 4.29　CA on CD 浏览方式检索

点击“Browse”图标进入索引浏览页面；浏览检索缺省状态为 word index，其范围包括文献题目、文摘、关键词、普通主题词表、机构、地址等；关键词输入不区分大小写；可全拼输入也可采用不完全拼写方式；词与词之间无需使用逻辑或位置算符；用 Ctrl 或 Shift 键可以选择多个词（最多不能超过 20 个）同时检索，词与词之间的关系默认为“OR”。检索字段有：Word 自由词，包括出现在文献题目、文摘、关键词表、普通主题等中所有可检词汇，CAS RN 登记号，Author 作者及发明者姓名，Gen Subj 普通主题词表，Patent No.专利号，Formula 分子式，Compound 化合物名称，CANCA 文摘号，Organization 组织机构、团体作者、专利局，Org.Words 机构名称中含有的词，Journal 刊名，Language 原始文献的语种，Doc Type 文献类型，CA SectionCA 分类，Year 出版物的年代，Updata 数据更新。

检索举例：如检索作者为金长青的文章，打开“Browse”，在检索字段下拉菜单中选择“Author”，然后输入“Jin, c”，屏幕自动按照输入顺序滚动，就可以找到“Jin, changing”和“Jin, C.Q.”，同时标记这两个作者，点击“Search”键即可。另一种方法是打开“Search”，直接在检索框内输入“Jin, changqing or Jin, C.Q.”，在右侧下拉菜单中选择“Author”，再单击“Search”按键。

2. 词检索

CA on CD 检索一般最常用的是自由词检索（高级检索），如图 4.30 所示，即用 Word Search 检索。Word Search 检索组配灵活，使用方便，不仅可采用关键词、主题词检索，还能通过作者、作者单位、专利号、CAS 登记号等方式进行检索。

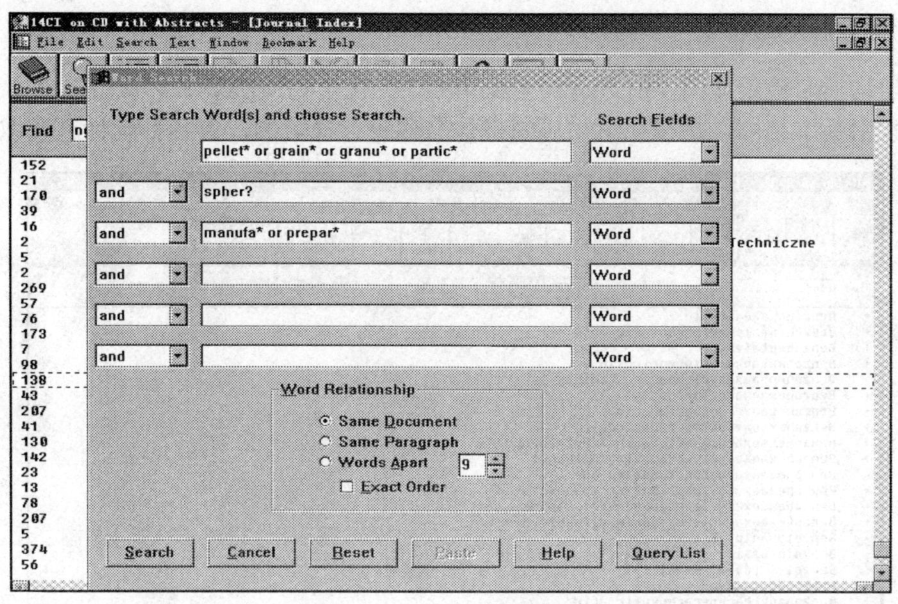

图 4.30　CA on CD 词检索

CA on CD 可以用逻辑组配方式将检索词、词组、数据、专利号等结合起来进行检索，逻辑算符为 AND、OR、NOT。同一字框内可使用逻辑算符“OR”连接成简单检索式，如 Strength or toughness。位置算符（Word Relationship）：Same Document 表示关键词在同一记录中出现；Same Paragraph 表示关键词在同一字段中出现；Word Apart 表示两词邻近且可以颠倒，两词中最多可插入九个词；Exact Order 表示两词邻近且位置不可以颠倒，即表示精确检索。截词符：采用了两种截词方法“*”和“?”，如用“catalytic*”可以查到 catalytic 和 catalytical，用“*assay*”表示 immunoassay、radioimmunoassay、assaying 等。“？”表示中间模糊检索，一个“？”代表一个字符，可使用多个“？”，例：“organi?ation”命中 organization、organisation；“CH2??O2”命中 CH2BrO2、CH2ClO2。禁用词 an and as at by for from in not of on or the to with 等。

检索实例 1：查询“球形颗粒造粒方法”的文献资料，可采用如下的检索策略，如图 4.30 所示：（pellet* or grain* or granu* or partic*　）and spher* and（manufa* or prepar*）。

因为“颗粒”在英语中为 pellet，grain，granule，particle 等词，可能是单数，也可能是复数；granule 也可能为 granulate，granulation，granulator 等，为避免漏检可采用截词方式，即写成：pellet*，grain*，granu*，partic*等。由于 pellet，grain，granule，particle 是同义词，它们之间可以用 or 连接，表示在上述词干中只要有一个满足就行。

检索实例 2：检索氮氧化物选择催化还原方面的文献资料，要求文章中不要出现氨的文献，检索式为（ONx or nitrogen oxide）and（SCR or selective catalytic* reduction）not NH3，括号内优先执行检索，即打开“Search”对话窗口，在对话窗口第一条内输入“ONx or nitrogen oxide”，在右侧下拉菜单中选择“Word”，在第二条内输入“SCR or selective catalytic* reduction”，右侧下拉菜单中选择“Word”，左侧下拉菜单中选择“and”，在第三条内输入 NH3，右侧下拉菜单中选择“Word”，左侧下拉菜单中选择“not”，再单击“Search”按键。

3. 化学物质名检索

化学物质名检索如图 4.31 所示。CA on CD 的化学物质等级名称索引与书本式的化学物质索引基本相同，是按化学物质的母体名称进行检索的，有各种副标题及取代基。

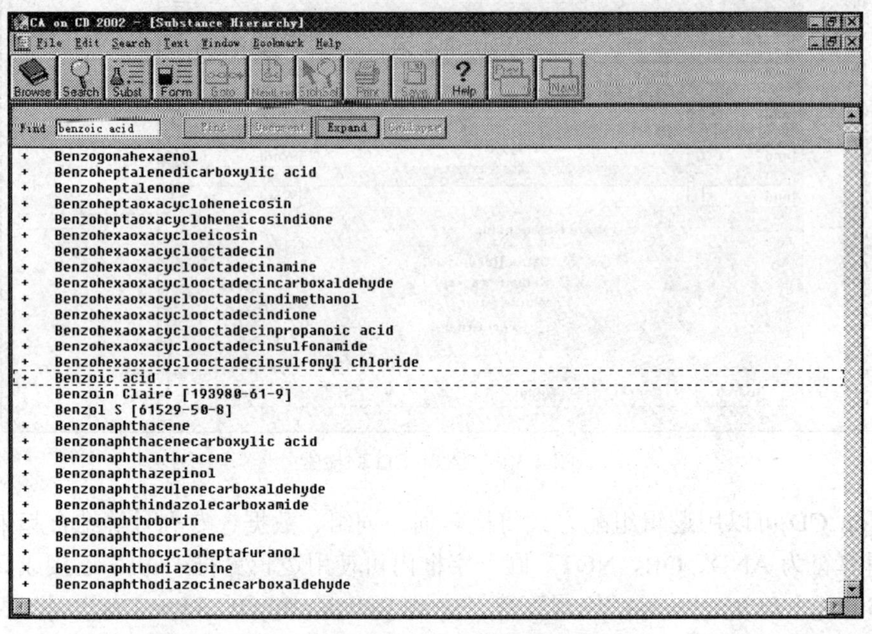

图 4.31　CA on CD 化学物质名检索

1）在检索窗口中，用鼠标点击 Subs 按键或从 Search 命令菜单中选择 Substance Hierachy 命令，系统即进入化学物质等级名称检索窗口，屏幕显示物质第一层次名即母体化合物名称索引正文。无下层等级名的化合物条目中直接给出相关文献记录数；有下层名称的物质前则出现“＋”符号。双击带有加号的化合物名称浏览扩展级。

2）用户双击选中索引，将等级索引表一层层打开，再用鼠标双击该物质条目即可进行检索。检索完毕后，屏幕给出其相关文献检索结果。

3）根据化学物质名称及有关的副标题（Qualified）或根据化合物母体名称与取代基（Substituted）进行检索。

检索实例：要检索 2-甲基苯甲酸（2-methyl-benzoic acid），先检索 benzoic acid，在“Find”条框中输入“benzoic acid”，屏幕自动滚动到位，前面有“＋”，双击该物质以打开它，再在 substitute 中找 2-methyl-，如图 4.31 所示。

4. 分子式检索

分子式检索如图 4.32 所示。CA on CD 提供与书本式 CA 的分子式索引结构相似的分子式及物质名称等级索引。文献量较大的物质名称被细分为一组子标题。不带有“＋”号的标引词为终极索引词，直接给出相关文献数；带有“＋”号的包括二级或多级扩展索引词，可以双击或按 Expand 进行显示。分子式索引检索过程与化合物等级名称检索相似。分子式检索可以检索到符合该分子式的化学物质名称和含有该分子式的混合物、

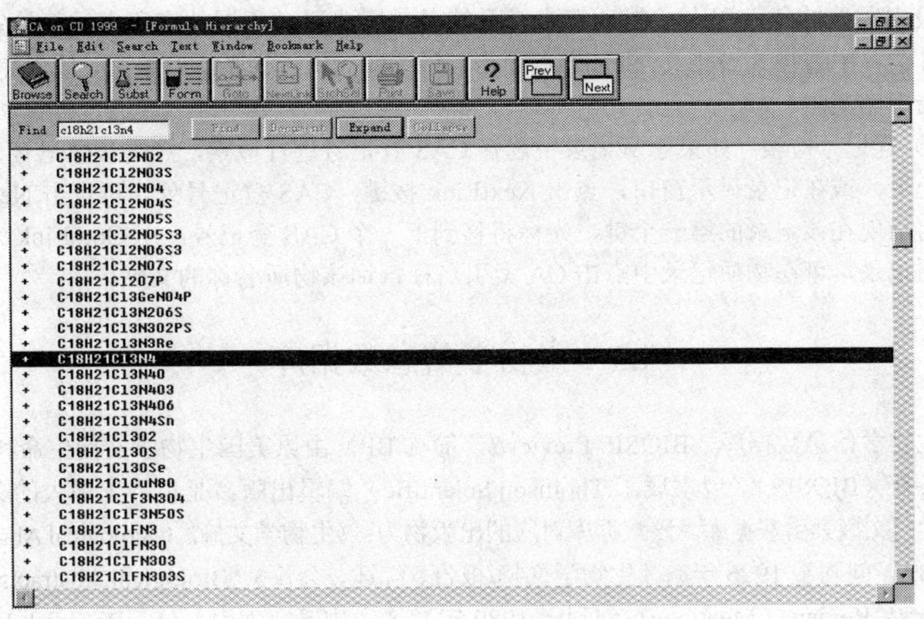

图 4.32　CA on CD 分子式检索

聚合物等以及有关副标题，但无进一步的说明与限制，不能进行自由组配。

分子式检索途径采用 HILL 分子式排列规则：含碳化合物碳在前，氢在后；不含碳化合物，按字母顺序排列；对与酸、醇等形成的金属盐，按母体化合物的分子式排列。如：苯磺酸钠 C6H5SO3Na 的 Hill 分子式为 C6H6O3S。检索方法：Hill 分子式—母体名称—取代基或副标题—文献标题—文献记录—输出结果。

如检索 4,4′-二乙酰胺基-2,2′-二苯乙烯二磺酸的制备，已知分子式为 C18H18N2O8S2，则单击“Form”键，在“Find”条框中按照分子式字母（包括数字）顺序输入，光标自动滚动到位，如前面有“＋”，双击以打开它，再选择其制备方面的文献。

Subst 化学物质名与 Form 分子式检索注意事项：Subst 检索需按照母体名称进行查找；“+”表示该物质有扩展级，扩展级最多是 6 级；“-”表示下一级扩展名；扩展到底级时，可查看文献结果；用 Subst 检索，有利于衍生物的族性检索；用 Form 检索，可以查看具有相同分子式的化合物名称、它们的修饰、取代基及同分异构体情况。

Subst 化学物质检索与 Browse 浏览方式中 Compound 化合物名的比较：Subst 在化合物名下列出它的衍生物，Compound 仅给出一种化合物名称，而无法了解同族化合物整体情况。

Form 化学物质检索与 Browse 浏览方式中 Formula 的比较：Form 列出相同分子式的化合物名称，经进一步扩展可看到每一种化合物的扩展级、同分异构体情况。Formula 可以看到同分异构体的数目，无法查看扩展级。

5. 其他检索途径

1）相关词检索：在浏览文献时用于扩大检索。在显示结果后，可用鼠标定位在所有字段中需要的任何词上，然后双击，系统会对所选词在所属的字段中重新检索，从Search菜单中选择Search for Selection命令，系统即对所选词条进行检索，检索完毕后，显示命中结果。

2）登记号检索：如果想从记录中选择CAS登记号进行检索，点击该登记号显示其物质记录，或在记录显示窗口，点击NextLink按键，CAS登记号处，再点击NextLink光标将出现在该记录的第一个键，光标将移到下一个CAS登记号，用GotoLink来显示其物质记录，可在物质记录中点击CA索引名称查询该物质名称的文献。

4.3 生物学信息数据库

生物学信息数据库（BIOSIS Previews，简称BP）由原美国生物学文摘生命科学信息服务社（BIOSIS）（现隶属于Thomson Scientific）编辑出版，是世界上最大的关于生命科学的文摘索引数据库。该数据库对应的出版物为：《生物学文摘》（Biological Abstracts，简称BA，创刊于1926年）、《生物学文摘/报告、综述、会议》（Biological Abstracts/RRM（Reports，Review，Meetings，创刊于1989年）、《生物研究索引》（BioResearch Index，创刊于1969—1979年）。

BIOSIS Previews的数据来源于5500多种生命科学的期刊和1500多个国际会议、评论文章、软件评论、图书以及与生命科学研究相关的美国专利等出版物，内容覆盖传统生物学（分子生物学、植物学、生态与环境科学、医学、药理学、动物学）、交叉学科（农业、生物化学、生物医学、生物技术、实验、临床和兽医学、实验、临床、遗传学、营养学、公共卫生）和仪器、实验方法等相关领域。BIOSIS Previews提供1969年以来的数据。

BIOSIS收录的文献来自100多个国家，其中北美洲占31%，欧洲及中东地区占52%，亚洲及大洋洲占14%，中美洲及南美洲占2%，非洲地区占1%。

4.3.1 数据库检索

BIOSIS Previews的网络版检索系统已经有OVID、ISI Web of Knowledge等，本节将以ISI Web of Knowledge系统为主，介绍BIOSIS Previews的检索方法（http://www.isiknowledge.com）。

在ISI Web of Knowledge主页，登录BIOSIS Previews的方式包括：通过下拉菜单选择BIOSIS Previews和点击BIOSIS Previews链接进入。进入BIOSIS Previews数据库后，有三种检索，即快速检索（Quick Search）、普通检索（General Search）和高级检索（Advanced Search）。点击界面上的提示条即可在三种检索方法中切换见BIOSIS Previews数据库主页，如图4.33所示。

检索时间段有三种方式可以选择，点击第一个单选按钮选择最近1、2或4周的数据，点击年份单选按钮并利用下拉菜单选定某一具体年，利用下拉菜单分别选定起止年，默认设置为可供检索的所有年。有关BIOSIS Previews的最新信息可以在Notices中找到。单击Tutorial可以阅读BIOSIS Previews的最新培训资料。

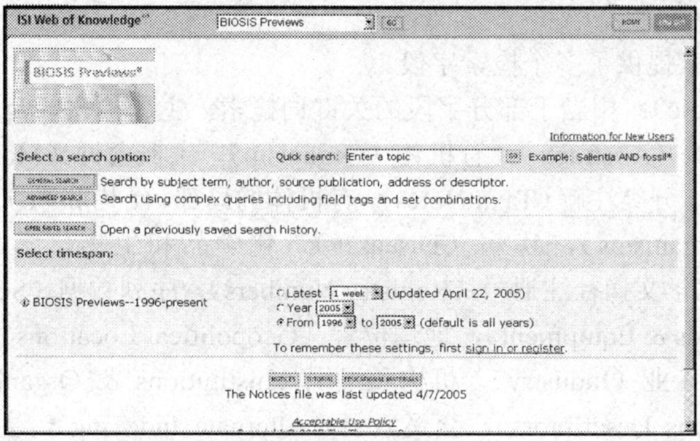

图 4.33 BIOSIS Previews 数据库主页

1. 快速检索

快速检索方式其界面允许用户将要检索的字段输入检索词，并可以进行组配检索，只能进行主题（Topic）检索，相当于部分字段的关键词检索。例如，hibernat*AND（mammalia NOT carnivora）；（earthquake* or temblor* or seism*）and（california* or los angeles* or（san andreas same fault）。

2. 普通检索

选择时间范围，点击普通检索（General Search）即可进入检索页面，如图 4.34 所示。

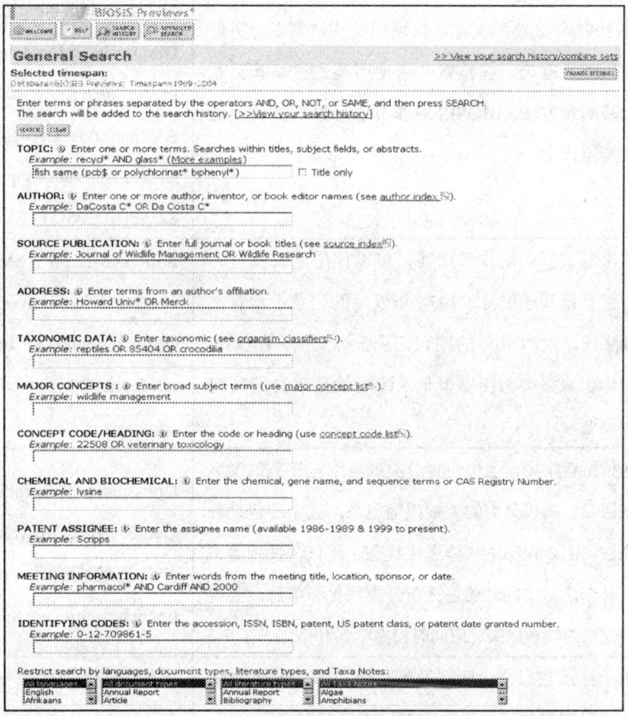

图 4.34 BIOSIS Previews 普通检索页

（1）可检索字段

BP 的普通检索提供了多个检索字段。

1）主题（Topic）：相当于部分字段的关键词检索，主题检索的范围包括下列字段：题目（Title），文摘（Abstracts），有机体（Organism），主概念词（Major Concepts），大分类（Super Taxa），分类注解（Taxa Notes），有机体的局部、结构和系统（Parts，Structures & Systems of Organisms），疾病（Diseases），化学品和生物化学品（Chemicals & Biochemicals），化学文摘社注册号（Registry Numbers），序列数据（Sequence Data），方法和设备（Methods & Equipment），地理位置（Geopolitical Locations），时间（Time），人物（Persons），工业（Industry），机构和组织（Institutions & Organizations），各种描述词（Miscellaneous Descriptors），交叉索引（Alternate Indexing）。主题（Topic）途径包含的字段说明如表 4.3 所示。注意：表中列出的日期标示的是学科专业字段或子字段被加入 BIOSIS Previews 数据库的时间。一些特定的学科主题字段是 1993 年才开始设立的，如 organisms、super taxa 等。1992 年之前，这些信息都被包括在 Added Keywords 字段中。Added Keywords 字段可以通过主题检索获得 Miscellaneous Descriptors。

表 4.3　主题（Topic）途径包含的字段说明

主题检索字段	说　明	举　例
Title（题目）（1969—）	文章、书、专利或丛书中某一卷的标题或名称中的词，可以使用逻辑算符、位置算符和通配符。在 1992 年之前的文献，只采用美式拼写，为了使结果更加准确，在检索时请使用英式拼写和美式拼写两种方法。BIOSIS 对非英语标题均提供了美式英语译文	Bioremediat* SAME oil ceel* death* OR apopto* 输入 **fusarium keratitis and diagnos***可检索： **Diagnosis** of **Fusarium keratitis** in an animal model using the polymerase chain reaction. Alexandrakis, George; et al British Journal of Ophthalmology 82（3）：306-311 March 1998
Abstracts（文摘）（1976—）	指来源文献中的作者摘要，可以使用逻辑算符、位置算符和通配符。1976 年以后的记录中含有文摘字段。大约 90%的期刊记录含有文摘。BIOSIS 的标引人员会为图书型记录编写摘要以介绍其内容概要	Soil SAME ph SAME metal* fossil* SAME（bird or avian or aves） 输入 **vegetarian* and（teen* or child* or adolescent*）**可检索有关 vegetarianism and adolescents 的信息
Organism（有机体）（1993—）	包括所有生物，上位生物分类或者细胞序列的学名或俗名、高级分类的类别或细胞系。其中还包括补充性词汇以说明生物体进化状态、年代、性别等。在补充信息中同时还包括新分类和化石信息。要得到完整的检索结果，应同时检索学名和俗名	Dreissena polymorpha OR zebra mussel* Quercus alba OR white oak MCF7 如果要检索有关 sockeye salmon，应输入 **oncorhynchus nerka or sockeye salmon**
Major Concepts（主概念词）（1969—）	用于标示在原文中所涉及的生命科学领域的 168 个主要学科领域。通过主题方式来类聚文献 注意：该字段可以单独进行检索	例如，查找有关工作场所的健康问题的文献（work-place health issues），应输入 **occupational health**

续表

主题检索字段	说　明	举　例
Super Taxa（大分类）（1969—）or Biosystematic Codes/Names（生物系统代码/名称）	Super Taxa 是高层级的分类(科以上)术语，用以代表宽泛的生物学分类。通常在最专指的术语后，跟随着由低到高顺序排列的上位分类概念。上位生物学分类由 BIOSIS Authority File 提供。可以根据检索页面上的链接看到它的列表 Biosystematic Codes 是五位数字的代码，代表原文中涉及的较高层级生物分类。代码随着时间的推移而有所变化。检索页面上提供的列表说明了每个代码的用法。按照代码检索得到的检索结果只包括该代码被使用之后的结果。而按照上位生物学分类进行检索的结果则包括所有时间段的结果，而和该代码是否被应用了无关 注意：该字段进行的检索是检索上位生物分类，而不是生物系统代码的标题词	输入上位生物分类术语词 **didelphidae** 可检索 Virginia opossum 族的相关文献 **Didelphidae**:Marsupialia,Mammalia,Vertebrata, Chordata, Animalia 如果记录中被标引了生物系统代码并且还有单词"new"，则表示该记录报道了该代码所表示的生物种族中的新物种。输入以下检索式： **TOPIC：priamurye** BIOSYSTEMATIC CODE: new 可检索：Title：A NEW SPECIES OF THE MOSQUITO GENUS AEDES DIPTERA CULICIDAE FROM SOUTHERN SIBERIA AND **PRIAMURYE** USSR Biosystematic Code: 75314-**New** 在代码检索中可以使用通配符
Taxa Notes（分类注解）（1969—）	文献中提到的有机体群和微生物的普通名称。即使在文献中并没有提及该生物的普通名，也可以通过 Taxa notes 将该文章检索出来	Fungi, Microorganisms, Nonvascular Plants, Plants 输入 **mollusks** 可将所有与 Mollusca 相关的文献检索出来：Animals; Helminths; Invertebrates; **Mollusks**; Platyhelminths
Parts,Structures&Systems of Organisms（有机体的局部、结构和系统）（1998—）	用以描述大分子层级以上的生物体的组成部分。其中含有控制词表类的生物系统修饰语和自由词修饰语用于描述器官的特定性研究	Fins enteric SAME nerv* olfactory epithelium 输入 **femur same skeletal system** 可以检索 **femur**: inter-trochanter, **skeletal system**; hip：skeletal system; serum: blood and lymphatic
Diseases（疾病）（1998—）	用以描述原文中涉及的人类、动物和植物的疾病名称，紊乱以及病理描述。修饰词包括疾病类修饰和自由词	输入 **breast cancer*** 可检索有关该主题的记录。注意在特定的疾病名称后提供了疾病的修饰词。**breast cancer:** neoplastic disease, reproductive system disease/female
Chemicals&Biochemicals（化学品和生物化学品）（1993—）	用以描述天然发生的或者合成的化学物质以及活体的化学成分信息。这些术语摘自原文。为了检索结果全面，应检索同义词和不同的术语。在该字段中含有修饰词，其中部分为控制词 注：1993 年前，公式、同位素、元素符号以及离子被转换为扩展形式。1993 年后，化学词汇的拼写和使用与原文中保持一致	查找有关药物伟哥的文献，应使用不同的检索词（generic, code, trade, and/or chemical)：**sildenafil or viagra** 检索有关铁的记录，应输入：**iron or fe**
Registry Numbers（化学文摘社注册号）（1969—）	The CAS Registry Number® 化学物质登记号按照原文给出。在化学物质登记号中包括了所有的同义词和不同的术语	要检索 selective estrogen receptor modulator raloxifene, 可输入 **84449-90-1**
Sequence Data（序列数据）（1993—）	与分子序列数据相关的入藏号和名称，用于说明高分子类，和原文提供的保持一致，包括登记号	AF047427

续表

主题检索字段	说　明	举　例
Methods & Equipment（方法和设备）（1998—）	用以描述原文中涉及实验的过程、技术、流程、指导、仪器和方法。在每一种方法后跟随有描述方法类型的修饰词	输入 **electron microscopy** 可检索：scanning **electron microscopy: electron microscopy,** microscopy method 输入 **bronchoscopy same diagnostic** 可检索：**fiberoptic bronchoscopy:diagnostic method**
Geopolitical Locations（地理位置）（1993—）	由政府或按地理边界所划分的任一地域或水域，如镇、城市、州、国家及国际实体，包括所有的地域及有重要影响的组织所在地。这些术语主要来自与原文献	利用 **Zimbabwe**（use for Rhodesia, Rhodesia-Z-imbabwe）可检索： Hwange National Park（**Zimbabwe**,Africa, Ethiopian region) 括号内的术语表示在 BIOSIS Authority File 中提供的地理划分
Time（时间）（1993—）	指代在原文中出现的地质学、历史学或者考古学时间年代或者纪元	输入 pleistocene 可检索有关 geologic era 的记录
Persons（人名）	特定的人名	Luc Montaigner Ernst Abbe
Industry（产业）	描述或划分产业的术语	Livestock industry Cosmetic* industry
Institutions & Organizations（机构和组织）（1998—）	表示在原文中出现的公司名、组织或者商业、管理、研究、学术、法律和服务机构的正式名称。BIOSIS 标引人员可能会在地理位置中添加控制词机构类型修饰词或者自由修饰词和其他细节	输入 Oak Ridge National Lab* 可检索到与其机构相关的记录：**Oak Ridge National Laboratory**（Tennessee, USA, North America, Nearctic region)
Miscellaneous Descriptors（各种描述词）（1969—）	BIOSIS 指定的其他主题术语，所有不适合以上描述主题字段的术语都被加入到此字段。该字段还包括 1998 年以前的未被标引导添加的字段的检索词。例如，Persons, Diseases, Institutions & Organizations, etc.。该字段还包括在 1969—1992 年之间使用的 Added Keywords 的检索词	以下列出的混合叙词提供了检索记录的附加主题： **phytochemistry** **plant breeding** **meeting abstract**
Alternate Indexing（交叉索引）（1999—）	交叉索引包括其他类型的索引项，如 MeSH 疾病词表中的术语检索，提高了检索记录的准确性	检索有关葡萄球菌种群感染的记录，输入 **staphylococcal infections mesh**. This will retrieve citations where the MeSH heading has been assigned

2）主概念（Major Concepts）：可以在检索框中直接输入生物主概念，也可以打开主概念列表选择检索词。主概念词有两种排列方式，即按字母顺序排列和按层级排列。列表中的词不能直接检索，需要通过复制的方式将检索词粘贴到检索字段框中。

3）大分类（Super Taxa）：大分类为生物高级别的分类，各分类词包含较宽泛的内容范畴，在大分类框右上方有分类列表链接按键，通过点击可打开该分类列表，列表中的词不能直接检索，需要通过复制的方式将检索词粘贴到检索字段框中。

4）作者（Author）：作者检索格式为姓在前，全拼，后面是第一名称，也可以是缩写的首字母，例如，Andrieu, B.；Birch, C. J.；Grant, Sarah；Ecker, Joseph R.。100 个以

内的作者全部收录数据库（在 1995 年以前，最多作者数为 10 个）。作者检索可以使用截词符“*”，使用截词符检索时，在姓与*号之间有无空格，检索结果是不一样的。例如，“Parkins *”（姓与*号之间有空格），相匹配的是 Parkins, A.；Parkins, J. J.。而与“Parkins*”相匹配的是 Parkins，A.；Parkins, J. J.；Parkinson, D.；Parkinson, Dennis.。如果检索含有标点符号和空格的作者姓名，应检索含与不含符号两种形式。例如，obrien g* or o’brien g* 可以检索到：O’Brien G.; O Brien G.; Obrien G。

5）专利权人（Patent Assignee）：专利权人是对专利拥有权利的个人或组织，该字段也包含专利权人所在的城市和国家。可用全称，也可以用其中的词或词组检索。

6）专利号（Patent Number）：用发布专利国代码加专利号检索，也可以不带发布专利国代码，只用专利号检索，例如，“6551391”或“US 6551391”检索得到同样的专利 US 6551391。在 BP 在中，1995—1999 年只包括美国登记注册的专利。

7）来源出版物（Source Publication）：可以用出版物全名检索，也可以用截词符“*”，来源出版物可以检索期刊和图书。例如，“Agric* and For* Mete*”检索，可以得到 Agricultural and Forest Meteorology。截词只可使用右侧截词。输入“science*”可检索 Science Progress，而不能检索 Social Science & Medicine。还可以利用检索页面提供的出版物列表输入刊名全称。为了检索方便，可以直接从出版物列表页面复制粘贴。如果需要检索图书，可使用主题和来源文献两种方式检索。图书包含书的全名，既有主标题也有副标题。非英语标题被译为美式英语。例如，检索图书 The Rivers of Italy（Ecosystems of the World 系列中的一部分），使用以下两个检索中的任何一个均可。TOPIC: rivers same italy，选择文献类型 DOCUMENT TYPE：Book。或者 TOPIC：rivers same italy，SOURCE PUBLICATION: ecosystems of the world。

8）会议信息（Meeting INFO）：会议信息包括会议主题、会议地址、主办者以及会议日期。通常在该字段几个词用“AND”组合即可得到一个特定的会议。如果要检索会议论文，可以通过会议信息与主题或作者组合的方法检索。注意会议信息字段检索时不要使用“SAME”算符。例如，检索 1996 Meeting of the Phycological Society of America, Santa Cruz, California, USA July 14-19, 1996 的会议文献记录，应输入 phycological and santa cruz and 1996。

9）地址（Address）：包括作者、编者、发明者地址，1998 年之后，一条记录中可显示 26 条作者地址。1998 年以前的记录只包含一条地址。针对地址字段不规范、拼写变化大，可以使用截词符“*”以简化检索。例如，输入“howard univ*”可检索到：Howard University and Howard Univ。由于地址字段一般包含多个地址，通常使用“SAME”算符将多个词组合，以确保检索词在同一地址中。例如，“Univ* SAME Queensland SAME Plant Pathology”检索，可以得到 Cooperative Research Centre for Tropical Plant Pathology, University of Queensland。如果检索词之间用“AND”组合，检索词就不一定在同一个地址中。由于地址中有许多缩写，检索过程中要注意禁用词。例如，检索 University of Washington 发表的文献记录，应输入“univ* Washington”，“of”是禁用词将被忽略。注：如果检索式中包含有禁用词，检索结果可能不准确。为了避免这种情况，可以使用非禁用词，如城市名或者邮编等。

（2）辅助检索工具

在普通检索和高级检索中，BIOSIS Previews 设有专业标引项的辅助检索工具：作者索引检索辅助工具（Author Index）、来源刊索引检索辅助工具（Source Index）、生物体分类系统索引检索辅助工具（Organism Classifiers）、主概念索引检索辅助工具（Major Concepts）、概念代码索引检索辅助工具（Concept Codes）。

点击作者索引检索辅助工具（Author Index），可以按字母顺序浏览，也可以输入要查找的作者名的部分字符，点击 Move To，系统返回对应这些字符的作者名清单，在选中的作者名前点击 Add 后，选择 OK，选定的作者名会自动跳转到检索界面中作者检索字段的检索框里，再直接进行检索。

点击来源刊索引检索辅助工具（Source Index），可以按字母顺序浏览；也可以输入要查找的期刊名的部分字符，点击 Move To，系统返回对应这些字符的期刊清单；在选中的期刊名前点击 Add 后，选择 OK，选定的期刊名会自动跳转到检索界面中期刊检索字段的检索框里，再直接进行检索。

点击生物体分类系统辅助检索工具（Organism Classifiers），输入要查找的生物体类型俗名，点击 Find，系统返回对应的学名；在对应的名词后点击 Add，选择 OK，选定的名词会自动跳转到检索界面中相对应的生物体检索框里，再直接进行检索。

点击主概念索引检索辅助工具（Major Concepts），可以按学科分类浏览；也可以输入要查找的学科分类的部分字符，点击 Move To，系统返回对应这些字符的学科分类列表；在选中的学科分类前点击 Add 后，选择 OK，选定的学科分类会自动跳转到检索界面中主概念检索字段的检索框里，再直接对某一个学科进行检索。

点击概念代码索引检索辅助工具（Concept Codes），共计 571 个五位的学科编码代表了生命科学的大类，可以按字母顺序浏览；也可以输入要查找的广义词的部分字符，点击 Move To，系统返回对应于这些字符的概念代码列表；在选中的概念代码前点击 Add 后，选择 OK，选定的概念代码会自动跳转到检索界面中概念代码检索字段的检索框里，再直接对这个广义词进行检索。

（3）限制检索（Set Limits）

BP 的普通检索提供了四组限定检索结果的选择，即语种（languages）、文献类型（document types）、文献研究类型（literature types）、生物体类型（Taxa Notes）。

文献语种的选项列表，有 50 多个语种供选择：English、Afrikaans、Albanian、Arabic、Armenian、Azerbaijani、Belorussian、Bulgarian、Cambodian、Catalan、Chinese、Croatian、Czech、Danish、Eskimo、Esperanto、Estonian、Farsi、Farsi（Persian）、Finnish、French、Frisian、Gaelic、Georgian、German、Greek、Hebrew、Hindi、Hungarian、Icelandic、Indonesian、Irish、Italian、Japanese、Javanese、Kazakh、Korean、Latin、Latvian、Lithuanian、Macedonian、Malagasy、Malay、Moldavian、Netherlandish、Norwegian、Pidgin English、Polish、Portuguese、Provencal、Romanian、Romansch、Russian、Samoan、Sanskrit、Serbian、Serbo-Croatian、Sinhalese、Slovak、Slovenian、Spanish、Swahili、Swedish、Tadzhik、Thai、Tibetan、Turkish、Turkmen、Ukrainian、Unspecified、Urdu、Uzbek 等，使用 Ctrl+Click 可选择多

个选项。默认选项为“全部语种”（All Language）。

文献类型的选项列表，有 10 多个文献类型供选择：All Document Types、Annual Report、Article、Articles Thesis Dissertation、Book、Book Chapter、Company Profile、Index、Letter、Meeting、Meeting Paper、Obituary、Patent、Software、Technical Report、Thesis Dissertation 等，使用 Ctrl+Click 可选择多个选项。默认选项为“全部文献类型”（All Document Types）。

文献研究类型的选项列表，有 20 多个文献研究类型供选择：All Literature Types、Annual Report、Bibliography、Biography、Catalog、Checklist、Correction、Dictionary、Editorial、Errata、Identification Guide、Literature Review、Manual、Meeting Abstract、Meeting Address、Meeting Paper、Meeting Poster、Meeting Report、Meeting Slide、Meeting Summary、Nomenclature、Obituary、Protocol、Retraction、Software Review、Standard、Taxonomic Key、Taxonomic Review 等，使用 Ctrl+Click 可选择多个选项。默认选项为“全部文献研究类型”（All Literature Types）。

生物体类型的选项列表，有 70 多个生物体类型供选择：All Taxa Notes、Algae、Amphibians、Angiosperms、Animals、Annelids、Archaeobacteria、Arthropods、Artiodactyls、Aschelminths、Bacteria、Bats、Birds、Bryophytes、Carnivores、Cetaceans、Chelicerates、Chordates、Crustaceans、Cyanobacteria、DNA and RNA Reverse Transcribing Viruses、Dermopterans、Dicots、Double-Stranded DNA Viruses、Double-Stranded RNA Viruses、Echinoderms、Edentates、Elephants、Eubacteria、Fish、Fungi、Gymnosperms、Helminths、Humans、Hyracoids、Insectivores、Insects、Invertebrates、Lagomorphs、Mammals、Marsupials、Microorganisms、Mollusks、Monocots、Monotremes、Myriapods、Negative Sense Single-Stranded RNA Viruses、Nonhuman Mammals、Nonhuman Primates、Nonhuman Vertebrates、Nonvascular Plants、Pangolins、Perissodactyls、Pinnipeds、Plants、Platyhelminths、Positive Sense Single-Stranded RNA Viruses、Primates、Prions、Protochordates、Protozoans、Pteridophytes、Reptiles、Rodents、Satellites、Single-Stranded DNA Viruses、Sirenians、Spermatophytes、Subviral Agents、Vascular Plants、Vertebrates、Viroids、Viruses 等，用 Ctrl+Click 可选择多个选项。默认选项为“全部生物体类型”（All Taxa Notes）。

3. 高级检索

点击 BIOSIS Previews 页面上方的 Advanced Search 按钮进入高级检索页面，如图 4.35 所示。

高级检索可用两字符的途径标记进行更复杂的检索查询和检索系列组合。利用右方给出的字段标识符构成复杂的检索式，例如，TS=hibernat* AND（TA=mammalia NOT TA=carnivora）；CH=（Hemoglobin AND glucose）AND DS=diabetes；SO=Journal of Cell Science AND TI=canc*。

字段标识符为：TS=Topic、TI=Title、AU=Author、SO=Source、AD=Address、TA=Taxonomic、MC=Major Concepts、CC=Concept Code、CH=Chemical、GN=Gene Name、SQ=Sequence、CB=Chem & Biochem、CA=CAS Registry No.、DS=Disease、PS=Parts &

Structure、MQ=Methods & Equip.、GE=Geographic、GT=Geological Time、DE=Misc. Descriptors、AN=Patent Assignee、MI=Meeting Info、IC=Identifying Codes。

注意当使用两个字符的字段标识符和集合号创建一个复杂的检索式时，不可以在同一个检索式中同时使用字段标识符和集合号。

检索框下有作者索引检索辅助工具（Author Index）、来源刊索引检索辅助工具（Source Index）、生物体分类系统索引检索辅助工具（Organism Classifiers）、主概念索引检索辅助工具（Major Concepts）、概念代码索引检索辅助工具（Concept Codes）。可以利用辅助工具检索后，进行组合组配检索。

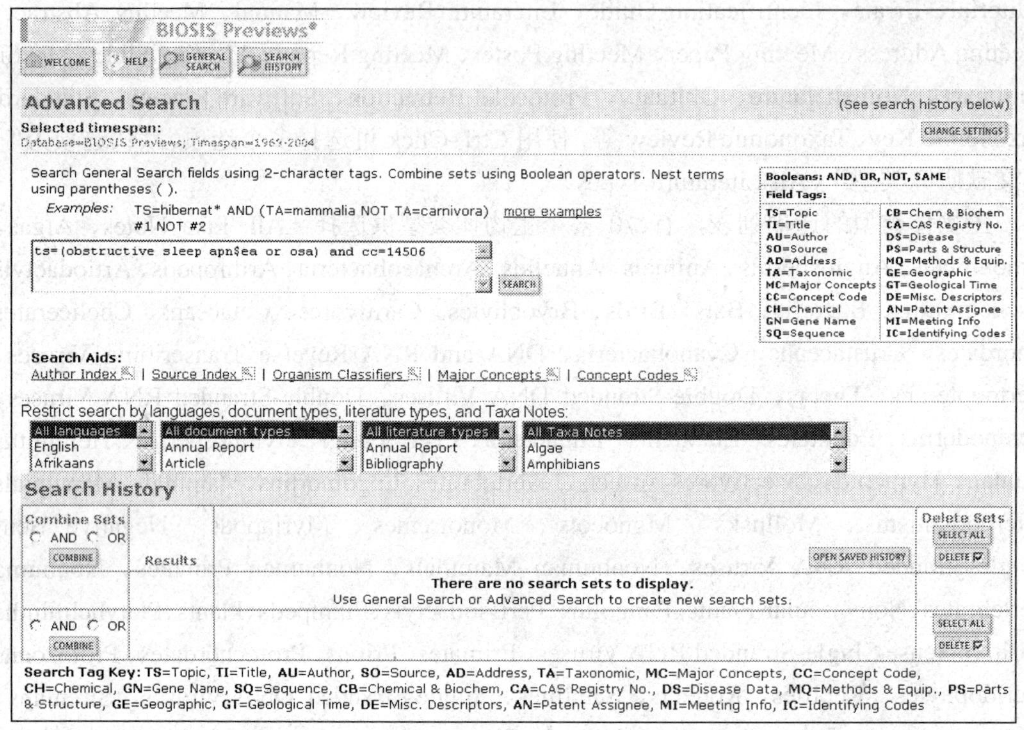

图 4.35　BIOSIS Previews 高级检索页面

4.3.2　检索技术

1. 截词符

无限截断，使用“*”作为截词符，例如，“Lap*roscop*”可以检索到 Laparoscopic、Laproscopic、Laparoscopy 等词。

有限截断，使用“？”作为截词符，一个“？”代表一个字符，在同一个检索词中可以同时使用无限截断和有限截断。例如，“Dosto?evsk*”可以检索到 Dostoyevsky、Dostoievsky、Dostoievski、Dostoyevskii 等词。

2. 运算符

布尔逻辑算符包括 AND、OR、NOT，位置算符为 SAME 或 SENT，当连续输入两个和多个检索词时，系统默认为词组进行检索。在一个检索式中最多可使用 50 个运算符。某些字段包含有唯一的内容，如专利号等，则只能用 OR。例如，TOPIC：mammal* SAME（smell* OR odor* OR olfact*），检索结果中包含单词 mammal 的不同写法，并且在同一个句子中还将出现圆括号中单词的任何一个或者全部。（honey bee* OR honeybee* OR apis mellifera）SAME danc*，检索结果中包含单词 danc 的不同写法（dance，dances，dancing），并且在同一个句子中还将出现圆括号中单词的任何一个或者全部（honey bee，honey bees，honeybee，honeybees，apis mellifera）。

如果在同一个字段中使用不同的布尔逻辑算符，运算的优先顺序为：( )→SAME→NOT→AND→OR。

优先算符：当使用多个算符时，可用括号决定优先顺序，将 OR 前后的词放入括号中，计算机将优先运算括号内的算符。例如，mammal* SAME（smell* OR odor* OR olfact*）。需要解释的是，用 SAME 或 SENT 组合的检索词必须出现在同一个句子里，但顺序可以是任意的。例如，Topic:（greenhouse or green house）same emission*; Address: Houston sent Texaco，检索结果为：Title：GLOBAL GREENHOUSE GAS EMISSIONS INVENTORY METHOD；Address:TEXACO INTL, SAFETY HLTH & ENVIRONM GRP, HOUSTON, TX, USA。

4.3.3 检索结果

1. 记录格式

系统检索后，首先显示的是检索结果列表，包括作者、题目、出处（期刊名称）以及全文链接图标 VIEW FULL TEXT（直接在 BIOSIS Previews 的记录中链接到该文献的全文电子版），如图 4.36 所示。全文链接图标只有订购 BP 数据库的机构同时订购了某一出版社的电子期刊，才能链接到全文。每屏显示 10 条记录。点击文章的题目即可看到该文章的详细记录格式，如图 4.37 所示。详细记录格式包括所有 BP 字段：论文题目、作者、来源刊名/出处、文献类型、文献语种、参考文献、相关文献、引用该文献的施引文献、文献涉及的生物体、生物体的系统分类、生物体的学名、俗名、涉及的化合物信息、涉及疾病的相关信息、实验仪器、方法、MeSH 词、CAS 化合物登记号、概念代码、主概念、文献涉及行政地理区划、文献涉及古生物年代、论文摘要、作者地址、出版社、IDS 序号、ISSN、全文链接。BIOSIS Previews 还与图书馆 OPAC 系统的链接：直接从 BIOSIS Previews 的记录链接到图书馆自己的 OPAC 系统中，即时了解该文献所在期刊的馆藏记录。

全记录页中引入了独一无二的相关索引标引机制（Relational Indexing）完全基于原文献的内容，对文献中的生物体名、化合物、疾病、实验仪器方法、行政地理区划、古生物年代等标引项都会给出相应的专业术语、俗称、隶属的上位分类，以及相应的描述语（如：实验方法仪器在文献中的具体用途；生物体在文献中的角色：寄主或病原体等）。相当于就文献中出现的关键词，给出了一系列相关联的词语加以描述，避免在缺少上下文的情况下，经常会出现词的歧义，造成检索结果不准确的问题。

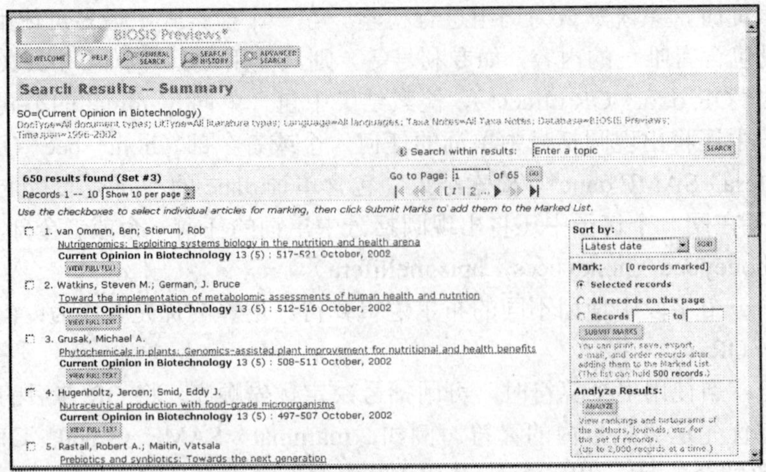

图 4.36 BIOSIS Previews 检索结果列表

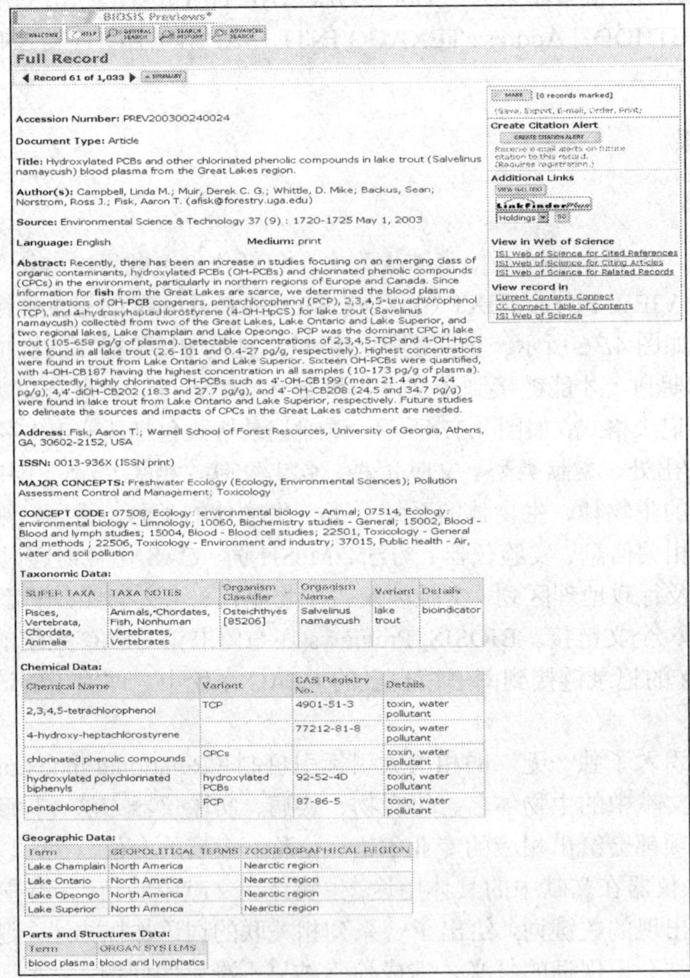

图 4.37 BIOSIS Previews 全记录页

2. 引文跟踪服务（Citation Alert）

在 BIOSIS Previews 全记录页面，点击 Create Citation Alert，可以通过设置引文跟踪服务来追踪某一篇文献的最新被引用情况。如果该文献被新加入到 Web of Science 中的一条记录所引用，将收到一封包含了该记录的电子邮件。使用引文跟踪服务的前提是同时订购了 Web of Science 数据库并在 ISI Web of Knowledge 主页上注册了邮件信箱和密码。点击 Create Citation Alert，将会看到引文跟踪服务已经成功定制的确认信息。引文跟踪服务的有效期为一年，并可随时更新。跟踪检索每周运行，但是只有当有新的引用了指定的文献的记录加入到 Web of Science 时才会收到通知邮件。

若某机构同时订购了 ISI Web of Knowledge 平台上的 BIOSIS Previews、ISI Web of Science、ISI Proceedings、INSPEC、CAB Abstracts、FSTA 等数据库，且这些数据库中有相同的记录时，就可以从 BIOSIS Previews 数据库中的详细记录页面直接链接到上述其他数据库中，获取参考文献（Cited Reference）、施引文献（Times Cited）和相关记录（Related Records）等引文信息。还可以通过 View record in 了解在其他数据库中的标引情况。

3. 分析检索结果

在检索结果列表中，点击 Analyze 图标，可以对检索结果进行分析，分析检索结果功能可按照以下字段：作者（Author）、专利权人（Assignee）、主概念代码（Concept Code）、主概念词（Major Concepts）、大分类（Super Taxa）、来源出版物（Source Title）、出版年（Publication Year）、文献类型（Document Type）、语言（Language）。选择分析结果的数量（最多为 2000 条），选择需要显示的分析结果集合数和每个集合最低命中记录数，可以按照多种方式对 2000 条检索结果进行排序。选择希望浏览的检索结果集合，然后点击 View Records 即可浏览分析检索结果。

4. 标记记录

在检索结果页，从 Mark 框中选择要标记的条数，点击 Submit 图标即可对记录标记。

5. 选择标记显示格式

当标记好记录后，点击页面上方的“标记列表”（Marked List），首先显示的是标记记录的简单格式，该页面上方有一个记录字段显示的选择列表。可选择的显示字段包括：地址、文摘、语言、文献类型、标准出版号、BIOSIS 访问号、出版社、修改信息、会议信息、专利信息、主题字段。在字段选择列表的左侧可同时选择标记记录的排序方式（有三种方式可供选择：最新更新、第一作者、来源题目）。

6. 排序方式

在执行检索前可以预设记录的排序方式，在标记好记录后也可以设定记录的排序方式。如果需要设定检索结果的排序方式，可以在字段选择列表左侧选择，缺省的排序方式为最后更新，即最新数据排在最前面。另外可以选择的排序方式有：第一作者（按字母顺序排列）、来源题目名称（按字母顺序排列）。

7. 检索结果输出

设置好记录显示格式和排序方式后，点击“打印格式”（Format for Print），即可按设定的记录格式显示以便打印；点击“保存文件”（Save to File），则按设定的记录格式将结果保存到文件；点击“输出”（Export）则按设定的记录格式将结果输出到专用软件中，如 EndNote、ProCite 或 Reference Manager 中（必须安装了 EndNote、ProCite 或 Reference Manager 软件）。使用 Reference Manager 可以帮助用户建立自己的专题文献数据库，更方便用户的论文写作；点击“E-mail”将记录发送到指定的信箱。

保存检索历史和创建定题服务和 INSPEC 相同，见 4.1.5 节。

4.4 OCLC FirstSearch 系统数据库

OCLC 联机计算机图书馆中心（Online Computer Library Center）创建于 1967 年，总部设在美国俄亥俄州都伯林，是世界上最大的提供文献信息服务的机构。它是一个面向图书馆的非营利性质、成员关系的计算机服务和研究组织，以推动更多的人检索世界上的信息、实现资源共享并减少费用为主要目的。目前在世界范围内的用户已达 95 个国家和地区的 52500 个图书馆。OCLC 提供以下有关图书馆的全面服务：编目系统；参考数据库和联机检索服务；资源共享系统；资源保存服务；杜威十进分类法。

4.4.1 FirstSearch 系统

FirstSearch 是 OCLC 从 1991 年开始推出的世界上使用量最大的联机信息查询系统，目前已有 2 万多家图书馆的用户在使用。FirstSearch 是一个大型综合性的多学科数据库系统，可以检索 80 多个数据库，其中有 30 多个数据库可检索到全文，这些数据库涉及广泛的主题范畴，覆盖了科学技术、人文及社会科学的各个领域和学科。这些数据库绝大多数由一些美国的国家机构、联合会、研究院、图书馆和大公司等单位提供。数据库的记录中有文献信息、馆藏信息、索引、名录、文摘和全文资料等内容。资料的类型包括书籍、连续出版物、报纸、杂志、胶片、计算机软件、音频资料、视频资料、乐谱等。FirstSearch 数据库一般被分成 15 个主题范畴包括：艺术和人文学科、社会科学、商务和经济、教育、工程和技术、普通科学、生命科学、医学和健康、公共事务和法律、新闻和时事、消费者事务和大众、综合类、会议和会议录、传记、快速参考等。最著名的是一个由 8500 多个图书馆参加联合编目的 WorldCat 数据库。在 FirstSearch 的数据库中总计包括 11660 种期刊的联机全文和 4500 多种期刊的联机电子映像，达 1000 多万篇全文文章。

FirstSearch 的主要特色：

1）易于获取联机全文（与电子库 ECO 整合、标识全文库、全文共享、按全文限制检索；标识收藏馆、联机的馆际互借、与 ILL 无缝链接）。

2）强大的检索手段（系统帮助选最佳库，多种检索界面，多类检索式，多个限制检索手段，扩展、限制、主题词和作者的再检索，链接到相关主题、相关作者、相关数据库等）。

3）灵活多样的检索索引（索引字段随数据库变化、数量多、形式多样）。

4）专门配置了Web界面的管理模块（管理账号，进行系统和数据库选项的设置更设密码，设定FirstSearch界面和功能，配置馆际互借，IP地址管理，资源链接等）。

5）包含馆藏信息，目前该系统共收集了9.3亿多个馆藏地点。

6）信息量大，更新快，覆盖了广泛的主题范畴。

7）多语种界面，包括简体中文界面。

4.4.2 FirstSearch数据库

1. 期刊目次数据库（ArticleFirst）

期刊目次数据库包括15000多种学术期刊的文章引文和目次表索引。主题覆盖了工商、人文学、医学、科学、技术、社会学和大众文化等。目前包含1590多万条记录，每个记录描述了期刊的一篇文章、一则新闻报道、一封信函或其他类型的资料。大多数记录提供了收藏有这种期刊的图书馆列表。大多数期刊是英文资料，也收录了部分其他语言的期刊。数据库覆盖了1990年到现在的资料，每天更新。获取全文的方法，通过OCLC的馆际互借网获取全文，记录中有馆藏标识图时，在本馆获取全文。

2. 科学和人文学领域中的拉丁美洲期刊索引（ContentsFirst）

Contest1st是Article1st的相关库，它包括12500多种期刊的目录页的内容，且带有简短文摘。不但包括以泛美问题为主的期刊中的信息，还含有在24个不同的拉丁美洲和加勒比海地区出版的文章、论文、单行本、会议录、技术报告、采访以及简注。主题内容包括：农业科学、历史、人类学、法律、艺术、图书馆与信息科学、生物学、语言学与文学、化学、管理与会计、通讯科学、医药、人口统计学、哲学、经济学、物理学、教育、政治学、工程、心理学、精密科学、宗教、外交事务、社会学、地球科学等。

3. 电子图书（Electronic Books）

OCLC为世界各国图书馆中的图书及其他资料所编纂的目录，含有由OCLC成员图书馆编目的所有的记录，提供数以百万计的书目记录、400种语种。主题内容包括：图书、手稿本、网址与网络资源、地图、计算机程序、乐谱、电影与幻灯、报纸、期刊与杂志、录音、文章、章节、文件、录像带等。

4. 联机电子学术期刊库（Electronic Collections Online，简称ECO）

ECO是一个全部带有联机全文文章原始内容和映像的学术期刊数据库，但全文检索需要另外付费。一般用户只能检索到元数据信息。它的主题范畴广泛，包括：科技、医学、商业、财政、经济、社会学、心理学和哲学、语言和文学、历史、教育、地理、政治学、农业、法律、书目和图书馆学、音乐和美术。目前记录包括来自70多家出版社的5300多种学术期刊，期刊的数量还正在逐步增加，总计200多万篇电子文章。数据库中的文章都以页映像的格式（PDF、RealPage或HTML）显示，在页映像中包括了文章的全部原始内容和图像。数据库覆盖的日期为1995年至今，每天更新。

在该库中能查看到所有电子期刊的书目信息和文摘，以及用户所订购的期刊的全文文章。如用户没有按期刊订购 ECO 库中的全文，也可使用 OCLC 提供的“按文章购买”服务，即时按篇联机获得该库 2500 多种期刊的全文文章，并可在获取全文的下月初付费给 OCLC。

5. 教育学信息库（ERIC）

ERIC 是由美国教育部教育资源信息中心（Educational Resources Information Center）创建的已出版的和未出版的教育方面的资料来源的文摘数据库。该数据库涉及两个印刷型月刊内容《教育资源》（Resources in Education，简称 RIE）和《教育期刊现刊索引》（Current Index to Journals in Education，简称 CIJE）。它囊括了数千个教育专题，提供了最完备的教育书刊的书目信息，主题范畴包括：成人教育、高等教育、职业教育、初等教育、师资教育、儿童教育、伤残和天才教育、城市教育、教育的管理、评估法、信息和技术、语言和语言学、阅读和交流等，覆盖了从 1966 年到现在的资料，包括约 2100 多种期刊，100 万多条记录，记录每月更新。获取全文的方法：通过 OCLC 的馆际互借网络获取。

6. 美国政府出版机构月刊目录（U.S. Government Printing Office Monthly Catalog，简称 GPO）

美国政府信息资源，报道了与美国政府相关的所有类型的文件。主要包括：国会报告、国会听证会、国会辩论、国会档案、司法资料以及由美国国防部、内政部、劳动部、总统办公室等具体实施部门出版发行的文件。数据库包含的内容范畴是与美国政府有关的所有相关主题。覆盖了 1976 年以来的资料，包括 55 万多条记录，每月更新。获取全文的方法：通过 OCLC 的馆际互借网络获取。

7. 医学文献数据库（MEDLINE）

医学期刊的文摘数据库，MEDLINE 数据库是由美国国家医学图书馆制作的，内容涉及生物医学的各个领域，包括临床医学、实验医学、牙科学、教育、健康服务与管理、护理、毒物学、营养学、药学、病理学、精神病学、兽医学、医学工程以及其他学科。它的数据来源为三个印刷本索引《医学索引》（Index Medicus）、《牙科文献索引》（Index to Dental Literature）、《国际护理索引》（International Nursing Index），共收录了国际上出版的 9580 种期刊，覆盖了从 1965 年到现在的资料，2371 万条记录，其中 75% 是英文文献，从 1975 年到现在的大多数记录中有详尽的文摘。

8. 会议论文数据库（PapersFirst）

国际学术会议论文索引数据库，主要是在会议上提交的文章索引，包括在世界范围的会议、联合会、博览会、研讨会、专业会、学术报告会上发表的论文的书目索引。它覆盖了自 1993 年 10 月以来由大英图书馆资料提供中心（The British Library Document Supply Center，即 BLDSC）收集到的已出版的会议论文，有 240 万多条记录，每两周更新一次。通过向大英图书馆资料提供中心进行馆际互借获取全文。

9. 会议录数据库（Proceedings）

国际学术会议录索引数据库，Proceedings 是 PapersFirst 的相关库，它包括在世界各地举行的学术会议上发表的论文的目次表，每条记录包括在一个会议上发表的论文的目录。该库提供了一条检索“大英图书馆资料提供中心”的会议录的途径。

10. 期刊联合目录（OCLC Union Lists of Periodicals，简称 UnionLists）

OCLC 成员馆馆藏期刊的联合目录数据库，该数据库有 800 多万条馆藏记录，每一条记录包括某种期刊和它的收藏馆的有关信息。该联合目录数据库能帮助你确定在哪个图书馆中有你需要的期号的期刊。

11. 威尔全文数据库（H.W. Wilson's Select Full Text Plus，简称 WilsonSelectPlus）

H.W. Wilson 公司的全文库，也是读者在检索时可自行链接浏览全文的 OCLC 全文数据库。该数据库是一个包括科学、人文、教育和商业领域文章联机全文（提供 HTML 和 PDF 两种格式）、摘要和索引记录的集合，这些全文文章选自 H.W. Wilson 公司的普通科学文摘（General Science Abstracts）、人文学科文摘（Humanities Abstracts）、读者指南文摘（Readers' Guide Abstracts）、Wilson 商业文摘（Wilson Business Abstracts）和许多 Wilson 的其他数据库，它包含美国和国际上的一些专业出版物、学术期刊和财贸杂志的内容。主题包括：会计学、人力资源、广告学、保险、审计、国际贸易、银行、国际动向、广播、投资分析、计算机、管理、经济学、营销学、教育、规划和策略、工程、环境、公共管理、金融、房地产、对外投资、普通科学、税收、远程通讯、保健、运输等。它覆盖了 1650 多种期刊、100 万多条记录的从 1994 年到现在的资料，每周更新一次。

12. 世界年鉴（WorldAlmanac）

《世界年鉴》是一个十分重要的参考工具。数据库包括来自世界事实年鉴与图书（The World Almanac and Book of Facts）、美国世界年鉴（The World Almanac of the U.S.A.）、美国政治世界年鉴（The World Almanac of U.S. Politics）、儿童世界年鉴（The World Almanac for Kids）和知识源世界年鉴（The World Almanac Knowledge Source）等的内容，有传记、百科全书、事实和统计资料等。其中“世界事实年鉴与图书”最早于 1868 年出版，介绍世界各国历史、政治、经济概况，主题涉及：艺术和娱乐、新闻人物、计算机、科学和技术、经济学、体育运动、环境、税收、周年纪念日、传记、美国的城市和州、国防、人口统计、世界上的国家等。“美国世界年鉴”提供了有关美国生活的各个方面的基本统计、历史上的重大事件、所有 50 个州和美国地区的较详细的概貌、按 50 个州在主要领域综合比较排列的每个州的 Web 站点以及有关美利坚合众国更多的信息。“美国政治世界年鉴”是有关联邦的、州和当地政府的重要参考工具，提供了诸如联邦政府机构地址和电话号码之类信息；关于选用政府工作人员的主要的联邦和州的信息；如何从政府机构获得联机帮助；最近主要的高等法院的决议和政治词汇等。“儿童世界年鉴”覆盖了中学低年级的学生和他们的老师感兴趣的 35 个主题范畴的信息和统计，包括令人惊异的统计、新闻人物、动物、计算机、发明创造、空间旅行、体育运动、天气、谜语和游戏等。

13. 联合书目数据库（WorldCat）

联合书目数据库是 OCLC 的一个联机的联合目录数据库。世界范围图书馆图书、网络资源和其他资料的联合目录数据库，是 OCLC 的核心数据库，文献资源来源于 OCLC 的成员馆编目的所有记录。它目前包括 5200 多万条记录，这些记录来自 400 多种语言的文献，每个记录中带有馆藏地点，覆盖了从公元前 1000 年到现在的资料，基本上反映了世界范围内的图书馆所拥有的图书和其他资料。它的主题范畴广泛，包括以下类型的目录资料：图书、手稿、计算机网络资源、地图、计算机程序、乐谱、影片和胶片、报纸、期刊、录音资料、视频资料等，并以每年 200 万条记录的速度增长。该库每天更新。

4.4.3 数据库检索

1. 选择数据库

FirstSearch 主页的主要功能是选择数据库，网页上直接列出了三个主要数据库（ArticleFirst 学术论文、ECO 期刊文章、WorldCat 书目资料）的导航链接，直接点击其中的一个链接点，就可打开所对应的数据库的高级检索界面进行检索。左侧部分是数据库导航菜单。另外提供了基本检索功能，利用“选择主题或者资料库”可在检索主页面完成对任一个数据库的基本检索。

导航菜单的“资料库”有下列数据库的命令菜单选项。

1）全部列出：显示全部数据库，从中可选择单个或多个数据库检索，如图 4.38 所示。

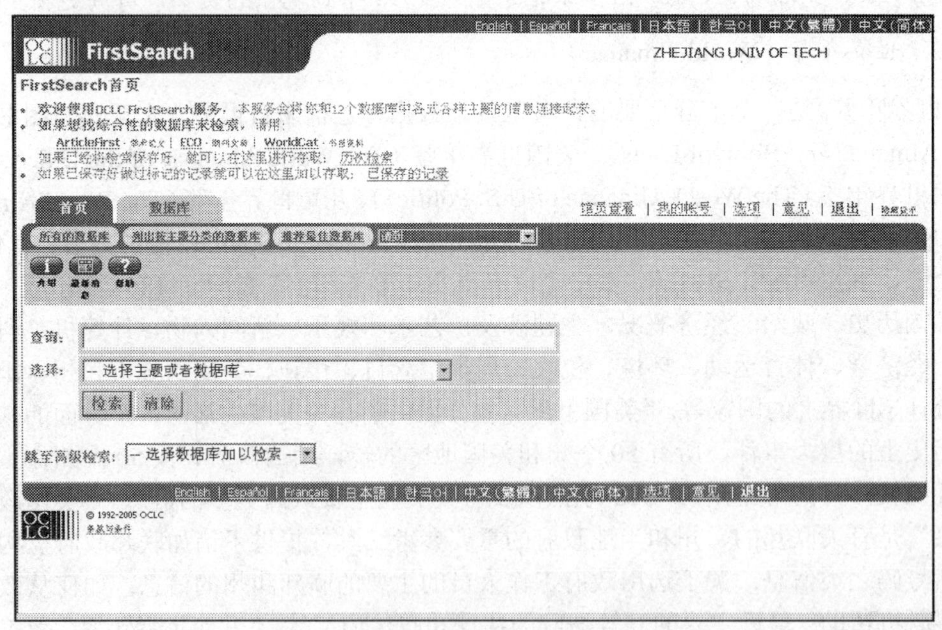

图 4.38 FirstSearch 主页

2）主题分类：按主题范畴显示数据库列表，并选择数据库，每个主题范畴对应多个数据库，共分为 15 个主题和数据库类型，包括：Art & Humanities（艺术与人文）、Biography（传记）、Business & Economics（商务与经济）、Conference & Proceedings（会议与人文）、Consumer Affairs & People（消费者事务和大众）、Education（教育）、Engineering & Technology（工程和技术）、General（综合类）、General Science（普通科学）、Life Sciences（生命科学）、Medicine/Health，Consumer（医学/健康，消费者）、Medicine /Health，Professional（医学/健康，专业人员）、Public Affairs & Law （公共事务与法律）、Quick Reference（快速参考）、Social Sciences（社会科学）。

3）数据库最佳推荐：FirstSearch 还有一个特殊的功能，即推荐最适合的数据库。OCLC 有 10 多个主题范畴，而每个主题范畴又对应很多数据库，怎样才能够知道哪个数据库更适合自己呢？利用“最佳推荐”可以实现选择数据库的操作。点击“最佳推荐”，将要查询的词或词组输入到检索对话框中，系统会把该词所有可用数据库进行扫描，并且显示该检索词或词组在每个数据库中匹配的记录数，对于用户来说，命中记录越多的数据库应该是最好的数据库，用户据此可以有针对性地选择适合于自己的数据库。

数据库列表分为 5 部分，使用列表上部或下部的“选择”和“清除”按键来操纵数据库的选择。数据库按名称的字母顺序依次排列，包括以下各项内容：

①“选择”标识：在想检索的数据库前的单选框中点击，出现“√”即为选中。

② 数据库：数据库名称。数据库名称显示为深蓝色字体的为 OCLC 的数据库。数据库名称为斜体并且带有*号的则表明这个数据库不能实现 FirstSearch 的全部检索功能，只能实现部分检索功能。

③ 著录：表明数据库隶属机构，是对其文献类型的一个简短的描述。

④ 信息：点击图标 ⓘ，将显示该库的详细信息。

⑤ 全文：具有图标 ▤，表示该库有联机全文。

2. FirstSearch 的检索功能

FirstSearch 检索屏幕有三种：基本检索（Basic Search）、高级检索（Advanced Search）和专家检索（Expert Search）。

当选择好数据库以后，点击“选择”即可进入 FirstSearch 检索主页面，缺省为高级检索页面。主检索页面由两部分组成：

数据库导航菜单：导航菜单提供链接到信息检索处理的各步和全局命令。不仅可以进行如前所述的选择数据库，还可以选择检索方式：基本检索、高级检索和专家检索。

检索页面：当前屏幕的一些功能选件的图标按键，以及在每个屏幕上的动作的提示，如帮助，以建立检索式。

（1）基本检索

基本检索适合于初次使用 FirstSearch 检索的人员或检索式比较简单的操作。检索步骤：

1）在“查询”后的对话框内键入一个或多个检索词。如果要检索一个准确词组，对词组加引号，如不加引号系统将把词组中词与词的关系自动默认为“与”。如：“computer aid instruction”为准确词组；而“computer aided instruction”检索的执行效果为 computer AND aided AND instruction。

2）选择检索范围。这种检索只限于作者、题目和关键词字段，有些数据库中检索字段更少。

3）设定限制条件来缩小检索范围。对于每个数据库可限制的条件不同，如Article-First，只要你所在的图书馆为 OCLC 成员馆，即可对你所在的图书馆的资料进行检索、重新排列检索结果和限制检索，另外可限制只检索带有全文的文献。而对于 WorldCat 数据库，除上述限制外，还可以限制文献类型等。

4）如对检索词的拼写和格式不能确定，可点击“浏览索引”功能键，在浏览索引中选词。

5）设定检索结果的排序，按照相关性和更新日期两种排序方法排序。

（2）高级检索

高级检索页面如图 4.39 所示，在“查询”之后的检索对话框中键入检索词或词组，在对话框的右侧打开字段下拉菜单中选择检索字段。在同一个检索框中只能做一种字段检索，有 3 个检索对话框可同时使用，在后两个检索框左侧，可选用布尔算符（AND、OR 和 NOT）组配。在一个检索框中，词与词之间可直接键入“OR”。如检索一个准确词组要对词组加引号。

例：选择 ArticleFirst 数据库。在第一行输入：“computer aided instruction” OR “computer assisted instruction”，选择“关键词”；在第二行输入作者：“Mirescu，Simona”，选择“著者”。

1）如果想缩小检索范围，选择限制功能。可限制的条件因数据库而异，对于高级检索可按年代限制检索，年代的书写格式为 yyyy（如限制年代范围为 yyyy-yyyy）；还可使用图书馆代码限制在特定图书馆检索。

2）可使用截词符（通配符）“*”，复数使用“+”。

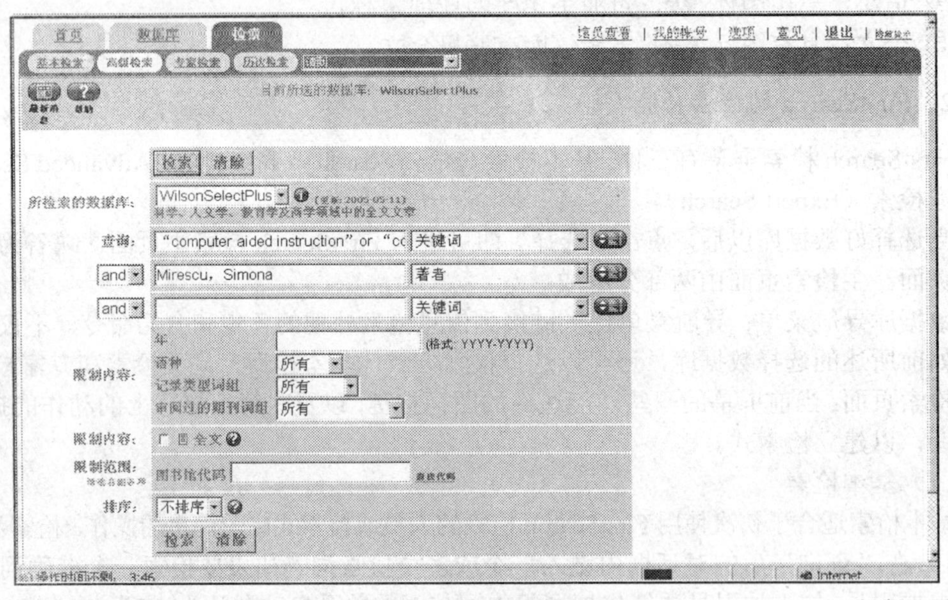

图 4.39　FirstSearch 高级检索页

3）设定检索结果的排序，有相关性和更新日期两种排序方法。

4）如选择了数据库列表中带有全文图标的数据库，在检索时，可在“限制内容”选项点击“全文”前的单选框来进行全文资源的限制检索，结果列表将仅包括可直接联机访问全文文章的记录。

5）可限制图书馆代码。点击“查询代码”打开图书馆代码检索功能来查找代码。

6）可使用“浏览检索”功能浏览索引。点击检索框右侧的浏览索引图标，打开数据库索引浏览页面。数据库中每一个检索字段对应一个浏览索引，索引结构按字母顺序排列。选择浏览字段，在“浏览”之后键入要检索的词或词组或字符串，点击“浏览”，则出现要找的检索词，点击选中的词或词组，该词或词组就会进入检索对话框，再执行检索。

（3）专家检索

专家检索是为能熟练使用逻辑检索功能、截词符合检索字段标识符的有经验的检索者而设计的。检索式由字段符、检索词、布尔逻辑算符等组成，可使用括号来强化检索功能。逻辑算符为 AND、OR 和 NOT，检索字段可以自定义，如果只限制一种字段检索，也可以在字段下拉菜单中选择。图 4.40 给出了一个相关的例子：

au：CLEAVELAND,S AND Kw：（dog＋ORcat＋）AND（"canine madness"Orhydrophobia OR rabies）

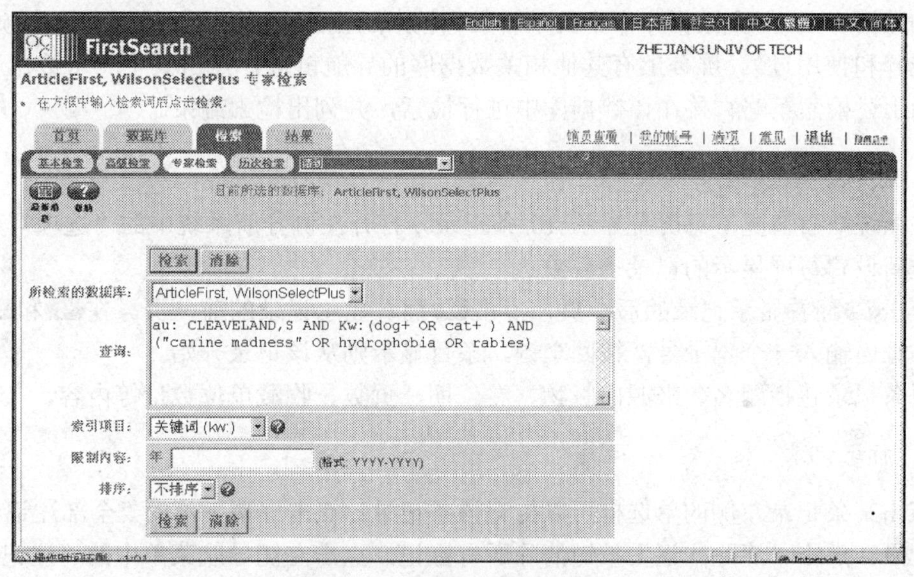

图 4.40 FirstSearch 专家检索

4.4.4 检索技术

1. 复数标识（＋）

使用简单复数功能可同时检索一个词和它的复数（形式为“s”或“es”的复数）。在希望检索复数形式的词的尾部键入一个加号（＋）。

如：检索式中的词“soccer coach+”实际检索到词 soccer coach、coachs、coaches。

2. 截词符（*）

至少键入一个词的前三个字符和一个*号来完成一个词和它的同根词的检索。例如，键入“econ*”，将获得包括 econometrics、economics、economist 等的结果。

3. 通配符（# 和 ?）

当不能确信拼写是否正确时，或当某些拼写可替换时，或当仅知道某词的一部分时，可以使用通配符。FirstSearch 能识别 # 和 ? 两种通配符。

“#:”代表一个字符。例如，键入 wom#n，会获得包括 woman 和 women 的记录。

“?”代表零个或任意个字符。例如，用“colo?r”检索，将得到包含 color、colour、colonizer 和 colorimeter 的记录。

4. 禁用词

FirstSearch 的禁用词包括：a as but from he in of zhat was you an at by had her is on zhis which & are be for have his it or to with。

4.4.5 检索结果

执行检索命令后，与检索策略相匹配的所有记录列表则显示在屏幕上，并列出此时检索的数据库名、每个数据库命中的条目数、检索的短语以及使用的排列和分类顺序（如果曾选择和使用过）。屏幕上有其他相关数据库的导航链接，点击其中一个数据库，系统则用上述检索策略直接在该数据库中进行检索，并列出检索结果。

1. 检索结果列表浏览

在系统缺省情况下每屏幕显示 10 条记录，打开左侧导航系统中的“选项”菜单，可以重新设置每屏显示的记录条目数。

点击▶翻看显示记录的后一页，点击◀翻看显示记录的前一页。在◀和▶之间的文本框内输入一个记录号，按回车键，条目显示则从该记录开始。

每条记录包括题名、来源出版物、卷、期、页数、收藏单位数量等内容。

2. 标记记录

点击某条记录左侧的单选框可以标记该条记录；点击屏幕下部的“全部注记”标记所有记录，点击“清除注记”按键清除所有标记。点击左侧导航菜单中的“注记记录”浏览标记过的记录，并可以对标记过的所有记录执行各种输出。

3. 详细记录

点击简短记录的题名或点击导航菜单中的“详细记录”链接，即可进入详细记录浏览状态，如图 4.41 所示。在详细记录浏览状态下，点击▶翻看后一条记录，点击◀翻看前一条记录。详细显示界面有标记功能，点击即可标记该记录。详细记录中的作者名具有超链接功能，通过点击可以进行该作者的其他著作和文献的检索。一些记录中的 Subject(s)字段下具有超链接的叙词，点击其中任一个叙词可检索同一主题词下的其他文献。点击上部的▥，可以看到当前浏览文献的馆藏地址。

全文浏览：当记录之后有▤图标时，表示可浏览该记录的全文，点击▤可看全文，但有许多全文一般读者没有浏览权，需要另外付费才能得到。

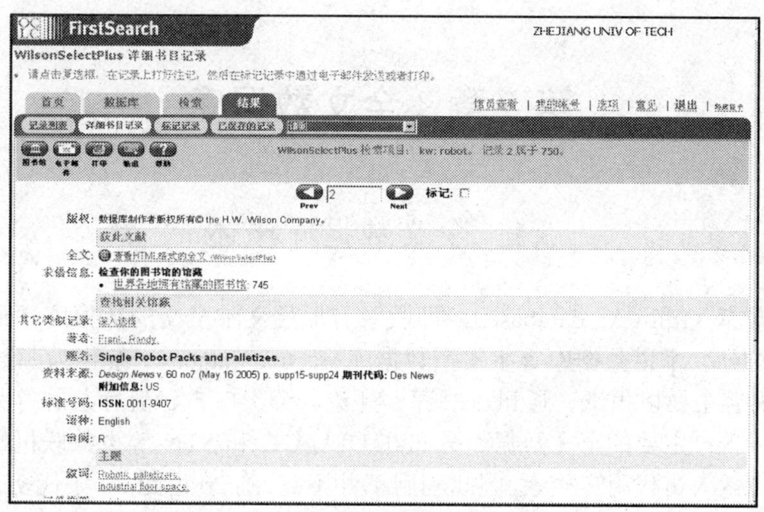

图 4.41　OCLC 详细记录显示格式

4. 结果输出

打印：点击屏幕顶部或底部的打印图标即可，然后选择打印。

E-mail 记录：点击屏幕顶部或底部的 E-mail 图标，选择记录详细/简单格式，选择记录文本格式，在“电子邮件地址：”中键入 E-mail 地址，点击“传送”。

保存记录：点击屏幕顶部或底部的打印图标，记录进行重排，再使用浏览器的保存功能，通过选择目标盘、起文件名，执行保存即可。保存的内容即为屏幕上所看到的。

4.4.6 管理模块

为了更有效地服务，OCLC 提供了一套针对 FirstSearch 检索服务的管理模块（Administrative Module）系统，主要由集团用户的账号管理工作人员使用，这套管理模块的主要用途：

1）控制和管理 FirstSearch 服务的检索功能，如设置检索屏幕的静止时限（time out）、设置检索系统可否进行相关数据库检索、设置一次最多检索数据库的数目、设置馆藏信息的显示、显示检索的文献所在的图书馆、设置发送全文的方式、设置馆际互借功能等。

2）整合 FirstSearch 检索系统与本地图书馆的其他服务项目，如检索结果中设置与本地图书馆馆藏目录的链接、设置本地图书馆的 OpenURL 服务链接等。

3）控制使用 OCLC 时的费用情况，如设定文章的购买方式、设置最高文章的价格、设定可按价格选择期刊等。

本章主要参考文献

冯白云，林佳. 2003. 化学及相关学科信息源[M]. 北京：清华大学出版社.

肖珑. 2003.数字信息资源的检索与利用[M]. 北京：北京大学出版社.

http://www.cas.org[OL].

http://www.isiknowledge.com[OL].

第 5 章　全文数据库

5.1　全文数据库概述

全文数据库（full-text database），即收录有原始文献全文的数据库，最初与数值数据库、指南数据库、术语数据库等事实型数据库（factual database）统称为源数据库（source database），内容主要以报纸、通讯、书评、评论、分类广告、流行杂志等为主，较少学术性论文、报告；主要的全文数据库分布在 DIALOG 和 STN 等少数联机检索系统中，必须由专业检索人员代用户检索，因此利用率并不高。到 20 世纪 80 年代初，据“Directory of Online Database”统计，在当时的 400 个数据库中，全文数据库有 17 个，仅占 4%。

20 世纪 80 年代中期以后，全文数据库在数据库中所占比例开始逐步增长。进入 90 年代，随着文献出版量及其价格呈几何级数式的增长，一般机构或图书馆已无法购买和拥有足够的原始文献；而网络技术的发展，使人们可以越来越方便和频繁地在网上访问和获取数字信息资源，从而也就越来越希望在网上直接得到一次文献，因此，全文数据库，特别是基于因特网开发的全文数据库（web-based full-text database）以及全文服务就有了飞速发展。到 1996 年，全文数据库在数据库中所占比例大约为 50%。

（1）全文数据库发展的具体表现

1）收录的学术性、实用性增强，基本以期刊论文、会议论文、政府出版物、各类统计报告、法律条文和案例、商业信息等为主。

2）内容上不再只限于文字，各类图表、图片都可以收录并浏览下载。

3）不以联机检索为主要检索方式，而是发展出了适合全文数据库特点、基于因特网的检索系统。

4）在概念上脱离了源数据库，成为一种独立的电子资源类型。

（2）全文数据库的应用领域划分

1）期刊文章全文库，收录有期刊或报纸上文章的原文，如 ProQuest Information and Learning 公司（原 UMI 公司）的“学术期刊图书馆”（Academic Research Library）、EBSCO 公司的“Academic Source Premier Publications”数据库等。

2）商业信息、统计报告全文库，收录有各类市场新闻、公司情况、研究报告等，如 EBSCO 公司的“商业资源集成全文”（Business Source Premier）就包含大量这类的信息。

3）法律法规条文和案例全文库，如 LEXIS-NEXIS 系统的 LEXIS。

4）政府报告、新闻信息等，如 LEXIS-NEXIS 系统的 NEXIS。

（3）全文数据库的特点（与其他类型的电子资源相比）

1）直接性：即用户可以直接检索出原始文献，不必像参考数据库那样先检索出书目信息，再去查找原文。

2）综合性：全文数据库收录寻求“全”，尽可能地扩大文献来源，增加数量，按主题同时收录有多种类型的文献，用户可以在同一主题下检索出数量很多、类型不同的文献。但这样做也存在一定的问题，即收录过“杂”，有些通俗读物也被收录其中，降低了数据库的学术水平。

3）检索方法：除一般检索方法之外，增加全文检索技术，因此文献的正文及其他相关部分（如引文）都可以被检索到，可以找到许多边缘信息。但同样也造成在检索结果中出现许多不相关信息的现象。为解决这个问题，在全文数据库检索中，除布尔逻辑检索之外，用得较多的方法还有位置算符检索。

4）检索语言：自然语言应用较多。

5）标引：全文自动抽词标引，生成倒排档。

6）存储空间大：通常一年增加的数据量有几百千兆（GB），因此一般不在本地存储数据，而是通过因特网直接在提供商的数据库中进行检索和存取。

7）文件格式：多采用PDF文件和文本文件两种格式，前者保持了与纸本期刊相同的版式，尤其是可以保存各类图表、图片，看上去就如同在浏览纸本期刊一样，但必须使用特定的浏览器Adobe Acrobat Reader来阅读，且数据传输速度较慢。文本文件则相对传递较快，但文中的图表、图片或者无法转换，不能看到；或者采用与文本文件不同的格式，如GIF、JPEG等格式，需单独浏览和保存。

（4）全文数据库的评价标准

许多著名的参考数据库，如“科学引文索引”、“化学文摘”、“科学文摘”等，都是在已有几十年甚至近百年历史的印刷型出版物基础上形成的，在学术研究领域已经颇具权威性。而全文数据库的发展却只有近十多年的历史，因此在选择和使用全文数据库时，要有一系列的评价标准：

1）对数据库全文收录情况进行分析：所谓全文数据库，并非其中收录的报刊、报告全部都是全文，因此全文占多大比例就很重要，通常全文占到50%左右即可称为全文数据库，而全文能占到65%（约三分之二）以上就是比较好的全文数据库了。另外，全文是指整篇文献的收录，有些数据库号称收录全文，但实际上有时一篇文章由于不能解决版权等问题，只给出一部分篇幅，这样的“全文”是有水分的，必须要注意到。

2）核心出版物收录情况：全文数据库往往为了求“全”而不断增加来源出版物，这一点不同于参考数据库——后者通常要对收录的出版物进行精心选择——因此数据库中核心期刊和权威出版物所占比例，其中又有多少全文刊，是说明数据库质量的一个重要因素。通常数据库中所包含的出版物品种的数量是不足以说明问题的，因为其中可能有不少是非核心刊物或通俗读物。

3）注销出版物：全文数据库的出版物收录情况往往会发生变化，有些出版物虽然仍包含在数据库中，但出版商已经不再出版或停止向数据库商提供电子版的最新内容，也就是说，这些出版物并不包含当前的数据，这样就无法满足用户对最新数据库的使用需求。还有些数据库，最初可以提供某些出版物的全文，但现在只能提供文摘了，例如EBSCO的“Academic Source Premier Publications”数据库现在就不再提供Taylor& Francis出版社的全文。因此要注意分析从数据库中注销的出版物的情况，如果过多，则数据库质量就有所下降。

4）对数据库检索系统要做全面评价，这方面的评价指标详见第1章相关内容，其中尤其是能否进行全文检索（full-text search capabilities），以及在检索结果中能否用全文限制做二次检索（view full-text only），或在检索时就可以使用全文做限制，以方便用户只看有全文的记录。

5）检索结果：文件格式最好有超文本文件和 PDF 文件两种供用户选择；允许用户按相关性、日期或字母顺序重新排列结果；具备打印、存盘或 E-mail 发送的功能；特别需要注意的是，有些数据库只能给出文字，原文中的图片、表格因种种原因无法给出，这并不符合要求，因为实际上有许多重要信息就包含在这些图表中。如果在一个全文数据库中经常出现这样的问题，就说明这个全文数据库有“水分”。

6）出版物更新与滞后情况：数据库的更新频率越高，内容的时效性就越强，通常以日更新或周更新为最佳。但由于全文数据库收录的内容仍以印刷型出版物为主，也就存在着时滞，即出版物被收录进数据库的时间与印刷型出版物的出版时间之间的差。时滞过长，就影响数据库的时效性和质量。有些全文数据库虽然收录的全文出版物很多，但出版商如 EBSCO 出于版权的考虑，限制全文上网的时间，这样这些全文出版物最初就只能提供给读者文摘或部分全文，影响了读者查阅。这种出版物如占比例过大，或时滞过长（两个月以上），数据库质量也相应下降。EBSCO 全文数据库中全文时滞有6 个月和 12 个月甚至有许多刊物还时滞 24 个月。如美国著名刊物《科学》(Science)在 EBSCO 数据库时滞 12 个月。

5.2 ProQuest 系统全文数据库

ProQuest 商业信息、学术研究、应用科技数据库是美国 ProQuest Information and Learning 公司（原名 UMI 公司）的全文检索和传递系统，目前在世界有一定的知名度，目前超过 100 多个国家的用户在使用 ProQuest 系统提供的数据库，其数据库涉及商业管理、社会与人文科学、科学与技术、金融与税务、医学、新闻、参考信息等广泛领域，包括期刊、报纸、参考工具、参考文献、书目、索引、地图集、图书、记录、博士论文和学者论文集等各种类型的信息服务。该公司 Web 版数据库的主要特点是将二次文献与一次文献“捆绑”在一起，为最终用户提供文献获取一体化服务。用户在检索文摘索引时就可以实时获取 image 全文信息。

网址：http://proquest.umi.com/pqdweb 或 http://global.umi.com/pqdweb。

5.2.1 ProQuest 系统主要的数据库

ProQuest 系统目前有 80 余个全文数据库，基本为期刊论文数据库。

1）商业信息数据库（Abstracts of Business Information，ABI/ INFORM）：世界著名商业及经济管理期刊论文全文数据库，收录有关财会与审计、银行、商业、计算机、经济、能源、工程、环境、金融与投资、国际贸易、保险、法律、管理、市场、税收、房地产、化学化工、石油、能源、电信等主题的全世界范围 2660 多种全文刊，涉及这些行业的市场、企业文化、企业案例分析、公司新闻和分析、国际贸易与投资、经济状况和预测等方面，其中国际性商业管理全文期刊为 918 种，其余为文摘，有图像。被 SCI 和 SSCI 收录的核心全文期刊 140 余种。用户可检索到自 1971 年以来的期刊文摘和 1986 年以来的期刊全文。另外还提供非期刊出版物，如经济学家报告（EIU Views Wire

Content)，提供有关全世界 20 多万个公司的商业信息，并可向用户提供近 30 年来在商业环境与贸易条件、市场发展趋势、企业经营战略和战术、管理技巧、产品竞争信息、与管理相关的科学技术。

ABI 所收录的期刊目前已是各国工商管理学院在订购商业期刊时的参考指南和行业标准。世界上几乎所有的著名商学院如哈佛商学院、西北大学商学院以及在美国排名前 50 名的所有工商管理学院均订购该数据库。

2）学术研究图书馆（Academic Research Library，ARL）：综合参考及人文社会科学期刊论文数据库，涉及社会科学、人文科学、商业与经济、教育、历史、传播学、法律、军事、文化、科学、医学、艺术、心理学、宗教与神学、社会学等学科，收录了 2400 余种全文期刊和报纸，SSCI 和 SCI 收录的期刊有 774 种，有图像。可检索 1971 年来的文摘和 1986 年来的全文。

3）应用科学与技术数据库（Applied Science & Technology Plus，ASTP）：收录著名的 Wilson AST 文摘索引的全部 540 多种期刊。每条记录附有完整的书目信息和 100 字左右的文摘，用户可在 540 多种期刊中的 260 种左右看到期刊的全文或全文图像。全文图像部分完整收录了对科学研究至关重要的数据、表格、图表、相片及图例等。内容覆盖航空航天、声学、地质学、人工智能、计算机技术、电子电力、通讯、电信、核能、物理、大气科学、海洋技术、工业工程、环境工程、机械工程、化学工程、土木工程、采掘工程、核工程、食品及食品工业、运输等领域。

4）博硕士论文全文数据库（ProQuest Digital Dissertation，PQDD）：世界著名的学位论文数据库，它收录了全世界1000多所北美地区及部分欧、亚、大洋洲地区著名大学的人文社会科学和理工科170万多万篇博硕士学位论文文摘、索引，其中100多万篇论文有全文，每年新增论文量达5.5万篇左右，最早的论文可回溯至1861年，学科覆盖了人文、哲学、社会科学、文学、艺术、数学、物理、化学、农业、生物、商业、经济、工程和计算机科学等广泛领域，是目前世界上最大和使用最广泛的国际性学位论文数据库。

5）科学期刊全文数据库（ProQuest Science Journals）：收录了 270 多种期刊的全文或全文图像。全文图像部分完整收录了对科学研究至关重要的数据、表格、图表、相片及图例等。该数据库涵盖了理工类多种学科范围。

6）生物学全文数据库（ProQuest Biology Journals）：收录了 210 多种生物学方面的期刊，全部有全文。覆盖的主要学科有环境、生物化学、神经学、生物技术、微生物学、植物学、农业、生态学及药物学、大众健康。

7）农业全文数据库（Agricola PlusText）：收录了 800 多种期刊，其中全文期刊 140 种，是以美国国家农业图书馆的 Agricola 文摘索引为基础的数据库，涉及美国农业和生命科学等领域，如水产业和渔业、动物科学、农业经济、农作物管理、食品与营养学、地球及环境科学等。Agricola 提供了 1970 年至今的重要农业信息，也涵盖了与农业相关的 370 万个期刊文章、专题文章、专论、专利、软件、视听材料和技术报告的引文。

8）计算机全文数据库（ProQuest Computing）：收录了 260 多各种综合性和专业性的计算机期刊，其中 190 多种有全文，如 Computerworld、InfoWorld、Computer Reseller News、PC World、Byte、Communications of the ACM、Journal of the Association for Computing Machinery 期刊。

9）通讯技术全文数据库（ProQuest Telecommunications）：收录了 240 种通讯技术方面的重要期刊，其中全文期刊为 110 种，广泛收录了电讯科技、产品及全球产业状况等信息。著名的期刊如《广播与电子媒介杂志》(Journal of Broadcasting & Electronic Media)、《无线设计与发展》（Wireless Design and Development）、《宽带网络简讯》（Broadband Networking News）等。其中 80 种期刊包含全文文章，其中大约有 40 种出版物的全文图像文章可回溯至 1987 年，是研究电信行业及其技术的人士所不可或缺的信息资源。

10）职业教育数据库（ProQuest Career & Technical Education）：提供 445 种期刊论文索摘资料，包括 390 种全文、330 余种全文及图文影像，主题涵盖职业教育方面，包括汽车、电子、计算机科技、图片艺术、医学、护理、药学、幼儿保育、餐旅服务、办公室技能、零售业、兽医、公共安全等。

11）健康与医学全文库（ProQuest Health & Medical Complete）：收录了 600 余种医学方面的全文期刊，学科覆盖护理学、内科学、儿科学、神经学、药理学、心脏病学、物理治疗以及新增的公共卫生和卫生管理等领域。

12）医学全文数据库（ProQuest Medical Library，PML）：以 MEDLINE 作索引，收录了 581 多种带有完整全文图像的重要的基础医学、临床医学及卫生健康方面的全文专业期刊。PML 除收录了权威的美国医学协会（American Medical Association）所出版的全部 12 种刊物的全文和文摘外，还收录了许多有关基础医学、临床医学、卫生护理等方面的重要期刊，例如 The Lancet、British Medical Journal、Nursing 及 Pediatrics 等。这些期刊覆盖了大部分医学与健康领域，如药理学、神经学、心脏病学、物理治疗以及上百种其他相关专业。

13）护理学全文数据库（CINAHL Database with Full Text）：CINAHL 是 Cumulative Index to Nursing and Allied Health Literature 的缩写，收录了全球英文护理专业期刊、美国护理协会、国际护理联盟组织及护理卫生科学联盟组织及选录自生物医学 Index Medicus 中有关护理文献之资料，共计约有 3200 种期刊，并且还收录了有关护理学主题的博硕士论文。

14）心理学期刊全文数据库（ProQuest Psychology Journals）：收录了来自美国、加拿大和英国数百种心理学及相关领域的顶级刊物 518 种，其中全文刊 437 种。数据库中的文摘信息最早由 1971 年开始，全文信息则最早由 1987 年开始，其中图像全文部分收录了对心理学及相关领域研究至关重要的数据、表格、图表、相片及图例等内容。该数据库可充分满足心理学专业及相关领域学生、教师和精神健康方面专家学者学习和研究的需要。

15）心理学全文库（PsycARTICLES）：收录美国心理学协会（American Psychological Association，APA）、美国心理学协会教育出版基金会、加拿大心理学协会和 Hogrefe & Huber 所出版的期刊。该数据库收录了 51 种顶级刊物的全部内容（广告和编委会成员列表除外），收录的信息自 1988 年始。

16）心理学全文库（PsycINFO Plus Text）：美国心理学协会出版的著名的文摘索引数据库，原名 PsycLit，为光盘数据库。网络版数据库提供 1919 种期刊的文摘和索引，其中全文刊 400 余种。该数据库收录的信息自 1887 年始。

17）金融信息全文数据库（Banking Information Source）：收录了 430 多种期刊，其中

270 多种有全文资料，还提供了《纽约时报》（The New York Times）、《华尔街日报》（The Wall Street Journal）、《财富》杂志（Fortune）及《商业周刊》（Business Week）等著名刊物。学科覆盖了金融、贷款、银行科技、银行管理、农业贷款及电子金融业务等领域。

18）财会与税务全文数据库（ProQuest Accounting and Tax）：收录有 800 多家商务期刊以及出现在主要与会计和税务专业有关的新闻杂志上的文章。数据库的主要特点是将发表在 200 多种有关会计、税务以及金融管理杂志上的文章进行编引并赋予文摘。它包括《纽约时报》及《华尔街日报》上的信息。涉及的主题包括会计、查账、银行、倒闭、补偿、咨询服务、金融、财政及货币政策、法律、税务等。

19）亚洲商学信息数据库（ProQuest Asian Business）：收录商业、金融和经济方面的期刊、杂志，提供东半球最新商业金融新闻，内容包括如 Eastern Economic Review、Asiaweek 等许多重要国际出版物中有关亚洲商业金融方面的信息。

20）亚洲全文数据库（ProQuest Reference Asia）：资料来源以“官方档案”为主，完整收录亚洲地区政治经济情况、企业运作、社会现象，以及地区发展、名人、机构等相关资料，内容收录为全文。在 Reference Asia 数据库中，可以搜集某特定主题的各种不同资料形态（如新闻、期刊文章、统计资料），以提供学者从多种角度来进行主题的研究。

21）教育全文数据库（ProQuest Education Complete）：收录了 660 种期刊文摘、索引（1994—），其中 540 余种期刊有全文（1996—）。收录了学前教育、初等教育、高等教育及成人教育等领域的期刊，包括《Childhood Education》、《College Teaching》、《Harvard Educational Review》、《Journal of Athletic Training》、《Educational Theory》及《Urban Education》。

22）教育研究全文数据库（ERIC Plus Text）：ERIC 是由美国教育部倡议发起的一个信息系统，它创立了美国教育文献的国家书目数据库。该数据库包含两个部分，即 RIE（Resources in Education）和 CIJE（Current Index to Journals in Education）。其中，CIJE 包含 750 种专业期刊的论文索引。现在，ERIC 共包含 850 余种原始文献的摘要信息。

23）国际音乐期刊索引与全文数据库（International Index to Music Periodicals Full Text）：收录全球最重要的学术性及流行音乐期刊达到 410 多种，其中 83 种有全文，收录时间最早可回溯至 1874 年，涵盖超过 60 多种的音乐主题（如爵士、音乐市场、录音系统等）以及数千个主题词汇（用来描述音乐概念、人物、地名或团体名称，范围相当广泛），同时每篇文章皆有简单的摘要，提供使用者更丰富的内容。

24）国际表演艺术期刊索引与全文数据库（International Index to the Performing Arts Full Text）：是目前世界上在表演艺术领域收录信息最全面、覆盖学科最广泛的数据库。学科领域包括表演艺术、舞蹈、电影、电视、戏剧、舞台技术、马戏、木偶戏、魔术、歌剧等，收录超过 210 种学术性和通俗性的表演艺术期刊，近 40 种全文期刊，同时也有部分期刊的回溯资料，有些甚至回溯到该期刊创刊号，并定期增加引用记录。

25）国际电影索引数据库（Film Index International）：是世界上最全面的在线电影图书馆，由 ProQuest Information and Learning 公司与英国电影学院（British Film Institute，BFI）合作完成。FII 源于整理了 70 多年电影信息的 Summary of Information on Film and Television（SIFT），集中了娱乐电影和人物的权威信息资源。

26）美国电影学院电影目录数据库（American Film Institute Catalog）：这是建立于1967年的美国电影学院（American Film Institute，AFI）的书目数据库。AFI是致力于促进电影电视和其他形式移动影像的发展，并保存相关资料的著名学府。AFI致力于通过教学、训练、表演以及对这种艺术形式进行保存和赋予新的意义来推动电影的创新和杰出性。

27）牛津国际政治经济分析数据库（ProQuest Oxford Research）：收录1986年以来Oxford Analytica Daily Brief的分析专文，报道世界及地区性重大政经发展，并分析这些发展所带来的影响。Oxford Analytica的编辑团队每天挑最多8件国际性或区域性的重大事件，进行分析报道，另外，每天还提供30多则的新闻摘要。

5.2.2 数据库检索

1. 基本检索

ProQuest基本检索只提供一个检索，用户可以直接键入单词和词组检索。目前可以提供简体中文检索界面方便中国读者使用。可以进行简单的限制检索。

2. 高级检索

高级检索为指南检索，如图5.1所示，可以使用字段检索和关键词检索两种方式，为读者提供分栏式关键词输入方法。除可选择逻辑运算符外，还可选择字段限定选项（AU-作者、TI-文章名、SO-刊名、AB-摘要等）。

图5.1 ProQuest系统高级检索界面

5.3 EBSCOhost系统全文数据库

EBSCO是世界上最大的提供期刊、文献订购及出版服务的专业公司之一，

EBSCOhost 系统是美国 EBSCO 公司的三大系统之一，用于数据库检索（其他两个系统是 EBSCO Online 和 EBSCOnet 分别为电子期刊系统和期刊订购信息系统），目前可以提供 100 多种全文数据库和二次文献数据库，这些数据库包括近 10000 种期刊全文，包括自然科学、社会科学、人文和艺术科学等各类学科领域。其中收录的期刊有一半以上是 SCI、SSCI 的来源期刊。它是世界上收录学科比较齐全的全文期刊联机数据库。

EBSCOhost 检索系统以其友好的用户界面、强大的检索工具、完善的传输手段、丰富的客户定制功能赢得了客户的好评。除 EBSCO 数据库本身提供的一次和二次文献外，还可以通过智能链接（SmartLinks）连接到其他 EBSCO 数据库或电子期刊服务（Electronic Journals Service，EJS）中的全文；通过链接服务器（LinkSource）双向连接到众多全球知名的文献出版和发行公司的数据库中；通过定制链接（CustomLinks）连接到图书馆的 OPAC 系统或任何希望连接的文献源。此外，还可以通过 CrossRef 等连接服务商获得文献。

网址：http://search.epnet.com/。

5.3.1 EBSCOhost 系统主要的数据库

EBSCOhost 系统主要包括下列两个全文库：

1）多学科学术期刊全文数据库（Academic Source Premier，ASP）：是全球最大的综合学术性跨领域数据库，专为研究机构所设计，提供丰富的学术全文期刊资源。Academic Search Premier 提供的许多文献是无法在其他数据库中获得的。这个数据库提供了 8052 种期刊的文摘和索引；4595 种学术期刊的全文；同行评价全文期刊 3525 种；其中 100 多种全文期刊回溯到 1975 年或更早；大多数期刊有 PDF 格式的全文；很多 PDF 全文是可检索的 PDF（Native PDF）或是彩色的 PDF。涵盖多元化之学术领域，包括生物科学、工商经济、计算机科学、通讯传播、土木工程、机械、社会科学、人文科学、教育、艺术、法律、音乐、文学、语言学、宗教、医药学、种族及妇女研究等。大部分期刊为 SCI 收录的核心期刊。数据库通过 EBSCO 主机每日进行更新。数据库中著名期刊有：《美国历史评论》（American Historical Review）、《哈佛国际评论》（Harvard International Review）、《国际商用机器公司研究与开发杂志》（IBM Journal of Research and Development）、《中欧史》（Central European History）、《比较文学》（Comparative Literature）、《当代文学》（Contemporary Literature）、《美国文学》（American Literature）、《美国政治科学杂志》（American Journal of Political Science）、《英国医学杂志》（British Medical Journal）等。

2）商业资源全文数据库（Business Source Premier，BSP）：这个数据库是为商学院和与商业有关的图书馆设计的。收录了 8350 份学术性商业期刊及其他来源的全文，其中包括 1100 多份学术商业刊物，与商业相关的主题范围几乎包括在内。学科领域包括国际商务、经济管理、商业管理、经济学、金融、会计、国际贸易、业务行销、商业理论与实务、劳动人事、银行、房地产、产业报道及评论等。大部分期刊为 SCI & SSCI 收录的核心期刊。数据库中著名期刊有：《哈佛商业评论》（Harvard Business Review）、《管理学会评论》（Academy of Management Review）、《管理学会志》（Academy of Management Journal）、《美国经济评论》（American Economic Review）、《会计学评论》

(Accounting Review)、《斯隆管理评论》(MIT Sloan Management Review)、《加利福尼亚管理评论》(California Management Review)、《金融杂志》(Journal of Finance)、《美国农业经济学杂志》(American Journal of Agricultural Economics)、《行政科学季刊》(Administrative Science Quarterly) 等。该数据库提供超过 350 份顶尖学术性期刊的全文 (PDF 格式),最早回溯至 1922 年,数据每日更新。

数据库还包括 EIU、DRI-WEFA、ICON Group 和 CountryWatch 的国家经济报告。EBSCO 正在与出版社合作制作的 300 种著名商业学术期刊的全文回溯数据也包括在这个数据库中。其中 200 种期刊有 PDF 格式的全文。这些回溯期刊可回溯到 1965 年或期刊创刊年,其中部分期刊更可提供过去 50—100 年的全文。Business Source Premier 的用户可查阅由 Datamonitor 所提供的 10000 家公司的概况和 1700 个产业报告。

EBSCO 提供的其他数据库:

1) 传播和大众传媒数据库 (Communication & Mass Media Complete,CMMC):全球最完整的传播学全文数据库,提供传播和大众传媒领域的最强大的高品质文献检索及研究解决方案。CMMC 结合了以前由美国传播协会(National Communication Association) 出版的 CommSearch 和以前由 Penn State(美国宾州州立大学)出版的 Mass Media Articles Index 两个数据库,连同大量其他传播学期刊,成为传播学领域最具深度及广度的参考文献资料库。CMMC 提供了大约 300 多种期刊中全部文章的索引和摘要及 100 多种的选择性收录的期刊,共计收录 400 多种期刊。其中全文刊有近 200 种。许多重要的期刊有从第一期到最新一期期刊的索引、文摘、PDF 全文及可以检索的引文信息,最早可回溯到 1915 年。

2) 报纸资料数据库 (Newspaper Source,NS):提供精心挑选的 220 多种美国报纸、世界报纸、新闻专线、新闻专栏和其他国家报纸的索引和文摘。完整收录了包括《The Christian Science Monitor》、《USA Today》、《The Times》(London) 在内的报纸;部分收录了《Boston Globe》、《Detroit Free Press》、《Houston Chronicle》、《Miami Herald、San Jose Mercury News》等报纸。另外还包括由 CBS News、FOX News、NPR 等新闻机构提供的广播和电视新闻稿。通过 EBSCOhost 每日更新。

3) 职业教育学数据库 (Professional Development Collection):此数据库为职业教育者而设计,数据库包括从儿童健康与发育到教学理论及其实践的各个方面。收录了 550 多种职业教育专业期刊,包括 350 多个同行评审刊;200 多篇教育报告;167 种教育手册和教育学专著。著名的期刊有:《高等教育纪事》(Chronicle of Higher Education)、《教育领导》(Educational Leadership)、《学习障碍研究杂志》(Journal of Education,Journal of Learning Disabilities)、《教育理论与实践》(Theory Into Practice) 等,是世界上最全面的全文教育期刊集。

4) 世界杂志数据库 (World Magazine Bank):收录来自于澳大利亚、新西兰、英国、南非、亚洲、北美及欧洲等地出版总共 424 种国际性英语杂志之索引与摘要,其中 269 种为全文期刊。

5) 美国人文科学索引 (American Humanities Index):是美国和加拿大地区出版的富有创造性的学术性文学期刊书目数据库。由 Whitston Publishing 制作。该数据库涵盖了从 1975 年至今所发行的 1000 多种杂志。其中很多期刊无法在其他参考数据库中找到。

美国人文科学索引中的所有杂志都有其中每一篇文章的详细的索引。本数据库提供论文、散文、评论以及包括诗歌、小说在内的原创作品的引文信息。同时，照片、绘画和插图等也有收录。美国人文科学索引对重要文献的独到选择使它深入地揭示了其他数据库未能涉及的领域。

6）历史参考数据库（History Reference Center）：提供了 750 多部历史参考书和百科全书的全文以及近 60 种历史杂志的全文，并包含 58000 份历史资料、43000 篇历史人物传记、12000 多幅历史照片和地图以及 87 小时的历史影片和录像。

7）综合性数据库（MasterFILE Premier）：此多学科数据库专门为公共图书馆而设计，它为 2100 多种普通参考出版物提供了全文，全文信息最远可追溯至 1975 年。几乎涵盖每个综合性学科领域，并且还包括近 650 本全文参考书、84074 本传记、86135 份主要来源文献和由 107135 张相片、地图和标志组成的图片集。此数据库通过 EBSCO 主机进行每日更新。

8）地区商业新闻（Regional Business News）：此数据库提供了地区商业出版物的详尽全文收录，将美国所有城市和乡村地区的 75 种商业期刊、报纸和新闻专线合并在一起。此数据库每日都将进行更新。

9）职业技术教育数据库（Vocational & Career Collection）：为服务于高等院校、社区大学、贸易机构和公众的专业技术图书馆而设计。它提供了 402 种与贸易和工业相关的期刊的全文收录。

5.3.2 数据库检索

EBSCOhost 系统是由许多数据库组成的。进入 EBSCOhost 系统首先要选择检索数据库，如图 5.2 所示。

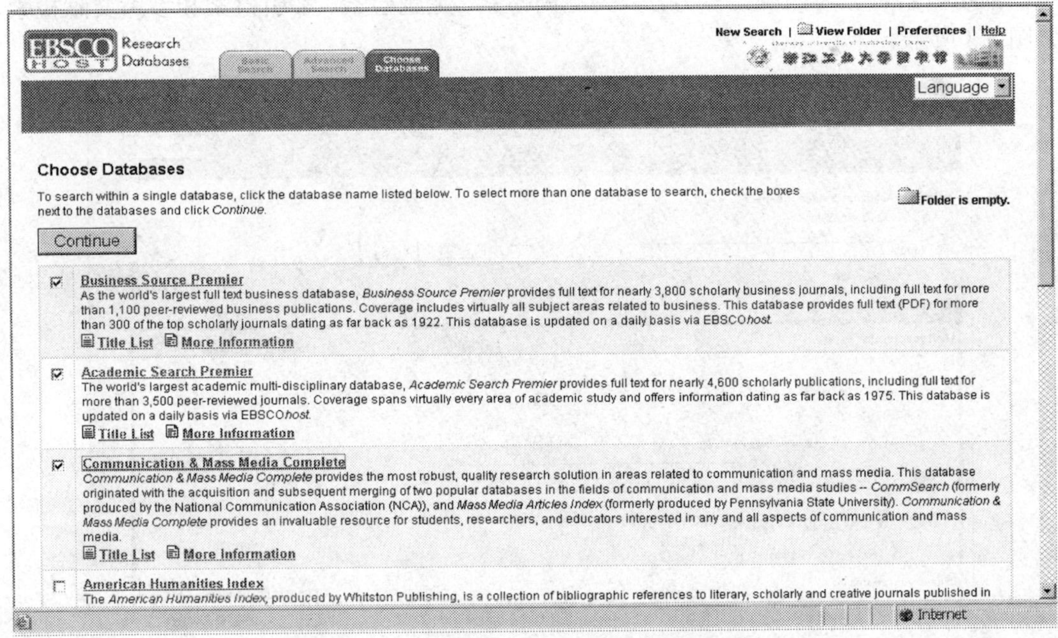

图 5.2 EBSCOhost 系统选择检索数据库

单个数据库检索：可用鼠标直接点击该数据库名称，检索窗口会随之出现。如：直接点击 Academic Search Premier；也可勾选数据库名称左边的“□”后，再按页面上方或下方的 Continue 按钮即可进入检索画面。

对多个数据库进行检索：在所有欲同时检索的数据库前的方框内打钩，再按页面上方或下方的 Continue 按钮即可进入检索画面。

请注意：同时对多个数据库进行检索可能会影响某些检索功能或数据库的使用。比如，如果所选的数据库使用了不同的主题词表，则无法使用主题检索功能；又如，单独检索 Business Source Premier 数据库时可以使用 Company Profiles 数据库，而同时对 Business Source Premier 和其他数据库进行检索时则无法使用此数据库。

可通过上述画面的 More Information 连接，查询数据库更详细的内容介绍；也可通过 Title List 连接，查询数据库期刊目录。

可通过上述画面的 Title List 连接，查询该数据库的期刊目录：EBSCOhost 6.1 版所提供的期刊目录，即包含期刊刊名目录，还提供“期刊检索”功能。读者可按期刊刊名、年份、卷、期检索查询，直接检索到所需的文章。其使用步骤如下所示：直接输入刊名检索，可以按出版物的开始字母、匹配任意关键词、精确词组等三种方式检索刊物名称，另外也可以按刊名 A－Z 排列检索。

EBSCOhost 可分为“基本检索”和“高级检索”两大类检索方法。其中又分别提供“关键词”（Keyword）、“主题”（Subject Term）、“出版物”（Publications）、“索引”（Indexes）、“图像检索”（Images Search）、“参考文献”（References）等多种检索途径。两大类检索方式除关键词检索功能不同外，其他检索功能均相同。

1. 基本检索

基本检索可分为四种检索方法：关键词检索、主题检索、索引检索和参考文献检索，如图 5.3 所示。

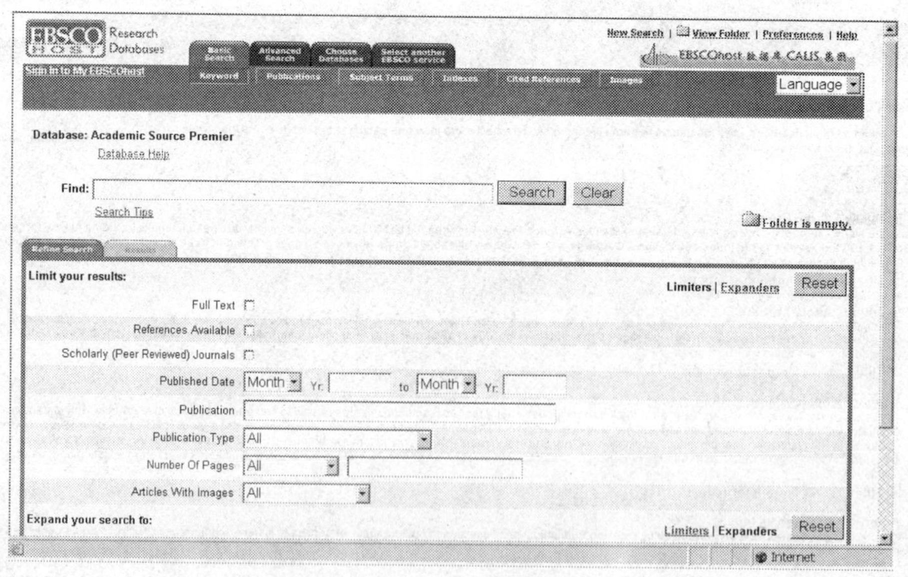

图 5.3 EBSCOhost 系统基本检索

对记录进行全文检索，方法为在检索框中输入检索词或检索策略，然后单击 Search 按钮。检中记录包括检索式中的字或词，检索结果按出版日期顺序从最近次开始排列。允许使用布尔逻辑检索、截词检索、字段限制检索、位置算符检索。在限制检索区可进一步限制或扩大检索结果。

1）检索限定：可以对限制条件与扩展条件选择。

如图 5.4 所示，设置限制条件（Limit Your Results）可将检索范围限定于：有全文文献（Full Text）；参考文献（Reference Available）；学术性期刊（Scholarly（Peer Reviewed）Journals），其中 Peer Reviewed 为经过同行专家评价的刊物；出版日期（Published Date）；出版物名称（Publication）；出版物种类（Publication Type，包括期刊 Periodical、报纸 Newspaper、书籍 Books、新闻电讯 Newswire、抄本 Transcript 及政府文献 Government Document 等）；全文页数（Number Of Pages）；是否有图的文献（Articles With Images）；在期刊封面上着重介绍的文章（Cover Story）等。以上选项总称为限制条件（Limiters）。

设置扩展条件（Expand Your Search）：若希望 EBSCOhost 将同义字或单复数一同检索，请勾选“也可以搜索相关关键字□”。如：键入“car”，EBSCOhost 会检索到 car 和 automobile；或键入“policy”，EBSCOhost 会检索到 policy 和 policies。此外，若检索词较生僻，可勾选“也可以在文章的全文范围内搜索□”，EBSCOhost 会检索每篇全文文章，只要该篇文章的全文中有所键入的检索词，就会被纳入检索结果清单。若勾选“自动‘添加’检索词语□”，检索系统会在每个检索词之间自动加入“and”逻辑运算符。以上选项总称为扩展条件（Expanders）。

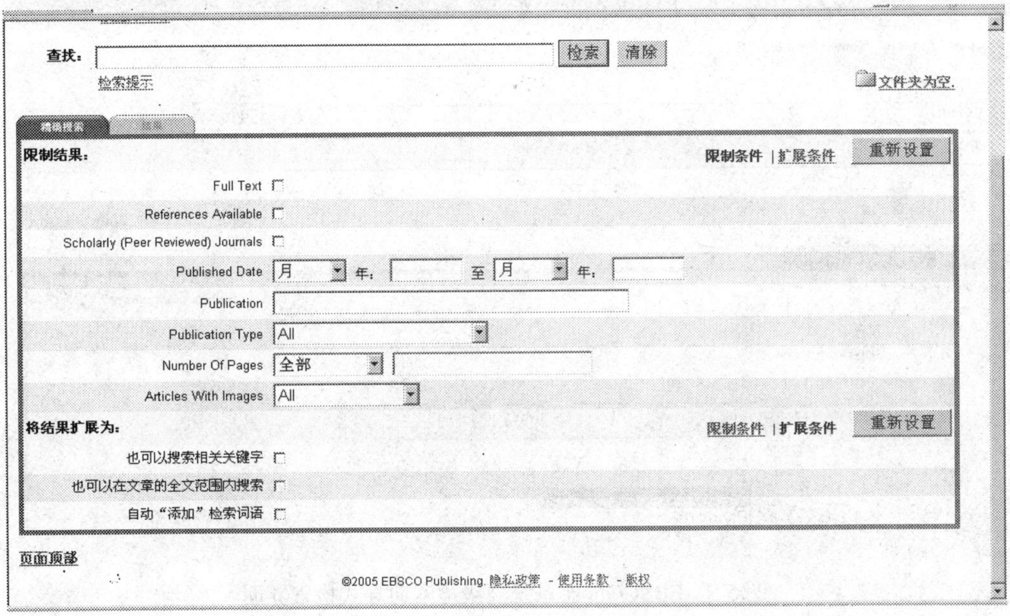

图 5.4　EBSCOhost 系统检索限定

2）标准检索：可以使用布尔逻辑算符和优先算符（）进行标准检索（Standard Search）。布尔逻辑（Boolean Logic）为“与”（“AND”）、“或”（“OR”）、“非”（“NOT”）。例如，检索基于词根的中国手语识别方法，检索式为 Sign Language Recognition and（HMM or

Hidden Markov Models)；检索发表在“ELT Journal”上有关“翻译教学”方面的文章，检索式为（ti:teaching W3 translat*）and so:ELT Journal。

2. 高级检索

高级检索共有三种画面可供选择，即单一检索栏界面（Single Find Field）、带检索式生成器的单一检索栏界面（Single Find Field with a Search Builder）及向导式检索界面（Guided Style Find Fields）三种关键词输入方法。选用何种输入方式可由图书馆的数据库管理人员选择设定。高级检索虽分三种检索画面，但限制条件和扩展条件的设定方法相同，均包含以下几类：限制条件（Limiters），包含全文（Full Text）、期刊名称（Journal）、出版日期（Publication Date）、学术水平（Peer Reviewed）限制等；扩展条件（Expanders），包含检索同义词和在全文中检索等；特殊限制条件（Special Limiters），即针对个别数据库所设计的特殊限制条件。例如，在 Number of Page 中键入“10-”，表示检索结果均为 10 页以上的文章；又如，勾选 Cover Story，表示仅检索具有封面故事的文章；而选定 Articles With Images 则仅检索有图片的 PDF 全文(Full Page Image)或内嵌图片的 HTML 全文（Text with Graphics）。

数据库管理人员选择设定的大部分为向导式检索界面（Guided Style Find Fields），如图 5.5 所示。

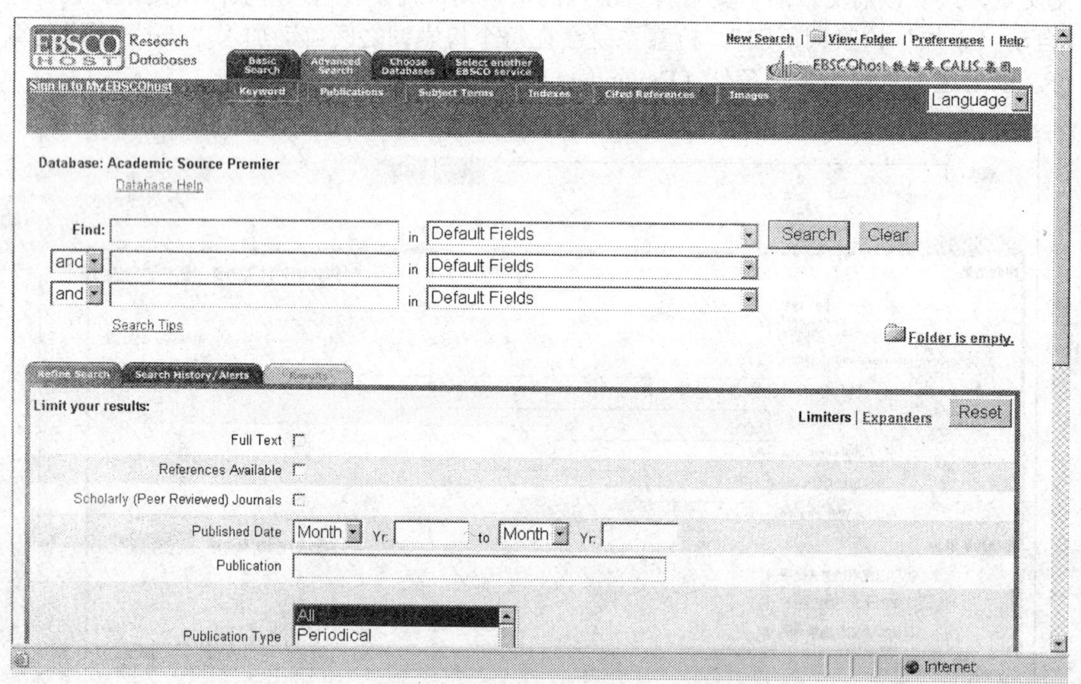

图 5.5 EBSCOhost 系统高级检索向导式检索界面

高级检索可以使用字段检索和关键词检索两种方式，其中关键词检索默认为全文检索。如果要进行字段检索，有三种方式可以选择：① 指南检索（Guided Search），与 ProQuest 系统类似。② 专家检索（Expert Search），用户必须自己输入字段代码，然后进行检索，如 AU：Ferguson。③ 检索搭建（Search Builder），即先在输入中写好检索字段和布尔逻辑算符，再点击“Add to Search”添加到检索中检索。

向导检索界面为读者提供分栏式关键词输入方法。除可选择逻辑运算符外，还可选择字段限制选项（AU-作者、TI-文章名、SO-刊名、AB-摘要等）。其检索步骤示例如下：在“Find”字段中键入欲检索的关键词。从“in”右边的下拉式列表中选择检索字段，如 Author - 作者等。选择下方逻辑运算符。在下一个“Find”字段内键入另一个关键词。再一次从“in”右边的下拉式列表中选择检索范围，如 Subject - 主题等。单击 Search 按钮开始检索。如需要检索“基于内容的检索技术（包括图像、视频、音频）”课题，首先向导检索界面输入检索式：content based and（video or Image or audio）and Retrieval，然后选择检索字段，如 Subject -主题等。单击 Search 按钮开始检索。

检索功能扩充：

不论在基本检索中还是在高级检索中，除了最基本的关键词检索功能外，此版本还针对每一特定数据库提供了主题（Subject）、出版物（Publications）、索引（Indexes）、参考文献（References）、图片（Images）等检索功能。各功能介绍如下所示：

1）主题检索：可以按字母顺序和相关性对主题词表进行文章主题的检索，如图 5.6 所示。其检索示例如下：读者可于“Browse for”检索字段内键入关键词，如键入“Lung cancer”。选择“字母顺序”（Term Begins With）、“词语包含”（Term Contains）或“相关性”（Relevancy Ranked）作为排序依据。单击 Browse 按钮开始检索。检索到的主题下方会显示出符合条件的文献类型和数量。例如，报纸类文献（newspaper references）、期刊类文献（periodical references）或评论类文献（review references）等。有些主题还可以再追踪下一级主题。如：“Use: Lungs -- Cancer”，当点击此链接时，会显示出下一级主题。当点击任何一类文献记录时，即可连接至检索结果列表，且系统会自动将所使用的检索式放入“Browse for”字段中。

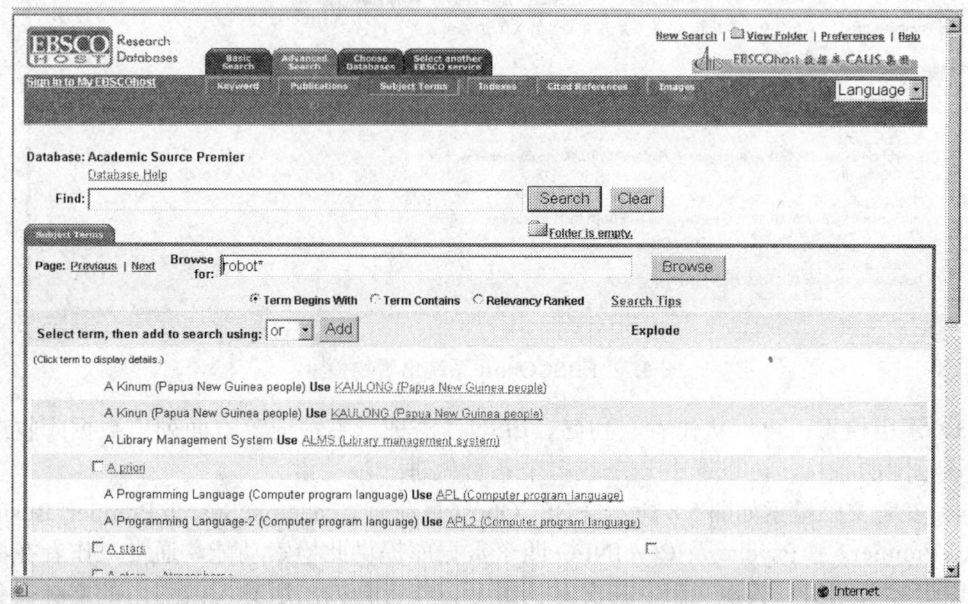

图 5.6　EBSCOhost 系统主题检索

2）出版物检索：此检索方法使读者可对单个期刊进行检索，如图 5.7 所示。出版物检索可分为“按字母顺序”（Alphabetical）、“按主题和说明”（By Subject & Description）和“匹配任意关键字”（Match Any Words）三种检索模式。按字母顺序（Alphabetical）：显示所键入的关键词为开头的出版物信息。如：键入“Education”则会显示出所有名称以“Education”开头的出版物。按主题和说明（By Subject & Description）：在出版物主题类型和简介中检索。如：键入“education”，即使刊名中未出现“education”而期刊的文章收录主题与 education 有关的，也会出现在检索结果中。匹配任意关键字（Match Any Words）：显示所有包含所键入关键词的出版物信息。如：键入“Education”则会显示出所有名称包含“Education”的出版物。另外也可以按刊名 A—Z 排列检索。如果以“American Journal of Sociology”为例，得到检索结果后点击刊名会进入期刊信息画面。若需要更详细的期刊介绍，可点击“Publication Details”连接到期刊详细信息画面。期刊详细信息画面提供更多关于期刊的介绍及“peer reviewed”（学术性）相关信息。可依照需要挑选期刊的年、卷、期连接至文摘或全文。若选择了“Mark Items for Search”检索窗口，则画面将会跳至基本检索画面，并自动将选定的期刊作为限制条件。

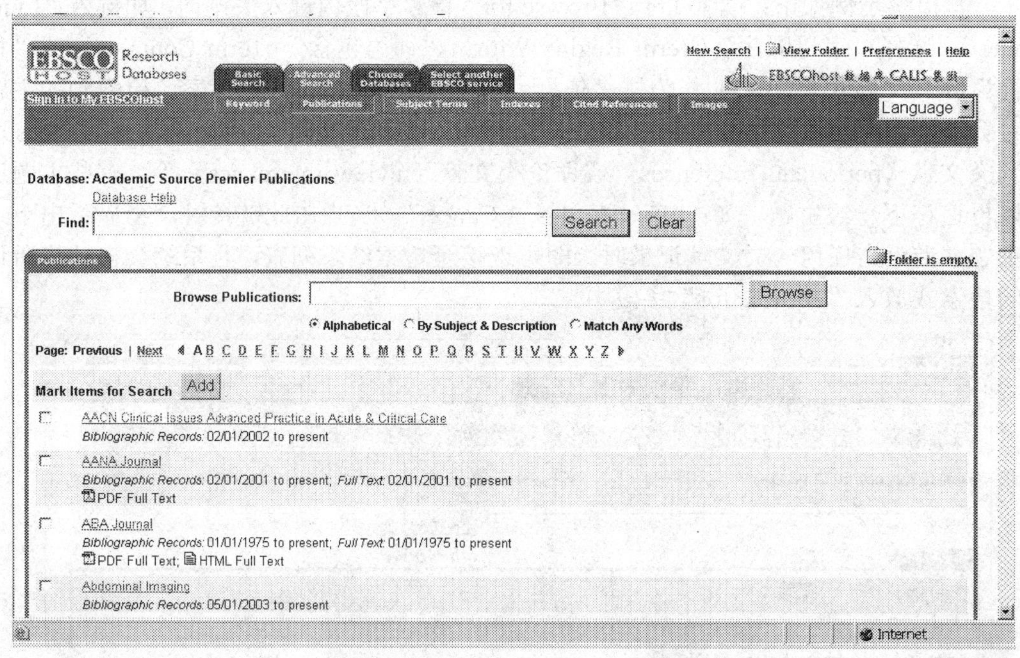

图 5.7 EBSCOhost 系统出版物检索

3）索引检索：可以从作者、刊名、ISSN、语种、主题词等方面列出数据库收录的所有该范围的条目，可以选中一个或多个条目做进一步检索。

4）参考文献检索如图 5.8 所示：EBSCOhost 目前有 Academic Search Premier、Business Source Premier、E-Psyche 及 PsycINFO 四个数据库提供此检索功能。通常，作者在撰写文章时会参考或引用其他文献。在文章的最后，作者会列出所参考或引用的文献。参考文献检索功能使读者除了可阅读作者的文章外，还可以检索出这篇文章引用的参考文献及这篇文章被其他文章引用的情况。检索步骤如下所示：点击功能选项区中的 Reference

按钮，参考文献检索画面会显示出来。在 Author（作者）、Title（文章题目）、Source（来源刊）、Year（年代）或 All（全部）检索字段内键入关键词，然后单击 Search 按钮。

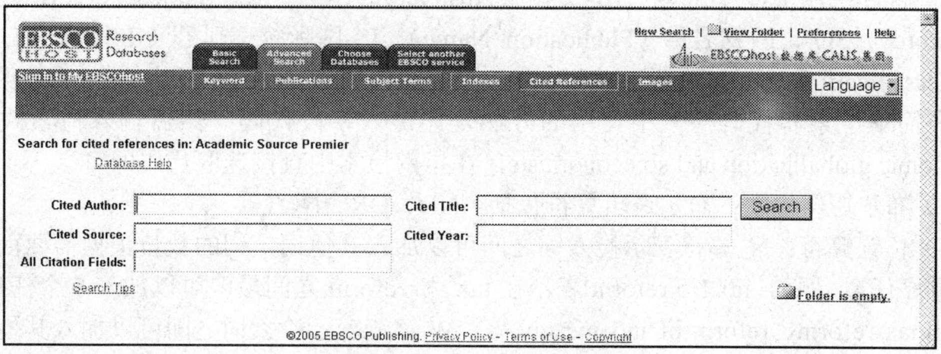

图 5.8　EBSCOhost 系统参考文献检索

5）图片数据库检索如图 5.9 所示：Image Collections（图片数据库），是由 Archive Photos、Canadaian Press 及 MapQuest 提供的，可供使用者下载使用的图片有 115000 多张。检索步骤如下所示：点击功能选项区中的 Image 按钮，图片数据库检索画面会显示出来。可选择图片限制结果分类，如人物、自然科学、风景、历史图片、地图或旗帜等检索。

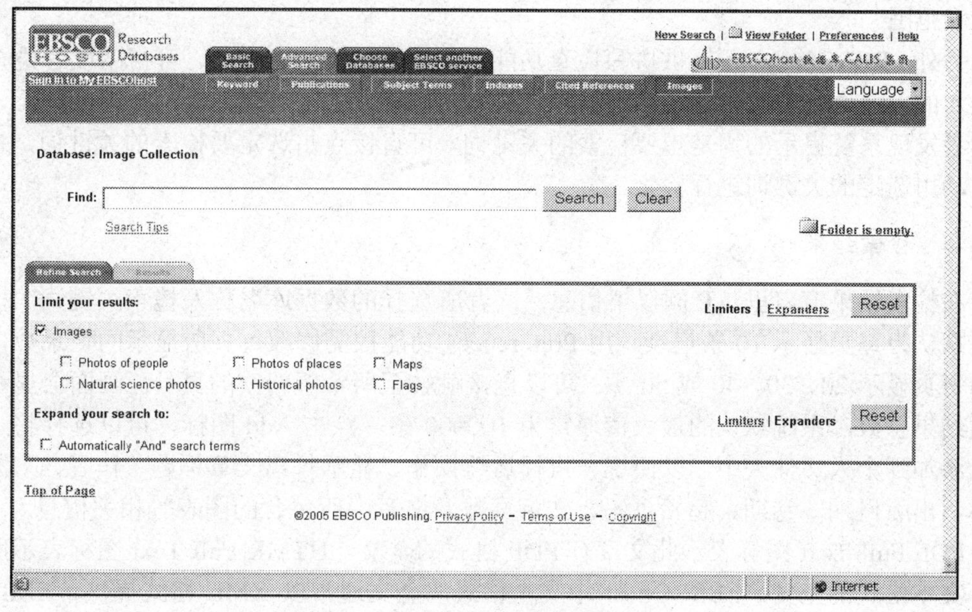

图 5.9　EBSCOhost 系统图片检索

3. 检索技术

1）字检索与词检索：在复杂检索和简单检索的标准检索方式中，系统默认的是字检索和词的精确匹配，当用户输入一个词组和短语时，如 artificial neural networks，检索结果只包括 artificial neural networks 的记录。只有用户用布尔逻辑算符将词分开时，如

artificial and neural networks，检索结果才会分别包括 artificial 和 neural networks。

2）字段检索：使用了 10 个字段作为检索入口，字段代码为：AU-作者（Author）、TI-文章题目（Article Title）、AB-文摘（Abstract）、SU-主题（Subject）、KW-关键词（Keyword）、SO-出版物名称（Publication Name）、IS-国际统一刊号（ISSN）、CL-分类号（Classification Code）等。

在简单检索和代码检索中使用的方法是先键入字段代码，然后输入检索式，如 ti:economic globalization and so:economists，在指南检索中直接选取代码即可。

3）布尔逻辑检索：布尔逻辑算符包括 AND、OR、NOT。

4）位置算符：N 算符表示检索词之间可以加入其他词，词的数量根据需要而定，词的顺序任意，例如，tax N5 reform 表示在 tax 和 reform 之间最多可以加入 5 个任意词，检索出 tax reform、reform of income tax 等。W 算符表示检索词之间可以加入其他词，词的数量根据需要而定，词的顺序依输入词的顺序，例如，tax W8 reform 可以检索出 tax reform，但不能检索出 reform of income tax。

5）截词符和优先算符：利用“*”可代替多个字符，“? *”代表 0 个至多个字符，“?”仅代表一个字符，可利用中间截词的方式或者通配符来检索词的不同写法或者英式拼写。优先算符：当使用多个算符时，可用括号决定优先顺序，将 OR 前后的词放入括号中，计算机将优先运算括号内的算符。

6）检索限定与扩展：可利用全文、刊名、出版日期、同行评价刊、出版日期等缩小检索范围。

另外，EBSCOhost 还提供拼写检查功能：提供的拼写检查功能，可帮助读者检查其所键入的关键词是否正确。若不正确时，系统会自动显示出与此关键词相近的词汇。如果读者发现系统提示的词是想要检索的关键词，可直接点击选定要检索的关键词，系统会自动用选定的关键词进行检索。

4. 检索结果

在检索结果窗口里，查阅以下信息：读者所选择的数据库名称及检索关键词。检索结果默认为每页显示 10 条记录。用 Preferences 功能按需修改每页所显示的记录数，如改为每页显示 20、30、40 或 50 条。可以直接跳转至所希望阅读的页号。画面会显示所检索结果总数，系统默认的最大值通常为 100000 条。点击 Add 图标，可以选择将一条记录添加到个人文件夹中，以便统一执行后续操作。显示每篇文章标题、作者、来源刊名称、出版日期、卷期、起始页码、文章页数及文章中所包含的图表等相关信息。

PDF Full Text 图标表示此文章有 PDF 格式的全文。HTML Full Text 图标表示此文章有文本格式的全文。EBSCOhost 中文本格式的全文通常以 XML 格式提供。XML 为一种有别于一般 HTML 的技术。XML 格式的文章，其文字编排比较精美，页面顶端左边会有段落目录供读者阅读，为读者选择阅读有关章节提供了极大的方便。使用者还可以选择适宜打印的格式（Format to Print）将文章打印在标准 A4 纸上。要阅读 XML 全文，需要使用 IE 5.0 以上或 Netscape 6.0 以上版本的浏览器。在 HTML Full Text 全文格式还有如下功能：

- Delivery Options：文献传送选项。可以将文章打印、E-mail及存盘，或是将文章加入个人文件夹中以便集中处理。

- Result List：返回检索结果列表。
- Refine Search：重新设定检索条件。
- Formats：可提供的数据格式，如引文、PDF格式全文或HTML格式全文等。
- Language Translation：文章全文自动翻译。目前可提供英文到西班牙文、德文及法文三种语言的翻译功能。

Linked Full Text 图标表示 EBSCOhost 可以提供全文链接。即：当前检索的数据库中没有收录这篇文章的全文，但在其他 EBSCOhost 数据库或电子期刊网站中收录了这篇文章的全文，如可以通过 SmartLink 或 Crossref 链接的全文。“Times Cited”指此文章被其他文章所引用的次数。当读者在检索结果页面中点击文章标题时，可阅读到文章的引文和文本格式的全文。此外，若检索到的文章不提供全文，还可以利用系统提供的整合服务和链接功能，连接到本馆公共查询系统、联合目录或其他数据库及电子期刊网站等。使用“Sort by”功能，可以将检索结果按时间、来源、作者及相关度排序。

对于某些特定的数据库，其检索结果还可按不同的来源（类型）分类筛选，如 Business Source Premier 数据库的检索结果可按“学术期刊”、“专题论文”、“杂志”、“国家经济产业报告”等进行筛选。

“References”指 EBSCOhost 可提供该篇文章所引用的参考文献的链接。点击此链接，可直接连接到作者所引用的参考文献目录。有可供链接的全文，EBSCOhost 系统的 SmartLink 功能会将全文链接一并显示出来；若无可供链接的全文，系统也会显示出“馆藏链接”、“联合目录”等有助于读者获取全文的链接。若点击一条或多条参考文献记录前的方框，然后点击 Related Records，系统会显示出与所选文章相关的文章，即与所选文章有引用或被引用关系的文章。

5. 个性化服务

EBSCOhost 为用户设置了个性化服务（EBSCOhost 个人账户）功能，该功能为读者提供用于保存检索式、文章、检索结果、定题服务（Search Alerts）、期刊通告（Journal Alerts）、网页设计（Page Composer）等资料的个人文件夹。

（1）申请个人账户

要使用个人账户，必须先申请一个属于您个人的账号及密码。使用时先点击工具栏中的“Sign in to My EBSCOhost”。若还没有申请个人账户，请点击“I'm a new user”，开始申请个人账户。点击“I'm a new user”后，会出现一个申请表，请务必填写表格中的所有栏位。表格填写完成后，请点击 Submit 按钮完成申请。User Name 和 Password 是“MY EBSCOhost 个人账户”的用户名和密码，请务必牢记。Secret Question 和 Secret Answer 是供读者遗忘用户名或密码时查询所用。若您遗忘了个人账户的密码，请点选“I forgot my password”，并键入个人账户的用户名，点击 Continue 按钮，系统将显示出您的个人密码。若您将用户名和密码一并忘记了，请点击“I forgot my user name and password”。请将个人信息填妥，系统会将您的用户名和密码用 E-mail 发送给您。

（2）登录到个人账户

申请过个人账户的读者，可在登录画面的 User Name 和 Password 栏中分别输入个人账户名及密码并点击 Login 按钮，即可完成登录。当已经登录到 My EBSCOhost 时，在 EBSCOhost 图标左上角会出现黄色的“My”字样。这表明已经登录成功。

（3）个人文件夹（My Folder/Folder has items）

“My Folder”为读者提供了存放检索式、检索结果、文章链接、定题服务设置、期刊通告服务设置及用 Page Composer 建立的网页等的个人文件夹。个人账户与使用 EBSCOhost 的地点无关。即：一旦建立了个人账户，可以在任何一台有权访问 EBSCOhost 的计算机上查阅个人账户中保存的信息。注意：未登录 My EBSCOhost 之前，检索结果和文章链接可暂存在一个临时文件夹中，一旦您退出 EBSCOhost 系统，所有暂存在临时文件夹中的信息将全部消失。

（4）检索结果文件夹（Result List Items）

在检索结果页面中点击文章右边的文件夹图标时，文章会被加入此项目中。可将文件夹中的文件输出（如打印、存盘、E-mail 等）。

打印/E-mail/存盘功能——在个人文件夹中，点击“Print”功能后，会出现如下画面：若未选中“Remove these items from folder after printing”，则完成打印后，已被打印的条目仍会保留；反之，若选中了此选项，则已被打印的条目将被删除。若选中“Additional citation details and abstract”，则会打印详细引文和摘要；否则，只会打印简短的索引数据，如文章名、期刊名、年卷期等。若选中“HTML Full Text”选项，则系统会将 HTML 格式的全文打印出来。点击“Estimate number of pages”可显示预计打印页数。

E-mail 功能—— Articles 标签：输入 E-mail 地址及邮件标题。若未选中“Remove these items from folder after e-mailing”，则 E-mail 完成后，已被 E-mail 的条目仍会保留；若选中了此选项，则已被 E-mail 的条目将被删除。若选中“Additional citation details and abstract”，则会同时发送详细的引文和摘要；若未选中此选项，则只会发送简短的索引数据，如文章名、期刊名、年、卷期等。若选中“HTML Full Text”，则会同时发送 HTML 格式的全文（如果有）；否则将不会发送 HTML 格式的全文（即使有）。若选中“PDF as separate attachment”，则会同时以附件方式发送 PDF 格式的全文。

E-mail 功能—— Bibliographic Manager 标签：用 E-mail 发送读者所选文章的书目数据“E-mail citations in a format .. software.”：发送的书目数据可导入 EndNOTE、Refwork、Prosite 等书目管理软件。“E-mail citations in Direct Export format”：直接将未经格式化的书目数据用 E-mail 发送给读者。键入 E-mail 地址和 E-mail 标题。如需键入多个 E-mail 地址，请以分号“；”分隔。

存储功能——Articles 标签：若未选中“Remove these items from folder after saving”，则保存完成后，已被存盘的条目仍会保留；若选中了此选项，则已被存盘的条目将被删除。若选中“Additional citation details and abstract”，则会同时保存详细的引文和摘要；若未选中此选项，则只会保存简短的索引数据，如文章名、期刊名、年、卷期等。若选中“HTML Full Text”，则会同时保存 HTML 格式的全文（如果有）；否则将不会保存 HTML 格式的全文（即使有）。若选中“HTML link(s) to article(s)”，则会同时保存每一篇文章之链接。

存储功能—— Bibliographic Manager 标签：若选中“Save citations in a format that can be uploaded to bibliographic management software”，则可以 EndNOTE、Refwork、

Prosite 等书目管理软件可接受的格式保存书目数据。若选中“Direct Export to your bibliographic management software”，则系统会直接将书目数据加载到书目管理软件中。

存储功能——保存文件：当您点击“save”键时，将出现存储画面。此画面显示了将被存储的数据，点击浏览器菜单上的“文件”→“另存为”即可将数据存盘。

（5）检索命令文件夹（Saved Searches）

使用检索历史：检索命令和检索结果可保存在个人账户中，但保存检索的操作需在高级检索（Advanced Search）窗口中进行。在高级检索窗口的“检索历史”标签内，可以保存检索命令和检索结果，且可以查看先前所做的检索并利用它们构建新的检索式。具体方法如下：

Add to Search：点击此处可以将检索框内的检索命令与已经保存的检索命令相组配，以形成新的检索命令；也可以组配多个已经保存的检索命令。

Search ID：检索历史编号。如果读者选择在检索栏中手工输入新的检索式，可用检索历史编号完全替代一条检索历史记录，如 financial budget and S1。

Search Terms：记录检索时所用的逻辑的表达式。

Limiters：记录检索时设定的限定和扩展选项。

Results：记录检索结果的记录数。点击此数字，将会用当前的检索历史重新检索。

Revise：用于修改已经保存的检索记录。点击“Revise”时，检索历史会被还原到检索栏（Find）内，可重新修改检索词，如加入字段限定或增加限定条件。

Delete：删除检索历史记录。

存储检索式：在高级检索窗口中只能暂时保存检索历史，当您退出 EBSCOhost 系统或关闭浏览器时，检索历史记录便会被清除。若想永久保存检索式，则需将检索历史保存到个人账户中个人文件夹内的“Saved Search”项目下。方法如下：

请在高级检索窗口中设计、优化检索。确定要永久保存的检索式后，点击“Search History/Alerts”标签，再点击“Save Searches/Alerts”，并按下列步骤保存检索。

登录到My EBSCOhost，针对要保存的检索结果定义一个名称或描述。

Save Search As 的功能选项——Save Search（Permanent）：永久保存检索式。

Save Search（Temporary，24 hours）：临时保存检索式。24 小时后自动删除。

Alert：将检索式保存为定题服务（SDI）。此服务会定时将所保存的检索式重新检索并将检索到的新文章用 E-mail 发送到读者指定的 E-mail 信箱。读者可以设定服务有效期和检索时间间隔并可直接在 E-mail 内直接点击并连接至 EBSCOhost 中的文章。选择完毕后单击 Save 按钮保存，系统会回到高级检索画面。

用已保存的检索历史：您可以利用已经保存的检索历史进行重新检索。其步骤如下：在“Search History/Alerts”标签中点击“Retrieve Alerts”，或直接到第二步。

登录到个人账户，打开已经保存的检索“Saved Searches”，点击要重新检索的记录下的“Retrieve Saved Search”。当回到高级检索画面时，以前保存的检索历史会显示在历史记录列表中。此时，画面中“Results”字段没有显示数值。当点击此处的链接时，系统将重新执行检索，并更新“Results”字段内的数据。

打印检索历史数据：在“Search History/Alerts”标签中点击“Print Search History”，屏幕上会出现已完成格式化的打印内容。在浏览器的菜单中选择“文件”→“打印”，并按屏幕提示完成打印操作。打印完成后，单击 CloseWindow 按钮返回高级检索画面。

（6）定题服务（SDI）设定（Search Alerts）

“Save Search”功能的“Alert”服务为读者提供，按照预设的检索式定期将检索结果中新出版的文章，用 E-mail 发送给读者的服务。读者直接点击 E-mail 里的链接，即可阅读相关文章的索引、摘要或全文。此功能的使用方式如下：

登录到个人账户。用高级检索功能设计、测试检索式。检索式可以包含任何合法的关键词、运算符、限定条件和扩展条件等。点击“Save Searches/Alerts”，保存检索式。键入您希望的定题服务名称“Name”及描述“Description”并选中“Alert”选项。定义间隔时间“Frequency”：指定系统每天、周、两周或一个月将相关文章发送给读者一次。定义检索时间段“Articles published within the last”：指定系统将检索的出版时间范围限定在检索点之前一个月、两个月、六个月、一年或不限定出版时间范围。定义服务的有效期“Run Alert for”：使定义的定题服务在一个月、两个月、六个月或一年内有效。定义的时间过后，系统将不再按照保存的检索式检索并发送信息给读者。在“E-mail address”字段中填写接收信息的电子邮件地址或地址表。若希望多个 E-mail 地址同时接收信息，请用“;”号将 E-mail 地址隔开。在“Subject”字段中填写电子邮件主题。指定 E-mail 的格式：纯文本“Plain Text”或网页“HTML”。如果需要在 E-mail 中包括检索命令提示，请选中“Include query string in E-mail”。

5.4 LexisNexis 系统全文数据库

LexisNexis 成立于 1973 年，为专业人士、企业界、政府及法律机构等提供全方位的资讯服务，在资讯产业位居领先地位。其数据库产品有 LexisNexis Academic 学术大全数据库及 Lexis.com 数据库、LexisNexis Statistical 统计大全、LexisNexis Environmental 环境资源、LexisNexis Congressional 国会资料等。

5.4.1 LexisNexis Academic 学术大全数据库

LexisNexis 学术大全是世界权威的以全文展示的数据库，全文资源包含了超过 6100 多种出版物，收录范围涉及新闻、法律、商业、医学以及一般性参考文献等。服务于大学本科生的基础学术研究，LexisNexis 学术大全是为研究、学术策划、课程设计的完整的教育与研究工具。具体包括以下部分：

1. LexisNexis 学术大全主要内容

（1）新闻

LexisNexis 新闻服务的资料来自世界各地 9000 多个数据源。资料种类包括主要的报纸，国际性的杂志、学术期刊等服务。提供全球各家主要通讯社的实时更新的信息以及各种最新版本的出版物，可随时掌握最新的时事动态。具体包括：① 美国和全球各地出版的 350 多种报纸，其中许多报纸在出版当天即可提供，如《纽约时报》、《华尔街日报》、《海峡时报》、《商业时报》、《南华早报》、《中国日报》、《华盛顿邮报》、《金融时报》、《时代周刊》、《世界日报》。此外还拥有以下报纸最为全面的过刊收藏：《金融时报》（回溯至 1982 年)、《纽约时报》(回溯至 1980 年)以及《华盛顿邮报》(回溯至 1977 年),超过了 ProQuest 和 EBSCOhost 系统中的报纸数据库。② 超过 300 多种杂志和期刊以及 600 多种新闻简报,其内容既包括综合新闻也包括专题新闻。提供的杂志包括:《经济学家》、《外交杂志》、《财富》、《商业周刊》、《新闻周刊》、《哈佛商业评论》、《福布斯》、《美国新闻评论》、《图书馆期刊》、《新共和》、《新科学家》以及《美国新闻和世界报道》等。③ 非英语类新闻资源,提供的语种包括西班牙语、法语、德语、意大利语和荷兰语,其中既包括报纸也包括杂志。④ 难以通过其他途径得到的电视台和广播电台的文字新闻稿,其中包括全国公共广播电台(NPR)、ABC 新闻、CBS 新闻以及 CNN 等。还提供来自于美国新闻署和 eMediaMillWorks(前身为联邦文件交易所)的政治新闻稿。另外,还提供了校园新闻,包括《高等教育年鉴》和 400 多种由各所大学和学院出版的报纸。⑤ 超过 50 家通讯社的服务,每天多次进行更新,包括著名的合众国际社、法新社、美国商业新闻通讯社和美国企业新闻通讯社等。⑥ 超过 400 多种对当前问题提出深入意见的政策性文件集,其中包括美国国会研究局出版的《恐怖主义与未来发展》、《美国外交政策》以及美国生物伦理咨询委员会出版的《人类克隆:从伦理学角度的正反两方面意见》等。

(2)商业

全面提供包括商业新闻、市场研究、行业报告、美国证券交易委员会资料、公司财务信息等各种商业信息,具体包括:① 商业新闻期刊,收录全球主要的商业新闻媒体、报纸、期刊、行业信息,例如《会计时代》、《全球广告时代》、《品牌营销》、《收购》、《消费潮流》、《公司上市报告》、《公司并购期刊》、《电信市场》等,囊括世界著名的财经新闻和信息提供商隆博公司(Bloomberg)的新闻信息。② 公司财务信息,包括有关美国和外国公司的行政和财务信息、公司破产情况以及关联公司信息等。资源包括《标准普尔公司报告》(Standard & Poor's Corporate)、《胡佛公司报告》(Hoovers Company Reports)、《公司披露报告》(Disclosure Reports)、《国际公司报告》(International Company Reports)、《股票市场报告》(Stock Reports)、邓白氏公司档案资料等,覆盖全球 800 余万家公司信息。③ 美国证交委备案材料,《美国证交委 10-Q 报告》、《美国证交委 10-K 报告》、《美国证交委 8-K 报告》、《美国证交委 20-F 报告》、《美国证交委年度股东报告》、《美国证交委备案材料之委托声明》、《美国证交委备案材料之招股说明书》、《美国证交委备案材料之股票登记》以及《美国证交委备案材料之威廉姆斯法案备案材料》等。④ 范围广泛的会计资料,如《米勒公认会计准则指南》(Miller GAAP Guide),以及来自于各种美国注册会计协会出版物的资料,其中包括《会计期刊》、《税务顾问》、《注册会计通讯》和《税务分部新闻简报》等。⑤ 各种目录集,如《SIC(标准行业分类)目录和大事记》,该份目录集收集了有关各种会议、研讨会及大型体育赛事等方面的目录信息。

(3)法律研究

在法律研究领域,LexisNexis Academic 学术大全提供的资源包括:① 《谢泼德美国最高法院判例摘引》所收录的案例可以追溯至 1789 年。②来自于 500 多种出版物当中的法律评论文章。③ 来自于 300 多种法律报刊、杂志和新闻简报当中的法律新闻。④ 自 1790 年 1 月至今的美国最高法院判决结果,可以按照多数意见、少数意见、共存意见、辩护意见或判决提要等项目进行检索。⑤ 美国巡回法院及各类法院的判决结果。⑥ 《美国法典》、《美国宪法》、《联邦法院规章》，以及所有联邦法规、美国 50 个州和海外领地的州法典，其中包括《联邦公报》、《联邦法规汇编》、《美国总检察长意见》以及《联邦采购法规和增补》等。⑦ 丰富的国际法律资料，其中包括加拿大联邦法律、成文法和条例、通过 CELEX 数据库获得的欧盟法律、来自于不同国家的国际判例法（含澳大利亚、爱尔兰、墨西哥、新西兰、新加坡、英国等）。⑧ 自 1971 年以来的所有专利资料，可以通过关键字、专利号码、分类号码、律师、代理人、发明人或专利摘要等方式进行检索。⑨ 法学院目录，如《Martindal-Hubbell 法学院名录》和《NALP 全国法学院名录》等。

（4）医学

在医学研究领域，提供新闻、报刊文章的全文或文摘：①“医学新闻”包括那些属于普及程度的医学和健康新闻资源当中的全文内容服务。这些资源包括《生物技术新闻观察》、《健康消费报告》、《健康联盟警告》、《当代保健》和《NewsRx》等。② 对更为复杂的问题进行深入研究，还可以通过医学和健康期刊进行全文检索。提供的资源包括《美国家庭医生》、《美国癌症学会会刊》、《健康问题》和《儿科》等刊物。

（5）参考文献

LexisNexis Academic 还提供参考文献服务，包括传记信息、各州概况、舆论调查、世界年鉴等。① 传记信息：各种个人传记资源；与人物有关的新闻资源；选编的传记故事、讣告以及有关公司高级管理人员的商业性报道等。② 各县概况：有关美国各个县的简要事实和统计数字。③ Roper 公共舆论研究中心：可以快捷地查找到有关政治和政府、公共机构、国际关系、商业、社会问题以及消费者行为和倾向等方面的民意测验结果。④ 名言录：可以检索《辛普森当代名言录》收录的 10000 多条名言和《演讲者名言佳句》当中收录的 3500 多条名言。⑤ 各州概况：有关美国各个州的简要事实和统计数字。⑥ 世界年鉴：可以检索《世界年鉴和各国概况》当中任何方面的内容。

2. 数据库检索

1）基本检索（Basic/ Quick News Search）如图 5.10 所示：主要是关键词检索。检

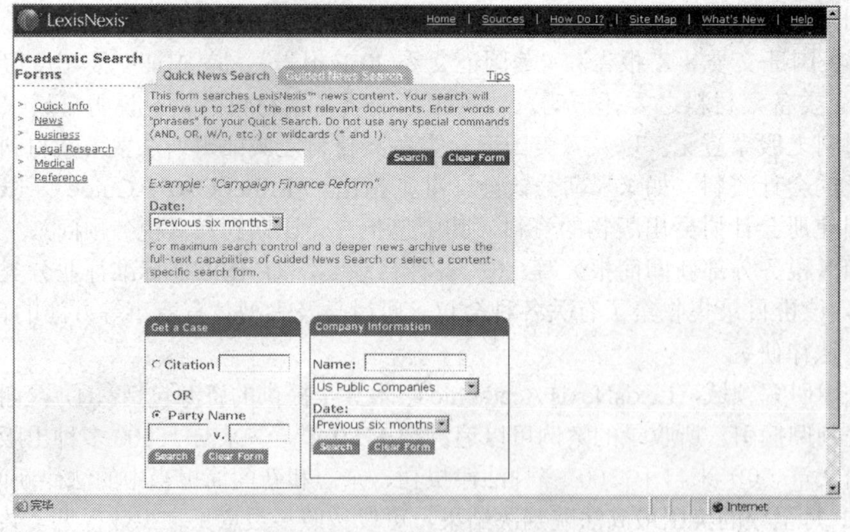

图 5.10　LexisNexis 系统基本检索界面

索入口为题目、首段或全文，可以按时间或行业、审理法院等对检索词加以限制，可以使用布尔逻辑、截词等算符。需要注意的是，由于数据库收录的文献类型不同，系统默认的检索字段也不同。

2）指南检索（Guided News Search）：主要是字段落检索，增加了检索入口以及位置算符匹配运算、出版物名称、时间等检索限定，其中时间限定可以到具体的日期，如图 5.11 所示。在指南检索中，商业和法律新闻既可从新闻信息中检索，也可从其自身信息中检索。

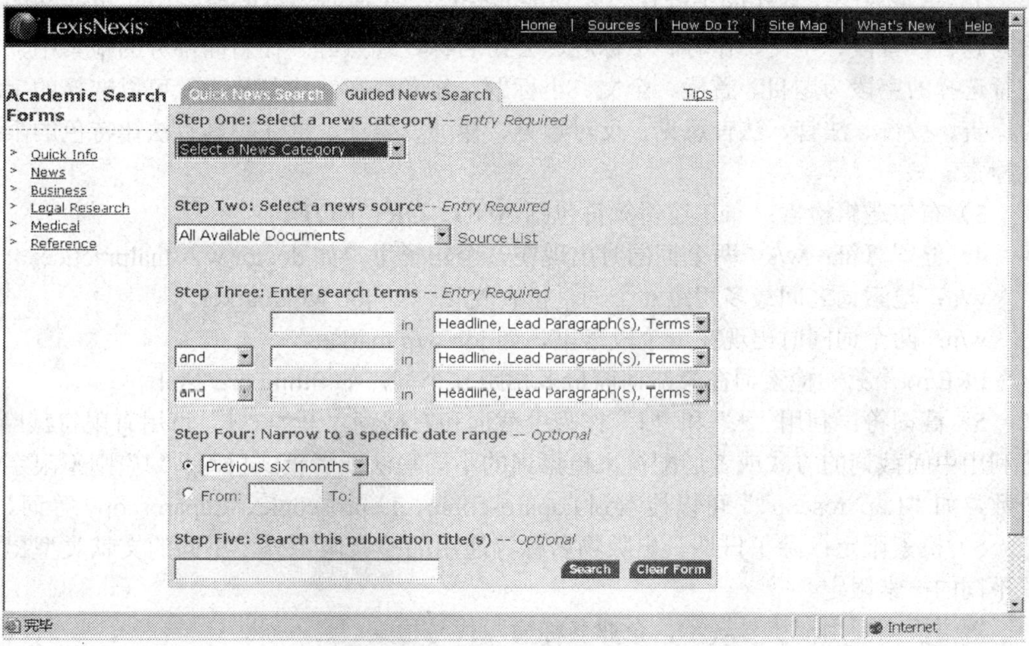

图 5.11　LexisNexis 系统指南检索界面

3）出版物浏览（Sources）：点击检索界面上的“Sources”即可按字母浏览检索所有出版物。在每一出版物名称后面，都可以阅读到出版物介绍，可以浏览该出版物在数据库中的收录范围、更新频率、内容描述、是否有全文等。还可以检索该出版物，点击后即转到指南检索界面，没有提供直接浏览功能，只能在检索时用日期加以限定。

检索案例：如需要检索“新闻自由与民意调查”课题，则将有关关键词列出：freedom of information 或 freedom of the press（新闻自由）、gallup pull（盖洛普）、public-opinion poll（民意调查）、presidential election（总统竞选）、news media（新闻媒体）。

在新闻部分：法律研究指南检索中，第一步选择 general news（一般新闻），第二步选择 newsletters，选择指南检索方式，输入关键字“freedom w/s information”，选默认选项，然后在下一检索中选择布尔逻辑 or 输入关键字“freedom w/s press”，选默认选项，并限制时间 previous six months，检索后得到检索结果。

在法律研究部分：法律研究指南检索中，第一步选择 legal research（法律研究），第二步选择 law reviews，选择指南检索方式，输入关键字“freedom w/s information”设定为全文（full text），然后在下一检索中选择布尔逻辑 or 输入关键字“freedom w/s press”

设定为全文（full text），再下一检索中选择布尔逻辑 and 输入关键字“public opinions”设定频率（at least 3），并限制时间 all available dates，检索后获得检索结果。在二次检索中输入 length>30000，检索后获得检索结果。

3. 检索技术

1）字检索与词检索：在复杂检索和简单检索的标准检索方式中，系统默认的是字检索和词的精确匹配。

2）字段检索：系统的个性化检索功能非常好。在商业部分的检索中，可选择的字段为题目、首段、全文、作者、小标题、公司名称、地点等。在新闻部分的检索中，可进行选择的字段为题目、首段、全文、小标题、作者。在法律部分中，可以选择的字段为原告、被告、法官、法官意见、反对意见、律师、引证、批注等具有法律特色的限制性检索。

3）布尔逻辑检索：布尔逻辑算符包括 AND、OR、NOT。

4）位置算符：w/s：两个词同时出现在一个句子里，如 doctor w /s malpractice。

w/n：检索词之间最多相距 n 个词，位置变化，如 job w/3 market。

w/p：两个词同时出现在一个段落里，如 job w/p market。

PRE/n： 第一检索词在第二词前最多相距 n 个词，如 future pre/2 job。

5）截词符：利用“*”和“!”作为中截词和右截词，其中“*”可用有限符截断，可利用中间截词的方式或者通配符来检索词的不同写法或者英式拼写。“!”则不限字母个数，如“Lap*roscop!”可以检索到 Laparoscopic、Laproscopic、Laparoscopy 等词。

6）检索限定：除了日期、出版物名称等通用的检索限定外，不同的文献类型提供了不同的检索限定。

短语检索要用双引号表示，企业名称简写代号检索。

4. 检索结果

检索结果以两种形式显示：一为文献列表，即按相关程度和时间顺序显示检索结果的题录，包括文献名称、作者、来源出版物、出版日期等；二为扩展列表，即除了上述题录内容外，增加了包含了检索词在内的内容，并用黑体突出检索词。

记录格式有两种，即题内关键词记录和全部记录。文件格式全部为 HTML 的文本格式。

二次检索及其他特殊检索：利用 FOCUS 功能进行二次检索，FOCUS 功能可以使用多次，二次检索结果显示中用粗体显示的单词只是二次检索限定的检索词。

特殊检索：检索特定刊物 PUBLICATION，例如，PUBLICATION（Harvard law review），括号中键入要找的刊物名称，则只在该刊物内容中检索。检索标题 TITLE，例如，TITLE（criminal law），括号中键入要找的标题关键字。依作者姓名检索 AUTHOR，例如，AUTHOR（john w/3 doe），括号中键入要找的作者姓名。以文件长度检索 LENGTH，例如，LENGTH > 1000，可限定文件长度。依专利号码检索 PATNO=，例如，PATNO=1234567，直接键入专利号码。检索专利权所有人 ASSIGNEE，例如，ASSIGNEE（general motors），括号中键入专利权所有人或机构名称。检索专利发明人 INVENTOR，例如，INVENTOR（john w/3 doe），括号中键入专利发明者之名称。

文件下载：点击“Print/Save Option”或“E-mail”按钮可以下载、打印文件或者发送 E-mail。

5.4.2 Lexis.com 数据库

Lexis.com 是以法律资源为特色的专业数据库，是面向法律专业人员设计的，拥有 11439 个数据资料库以及 31500 个资料来源，收录内容更加丰富，几乎包括所有行业。特别是在法律事务方面，更加适合法学院研究生、博士生及教学科研人员使用，是世界上收录最全的法律资料库之一。与 LexisNexis Academic 学术大全相比，Lexis.com 法律领域收录更为全面，比 LexisNexis Academic 多出一倍。

Lexis.com 法律研究内容：Lexis.com 在法律事务上是全世界第一的数据库。许多国际著名法学院、法律事务所、高科技公司之法务部门皆使用此数据库。主要内容为联邦与州政府的案例：收录约 300 年之案例，包括联邦、州政府及 United States International Trade Commission（USITC）、International Trade Administration（ITA）之全文案例。美国最高法院案例：从 1790 年 1 月至今，多数党的意见、少数党的意见、政党协商的意见、法律顾问的意见，以全文显示。美国最高法院上诉案例（根据法院不同日期）：多数党的意见、少数党的意见、政党协商的意见、法律顾问的意见，以全文显示。美国地方法院案例：从 1789 年至今，多数党的意见、少数党的意见、政党协商的意见、法律顾问的意见，以全文显示。判决书：破产法院，国贸法院，税务法院，商标和专利权上诉法院，退伍军人法院，商业和军事法院。州法院判决书：50 州所有层级的法院。所有联邦律法：自 1988 年至今。所有联邦规则：包括联邦记录、联邦法规、美首席检察官意见以及联邦获取规则和增补。50 州法规（不同州有不同日期）：所有州的宪法、法院规则与美首席检察官意见。法律评论：有来自超过 600 种评论杂志中的论文，其中包括 Yale Law Review，Harvard Law Review。另外还有：欧洲联邦律法、专利数据库，收录近 24 年来欧洲、美国、日本之全文专利资料，包括图文件；英联邦国家法律法规和案例、WTO 之相关案例、条文以及其他法律主题（如合并、著作权、反托拉斯法、商标等）。

本章主要参考文献

肖珑．2003．数字信息资源的检索与利用[M]．北京：北京大学出版社．

第 6 章　电子图书、电子报纸及其使用

6.1　电子图书和报纸概述

6.1.1　电子图书

1. 电子图书的概念

电子图书又称数字图书或 eBook，是计算机技术和网络技术飞速发展的今天印刷型图书的数字化形式，是利用计算机高容量的存储介质来存储图书信息的一种新型图书记载形式。电子图书不只是传统图书的数字化，它还是图书的一种更新形态。首先它包含了文章或书籍的数据文档，以一定的数据格式存储文章或书的内容。其次，与数据文档密不可分的是它为读者提供了特殊的阅读手段，既可以在线或在 PC 机上阅读，即通过计算机直接阅读所购买的电子图书或网站提供的免费、付费电子图书；也可以离线或脱机阅读，即通过电子阅读器阅读从网上购买和下载的图书。

2. 电子图书的类型

按照载体的不同，电子图书可分为光盘电子图书、网络电子图书和便携式电子图书等三种。

1）光盘电子图书：主要是一些图书和工具书的随书发行或单独发行的光盘，它只能在计算机上单机阅读。各图书馆对此都有专门的收藏和管理。

2）网络电子图书：是指生产过程中采用二进制的数字化形式，将文字、图像、声音等信息存储在光、磁等介质上；在利用过程中，又通过计算机技术、通信技术特别是网络技术来获取及检索阅读，主要是一些由图书馆、数字资源开发商和书商等设立的网站或数字图书馆。网络电子图书以纸本图书的网络版居多，如“书生之家”、“超星电子图书”等；有些网站也制作网络电子图书，但主要为文学类的图书。

3）便携式电子图书：这里特指一种存储了电子图书内容的电子阅读器，也称 Pocket eBook。人们可以在这种电子阅读器的显示屏上阅读各种存放在其中的图书。一个电子阅读器中可存放成千上万页的图书内容，并且图书内容可不断购买增加。

3. 电子图书的特点

电子图书与传统印刷型图书相比具有其特殊性：首先，电子图书是一种数字化产品，具有高度灵活性；其次，电子图书具有使用方便、迅捷、廉价和容易普及的特性；第三，电子图书具有较强的技术性。具体表现为：

1）出版宽泛性：传统图书通常由专门的出版社来操作，而在电子图书的出版中，其格局将被打破。目前，除了传统的专业出版机构以外，各种商业公司、计算机公司等都已加入进来，成为了电子图书出版的主体。

2）形式虚拟性：电子图书是一个全新的事物，它首次超越了实物出版这一重要模式，进入了无制品型的虚拟世界，实现了无纸化，也实现了无实物化，且具有零库存化、流通网络化、购买章节化、交易电子化的特征。

3）流通便捷性：借助于网络，虚拟化的电子图书极大地简化了业务流程。首先，在时间上具有明显的自由、快捷等特点。其次，在空间上，电子图书具有全球覆盖能力，可以使读者的阅读需求得到很大程度的满足。其三，实行电子支付，读者足不出户就可以直接选购所需的图书。第四，电子图书的各部分可以很容易地分离出来，读者可以根据自己的需求挑选其中的部分章节、某一段落购买。

4）具有互动性：阅读电子图书的“观念”与纸质图书是不同的。当使用电子图书时，能够利用即时词典的功能方便地查找生字、词。而且，电子图书的界面操作自如，字号、版式可随意调整。此外，新近出版的电子图书还增加了“笔记”功能，允许读者在上头作编辑、圈注和复制，但又不会影响其文本，更不会干扰其他读者的视觉。

5）易于检索性：电子图书提供的检索功能是动态的、多途径的和可组配的，图书中的任何信息单元都可借助电子图书数据库进行检索；图书中任何隐藏的信息都在计算机的严格监控之下，只要单击按钮，调出菜单，即可迅速找到所需的内容，非常方便快捷。

6）结构智能性：电子图书在结构上可以集文字、图像、声音、动画等于一体，以多媒体的形式同时表达信息，获得生动形象的效果。

4. 电子图书的发展

电子图书的出现极大地推动了网络出版和信息传播的发展，给传统的纸质出版及图书业带来了一定的冲击。统计分析表明，2001 年全球电子图书数量已达到 100 万种，2008 年全球电子图书将开始超过传统印刷型图书。

电子图书的概念最早出现于 20 世纪 40 年代的科幻小说中。此后，人们就一直试图将这种幻想变为现实，并出现了一些试验性的产品。

1971 年 Michael Hart 先生提出了“古腾堡计划”，专门收录没有版权的经典文学作品，将其输入电脑供人们网上阅读和下载，第一次使纸质图书规模化地转化为电子图书。

随后几十年，国内外 IT 公司、出版社、网上书店纷纷涉足电子图书市场，开发电子图书产品。1998 年，美国诺瓦梅地亚公司推出了手持式阅读器——“火箭书”，标志着电子图书进入了高速发展的阶段。

国外电子图书发展的速度相当惊人。据美国的一项调查表明，2004 年以前电子图书占到图书市场销售额的 26%，消费者用于电子图书的花费可达 54 亿美元。在网络出版发展最早的美国，目前已有 79%的出版社拥有自己的网站，电子图书已占到出版总额的 20%。

我国的电子图书产品是在 20 世纪 80 年代，最早由一些拥有计算机技术和设备的单位和个人自发组织起来，建立了软磁盘数据库。伴随着国外电子图书市场的迅猛发展，国内电子图书市场也日趋活跃。目前因特网上提供电子图书阅读的站点我国有数百个，被图书馆广泛采用的具有竞争实力的大型中文图书服务系统有书生之家数字图书馆、超星数字图书馆、中国数字图书馆和北大方正数字图书馆等。

6.1.2 电子报纸

1. 电子报纸的概念

电子报纸是多媒体技术、网络技术和通信技术的产物，是指在排、印、投递等方面基本上实现了电子化的报纸，包括以下几个方面的内容：

1）内容、形式、载体及存储方式电子化。把欲刊登的内容输入计算机，形成电子信息，其内容可以是文字、表格、彩色图像，甚至可以带有声音、动画等多媒体信息。

2）出版电子化。出版电子化包括电子投稿、电子排版、电子编辑；利用电子传输和计算机信息处理方式将电子化的信息编辑、排版制作成完整的电子报纸。

3）发行电子化。利用计算机网络传送电子报纸，速度快、节省时间和经费。读者可在任何时刻和地点接收或阅读电子报纸。

4）阅读电子化。读者直接利用计算机阅读、剪报、摘录、存储、检索，可选择报纸、栏目和文章，查阅背景材料，还可以利用媒体技术看到图文并茂的彩色动画或带有声音的报纸或参加读者评报和讨论。

2. 电子报纸的类型

目前，电子报纸主要有光盘版电子报纸、网络版电子报纸和便携式电子报纸三种类型。

1）光盘版电子报纸：它是指以光盘或硬盘等载体存储和发行的报纸，如《人民日报》光盘数据库、《参考消息》数据库等，这类载体的报纸大多用于发行过期报纸的内容，多以某种或某类报纸的回溯数据为主，如《人民日报》光盘数据库就包括《人民日报》自1946年创刊以来的全部数据。

2）网络版电子报纸：它是指直接在网上发行、阅读的报纸。这类报纸由于增加了动态新闻、更新及时（许多报纸是以小时为单位更新的，重要内容则随时随地更新），兼之充分发挥了超文本链接技术，组织了大量专题报道以及多媒体新闻，每天都吸引了大量用户。

我国的网络版电子报纸大致分四种模式：一是在因特网上有独立的域名，其内容多是纸质报纸的翻版，如《羊城晚报》、《南方日报》、《科技日报》等。二是在因特网上有独立的网站，其内容远远多于纸质报纸，是目前的主流模式，如《人民日报》网络版每天动态更新内容9次。三是建立跨地区、跨行业的综合信息平台。四是多家媒体组成一个信息网络，如网上的“福建新闻中心”就组合了《福建工商报》、《东南电视台》等多家媒体。

3）便携式电子报纸：它是一种全新的电子报纸概念，融合了报纸、计算机和网络的特点，表面上看与普通报纸没有两样，但它有一个微电脑在报纸的夹板内。

据《广告大观》2003年第6期报道，日前，美国麻省剑桥市Elnk公司的华裔电子工程师陈宇和其同事研制出了一种超薄的便携式电子报纸产品，产品非常的轻薄，质地相当柔韧，读者可随意扭曲，即使将其卷成圆筒，电子报纸照样可以正常显示文字、图像。

3. 电子报纸的特点

与传统的印刷型报纸相比，电子报纸具有以下特点：

1）传递速度快，信息覆盖面广：时效性强、出版周期短是电子报纸中重要的特点。电子报纸的内容是即时刷新的，这是与传统报纸相比最本质性的优势所在。电子报纸已实现把动态内容即时“送达”到读者手中。《纽约时报》网络版开设“即时新闻”栏目，每10分钟刷新一次。国内的网络媒体一天大幅度刷新5、6次的已很平常，多数网站还设有“滚动新闻”栏目，新闻随时更新。

由于因特网独特的国际视野，它给电子报纸提供了一个广博的信息资源环境，从而形成电子报纸信息密集、容量大、篇幅短的特性，用户范围也急剧扩大。

2）多媒体化的立体传播效果：电子报纸将文字、图像和声音有机都结合起来，可同时传送文字、图表、广播、录像、动画等多种形式的信息，为受众提供图文并茂、有声有色的多媒体信息，这种多媒体的立体传播是印刷型报纸无法比拟的。

3）即时交互性：网络电子报纸具有即时交互性，传播者和受众可随时进行交流，读者可以把自己的意见和想法告诉编辑部。计算机可根据读者点击的次数计算出阅读频率最高的信息，跟踪读者关注的焦点问题，及时调整报道内容。

4）检索方便快捷：电子报纸的检索方式多种多样，可通过关键字、作者、题名等来检索自己所需的信息，极大地方便了读者在庞杂的信息中找到自己需要的东西。

5）提供个性化服务：网络型电子报纸的一大特点就是其个性化的服务，在一定程度上实现了“小众化”的传播模式。电于报纸利用网络的这一优势可为读者提供更具个人色彩的服务，比如开设专门的论坛，提供强大的搜索引擎功能，帮助读者搜索自己感兴趣的站点，获取相关的“最新”信息等。这些都是印刷型报纸很难做到的。

6.2 数字图书馆及其电子图书服务

6.2.1 书生之家数字图书馆

1. 概况

书生之家数字图书馆于2000年4月7日试运行，5月8日正式开通，由北京书生科技有限公司创办，是一个全球性的中文书报刊网上开架交易平台（http//:www.21dmedia.com/ebook）。

中华读书网（http://www.booktide.com/）现已生产制作了数十万种图书的数字信息资源，并以每年六七万种的数量递增。收录的基本上是1999年以后的图书，主要是每年出版的新书，其收录量占每年中国出版新书品种的一半以上。它目前以镜像服务为主，读者在其网站免费注册后可浏览到2000年以来出版的相关类目下的所有书目信息和当月出版的新书信息。

2. 检索功能

书生之家数字图书馆系统检索界面如图6.1所示。

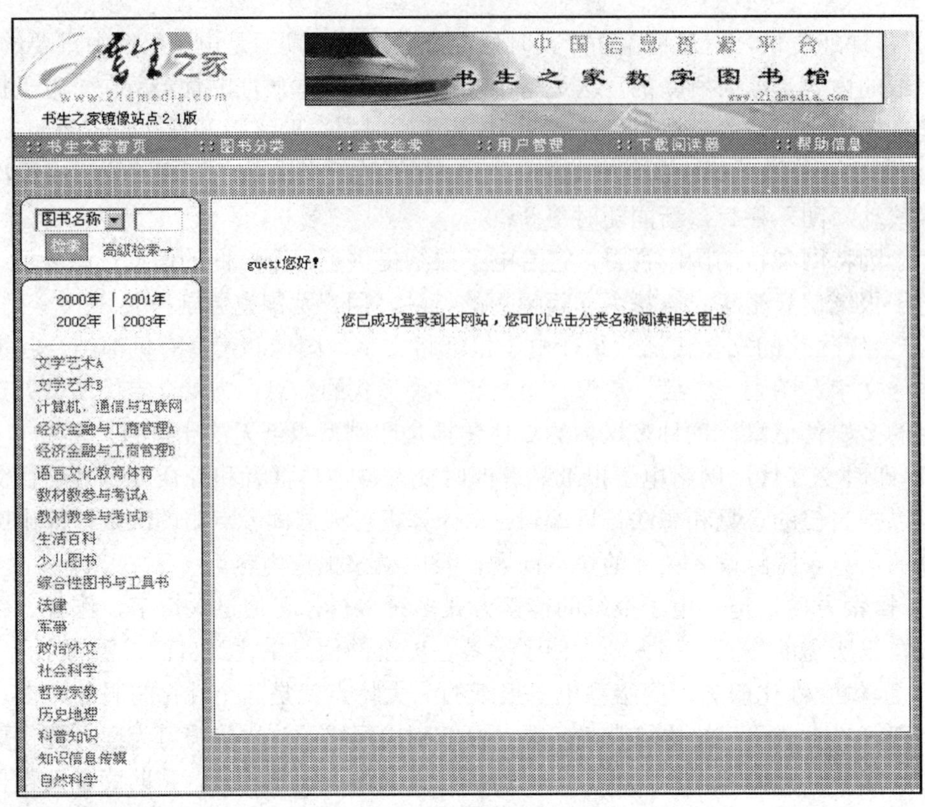

图 6.1　检索主界面

1）分类检索：书生之家数字图书馆将全部电子图书按《中国图书馆图书分类法》分成 31 个大类（见图 6.1），每个大类下又逐级划分为多个子类（共有四级类目），可逐级检索。

2）一般检索：系统提供了图书名称、丛书名称、作者、出版机构、提要、ISBN 等六个检索字段（见图 6.1）。检索时，首先通过下拉菜单选择相应字段，然后在检索词输入框中输入检索词，单击“检索”按钮即可。

3）高级检索：高级检索提供了六个检索要求输入框，每个检索框均有图书名称、丛书名称、作者、出版机构、提要、ISBN 等六个字段；可同时对多个检索框、多个字段进行复合式检索（检索词间可以通过逻辑算符来组配）。例如，选择“图书名称”字段，输入“信息检索”；再选择“作者”字段，输入“腾胜娟”（见图 6.2）；然后单击“检索”按钮即可获得如图 6.3 所示的检索结果。

4）全文检索：书生之家数字图书馆提供了全文检索途径，其检索界面如图 6.4 所示。可在检索要求输入框中输入检索词，并选择其内容所属的学科（共有 31 个类目），单击“检索”按钮即可。

3. 全文获取

单击检索结果（图 6.3）中的“全文”链接，即可阅读图书全文。

在阅读图书全文前，必须下载并运行书生阅读器（可在书生之家数字图书馆主页或镜像站点上进行下载）。下载运行一次即可，以后再读书时，会自动启动阅读器。

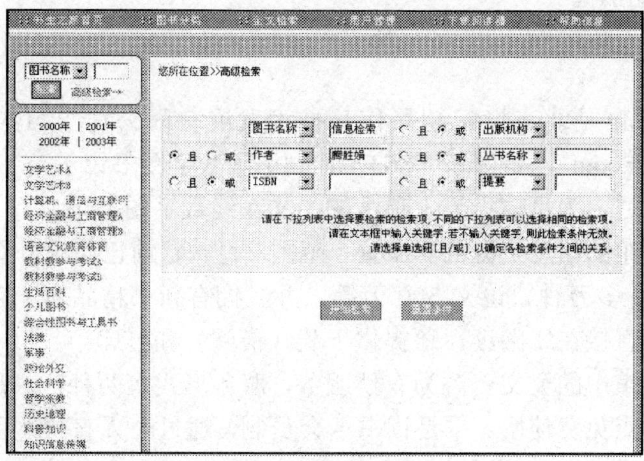

图 6.2　高级检索界面

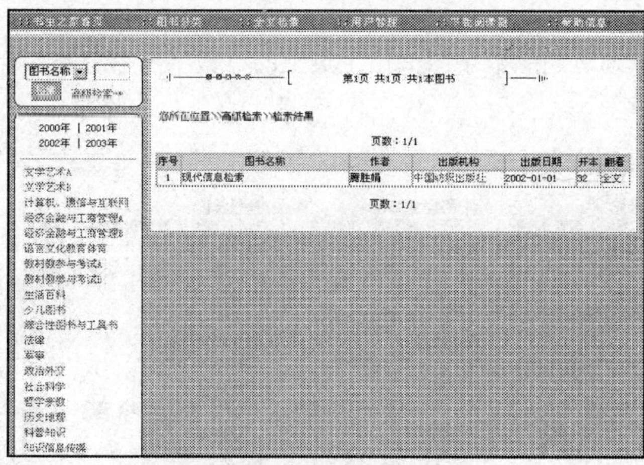

图 6.3　检索结果界面

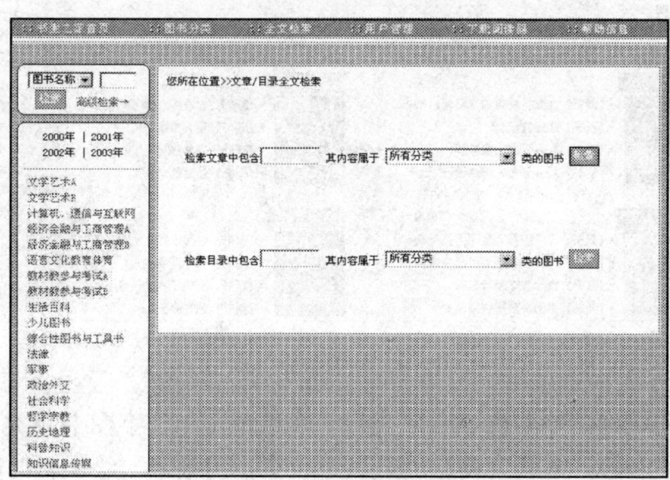

图 6.4　全文检索界面

6.2.2 超星数字图书馆

1. 概况

超星数字图书馆是北京世纪超星信息技术发展有限公司于 1998 年研究开发的（http://www.ssreader.com），是国家“863”计划中国数字图书馆示范工程，2000 年 1 月在因特网上正式开通，为目前世界上最大的中文在线数字图书馆。

超星数字图书馆的信息资源内容丰富，范围广泛，目前已收录社会科学与自然科学各个门类的图书 80 多万种、论文 300 万篇，并且拥有新书精品库、独家专业图书资源等。图书不仅可以直接在线阅读，还提供下载（借阅）和打印。

超星数字图书馆中的全文资源为有偿服务，服务形式有两种：一是单位购买，通过集体设置的镜像站点免费使用。二是读书卡会员制，通过个人直接购买超星读书卡，并注册成为会员后使用。

2. 检索途径

1）分类检索：通过超星数字图书馆主页上的“数字图书分类”栏目可进行分类导航检索（见图 6.5）。

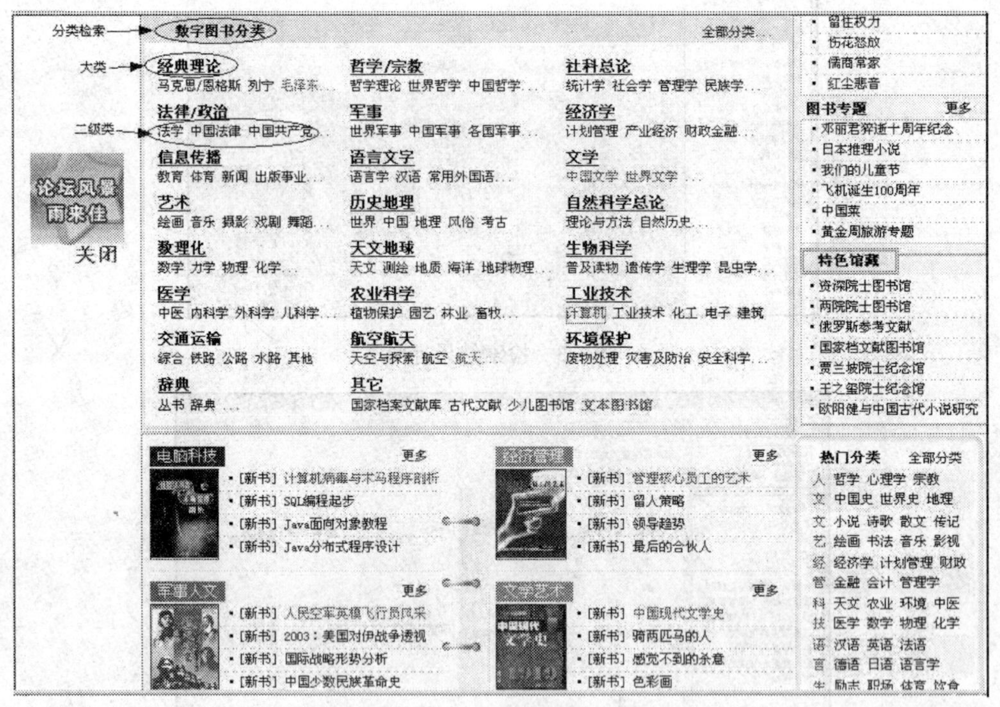

图 6.5 分类检索界面

检索时，首先应确定检索内容所属类目，然后单击“数字图书分类”栏目中所对应的大类或二级类目名称，系统会逐次展开其下位类，到最末一级类目时即可检索出该类目下的所有图书记录。

2）关键词检索：单击主页上的“图书检索”栏目，即可进入关键词检索界面（图 6.6）。在系统提供的关键词输入框中输入某一特定范围内图书资料的关键词，系统即可将符合条件的图书资料检索出来。

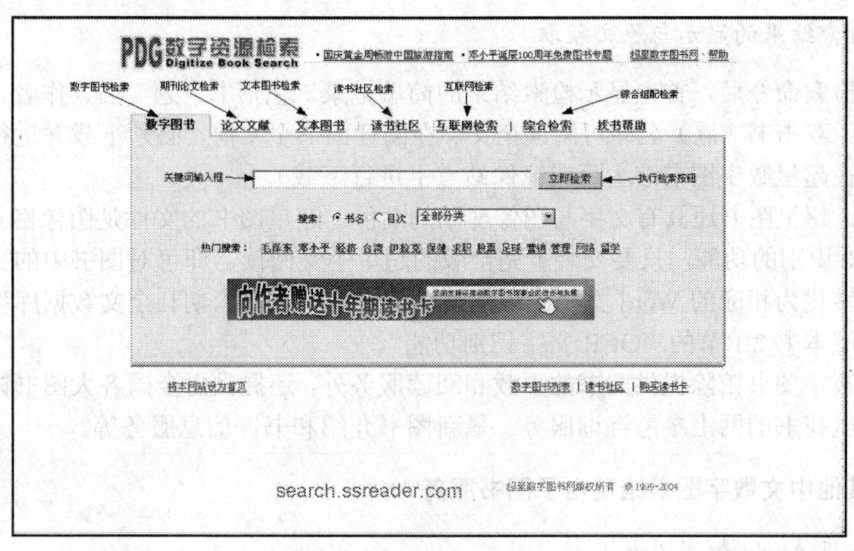

图 6.6　图书检索界面

关键词检索界面提供以下几种检索范围选择。

① 数字图书检索：超星读书卡会员用户登录后可对网站上提供的图书书名进行检索。

② 论文文献检索：提供超星图书馆中的期刊论文题名或著者姓名的检索。

③ 文本图书检索：提供文本图书的阅读者和制作者查询已经加工并提供阅读的文本图书和正在制作中的文本图书。

④ 读书社区检索：提供超星读书社区中所有帖子标题的检索。

⑤ 互联网检索：提供因特网上有关标题的检索。

3）综合检索：为了便于进行较为复杂的组合检索，系统提供了综合检索功能。单击“图书检索”界面（图 6.6）上的“综合检索”，即可进入图 6.7 所示的综合文献库检索界面。

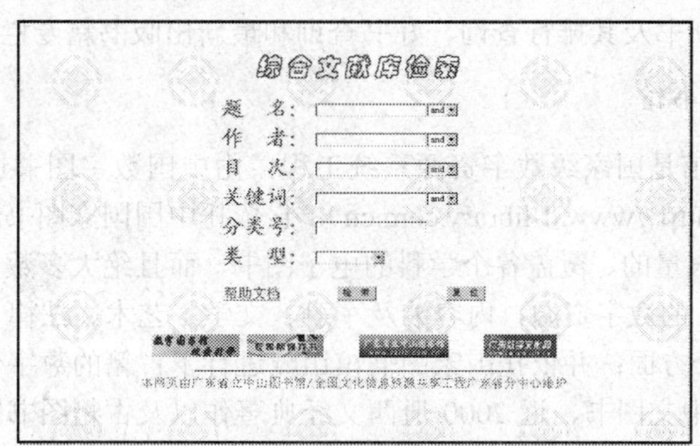

图 6.7　综合检索界面

在该界面上，可同时对题名、作者、目次、关键词、分类号、文献类型（有社科期刊文献、科技期刊文献、学位论文、会议论文多个选项）等多个字段进行复合式检索，检索词间可以通过逻辑算符来组配。

3. 检索结果的显示与原文获取

执行检索命令后，首先显示检索结果的简单记录，包括书（题）名、作者、出版日期等信息。双击书（题）名即可阅读全文。在阅读图书全文前，必须下载并运行超星阅读器（可在超星数字图书馆主页或镜像站点上进行下载）。

另外，超星图书还具有文字与图像剪贴的功能。超星图书的文件是图像格式，但加入了 OCR 识别的功能，只要安装了完全版的超星中文阅读器即可对图书中的文字进行识别，并转化为相应的 Word 文档。识别与转化方法与“中国期刊全文数据库”大致相同，可参阅本书 2.1 节的“OCR 文字识别功能”。

超星数字图书馆除提供图书的下载和阅读服务外，还提供由全国各大图书馆专家联合为你导航找书的网上参考咨询服务、最新图书介绍和书评信息服务等。

6.2.3 其他中文数字图书馆及电子图书服务

1. 方正 Apabi 数字图书馆

方正 Apabi（Aim for paperless Application By Internet）数字图书馆由北大方正电子有限公司于 2000 年 12 月创办（http://www.apabi.com）。它是制作和提供电子新书的专业网站。经济、自动化技术、计算机技术、外语类图书较多和较新，各类热门图书也占很大比重。特点为：建立个人图书馆，实现个人书库的分类管理；可以通过 Apabi Reader 直接链接书店，实现网上购买电子图书；具有版面的缩放以及翻转版面、页面笔记、全文查找、支持词典等功能；兼容世界流行的 PDF 文件格式。已有两万余种电子图书，平均每月增加电子书 3000 本左右。已与 100 多家出版社合作，提供最新出版的高质量的电子图书。

方正 Apabi 数字图书馆为读者提供了方便的网络借阅服务，提供了支持计算机、手持阅读器等硬件平台的阅读性，具有简单检索、高级检索、二次检索、同作者检索、同出版社检索、关键词检索、全文检索和读者下载阅读等功能。在方正数字图书馆主页上，还设有推荐阅读、新书及其排行查询、好书查询和最新出版书籍专栏。

2. 中国数字图书馆

中国数字图书馆是国家级数字资源系统工程，由中国数字图书馆有限责任公司于 2000 年 9 月创办（http://www.d-library.com.cn）。它依托中国国家图书馆丰富的馆藏，其网上读书专栏拥有大量的、覆盖各个学科的电子图书，而且绝大多数为回溯书目，累积建设了总量近 10TB 的数字资源，内容涉及军事、文学、艺术、法律、科技、教育、旅游、医学等 20 多个方面；并依托国家图书馆馆藏进行了古籍的数字化加工工作，现已有 10000 册精选的中文图书、近 2000 册西文经典著作以及古籍图书馆的全部藏书（包括经典阅读、百年敦煌、中国文史和千家诗）上网提供免费阅读。

中国数字图书馆设立会员机制，只有通过注册获得会员资格的读者，才能够浏览网站上的数字资源（包括免费资格），还可以享受其个性化的服务以及其不断推出的增值服务。

读者可通过目录导航方式点击分类目录直接查找所需图书，也可以利用数图搜索进行高级检索。除提供对图书的搜索外，中国数字图书馆还设立了专题资源库、书海导航、出版社、作者、书店和读者论坛等栏目。

3. 其他图书网站

除以上这些数字图书馆外，另外还有很多提供电子图书的网站。

1）国学网站（http://www.guoxue.com）：全文推出十三经、二十四史、清文稿、资治通鉴、佛典、道典、明清小说、唐宋诗词及研究成果等，是阅读中华优秀传统文化的宝库。

2）亦凡书库（http://www.yifan.net）：提供古典小说、当代小说、政治文学、侦探推理、散文随笔、历史题材、戏曲文艺、外国文学、网友文学、近代战争、人物传记、报告文学、古今诗词等全文免费书籍，可根据作者名或作品名进行粗略及精确查询，每天列出当日数据库新增内容。

3）黄金书屋（http://goldnets.myrice.com）：设有文学、军事、政治经济、哲学宗教、电脑书籍、黄金文摘、历史作品、英文经典、网友原创、新书扫描、股市资料等栏目。收藏丰富，更新及时，可下载阅读，是目前国内文学站点人气较高的站点。

4）全景中文图书（http://www.cnovel.com）：有各类图书、网络文学阅读排行榜、小说快报（可订阅）、网络书店指南，并可进行搜索（可看到最热门的小说搜索关键字）。有美国、欧洲、中国内地多个镜像站点。

5）E 书时空（http://www.eshunet.com）：以提供免费的电子图书下载为主要服务，内容以畅销书和经典著作为主，而且阅读方便，易于操作。

4. 网上书店

虽然网上书店的主要功能是销售图书，但是它的数据库或称“虚拟书架”可以作为人们查找图书信息的一个非常方便的信息源。在网上书店，可以轻松地查找到所提供的全部图书资料，并且通过电子支付手段，直接在网上完成购书过程。国外著名的网上书店主要有亚马逊（Amazon）网上书店、龙源书店等。国内目前已有 700 余家网上书店，著名的有：

1）博库网上书店（http://www.bookoo.com）：该网上书店与上百位当红作家、实力派作家及新生代作家们签约，以此作为网上资源，提供收费下载与收费阅读服务。

2）当当网上书店（http://www.dangdang.com）：有 50 多万条图书书目数据库。

3）旌旗网上书店（http://www.jingqi.com）：具有良好的服务界面，不仅易检索，而且书目的介绍和评论，都具有较丰富的内容和鲜明的观点（而不是铺天盖地的书单）。可提供配送服务。

6.2.4 外文电子图书

1. NetLibrary 电子图书

NetLibrary 是世界上 eBook（电子图书）的主要提供商之一，它创建于 1999 年，总部在美国 Colorado 州的 Boulder 市（http://www.netlibrary.com）。2002 年 1 月，NetLibrary 被 OCLC 收购，目前 NetLibrary 是全球最大的在线计算机图书馆中心（OCLC）的下属部门，它整合了来自 350 多家出版机构的 5 万多册电子图书，这些电子图书的 90%是 1990 年后出版的，每月均增加 2000 多种。NetLibrary 电子图书的 80%面向大学的读者，涉及自然科学和人文科学各个领域，其中不仅包含学术性强的著名专业著作，还收录最新出版的各类人文、社会科学图书，它覆盖了以下主要学科：科学，技术，医学，生命科学，计算机科学，经济，工商，文学，历史，艺术，社会与行为科学，哲学，教育学等。

NetLibrary 电子图书数据库系统以模仿传统图书的借阅流通方式来提供电子图书的浏览和外借功能，解决了电子图书阅览的知识产权问题，在国外各大图书馆中已有成功的运行实例，目前已经为世界上 7300 多家大学图书馆，公共图书馆和专业图书馆提供服务。

NetLibrary 电子图书采用通用的 HTML 和 PDF 格式，所以在线阅读全文无需下载特殊阅读软件，阅读限制：同一时间一个图书馆或集团的 eBook 读者数不限，但一本书同时只能供一位读者阅读。目前国内学校可以访问的除集团正式订购的电子图书外（可以点击 List All resources），还可以免费访问 3407 种无版权图书包括参考书、学术专著、普及读物和 NetLibrary 免费作品等印制版的电子全文版本，如莎士比亚的《哈姆雷特》。单击首页的“What's Available”浏览所有可阅读的电子图书。

NetLibrary 提供基本检索（Basic Search）和高级检索（Advanced Search）两种检索方式，如图 6.8 所示。

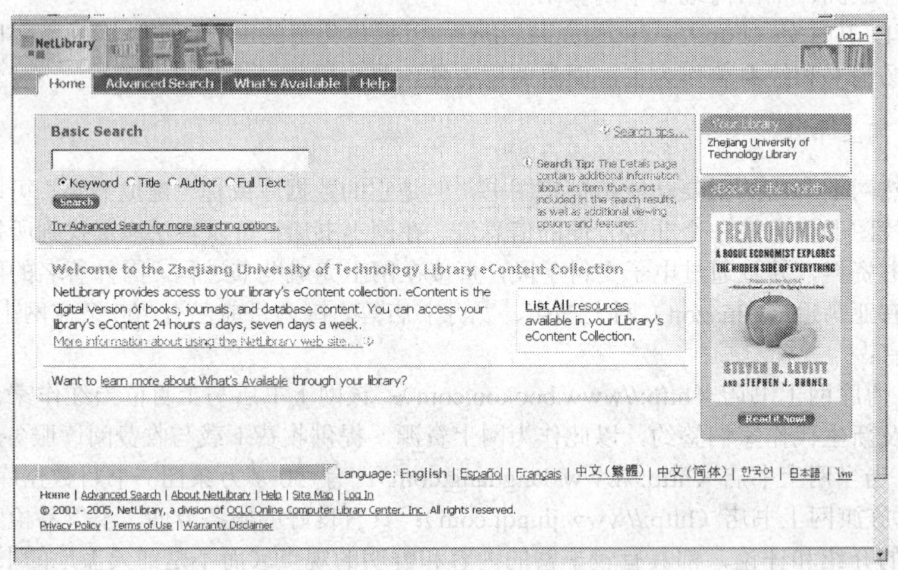

图 6.8　NetLibrary 基本检索界面

在页面的右上角基本检索中输一个或多个关键词和选择检索字段，可以使用逻辑算符或位置算符组配然后进行快速查寻。可选的字段有关键词、书名、作者和全文。基本检索不但位于首页，而且在每一个非检索页面的右侧也有。

高级检索使用字段（书名、作者、全文、主题、关键词、ISBN）检索，布尔运算符

（与、或、非）以及限制检索，如年份、出版商、语种（英语、法语、德语、拉丁语、西班牙语）等，排序如新的在前、老的在前、最佳选择、书名、作者等方法来建立较为复杂的检索手段如图 6.9 所示。

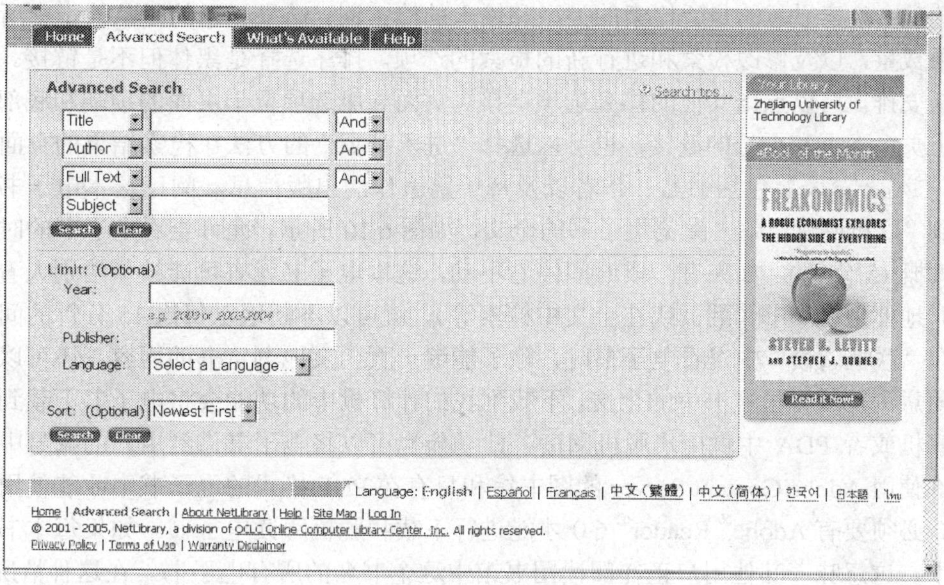

图 6.9　NetLibrary 高级检索界面

关键词字段是在书名、作者、美国国会图书馆主题标目、出版商和 ISBN 字段中查寻要找的词语。可以输入一条检索词（例如，programming）或者多条检索词，然后在相同的或者不同的字段中进行查寻（例如，pride prejudice 或者 midsummer Shakespeare）。

书名字段在所有的书名中查寻所输入的检索词。可以输入确切的书名（例如，A Tale of Two Cities），也可以不考虑顺序而输入书名中的任何部分（例如，Huckleberry adventures）。不必输入书名开头的冠词（例如，the、a 和 an 等）。

作者字段在所有的作者中查寻所输入的名字。可以按任何顺序输入名字，有没有标点符号和是不是大小写都没有关系（例如，Twain，Mark，或者 mark twain，也可以是 Twain Mark）。

全文字段是从各电子书中逐字查寻所键入的检索词，目的是查看所要的词语是否出现在电子书（包括所记得的电子书）的文本中，但是全文字段并不查寻书名或者其他的字段。使用时，检索词越明确越好。可以使用引号“ ”来查寻全文中的词组。例如，将 remote authentication 放在引号中构成“remote authentication”的词组，然后进行全文查寻，这样找到的所有电子书都会带有与 remote authentication 完全一样的词组。

主题字段是在美国国会图书馆主题标目中查寻所输入的检索词。可以输入一个检索词（例如，computer），也可以输入多个检索词（例如，civil war history）。

出版年份字段是查寻所输入的出版日期或者日期范围。输入的日期必须是整年。例如，1998 是指 1998 年出版的，1955-1995 指 1955 年到 1995 年之间出版的，-1960 指 1960 年或者 1960 年之前出版的，而 1960- 指 1960 年或者 1960 年之后出版的。

单星号*可以用来表示通配（例如，cook* 检索的是：cook，cooks，cooking，cookery，

cookbook 等)，双星号**可以用来检索某个字的所有形式(例如，drive**检索的是: drive，drove，driving，driven 等)。

检索结果是一份经过排序后的列表，上面既有符合检索标准的结果，又有好几种功能和选项：检索显示的是所检索的类型和输入的检索词。结果显示的是从检索中所获得的结果数量，以及修改检索和进行新的检索的选项。排序选择是黑体但不是链接。如果要重新安排，可以点击其他的排列选项链接。页面导航选项位于页面的顶端和底部。可使用上页、下页和页号的链接，也可以选择“进入某页”的方法在检索结果的页面中浏览。“书名一览表”包括书名、作者以及每一篇著作的出版信息。阅读这本电子书会直接进到“联机阅读”中去阅览电子书的全文，如图 6.10 所示。允许查看电子书的时间很短（大概 15 分钟)，如果有一段时间停着不动，这本电子书就有可能被借给别人看。只要不时地使用电子书（翻页或在全文中检索等)，就可以不断地以每次 15 分钟的间隔查看。在“联机阅读”中查看电子书时，除了能够一页一页地浏览书的内容，还可以在目次中随意浏览或者检索书中的全文。下载到我的计算机中的功能会将电子书下载到用户的计算机或者 PDA 中供用户脱机阅读，此功能也可以将电子书借到用户的账号中。只有允许使用 Adobe Content Server 的图书馆和只有在 PDF 格式的电子书中才能使用这个功能。必须要有 Adobe® Reader® 6.0 才能进行下载和脱机阅读电子书。如果每本书都在使用中，这意味着其他用户正在阅读图书馆中这个书名的所有电子书。在这种情况下，可以选择查看这本书的目次表或者请他们在有书时通过电子邮件通知你。

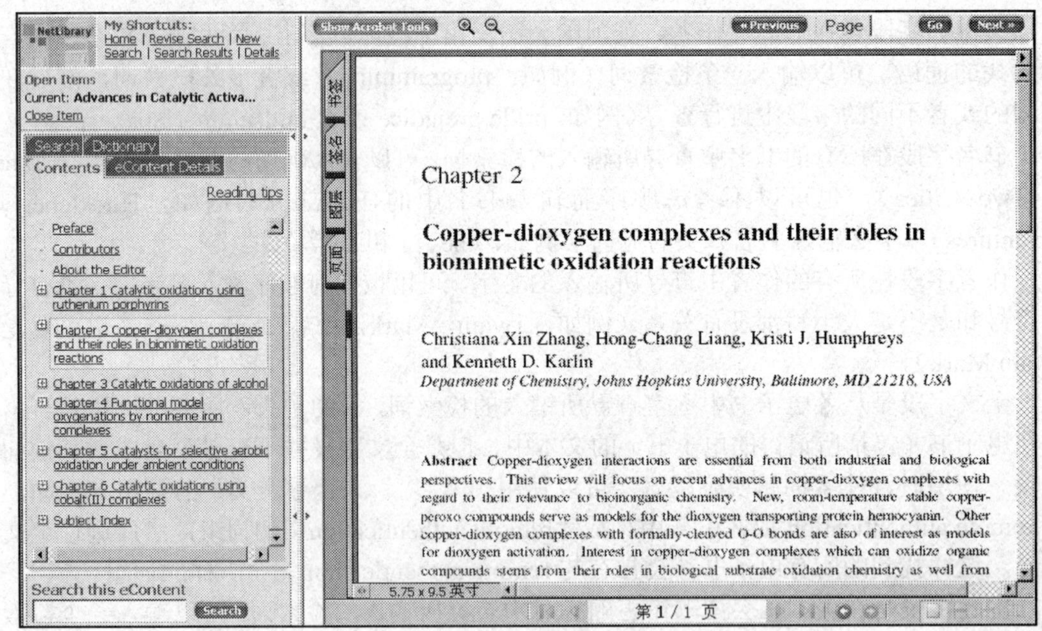

图 6.10　NetLibrary 联机阅读界面

显示详细书目会直接进到详细书目的页面中，从中可以看到这篇著作中其他的信息以及选项。放入我的书单会将著作放入书单中供以后参考。必须要有账号才能使用这项功能。将来如果要重新查看这本书名，只要点击右上角的“我的书单与附注”。有些图书馆可能没有这项功能。所有电子图书都内嵌了 American Heritage® Dictionary of the English Language（4th Edition），方便读者查询词义和读音。全文内容不能下载，但允许复制和打印（一次一页），持续打印数量过大会收到系统发出的警告。

2. Ebrary 电子图书

Ebrary 公司于 1999 年 2 月正式成立（http://site.ebrary.com/）。主页如图 6.11 所示。由 McGraw-Hill Companies，Pearson plc 和 Random House Ventures 三家出版公司共同投资组建。Ebrary 数据库整合了来自 150 多家学术、商业和专业出版商的 2 万多册权威图书和文献，覆盖了商业经济、计算机、技术工程、语言文学、社会科学、医学、历史、科技、哲学等主要科目的书籍种类，其中大部分内容是近三年最新出版，一般每个月都新增几百种图书。目前与 Ebrary 合作的主要出版社包括 McGraw-Hill Companies、Random House、Penguin Classics、Taylor & Francis、Yale University Press、John Wiley & Sons、Greenwood 等著名出版社。Ebrary 允许多用户同时访问，并具有特色高级检索工具与现有图书馆 OPAC 系统和数字资源整合。

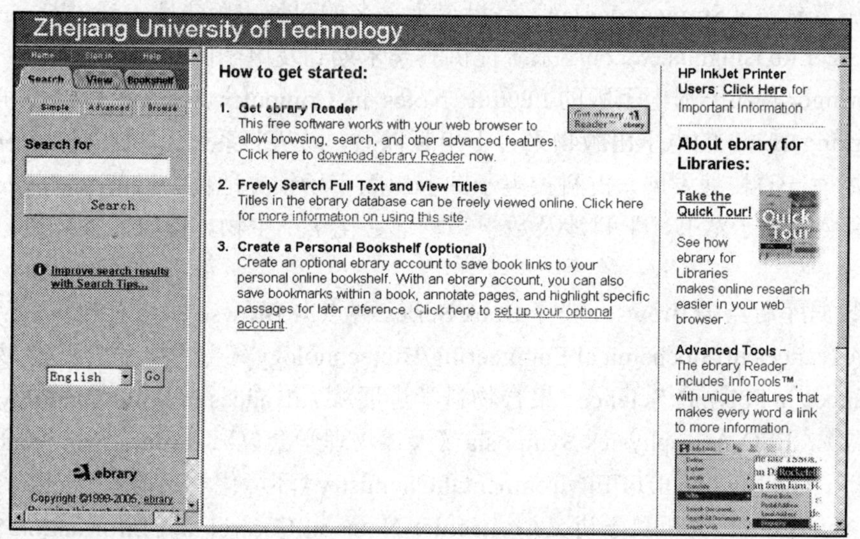

图 6.11　Ebrary 检索界面

Ebrary 电子图书采用 PDF 文档格式，读者也可以按作者、书名、出版社或者学科来查找自己所需的图书，读者还可以自己建立网上个人书架以保存自己对已阅读文章的链接，并具有书签和评注功能。该数据库还提供 Ebrarian for Library 系统，包括提供客户化的系统工具，根据选定的单词、词组，客户可以随时链接到一些在线工具书（例如词典、百科全书等），从而提高对文献的理解能力和知识积累。另外，该系统还提供了网上评注、链接、书签等功能。该系统不受用户数限制，可以多个用户同时登录，但用户只能单页打印或粘贴所需文字。

3. Safari 电子图书

Safari（http://proquest.safaribooksonline.com/）是 ProQuest 公司最新推出的电子图书

服务系统。Safari 由世界两大著名IT出版商：O'Reilly & Associates Inc 和 The Pearson Technology Group（包括旗下的 Addison-Wesley，Alpha，Financial Times Prentice Hall，Cisco Press，New Riders，Peachpit Press，Prentice Hall PTR，Que and Sams，Microsoft Press 等）共同组建，主要提供 IT 方面的电子图书。

目前 Safari 系统中已有 2000 多种图书，70%是 2000 年或以后出版的，22%的书目列入了 Amazon 书店前 10000 种需要的图书清单中，Safari 系统中看到图书的速度比其印刷版的出版速度要快。

Safari 提供三种检索方式：按主题分类浏览、简单检索/高级检索、检索特定图书。阅读全文可由检索结果中的"Table of Contents"直接跳到书中章/节，也可点击图书封面，再选择右侧"Start Reading"从头开始阅读。通过点击检索工具与检索结果之间的 Hide 按键实现全屏阅读。图书内容不能下载，但可以复制和单页打印。持续打印数量过大，会收到系统发出的警告。

4. SpringerLink 电子丛书

德国施普林格（Springer-Verlag）是世界上著名的科技出版集团，通过 SpringerLink（http://springer.lib.tsinghua.edu.cn/）系统提供其学术期刊及电子图书的在线服务。自 1998 年夏季 Springer 把第一册电子版的 Lecture Notes in Computer Science（《计算机科学讲义》）在 SpringerLink 的电子出版物平台上出版以后，以丛书系列为主的 SpringerLink 电子丛书数据库一直快速发展，占科技电子图书出版市场领先地位。目前 Springer 公司提供 20 余套全文电子丛书，学科涉及数学、物理、化学、生物、信息、计算机、地球科学、环境等。

进入数据库后点击 Browse，选择 Book Series 再点击 Browse 即可看到各套丛书的列表如下：Advances in Biochemical Engineering/Biotechnology《生物化学工程/生物技术进展》、Advances in Polymer Science《聚合物科学进展》、Advances in Solid State Physics《固态物理进展》、ESO Astrophysics Symposia《天体物理学会议》、Frontiers in Mathematics《数学领域》、The Handbook of Environmental Chemistry《环境化学手册》、Lecture Notes in Computer Science《计算机科学讲义》、Lecture Notes in Control and Information Sciences《控制与信息科学讲义》、Lecture Notes in Earth Sciences《地球科学讲义》、Lecture Notes in Mathematics《数学讲义》、Lecture Notes in Physics《物理讲义》、Lecture Notes in Physics Monographs《物理论丛讲义》、Les Houches《暑期学校（物理领域）》、Molecular Sieves —Science and Technology《分子筛科学技术》、Progress in Colloid and Polymer Science《胶体和聚合物科学的发展》、Springer Tracts in Advanced Robotics《施普林格高级机器人报告》、Springer Tracts in Modern Physics《施普林格现代物理学丛书》、Structure & Bonding《化学结构和化学键》、Topics in Applied Physics《应用物理学专题》、Topics in Current Chemistry《当代化学专题》、Topics in Current Genetics《最新遗传学热点》、Topics in Organometallic Chemistry《有机金属化学专题》等，最具代表性的是历史悠久的"Landolt Börnstein 物理和化学物理手册"，该手册已回溯出版到 20 世纪 60 年代初期。这些电子丛书里有不少是被著名的二次文献数据库收录的。

5. Wiley 电子图书及参考工具书

John Wiley & Sons Inc 是有近 200 年历史的国际知名专业出版机构，在化学、生命科学、医学以及工程技术等领域学术文献的出版方面颇具权威性。Wiley InterScience（http://www3.interscience.wiley.com/）是其综合性的网络出版及服务平台，在该平台上除了提供 586 种全文电子期刊外，还提供四个专业领域 1280 余种电子图书、13 种实验室手册和 50 多种涉及商业，金融和管理、地球和环境科学、化学、物理、心理学、工程等领域的大型专业电子版参考工具书的服务。

四个专业电子图书（Online Books）为化学专业领域包括分析化学、物理化学和光谱学、有机化学和生物化学、高分子、材料科学和工业化学、功能团化学；电子工程和通讯专业领域包括通讯技术、电子、电机工程、无线通讯；生命科学和医学专业领域包括医学科学、分子生物学、药物学以及数理和统计、物理和天文学专业领域。

Wiley电子参考工具书（Major Reference Works）提供许多著名和独特的参考工具书的在线版本，结合强大的查询和参考链接功能，提供获取世界上最权威和最全面信息的途径，专业领域包括化学、工程、生命科学和医学、地球和环境科学、物理、心理学等。最近推出新题目有：Encyclopedia of Genomics，Proteomics and Bioinformatics（基因组学，蛋白质组学生物信息学百科全书），Encyclopedia of Analytical Chemistry（分析化学百科全书），Encyclopedia of Biomedical Science & Engineering（生物医学和工程百科全书）和Encyclopedia of Global Environmental Change（全球环境变化百科全书）。经典巨著包括：Patty's Industry Hygiene and Toxicology，Ullmann's Encyclopedia of Industry Chemistry，EROS，Kirk-Othmer Encyclopedia of Chemical Technology，Wiley Encyclopedia of Electrical and Electronics Engineering。

Wiley 还提供被全球上万生命科学、医学、化学实验室使用的大型实验室指南（Current Protocols），是生物医学中记录研究程序的实验手册，共 13 个专题，每季度更新：Current Protocols in Bioinformatics，Current Protocols in Cell Biology，Current Protocols in Cytometry，Current Protocols in Food Analytical Chemistry，Current Protocols in Human Genetics，Current Protocols in Immunology，Current Protocols in Magnetic Resonance Imaging，Current Protocols in Molecular Biology，Current Protocols in Neuroscience，Current Protocols in Nucleic Acid Chemistry，Current Protocols in Pharmacology，Current Protocols in Protein Science，Current Protocols in Toxicology。可以点击进入每个手册阅读具体的章节和部分，也可以检索所有手册主要内容。

6. NAP 电子图书

The National Academies Press（NAP）是美国国家科学院下属的学术出版机构（http://www.nap.edu/browse.html），主要出版美国国家科学院、国家工程院，医学研究所和国家研究委员会的报告。从 1992 年开始，计划将印刷本图书逐渐转化成电子图书。

目前通过其主站点可以免费在线浏览 2500 多种电子图书，如《Condensed-matter Physics》（1986）、《The Digital Dilemma: Intellectual Property in the Information Age》（2000）、《Plasmas and Fluids》（1986）、《Virtual Reality: Scientific and Technological

Challenges》（1995）等一批很有学术价值的图书。图书内容覆盖环境科学、生物学、医学、计算机科学、地球科学、数学和统计学、物理、化学、教育等诸多领域。电子图书采用 PDF 文档格式，保持了书的原貌，并提供网上免费浏览；还可以进行全文检索、打印（一次一页）；可以按学科分类浏览，也可以输入检索词，在书名或全文中检索。在每一本书中可以像阅读印刷本图书一样按目次和章节阅读，也可输入检索词进行全文检索，然后直接点击进入有关的章节或页面。

7. Knovel 电子工具书

Knovel 公司于 1999 年成立。Knovel（http://www.Knovel.com/）提供有 16 个学科的科学和工程学参考工具书、数据库和会议录，是唯一一家将工程学和应用科学的数据整合起来，并使用独特制表分析工具提供全球范围访问的供应商。Knovel 现收集了 2000 万条数据记录，近 30 家出版社的近 700 种工具书，以及七种网络数据分析工具。Knovel 数据库中的所有内容都是可以检索的全文资料。互动式的表格、制图程序和计算软件等高效率的工具和它友好的界面无缝链接整合，大大提高了它的生产效率。其快捷、方便的检索手段，高质量的内容，独特的网络数据分析工具，以及数据整合，使图书馆馆员、工程师和研究人员能非常方便地通过多种来源和信息形式获得尽可能多的信息。

Knovel 网络数据库提供了浏览和检索两种使用方式。

浏览方式有两种：一种是按学科主题浏览，一种是按题名浏览。进入网站。在主页上有 SUBJECT AREAS 栏目，其中列出了所包含的 16 种主题信息链接，用户可以根据专业需要选择特定主题点击并浏览。将鼠标放置主页左边栏中的 Content 项，出现菜单，选择其中的“All titles”，则进入按 title 排序的浏览页面。在该页面上还提供了“New Titles”“Sort by Subject Areas”选项。

检索方式：进入主页，有简单检索和高级检索两种方式。简单检索（Search）也可以进行主题限定以及使用“AND”、“OR”、“NOT”。高级检索（Advance Search）可以设定研究范围和各种参数。进入高级检索页面，首先通过“Select Subject Areas”下拉菜单选定学科主题范围，然后定制“Define Search Criteria”：① 如果是按关键词检索，首先根据检索页面右边栏目中的“Text Searching”，在“Category”下拉菜单中选择所需目录，这时检索页面会据此刷新，然后分别在“Field Name”和“operate”下拉菜单中选择所需选项，在 keywords 栏中输入关键词，点击“Search”；② 如果是按数值检索，首先根据检索页面右边栏中的“Numeric Searching” 在“Category”下拉菜单中选择所需目录，这时检索页面会据此刷新，然后分别在“Field Name”和“Operate”下拉菜单中选择所需选项，在“Units”中选择单位，在“Numeric Value:”中输入需要检索的数值，点击“Search”。

6.3 电子报纸及其利用

电子报纸在发布和利用上有两种主要的形式，其一是电子报纸网站，其二是基于多种报纸的报纸数据库。下面分别举例介绍一些重要的、有代表性的电子报纸和报纸类数据库。

6.3.1 电子报纸网站

1. 人民日报

《人民日报》是中国共产党中央委员会的机关报，是中国最具权威性、发行量最大的综合性日报，并被联合国教科文组织评定为世界十大主要报刊之一。作为中共中央机关报，《人民日报》承担着每天向全国和世界传播和宣传中国共产党和中国政府的方针、政策和主张的重任，其中《人民日报》的言论（尤其社论和评论员文章等）已成为《人民日报》的一面旗帜，被认为直接传达着党中央的声音，而备受海内外读者、外国政府和机构的重视。因此，《人民日报》既是广大干部群众了解党中央精神的最主要媒体，也是外界了解和观察中国的一个重要窗口。

人民网（http://www.people.com.cn）由人民日报网络版发展而来，已成为因特网上最大的综合性中文新闻网站。目前设有时政、地方、国际、观点、经济、体育、教育、娱乐、社会、IT、海峡两岸、多媒体、图片、人大新闻、军事、生活、奥运等三十几个频道，近50种分类新闻，300多个栏目，拥有2000多个新闻专题和200多亿汉字的资料库。人民网还拥有《人民日报·海外版》、《人民日报·华东新闻》、《人民日报·华南新闻》、《市场报》、《环球时报》、《证券时报》、《健康时报》、《京华时报》、《中国汽车报》、《江南时报》、《国际金融报》、《讽刺与幽默》等报纸和《新闻战线》、《大地》、《人民论坛》、《时代潮》、《人民文摘》等杂志。

2. 光明日报

《光明日报》是中共中央领导和主办的全国性、综合性党报，创办于1949年，是我国重要的、权威的新闻媒体之一，提供时政、教科文卫、综合新闻、高层动态、新闻回顾等新闻内容。

光明网（http://www.gmw.cn/）除报道《光明日报》电子版内容外，还荟萃了《生活时报》、《中华读书报》、《文摘报》、《书摘》、《博览群书》、《考试》杂志及光明日报出版社图书等丰富的数字信息。

3. 解放日报

解放日报报业集团成立于2000年10月9日，是以中共上海市委机关报《解放日报》为主报组建的一个具有较强核心竞争力和综合实力的媒体集团。

解放日报报业集团（http://www.jfdaily.com.cn/）目前拥有《解放日报》、《新闻晨报》、《新闻晚报》、《申江服务导报》、《报刊文摘》、《人才市场报》、《I时代》、《房地产时报》、《上海学生英文报》九份报纸，《支部生活》、《上海小说》、《新上海人》三份刊物，还有解放日报电子网络版和上海沪剧院，共计九报三刊一网一院。

4. 经济日报

《经济日报》创刊于1983年元旦，隶属于国务院系统，是中共中央直属党报，是党中央、国务院指导经济工作的重要舆论阵地，也是在国内外具有较大影响的以经济宣传为主的综合性权威报纸。《经济日报》每日迅速准确地报道国内外政治、经济、文化、社会等领域的重大事件和重要新闻；经常推出经济生活中“重点”、“热点”、“难点”问题的深度报道和连续报道，并开展讨论；设有“每周经济观察”、“卡斯特景气指导”等各具特色的栏目以及《财经市场》、《科技产业》、《理论周刊》等专版。《经济日报》网址为 http://www.economicdaily.com.cn/no1/。

5. 浙江日报

《浙江日报》是中共浙江省委机关报，于 1949 年 5 月 9 日在杭州创刊，是浙江历史上第一张在全省范围内公开出版发行的中国共产党党报。

浙江日报报业集团还有《今日早报》、《钱江晚报》、《新民主报》、《美术报》、《家庭教育导报》、《新闻实践》、《浙江老年报》等报刊。《浙江日报》网址为 http://zjdaily.zjol.com .cn/。

6. 大公报

《大公报》是中国香港特别行政区的重要报纸之一，具有百年历史，提供香港、祖国大陆以及世界其他地区的政治、财经、体育、教育等各方面的新闻资讯（http://www.takungpao.com）。

香港地区其他报纸还有：《明报》（http://www.mingpao.com）、《香港商报》（http://www.hkcd .com.hk /）等。

7. 纽约时报

《纽约时报》（The New York Times）是美国最有影响的大报之一，创办于 1851 年，至今已有 150 余年历史，内容包括全世界政治、经济、教育文化、军事、体育娱乐、科技文化等方面的最新消息和相关的评论。和其他网络上的免费电子报纸不同，《纽约时报》有在线版和电子版，均是必须付费订阅的，订阅的方式可以灵活选择，其中电子版可供下载到台式电脑或笔记本电脑中，为商务旅行人士提供阅读的便利，每份被下载的电子报纸可供读者阅览 7 日，阅览需要安装专门的免费阅读软件。“纽约时报”在线版的网址为 http://www.nytimes.com。

类似的重要报纸还有美国的《华盛顿邮报》（The Washington Post）、英国的《泰晤士报》（The Times）等。《华盛顿邮报》也是美国最有影响的大报之一，和《纽约时报》一起并称为美国新闻类报纸的两大高峰，创办于 1877 年，网址为 http://www.washintonpost.com。

《泰晤士报》是英国最有影响的媒体之一，也是世界上最著名的报纸之一，其电子版的栏目设置和报纸完全一致，包括国内国际政治新闻、经济报道、评论、专题等，网址为 http://www.thetimes.co.uk/。

《纽约时报》和《华盛顿邮报》等报纸除了通过各自的网站提供在线订阅外，也出版光盘版，或和一些数据库生产商签订协议，通过其全文数据库提供服务。

6.3.2 报纸类数据库

1. 中国科技经济新闻数据库

“中国科技经济新闻数据库”是国内第一个电子剪报产品，集系统性、新闻性、实用性和情报检索的专业性于一体，由科技部西南信息中心所属的重庆维普资讯公司开发。

该数据库收集了 1992 年至今的 400 多种国内重要的报纸，累积数据量约达 120 万条，并以每年 15 万条的速度更新；分科研、工业、农业、医药、商业、经济、教育等 9 个专辑，细分为 23 个专题。数据每日更新，可跟踪最新的科技动态与社会、经济发展动态。

该数据库提供树型分类导航系统，具有 A 作者、T 标题、P 正文、E 出版地、N 报刊名、C 分类号、U 任意字段等多个检索入口；支持检索（按相应的检索入口进行检索）、二次检索（与、或、非）、组合检索（支持布尔逻辑检索式）、分类逐级检索；同时还具备输出字段设置（在全文浏览器中进行设置）、检索日期限制、正文全文下载等辅助功能。

2. 复印报刊资料全文数据库

“复印报刊资料全文数据库”由中国人民大学书报资料中心编选，是国内大型的文献数据库，分“全文”和“索引”两套。复印报刊资料全文是从全国几千种报刊上精选出人文、社会科学的论文全文，按专题分类编辑，囊括了 1995 年以来印刷本《复印报刊资料》百余种专题刊物的全部原文。

3. 中国重要报纸全文数据库

“中国重要报纸全文数据库”由清华大学与中国学术期刊电子出版社共同编辑出版，2000 年 1 月正式开通，它是目前规模较大的网上中文报纸全文数据库。

此数据库收录 2000 年 6 月以来我国公开发行的 430 多种重要报纸刊载的学术性、资料性文献，每年精选 80 万篇。内容覆盖文化、艺术、体育及各界人物、政治、军事与法律、经济、社会与教育、科学技术、恋爱婚姻家庭与健康等范畴，分六大专辑，36 个专题数据库。网上数据每日更新，光盘数据每月更新。

4. 金报兴图全文数据库

金报兴图由北京金报兴图信息工程技术有限公司开发，包括全文数据库统一检索平台等共十几个数据库。其中全文数据库统一检索平台中包括对《参考消息》全文数据库（1957—2002）、《经济日报》全文数据库（1983—2002）和《中华读书报》的全文检索。系统提供简单与高级检索方式，并可对特色分类，重大事件、热点问题、其他专题四大内容进行特色检索。

5. 慧科讯业报纸数据库

香港慧科讯业报纸数据库（WiseNews）收录了中国内地和香港特别行政区 264 种报纸，其中内地报纸有 260 种，主要是全国各省市的重要新闻报纸和专业报纸，4 种为香港地区报纸，即《香港经济日报》、《香港商报》、《文汇报》、《大公报》。目前数据累计超过 1000 万条，数据库提供全文检索功能，并自动扩展与检索字相关或同义词汇检索。可回溯检索数据始于 1998 年。慧科讯业电子新闻服务的网址为 http://www.wisers.com。

6. 中国财经报刊数据库

“中国财经报刊数据库”是在中国证监会组织下，由深圳巨灵信息技术有限公司承建的大型财经报刊全文数据检索系统。该数据库收录了近300种国内外财经报刊，信息内容涵盖国内的财经金融报刊、主要行业报刊和港澳台新财经报刊，全国各大证券公司的研究报告和高校研究刊物，以及其他一些部门的内参资料，涉及金融、证券、保险、财政、财务与会计、国民经济、国际贸易等专业领域，大部分收录资源的时间覆盖自1998年至今，个别收录资源的时间覆盖自1991年至今。数据库现每天24小时实时更新。

7. 其他报刊类数据库

1）中国资讯行（China InfoBank）高校财经数据库的“中文报刊库”：提供内地、港、台以至世界各地中文报纸或新闻网站上的最新资讯，藏量逾百万篇，涉及的中文报纸达200余种，特别是有关经济类、地方性报纸收录齐全。

2）新华社多媒体信息数据库中的“中文报刊库”：收录有1996年或1997年以来的《人民日报》、《经济日报》、《经济参考报》、《中国证券报》、《全国报刊简报》以及新华社自主版权的报刊等的内容。

8. 外文报刊类数据库

1）ProQuest全文数据库中的ProQuest Newspapers收录了部分国外全文电子报纸：如《纽约时报》、《华尔街日报》（Wall Street Journal）、《华盛顿邮报》、《基督教科学箴言报》（Christian Science Monitor）、《芝加哥论坛报》（Chicago Tribune）等，可通过文章名等途径检索。

2）Gale数据库中的The Times Digital Archive子库，可以访问从创刊年1785年至1985年的英国《泰晤士报》（Times）电子版全文。

3）LEXIS-NEXIS全文数据库中收录了大量的国际各大电子报纸，并且大多是非常重要的报纸，除了美国的报纸，尚包括德文、法文、西班牙文、意大利文及荷兰文等当地各大报纸之当日新闻，如《纽约时报》、《华盛顿邮报》、《今日美国报》（USA Today）、《金融时报》（Financial Times）、《华尔街日报》、《商业日报》（Journal of Commerce）、《洛杉矶时报》（Los Angeles Times）、《芝加哥论坛报》、《泰晤士报》、《星期日泰晤士报》（Sunday Times）、《每日邮报》（Daily Mail）、《爱尔兰时报》（Irish Times）、《国际先驱论坛报》（International Herald Tribune）、《纽约邮报》（New York Post）、《波士顿环球报》（Boston Globe）、《拉斯维加斯评论报》（Las Vegas Review-Journal）、《圣彼得斯堡时报》（St. Petersburg Times）、《每日镜报》（Mirror）、《日本时报》（Japan Times）、《每日新闻》（Mainichi Daily News）、《法兰克福汇报》（Frankfurter Allgemeine）、《印度时报》（Times of India）、《耶路撒冷邮报》（Jerusalem Post）等，电子报纸总数近500余种。

4）EBSCO数据库中的综合性全文报纸（Newspaper Source）数据库，可以看到近30种国外报纸全文以及200多种美国报纸的部分全文，如《基督教科学箴言报》、《星期日泰晤士报》、《莫斯科时代报》（Moscow Times）、《多伦多明星报》（Toronto Star）、《曼谷邮报》（Bangkok Post）、《新海峡时报（马来西亚）》（New Straits Times）等国家报纸，美国地方报纸如《底特律自由言论报》（Detroit Free Press）、《丹佛邮报》（Denver Post）、《奥兰多前哨报》（Orlando Sentinel）等。该数据库还包含来自电视和收音机的全文新闻副本，如 CBS News、All Things Considered（NPR）、Buchanan & Press（MSNBC）等。

本章主要参考文献

崔倩．2003．电子出版物将改变图书馆的现行工作模式[J]．现代情报，8.

郭树兵．2004．电子图书浅谈[J]．医学信息，17（2）.

蒋玲玲．2003．电子图书及其相关问题评价[J]．现代情报，5.

肖珑．2003．数字信息资源的检索与利用[M]．北京：北京大学出版社.

http://www.21dmedia.com[OL].

http://www.china-bk.com[OL].

http://www.gmw.cn[OL].

http://www.people.com.cn[OL].

第 7 章　电子期刊及其使用

7.1　电子期刊概述

电子期刊，指以数字（或称电子）形式出版发行的期刊，英文为 electronic journal，简称 e-journal。电子期刊最早产生于 20 世纪 80 年代中期，进入 90 年代以后发展迅速，成为电子出版物的后起之秀。

电子期刊分为两种类型：一种是印刷型的电子版（electronic version），主要内容与印刷版相同，但利用网络和计算机技术增加了很多服务功能，如检索结果和内容的超文本链接、编辑和读者的交流、相关学科的网站或资料的介绍、利用电子邮件发送最新卷期目次的期刊目次报道服务（E-mail alert），如科学杂志的电子版《科学在线》（Science Online）、Elsevier Science 出版社的世界著名权威生物学期刊细胞的电子版（Cell）即为此类型。另一种属于原生（born-digital）数字资源，是在因特网上发行的纯电子期刊（electronic-only），即没有印刷版，完全依托计算机、网络和通信技术编辑、出版和发行，内容新颖，表现形式丰富，如英国皇家物理学会（IOP）的《新物理学杂志》（New Journal of Physics），Blackwell 出版社的《结晶学报，E 辑：结构科学通报》（Acta Crystallographica, Section E: Structural Reports）。

电子期刊与期刊论文全文数据库是有区别的，后者是由数据库集成商（aggregator）按学科收录，混合各出版商的期刊，以中小规模的出版公司的期刊为主，部分期刊有延迟或间断，回溯期长，检索系统功能复杂、完备；而前者则是由单一出版社或出版集团出版，多为较大的出版社或著名的学会的期刊，回溯期短，检索系统通常比较简单，按种类、卷期提供使用。

电子期刊的主要特点：出版周期缩短，可以阅读和检索没有出版但是已经在编辑的论文（In Press，Corrected Proof）；使用检索系统，具备检索功能，尤其是超文本链接功能的使用，包括期刊目次与内容的链接、文章内容与有关注解的链接、参考文献的链接、其他相关学科出版物或网站的链接和介绍、文本与图像的链接；服务功能增加，如期刊目次报道服务，按读者指定的关键词、期刊名称将每期最新的目次送到用户的电子信箱里，提供“讨论版”，供用户讨论与学科或期刊有关的内容；提供编辑部电子信箱，可以直接在线投稿或与编辑讨论交流；提供免费的期刊目次和文摘，灵活的订购政策，若不长期订购刊物，也可以根据目次、文摘只订购某一期或某一篇文摘；提供多种文件格式，目前主要是 HTML 格式的文本文件或 PDF 文件。

电子期刊出版商的主要类型：① 商业性出版公司，占据市场约三分之一强，以盈利为目的出版学术期刊，资金雄厚，出版水平高，通常直接向用户提供服务，如荷兰的 Elsevier Science 出版社、美国的 John Wiley 出版社、德国的 Springer 等。② 学术团体和出版机构，约占期刊市场四分之一，只出版本学科领域的期刊，目的是为了促进交流，有些期刊甚至免费提供给读者，如美国物理学会（The American Physical Society）、美国化学学会（American Chemical Society）、英国皇家化学学会（Royal Society of Chemistry）、美国计算机学会（Association for Computing Machinery）等。③ 大学出版社，约占期刊市场五分之一，出版期刊的目的主要是为了教学和学术交流，如牛津大学出版社（Oxford University Press）、斯坦福大学的 HighWire Press 出版社、美国密西根大学（University of Michigan）的 JSTOR 项目。

电子期刊的检索系统：电子期刊的数据通常为两部分，一部分为二次文献元数据，包括刊名、篇名、作者、主题词/关键词、文摘、国际统一刊号（ISSN）、卷期、页码、参考文献、文章标识等，为文本格式；另一部分为全文，大多为 PDF 格式。同全文数据库不同，由于全文格式大多为 PDF 格式，所有检索多集中在元数据部分，少有全文检索。因此，电子期刊检索系统通常结构较简单，易学易用。目前比较著名的电子期刊出版者及其检索系统有：荷兰 Elsevier 公司的电子期刊及其检索系统 Science Server，德国 Springer 公司的电子期刊及其检索系统 Link，美国 John Wiley 出版公司的 Interscience 系统，美国 Blackwell 公司及其检索系统 Synergy 等。

电子期刊的评价：目前国内一般以核心期刊和同行评议来鉴别期刊。核心期刊（core journal），指的是刊载与某一学科（或专业）有关的信息较多，且水平较高，能够反映该学科最新成果和前沿动态，受到该专业读者特别关注的那些期刊。核心期刊的种类是运用文献计量学的方法，经过复杂的统计和运算最后确定的。目前外文核心期刊基本以美国科技信息所（ISI）出版的 SCI、SSCI、A&HCI 中收录的期刊为准，中文核心期刊以北京大学图书馆编写的《中文核心期刊要目总览》中收录的期刊为准。目前这些工具书收录的是印刷版期刊，对于那些纯电子期刊来说，尚无关于核心期刊的统计。同行评议（peer-reviewed），是指期刊发表的主要文章在发表之前，由编辑部聘请作者同一学科或同一研究领域的同行专家对论文进行评审，评审时并不公开作者姓名，然后决定是否发表、修改或退稿，这样做的目的主要是为了提高论文和期刊的质量。目前无论是印刷版期刊的电子版还是纯电子期刊，都拥有大量的同行评议刊，例如美国数学学会（American Mathematical Society）的纯电子期刊《美国数学会电子研究公告》（Electronic Research Announcements）、英国皇家物理学会《湍流学报》（Journal of Turbulence）就是同行评议刊。

7.2 著名出版社的英文电子期刊

7.2.1 Elsevier Science 出版社的电子期刊

Elsevier 是荷兰一家全球著名的学术期刊出版商，2002 年收购了著名的美国学术出版社（Academic Press）。目前 Elsevier 每年出版大量的农业和生物科学、化学和化工、临床医学、生命科学、计算机科学、地球科学、工程、能源和技术、环境科学、材料科学、航空航天、天文学、物理、数学、经济、商业、管理、社会科学、艺术和人文科学类的学术图书和期刊，每年大约有 100 万篇科技文献在全球范围内出版，所出版的期刊大部分被 SCI、SSCI、EI 收录，是世界上公认的高品位学术核心期刊出版社。

1997 年 Elsevier 推出了名为 ScienceDirect 的电子期刊计划，将该公司的全部印刷版期刊转换为电子版，并使用基于浏览器开发的检索系统 Science Server。这项计划还包括了对用户的本地服务措施的 ScienceDirect Onsite（简称 SDOS），即在用户本地服务器上安装 Science Server 和用户购买的数据（镜像站点）。

2000 年 1 月中国高等教育文献保障系统（CALIS）组织了 11 所高等院校和研究机构加入集团采购，并在清华大学、上海交通大学建立 SDOS 镜像站点，向国内用户提供 Elsevier 电子期刊服务。2004 年，SDOS 的中国用户已经发展到 92 个。目前集团已订购 1995—2005 年的数据，用户可以阅读到 Elsevier 所属的各出版社（包括 Academic Press）出版的 1557 余种全文电子期刊，其中 SCI、SSCI 收录期刊 1221 种，EI 收录期刊 515 种；社科类期刊数量为 255 种（SCI、SSCI 收录期刊 152 种）、科技类期刊数量为 1302 种（SCI 收录期刊 1069 种），是科研人员的重要信息源。

Elsevier 电子期刊的学科覆盖包括：农业和生物科学，数学，化学，化学工程学，物理学和天文学，生物化学、遗传学和分子生物学，土木工程，计算机科学，决策科学，地球科学，能源和动力，工程和技术，环境科学，免疫学和微生物学，材料科学，医学，神经系统科学，药理学、毒理学和药物学，经济学、计量经济学和金融，商业、管理和财会，心理学，人文科学，社会科学等学科 1800 多种高品质全文学术期刊，涵盖 21 个学科领域。

ScienceDirect 还开展了回溯文档项目，Elsevier 希望将公司拥有的期刊从 1994 年开始回溯到第一卷第一期全部数字化，如 LANCET（《柳叶刀》）已经回溯到 1823 年，该项目起始于 2000 年并将于 2005 年结束。

Elsevier 电子期刊除了提供浏览和检索服务外，还提供了个性化服务功能，包括最新期刊目次报道服务，E-mail 提示功能，建立个人图书馆等，并支持 CrossRef 引文链接。Elsevier 服务系统实现了与重要的二次文献检索数据库的全文链接，目前已经与 SCI、EI 建立了从二次文献直接到 Elsevier 全文的链接。

Elsevier 电子期刊的访问网址为：

- ScienceDirect Online（SDOL）网址：http://www.sciencedirect.com
- 清华大学 SDOS 镜像站点：http://elsevier.lib.tsinghua.edu.cn
- 上海交通大学建立 SDOS 镜像站点：http://elsevier.lib.sjtu.edu.cn

数据库的检索：Elsevier ScienceDirect Online 电子期刊提供浏览和检索两种功能，如图 7.1 所示，检索包括快速检索、简单检索和高级检索。

1. 浏览（Browse）

在 Elsevier 主页上点击“Journals”进入浏览界面如图 7.1 所示，提供按字母和按学科两种浏览方式。

1）按字母浏览（如图 7.2 所示）：将所有期刊按字母顺序排列，用户可以按照期刊名称逐卷逐期地直接阅读自己需要的期刊获得全文，在所需要阅读的期刊上还可以浏览 Articles in Press，没有出版但是已经在编辑的论文。还可以对该期刊进行个性化设置，利用 E-mail 获得最新期刊目次报道服务。点击该期刊的封面还可以链接至期刊简介、相关出版社介绍及该期刊的投稿指南，进行在线投稿。

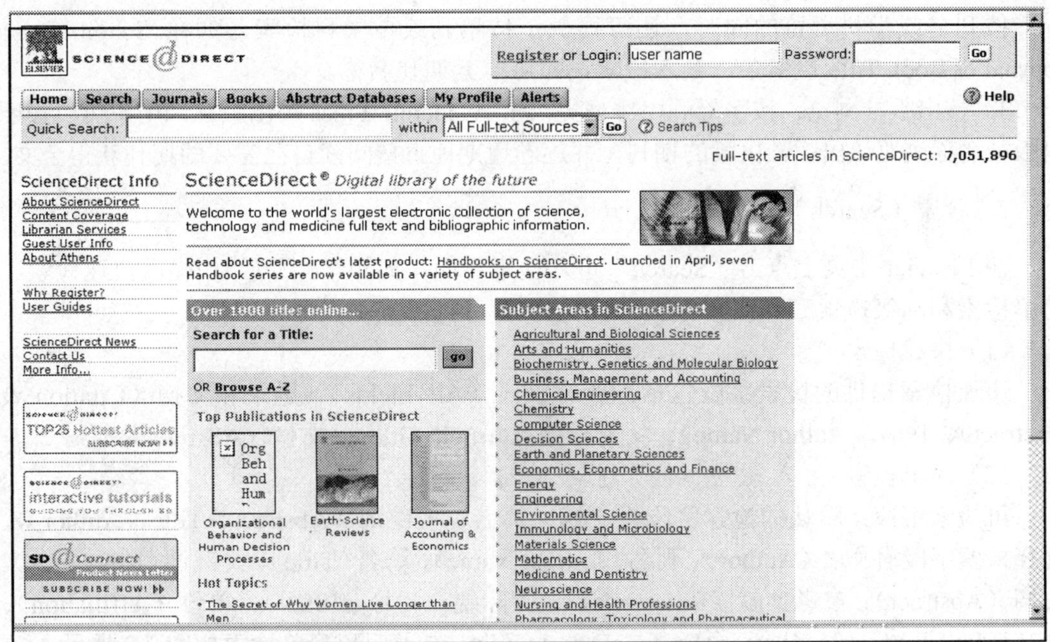

图 7.1 Elsevier ScienceDirect Online 电子期刊主页

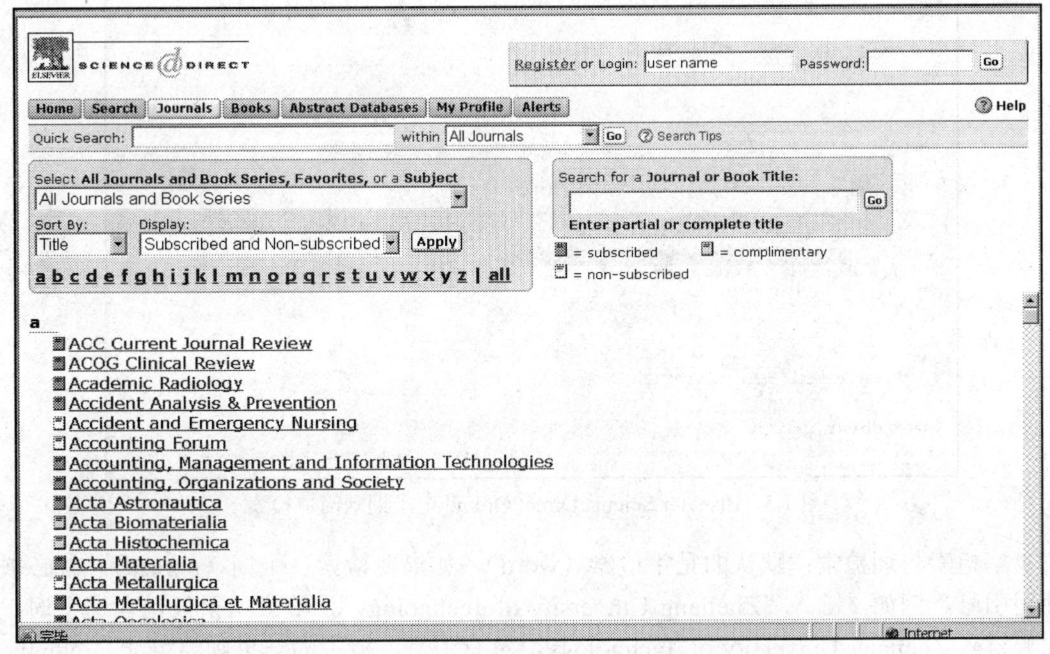

图 7.2 Elsevier ScienceDirect Online 电子期刊浏览界面

注意：期刊名称前有绿色方框的期刊可以阅读全文，白色方框的期刊只能阅读文摘。

2）按学科浏览：将期刊按下列几个学科类目分类，再按字母顺序排列：农业和生物科学、艺术和人文科学、化学化工、临床医学、计算机科学、地球和行星科学、工程、能源和技术、环境科学和技术、生命科学、材料科学、数学、物理学和天文学、社会科学。

按刊名或学科浏览的同时，还可提供了按单刊或单学科检索，如在 Search for a Journal or Book Title 检索条，输入检索词即可检索期刊名称。

3）按出版社浏览：按字母顺序排列提供了 Academic Press 等出版社，用户可以按照出版社名称浏览该出版社出版的期刊，并逐卷逐期地直接阅读自己需要的期刊获得全文。

2. 检索（Search）

在 Elsevier 主页上点击“Search”进入检索界面（如图 7.3 所示），提供快速检索、简单检索和高级检索三种检索功能。

（1）快速检索

快速检索提供的检索字段包括：所有字段（All Fields）、题录和文摘（Citation & Abstract）、作者（Author Name）、文章标题（Article Title）、文摘（Abstract）。

（2）简单检索

可检索字段：默认的检索字段为文摘、篇名、关键词（Abstract、Title、Author），选择检索字段有作者（Author）、刊名（Journal Name）、篇名（Title）、关键词（Keywords）、文摘（Abstract）、参考文献（References）、国际统一刊号（ISSN）、单位（Affiliation）、全文（Full Text）等，Elsevier ScienceDirect Online 电子期刊简单检索如图 7.3 所示。

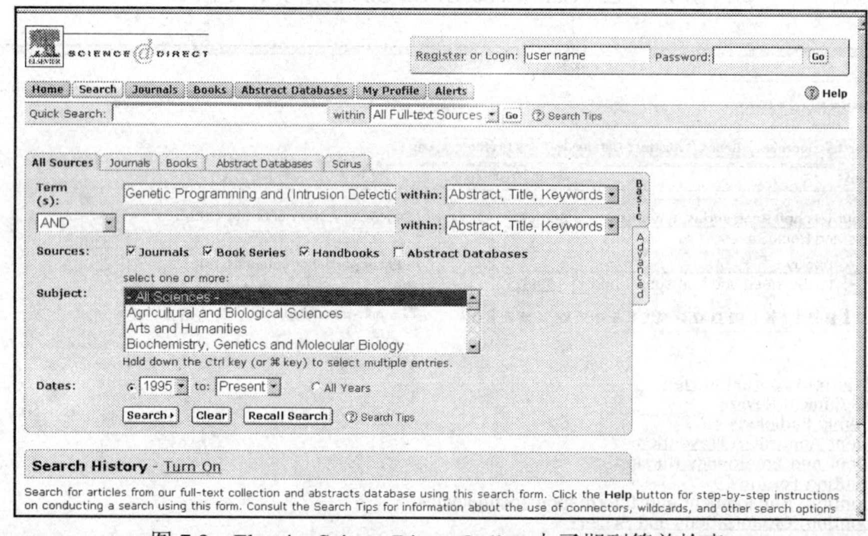

图 7.3 Elsevier ScienceDirect Online 电子期刊简单检索

字检索与词检索：默认的是字检索（word），如果要检索一个词（phrase），就必须使用引号。例如，键入“Zhejiang University of Technology”，检索结果只包含这个词；如果键入 Zhejiang University of Technology，没有引号，检中的结果则将可能是 Ningbo Institute of Technology，Zhejiang University 和 College of Chemical Engineering，Zhejiang University of Technology，字与字之间为 AND 的关系。

作者检索：先输入名的全称或缩写，然后输入姓，如 rj smith，默认为“前方一致”，忽略空格和逗号。

（3）高级检索

可以对不同的字段进行布尔逻辑的匹配检索。

3. 检索技术

布尔逻辑：在同一检索字段中，可以以算符 AND、OR、NOT 来确定检索词之间的关系，如果没有算符和引号，系统默认各检索词之间的逻辑关系为 AND。

检索：同一组检索提问既含有 OR，又含有 AND 时，必须用优先算符（），将 OR 前后的词放入括号中，计算机将优先运算括号内的算符。例如（financial or monetary）and bonds and not（chemical or atomic）。

截词检索：可以使用“*”作为截词符，如“gene*”可以检索到 gene、genes、general、generation。

位置算符：适用两个检索词以指定间隔或者指定的顺序出现的场合，使用 ADJ 表示两词相邻，前后顺序固定，相当与短语，例：remote ADJ education。NEAR 或 NEAR（N），表示两词相邻，中间可相隔 N 个字符，前后位置可变化。如果不使用（N），系统默认值为 10。使用 W/n，表示两词相隔不超过 N 词，词序不定。例：pain W/15 morphine。使用 PRE/n，表示两词相隔不超过 N 词，词序一定。例：behavioural PRE/3 disturbances。

4. 检索结果

ScienceDirect Online 的检索结果可以显示、标记、下载和打印。

检索后，首先显示的是检索结果的数量和篇名日录页，每一条记录包括篇名、作者、刊名、出版年月、卷期、起止页码以及连到文摘、全文和 PDF 全文的链接。如果认为检索结果范围太宽，可在上述范围内进行二次检索。

点击文摘或者全文后，将显示该篇目的详细内容，包括作者单位和文摘。

点击“Full Text＋Links”和 PDF 显示该篇论文的全文。

Elsevier 电子期刊的文件全部采用 PDF 和 HTML 文件格式，可以存盘、打印。

HTML 格式的全文提供具有链接功能的参考文献，除了提供在 Elsevier 本数据库中的全文篇对篇的链接外，参考文献还提供 CrossRef 功能，可以链接到该单位订购的其他出版社的电子期刊全文。

5. 个性化服务

ScienceDirect Online 提供了个性化服务(My Alerts)和最新期刊目次报道服务(Alert)。

My Alerts：ScienceDirect Online 的用户首先需要在线注册，免费注册个人账户以实现个性化服务，已经注册的个人用户可以设定你的个性化图书馆，设置 E-mail 提示，建立个性化的期刊目录、引文提示等服务。可以在任何时间选定、增加，甚至完全取消已经选择的选定。

最新期刊目次报道服务 Alert：ScienceDirect Online 的用户和已经注册的个人用户可以设定以电子邮件接收最新出版的文章信息，包括电子优先出版的文章信息。可以选择最新目次，或是与关键词有关的最新出版文章，并要求接受新出版的目次报道。可以选择电子邮件（包括 HTML 格式或纯文字格式）接受新出版的期刊目次报道服务。

6. 作者服务

Elsevier 电子期刊提供了在线投稿的作者服务，用户如果需要向 Elsevier 电子期刊投稿，首先需要阅读所投稿期刊的投稿指南，在所投稿期刊的浏览卷期页面，可以点击该期刊的封面图像，进入该期刊的主页后点击该期刊的投稿指南，然后进入作者投稿服务如图 7.4 所示，进行注册，然后选择期刊投稿，并跟踪稿件处理过程。作者投稿服务网址：http://authors.elsevier.com。

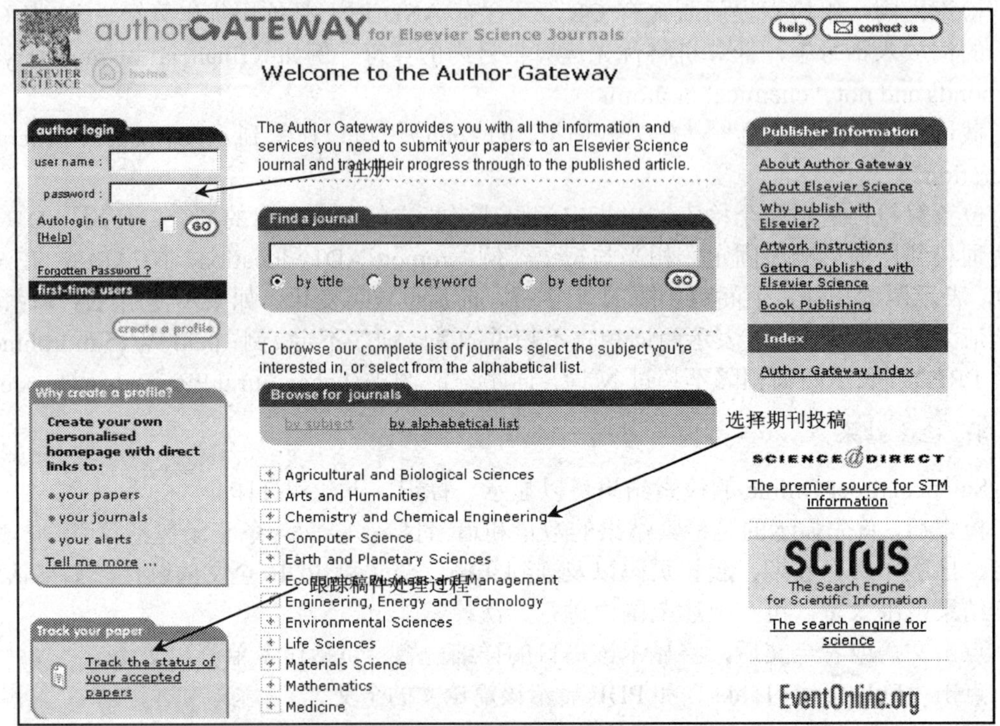

图 7.4　Elsevier 电子期刊作者投稿服务

7.2.2　Kluwer Academic 出版社的电子期刊

Kluwer Academic Publisher 是荷兰具有国际性声誉的学术出版商，它出版的图书、期刊一向品质较高，备受专家和学者的信赖和赞誉。Kluwer Online 是其出版的 800 种期刊的网络版，专门基于因特网提供 Kluwer 电子期刊的检索、阅览和下载全文服务。2004 年 Springer 公司收购了 Kluwer Academic 出版社。

Kluwer Online 电子期刊的学科覆盖包括：材料科学、地球科学、电气电子工程、法学、工程、工商管理、化学、环境科学、计算机和信息科学、教育、经济学、考古学、人文科学、社会科学、生物学、数学、天文学/天体物理学/空间科学、物理学、心理学、医学、艺术、语言学、运筹学/管理学、哲学等 800 余种高品质全文学术期刊，涵盖 24 个学科领域。其中 SCI 收录期刊有 237 种，大部分期刊是被 SCI、SSCI 和 EI 收录的核心期刊，是科研人员的重要信息源。

目前，中国集团用户使用的是中国高等教育文献保障系统（CALIS）开发的设在北京大学的 CALIS/Kluwer Online 本地服务器。

Kluwer 电子期刊的访问网址为：http://kluwer.calis.edu.cn。

数据库检索：Kluwer 的电子期刊有期刊浏览、检索和篇目检索功能，篇目检索包括简单查询和复杂查询两种方式。

1. 浏览（Browse）

登录到Kluwer的电子期刊检索系统的首页，可以进行期刊浏览与检索如图7.5所示。

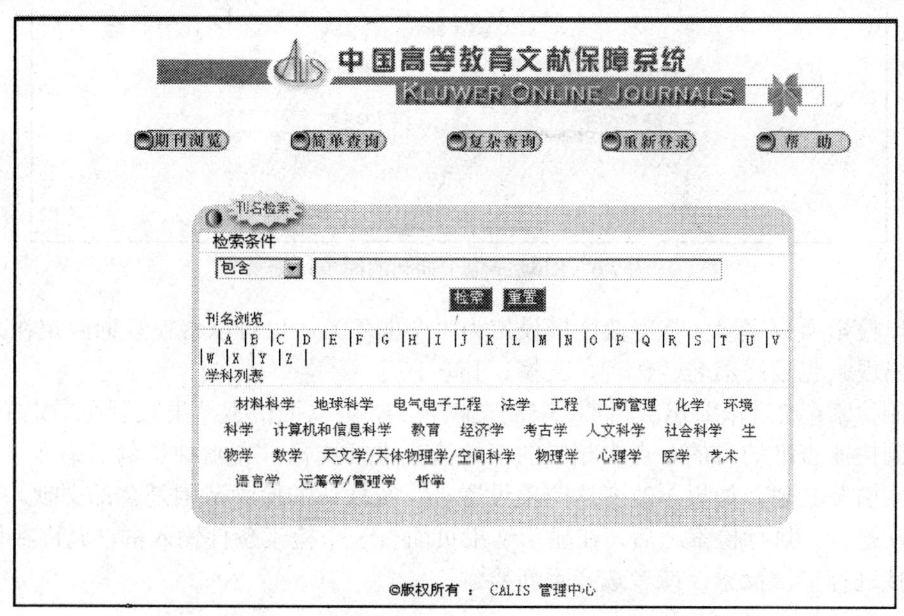

图 7.5 Kluwer 电子期刊检索系统的主页

1）按字母浏览：将所有期刊按字母顺序排列起来，用户可以按刊名逐卷逐期地直接阅读自己想看的期刊。

2）按学科浏览：将期刊按下列 24 个学科类目分类，每一学科分类的刊名再按字母顺序排列。材料科学、地球科学、电气电子工程、法学、工程、工商管理、化学、环境科学、计算机和信息科学、教育、经济学、考古学、人文科学、社会科学、生物学、数学、天文学/天体物理学/空间科学、物理学、心理学、医学、艺术、语言学、运筹学/管理学、哲学。

3）刊名检索：可以在检索条件输入框中输入刊名关键词，按刊名进行简单检索。然后再选择想看的期刊按卷期浏览。

4）二次检索：按上述的几种方式进行检索或浏览之后，在显示的期刊列表中可以进一步限制进行二次检索。

2. 检索（Search）

（1）简单检索

简单检索有一个检索条件输入框和选择检索字段的下拉框，确定一个或几个检索词输入到该文本框中，不必考虑词序和区分大小写。词与词之间默认的逻辑关系是 AND，它的含义是检索结果中必须含有所有检索词，如图 7.6 所示。

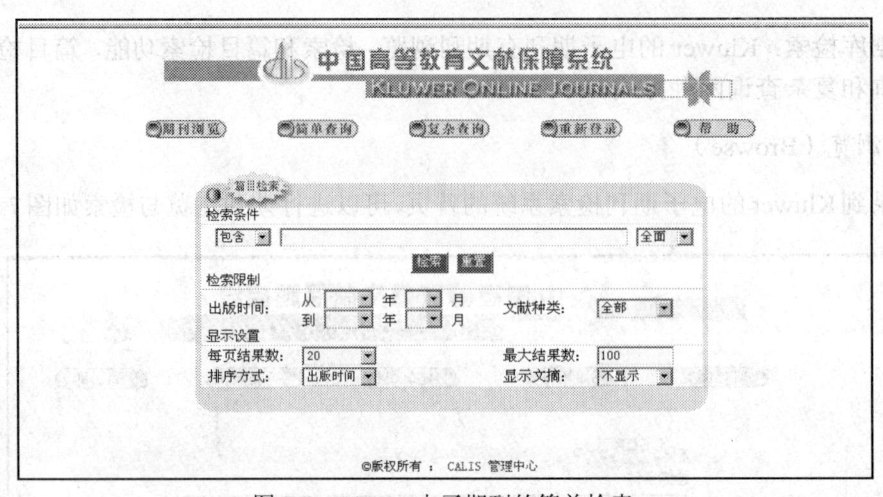

图 7.6　Kluwer 电子期刊的简单检索

可以检索所有字段（将字段区域设定为“全面”），也可以将检索词限定在某一个字段中出现。包括：篇名、作者、文摘、刊名。

限制检索：通过限制出版日期、限制文献种类，可以把检索结果限制在一定范围内，从而达到快速查准的目的。点击相应的下拉箭头进行选择，文献种类包括论文、目次、书评、索引及其他。如果不改变这两项设置，系统默认的检索范围是全部文献。

二次检索：执行检索之后，在显示结果页面有一个检索条件输入框，允许在检中结果中直接进行二次检索，或者选择重新检索。

（2）复杂检索

复杂检索有多个检索条件输入框，可以输入一个检索条件进行简单查询或输入多个检索条件来实现多个检索字段的组合检索，如图 7.7 所示。

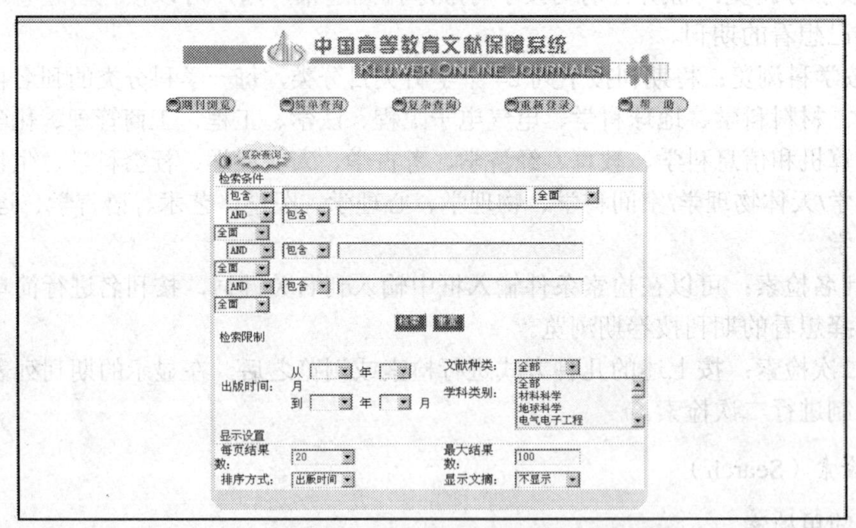

图 7.7　Kluwer 电子期刊的复杂检索

可检索字段和简单检索基本相同，增加了国际统一刊号（ISSN）、作者关键词（指作者给出的关键词，即文中的关键词部分（keywords），与某些数据库或电子期刊的全文关键词检索不同）和作者单位三个检索入口。

多个检索条件默认的逻辑关系为 AND，表示检索必须同时满足多个检索条件。点击相应下拉框，可以根据需要改变为 OR、NOT。

检索限制：通过限制出版日期、限制文献种类，可以把检索结果限制在一定范围内，从而达到快速查准的目的。点击相应的下拉箭头进行选择，文献种类包括论文、目次、书评、索引及其他。如果不改变这两项设置，系统默认的检索范围是全部文献。

（3）作者姓名检索

如果能够确定作者的姓名，可以这样输入：姓氏在前，名字在后，中间加逗号间隔。如：White，Robert 表示检索姓 White，名 Robert 的作者。系统将逗号前面确定为姓，逗号后面确定为名。这样可以快速准确地查询特定的作者姓名。

如果没有检索结果或没有相关作者，也可以用模糊检索。比如输入一个字，如 Robert，只要姓名中出现 Robert，无论是姓还是名，都检索出来。

输入两个或以上的字，中间不加逗号，如 Robert White，只要姓名中 Robert 和 White 同时出现，无论姓 Robert 还是姓 White 都检索出来。

复姓及有前缀的姓名，中间不加逗号，如 J. P. Van der Meer，只要每个字同时出现在姓名里，即检索出来。

复姓及有前缀的姓名，中间加逗号，如 Van der Meer，J. P. 确定为 Van der Meer 为姓，J. P.为名。

姓名中间允许加*表示截断，如输入 M* Smith 或 Smith, M*，将把 Mark Smith、Michale Smith、M. L. Smith 检索出来。

3. 检索技术

（1）布尔逻辑（Boolean）

在同一检索字段中，可以用两个逻辑算符 AND、OR 来确定检索词之间的关系。如果没有算符，系统默认各检索词之间的逻辑关系为 AND。不同检索字段之间的默认关系为 AND，同时也可以设定为 OR、NOT。

截词检索：允许使用 * 作为截词符，如 micro*可以检索 microscope、microcomputer 等一系列以 micro 开始的词。

（2）词组、短语检索

系统默认的是字检索（word）。连续输入多个检索词，系统将把同时包含所有检索词的文章检索出来，忽视检索词的位置和顺序。如果要检索一个词组或短语（phrase），就必须使用引号“ l ”。系统查找与引号内指定顺序的检索词的文章。例如，键入“hypermedia database”，检索结果只包含这个词；如果键入的是 hypermedia database，没有引号，检中的结果则分别包括 “hypermedia...database”、“database...hypermedia” 或 hypermedia database。

（3）禁用词表（stop words）

下列词语属于不被检索的范围：

A ABOUT AFTER ALL ALSO AN AND ANY ARE AS AT BE BECAUSE BEEN BETWEEN BOTH BUT BY CAN COULD DO EACH EVEN FIRST FOR FROM HAD

HAS HAVE HE HER HIS HOW I IF IN INTO IS IT ITS JUST LAST LIKE MANY MAY MORE MOST MUCH NEW NO NOT NOW OF ON ONE ONLY OR OTHER OUR OUT OVER S（复数） SAID SAYS SHE SHOULD SO SOME SUCH THAN THAT THE THEIR THEM THERE THESE THEY THIS THOSE THREE THROUGH TO TWO UP USE WAS WE WELL WERE WHAT WHEN WHICH WHILE WHO WILL WITH WOULD YOU。

4. 检索结果

可以显示、标记、下载、打印。

检索后，首先显示的是检索结果的数量和篇名目录页，每一条记录包括篇名、作者、刊名、ISSN 号、出版年月、卷期、起止页码以及连到全文的链接。

点击篇名后，将显示该篇目的详细内容，包括作者单位和文摘。点击作者，系统自动检索数据库中同一作者的所有相关文章。点击刊名，显示该期刊同一卷期的篇名目录。

在每篇文章篇名的前面允许标记记录，以便只选择想要的篇目进行打印和下载，标记结束后，点击页尾的“浏览”，则只出现标记过的记录；若检索结果不止一个页面，可以逐页标记，最后在任一页点击页尾的“浏览”；进入标记记录浏览后，可用浏览器的“后退”功能返回检索结果页面，增选记录，再点击页尾的“浏览”，已标记过的不需重选。浏览格式可以选择简单格式（只包括篇目的基本信息）和详细格式（显示文摘）。利用 IE 浏览器的保存和打印功能进行下载或打印。

注意：标记多篇文章一次性显示、保存、打印的功能只适用于文章篇目。文章的全文部分只能逐篇显示、保存、打印。

Kluwer 电子期刊的文件全部采用 PDF 文件格式，可以存盘、打印。

7.2.3 Springer 出版社的电子期刊

德国施普林格（Springer-Verlag）是世界上著名的科技出版社，以出版图书、期刊、工具书等学术性出版物而著名。该社通过 SpringerLink 系统发行电子图书并提供学术期刊检索服务。目前共出版有 530 余种期刊，其中 498 种已有电子版，其检索系统名称为 Link。

SpringerLink 通过纯数字模式的专家评审编辑程序，从以卷期为单位的传统印刷出版标准过渡到以单篇文章为单位的网络出版标准，现在已有超过 200 种期刊优先以电子方式出版（Online First），大大提高了文献网上出版的速度和效率，并保持了文献的高质量要求。Springer 的发展目标是把 OnlineFirst 出版方式应用到所有 SpringerLink 提供全文服务的期刊上。

SpringerLink 电子期刊覆盖的学科有：生命科学 Life Science（134 种）、化学 Chemical Sciences（52 种）、地球科学 Geoscience（61 种）、计算机科学 Computer Science（49 种）、数学 Mathematics（80 种）、医学 Medicine（221 种）、物理与天文学 Physics and Astronomy（58 种）、工程学 Engineering（61 种）、环境科学 Environmental（42 种）、经济学 Economics（32 种）和法律 Law（12 种）等（由于一些期刊内容在学科上的交叉，故存在同一种期刊被划分在多个学科的情况）。大部分期刊是被 SCI、SSCI 和 EI 收录的核心期刊，其中 SCI 收录 159 种，SSCI 收录 82 种，是科研人员的重要信息源。

2004年底德国的Springer 公司和荷兰的Kluwer Academic Publisher合并后，现已经成为全世界第二大科学文献供应商Springer Science+Business Media。出版的学科主要包括临床医学、生物医学、生命科学、数学、工程学、计算机科学、化学、物理与天文学、环境科学、地球科学、心理学、经济学、统计学、社会科学、哲学、教育、法律、语言学、人文科学等。每年出版1450种期刊和5000种新书。Springer Link已经成为世界上科学研究服务的最大线上全文期刊、电子图书和丛书数据库之一。其特点是将Springer出版的电子图书、期刊和丛书放在同一平台上，既可以分类型检索，也可以跨数据库检索，方便了用户。2005年Springer Link上还能够检索到Kluwer Academic出版社的电子期刊。

Springer 电子期刊除了提供浏览和检索服务外，还提供了个性化服务功能，包括最新期刊目次报道服务、E-mail提示功能并支持CrossRef引文链接。SpringerLink服务系统实现了与重要的二次文献检索数据库的全文链接，目前已经与SCI、EI、INSPEC建立了从二次文献直接到SpringerLink全文的链接。

目前，中国集团用户使用的是中国高等教育文献保障系统（CALIS）设在清华大学的镜像点。网址：http://springer.lib.tsinghua.edu.cn/。

Springer 电子期刊提供浏览和检索两种功能，检索包括快速检索、简单检索和高级检索。

1. 浏览（Browse）

在Springer主页上点击“Browse”，便进入浏览界面，提供按字母和按学科两种浏览。

1）按字母浏览：将所有期刊按字母顺序排列，用户可以按照期刊名称逐卷逐期地直接阅读自己需要的期刊全文，在所需要阅读的期刊上还可以浏览Online First以电子方式优先出版的专家评审文章，没有正式出版但是已经在编辑的论文（In Press，Corrected Proof）。还可以对该期刊进行个性化设置，利用E-mail获得最新期刊目次报道服务。点击该期刊的封面还可以链接至期刊简介、相关出版社介绍及该期刊的投稿指南，进行在线投稿。

注意：期刊名称前有眼睛的表示该期刊可以阅读全文，没有眼睛的期刊只能阅读文摘。

2）按学科浏览：点击“Browse by Online Libraries”进入在线图书馆界面，Springer Link将期刊按下列12个学科类目分类：Criteria: All Online Libraries，Behavioral Science，Biomedical and Life Sciences，Business and Economics，Chemistry and Materials Science，Computer Science，Earth and Environmental Science，Engineering，Humanities、Social Sciences and Law，Mathematics，Medicine，Physics and Astronomy，再按字母顺序排列。

另外，还可以按浏览新出版的期刊（Browse New Publications）和按出版社浏览（Browse Publishers）来阅读期刊。

2. 检索（Search）

Springer提供期刊内容检索、普通检索和高级检索三种检索功能。

(1）期刊内容检索（Search Within the Publication）

点击某种期刊，进入该期刊浏览界面，在该刊物里使用快速检索，然后在检索结果里再进行检索，以增强检索的有效性。

例：如果要了解德国 Machine Vision and Applications《计算机视觉与应用》期刊是否刊登有关基因规划方面的资料，可以在该期刊的快速检索中输入 genetic program*，即可检索到有一篇论文符合要求。

（2）普通性检索（General Search）

利用关键词，可从文章、刊物和出版社控制检索范围。关键词在检索结果中以黑体标示，可以在检索结果里再进行检索。

例：如果需要了解有关基于基因规划的主机异常入侵检测模型方面的论文，可以在普通检索上输入 genetic program*，选择文章为控制检索范围，检索后可得到 718 篇相关论文；然后在该检索结果中输入 intrusion detection 作二次检索，即可以检索到有两篇论文符合要求，如图 7.8 所示。

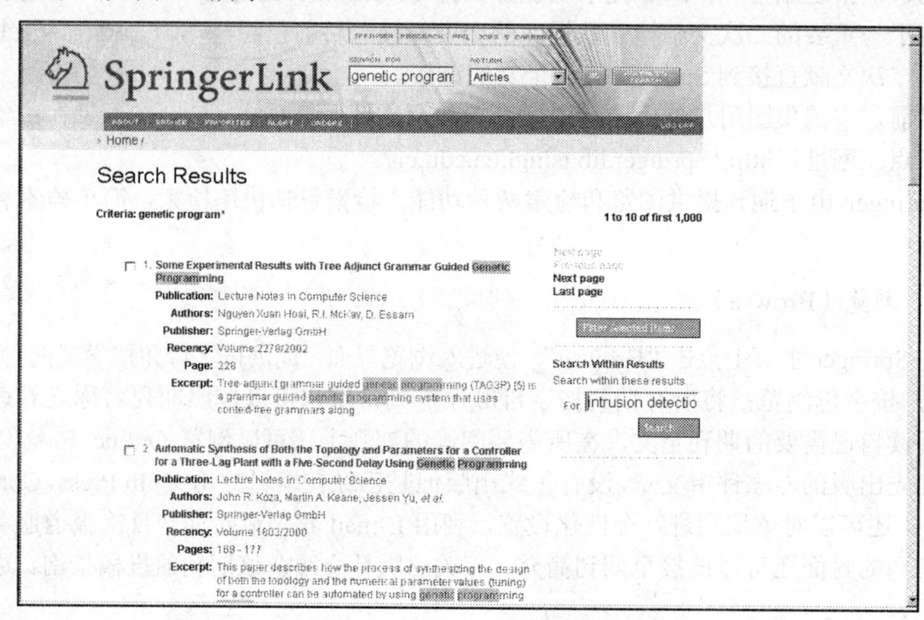

图 7.8 Springer 电子期刊的二次检索

（3）高级检索（Advanced Search）

高级检索是基于出版物内容的检索，可以选择检索引文、检索文章内容、检索出版物三种检索途径来检索。

可以用文章名称、引文、作者、出版物名称、刊号、卷期数、出版年份和相关度检索所需要的文献。

二次检索：执行检索之后，在显示结果页面有一个检索条件输入框，允许在检中结果中直接进行二次检索，或者选择重新检索。

3. 检索技术

SpringerLink 的高级检索中，检索词之间的逻辑关系有四种选择：

All Words：表示两词全部检索，词序及位置不定，词间的关系相当逻辑“AND”。

Any Words：表示两词分别检索，其结果是两词的集合。词间关系相当逻辑“OR”关系。

Exact Phrase：表示严格按照两词输入状态进行精确检索。

Boolean Search：当检索对话框中输入含有组配算符时，选择这一方式，表示检索词可用逻辑算符匹配。

检索：同一组检索提问既含有 OR，又含有 AND 时，必须用优先算符（）将 OR 前后的词放入括号中，计算机将优先运算括号内的算符。例如，genetic program* and（intrusion detection or anomaly detect*）。

截词检索：可以使用"*"作为截词符，如Pharmac* 可以检索到Pharmacy、Pharmacology、Pharmaceutics、Pharmaceutical。

位置算符"NEAR"表示两词之间最多相隔 0－5 个字，词顺可以颠倒；若希望词序不颠倒，可将检索式用引号括起，如"system near manager"。

4. 检索结果

SpringerLink 的检索结果可以显示、标记、下载和打印。

检索后，首先显示的是检索结果的数量和篇名目录页，每一条记录包括篇名、作者、刊名、ISSN 号、出版年月、卷期、起止页码以及连到全文的链接。如果认为检索结果范围太宽，可在上述范围内进行二次检索。

点击篇名后，将显示该篇目的详细内容，包括作者单位和文摘。

点击"open full text"，便显示该篇论文的全文。

SpringerLink 电子期刊的文件全部采用 PDF 和 HTML 文件格式，可以存盘、打印。HTML 格式的全文提供具有链接功能的参考文献，除了提供在 SpringerLink 本数据库中的全文篇对篇的链接外，参考文献还提供 CrossRef 功能，可以链接到该单位订购的其他出版社的电子期刊全文。

5. 个性化服务

SpringerLink 提供了个性化服务"我的最爱"（My Favorites）和最新期刊目次报道服务（Alert）。

我的最爱 My Favorites：SpringerLink 的用户和已经注册的个人用户可以设定你的最爱和经常使用的电子期刊和丛书。可以在任何时间选定、增加，甚至完全取消已经选择的选定。

最新期刊目次报道服务 Alert：SpringerLink 的用户和已经注册的个人用户可以设定以电子邮件接收最新出版的文章信息，包括电子优先出版（Online First）的文章信息。可以选择最新目次，或是与关键词有关的最新出版文章，并要求接受新出版的目次报道。可以选择电子邮件（包括 HTML 格式或纯文字格式）接受新出版的期刊目次报道服务。

7.2.4 John Wiley 出版社电子期刊

美国约翰威利父子（John Wiley & Sons）出版公司始于 1807 年，是全球知名的出版机构，出版图书、期刊、各类参考工具书。期刊以质量和学术地位见长，出版超过 400 种的期刊，学科范围以科学、技术与医学为主，拥有众多的国际权威学会会刊和推荐出版物。该出版期刊的学术质量非常高，是相关学科的核心期刊，其中被 SCI 收录的核心期刊达 200 种以上。

John Wiley 电子期刊覆盖的学科有：生命科学与医学（132 种）、数学统计学（20 种）、物理（27 种）、化学（110 种）、地球科学（32 种）、计算机科学（16 种）、工程学（48 种）、商业管理金融学（35 种）、教育学（18 种）、法律（5 种）、心理学（24 种）。其中大部分期刊是被 SCI、SSCI 和 EI 共同收录的核心期刊，是科研人员的重要信息源。

John Wiley 电子期刊的检索系统为 InterScience，其特点是将 John Wiley 出版的电子图书、期刊和参考工具书放在同一平台上，既可以分类型检索，也可以跨数据库检索，方便了用户；在检索功能和检索技巧上，功能比较薄弱，主要是高级检索，不太符合用户的检索习惯，也没有二次检索。

John Wiley 电子期刊除了提供浏览和检索服务外，还提供了个性化服务功能，包括最新期刊目次报道服务、热点期刊列表、热点文章列表、E-mail 提示功能等。John Wiley 服务系统实现了与重要的二次文献检索数据库的全文链接，目前已经与 SCI、EI、INSPEC、BIOSIS Previews、SciFinder 等建立了从二次文献直接到 John Wiley 全文的链接。

John Wiley 电子期刊的访问网址为：http://www.3.interscience.wiley.com。

数据库的检索：John Wiley 电子期刊提供浏览和检索两种功能，检索包括快速检索、简单检索和高级检索。

1. 浏览（Browse）

在 John Wiley 主页上提供按字母和按学科两种浏览。

1）按字母浏览：将所有期刊按字母顺序排列，用户可以按照期刊名称逐卷逐期地直接阅读自己需要的期刊来获得全文。

2）按学科浏览：John Wiley 将期刊按下列 16 个学科类目分类：Business、Chemistry、Computer Science、Earth and Environmental Science、Education、Engineering、Law、Life Sciences、Mathematics and Statistics、Medicine and Healthcare、Physics and Astronomy、Polymers and Materials Science、Psychology、Social Sciences，再按字母顺序排列。

按刊名或学科浏览的同时，还可提供了按期刊名称检索，如在 Publication Title 检索条中输入一检索词，就可以快速检索 Wiley InterScience 的某一出版物名称。

2. 检索（Search）

John Wiley 提供基本检索和高级检索两种检索功能。

（1）基本检索（Basic Search）

Wiley InterScience 上每一页面都包括一个基本检索输入。All Content 是检索所有的期刊文章、在线图书章节和参考工具书或数据库条目。Publication Title 仅查询 Wiley InterScience 出版物中标题中的词。例如，genomics 可查询到期刊 Comparative and Functional Genomics 和在线图书 Essentials of Medical Genomics。

系统默认的检索字段为篇名、文摘、作者、作者机构和关键词。具备检索限定，在基本检索输入中可以使用布尔逻辑检索和截词符。

（2）高级检索（Advanced Search）

Wiley InterScience 高级检索是一个独立的页面，提供全面的选项以进行复杂检索，如图 7.9 所示。

高级检索即指南检索，可选择的检索字段有：篇名、作者、作者机构、文摘、关键词、刊名、资助机构、国际统一刊号、文章的 DOI 号、参考文献、全文检索等。

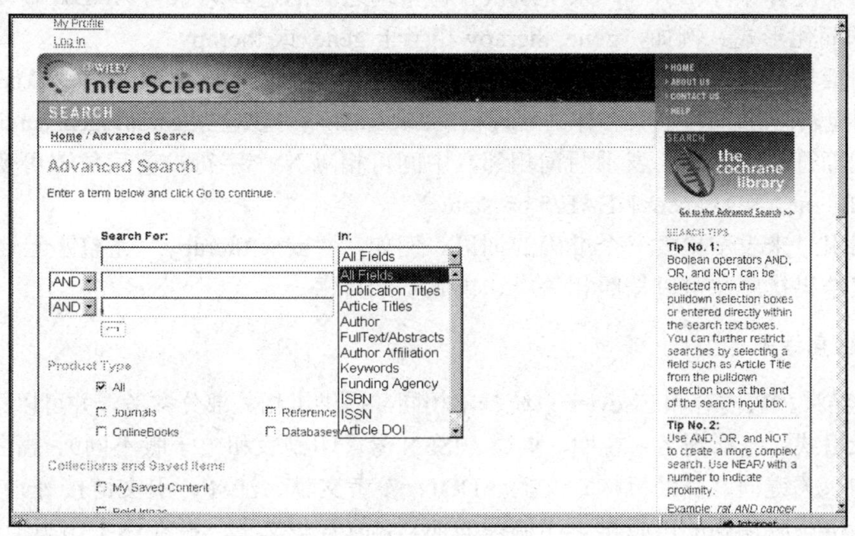

图 7.9　John Wiley 电子期刊的高级检索

检索限制：通过限制出版日期、限制文献种类、限制文献主题，可以把检索结果限制在一定范围内，从而达到快速查准的目的。点击相应的下拉箭头进行选择，文献种类包括期刊、图书、参考工具书、数据库及实验室手册。如果不改变这三项设置，系统默认的检索范围是全部文献。

高级检索中有一特殊的地方是：如果使用

（Article title）gene therapy AND（Article title）cancer

则检索结果的篇名中包含 gene therapy 和 cancer 两个词。如果使用

（Article title）gene therapy AND cancer

则检索结果的篇名中只包含其中的一个检索词，另一个词含在其他字段中。这种方法并不符合用户的使用习惯。

另外还提供了 CrossRef / Google 检索，帮助用户连接到大量在线并经同行评论过的内容。搜索结果会显示在 Google 支持的界面上。所有结果上的文章摘要都会被突出，并设有链接。

CrossRef 是一家协作参考链接服务，就像数字总机一样。它没有全文内容，而只是通过数字目标标识符（DOI）建立有效的链接。DOI 标贴在由参与出版商提供的文章元数据。最终结果是建立一个有效的、可升级的链接系统，使得研究人员能够点击期刊参考引文，直接找到并使用引文文章。

Wiley InterScience 是 CrossRef® Search 的创办成员之一，Google™提供技术支持。以下出版社目前参与了该项目这阶段的工作：American Physical Society、Annual Reviews、Association for Computing Machinery、Blackwell Publishing、Institute of Physics Publishing、International Union of Crystallography、Nature Publishing Group、Oxford University Press、Wiley 等。

3. 检索技术

布尔逻辑：在同一检索字段中，可以用算符 AND、OR、NOT 来确定检索词之间的关系；如果没有算符和引号，系统默认各检索词之间的逻辑关系为 AND。使用“，”作为 OR 的简化形式。例如，gene, therapy 相当于 gene 或 therapy。

使用括号来建立嵌套式检索。例如，(brain AND serotonin) OR (brain AND dopamine)。

截词检索：可以使用“*”作为截词符，如 carcino *可以检索 carcinogen, carcinoma 等。

位置算符：NEAR/，表示两词相邻，中间可相隔 N 个字符，前后位置可变化。

例如，rat AND cancer NEAE/5 prostate。

使用引号来表示检索一个准确的词语。例如，“gene therapy”完整匹配这个词。

检索结果排序：可以按照相关度、出版日期排序。

4. 检索结果

检索结果列表内容和 Elsevier 系统基本相同，提供了相关部分参考，并可以标记记录。

记录格式：包括刊名、卷期、页数、ISSN 号（印刷版和电子版不同）、篇名、作者、作者机构、关键词、资助机构、文摘、DOI、参考文献、注释、引文链接等。

由于电子版期刊的出版早于印刷型的期刊，故有些文章已经在网上出版但尚未安排卷期号，这样的文章一般冠以“Early View”标志。

John Wiley 电子期刊的文件全部采用 PDF 和 HTML 两种文件格式，可以存盘、打印。

HTML 格式的全文提供具链接功能的参考文献，点击引文中的“Links”按钮，即可以使用引文链接服务。除了提供在 John Wiley 本数据库中的全文篇对篇的链接外，参考文献还提供 CrossRef 功能，可以链接到该单位订购的其他出版社的电子期刊全文。

5. 个性化服务

Wiley InterScience 的每一位注册用户都拥有自己个性化的“导航条”和“我的信息”区域。一旦您注册并且被授权使用，每次登录后，这些都会自动生成。

个人导航条可以通过互动下拉菜单链接到最为频繁使用的刊名、文章和检索。菜单将显示最近七个保存项目：保存的刊名、保存的文章、保存的检索问题等。

“我的信息”区域有以下这些从导航条链接的页面：

订阅：可以看见一个清单，包括您可以经由订阅、样本或者 Pay-Per-view（按次计费）访问的全部内容。

账号信息：观看和编辑您的账号细节。

订购历史：跟踪您的 Pay-Per-view（按次计费）订购。

保存的刊名：管理已保存的刊名和内容提示。

保存的文章：观看和编辑已保存的文章。

保存的检索：观看和运行保存的检索和管理保存的检索邮件提示。

提示选择：编辑您的提示条件，例如电子邮件地址和您喜欢的格式（文本或者 HTML）。

“我的信息”区域允许您管理自己保存的标题、文章和检索的清单，用电子邮件提供最新期刊目次报道服务。

例：如果想保存一个查询，仅仅需要在 Wiley InterScience 上进行检索，然后在检索结果的页面上点击 Save Search（保存检索）。可以通过保存特定名称的高级检索，使用带有电子邮件提示的“Saved Search（已保存检索）”来跟踪某个作者或机构的出版物。

若要使用保存的检索产生自动电子邮件提示，则点击“Activate Alert（激活通知）”。若要让某一查询停止产生电子邮件提示，则点击“Stop Alert（停止通知）”。

7.2.5 World Scientific Publishing 出版社的电子期刊

世界科学出版社（World Scientific Publishing）成立于 1981 年，总部设于新加坡，是亚太区最大的专门出版理工专业书籍期刊之集团。每年出版约 400 多种不同主题之丛书和 99 种专业期刊，1995 年与伦敦大学皇家学院共同成立皇家学院出版社（Imperial College Press）。世界科学出版社以工程、医学、信息科技、环境科技和管理科学类书籍见长，是多个学科诺贝尔奖得主之著作的主要出版机构，同时也是诺贝尔基金授权在全球独家出版发行 1901 年至 2000 年全部学科之诺贝尔奖讲座文集的机构，2001 年和皇家学院出版社合作出版了由瑞典诺贝尔基金 Agneta Wallin Levinovitz 和 Nils Ringertz 编写的《百年诺贝尔奖》，世界科学出版社的检索系统名称为 WorldSciNet。

WorldSciNet 电子期刊覆盖的学科有：物理、化学、数学、环境科学、材料科学、计算机科学、经济与管理科学、医学与生命科学、工程及混沌与非线性科学等 12 种学科 60 余种期刊。其中 36 种期刊是被 SCI、SSCI、EI 收录的核心期刊，是科研人员的重要信息源。

WorldSciNet 电子期刊的访问网址为：http://worldscinet.lib.tsinghua.edu.cn。

数据库的检索：WorldSciNet 电子期刊提供浏览和检索两种功能，检索包括快速检索、简单检索和高级检索。

1. 浏览（Browse）

在 WorldSciNet 主页上点击“Browse”进入浏览界面，提供按字母和按学科两种浏览。

1）按字母浏览：将所有期刊按字母顺序排列，用户可以按照期刊名称逐卷逐期地直接阅读自己需要的期刊全文。

2）按学科浏览：点击“Subjects”，WorldSciNet 将期刊按 10 个学科类目分类：Chemistry、Computer Science、Economics、Finance and Management、Engineering、Environmental Science、Materials Science、Mathematics、Medical and Life Science、Nonlinear Science、Physics，再按字母顺序排列。

2. 检索（Search）

WorldSciNet 提供期刊内容检索、普通检索和高级检索三种检索功能。

（1）期刊内容检索（Search Within the Publication）

点击某种期刊，便进入该期刊浏览界面。在该刊物里使用快速检索，然后在检索结果里再进行检索，以增强检索的有效性。

例：如果要了解 International Journal of Pattern Recognition & Artificial Intelligence《国际图形识别与人工智能杂志》期刊是否刊登有关基因规划方面的资料，可以在该期刊的快速检索中输入 genetic program*，即可检索到有一篇论文符合要求。

（2）普通检索（General Search）

利用关键词，可从文章、刊物和出版社控制检索范围，关键词在检索结果中以黑体标识，可以在检索结果里再进行检索。

例：如果需要了解有关神经网络和图像识别方面的论文，可以在普通检索上输入Neural Network*，选择文章为控制检索范围，检索后可得到386篇相关论文，然后在该检索结果中输入image recognition作二次检索，即可以检索到有一篇论文符合要求。

（3）高级检索（Advanced Search）

高级检索是基于出版物内容的检索，可以选择检索引文、检索文章内容、检索出版物三种检索途径来检索。

可以用文章名称、引文、作者、出版物名称、刊号、卷期数、出版年份和相关度检索所需要的文献。

二次检索：执行检索之后，在显示结果页面有一个检索条件输入框，允许在检中结果中直接进行二次检索，或者选择重新检索。

3. 检索技术

高级检索中，检索词之间的逻辑关系有四种选择：

All Words：表示两词全部检索，词序及位置不定，词间的关系相当逻辑“AND”。

Any Words：表示两词分别检索，其结果是两词的集合。词间关系相当逻辑“OR”关系。

Exact Phrase：表示严格按照两词输入状态进行精确检索。

Boolean Search：当检索对话框中输入含有组配算符时，选择这一方式便表示检索词可用逻辑算符匹配。

4. 检索结果

WorldSciNet的检索结构可以显示、标记、下载、打印。

检索后，首先显示的是检索结果的数量和篇名目录页，每一条记录包括篇名、作者、刊名、ISSN号、出版年月、卷期、起止页码以及连到全文的链接。如果认为检索结果范围太宽，可在上述范围内进行二次检索。

点击篇名后，将显示该篇目的详细内容，包括作者单位和文摘。

点击“open full text”，将显示该篇论文的全文。

WorldSciNet电子期刊的文件全部采用PDF文件格式，可以存盘、打印。

7.2.6 Nature出版社的电子期刊

英国《自然》(Nature)周刊是世界最著名的科技期刊，由Nature出版集团(The Nature Publishing Group）和麦克米兰出版社出版。自1869年创刊以来，始终如一地报道和评论全球科技领域里最重要的突破，其办刊宗旨是“将科学发现的重要结果介绍给公众……，让公众尽早知道全世界自然知识的每一分支中取得的所有进展”。《Nature》全文在线服务网站设在美国。

网址：http://www.nature.com 或 http://nature.calis.edu.cn（CALIS国内本地服务器）。

需要说明的是，CALIS 国内本地服务器与原网站相比，本地服务的全文只包括研究性文章，不包括如勘误、通知、文章简介等信息，如查阅此类信息，请访问原网站。

另外，《自然》出版社为了让中国科学家了解该期刊的内容，推出了中文网站，介绍《自然》的一些最新服务，包括最新一期刊登的重要文章的中文译文。网址：http://www.natureasia.com/ch/。

《Nature》网站涵盖的内容相当丰富，不仅提供 1997 年 6 月到最新出版的《Nature》杂志的全部内容，而且可以查阅其姊妹刊物——《Nature》出版集团（The Nature Publishing Group）出版的八种研究月刊即《自然生物技术》（Nature Biotechnology）、《自然细胞生物学》（Nature Cell Biology）、《自然遗传学》（Nature Genetics）、《自然医学》（Nature Medicine）、《自然神经科学》（Nature Neuroscience）、《自然免疫学》（Nature Immunology）、《自然结构生物学》（Nature Structural Biology）、《自然材料》（Nature Materials），七种评论月刊即《自然评论：分子细胞生物学》（Nature Reviews Molecular Cell Biology）、《自然评论：神经科学》（Nature Reviews Neuroscience）、《自然评论：遗传学》（Nature Reviews Genetics）、《自然评论：癌症》（Nature Reviews Cancer）、《自然评论：免疫学》（Nature Reviews Immunology）、《自然评论：药物发现》（Nature Reviews Drug Discovery）、《自然评论：微生物学》（Nature Reviews Microbiology），分子生物学的 10 种顶尖杂志之一 EMBO Journals，NPG 出版的学术期刊（Nature Academic Journals）以及三种重要的物理与医学方面的参考工具书。

7.2.7 Blackwell 出版社的电子期刊

英国著名的 Blackwell 出版公司是世界上最大的学术性图书和期刊出版商之一，创建于 1846 年，与世界上 600 多个学术和专业学会合作（如美国金融协会，英国皇家经济学协会，英国皇家人类学协会），出版 730 余种经同行审阅的高品质国际性期刊，其中包含很多非英美地区出版的英文期刊，并且每年出版 600 多种新书。它所出版的学术期刊在科学技术（200 多种）、医学（200 多种）、社会科学以及人文科学（300 多种）等学科领域享有盛誉。理科类期刊占 54%左右，其余为人文社会科学类。涉及学科包括：物理学、医学、社会科学、人文科学、艺术、行为学、商业、经济、金融、会计、数学与统计学、法律、医药卫生、生物物理学、农业与动物学、工程计算机技术等领域。Blackwell 有 60%以上的期刊被 ISI 收录，其中 SCI 收录的核心期刊有 298 种，被 SSCI 收录的有 118 种，39 种期刊在 2003 ISI Journal Citation Report 中排列第一。Blackwell 电子期刊的检索系统为 Synergy，1998 年开始提供所有 Blackwell Publishing 在线期刊，网址：www.blackwell-synergy.com。

目前，Blackwell Synergy 检索平台上的全文数量已超过 45 万篇。Blackwell 电子期刊回溯年份不尽相同，部分期刊回溯到 1996 和 1997 年，部分期刊回溯到了创刊号。Blackwell Synergy 检索平台界面友好，除检索与浏览外，还提供诸多功能，包括：许多文章提供 HTML 和 PDF 两种格式，其中利用 HTML 格式中的链接，文章中的图例、表格、数据等都可以在新窗口中显示，方便查看；提供免费注册服务，通过 E-TOCs、E-Alerts 或 Search Alerts（检索通知）等功能，使得用户与研究领域内的最新成果保持同步；注册用户还可以保存检索历史、定制个人收藏等；可通过参考文献、作者和关键词的链接，查看 Blackwell Synergy 中的其他相关文章；通过动态更新的 CrossRef 链接，可以实现与 ISI Web of Science、PUBMED（MedLine）及 JSTOR 等数据库的链接；在 Blackwell Synergy 中还提供了中文版的帮助文件，可随时在线查看；可为图书馆员提供期刊的 Marc 记录及符合 COUNTER 标准的使用统计报告。在 EBSCO 全文数据库中收录了部分 Blackwell 期刊。其中 ASP 数据库收录 362 种，BSP 数据库收录 124 种。2005 年以前，EBSCO 全文库中 Blackwell 的数据滞后期为 12 个月。

7.2.8 Oxford 大学出版社的电子期刊

英国牛津大学出版社（Oxford University Press，简称 OUP）是牛津大学的一个部门，是世界上规模最大的大学出版社，每年出版的书籍和刊物超过 4000 种。牛津大学出版社出版学术性期刊已有百年的历史，现出版 180 多种同行评审过的期刊，其中三分之二的期刊是与学协会及其他国际组织合作出版。网址：http://www.oup.co.uk/。

牛津期刊（Oxford Journals）覆盖非常广泛的学术领域，包括生物、医学、化学、心理学、数学、物理、工程、政治、经济、法律、语言、文学、艺术、哲学、社会科学等学科。据最新统计，在牛津出版的全部 180 余种期刊中，被 SCI、SSCI 收录的期刊有 94 种，其中 SCI 收录 66 种， SSCI 收录 39 种，同时收录 7 种。收录总数超过出版期刊总数的 50%。

牛津期刊包括世界上享有很高盛誉的刊物，其中《生物信息学》（Bioinformatics）、《人类生殖学快讯》（Human Reproduction Update）、《脑》（Brain）、《人类传播研究》（Human Communication Research）、《舆论季刊》（Public Opinion Quarterly）等期刊的影响均在相关领域内排名第一。

牛津电子期刊可在网上获得免费的目次和文摘信息，全文收录回溯时间不尽相同，多为 1998—2000 年以后的全文。2005 年牛津期刊与 HighWire 出版社签订了协议，从 2005 年 1 月起，HighWire 将收录所有牛津电子期刊。用户可在 HighWire 浏览全部牛津电子期刊的同时，检索和浏览到 HighWire 上 75 万篇免费全文。目前，在 ProQuest 公司全文数据库中收录了部分的 OUP 期刊，滞后期为 6－12 个月，不包括现刊。

7.3 著名学会出版的英文电子期刊

7.3.1 美国化学学会（ACS）电子期刊

美国化学学会（American Chemical Society，简称 ACS）成立于 1876 年，网址：http://pubs.acs.org/，现已成为世界上最大的科技协会，其会员数超过 163000。ACS 一直致力于为全球化学研究机构、企业及个人提供高品质的文献资讯及服务，在科学、教育、政策等领域提供了多方位的专业支持，成为享誉全球的科技出版机构。ACS 的期刊被 ISI 的 Journal Citation Report（JCR）评为：在化学领域中被引用次数最多之化学期刊。可检索自 1879 年迄今电子期刊，几乎是从每一期刊的创刊号起至今的内容。

ACS Journal Archives 目前包括 35 种期刊，内容涵盖了 24 个主要的领域：生化研究方法、药物化学、有机化学、普通化学、环境科学、材料学、植物学、毒物学、食品科学、物理化学、环境工程学、工程化学、应用化学、分子生物化学、分析化学、无机与原子能化学、信息系统与计算机科学、学科应用、科学训练、燃料与能源、药理与制药学、微生物应用生物科技、聚合物、农业学等。著名的期刊有：《化学评论》（Chemical Reviews）、《化学研究述评》（Accounts of Chemical Research）、《美国化学会志》（Journal of the American Chemical Society）、《分析化学》（Analytical Chemistry）、《有机化学杂志》（The Journal of Organic Chemistry）、《环境科学与技术》（Environmental Science & Technology）等，其中 Chemical Reviews 2004 年影响因子为 20.233，在 2005 年出版的 JCR 中排名 26 位。

ACS Journal Archives 的主要特色：除具有一般的检索、浏览等功能外，还可在第一时间内查阅到被作者授权发布、尚未正式出版的最新文章（Articles ASAP）；用户也可定制 E-mail 通知服务，以了解最新的文章收录情况；ACS 的 Article References 可直接链接到 Chemical Abstracts Services（CAS）的资料记录，也可与 PubMed、Medline、GenBank、Protein Data Bank 等数据库相链接；具有增强图形功能，含 3D 彩色分子结构图、动画、图表等；全文具有 HTML 和 PDF 格式可供选择。

ACS 电子期刊提供浏览和检索两种功能，检索包括期刊或数字化对象识别符检索和关键词检索。

1. 浏览（Browse）

在 ACS 主页上提供按字母和按学科两种浏览。

1）按字母浏览：点击“Journals & Magazines”进入浏览检索界面，将所有期刊按字母顺序排列如图 7.10 所示，用户可以按照期刊名称逐卷逐期地直接阅读自己需要的期刊全文，并且还可以跟踪期刊封面变化。每种期刊均提供期刊页面导航，页面导航内容有进入期刊检索、建立 E-mail 服务请求、浏览尚未正式出版的文献、浏览过刊、期刊介绍、刊物样例、热点文章、编辑寄语、印刷版期刊前言、作者索引等。

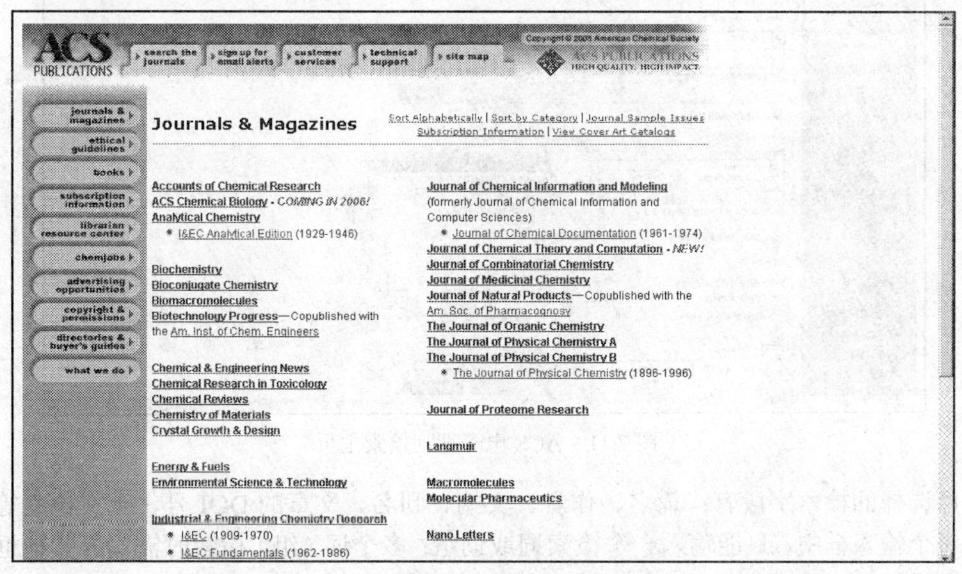

图 7.10 ACS 电子期刊浏览检索界面

定制 E-mail 通知服务前必须先注册，注册后可以定制最新文献通知（ASAP Alerts）和最新目次通知（Table of Contents Alerts）。定制了最新文献通知后 ACS 通过 E-mail 及时通知某篇文章已发表，可提供文章的题目、作者、刊名、论文全文的网址；定制了最新目次通知后 ACS 通过 E-mail 及时通知最新一期的目次，包括文章的题目、作者、刊名、论文全文的网址。

2）按学科浏览：ACS 将期刊按 25 个学科类目分类，再按字母顺序排列。

2. 检索（Search）

ACS 提供具体期刊或数字化对象识别符检索和关键词检索二种检索功能，如图 7.11 所示。

（1）具体期刊或数字化对象识别符检索

ACS 在 Journals Search 上提供选择某种期刊进行检索，也可以输入数字化对象识别符检索，如图 7.11 所示。数字化对象识别符（Digital Objects Identifer，简称为 DOI），是一组由数字、字母或其他符号组成的字符串，包括前缀和后缀两部分，中间用一道斜线区分。前缀由识别符管理机构指定，后缀由出版机构自行分配。ACS 的每一篇文章均有 DOI 标识，每一个 DOI 对应一个 URL。在 ACS 的 Digital Objects Identifer 检索中，输入 DOI 标识如 10.1021/bc0499275，即可以检索到该文章 URL 并获得全文。

（2）关键词检索（Keywords Search）

ACS 提供全面的选项进行复杂检索，并可以选择检索范围、限定检索条件，如图 7.11 所示。

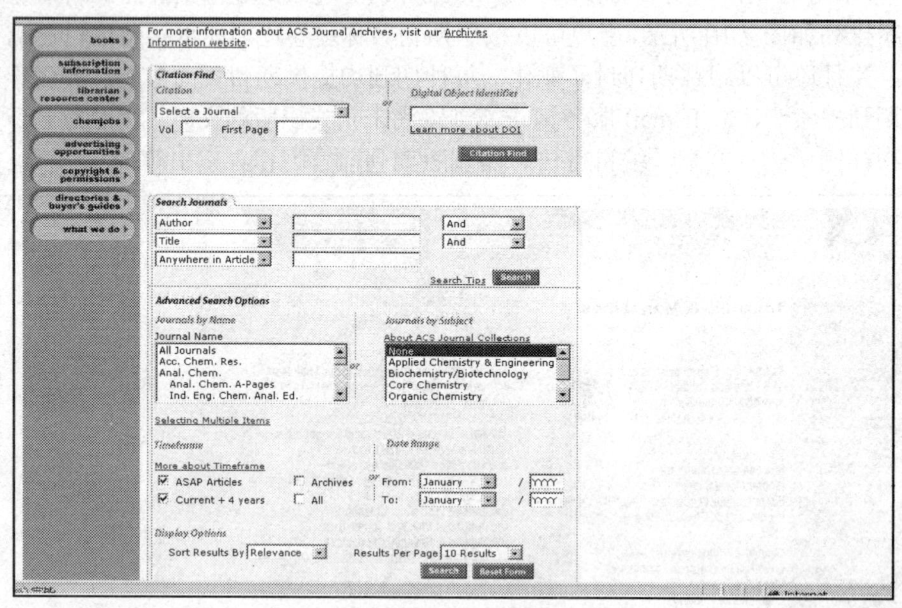

图 7.11　ACS 电子期刊检索主页

可选择的检索字段有：篇名、作者、文摘、刊名、文章的 DOI 号、全文检索等。

每个输入框中，只能输入一个检索词或词组；多个词（组）检索时需输入其他框中，并用逻辑选框中的逻辑算符连接。系统自动完成词尾时态及单复数检索。使用的逻辑算符为：and，or，not。

在刊名/主题选择项中，可将范围扩展至多个期刊或主题。若不选择，系统默认在全部期刊和全部类目中的“ASAP Articles”和“Current + 4Years”状态下检索。

作者检索时，可输入作者名或姓，第一个字母大小写决定了检索范围。如：pauling 可检出 paul,Paul, pauling, Pauling；但 Pauling 只能检出 Pauling。

7.3.2　英国皇家化学学会（RSC）电子期刊

英国皇家化学学会（Royal Society of Chemistry，简称 RSC）成立于 1841 年，由约 4.6 万名化学研究人员、教师、工业家组成的专业学术团体，是化学方面最有权威和影响的学会，是化学信息的一个主要传播机构和出版商。一年组织几百个化学会议，出版的 36 种期刊及四个文摘数据库一向是化学领域的核心期刊和权威性的数据库。RSC 期刊大部分被 SCI 收录，是被引用次数最多的化学期刊。其中著名的期刊有《化学学会评论》（Chemical Society Reviews），《化学通讯》（Chemical Communications），《道尔顿汇刊》（Dalton Transactions），《绿色化学》（Green Chemistry）等，另外还出版了三种纯电子期刊《晶体工程通讯》（CrystEngComm），《地球化学汇刊》（Geochemical Transactions），《物理化学通讯》（PhysChemComm），2005 年还创刊了《软性材料》（Soft Matter），《分子生物系统》（Molecular BioSystems）等新期刊。

网址 http://rsc.calis.edu.cn/（CALIS 国内本地服务器）和 http://www.rsc.org/（英国主站点）共同提供 RSC 电子期刊服务。

RSC 还出版四种文摘期刊：《分析化学文摘》（Analytical Abstracts），该数据库所涉及的行业从生物化学、临床化学到工业和应用科学；从环境、农业和食品到制药业，刊载分析化学（包括普通、无机、有机、金属、应用、工业、临床、生化、医药、药理、环境、农业和食品分析化学以及相关技术和设备）高质量文摘。每月新增约 1400 条文摘，选自 250 多种期刊、图书、会议录、标准和技术报告（大约有 12 种文种）。《催化剂与催化反应》（Catalysts & Catalysed Reactions），为报道催化领域最新研究进展的文摘数据库，每期刊登的 200 多条有关催化方面的图解文摘，选自 100 多种发表原始论文的期刊。内容包括均相、多相、生物催化等各个方面，重点在手性催化剂、聚合催化剂、酶催化剂、提纯催化剂和绿色催化方法等领域。学科范围包括无机、有机、物理化学和生物化学。《有机合成方法》（Methods in Organic Synthesis），该数据库主要侧重有机合成方面最新重要进展，主题涉及新反应与试剂、官能团变化、手性中心介绍、酶与生物转变等。提供有机合成方法的资料，包括名称、出处、反应图解及说明文字，并附有作者和主题索引。其主题索引分为四部分：产品、反应、反应物、试剂。《天然产物快报》（Natural Product Updates），有关天然产物化学方面最新发展的文摘数据库，内容选自 100 多种主要期刊，每期提供 200 件文献资料，包括天然产物的俗名和分类学名称、分子式、物理特性、光谱数据、生物效能和结构图，并附作者和五个主题索引（来源、分类名称、生物活性、俗名、化合物类别）。

7.3.3　美国物理研究所（AIP）和美国物理学会（APS）的电子期刊

美国物理研究所（American Institute of Physics，简称 AIP）成立于 1931 年，位于美

国的纽约州，是一家出版研究性期刊、杂志、光盘、会议论文集及名录，享誉世界的专业学会出版社。AIP 及其会员的出版物占据了全球物理学界研究文献四分之一以上的内容，包含一般物理学、应用物理学、化学物理学、地球物理学、医疗物理学、核物理学、天文学、电子学、工程学、设备科学、材料科学、数学、光学、真空科学和声学等。目前出版 12 种期刊，著名的期刊如《应用物理学快报》（Applied Physics Letters）、《化学物理学杂志》（Journal of Chemical Physics）、《物理与化学参考数据杂志》（Journal of Physical and Chemical Reference Data）等，另外还出版《AIP 会议录》（AIP Conference Proceedings），AIP 每年约出版 50 个专业会议的会议录。对全世界的图书馆及机构而言，AIP 的期刊已成为物理学相关文献的核心。网址：http://www.aip.org/。

美国物理学会（The American Physical Society，简称为 APS）于 1899 年由哥伦比亚大学的 36 名物理学家发起成立，其任务是推进和传播物理学知识。1913 年该学会开始接手物理评论的编辑出版工作，并于 1929 年和 1958 年分别推出了现代物理评论和物理评论快报，1970 年和 1993 年先后将物理评论分成了 ABCDE 五个专辑。目前该学会著名的期刊为《物理评论快报》（Physical Review Letters）、《现代物理学评论》（Reviews of Modern Physics）、《物理学评论 A 辑：原子、分子和光学物理学》（Physical Review A: Atomic，Molecular，and Optical Physics）、《物理学评论 B 辑：凝聚态物质与材料物理学》（Physical Review B: Condensed Matter and Materials Physics）、《物理学评论 C 辑：核物理学》（Physical Review C: Nuclear Physics）、《物理学评论 D 辑：粒子、场、重力与宇宙学》（Physical Review D: Particles，Fields，Gravitation，and Cosmology）、《物理学评论 E 辑：统计物理学、等离子体、流体和相关跨学科论题》（Physical Review E: Statistical，Nonlinear，and Soft Matter Physics）。目前该学会已经将期刊回溯到 1893 年创刊的第一期内容。其中 1995 年以前的大部分资料是 GIF 格式的图片或 PDF 格式的文件，1996 年以后则全部采用了 PDF 格式。由于它与 Apex 的合作，它所有的文章都可以进行文字识别，因此也就支持了对其文献的全文检索。

AIP 和 APS 出版的电子期刊通过 Scitation 平台访问，网址：http://scitation.aip.org/。Scitation 平台集合了来自 AIP（美国物理研究所）、APS（美国物理学会）、ASME（美国机械工程师协会）、ASCE（美国土木工程师协会）出版的超过 110 多种期刊，同时也集合了其他一些久负盛名的科学和工程学协会的出版机构。使用时，首先在 Scitation 平台 Browse Publication 选项框中选择 By Publisher，点击旁边的图标 GO，进入 Browse Scitation 页面后，在 Jump to 选项框中选择数据库，就可以浏览指定数据库的全部期刊列表。

7.3.4 英国皇家物理学会（IOP）的电子期刊

英国皇家物理学会（Institute of Physics，简称 IOP）成立于 1874 年，现今会员已遍布世界各地，达 26000 名之多。出版有 42 种物理学电子期刊，大部分期刊被 SCI 收录，是物理学及相关学科学者和研究人员普遍使用的期刊，学术价值很高。从 2001 年起，还为中国物理学会出版的 Chinese Physics Letters《中国物理学快报》和 Chinese Physics《中国物理学》承担海外发行。网址：http://www.iop.org/EJ/。

IOP 著名的期刊有《物理学学报》（Journal of Physics）系列，《物理学进展报告》（Reports on Progress in Physics），《欧洲物理学快报》（Europhysics Letters），《纳米技术》（Nanotechnology）等；另外还出版了四种著名的纯电子期刊《宇宙论与天体粒子物理学学报》（Journal of Cosmology and Astroparticle Physics）、《湍流学报》（Journal of Turbulence）、《高能物理学报》（Journal of High Energy Physics）、《新物理学杂志》（New Journal of Physics）。其中 1998 年创刊出版的纯电子期刊《新物理学杂志》（New Journal of Physics）是一种全文电子杂志，对用户免费开放。该期刊由英国物理学会和德国物理学会联合出版，主要发表物理学领域引起物理学家关注的高品质优秀研究论文，文章经过国际知名编辑和专家严格评审，它在物理学领域相当具有权威性。2004 年还创刊了《物理生物学》（Physical Biology）、《神经工程学杂志》（Journal of Neural Engineering）、《地球物理学和工程杂志》（Journal of Geophysics and Engineering）、《统计力学杂志：理论与实践》（Journal of Statistical Mechanics: Theory and Experiment）等新期刊。

7.3.5 美国计算机学会（ACM）电子期刊

美国计算机学会（Association for Computing Machinery，简称 ACM）创立于 1947 年，是全球历史最悠久的计算机科学教育机构，目前提供的服务遍及 100 余个国家，会员人数达 80000 多位专业人士，并于 1999 年起开始提供电子数据库服务——ACM Digital Library 全文数据库。该学会目前出版 40 余种专业刊物，ACM 数字图书馆收集了 ACM 在 1954 年之后出版的期刊、杂志目录以及超过 23000 篇的引用文献论文与 1985 年至今出版的会议论文的书目、摘要、评论与全文资料（会议论文的全文目前回溯至 1991 年）。

ACM 出版的期刊大部分被 SCI、EI 收录，著名的期刊有《美国计算机学会通讯》（Communications of the ACM）、《美国计算机学会信息系统汇刊》（ACM Transactions on Information Systems）、《美国计算机学会杂志》（Journal of the ACM）、《美国计算机学会计算机系统汇刊》（ACM Transactions on Computer Systems）、《美国计算机学会数据库系统汇刊》（ACM Transactions on Database Systems）、《美国计算机学会图形学汇刊》（ACM Transactions on Graphics）、《美国计算机学会软件工程和方法论汇刊》（ACM Transactions on Software Engineering and Methodology），新创刊的期刊有《美国计算机协会嵌入式计算系统汇刊》（ACM Transactions on Embedded Computing Systems）、《美国计算机协会结构与代码优化汇刊》（ACM Transactions on Architecture and Code Optimization）等。

网址为 http://acm.lib.tsinghua.edu.cn。CALIS 国内本地服务器为 http://www.acm.org/dl。

可利用关键词、题名、作者、年代、主题等检索项检索全部之数据库，也可浏览特定期刊及会议目次。并可以检索与 ACM 文章关联的大约 150 万篇参考文献。其中 20 万篇参考文献链接有全部书目资料，5 万篇可以链接全文，全文为 PDF 格式。

7.3.6 美国电气电子工程师学会（IEEE）和英国电气工程师学会（IEE）的电子期刊

美国电气电子工程师学会（Institute of Electrical and Electronics Engineers，简称 IEEE）和英国电气工程师学会（Institution of Electrical Engineers，简称 IEE）出版 219 种期刊，数据库名称为 IEEE/IEE Electronic Library（简称 IEL），系统名称为 IEEE Xplore，

主要涉及的学科领域包括计算机、电气电子、信息科学、物理学等，多数出版物提供1988年以后的全文数据。但IEEE学会下属的13个技术学会的18种出版物数据回溯的年限较长，可以看到更早的全文。读者不仅能查阅到它们的学术论文，也能查阅未被文摘摘录的出版物目次、信息交流、新产品评说、编者的话等信息。部分期刊还可以看到预印本（accepted for future publication）全文。网址：http://ieeexplore.ieee.org。

7.3.7 美国机械工程师学会（ASME）电子期刊

美国机械工程师学会（American Society of Mechanical Engineers，简称ASME）成立于1880年。现今它已成为一家拥有全球超过125000位会员的国际性非营利教育和技术组织，是世界上最大的技术出版机构之一；每年召开约30次大型技术研讨会议并举办200个专业发展课程；制定众多工业和制造业行业标准，拥有工业和制造业领域600项的标准和编码，这些标准在全球90多个国家被采用。由于工程领域各学科间交叉性不断增长，ASME出版物也相应提供了跨学科前沿科技的资讯。涵盖的学科内容包括：应用力学、能源、材料和结构、环境和运输、动力工程、农业工程、纺织工程、软件工程、计算机工程、生物机械工程、工程计算与信息科学、动力系统、测量与控制、流体工程、振动与声学、先进制造等。

ASME目前出版20种期刊，出版的期刊大部分被SCI、EI收录，如著名的创刊于1879年和1880年期刊：《太阳能工程杂志；美国机械工程师学会汇刊》（Journal of Solar Energy Engineering; Transactions of the ASME）、《涡轮机械杂志；美国机械工程师学会汇刊》（Journal of Turbomachinery; Transactions of the ASME）、《燃气轮机与动力工程杂志；美国机械工程师学会汇刊》（Journal of Engineering for Gas Turbines and Power; Transactions of the ASME）、《制造科学与工程杂志》（Journal of Manufacturing Science and Engineering）；其他著名的期刊有《应用力学杂志；美国机械工程师学会汇刊》（Journal of Applied Mechanics; Transactions of the ASME）、《生物机械工程学杂志；美国机械工程师学会汇刊》（Journal of Biomechanical Engineering; Transactions of the ASME）、《动力系统、测量与控制杂志；美国机械工程师学会汇刊》（Journal of Dynamic Systems, Measurement & Control; Transactions of the ASME）、《流体工程学杂志；美国机械工程师学会汇刊》（Journal of Fluids Engineering; Transactions of the ASME）、《压力容器技术杂志；美国机械工程师学会汇刊》（Journal of Pressure Vessel Technology; Transactions of the ASME）等，另外，还出版著名的评论期刊《应用力学评论》（Applied Mechanics Reviews）。

ASME出版的20种期刊通过scitation平台访问，网址：http://scitation.aip.org/，在Publisher选项框中选择ASME就可以看到ASME International的期刊列表。

7.3.8 美国土木工程协会（ASCE）电子期刊

美国土木工程协会（The American Society of Civil Engineers，简称ASCE）成立于1852年，至今已有150多年的悠久历史。目前，ASCE已和其他国家的65个土木工程学会有合作协议，所服务的会员有来自159个国家超过13万的专业人员。ASCE也是全球最大的土木工程出版机构，每年有5万多页的出版物。学会出版物包括30种技术和专业期刊，以及各种图书、会议录、委员会报告、实践手册、标准和专论等。ASCE

出版的 30 种电子期刊通过 scitation 平台访问，网址：http://scitation.aip.org/，在 Publisher 选项框中选择 ASCE 就可以看到 ASCE 的期刊列表，最早回溯到 1995 年，全文提供 PDF 和 GZipped PS 两种格式。

ASCE 出版的期刊大部分被 SCI、EI 收录，是土木工程学科的主要核心期刊，如著名的创刊于 1873 年《水力工程杂志》（Journal of Hydraulic Engineering），其他著名的期刊有《结构工程杂志》（Journal of Structural Engineering）。

ASCE 于 2004 年秋季推出在线会议录（ASCE Online Proceedings）。会议录涵盖了土木工程专业的所有学科领域，包括：航空宇宙、建筑设计、桥梁、寒区、合成物、土木工程领域的计算机应用、建筑工程实施、能源、工程力学、环境、地球力学、地球技术、水力学、水文学、基础设施体系、给排水、水资源、水路、港口、海岸和海洋、工程项目管理、材料、建筑设施性能、结构、运输、城市规划等。

2004 年 ASCE 推出了自己的 Online Research Library，网址：http://www.ascelibrary.org/，通过这个平台提供其期刊和会议录的浏览和检索服务，研究者可以在此一站式检索土木工程领域的核心资源。

7.3.9 科学在线（Science Online）电子期刊

科学在线以美国科学促进会（American Association for the Advancement of Science，简称 AAAS）出版的、创始于 1880 年的著名《科学》（Science）周刊为主要内容，斯坦福大学 HighWire Press 出版社出版，收录内容为 1995 年以后的《科学》（Science）周刊的全部论文论文摘要和全文，每周更新。网址：http://www.sciencemag.org/。

《科学》周刊电子版是科学在线最主要的部分。每周五，当《科学》周刊最新一期的印刷版向世界各地的订户投寄时，电子版的最新一期已经在网上登出。电子版除了有印刷版上的全部内容以外，还为读者提供了印刷版不可能有的功能，比如用关键词或作者姓名来检索 1995 年 10 月以来的期刊，检索字段为篇名、作者、日期、卷期、关键词、文摘、全文，浏览现刊（Current Issue）、浏览过刊（Archive of Science）或浏览按主题分类（Subject Collections）的论文集合。并提供引文链接服务，点击参考文献中的 CrossRef，即可直接读取引文原文。《科学》周刊电子版还包括：《科学特快》（Science express）为一些论文提供一个快速发表的渠道，这些论文在几个星期后也会登载在《科学》印刷版上。Enhanced Perspectives 这是一些介绍某一领域新进展的短文，它们的超链接注释（hypernotes）部分给读者提供与该领域有关的网上资源。Supplemental Data 在《科学》周刊电子版上，作者可以为其在印刷版上发表的论文补充内容，比如提供更多的科学数据、与论文有关的录音或录像材料、或是交互的计算机模型。Quarterly Author Index 每卷的作者索引。

科学在线还包括：

《科学此刻》（Science Now）：每个美国的工作日，《科学》周刊的新闻组都会为网上用户提供几篇三四段长的有关科研成果或科学政策的最新消息。这些消息短小精炼，使读者花不多的时间就能及时了解世界各地各科研领域的最新进展。

《科学后浪》（Science Next Wave）：这是一个专门为青年科学工作者和他（她）们的导师设立的网站。这里，本科生、研究生、博士后以及刚取得固定职位的科学工作者从专家、榜样、或同龄人那里得到事业方面的指导。也有连续的各类专题讨论，讨论的话题包括实验室安全到研究生院精疲力竭现象等各个方面。还有一些实用性短文，介绍找工作的策略、科学发展趋势和政策、改变职业，以及性别和如何平衡工作与家庭等工作生活主题。该网站还链接 GrantsNet，上面有 750 多个医学和生命科学领域的科研经费资助项目。Grants Doctor 是一个专门帮助年轻科学工作者写资金申请的栏目。

《科学》知识环境（Science Knowledge Environment）：这是《科学》编辑人员发展的、独一无二的网站。它们为某个领域的研究人员提供了丰富的、互联的、可检索的资源，包括读者自己的虚拟电子刊物，研究人员的网上社区、做研究所需的资源等。《科学》称这些网站为知识环境（简称 KE）。一个已经运行的知识环境是信号转换知识环境（Signal Transduction Knowledge Environment，简称 STKE），是《科学》杂志和斯坦福大学图书馆等机构合作的有关生物学的信息系统，通过检索、浏览、图像查询等方法提供信号转换领域的相关信息。2001 年 10 月 3 日，一个新的知识环境网站衰老科学的知识环境（Science of Aging Knowledge Environment，简称 SAGE KE）开始运行，提供生物老化研究的各种资源。

《科学》职业（Science Careers）：寻找职业、会议信息、就读研究生。

《科学》电子市场（Science e-marketplace）：产品信息和厂商。

目前，读者进行个人注册后，可免费阅读出版满一年的论文全文及所有论文的文摘（1995 年 10 月以来），可按卷期浏览或检索，全文大多数有 HTML 和 PDF 两种格式（仅限于 research articles 和 reports 栏目的全文）。

7.3.10　JSTOR 英文过期电子期刊

JSTOR 数据库全名为 Journal Storage，于 1995 年 8 月成立。JSTOR 的目标在建立完整的重要学术期刊文献档案，以节省图书馆保存期刊馆藏所耗损的人力及空间，因此专门收录过期学术期刊之全文资料。所谓过刊，通常指非当年的期刊，也有指 3—5 年前的期刊，英文为 back file。

JSTOR 项目最初起源美国密西根大学（University of Michigan），受美国梅隆基金会（Mellon Foundation）支持。由于收录了重要期刊的大量回溯资料，该项目受到了全世界从事人文、社会科学研究学者的广泛欢迎，自 1997 年开通使用后访问量逐年大幅度增长。目前 JSTOR 的数据库是以政治学、经济学、哲学、历史等人文社会学科主题为中心，兼有一般科学性主题共 29 个领域的代表性学术期刊的全文库。如 Arts & Sciences I Collection（人文社会主题一）：收录人类学、亚洲研究、非裔美国人研究、经济学、生态学、数学、哲学、政治学、教育学、财政、历史、文学、人口统计学、社会学、统计学等 15 种人文社会学科领域 117 种学术性期刊全文资料。Arts & Sciences II Collection（人文社会主题二）：和人文社会主题一相比，该主题在经济学、历史和亚洲研究领域有更深入研究，该主题收录增加了考古学、非洲研究、拉丁美洲研究、中东研究等新主题，收录期刊共计 122 种。Arts & Sciences III Collection（人文社会主题三）：主要收录艺术和人文科学的期刊，目前收录了艺术和艺术史、建筑和建筑史、语言和文学、音乐领域 74 种期刊。Business Collection （商业主题）：收录有关商业方面的期刊 46 种。Language & Literature Collection（语言文学与文学作品主题）：收录语言文学与文学作品主题的 47

种期刊。Music（音乐主题）：收录音乐研究、音乐理论的主题的31种期刊。Ecology & Botany Collection（生态学与植物学主题）：收录生态学与植物学主题的29种期刊。General Science Collection（一般科学性主题）：收录物理、数学、工程学和生物学等一般科学性主题共七种学术性期刊全文资料。JSTOR收录的期刊从创刊号到最近两三年前过刊都可阅读全文，有些过刊的回溯年代早至1665年，如《伦敦皇家学会哲学汇刊》（Philosophical Transactions of the Royal Society of London）。

网址：http://www.jstor.org。

JSTOR电子期刊提供浏览和检索两种功能。

1. 浏览（Browse）

在JSTOR首页，点击Browse可进入期刊浏览页面。首先显示的页面是按学科（Browse by Discipline）浏览，详细分列出29个学科，按学科浏览期刊。每个学科下再按刊名、年限、卷期、目次、全文浏览。在该页面上方，点击“ALPHABETICAL LIST OF JOURNALS”，可按期刊名称浏览期刊内容。在浏览刊名时，会发现有些刊名有缩进，表示该刊与上一种期刊属同一种刊，只是在不同时期使用了不同的刊名。

2. 检索（Search）

JSTOR电子期刊检索分为基本检索（Basic Search）和高级检索（Advanced Search），基本检索有四个输入框，在输入框内可输入检索词、词组或检索式；提供五种检索字段，即全文（full-text）、作者（author）、题名（title）、文摘（abstract）、说明（caption）；检索限定，即选择检索的学科范围或期刊范围（必须选择，否则检索结果为零），选择文献类型（文章、书评、评论、其他）、出版时间段及检索输出方式。在基本检索界面点击“Go to the Advanced Form”，进入高级检索界面。在检索输入框输入检索式，如Chinese history/title。检索限定如基本检索。检索式由检索词、词组通过布尔检索符（AND、OR、ANDNOT）和括号连接而成，每个检索词、词组必须用" "引上。在检索词后加“+”号，可以同时检索该检索词复数形式。如："tree+" and（"moisture" or "temperature"）andnot（"shrub+" or "grass+"）。在检索式中，可以用“sentence”、“page”、“words”将检索词、词组限定在同一个句子、同一页或临近的几个词中检索。如：sentence（"wages", "cost"），words（5, "economic", "growth"），page（"ocean", "petroleum"）。在检索式中，也可以用/author, /title, or /abstract将检索词、词组限定在作者、标题或文摘字段中进行检索，默认为在全文进行检索。如："liberty" and "Patrick Henry"/author。

3. 检索结果的显示和输出

通过作者、标题或文摘字段检索到的文献，在每篇文献下方列有[Citation/Abstract][Article][First Match is in the Citation / Abstract][Print][Download]相关链接点；通过全文字段查到的文献，在文献下方列有[Citation/Abstract][Article][Page of First Match][Print][Download]相关链接点。

点击“Citation /Abstract”或“First Match is in the Citation/Abstract”，可以看到文献的题名、作者、文献出处（包括刊名、卷、期、页码）信息及文献固定的URL或文摘；点击“Page of First Match”，可以打开检索词首次出现在文章的那一页，在该页的上方，还列出了出现检索词的其他页码的超链接点；点击“View Article”，可以逐页浏览文献全文，在文献的上方，从“TABLE OF CONTENTS”链接点可以链接到文献所在的期刊目录；点击“Print”，可以根据需要打印PDF或Jprint格式的全文；点击“Download”，可以根据要求下载TIFF、PDF、PS格式的全文。

7.4 免费电子期刊

7.4.1 斯坦福大学HighWire Press出版社的电子期刊

HighWire Press是全球最大的提供免费全文的学术文献出版商，由美国斯坦福大学图书馆创立于1995年，最初仅出版著名的周刊《生物化学杂志》（Journal of Biological Chemistry）。目前已收录电子期刊825种，其中245种期刊提供免费全文；文章总数已达230多万篇，其中超过85万篇文章可免费获得全文；这些数据仍在不断增加。通过该界面还可以检索Medline收录的4500种期刊中的1200多万篇文章，可看到文摘题录。HighWire Press收录的期刊覆盖了生命科学、医学、物理学、社会科学等领域。

HighWire电子期刊的访问网址为：http://www.highwire.org/。

HighWire电子期刊提供浏览和检索两种功能，检索包括快速检索和高级检索。

1. 快速检索（Quick Search）

提供的检索字段为：作者（Author）、关键词（Keywords）、年（Year）、卷（Vol）、页码（Page）可选择检索范围：My Favorite Journals（我关注的期刊，这项功能必须首先注册个人用户，并选择自己关注的期刊、HighWire-hosted journals、HighWire-hosted journals+Medline。

2. 高级检索（Advanced Search）

包含了快速检索的所有检索项，提供的检索字段比快速检索增加了题目（Title）、文摘（Abstract）、全文（Full Text），并可选择各字段内输入的检索词的关系：any（相当于OR），all（相当于AND），phrase（输入的为词组）。还可限制检索结果的年限和文献类型（所有文章、只是评论文章）。检索结果的显示格式：标准格式、压缩格式，并可选择每页显示的记录数，选择结果排序方式（按相关度、按出版时间）。

3. 学科浏览全文（Browse Articles）

可按生命科学、医学、物理、社会科学浏览全文；点击“Topic Map”，可检索更多的学科名，也可浏览更多细分的学科名（学科名称后显示“+”，则可继续细分），直接点击细分的学科名即可浏览该学科的文章。

4. 浏览期刊（Browse HighWire-hosted Journals）

HighWire列出了所有可供检索的期刊名称，点击“浏览”按钮，可以按刊名（alphabet）、学科（Topic）、出版商（Publisher）、其他（other lists）浏览期刊。右边标识为free SITE的期刊是完全免费的期刊，可以看到数据库任意卷期的全文；标识为free

TRIAL 的期刊是免费试用的期刊，在一段试用期内可以免费得到期刊全文；标识为 free ISSUES 的期刊是指不能看到最新出版卷期的论文，但可以回溯几个月以前或一两年以前所有的过刊文章。

7.4.2 开放使用学术期刊

开放使用(Open Access)是当前全球学术出版界出现的一种现象并正成为一种趋势，采取“发表付费、阅读免费”的出版模式，被越来越多的研究人员所推崇。目前因特网上已有较多的 Open Access 期刊，其中大部分是同行评议期刊，部分期刊还被 SCI 收录。

开放使用学术期刊（Open Access Journals）的定义是：依靠一种不向读者或其机构收取使用费的运营机制的期刊。这一定义是基于“布达佩斯开放使用倡议”(产生于 2001 年 George Soros 开放社会研究所主持的布达佩斯研讨会，在这次会议上发起成立了开放社会组织（The Open Society Institute)）的要求，包括使用者阅读、下载、复制、分发、印制、检索、链接其文章全文的权利；而且这些权利是自出版时刻起立即生效的。Earlham 学院哲学教授、领导“公共知识”计划（Public Knowledge）的 Suber 将开放使用文献定义为基本免除版权和许可限制的数字文献，因而是对任何联网用户免费的。

2002 年 BioMed Central 和法国国家研究和科学中心的科学信息和技术研究所（INIST）宣布合作建立开放使用档案（Open Access Archiving)。

“布达佩斯开放使用倡议”之后，以最清晰的词句阐述开放使用原则的是《柏林宣言》。《柏林宣言》由德国马普学会发起，德国、法国、意大利等国的科研机构于 2003 年 10 月 22 日在德国柏林联合签署。宣言全称为《关于自然科学与人文科学资源的开放使用的柏林宣言》(Open Access to Knowledge in the Sciences and Humanities)，旨在利用因特网整合全人类的科学与文化财产，为各国研究者和网络使用者提供一个免费的、更开放的科研环境。宣言呼吁各国科研机构向网络使用者免费开放更多科学资源，“以促进利用互联网进行的科学交流与出版”。宣言的主要内容是：鼓励科研人员与学者在“开放使用”的原则下公开他们的研究工作；鼓励文化机构通过在因特网上提供他们所拥有的资源来支持“开放使用”；用发展的手段和方法来评估“开放使用”对促进科研的贡献。德国马普学会、弗劳恩霍费尔协会，法国国家科研中心，欧洲科学院等科研机构和一些国家的大学、博物馆等已经签署《柏林宣言》。我国也已于 2004 年 5 月 24 日签署了《柏林宣言》，以推动全球科学家共享网络科学资源。

目前联合国和发达国家的政府也有所表示，2003 年 12 月，在日内瓦召开了联合国资助的“关于信息社会世界峰会”。在其原则宣言中声明要推动电子出版、区别对待价格和开放使用行动以使科学信息在所有国家得到公平使用。2003 年，美国众议员 Martin Sabo 向国会提交了一项议案，要求受联邦政府资助产生的研究成果向公众开放使用。2004 年，英国议会下院科学和技术委员会在其研究报告中认为当前的科学出版体制是不能满足需要的，并呼吁英国政府支持开放使用行动。2004 年，美国图书馆协会（American Library Association）等 10 个图书馆协会和公共利益促进组织的联盟宣布支持“华盛顿原则——自由使用科学”。然而，上述美国和英国的立法和行政努力都还未最后成功。

传统的出版模式主要依靠读者或其所在机构支付订阅费维持生存甚至获得赢利，开放使用出版费用目前主要有两大经费来源，其一是著者或其所在机构或其研究资助者支付发表费用，其二是基金会的资助。如伦敦生物医学中心（BioMed Central，简称 BMC）著名的独立在线开放使用出版机构，为每篇文章收取 525 美元发表费用；先后于 2003 年和 2004 年创刊的 PLoS Biology《大众科学图书馆(生物卷)》(Public Library of Science，简称 PLoS，由诺贝尔奖获得者 Harold Varmus 创建的、最具影响力之一的开放使用出版机构）和 PLoS Medicine《大众科学图书馆（医学卷)》则为每篇发表的文章收取 1500 美元，订阅这两种刊的纸本版每年要支付 160 美元。BioMed Central 还实施另一种收费方式，即和大学签订机构“成员”协议。在芬兰，和 FinELib（The National Electronic Library of Finland）之间的协议覆盖了芬兰 25000 名公共资金项目研究者的发表费用。基金会资助的最著名的案例就是 PLoS。高登和贝梯-摩尔基金会（Gordon and Betty Moore Foundation）为 PLoS 提供了一笔为期 5 年的 900 万美元启动贷款，PLoS 因此得以从《细胞》出版社挖走编辑精英。

开放使用将加速所有领域的研究，它将极大地强化每所大学的使命，即创造并传播知识。

提供开放使用学术期刊（Open Access Journals）主要的机构有以下几个。

1. 伦敦生物医学中心开放使用学术期刊（BioMed Central Open Access Journals）

著名的独立在线开放使用出版机构，提供网上实时免费查阅经过同行评议的生物医学研究数据。BMC 众多的在线刊物组成了 BMC 刊物集团，内容囊括生物学和医学，此外还有许多其他线上或线上/印刷刊物，其中包括 Journal of Biology，Genome Biology 以及 Arthritis Research。BioMed Central 刊物刊登的所有文章大多数内容均经过同行评议（peer-reviewed）以保证有效的质量控制。主题涵盖生物学和医学领域，目前提供 130 余种经过同行评议的电子期刊，其中 105 种 BMC Open Access Journals、105 种 BioMed Central Journals 生物学和医学全文期刊现刊（含过刊）数据库，可供各高等学校科研机构无限期免费使用，查阅获取全文。网址：http://www.biomedcentral.com/info/libraries/oajournals。

2. 开放使用学术期刊名录（Directory of Open Access Journals）

一个较重要的 Open Access 期刊平台，主题有农业及食品科学、生物及生命科学、化学、健康科学、语言及文学等 15 种学科主题。其目标在收录所有学科及语种之开放使用期刊。目前已收录 1300 多种期刊，而且期刊品种还在不断增加。可免费浏览、下载全文。网址：http://www.doaj.org/。

3. 大众科学图书馆（Public Library of Science）

PLoS 是最具影响力之一的开放使用出版机构，提供 PLoS Bilolgy《大众科学图书馆（生物卷)》和 PLoS Medicine《大众科学图书馆（医学卷)》两种经过同行评议期刊，可公开阅读及下载，著作权归作者所有。网址：http://www.plos.org/journals/index.html。

4. 美国国家医学图书馆（PubMed Central）

美国国家医学图书馆（PubMed Central），提供生物医学相关期刊索引，其中收录 105 种生物化学、微生物学、遗传学、免疫学、毒物学等免费全文期刊。注明 Free

及 open access 者为免费全文，部分全文需付费。网址：http://pubmedcentral.nih.gov/。

5. 其他提供开放使用学术期刊机构

Budapest Open Access Initiative 网址：http://www.soros.org/openaccess/index.shtml
Public Library of Science 网址：http://www.publiclibraryofscience.org/
SPARC 网址：http://www.arl.org/sparc/
SciELO 网址：http://www.scielo.br/
Health InterNetwork 网址：http://www.healthinternetwork.org/scipub.php
FreeMedicalJournals.com 网址：http://www.freemedicaljournals.com/

本章主要参考文献

冯白云，林佳．2003．化学及相关学科信息源[M]．北京：清华大学出版社．

肖珑. 2003. 数字信息资源的检索与利用[M]. 北京：北京大学出版社.

第 8 章　特种文献及其检索

特种文献是专利文献、会议文献、学位论文、科技报告、标准文献等非书非刊文献类型的总称。它们的发行渠道特殊，形式各异，具有其他文献所不能取代的特殊价值，能及时反映国内外科技发展的最新水平和未来发展趋势。因此，它是科技工作者常用的信息资源。

8.1　专利文献及其检索

8.1.1　专利与专利文献概述

1. 专利及其类型

专利是指建立了专利制度的国家通过其政府机构（专利局）以法律形式保护发明人在一定时期内享有的技术专有权利。凡符合专利法规定的发明创造，经审查和批准，在申请国被授予专利权，便成为一种知识产权，受法律保护。任何单位或个人未经专利权人的同意，不得实施该专利，否则被认为侵权。专利权允许转让、交换和继承。严格地讲，专利应包括三层含义：一是专利权，它是属于知识产权保护的对象，具有排他性、时间性和地域性。二是取得专利权的发明创造。三是专利说明书，记载着发明创造的详细内容和受专利法保护的技术范围。

专利有三种基本类型：① 发明专利，是指对产品、方法或者改进所提出的新的技术方案。它要求有较高的创造性水平，是三种专利中最重要的一种，我国对发明专利的保护期为 20 年。② 实用新型专利，是指对产品的形状、构造或其组合所提出的适合实用的新的技术方案。相对于发明专利，实用新型专利的技术含量要低一些，大多是一些比较简单或改造性的技术发明，所以有人称之为“小发明”或“小专利”。我国对实用新型专利的保护期为 10 年。③ 外观设计专利，是指对产品的形状、图案、色彩或其结合所作出的富有美感并适于工业上应用的新设计，它偏重于产品的装饰性与艺术性。我国对外观设计专利的保护期为 10 年。

除了上述基本类型的专利外，还有植物专利、防卫性专利等。

2. 专利文献及其类型

广义的专利文献是指一切与专利制度有关的文件，包括发明说明书、专利说明书、专利局公报、专利文摘、专利分类表、专利检索工具、申请专利时提交的各种文件（如请求书、权利要求书、专利证书等）以及与专利有关的法律文件和诉讼资料等。狭义的专利文献一般是指专利局公布出版的各种发明说明书或专利说明书及其派生出来的各种二次文献，它们是专利文献的主体。

发明说明书是申请人为获得某项发明的专利权，在申请专利时，必须向专利局呈交的一份有关该项发明详细内容的技术说明书，内含该项发明的目的、用途、特点以及所采用的原理、方法与效果，它作为专利审查的主要依据。

专利申请提出后一般要经过初步审查（形式审查）、分类归档、申请公开、实质性审查、审定公告、异议和复审等程序，最后才能确定是否授予专利权。在申请和审查的不同阶段，发明说明书可能以不同形式公布或出版，但发明内容基本相同，从而就出现了以下不同类型的专利说明书：

1）申请说明书。申请人在申请专利时向专利局提交的发明说明书。

2）公开说明书。未经实质性审查而由专利局先行公开的发明说明书，适用于实行请求审查制的国家。

3）审定说明书。经审查批准但尚来授予专利权时出版的发明说明书。

4）公告说明书。经审查批准并已授予专利权的发明说明书，又称专利说明书。

3. 专利文献的分类

为了便于专利的审查和检索，需要对专利文献进行分类。各国都有自己的专利分类法，各自采用的分类原则、分类体系和标识符号都不同。按各种不同的专利分类法检索专利文献极为不便。因此，目前大多数国家都已放弃本国的分类法，改用国际专利分类法。

国际专利分类法（International Patent Classification，简称 Int.cl 或 IPC）于 1968 年 9 月 1 日正式公布生效，每 5 年修订一次，目前使用的是第七版。它将所有专利分为八个部，部的类号用大写英文字母 A—H 表示。其八个部的类号和类名分别为：

A 部：人类生活必需品　　E 部：固定建筑

B 部：作业、运输　　F 部：机械工程、照明、热工、武器、爆破

C 部：化学、冶金　　G 部：物理

D 部：纺织、造纸　　H 部：电学

每个部又设有若干个大类，大类类号由部的类号加两位数字组成，如“A01”。小类是大类下的细分类目，小类类号由大类类号后加上大写的英文字母组成，如 A01D。每个小类下又细分为若干个主组，其类号由小类类号后加 1—3 位数字组成，如 A01D34。分组是主组下的细分类目，类号由主组类号后跟个“/”加上数字组成，如 A01D34/04。也就是说，一个完整的 IPC 号是由部、大类、小类、主组、分组等几个等级的类号组成的，如“有前置切割器的收割机”的完整分类号应为：A01D34/04。

为了方便查找 IPC 分类号，每一版的国际专利分类表都配有一本单独出版的《IPC 关键词索引》（Official Catchword Index to the International Patent Classification）；索引按关键词顺序排列，每个关键词后标有 IPC 分类号。当检索者不熟悉所查技术领域的分类情况时，可以借助《IPC 关键词索引》并结合 IPC 分类表，确定分类范围和准确的国际专利分类号。国际专利分类法的 Web 版本可以在世界知识产权组织的专利分类法网站（http://classifcations.wipo.int/eng/main.htm）上免费浏览检索。

8.1.2 中国专利信息的检索

我国专利文献的检索在经历了手工检索、联机检索和光盘数据库检索后，现已进入

了网络检索。1992 年我国出版了第一批专利文献 CD-ROM 光盘，后来中国专利局又相继开发了中国专利文献光盘数据库系列。20 世纪 90 年代后期中国知识产权部门和专利信息服务机构在网上建立了大量的专利数据库，从而使中国的专利数据库打开了网络服务之门。在以《发明专利公报》、《实用新型公报》、《外观设计公报》以及《中国专利索引》为法律依据和数据蓝本的基础上建立的官方与商用检索系统已多达上千种。下面就中国专利信息的主要数据库和检索系统作些介绍。

1. 中华人民共和国国家知识产权局专利检索系统

中华人民共和国国家知识产权局专利检索系统（http://www.sipo.gov.cn/sipo/zljs/default.htm）由中国国家知识产权局（SIPO）主办，收录了我国自 1985 年实施专利制度起到当日前一周止的发明专利、实用新型专利和外观设计专利的所有专利公报、专利申请说明书全文、权利要求书及附图等，免费提供检索服务。

该系统提供了全部专利、发明专利、实用新型专利和外观设计专利检索等 4 种检索入口，既可对全部专利进行检索，也可分别对发明专利、实用新型专利和外观设计专利进行检索。检索途径有字段检索和分类（IPC）检索两种（见图 8.1）。

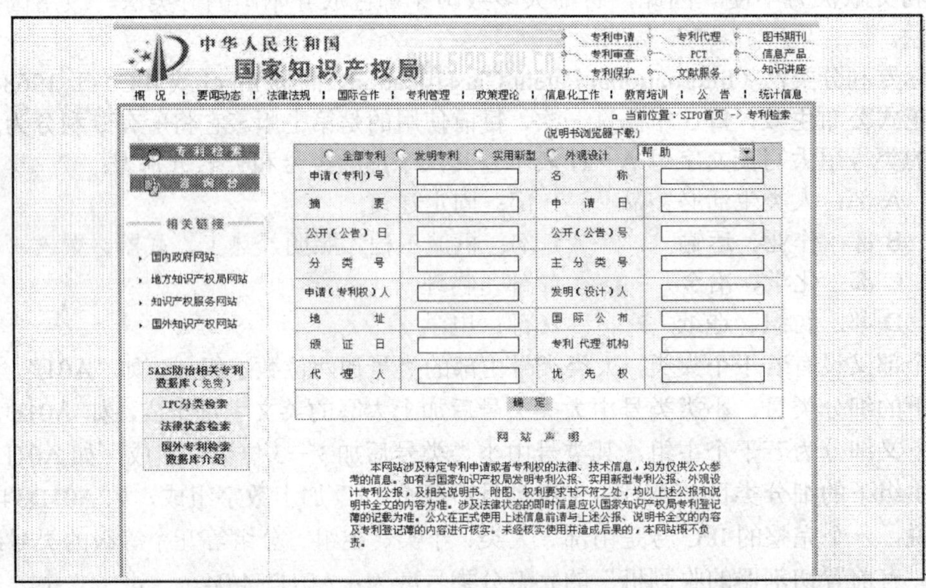

图 8.1 SIPO 专利检索主界面

1）字段检索：系统默认的界面即为字段检索界面（见图 8.1）。该系统提供了申请 / 专利号、摘要、公开 / 公告日、分类号、申请 / 专利权人、名称、申请日、公开 / 公告号、优先权等 16 个检索字段。检索者既可对单个字段输入进行检索，也可同时在多个检索字段输入检索词，各个检索字段之间自动实行逻辑与的检索。

在检索界面相应的检索字段中输入检索要求（如申请 / 专利号、分类号、专利名称、发明 / 设计人等），然后单击“确定”按钮即可实现检索。系统首先输出命中专利文献的简单信息，包括记录号、申请号和专利名称。双击专利题名，即可显示该条专利文献的文摘内容（见图 8.2）。单击左侧“说明书全文”热字，即可获得图片形式的专利说明书全文。

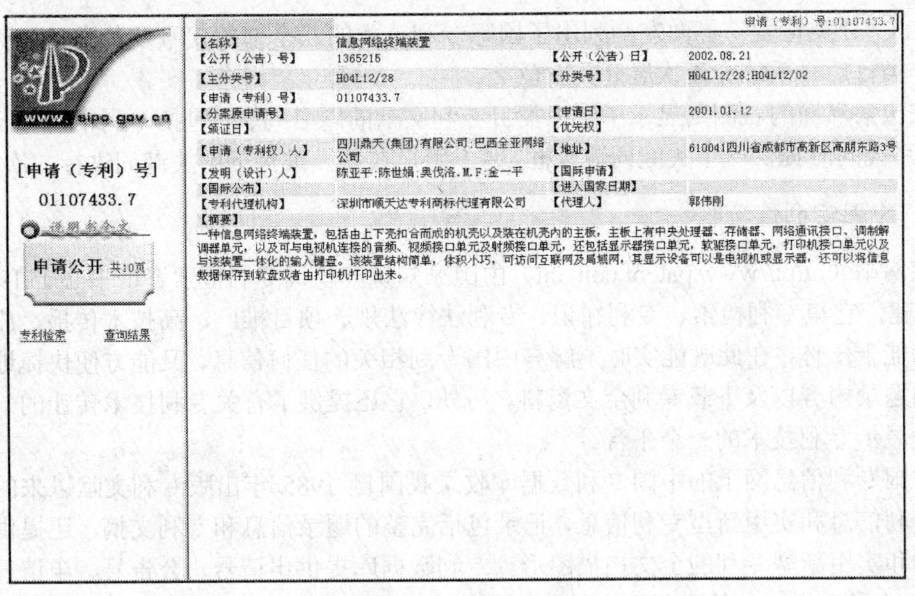

【名称】	信息网络终端装置		
【公开（公告）号】	1365215	【公开（公告）日】	2002.08.21
【主分类号】	H04L12/28	【分类号】	H04L12/28;H04L12/02
【申请（专利）号】	01107433.7		
【分案原申请号】		【申请日】	2001.01.12
【颁证日】		【优先权】	
【申请（专利权）人】	四川鼎天（集团）有限公司;巴西全亚网络公司	【地址】	610041四川省成都市高新区高朋东路3号
【发明（设计）人】	陈亚平;陈世娟;奥伐洛.M.F;金一平	【国际申请】	
【国际公布】		【进入国家日期】	
【专利代理机构】	深圳市顺天达专利商标代理有限公司	【代理人】	郭伟刚

【摘要】

一种信息网络终端装置，包括由上下壳扣合而成的机壳以及装在机壳内的主板，主板上有中央处理器、存储器、网络通讯接口、调制解调器单元，以及可与电视机连接的音频、视频接口单元及射频接口单元，还包括显示器接口单元，软驱接口单元，打印机接口单元以及与该装置一体化的输入键盘。该装置结构简单，体积小巧，可访问互联网及局域网，其显示设备可以是电视机或显示器，还可以将信息数据保存到软盘或者由打印机打印出来。

图 8.2 SIPO 的文摘内容

该系统可实行模糊检索。申请（专利）号、分类号、公开（公告）号、申请（专利权）人、发明（设计）人、地址、代理人、名称、摘要、主分类号、专利代理机构、优先权等字段可用“%”进行模糊检索，模糊字符“%”可位于检索式首位和中间。公开（公告）日、颁证日和申请日等字段的模糊部分可直接省略（不用模糊字符）。

该系统也适于前方一致检索方式，位于词尾的模糊检索符号可省略。各个检索项的特定格式可参阅检索界面上的“帮助”栏。

2）IPC 分类检索：点击检索主界面上的“IPC 分类检索”，即可进入图 8.3 所示的“IPC 分类检索界面”。

A 人类生活必需（农、轻、医）
B 作业；运输
C 化学；冶金
D 纺织；造纸
E 固定建筑物（建筑、采矿）
F 机械工程；照明；加热；武器；爆破
G 物理
H 电学

当前位置： SIPO首页 -> 专利检索

关键词： go!

发明专利(12406条)　实用新型(20095条)

[主分类号=A01%] + [关键词='']

记录号	申请号	专利名称
1	85100820	搅刀——拨轮式排肥器
2	85102442	稻麦呈直立的收获输送流程及其机器器
3	85103271	新型多用旋转耕作部件
4	85102539	用于采贝特别是采蛏的船拖采贝机
5	85101565	种子的消毒方法和装置
6	85100223	饲养赤眼蜂的人工寄主卵卡
7	85100548	冻器种与冬季造林方法
8	85103042	海产绿藻之培养方法
9	85103510	海产绿藻之培养方法
10	85104413	牧畜饲养圈舍

首页 跳转到 第1页 共(3251)页 [下一页]

图 8.3 SIPO 分类检索界面

“IPC 分类检索”界面左侧列出了国际专利分类的八个部的代号及其类目名称，双击某一类目后，系统会逐次展开其下位类。

在检索界面的右侧则显示了选中类目专利文献的题名列表，包括专利申请号及专利名称。系统同时提供一个关键词输入框，便于用户在某一类目下用关键词进行二次检索。

2. 中国专利信息网

该网站（http://www.patent.com.cn）由国家知识产权局专利检索咨询中心于 1998 年 5 月创建，它集专利检索、专利知识、专利法律法规、项目推广、高技术传播、广告服务等功能于一体，在此既能实时了解与中国专利相关的任何信息，又能方便快捷地查询专利的题录内容以及下载专利全文资料。另外，它还提供了有关专利技术转让的一切资料，是展示专利技术的一个平台。

中国专利信息网上的中国专利数据库收录我国自 1985 年出版专利文献以来的全部发明专利信息和实用新型专利信息，记录包括完整的题录信息和专利文摘，还提供了相应发明和实用新型专利的全文扫描图形。专利数据库提供申请号、公告号、申请日、文摘等 19 个检索入口，检索界面有简单检索、逻辑组配检索和菜单检索等三种检索方法，如图 8.4 所示。

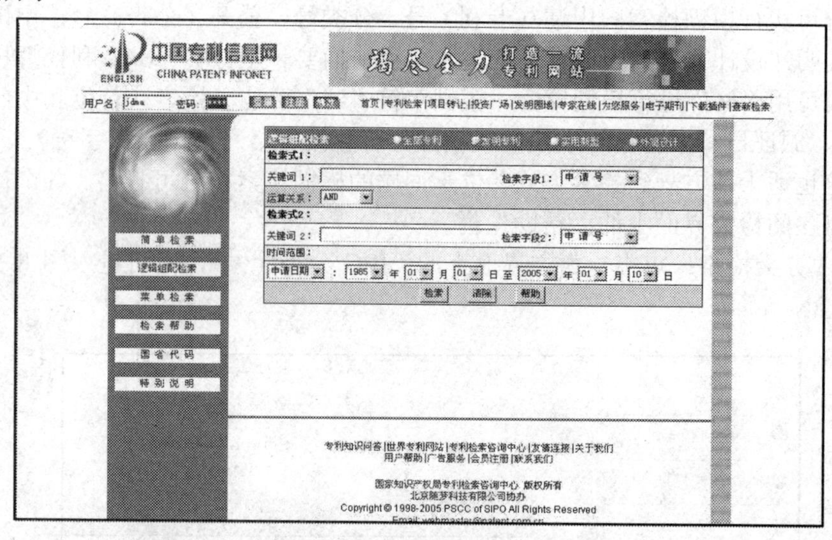

图 8.4　中国专利信息网检索界面

在有关的检索框内键入检索要求后，单击检索按钮即可启动检索系统，随后屏幕上便会显示出该关键词相关的专利。点击相关专利，会显示该专利的各项著录项目，包括申请号、公告号、申请日、公告日、授权日、发明名称、分类号、优先权项、申请人、通讯地址、发明人、代理机构代码、代理机构地址、说明书光盘卷号、法律状态、法律变更事项、PCT 内容、说明书页数、附图页数、权项数、文摘、权利要求等。

使用中国专利信息网检索专利，要注册登记。有三种注册方式：一是免费会员，可任意检索中国专利文摘数据库。二是一般会员，每年交 100 元会员费，可任意下载中国发明专利、实用新型专利全文说明书。三是高级会员，每年交 300 元会员费，可按照你的需求任意下载中国发明专利、实用新型专利全文说明书及享受其他个性化服务。

3. 中国知识产权网

该网站由中国国家知识产权局知识产权出版社主办（http://www.cnipr.com），网上有中国专利、中国商标和中国版权的详细介绍，同时可进行国内外专利信息的检索。其中的中国专利检索系统收录了 1985 年以来我国的专利文献，包括发明专利、实用新型专利、外观设计专利。该系统提供了申请 / 专利号、专利名称、申请日、公开 / 公告日、摘要、分类号等 18 个检索入口，检索方式有字段检索、二次检索、过滤检索、同义词检索、表达式检索等。

4. 万方数据资源系统的成果专利数据库

该数据库的数据由国家知识产权局出版社提供，收录从 1985 年至今授理的全部专利数据信息，包括中国发明专利、中国实用新型专利和中国外观设计专利。可从说明书全文、专利名称、申请人（发明人）、申请号、申请日期、审定公告号、审定公告日期、分类号等途径来检索，检索界面和检索方法与万方的其他数据库基本相同。

5. CNKI 知识创新网中国专利数据库

该库提供中国专利数据库检索，分为免费服务和收费服务（http://www.cnki.net/zlindex.htm）。免费服务仅提供"中国专利题录库"浏览，收费服务提供"中国专利文摘"和"中国专利说明书全文"服务。收录 1985 年以来的专利文献，专利类型为发明专利和实用新型专利，提供了 16 个检索入口，包括：发明名称、发明人、法律状态、通讯地址、申请人、申请号、公告号、审定公告号、申请日、公告日、审定公告日、授权日、授权公告号、代理人、代理机构地址、文摘等。检索界面和检索方法同 CNKI 的其他数据库。

6. 易信"中国专利文献数据库"

该数据库是在北京经济信息网的基础上升级而成的（http://www.exin.net/patent），其中国专利检索系统包含两个数据库：中国专利文摘数据库和失效专利文摘数据库。专利文摘数据库和失效专利数据库均按国际专利分类法分成八个部分，用户可选择检索整个数据库或只在某一个部分内进行检索。

1）中国专利文摘数据库包含了中国专利局自 1985 年以来公布的所有发明专利和实用新型专利的申请，内容有摘要和主权项等。每一件申请均有专利名称、摘要、申请（专利权）人、申请（专利）号、公开（公告）号、分类号、优先权等 21 个描述字段，并且提供了发明名称、摘要、申请（专利权）人、通讯地址、发明（设计）人、申请（专利）号、申请日、公开（公告）号、公开（公告）日等九个检索入口。

2）失效专利是指因各种原因放弃专利权及专利申请权的专利及专利申请。据中国专利局的统计资料，到 2002 年 3 月，中国专利申请已经达到 80 多万件，其中失效专利及失效专利申请已经超过 46 万件以上。失效专利技术已经失去了专利法的保护，成为社会公众可以无偿使用的财富。该检索系统提供"失效专利文摘数据库"，可检索到已经失效而可被公众无偿使用的中国专利。

该系统提供了分类检索和九个字段的关键词检索。用户点击检索界面左侧"国际专利分类表"中的有关部、大类的类目列表，即可进行分类检索。

8.1.3 国外专利信息的检索

世界各国检索专利文献的工具多种多样。有印刷型的公开说明书、申请审定说明书及其说明书的光盘数据库，有印刷型与光盘型的专利公报、专利索引以及光盘、网络型的专利文摘数据库；同时DIALOG、STN等著名的联机检索系统也提供专利文献服务，通过这些联机检索系统，可以快速地、全面地、并且一步到位地进行专利检索。除此之外，一些国家的专利机构、与专利有关的国际组织以及提供专利服务的机构都有自己的Web网页，通过这些网页不但可查找到专利文献，还可以了解与专利有关的基础知识、相关法规及各种动态信息。

1. 德温特创新索引数据库

德温特创新索引（Derwent Innovations Index，简称DII）数据库是英国德温特出版公司（Derwent Publication Ltd.）与美国科学情报研究所（Institute for Scientific Information，简称ISI）合作开发的专利数据库。该数据库将德温特公司的《世界专利索引》（World Patents Index，简称WPI）和《专利引文索引》（Patent Citation Index，简称PCI）的内容整合在一起，利用ISI统一检索平台，在ISI的Web of Knowledge网站上提供网络检索服务，为研究人员提供了世界范围内的综合全面的专利信息。

DII覆盖了全世界1963年以后的约1100万项基本发明和2000万项专利，每周还有来自全球40多个专利机构授权的、经过德温特专利专家深度加工的25000篇专利文献和来自六个主要专利版权组织的45000条专利引用信息。

DII数据库检索界面如图8.5所示，提供了四种检索途径：快速检索、表格检索、专家检索和引文检索。无论进入哪种检索，首先要选择数据库的学科范围和时间范围。DII将专利文献按学科分为“化学”（Chemical）、“电气与电子”（Electrical and Electronic）、“工程”（Engineering）三大类，按时间分为“最新更新数据”、“选择某一年数据”、“选择起止年代”三种范围，可根据需要进行选择。

1）快速检索（Quick Search）：DII数据库的默认界面（图8.5）即为快速检索界面，该界面提供了三个检索入口，包括Who（人物检索）、What（内容检索）、Source（来源检索）。

① Who（人物检索）：用于检索专利发明人、专利权人和专利权人代码。输入一个或用逻辑算符连接多个发明人、专利权人代码或名称，就可以检索到符合条件的专利。

② What（内容检索）：用于检索专利的标题和摘要内容，可以使用逻辑算符和截词符。DII数据库中的专利具有描述性的标题和摘要。由于原始的专利标题往往是含糊和不明确的，德温特的索引编制专家根据专利内容重新撰写了简明而精确的标题，从而揭示了发明的内容与创新性。描述性的摘要则是指德温特专家根据专利全文写出的一份250—500字左右的摘要，详细介绍了专利的声明、用途和优势。这些描述性的标题和摘要是德温特专家高附加值的劳动成果，使数据库对专利的描述更加准确、清晰。

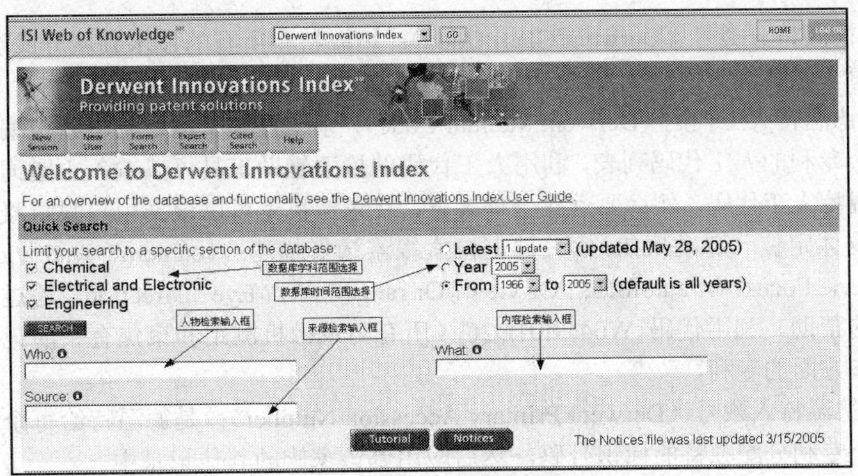

图 8.5　DII 数据库检索界面

③ Source（来源检索）：该检索入口是通过专利号来展开检索的，输入一个或用逻辑运算符连接多个专利号可检索符合条件的专利。检索过程中，可以使用完整的专利号，也可使用通配符。

2）表格检索（Form Search）：表格检索界面如图 8.6 所示，提供了按照主题、专利权人、发明人、专利号、国际专利分类号、德温特分类号、德温特人工号码和德温特专利入藏号等字段进行检索，各检索字段间默认“AND”关系。

① 主题（Topic）：输入相关的主题词，可在题目和文摘字段中检索。检索词可以是单词，也可以是短语词组，可以使用逻辑算符和截词符。

② 专利权人（Assignee）：系统提供专利权人和代码列表，可以通过输入关键词来查找专利权人的名称和代码，点击检索框右侧的“🔍”（帮助）按钮即可。

③ 发明人（Inventor）：与快速检索中的 Who（人物）检索方法类似。

④ 专利号（Patent Number）：与快速检索中的 Source（来源）检索方法类似。

⑤ 国际专利分类号（IPC）：点击检索框右侧的“🔍”（帮助）按钮，通过系统提供的 IPC 列表选择所需要的分类号。

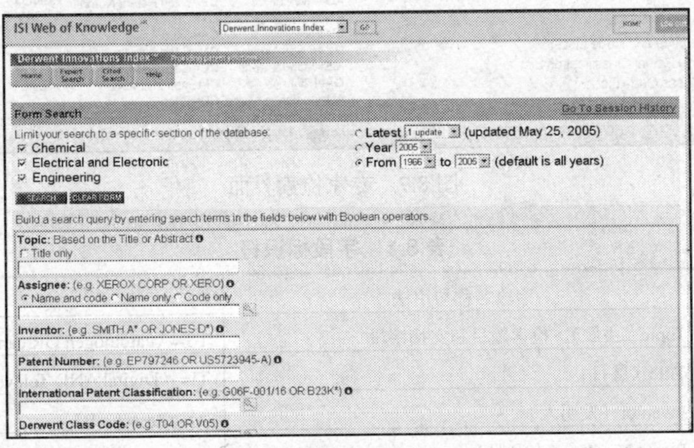

图 8.6　表格检索界面

⑥ 德温特分类号（Derwent Class Code）：德温特将所有的技术领域分成 20 个学科大类，每个学科大类再进一步细分成不同的小类。

⑦ 德温特人工代码（Derwent Manual Code）：系统提供了由德温特索引编制人员分配给每个专利的人工代码列表，利用人工代码的检索辅助工具可以输入主题词来检索相关的德温特人工代码。例：要查找一种装置，在录像机上可以根据用户眼睛凝视的方向自动对物体定位（自动聚焦）。关键词检索很难选择描述：（camera? And video?） or camcorder，Focus? Or autofocus? Or view? Or rangefinder? Eye? Direction? 通过德温特人工代码的帮助，利用代码 W04-M01D2C（所有与录像机测距和聚焦有关的记录）即可检索到该方面的专利。

⑧ 德温特入藏号（Derwent Primary Accession Number）：是德温特给每个专利家族的第一个专利分配独特的标识号码，然后应用到该家族的其他记录中。

3）专家检索（Expert Search）：专家检索如图 8.7 所示，允许用户在输入框中输入由字段标识、逻辑算符、位置算符和截词符等构建出的检索表达式进行检索。在执行了 2 次检索之后，也可以通过使用检索步骤序号和逻辑算符构造检索式来检索。检索词前必须要有字段标识符，否则系统会提示检索有误。如 PN=US2001015*，#1 AND #2。主要的字段标识符见表 8.1。

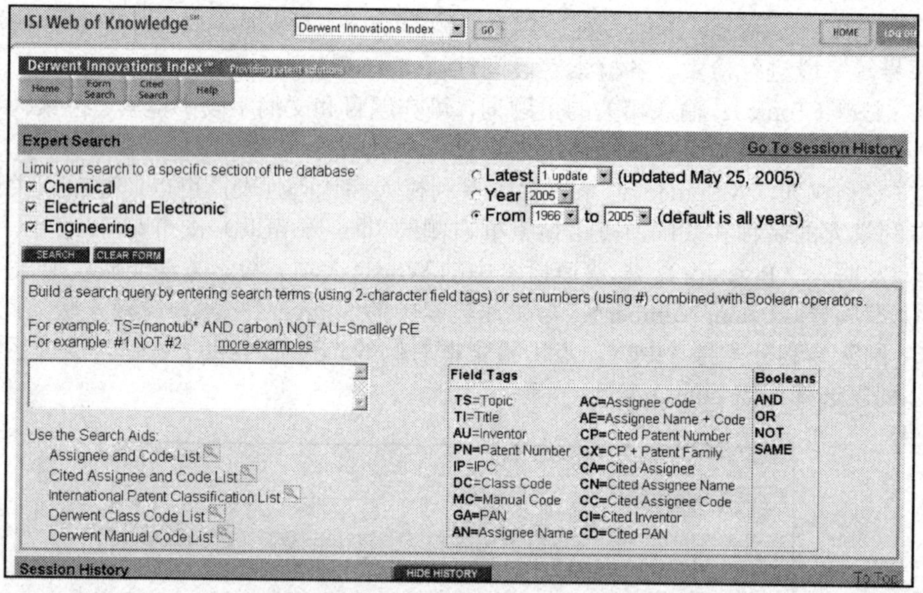

图 8.7 专家检索界面

表 8.1 字段标识符

字段代码	字段名称与用法	示例
TS	Topic（主题），检索题目和文摘字段	TS=（carcinogen OR cancer*）
TI	Title（题目）	TI=（Digital AND Television）
AU	Inventor（发明人）	AU=Bessette BJ
PN	Patent Number（专利号）	PN=US6364572-B1

续表

字段代码	字段名称与用法	示　例
IP	IPC（国际专利分类号）	IP=B23K
DC	Class Code（德温特分类代码）	DC=T04 OR V05
MC	Manual Code（德温特人工代码）	MC=S02-A03B1
GA	PAN（德温特入藏号）	GA=2002-424643
AN	Assignee Name（专利权人名称）	AN=American Technologies Inc.
AC	Assignee Code（专利权人代码）	AC=AMTE
AE	Assignee Name + Code（专利权人名称+代码）	AE=American Technologies Inc or AMTE
CP	Cited Patent Number（被引专利号）	CP= WO9623266
CX	CP + Patent Family（被引专利号+相同专利）	CX=US5723945-A
CA	Cited Assignee（被引专利权人姓名或代码）	CA= XEROX CORP OR XERO
CN	Cited Assignee Name（被引专利权人姓名）	CN=XEROX CORP
CC	Cited Assignee Code（被引专利权人代码）	CC= XERO
CI	Cited　Inventor（被引发明人）	CI=JONES D
CD	Cited PAN（被引德温特入藏号）	CD=1997-052217

4）引文专利检索（Cited Patent Search）：引文检索提供按照被引专利号（可以包括相同专利）、被引专利权人及代码、被引专利发明人、被引专利的德温特入藏号等字段检索，各字段之间是默认“AND”关系，如图 8.8 所示。通过被引专利检索，可以查询引用了该专利的专利文献。

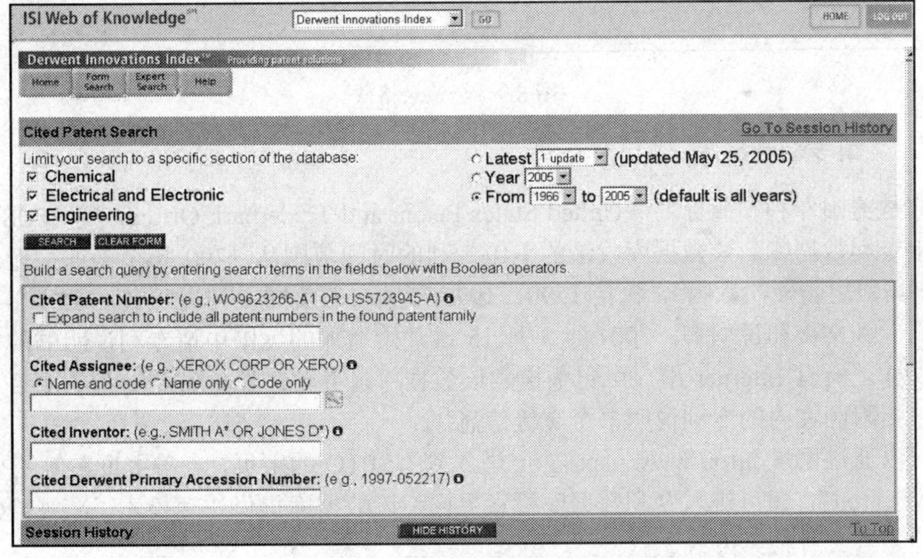

图 8.8　引文专利检索界面

5）检索结果显示：点击“Search”按钮，系统即执行检索，首先显示简单记录格式，包括专利号、题目、专利受让人和发明人等。点击题目即可显示全记录格式如图 8.9 所示，包括专利引文、专利号/专利家族、专利全文链接、专利标题（描述性题目）、发明人、专利权人、德温特入藏号、内容摘要（描述性摘要）、专利技术中最关键的图示或化学结构图、IPC号、德温特分类号、德温特人工代码、专利出版日期、页数、语言、专利申请细节和日期、专利优先权申请信息和日期等。注：专利家族项的每条纪录都描述了一个专利家族，包含了全球范围内所有同族专利的详细资料，从而揭示此项技术在全球的影响力。

DII数据库记录的标记和输出与ISI公司提供的其他数据库相同，在此不再介绍。

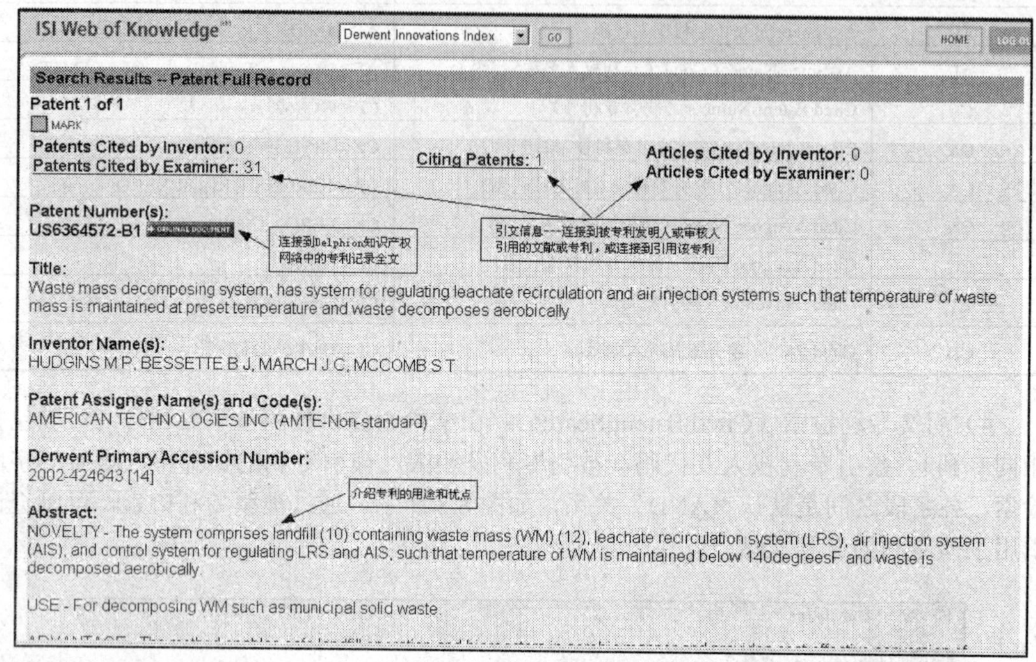

图8.9　全记录格式

2. 美国专利数据库

它是美国专利和商标局（United States Patent and Trademark Office，简称USPTO）的网上专利数据库。该数据库收录的美国专利的时间范围从1790年至当前最近一个星期（每周四更新一次数据），包括1790—1975年颁布的美国专利说明书，1976年后授权的美国专利文摘和说明书，2001年3月15日开始增加的美国申请专利说明书的文本及映像文件。所有Internet用户可免费检索该数据库，并可浏览检索到专利的题目、文摘及其包括附图在内的专利说明书全文等信息。

可以通过网址http://www.uspto.gov进入到USPTO的主页，点击主页左侧“Patents”下的“Search”，即可进入专利数据库检索界面。该数据库提供快速检索、高级检索和专利号检索等三种检索方式。

1）快速检索（Quick Search）：快速检索模式（图8.10）提供了两个检索框（Term 1、Term 2），以及两个对应的检索字段选项下拉列表框（Field 1、Field 2）。

检索时，在“Term 1”框中输入检索词，并在对应的“Field 1”下拉列表中选择所要检索的字段（可供选择的字段包括专利名称、文摘等30个），然后点击“Search”按钮即可。需要进行多词检索时，可在“Term 2”中输入第二个检索词，并在对应的“Field 2”下拉列表中选择字段，同时在布尔逻辑算符下拉列表中选择适当的运算符（有 AND、OR、ANDNOT 等三种）。输入框下方还设有检索年代范围选择（Select years）下拉列表框，以限定检索时间范围。

US PATENT & TRADEMARK OFFICE
PATENT APPLICATION FULL TEXT AND IMAGE DATABASE
Help Home Boolean Manual Number PTDLs
View Shopping Cart
Data current through March 10, 2005.
Query [Help]
Term 1: in Field 1: All Fields
AND
Term 2: in Field 2: All Fields
Select years [Help] 2001-present Search 重置

图 8.10 USPTO 快速检索界面

2）高级检索（Advanced Search）：高级检索模式如图 8.11 所示。

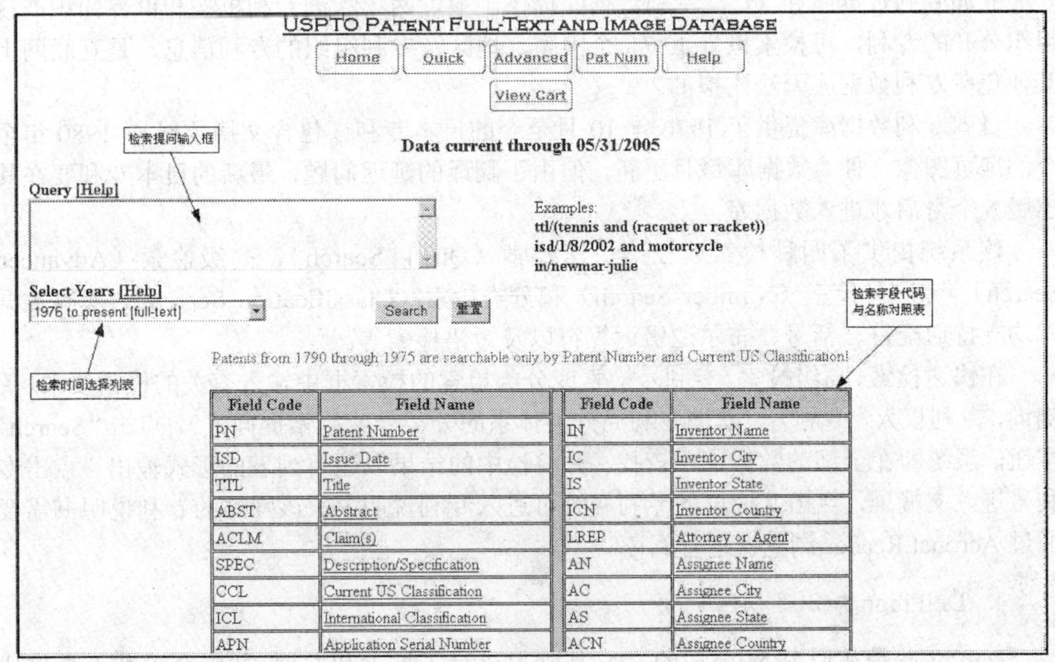

Field Code	Field Name	Field Code	Field Name
PN	Patent Number	IN	Inventor Name
ISD	Issue Date	IC	Inventor City
TTL	Title	IS	Inventor State
ABST	Abstract	ICN	Inventor Country
ACLM	Claim(s)	LREP	Attorney or Agent
SPEC	Description/Specification	AN	Assignee Name
CCL	Current US Classification	AC	Assignee City
ICL	International Classification	AS	Assignee State
APN	Application Serial Number	ACN	Assignee Country

图 8.11 USPTO 高级检索界面

检索时，首先在检索年代范围选择下拉菜单中选择检索的年代范围，然后在检索提问框中输入检索要求，点击“Search”按钮即可。检索要求可以是一个单词或词组（词组需用括号括起来），也可以是利用命令行检索语法构建的一个复杂的检索提问式。命令语法包括布尔逻辑关系式、词组检索、截词检索、字段限定检索等。字段限定检索的方法是在检索词之前加上检索字段代码和符号“/”，如“IN/Dobbs”表示检索在发明人字段中出现"Dobbs"的专利。检索字段代码可在 "检索字段代码表"中查得，该表列出了检索字段的代码和对应检索字段的名称，每个字段名称均有链接，点击它们可调出该字段的使用方法等帮助信息。

3）专利号检索（Patent Number Search）：专利号检索是通过专利号查找某（些）特定专利的最简捷的方法。检索时直接在提问框中输入一个或多个专利号（多个专利号之间要用空格隔开），然后点击"Search"按钮即可检索。

系统执行检索命令后，显示篇名列表（包括专利号和专利名称），每页显示 50 条，其顺序按专利号由大到小排列。点击专利号或专利名称，可获得检中专利的详细信息，包括专利号、专利名称、文摘、发明人、分类号、相关专利和权利要求等。点击该文本屏的 Images 按钮，即可进入专利的说明书页面。

3. 欧洲专利局检索系统

欧洲专利局的 esp@cent 专利检索系统是综合性的检索网站，也是目前经常使用的免费专利检索数据库（http://ep.espacenet.com）。该检索系统提供了包括欧洲专利局和欧洲专利组织成员国出版的欧洲专利数据库、世界知识产权组织 WIPO 出版的 PCT 专利数据库、世界专利数据库、日本专利数据库等。

欧洲专利数据库和 PCT 专利数据库提供了最近两年欧洲专利机构和世界知识产权组织公开的专利，可检索世界上 71 个国家、地区及专利组织的专利信息，是互联网上其他免费专利数据库无法比拟的。

日本专利数据库提供了 1976 年 10 月至今的日本专利（包含文摘数据）、1980 年至今的扉页图像文件。数据库每月更新，但由于翻译的延迟问题，最新的日本专利要在其出版 6 个月后才进入数据库。

该系统提供了四种检索途径：快速检索（Quick Search）、高级检索（Advanced Search）、专利号检索（Number Search）和分类检索（Classification Search）。所有数据库均支持通配符、括号、布尔逻辑运算符以及短语检索等。

在快速检索、高级检索、专利号检索或分类检索的检索框中输入有关的检索要求（关键词、专利权人、专利号、欧洲专利局分类体系的分类号或检索提问式），点击"Search"按钮，系统即在全部的数据库中查找，并将检中的结果以题目列表的形式输出。点击专利号进入文摘屏，点击文摘屏的专利号等可进入专利说明书。该网站的专利说明书需要通过 Acrobat Reader 浏览器进行阅读。

4. DelPhion 知识产权网

DelPhion 是在原 IBM 公司的 IPN 基础上进行了扩大和发展，并联合了若干合作伙伴如 Derwent、ISI、IP 等公司共同形成的（http://www.delphion.com/simple）。该网站收集的专利信息包括：美国申请专利（2001 年 3 月至今），美国授权专利（1971 年至今的专利文摘和全文），欧洲授权专利和申请专利（由欧洲专利局提供 1979 年至今的欧洲申请专利和 1980 年至今的欧洲授权专利的原文题录、全文图像），日本专利文摘（由日本专利信息组织提供 1976 年至今的日本专利原文题录和典型图像），WIPO PCT 出版物（由世界知识产权组织提供 1990 年至今的 100 多个成员国的专利文摘和全文图像），德温特世界专利索引（由德温特公司提供的1000万条发明专利和2000万条基本专利与相同专利）。

通过该网站提供的快速检索（Quick Text Search）和专利号检索（Patent Number）界面可免费检索上述的专利信息，但仅能获得专利文摘。

快速检索是一种快速文本检索，可通过关键词、词组以及由逻辑运算符组成的检索式检索。在词尾有多种变化的情况下，可使用截词符。当检索要求为词组时，则直接输入词组。当检索要求为检索式时，则用逻辑运算符。

专利号检索是通过专利号来检索美国专利、欧洲专利、日本专利和世界知识产权组织的世界专利等的题录数据。

如果是缴费的注册用户，系统可提供布尔检索逻辑（Boolean Search）和高级检索（Advanced Search）界面以及专利全文的查看和下载。

5. 世界知识产权组织 WIPO

世界知识产权组织 WIPO（http://www.wipo.int/）。网上专利数据库收录了1997年以来的PCT国际专利，包括专利说明书扉页的所有内容。1997年1月之前的说明书只能进入欧洲专利局网上专利检索系统的 worldwide 进行检索。

用户在使用前，要先注册，然后才能进行专利检索。数据库每周公开日（周四）及时更新著录项、摘要等内容，扫描图形在公开 14 天后放入数据库。该数据库检索功能较强，支持布尔逻辑组配及短语，在 Structured Search 页面中，提供 AND、OR、ANDNOT 逻辑关系；检索字段下拉式菜单提供 26 种检索字段供用户选择。一次检索结果可选择显示 10 条、25 条或 50 条记录，点击所选记录可显示该专利扉页中的所有内容，包括文摘及附图。

6. 全球专利检索服务系统

这是由 Gregory Aharonian 设在北卡罗莱纳州立大学主机上的全球专利检索服务系统（http://sunsite.unc.edu/patents/intropat.html）。其上的主要资源有如下几个方面：① 美、英、法等国的专利法规；② Internet 上的专利新闻；③ 美国专利分类目录，包括美国专利目录中的近 500 多个大类（一级分类代码），数千个子类（二级、三级分类代码）专利的分类目录，用户可以从机械、电子、化工及工程四大方面逐级查找感兴趣的检索范围及其分类代码；④ 专利分类检索，根据用户提供的分类代码，检索所有此类专利的题目、专利号、授权时间等信息；⑤ 专利摘要提取，根据用户提供的专利号，提取专利摘要；⑥ 专利全文提取，这是一项收费的服务，用户注册后可以获得专利全文检索服务。

7. Dialog 国际联机检索系统

美国 DIALOG 系统是世界上最大的国际联机检索系统（http://www.dialog.com）有600多个数据库，其中有超过15个是专利数据库，如：美国专利文摘周报（File125），美国专利文摘（File340），中国专利文献（英文版、File344），INPADOC 同族专利及法律状态（File345），日本专利索引（File347），欧洲专利全文库（File348），德温特世界专利索引（File350、351），亚太专利库（File353），IMS 世界专利 International（File447），美国专利全文库（File652、File653、File654）以及专利引文数据库（File220、File221、File222），德温特专利引文索引（File342）等。这些数据库有的是索引库，有的是文摘库，有的是专利全文库。数据更新及时，可及时了解世界范围内的专利情况。

8. STN 联机检索系统

STN 系统创建于 1983 年，是由美国化学文摘社、德国卡尔斯鲁厄专业信息中心和日本科技情报中心共同合作经营的跨国网络数据库公司，同时这三家机构也是检索系统的服务机构，用户可以通过这三家机构的站点（美国化学文摘社网站 http://www.cas.org、美国化学文摘社 STN Web 检索界面 http://stnweb.cas.org/; 德国卡尔斯鲁厄专业信息中心网站 http://www.fis-karlsruhe.de、德国卡尔斯鲁厄专业信息中心 STN Web 检索界面 http://stnweb.fis-karlsruhe.de；日本科技情报中心 http://www.jst.go.jp）进入 STN 检索系统，使用其基于 Web 的检索界面。

在 STN 检索系统中有 200 多个数据库，它们提供的多为科技方面的信息。其中专利数据库是系统资源的重要组成部分，有德温特世界专利索引、欧洲防卫性专利全文库、日本专利、世界专利组织的专利全文库、美国专利全文库、荷兰专利全文库、德国专利全文库等。

另外还可通过加拿大的 http://patentsl.ic.gc.ca/intro-e.html、日本专利局（JPO）的 http://www.jpo.go.jp、德国的 http://www.dpma.de/suche/suche.html、俄罗斯的 http://www.fips.ru/ensite/ 和英国专利局的 http://www.patent.gov.uk 等网站来查找自己所需的专利信息。

8.2 会议文献及其检索

8.2.1 会议文献概述

1. 会议与会议文献

自有学术团体以来，会议就是人们交流知识信息的重要场所之一。据《科技会议录索引》报道，全世界每年约召开上万个科技会议，1991 年该索引收录会议录 4138 种，包括会议论文 16 万篇；据《中国学术会议通报》报道，我国每年约召开 300 个科技会议，发表论文 1.4 万篇左右。

会议文献是指通过召开学术会议而产生的文献，包括会前文献、会中文献和会后文献等三种。会前文献一般是指在会议进行之前预先印发给与会者的论文预印本，论文摘要等。会中文献指会议期间发给与会者的文献，包括开幕词、演讲词、讨论记录、大会提案等。会后文献主要是指会议结束后正式出版的会议论文集，它是会议文献的主要部分。

科学技术上的新发现、新成果和新见解，很多都是在学术会议上首次公布的。会议文献往往代表某一领域最新的研究成果，学术性较强，能反映世界科技发展水平和趋势，因而一直受到科技人员和科技信息界的高度重视，成为获取科技信息的一个重要来源。

2. 会议文献的出版形式

会议文献的出版形式有很多，通常有以下几种：

1）图书。以图书形式出版的会议文献，一般称为会议录（Proceeding），多数以其会议名称作为书名，也有另加书名，将会议名称作为副书名。

2）期刊。除以图书形式出版的会议录以外，相当部分的会后文献在有关学术期刊上发表，主要是有关学会、协会主办的学术刊物，如美国电气与电子工程师学会、美国机械工程师协会等均出版固定的期刊，专门刊登单篇的科技会议论文。这些期刊，往往以"汇刊（Transactions）"的形式命名。

3）科技报告。部分会后文献被编入科技报告。

4）在线会议。当前，许多学术会议都在因特网上开设了自己的网站，或者是在会议主办者的网站上增设会议专页，甚至有的学术会议本身就是通过因特网召开的。

会议文献的印刷型检索工具有很多，如利用《世界会议》（World Meeting）可了解两年中各国将要召开的学术会议情况；利用《会议论文索引》（Conference Papers Index，简称 CPI）可以获得最新会议论文；利用《中国学术会议文献通报》可了解我国在国内召开的全国性、国际性学术会议以及我国派员参加在境外召开的一些国际会议文献资料。检索会议文献的数据库与网站也很多，如 ISTP 数据库、OCLC Proceedings、"中国会议网"等。

8.2.2 国内会议文献的检索

1. 万方数据资源系统——会议论文类数据库

万方数据资源系统——会议论文类数据库包括"中国学术会议论文文摘数据库"和"中国学术会议论文全文数据库"两个数据库（http://www. wanfangdata. com. cn）。

1）中国学术会议论文文摘数据库（CACP）：该数据库收录了自然科学和社会科学各领域国际及国家级学会、协会、研究会组织召开的各种学术会议论文，每年涉及上千个重要的学术会议。

2）中国学术会议论文全文数据库：该库是国内唯一的学术会议文献全文数据库，主要收录 1998 年以来国家级学会、协会、研究会组织召开的全国性学术会议论文，数据范围覆盖自然科学、工程技术、农林、医学等领域，是了解国内学术动态必不可少的帮手。它分为中文版、英文版两个版本："中文版"所收会议论文内容是中文；"英文版"主要收录在中国召开的国际会议的论文，论文内容大多为西文。

2. 国家科技图书文献中心中外文会议论文数据库

它是国家科技图书文献中心提供的"文献检索与原文提供"服务项目之一，其中的"中文会议论文"数据库收录了中文科技会议论文 43 万多条，"外文会议论文"数据库收录了外文会议论文 180 多万条。中、外文会议论文数据库的检索途径有普通检索、分类导航检索、期刊检索、馆藏单位检索、文献类型检索和高级检索等，可从分类、刊名、ISSN（国际标准刊号）、馆藏单位、文献类型等途径进行会议文献的检索（http://www.nstl.gov.cn/nstl/ user/ywjsdg.jsp）。

3. 上海数字图书馆科技会议录

它是上海数字图书馆属下的科技会议录的网页，1995年与上海图书馆合并的上海科技情报所自1958年起征集入藏各种科技会议文献，形成专业收藏。现提供1986年至今约40余万件资料网上篇名检索服务，以后每年新增数据4万条。读者可按照题名、作者、会议名、关键词、分类号等进行检索，并且提供全文复印服务（http://www.digilib.sh.cn/dl/kjhy/ kjhywb.htm）。

8.2.3 国外会议文献的检索

1. ISI Proceedings

ISI Proceedings是美国科技情报研究所（ISI）著名的“科学技术会议录索引”（Index to Scientific & Technical Proceedings，简称ISTP）和“社会与人文科学会议录索引”（Index to Social Science & Humanities Proceedings，简称ISSHP）的网络版。该系统汇集了世界上最新出版的会议录资料，包括专著、从书、预印本以及来源于期刊的会议论文，共收录了1990年以来约250个学科的250万篇会议论文，并在会议论文与Web of Science之间建立了双向链接，使用户能快捷地获取会议论文的引文与相关文献信息详细情况，见3.3节。

2. OCLC PapersFirst和OCLC Proceedings

国际学术会议论文索引数据库和国际学术会议录索引数据库详见4.4节。

3. IEEE Conference Search

这是美国电气和电子工程师协会（IEEE）会议信息网页，提供了由IEEE主持的有关学科领域里前后三四年内已经召开或即将召开的会议时间、地点、内容。可从会议的关键词、会议召开的城市、国家、主办单位等入口进行检索，输入有关的检索词后，点击“Submit”（提交）按钮即可（http://www.ieee.org/conferencesearch/）。

4. SPIE Digital Library

收录了国际光学工程学会（International Society for Optical Engineering，简称SPIE）的所有的会议录全文，SPIE成立于1955年，是致力于光学、光子学和电子学领域的研究、工程和应用的著名专业协会。它是一个非营利性组织，在全球大约有15000名会员。学会每年举办超过350次的国际性技术研讨会以及各种短期课程和教学活动，所形成的会议文献反映了相应专业领域的最新进展和动态，具有极高的学术价值。SPIE 会议录收录了自从1963年以来由SPIE主办的或参与主办的、超过5000卷的会议论文，汇集了光学工程、光学物理、光学测试仪器、遥感、激光器、机器人及其工业应用、光电子学、图像处理和计算机应用等领域的最新研究成果以及大量原始的、新颖的、先进的研究记录，被世界上无数的大学、政府和企业图书馆收藏。它具有信息量大、报道速度快、涉及交叉学科领域广泛等特点，已成为光学及其应用领域科技人员极为重视和欢迎的情报源，是国际著名的会议文献出版物。

5. Euresco Conferences

这是由欧洲科学基金会维护的“欧洲研究会议”网站，主要提供欧洲各国、各组织、各学科已经召开或即将召开的会议的信息及内容（http://www.esf.org/euresco/）。

6. ISO 的标准化会议预告

该网页提供了 ISO（国际标准化组织）属下的各级组织即将召开的国际标准化会议的具体时间、地点、内容等信息（http://www.iso.ch/cale/calendar.html）。

7. Technical Conference Information Center 国际会议预报

根据会议名称、内容、组织单位、国家、城市及州来查找即将召开的有关科技会议的信息（http://www.techexpo.com/events/evnts-p1.html）。

除了以上的数据库和网站外，还可以从收录有会议文献的其他文献类型数据库中查找，如 SCI、CA、BIOSIS、INSPACE 等文摘数据库中均收录有会议文献信息；AIP Conference Proceedings、ACM、ASCE、Springer 数据库中的 Lecture Notes in Computer Science 即《计算机科学讲义》、Elsevier 数据库中的 International Congress Series 即《国际会议文献》等获得会议全文。另外，通过一些专业搜索引擎（如教育世界搜索引擎、学术信息搜索引擎等）也可获得一些会议信息，在这些专业搜索引擎的检索框中输入关键词“meeting”等就可得到某一专业学科会议信息的链接。

8.3 学位论文及其检索

8.3.1 学位论文概述

学位论文是高等院校或研究机构的学生为获得学位资格而提交并通过答辩委员会认可的学术性研究论文，它是随着学位制度的实施而产生的。英国习惯称之为 Thesis，美国则称之为 Dissertation。按照多数国家的学位制度，学位论文包括学士学位论文、硕士学位论文和博士学位论文三种类型，其中学士学位论文仅是某专业某一专题的一般性讨论，其论文数量最多；硕士、博士学位论文因其新颖、独创、系统、专一等特性越来越受到教学、研究和图书情报等众多领域研究人员的极大关注。因此，通常情况下所谓的学位论文仅仅限于硕士、博士学位论文。

学位论文是经过专业导师指导，由有一定权威的同行专家、学者审查的原始研究成果，是具有一定独创性的一次文献。它所探讨的问题比较专一，一般都是前沿学科的研究，对问题的阐述比较详细和系统，其实验方法严密、设备先进、数据可靠，在学术上有一定的独创见解。而且学位论文对其所进行研究的学科专业的背景有所回顾，在参考文献方面搜集得比较齐全。因此，学位论文近几年来已逐渐成为与期刊论文、会议论文、技术报告、专利说明书等同样重要的查询热点。

学位论文不公开出版，一般以打印本的形式存储在规定的收藏地点，且每篇论文打印的数量也有限，因此收藏、查阅学位论文原文比较困难。美国对学位论文比较重视，20 世纪 30 年代后期建立了美国大学缩微公司（University Microfilms Inc，简称 UMI；

现更名为 ProQuest Information and Learning），专门收藏、报道重点大学博士和硕士论文的题目与文摘，并提供复制服务。英国的学位论文统一收藏在英国图书馆的国家外借图书馆内，提供复制服务。日本国立大学的学位论文收藏在国家图书馆，私立大学的学位论文收藏在颁发学位的学校图书馆中。中国科学技术情报所收藏《国际学位论文文摘》（Dissertation Abstracts International，DAI），该文摘报道了部分国外的学位论文。国内硕士以上学位论文可在国家图书馆查找原文，也可以向颁发学位的学校研究生处或图书馆、档案馆索取。

随着高密度存储技术与网络技术的发展与应用，各种光盘版和网络版的学位论文及其检索工具相继出现，这极大地扩大了学位论文的使用范围,为用户提供了即时、共享的学位论文信息资源。

8.3.2 美国博硕士学位论文数据库（PQDD）

PQDD（ProQuest Digital Dissertations）是美国 ProQuest Information and Learning 公司（原为 UMI 公司）开发研制的博士、硕士学位论文数据库，收录了美国、加拿大和欧洲等国 1000 余所大学的学位论文，所收录的学位论文覆盖面很广，涵盖了所有的自然科学和社会科学领域，是目前世界上独一无二的最具权威性且使用最广泛的学位论文数据库。

1. 美国博硕士学位论文文摘数据库

该库是 DAO（Dissertation Abstracts Ondisc）光盘数据库的网络版，收录了 170 多万篇学位论文，时间跨度为 1861 年至今，其中 100 多万篇有印刷型或缩微型原文收藏。每周更新一次数据，每年大约新增 4.7 万篇博士学位论文和 1.2 万篇硕士论文。我国几十所高校购买了 PQDD 数据库的使用权，从这些高校图书馆的网站可以进入 PQDD 数据库（http://wwwlib. umi. com/ dissertations/gateway）。其检索途径有以下几种：

1）基本检索（Search-basic）：基本检索界面（图 8.12）提供了三个检索词输入框，

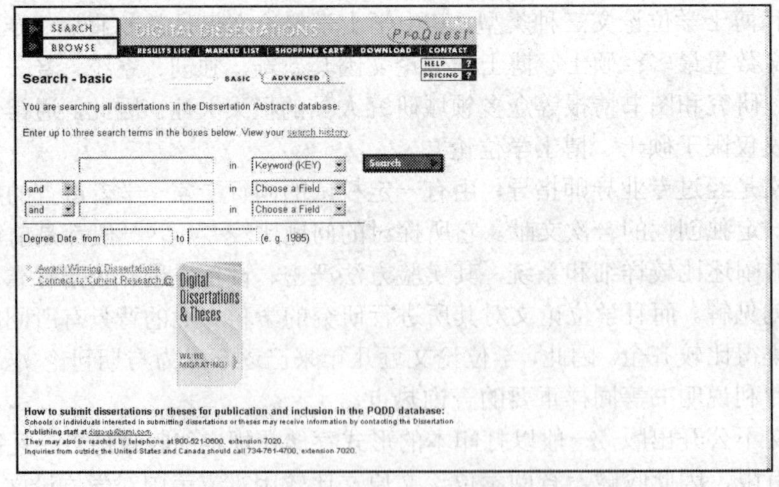

图 8.12 基本检索界面

每个输入框右面均有一个包含 12 个字段（关键词、摘要、作者、论文名称、学校、学科、导师、学位、论文卷期号、语种、ISBN 号、论文号）的下拉菜单供选择，各输入框之间的关系可通过选择左面的布尔逻辑算符连接，以实现多字段组配检索。例：ti（computer aided design） or ti（cad） and dg（PhD）。数据库卷标检索：指在检索框中输入 dai-a，则选择人文社会科学；输入 dai-b，则选择理工类。PQDD 字段用法说明见表 8.2。

表 8.2　PQDD 字段标识符

字段名全称	字段名缩写	举　例
Abstract	ab, abs, abstract	ab（Iowa and caucus?）, ab（ozone）
Adviser	ad, adviser, advisor	ad（Kani）, adviser（Smith, Ann?）
Author	au, at, author	au（Hart, William）
Degree Date	ddt, da, date, yr, year	DDT（1996）,da（<1990）,yr（1980:1990）
Degree Awarded	dg, ddn,degree	DG（PHD）,degree（MILS）
Dissertation Database ID	disdb	Disdb（DAI）, DISDB（MAI）
Dissertation Volume/Issue	disvol	Disvol（DAI-B 56-02）, disvol（B）
ISBN	isbn	ISBN（91-554-3527-0）
Keyword （Basic Index）	bi,keyword	Bi（mooring?）,keyword（Cuba or Haiti）
Language of Dissertation	la, language	La（French）
Publication/Order Number	pn, no, publication	Pn（AAT9634098）
School Name/Code	sc, sch, school	Sc（Wayne State）, SC（0254）
Subject	Name/Codesu, sub, subject	Su（Cinema）, su（0900）
Title	ti, title	TI（Fuzzy logic）, ti（NASA Astrophys?）

2）高级检索（Search-advanced）：如果需要进行更为复杂的检索时，可以点击“Advanced”按钮进入高级检索界面。高级检索界面（图 8.13）中有一个检索式输入框，可在该框中输入检索词并使用系统提供的布尔逻辑算符、截词符、位置算符和字段限定检索等技术构建一个完整的检索表达式，点击“Search”按钮进行检索。如：(TI（cad） or TI（computer aided design）) and DG（phd）。

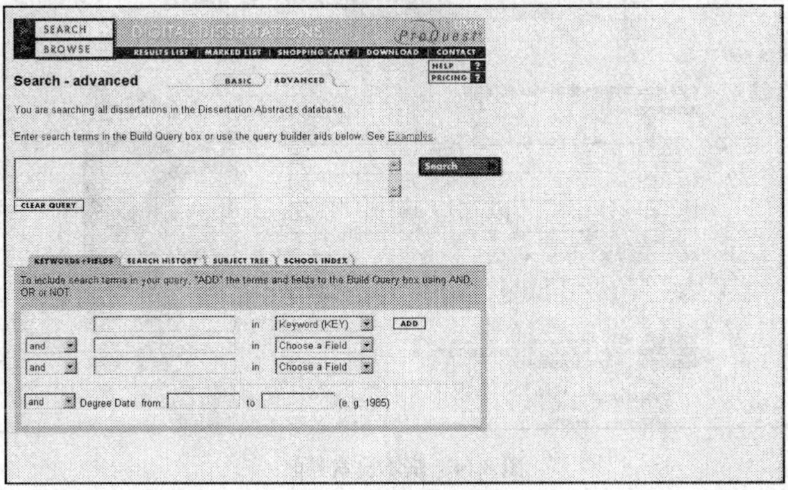

图 8.13　高级检索界面

PQDD 还提供了二次检索功能，可通过检索结果显示界面下方设有的“Refine Your Search”栏，对上一次的检索结果进行缩小范围检索。

3）检索结果的输出：执行检索后，系统首先显示检索结果列表（题录内容），包括论文题目、著者、学位、学校、年份、前 24 页链接和文摘链接等。点击每条记录下方的“文摘链接”（Citation + Abstract），便可看到该记录的文摘内容。文摘信息除上述的题录内容外，还有导师、主题学科、摘要等信息。

对订购用户还可看到 1997 年以来出版的论文全文的前 24 页，凡能够获得前 24 页原文的论文，在其题录和文摘显示界面上有“24 Page Preview”字样，点击后可以看到 PQDD 免费提供的学位论文前 24 页的缩小扫描图像。这 24 页原文内容的每一页都可以点击放大显示，并允许打印（Print All Preview Pages）。

2. ProQuest 学位论文全文数据库

2002 年开始，为满足国内高校对学位论文全文的广泛需求，教育部中国高等教育文献保障系统（China Academic Library & Information System，简称 CALIS）组织了中国内地地区联合引进 ProQuest 博士论文全文中国集团联盟项目，该项目组织国内 70 多所高校、学术研究单位以及公共图书馆联合引进了 ProQuest 公司的学位论文全文，并在网上建立 ProQuest 博士论文全文数据库，为加入联盟的各成员馆提供 ProQuest 博士论文 PDF 全文网络共享服务。凡购买了该数据库的高校用户，可通过 CALIS 镜像站网址 http://proquest.calis.edu.cn/umi/index.jsp、上海交通大学镜像站网址 http://202.120.13.45/umi/ 或中国科技信息所镜像站网址 http://168.160.16.198/umi/检索该库的学位论文。

该数据库主要收录 1998 年以来授予学位的论文，目前数据库已有八万余篇论文，每年还以一万多篇的速度增加。该库提供基本检索、高级检索与分类浏览检索等途径，检索主界面如图 8.14 所示。

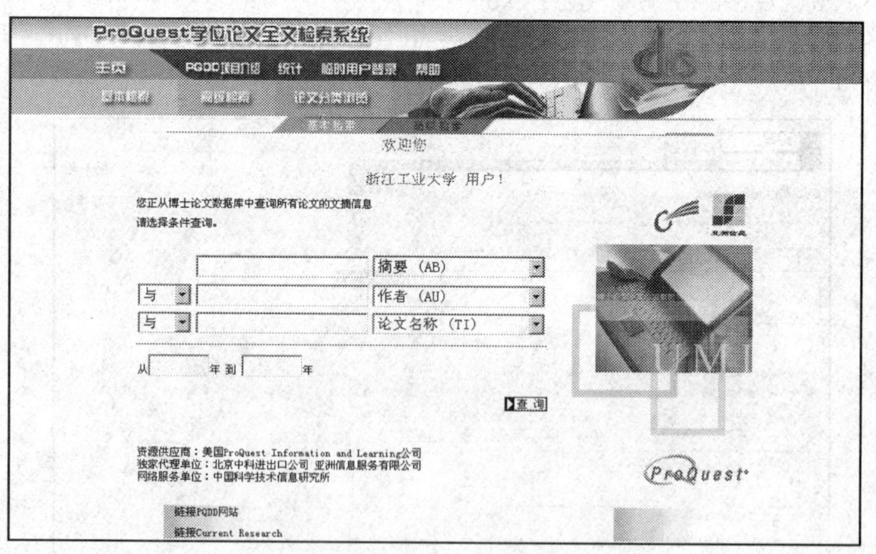

图 8.14 基本检索界面

1）基本检索：系统的默认界面（图 8.14）即为基本检索界面，该界面提供了三个检索词输入框、三个字段选择列表框和两个逻辑算符选择列表框。检索时，首先在检索词输入框中输入检索词，然后在字段选择列表中（有摘要、作者、论文名称、学校、学科、导师、学位、论文卷期号、语种、ISBN 号、论文号等 11 个字段）选择所需字段，在逻辑算符选择列表中（有“与”、“或”、“且非”三种）选择检索词间的逻辑运算关系（有两个以上检索词时才需逻辑算符），确定检索时间范围，最后点击“查询”按钮即可。

2）高级检索：高级检索界面（图 8.15）提供了检索表达式输入框，对于掌握检索表达式构建方法的用户，可在此直接输入由检索词和逻辑算符、字段限定符组成的检索表达式，确定检索时间范围，然后点击“查询”按钮即可进行检索。

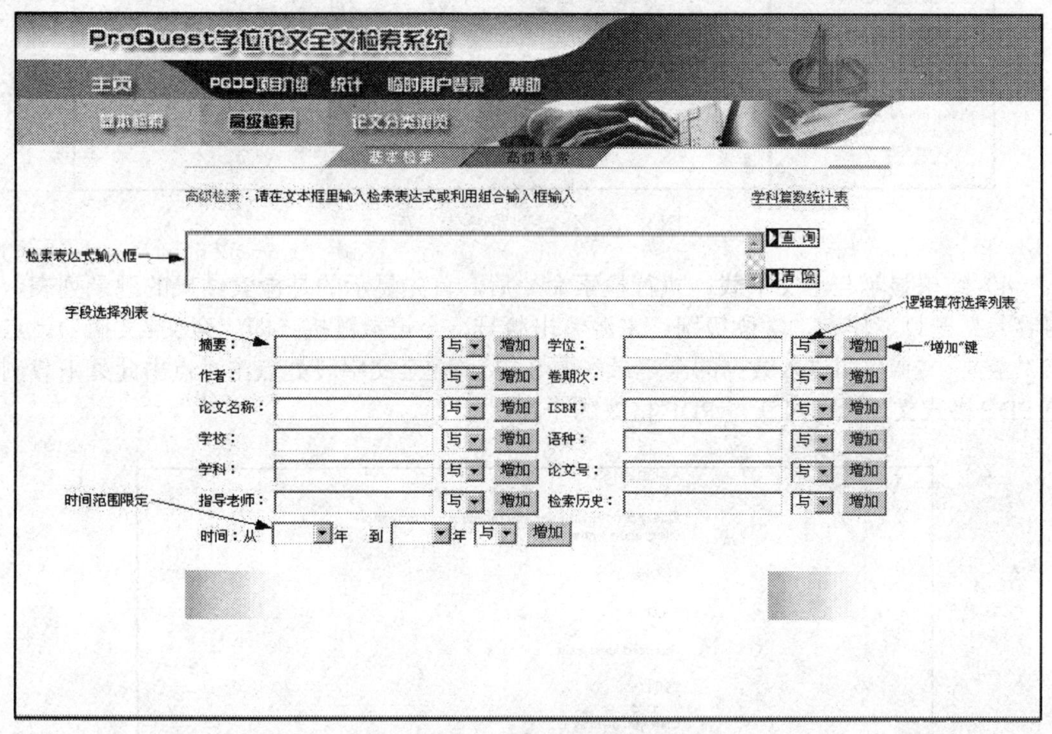

图 8.15　高级检索界面

对于不太熟悉检索表达式构建方法的用户，可通过字段选择列表和逻辑算符选择列表的帮助来完成检索表达式的构建。其方法为：在字段选择列表中选择需要检索的字段并输入检索词，在逻辑算符选择列表中选择逻辑算符，点击旁边的“增加”键，一条检索表达式就增加进检索表达式输入框中。

3）分类浏览检索：点击检索主界面（图 8.14）上方的“论文分类浏览”，即进入学科分类导航树（图 8.16）。

ProQuest 学位论文全文数据库将所有的学位论文按学科分为生物科学、地球与环境科学、健康科学、自然科学、应用科学、心理学、传媒和艺术、教育、语言/文学和语言学、哲学/宗教和神学、社会科学等 11 个大类，每个大类下又划分为若干二级和三级类。点击第三级类目后的类目名称，即可看到该类下的所有论文。

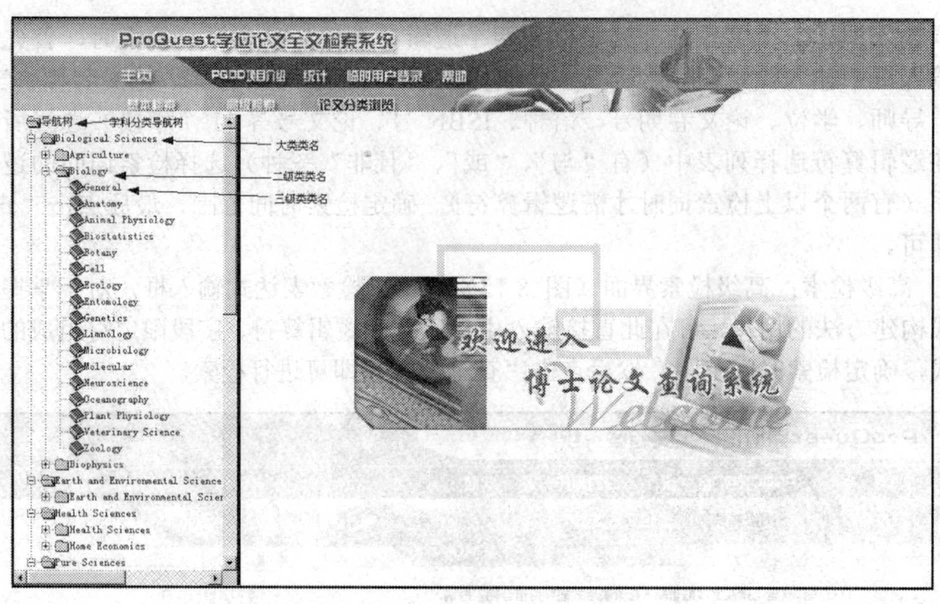

图 8.16　分类浏览检索界面

4）结果显示与全文下载：执行检索命令后，首先显示的是检索结果的题录列表，内容包括题目、作者、学位级别、来源、出版号、全记录链接（即“全文+文摘”）。点击“全文+文摘”即进入数据的全记录（图 8.17），在全文字段处点击“点击此处下载浏览 PDF 格式文件”即可获得 PDF 格式的全文。

出版号	AAI3028133
论文名称	Query processing and optimization in information-integration systems.
作者	Li, Chen.;
学位	Ph.D.
学校	Stanford University.
日期	2001
指导老师	Ullmann, Jeffrey D.
ISBN	0493404201
来源	Source: Dissertation Abstracts International, Volume: 62-10, Section: B, page: 4630.;Adviser: Jeffrey D. Ullmann.
学科	Computer Science. 0984
全文	13627KB image-only PDF 点击此处下载PDF文件
摘要	The advent of the Internet provides us the access to many

图 8.17　检索结果的全记录

8. 3. 3　中国学位论文数据库

中国学位论文数据库是万方数据资源的一部分，包括“中国学位论文文摘数据库”和“中国学位论文全文数据库”两部分。该库由国家法定学位论文收藏机构——中国科技信息研究所提供数据,万方数据公司加工建库,是目前获取我国学位论文资源的主要渠道。中国学位论文文摘数据库收录了 1977 年以来我国各学科领域的博士、博士后及硕士研究生论文 56 万篇,中国学位论文全文数据库收录了 2000 年以来的学位论文全文 30 余万篇,年增 10 万篇。中国学位论文数据库的学科范围为自然科学、工程技术、社会科学、人文地理等领域。其中,物理学占 22%,工业技术占 30%,农业科学与医药占 21%,社会科学占 27%,服务方式为镜像站点。

中国学位论文文摘数据库的检索方法与第 2 章介绍的万方数据资源系统的“数字化期刊子系统”基本相同,不再赘述。下面就中国学位论文全文数据库的检索方法作些介绍。

1. 个性化检索

数据库的默认界面是其相应的个性化检索(也称简单检索或基本检索)页面,见图 8.18。

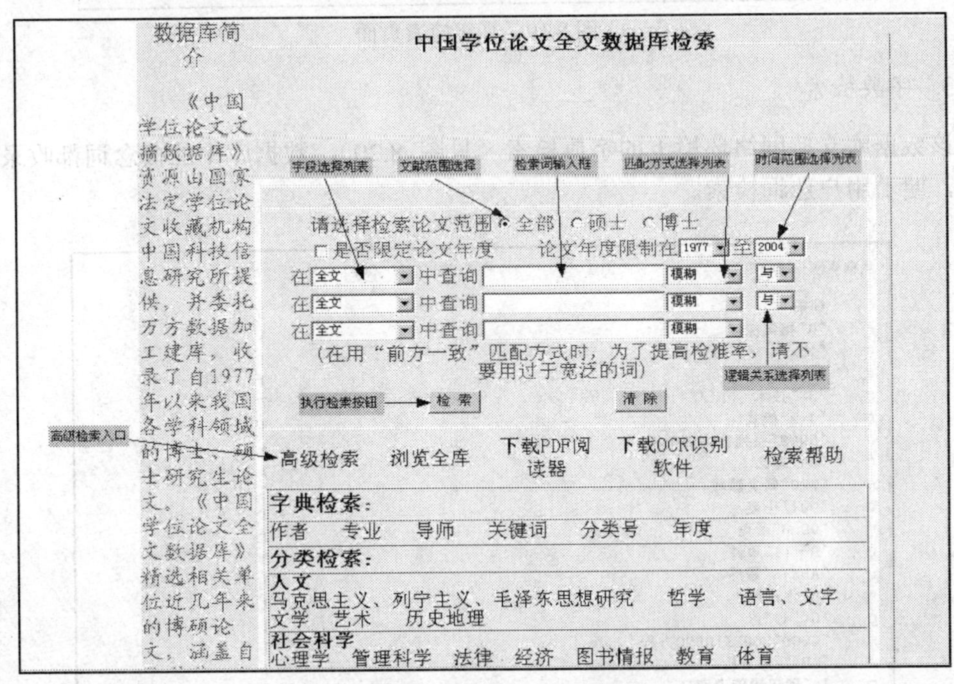

图 8.18 个性化检索界面

检索时在检索词输入框中输入相关的检索词,并选择相应的逻辑运算符来组配;然后点击“检索”按钮,系统即按用户的检索要求进行检索。为提高查准、查全率,可对文献范围(有“全部”、“硕士论文”、“博士论文”三个选择项),年代范围,检索字段(有题名、作者、导师、作者专业、馆藏号、学位授予单位、关键词、分类号)等进行限定。

2. 高级检索

高级检索界面(见图 8.19)支持布尔逻辑检索、相邻检索、截断检索、同字段检索和位置检索等检索技术,具有较高的查全率和查准率。

BZ(BZ) CACP(CACP) CB(CB) CCSI(CCSI) CDDB(CDDB)
CDDBFT(CDDBFT) CECDB(CECDB) CK(CK) CLAW(CLAW) CSTAD(CSTAD)
CSTII(CSTII) CSTPC(CSTPC) CSTPI(CSTPI) DZ(DZ) GL(GL)
HJ(HJ) HYLWK(HYLWK) JC(JC) JINSHU(JINSHU) JOUR(JOUR)
JSJ(JSJ) JX(JX) JYDX(JYDX) MAGZINE(MAGZINE) MEETING(MEETING)
ML(ML) MT(MT) MZ(MZ) NY(NY) QIKAN(QIKAN)
QKYW(QKYW) RK(RK) SL(SL) SXDB(SXDB) TW(TW)
TWBZ(TWBZ) TWDZKC(TWDZKC) TWFLFG(TWFLFG) TWJDQYCP(TWJDQYCP) TWJXCS(TWJXCS)
TWMR(TWMR) TWNY(TWNY) TWQYML(TWQYML) TWSC(TWSC) TWXXCY(TWXXCY)
TWYJJG(TWYJJG) TWYLJG(TWYLJG) TWYSSYZW(TWYSSYZW) TWYYWS(TWYYWS) TWZYCY(TWZYCY)
TWZYSML(TWZYSML) TWZYXWLW(TWZYXWLW) TWZYYJS(TWZYYJS) TWZYYJY(TWZYYJY) TWZYYKY(TWZYYKY)
TWZYYQK(TWZYYQK) TWZYYTS(TWZYYTS) TWZYYZJ(TWZYYZJ) TZY(TZY) WY(WY)
YHCB(YHCB) YJ(YJ) YS(YS) ZL(ZL) ZY(ZY)

请输入检索表达式：

语法说明
逻辑与运算符：*
逻辑或运算符：+
逻辑非运算符：^
示例1：关键词A*(关键词B+关键词C)
示例2：^关键词D

提交检索式

图 8.19　高级检索页面

3. 字典检索

该数据库支持网络环境下的字典检索（见图 8.20），数据库中的概念词都收录在字典中，便于用户选词检索。

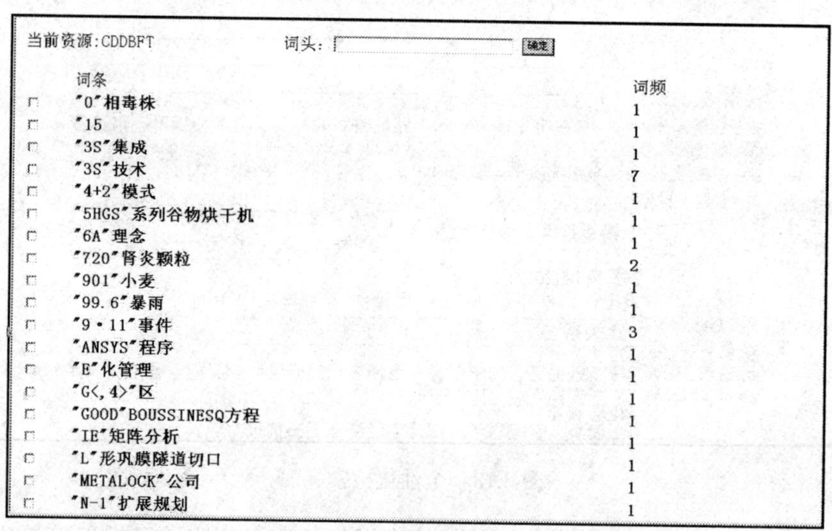

图 8.20　字典检索页面

检索时，只需在“词头”栏输入检索词的开头部分后回车或点击“确定”按钮，系统就会分页逐行列出数据库中收录的所有以该字或词为词头的字典词及其词频数。用鼠标点击某一字典词前的选择框，便会确认或取消对此字典词的选择，对应选择框中打钩的字典词为所选定的字典词。在选择了一个或多个字典词后，并点击此页面右下角的“字典检索”按钮，便会对数据库进行检索，检索出包含这些字典词之一的所有记录。

此外，字典检索还为数据库提供了按类检索功能。例如，用户想要按“论文题名”

检索，只需在“词头”栏输入“A=”后回车或点击“确定”按钮，系统就会分页逐行列出数据库中收录的所有论文的“题名”及其出现频率。与此类似：“B=”对应“作者”，“C=”对应“专业”，“D=”对应“导师”，“E=”对应“学位授予单位”，“F=”对应“馆藏号”，“G =”对应“分类号”，“H=”对应“关键词”，“I=”对应“文摘语种”，“J=”对应“论文出版时间”。

4. 分类检索及结果显示

分类检索是从学科的角度查找学位论文，它又称数据库浏览。可以根据需要从不同的角度对数据库进行浏览。可以点击页面上“浏览全库”链接来对全库进行浏览；另外个性化检索页面的右下部提供了按中图法分类浏览的途径，用户点击相应的分类号，可直接浏览相应类目的文章。

《中国学位论文全文数据库》的检索结果有三种显示形式：题名、文摘和全文。初始显示为题名。点击题名，可得到文摘。文摘显示的字段有：论文题名、论文作者、作者专业、授予学位、导师姓名、授予学位单位、馆藏号、分类号、论文页数、文摘语种、出版时间、关键词、文摘。全文以目录与PDF格式相结合的形式显示。

8.3.4 其他学位论文数据库

1. 中国优秀博硕士学位论文全文数据库

中国优秀博硕士学位论文全文数据库（CDMD）是由清华同方光盘股份有限公司、中国学术期刊（光盘版）电子杂志社等单位共同研制开发的数据资源库。该数据库收录了全国近300家博士授予单位1999年以来的博硕士学位论文近4.4万篇，每年约以2万篇的速度递增。CDMD按学科划分了九个专辑，涵盖了理工、农林、医药卫生、社会科学等学科领域。

CDMD的检索途径有简单检索、高级检索和分类浏览等，检索方式与中国期刊全文数据库相同。

2. CALIS 高校学位论文数据库

CALIS高校学位论文数据库是CALIS数据资源的一个部分，是在博硕士学位论文文摘数据库基础上建成的一个集中检索、分布式全文获取的我国高校博硕士学位论文文摘与全文数据库。目前，由50余所高校提交的6.7万多条学位论文数据（1998年迄今）已上网提供检索服务，到2005年计划收集10万篇。

CALIS高校学位论文库的检索途径有基本检索和高级检索，详细的检索方法见本书第2章“CALIS中文数据库的检索”。

3. Networked Digital Library of Theses and Dissertations（NDLTD）

NDLTD（http://www.theses.org）汇集了194个NDLTD成员的学位论文资源（其中包括170个大学成员），提供对这些成员的电子学位论文联合目录的查询，有浏览检索、关键词检索和专家检索等检索途径，最终可获得学位论文的摘要和获取全文的链接信息。

8.4 科技报告及其检索

8.4.1 科技报告概述

科技报告是关于某科研项目或活动的正式报告或记录，多是研究、设计单位或个人以书面形式向提供经费和资助的部门或组织汇报其研究设计和开发项目的成果进展情况的报告。作为一种科技文献类型，科技报告有其自身的特点：一是不拘形式，每份报告无论篇幅大小均独立成册，编有序号（报告号）。二是内容新颖，多为最新研究成果，时效性强，报道速度快。三是研究内容往往涉及尖端项目和前沿课题，有较强的前瞻性。四是内容翔实专深，既反映成功经验，又有技术失败教训，往往附有详尽的数据、图表和事实资料。五是发行范围受到控制，大部分属于保密文献，只有小部分在一定范围内公开或半公开发行，绝大部分要在相当长的一段时期之后才被解密公开。科技报告是一种重要的科技文献信息源，科研人员、管理人员及决策人员可以从中获得大量内容新颖、质量可靠的信息。

各个国家都有自己的科技报告，最著名的是美国政府四大科技报告：

1）AD 报告：是美国武装部队技术情报局（Armed Service Technical Information Agency，简称 ASTIA）出版的报告，资料主要来源于美国国防部所属的陆海空三军的科研单位、公司、大专院校和外国研究机构及国际组织等。其内容不仅包括军事方面，也广泛涉及许多技术领域，如航空航天、地球、物理、材料工程技术等。

2）PB 报告：是美国政府四大报告中发行最早的一种，它是由美国商务部出版局（Office of Publication Board，简称 PB）出版的报告。资料主要来源于美国国内各研究机构的技术报告，内容逐步侧重于工农业生产和民用工程方面。

3）DOE 报告：是美国能源部（Department of Energy，简称 DOE）出版的报告，原为“美国原子能委员会”的 AEC 报告，1974 年改为能源研究与发展署的 ERDA 报告，1977 年改称为 DOE 报告。资料主要来源于能源部直属机构及合同户，内容主要为原子能及其应用方面，但也涉及到其他各门学科。

4）NASA 报告：是美国国家航空和宇航局（National Aeronautics & Space Administration，简称 NASA）出版的报告，资料主要来源于美国国家宇航局所属的各研究中心、试验室、合同公司企业以及大学研究所，包括一些国外研究机构。报告内容侧重于航空和空间技术领域，同时也广泛涉及许多基础学科和技术学科，如物理、化学、机械仪表、电子、材料等。

科技报告的检索以前主要是通过印刷型的检索工具（如《宇航科技报告》、《能源研究文摘》等）来进行的。随着网络技术和信息检索技术的发展以及两者的有机融合，网上科技报告类资源迅速扩充，不仅可检索科技报告的文摘索引，还可获取科技报告的全文，为人们快速查找科技报告文献提供了可能，并逐步成为主要的检索方式。

8.4.2 NTIS 数据库检索

1. NTIS 及数据库概况

NTIS（National Technical Information Service）是美国国家技术情报社出版的美国政府报告文摘题录数据库，是目前查找美国四大报告的主要检索工具，以收录美国政府立项研究及开发的项目报告为主，少量收录西欧、日本及世界各国（包括中国）的科学研究报告。包括项目进展过程中所做的一些初期报告、中期报告、最终报告等，反映最新政府重视的项目进展，年文献量约 70000 件。具体说，它报道全部 PB 报告、所有非密的或者解密的 AD 报告、部分 NASA 报告和 DEC 报告以及其他类型的科技报告，还有部分会议文献和美军的申请专利与批准专利说明书的摘要。该库 75%的文献是科技报告，其他文献有专利、会议论文、期刊论文、翻译文献；25%的文献是美国以外的文献；90%的文献是英文文献。专业内容覆盖科学技术各个领域。检索结果为报告题录和文摘。Ei 公司在 Engineering Village 2 平台上提供 NTIS 数据服务，数据库已在清华大学图书馆设立镜像服务器，国内高校可以在 EV2 平台检索。另外，NTIS 还借助 Internet 提供电子版 NTIS 目录数据库的检索服务，其商业目的在于提供在线技术报告全文的订购传递服务，任何人均可访问其主页进行检索，主页地址为 http://www.ntis.gov。通过该主页可以浏览或检索 20 世纪 90 年代以来的有关科学技术、工程和商业信息报告，有少量记录带有摘要，主要是自 1999 年以来的有关商业、环境和医疗卫生以及计算机产品方面的报告。

2. NTIS 数据库的检索方法

1）简单检索：通过 NTIS 网址进入的即是简单检索界面，该界面提供了一个检索提问框（Search）。在检索提问框中输入检索要求，点击“go”按钮，系统即在数据库中进行检索。

2）快捷检索：在“Search”检索框空白状态下，直接点击 NTIS 主页上的“Go”即可进入快捷检索界面。该界面提供了一个检索框，在检索框中输入检索词，点击“Run Search”即可。检索词间可用“AND”或“OR”进行组配。如要进行精确检索，则可采用引号“”将检索词括起。

3）高级检索：点击快捷检索界面上的“Advanced Search”即进入高级检索界面（图 8.21）。该界面提供了 3 个检索框，每个检索框输入的检索词可通过“匹配方式列表”中提供的逻辑算符和邻近位置算符进行组配。在高级检索界面的上方还设有主题类目选项和时间限定、每页显示的记录数限定等，以提高检索结果的针对性。

NTIS 采用了分层显示方式，默认显示方式为篇名，点击篇名即可获得作者、摘要、报告号、合同号等内容。

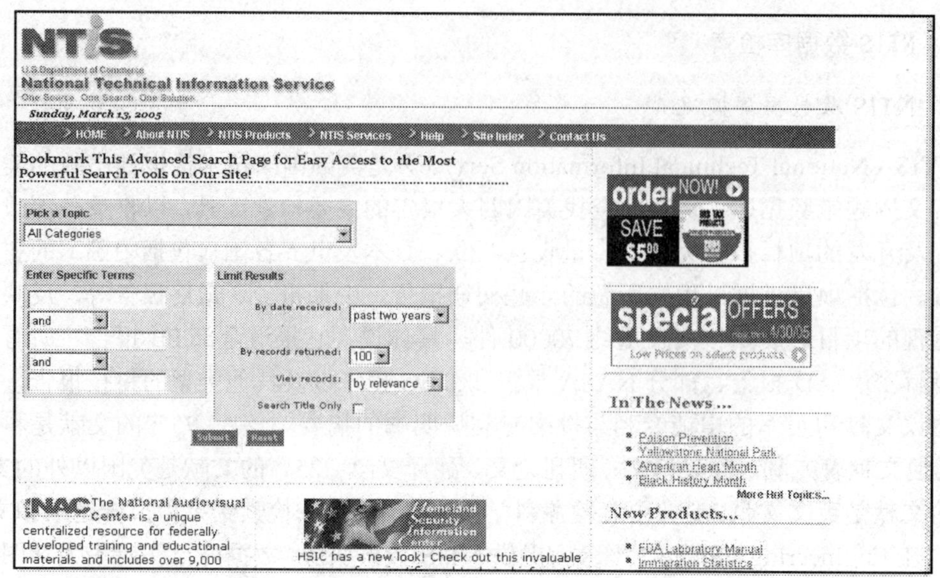

图 8.21　NTIS 高级检索界面

8.4.3　AD 报告数据库检索

1．AD 报告数据库概况

美国国防部 AD 报告数据库通过国防技术情报中心（Defense Technical Information Center，简称 DTIC）科学技术网络服务器（Scientific and Technical Information Network Service，简称 STINET）提供免费检索服务。其数据组成包括：1974 年至今非公开与非密类技术报告的文摘题录，1985 年以来限制发行报告的题录文摘，所有 1998 年至今非密公开发行和非密限制发行的报告全文以及 1999 年以后非公开限制发行的报告全文。内容涉及生物医学、环境污染和控制、行为科学以及社会科学等，其网址为 http://stinet.dtic. mil/。

2．AD 报告数据库的检索方法

1）快捷检索（Quick Search）：快捷检索界面提供了一个检索框（Search for），在该检索框中输入检索要求，点击“Search”按钮，即可获得有关的检索结果，包括记录号和标题等。

点击“标题”链接，可获得报告号、主题类目、作者、标题、报告日期、文摘等内容。

2）字段检索模式（Field Search）：当需要进行更加准确而又复杂的检索时，可随时切换到“Field Search”模式。字段检索界面提供了 13 个检索框，每个检索框左侧设有相应的字段名，包括：题目、作者、报告日期、文摘、主题词、主题类日、合同号、词表叙词说明语、关键词等。

在检索框内输入检索表达式时可采用逻辑算符、邻近位置算符及截词符进行组配，然后点击“Search”按钮，系统便执行搜索；同时 13 个检索框间又可进行逻辑“AND”的组配检索，充分显示出其检索的灵活性和检索结果的准确性。

8.4.4 DOE报告数据库检索

1. DOE报告数据库概况

美国能源部信息通道（http://www.osti.gov/bridge/）是美国能源部（Department of Energy，简称DOE）所属的科技信息办公室创立并维护的能源科学与技术虚拟图书馆，提供了经过整合的综合性科技信息资源，是检索DOE报告的主要数据库。

该库为题录和全文混合型技术报告数据库，其中由美国国家能源实验室提交的1995年以前的DOE研究和开发项目报告全文约65000篇，形成人们获取能源方面技术报告的一个重要的情报源，内容涉及物理、化学、材料、生物、环境科学、能源技术、工程、计算机、信息科学、再生资源等其他相关学科。

2. DOE报告的检索方法

1）简单检索（Easy Search）：该检索界面仅提供一个检索框，在检索框中输入检索要求后，点击“Search”按钮即可。可选择题录、标题、作者、报告号、全部字段等5个字段中的任意一个字段做简单检索。要进行精确检索时，可将检索要求用引号括起。

2）高级检索（Advanced Search）：该检索界面有四个检索框，每个检索框可选择全文与题录、题录、题目、作者、关键词、文摘、研究机构、资助机构等12个字段进行检索。高级检索既可以选择单个字段进行简单检索，又可以选择由多个字段组成的复杂的检索式检索，每个检索框之间设有“AND、OR、NOT”逻辑关系选择按钮，供用户进行多字段的灵活检索。

该数据库在简单检索和高级检索两个界面中均设计了对检索结果排序的下拉菜单，可按出版日期、系统登录日期、资源/文档格式、标题、资助机构、研究机构等顺序显示检索结果。

8.4.5 NTRS数据库的检索

这是NASA技术报告服务中心的综合性网站，分20多个子库提供航空航天方面的科技报告的摘要，采用同一个检索界面可完成多个分布式的WAIS服务器技术报告的查询。该网站提供的检索模式分为“Simple Search”和“Advanced Search”两种检索界面（http://ntrs.nasa.gov/）。

1. 简单检索

简单检索界面提供一个检索框提问框，在该检索框中可键入关键词或逻辑检索式，其检索系统支持逻辑算符“OR、AND、NOT、ADJ”运算,缺省运算符时系统默认为“OR”关系。对拼写错误，系统不进行模糊检索，检索式中不能使用任何标点符号。

2. 高级检索

该检索界面设有七个检索框，可从报告名称、作者、日期、报告号、摘要、作者工作单位、收藏单位等字段进行检索，每个检索框支持“逻辑与、逻辑或、逻辑非”运算。对检索结果可提供相关度、时间、题目排序的选项及时间的任意限定。

8.4.6 其他科技报告数据库的检索

1. 麻省理工大学交叉学科中心工作论文

该系统专门报道麻省理工大学交叉学科方面的研究成果，可以看到较详细的文摘，一部分可看到全文（http://ccs.mit.edu./wpmenu.html）。

2. 美国国家经济研究局研究报告服务

它是美国国家经济研究局的研究报告文摘，有四个检索数据库，其中之一是科技报告（http://www.nber.org/）。

3. 经济学工作报告服务

它是由华盛顿大学经济系提供的经济学科的报告网页，其中包括许多大学的研究成果，按照内容不同分为 22 个类，多数可以免费得到全文（http://econwpa.wustl.edu/wpawelcome.html）。

4. 万方数字资源系统的“中国科技成果库”（CSTAD）

该库始建于 1986 年，收录了自 1964 年至今的历年各省市部委鉴定后上报国家科技部的科技成果及星火科技成果，范围包括新技术、新产品、新工艺、新材料、新设计等技术成果项目。

在万方数据资源系统的“科技子系统”中选择“成果专利”并点击进入，可在界面右侧发现“科技成果”标题，其下便有“中国科技成果”，点击此标题，便进入该库的检索界面。在该检索界面下选择检索字段，输入检索要求，点击“执行”按钮或回车后，即可得到检索结果。

8.5 标准文献及其检索

8.5.1 概述

1. 标准文献概述

标准文献就是指与标准化活动有关的一切文献，是反映标准的技术文献。它不仅是从事生产、建设工作的共同依据，而且是国际贸易合作、商品质量检验的依据。一个国家的标准文献往往反映这个国家的技术经济政策、生产加工工艺和标准化水平以及自然条件、资源等情况。因此，标准文献对了解这个国家的工业发展情况而言是一种十分重要的科技情报来源。

按照标准的性质，标准文献可分为：① 基本标准——指那些具有广泛指导意义或作为统一依据的最基本的标准。② 产品标准——指为某类产品的系列、形式、尺寸、性能、检验、维修乃至包装、运输、存储等方面制定的各项标准。辅助产品标准——指工具、模具、量具、夹具、专用设备及其零部件的标准等。原材料标准——指材料分类、品种、规格、牌号、化学成分等的标准。③ 方法标准——指为一些通用的试验方法、检验方法、分析方法、抽样方法等制定的标准。④ 经济管理标准——如工资标准、价格标准、利率标准等。⑤组织管理标准——如生产能力标准、资源消费标准、组织方式标准。

按照标准的使用范围，标准文献可分为：① 国际标准——由国际标准化团体批准的标准。② 区域标准——世界某一区域标准化团体批准的标准。③ 国家标准——由国家标准化主管机构批准、发布，在全国范围内统一的标准。④ 专业标准——由专业标准化主管机构或标准化组织批准、发布，在某一专业范围内统一的标准，相当于我国各部标准。⑤ 企业标准——由企、事业或其上级有关机构批准、发布的标准。

随着标准化事业的日益发展，世界上的标准文献不断增多，已有 90 多个国家制订了国家标准，490 多个国际组织不同程度地从事标准化活动。

2. 标准文献检索概述

标准文献的检索方法有很多种，第一种是手工检索的方法，如通过印刷型的《ISO 标准目录》、《中国国家标准汇编》等检索工具检索标准文献。第二种是联机检索方法，如通过 DIALOG 系统的“国际标准规范数据库（存储有标准数据几十万篇）”检索标准文献。第三种是光盘检索方法，通过标准数据库光盘检索标准文献。20 世纪 90 年代国内外出版了一些标准数据库光盘，有的是标准目录，有的是标准全文，如我国出版的《国家标准全集系统光盘》、《工程建设标准全文光盘》等。第四种是网络检索的方法，通过网络版的检索工具检索标准文献。随着因特网的应用与普及，各国出现了大量的标准网络信息系统，如美国国家标准学会的《ANSI 在线》设有 ANSI 美国国家标准检索栏目；《中国国家标准库》也已进入“中国万方数据资源系统”中。这种检索方式在检索途径、获取全文和标准信息的新颖性、及时性等方面的优势胜过前三种方法。

8.5.2 中国标准的检索

1. 中国标准服务网

中国标准服务网（CSSN）是由中国技术监督情报研究所和国家信息中心合作开发的标准信息资源网络，是世界标准服务网的中国站点（http://www.cssn.net.cn）。CSSN 为用户提供标准查询、标准服务、标准出版物、站点转接等服务窗口。首批数据库包括中国国家标准、中国行业标准、地方标准、国际标准、国外标准、国外学会协会标准、技术法规、标准化期刊等百余种数据库。

该界面提供分类检索和高级检索两种检索途径。

1）分类检索：可按 ICS（国际标准分类表）或中国标准分类表分类检索有关标准。逐级点击分类类号和类名，可得到标准号、标准名称等。

2）高级检索：可通过标准号、关键词、分类号等字段来查询标准信息。在检索框中输入检索词（支持“逻辑与”和“逻辑或”的运算），点击“检索”按钮即可（图 8.22）。

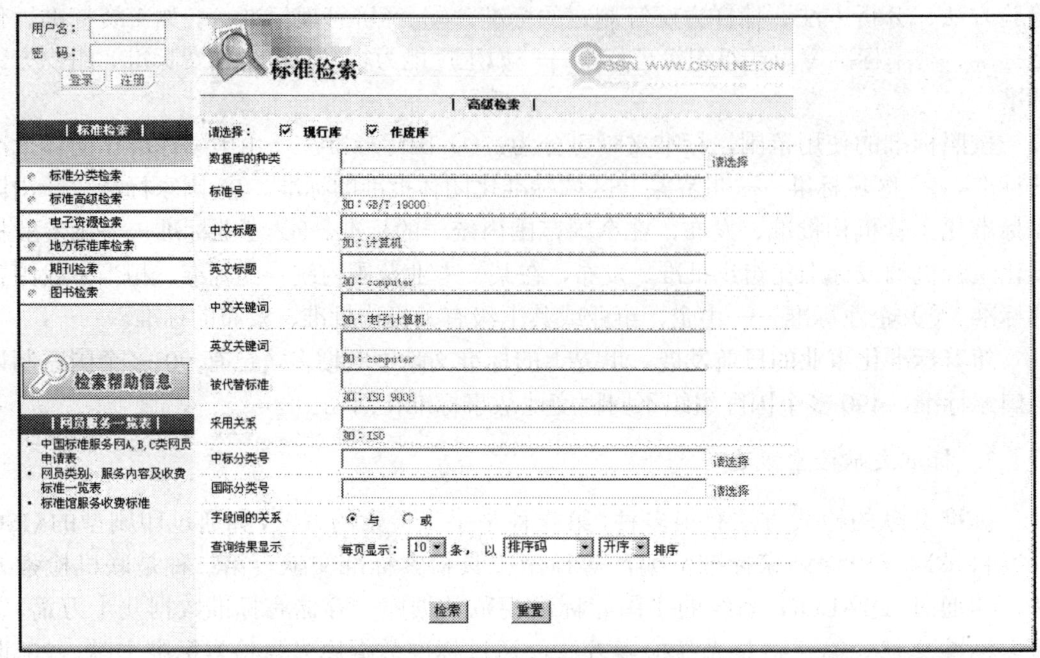

图 8.22　CSSN 高级检索界面

CSSN 标准服务窗口为用户提供委托检索服务和全文提供等服务。全文提供服务就是用户在上述标准检索窗口获取标准信息后，可在全文提供服务窗口提出获取标准全文的请求。网站在接到用户服务请求的 1—2 个工作日内，完成请求服务或对用户请求进行信息反馈。这项服务不是免费的，用户需在线注册并预交服务费后才能享受该项服务。

该网站还为用户提供与世界上一些重要的标准化组织的网站 ISO、IEC、ITU、ANSI、BSI、DIN、AFNOR、JIS 等的超链接。

2. 中国标准动态网

该网站主要报道我国国家标准、地方标准、行业标准等信息，还可链接到我国部分省市的标准计量情报研究所的网站（http://www.bzsc.com.cn）。

该网站的检索范围有：国际最新标准（得到最新发布的 ISO/TC 和 IEC/TC 文件），国内最新标准（国家标准最新文件、行业标准备案最新文件、地方标准备案最新文件），标准目录分类查询（按照行业查询、按照关键词查询、按照时间查询）等。

标准文献的检索方法有两种：一种是分类查询，可查到有关标准的标准号码、标准名称等。另一种是摘要查询，可以输入任一查询条件，然后点击“确定”按钮，就可以查询出想了解的地方标准信息。

3. 万方数据资源系统的“中外标准类数据库”

万方数据资源系统的“科技信息子系统”中设有“中外标准类数据库”栏目。该栏目的中外标准类数据库有：中国国家标准数据库，中国行业标准数据库，中国建材标准数据库，中国建设标准数据，国际标准化组织标准数据库，国际电工委员会标准数据库，欧洲标准数据库以及美国、英国、德国、日本等国标准化组织和其他学会（协会）的标准数据库。点击其中任何一类，即可进入检索界面，并可检索相关标准信息。

8.5.3 国外标准信息的检索

1. ISO 在线

国际标准化组织ISO为http://www.iso.ch/iso/en/ISOOnline.frontpage。该网站设有ISO介绍、产品和服务、ISO 9000 / ISO 14000、ISO会员专用、信息中心等栏目。通过ISO在线网址，可查询13000多条国际标准信息。ISO在线的检索主要有简单检索、分类检索与扩展检索等三条途径。

1）简单检索：网站默认的界面即为简单检索界面（图 8.23），在“Search”后的检索要求输入框中输入检索词，点击“go”按钮即可。

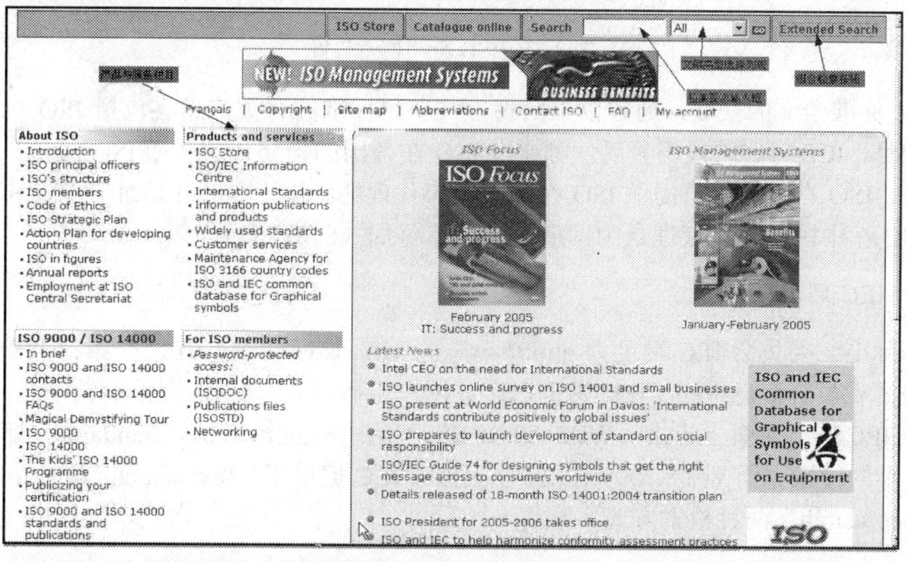

图 8.23 ISO 简单检索界面

2）分类检索：点击“Products and services”（产品与服务）栏目下的“International Standards”按钮，即可进入标准分类查询页面（图 8.24）。该页面的主要部分是国际标准分类表（ICS）的一级类目及类号表，可逐级点击类目及类号，进入三级类目下的标准目录；然后在标准目录中选择所需标准，点击ISO标准号，即可获得所需的标准信息。

该页面还为用户提供了快速搜索功能，用户可在搜索框中输入ISO标准号或关键词（仅限在标准题名中）直接查询标准信息。

3）利用扩展检索查询标准信息：点击“Extended Search”按钮，即进入ISO标准的扩展检索页面。在该页面可利用关键词（可在标准题名、文摘、标准全文字段中查找），标准号，ICS号，阶段码，时间范围，技术委员会和分委会编号等查询标准信息。可查询单个标准，也可查询某一范围内的多个标准。支持截词检索（用“*”实现）和布尔逻辑检索，该页面还设有文献类型等的选择按钮。

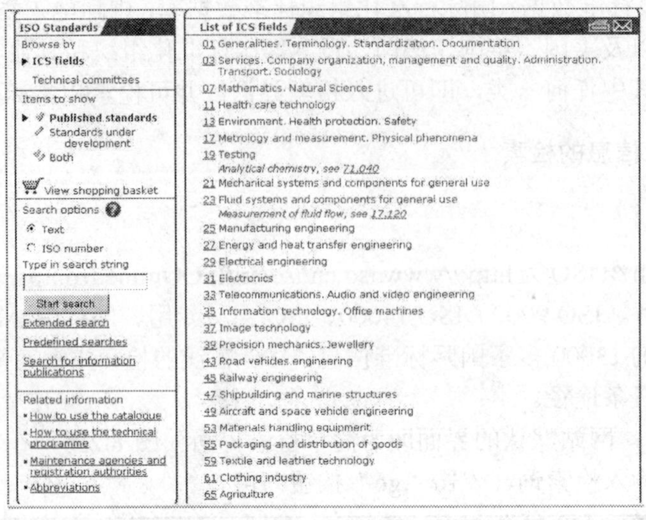

图 8.24 ISO 分类检索界面

4）标准全文的获取：通过以上两种方式获得标准的有关信息（包括 ISO 标准号、标准题目、ICS 号、阶段码）后，可通过 ISO 在各国的销售代理（即 ISO 成员）获取标准全文，ISO 在线为用户提供 ISO 在各国销售代理的邮编、E-mail 地址、电话和传真号码。ISO 在中国的销售代理是中国质量技术监督局（CSBTS）。

2. IEC 网站

国际电工委员会 IEC 网址为 http://www.iec.ch。该网站设有 IEC 介绍、公众信息通告、技术委员会信息中心、IEC 网上商店、用户服务中心、数据库搜索等栏目。

在 IEC 网站主页上点击“WEB STORE”下的“Search & buy standards”即可进入 IEC 标准的检索页面（图 8.25）。在这个页面上，IEC 提供了“Text search”与“Compound reference search”两种检索方式。

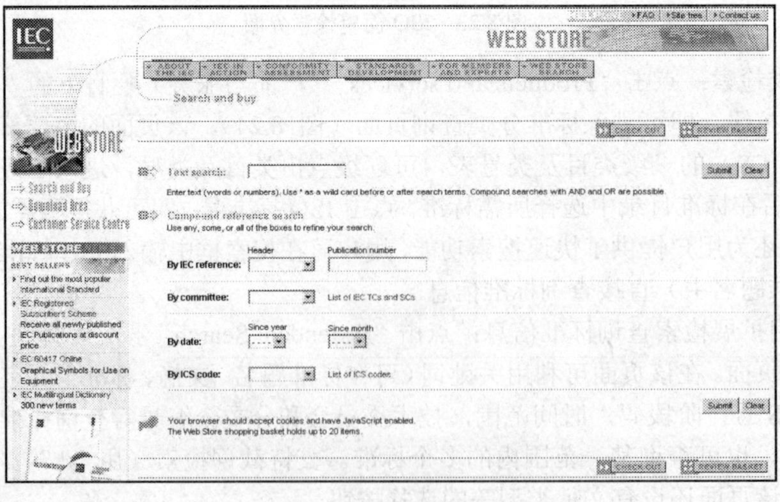

图 8.25 IEC 标准检索界面

1）原文检索（Text search）：支持截词检索（用“*”实现）和逻辑与、逻辑或的检索，可使用关键词、IEC标准号、出版号、委员会编号、出版日期等进行检索。

2）综合检索（Compound reference search）：可对IEC、ISO、IECEE、CISPR等标准组织进行选择，可利用any、some、all of the boxes达到对检索的精制与限定，并可对所检标准的日期进行设定。

检索获得的信息包括IEC标准号、版次、语种、题名、出版日期、委员会编号、页数、尺寸、载体形式、价格及其代码、文摘以及ICS号，可通过IEC的国家委员会和在各国的销售代理获取标准全文，IEC网站为用户提供了IEC的国家委员会和在各国的销售代理的邮政地址、E-mail地址、电话和传真号码，IEC在中国的销售代理是中国标准信息中心。

3. 世界标准服务网

世界标准服务网（WSSN）是由ISO的信息系统和服务委员会建立在Internet上的网站（http://www.wssn.net/WSSN/index.html）。它以一个松散的形式提供信息，用户可以直接从与WSSN网站链接的WSSN国家成员的站点中获取标准信息。目前参加WSSN的成员有：国际标准组织、国际电工委员会、国际电信联盟以及一些地区标准化组织、ISO和IEC的成员国和地区性组织。

查找时可点击有关站点，也可以直接从“WSSN Web站点字典目录”中查找。如点击ISO，就进入国际标准化组织的网站。

4. IEEE Standards

IEEE标准主页网址为http://standards.ieee.org，给出了美国电气与电子工程师协会（IEEE）发布的有关标准的信息，主要有如下超链接：标准协会、标准产品、开发资源、信息数据库、图书馆、标准委员会等，用户可免费进入查询。

5. PERINORM标准数据库

该库包含世界上45万余条工业技术标准文献及规范（http://www.cssinfo.com），包括ISO、ETSI、ASTM、ASME、IEEE等组织制定的标准，其中约5000条标准为PDF格式的标准全文，可直接下载。该数据库有快捷检索模式和高级检索模式两种检索方法。

6. ANSI在线

美国国家标准学会建立在因特网上的网站，网址为http://www.ansi.org/，该网站设有标准活动、ANSI/ISO/IEC联合目录、ANSI电子标准馆藏等栏目，用户可通过主题词索引查询任何主题，能快捷地查到所需信息。

7. SCC.CA

这是加拿大标准委员会建立在因特网上的网站，网址为http://www.scc.ca/cn/indcx.shtml，该网站主要包括加拿大标准、国际及国外标准、加拿大标准法规等内容。用户可在主页点击“standards”或者“search”按钮进入标准搜索页面，然后使用题名关键词、标准号等进行标准信息的搜索。

8. SAA 在线

这是澳大利亚国家标准组织建立在因特网上的网站，网址为 http://www.standards.com. au/ caialogue/Script/sear ch.asp，该网站主要包括 ISO 标准、IEC 标准、澳大利亚标准等内容，用户可使用快速搜索或高级搜索进行标准信息的查询。快速搜索就设在 SAA 网站的主页，用户可利用标准号或关键词（限在标准题名中）进行搜索。高级搜索功能非常强大，用户可在标准号、题名、文摘、出版日期、ICS 号、技术委员会编号、ISBN 号等字段进行标准信息的搜索，澳大利亚标准数据库还具有全文检索的功能，用户可利用任意词或字符在标准全文中进行检索。

本章主要参考文献

何晓萍．2001．数据信息检索[M]．北京：海洋出版社.

鲁程，代宁．2001．因特网上标准信息的获取[J]．泰州职业技术学院学报，4.

王娟萍，张捷．2002．Internet 上技术报告资源与检索方式的探讨[J]．情报科学，4.

王知津．2003．科技信息检索[M]．天津：南开大学出版社.

谢秋兰．2003．Internet 网上免费专利信息检索[J]．现代情报，6.

杨芹．2004．因特网上中国专利信息检索系统的分析与评价[J]. 图书馆学研究，5.

余丽清．2002．网上特种科技信息检索[J]．情报探索，2.

赵岩碧．2005．信息检索原理与方法教程[M]．北京：化学工业出版社.

朱胜坚．2003．非期刊文献的网上检索[J]．现代信息技术，2.

邹丽萍．2003．谈 WTO 环境下的专利信息检索[J]．图书馆学研究， 7.

http://www.cssn.net.cn[OL].

http://www.exin.net/patent[OL].

http://www.iso.ch/iso/en/ISOOnline.frontpage[OL].

http://www.nstl.gov.cn/nstl/user/ywjsdg.jsp[OL].

http://www.ntis.gov[OL].

http://www.sipo.gov.cn/ sipo/zljs/default.htm[OL].

http://www.uspto.gov/patft/[OL].

第 9 章　事实和数值型数据库

9.1　事实和数值型数据库概述

事实数据库以直接提供可用的事实为目的，主要收录人物、机构、事件、事实和概念等信息的数据库，如机构名录、大事记、人物传记、字典词典、百科全书和年鉴资料等。数值型数据库是以数值为主要内容的数据库，主要收录各种数据如科学实验数据、科学测量数据、社会资源数据、经济统计数据和地理环境数据等，还收录运算公式、图谱和表格等。

事实及数值数据库的作用就是提供对特定的事实或数值的检索与利用，直接面向问题以特定的事实或数值回答用户的查询。从某种程度上说，事实及数值数据库的作用大致相当于传统的参考工具书，大部分事实与数值数据库本身就是某种参考工具书的计算机化。在计算机技术没有得到发展以前，检索事实和数据，通常会求助于传统的参考工具书来解决。如电子元器件的技术特性数据，可用有关的电子元器件类手册、产品目录、样本或书查找；查过去某年度国民生产总值或国家的外汇储备概况，可使用有关年鉴或统计资料；查国外某些学会、协会的背景材料、联系方式，可查相关的机构名录；查“UFO”到底是什么以及有关这方面的研究情况，可用百科全书、学科术语类解释辞典和相关手册等。但因参考工具书编写和出版周期长，许多正在发展中的最新事实和数据，如各类产品的最新产销数据、价格、股票和黄金市场每日升跌、世界上正在发生的重大事件等是时刻变化发展的，不可能快速被工具书收录，用参考具书查找也就不可能得到答案。此时，查询合适的事实和数值数据库或其他类型的信息源是最适用的一条途径。

从内容和编排体例来分，事实和数值型数据库有：字典、词典；数值、公式、数表与表册数据库；图像、图录数据库；百科全书；电子手册与专业手册数据库；名录、便览、组织机构指南数据库；传记资料数据库等。

9.2　中文事实和数值型数据库

9.2.1　万方数据资源系统之事实和数值数据库

万方数据资源系统中的事实和数值数据库是机构类数据库及工具类数据库，主要包括机构类的“中国企业公司与产品数据库”、“中国科研机构数据库”、“中国科技信息机构数据库”和“中国高等院校及中等专业学校数据库”及工具类的“汉英-英汉双语科技词典”。这些数据库能够帮助用户系统了解企业和产品的信息，指导和帮助学术研究和专业工作，并帮助社会各界了解我国科研院所、信息机构和高等院校的基本情况。

1）中国企业公司与产品数据库：收录了 96 个行业近 20 万家企业的详尽信息，是国内外工商界了解中国市场的一条捷径。全记录包含 30 多个字段：企业名称、负责人、职务、采购部主管、销售部主管、地址、邮编、电话、传真、E-mail、域名、成立年代、法人代表、注册资金、年产值、利润、职工人数、固定资产、营业额、创汇额、技术人数、进出口权、产品出口国家、企业性质、上级单位、企业占地面积、厂房办公面积、机构简介和产品信息（名称、型号、商标、年产量、经营项目、关键词和行业代码）。

2）中国科研机构数据库：收录了我国近 1 万家地、市级以上及大学所属主要科研机构的详细信息，是查找我国科技单位的发展现状及科研成果的重要信息资源。主要数据包括通信方式、负责人、学科研究范围、科研成果、拥有专利、获奖情况、产品信息、出版刊物和学科分类等。

3）中国科技信息机构数据库：收录了我国各科技信息单位和高校图书情报单位 2000 多家，是一个全面介绍我国各科技信息机构和高校图书情况单位业务状况的数据库。主要数据项包括：机构名称、地址、电话和传真；主要负责人姓名、职务（称）和电话；网址；内部业务机构及实体情况；期刊订阅、书刊出版及计算机、数据库等情况介绍。

4）中国高等院校及中等专业学校数据库：收集了国家公布的有招生资格的高校信息，辅以部分中专学校，总共有近 4000 家。主要内容包括学校的专业设置、重点学科、研究机构和通信方式等，客观反映了各高校的人才培养和学术研究情况，是学生择校和了解高校现状的重要参考工具。

5）汉英-英汉双语科技词典：该词库是一部大型综合性双语词典，主要收录自然科学和工程技术方面的基本术语和常用词汇，并选收一定数量的经济和法律方面的词汇。该词库设置了约 200 个学科范畴，并在每个英文词的中文释义后标出属范畴。收词 52 万余，是一部可供理、工、农、医和生物等各学科专业人员、工程技术人员以及高等院校师生使用的常备工具书。

9.2.2 中国科学院“科学数据库”

科学数据库（http://www.csdb.cn）是由中国科学院建立，涵盖了化学、生物、天文、材料、腐蚀、光学机械、自然资源、能源、生态环境、湖泊、湿地、冰川、大气、古气候、动物、水生生物和遥感等多种学科，其主要数据库内容如表 9.1 所示。

表 9.1 “科学数据库”主要数据库内容

专 业	数据库名称
生物与生命科学类	中国微生物资源数据库、病毒资源库、水稻基因组数据库、中国植物数据库、中国水生生物数据库、中国植物图谱数据库、中国动物资源数据库、中国核酸序列数据库、热带亚热带植物学基础数据库、中国西南植物资源数据库、基因电脑克隆和基因组多态性数据库、中国西南地区动物资源数据库、基因组生物信息学数据库
材料科学	材料数据库、光学系统数据库、纳米科技基础数据库
地球科学	中国自然资源数据库、中国大地构造数据库、南海海洋科学数据库、中国湖泊数据库、中国湿地数据库、中国土壤数据库、海洋科学数据库、大气科学与环境数据库、东北黑土农业生态数据库、黄土高原水土保持数据库、中国寒区旱区特色数据库、新疆资源生态环境数据库、中国岩矿地球化学数据库、全国资源环境遥感数据库、动力大地测量与资源环境库、亚热带区域农业生态数据库、中国山地环境与灾害数据库
物理与化学	化学专业数据库、工程化学数据库、应用化学数据库、理化性能及分析数据库、化学物质毒性数据库、高能物理与相关学科数据库

续表

专　业	数据库名称
天文与空间	天文综合数据库、空间环境数据库
能源与环境	中国能源经济数据库、新能源及环保专业数据库、天然气水合物信息系统
其他类	综合科技信息数据库

9.2.3 中国资讯行高校财经数据库

中国资讯行（http://www.bjinfobank.com/）是香港一家专门收集、处理及传播中国商业信息的高科技公司，其数据库（中文）建于 1995 年，内容包括实时财经新闻、权威机构的经贸报告、法律法规、商业数据及证券消息等。

中国资讯行（INFOBANK）的高校财经数据库包含 12 个子数据库，收录了中国内地从中央到地方 1000 多种主流媒体（包括报纸、杂志、学报、书籍和各类年鉴），以及部分海外综合类、财经类报纸，部分政府或民间专业信息机构的宏观经济分析或行业报告，反映了全国各地区、各行业的经济动态。信息范围涵盖 19 个领域、198 个行业，2007 年数据库容量超过 2800 万篇。

1. 高校财经数据库的内容

1）中国经济新闻库：收录了 1992 年以来以媒体报道为主的中国范围内及相关的海外商业财经信息。数据来源于中国千余种报刊杂志及部分合作伙伴提供的专业信息，内容按 198 个行业及中国各省市地区分类。

2）中国统计数据库：大部分数据收录了 1986 年以来国家及各省市地方统计机构的统计年鉴、海关统计及经济统计快报等月度和季度统计，其中部分统计数据可以追溯到 1949 年，也包括部分海外地区的统计数据。数据按行业及地域分类，数据日期以同一篇文献中的最后日期为准。

3）中国商业报告库：收录了 1993 年以来经济学家及学者关于中国宏观经济、中国金融、中国市场和中国各个行业的评论文章及研究文献，以及政府的各项年度报告全文，为用户提供专业的研究资料。

4）中国法律法规库：收录了 1949 年以来中华人民共和国中央及地方的法律法规，以及各行业有关条例和案例。

5）中国上市公司文献库：收录了 1993 年以来沪、深交易所的上市公司（包括 A 股、B 股及 H 股）的资料，搜集深圳和上海证券市场的上市公司各类招股书、上市公告、中期报告、年终报告和重要决议等文献资料。

6）中国医疗健康库：收录了 1995 年以来中国一百多种专业和普及性医药报刊的资料，向用户提供中国医疗科研、新医药、专业医院、知名医生及病理健康资讯。

7）中国人物库：提供详尽的中国主要政治人物、工业家、银行家、企业家、科学家以及其他著名人物的简历及有关的资料。此库文献内容主要根据对中国八百多种公开发行资料的搜集而生成。

8）中国企业产品库：收录了中国 27 万家制造业、邮电业及运输等公司的综合资料，如负责人、联络方法及企业规模等。

9）名词解释：主要提供有关中国内地所使用的经济、金融和科技等行业的名词解释，以帮助海外用户更好地了解文献中上述行业名词的准确定义。

10）中国中央及地方政府机构库：收录中央国务院机构及地方政府各部门资料，内容包括各机构的负责、机构职能、地址和电话等主要资料。

11）ENGLISH PUBLICATIONS：收录部分英文报刊的全文数据及新华社英文实时新闻资料。

12）中国香港地区上市公司文献库：收录 1998—2001 年香港主板及创业板上市公司的详细资料。

2. 高校财经数据库的检索

（1）一般检索

1）选择数据库：在 12 个数据库中选择某个数据库进行检索，如选择“中国经济新闻库”或“中国统计数据库”。

2）输入关键词：根据要检索的内容，在输入框中输入一个或多个关键词，多个关键词之间用空格分隔。

3）定义检索范围：选择逻辑关系、时间选择和检索范围。

逻辑关系：多个关键词逻辑关系的确定，分全部字词命中、任意字词命中和全部词不出现（在一次检索结果排除）三种。

时间选择：在“前一周、前一月、前三月、前一年、全部数据”中选择时间范围。

检索范围：在标题或全文范围内进行检索。

（2）二次检索

用户如果对自己的检索结果不满意，可进行二次检索。有三种检索策略可供选择：重新检索、同一检索命令在其他库中检索和在前次检索结果中检索。

1）重新检索。可对“库选择”、“时间选择”、“检索范围”及“逻辑关系”等项重新选择，重新输入检索词进行检索。

2）同一检索命令在其他库中检索。仅可以对“库选择”项目重新选择而进行检索，其他项目不更改。

3）在前次检索结果中检索。仅可以对“逻辑关系”重新选择，检索词可以重新输入，其他项目不更改。

（3）专业检索

在一般检索的基础上，增加了行业分类、地区分类和文献出处检索，时间划分更细，功能更加强大。

1）进入专业检索界面，选定需要检索的具体数据库，如“中国商业报告库”。

2）定义检索范围，界定相关数据。在行业分类、地区分类、逻辑关系、文献出处和时间范围等下拉选择框中选择相关的限定条件。

3）在检索提问栏中键入检索词进行检索。

如，检索 2000 年中国石油进口量（背景：某调查公司希望从数据库中得到有关石油的几个数字，以便作为报告的数字支持）。

选择数据库：中国商业报告库。

行业分类：能源。

地区分类：中国。

关键词：石油 进口量。

逻辑关系：全部字词命中。

检索：得到检索结果“7000 万吨”。

9.2.4 中经网：教育版

中经网是中国经济信息网的简称，是由国家信息中心组织建设的专业经济信息服务网站。全方位监测和诠释中国经济运行态势，为政府、企事业、金融和学校等机构把握经济形势、实现科学决策面，提供持续的信息服务。分党委、政府、银行、企业、教育和医学院等专版。

中经网教育专版（http://ibe.cei.gov.cn/）是国家信息中心中经网公司专门针对高等院校图书馆开发的大型集成信息服务系统，每天动态更新 800 余篇文章，信息内容相当于 120 万汉字及 1 小时最新视频。

1. 中经网教育版内容

1）本周大事表：对每周中国发生的经济大事的独家点评。

2）统计数据：包括数字快讯、宏观月报、行业月报、地区月报、经济年鉴、地区年鉴、世经年鉴、金融数据及名词解释等栏目。

3）分析评论：包括中经评论、世经评论及外脑精华等三个栏目。

4）综合动态：包括国内经济、国外经济、权威预测、财政税收、社会发展及高等教育等栏目。

5）金融动向：包括银行业、证券业、保险业、信托业、信贷监控、金融政策、国际金融及金融外评等栏目。

6）行业态势：包括汽车产业、能源工业、医药卫生、房地产业、信息产业、食品饮料、轻工纺织、石化化工、机电工业、建筑建材、采掘冶金、交通运输、农林牧渔、商业服务及环保产业等栏目。

7）地区形势：包括各省区市的本地要闻、政务信息、形势观察、政策动向及地区监测等栏目，帮助用户全方位、多视角把握各地经济发展现状、洞悉各地经济发展的变动趋势、政策走向等。

8）行业季度报告：与国家部委、行业协会和研究机构及其资深专家合作写成，共 45 个重点行业，按季更新。

9）地区发展报告：包括全国及各省区市、计划单列及副省级省会城市季度、年度经济形势分析报告；国民经济和社会发展规划及专项规划；中央及各地 2000 年以来的统计公报；中央及各地 2001 年以来的政府工作报告。为用户全方位了解、跟踪和把握中国地区经济发展脉搏和步伐提供权威分析支持。

10）商情快递：市场行情、专利技术、项目简讯和商品供求。

11）财经视频：提供国内外著名媒体和专家论坛等财经类视频信息，每天播报 1 小时约 70 余条视频节目，互动点播，外语视频配以中文字幕同步播出。

2. 数据库浏览和检索

1）浏览：单击栏目名称，直接浏览该栏目内容。

2）检索：对所有栏目或某个栏目进行全文或标题检索，可用逻辑符（and、or）对检索词进行组配，并对检索结果可进行二次检索，检索结果按时间标准倒序排列。

9.2.5 国研网

国研网（http://www.drcnet.com.cn）是国务院发展研究中心信息网的简称，由国务院发展研究中心信息中心创建的大型经济类专业网站。全面汇集、整合国内外经济金融领域的经济信息和研究成果，为中国各级政府部门、研究机构和企业准确把握国内外宏观环境、经济金融运行特征、发展趋势及政策走向，从而进行管理决策、理论研究和微观操作提供有价值的参考。该网站针对金融机构、高校用户、企业用户和政府用户的需求特点开发了《金融版》、《教育版》、《企业版》及《政府版》四个专版产品。

1. 国研网教育版内容

国研网教育版由全文数据库、统计数据库、研究报告数据库和专题数据库四大数据库集群组成。

1）全文数据库：包括《国研视点》、《宏观经济》、《金融中国》、《行业经济》、《企业胜经》、《区域经济》、《世界经济与金融评论》、《高校管理决策参考》、《基础教育》、《发展规划报告》、《经济普查报告》、《政府工作报告》、《政府统计公报》、《中国国情报告》、《财政预算与审计》和《经济形式分析报告》等十六个数据库。

2）统计数据库：包括最新数据、每日财经、金融数据、世经数据、重点行业数据、宏观数据、对外贸易数据、区域经济数据（市级）、产品产量数据、中国教育经费数据和工业统计数据等内容。

3）研究报告数据库：通过持续跟踪、分析国内外宏观经济、金融和重点行业基本运行态势及发展趋势，准确解读相关政策趋势和影响，及时研究各领域热点/重点问题，为用户提供研究和战略决策需要的高端信息产品。该报告数据库包括《宏观经济分析报告》、《金融中国分析报告》、《行业季度分析报告》和《行业月度分析报告》四大子库。

4）专题数据库：由“重点专题数据库”和“热点专题数据库”两部分组成。包括领导讲话、宏观调控、体制改革、聚焦十一五、市场与物价、基础设施建设、人口与就业、公共管理理论、社会保障、资源环境、科学发展观、农民工问题、新农村建设、国际贸易、跨国投资、循环经济、国内政府管理创新、国外政府管理借鉴和政策法规。

2. 数据库浏览和检索

1）单击各栏目可直接进入各栏目进行浏览阅读。

2）进入检索中心，选择一个、多个甚至全部数据库，按标题、关键词、作者或全文字段进行检索，检索结果可按时间正序或倒序排列，并按以下时间段进行限制：全部、当天、过去 3 天内、过去 7 天内、过去 14 天内、过去 30 天内、过去 60 天内、过去 90

天内、过去120天内或过去360天内。

9.2.6 新华社多媒体数据库

新华社多媒体数据库内容主要包括新华社实时播发的文字、图片、图表、音频和视频等各类新闻信息产品以及各类新闻信息历史资料，拥有包括中、英、法、俄、西、阿及中文繁体在内的6种文种，涵盖政治、经济、文化及生活等各个领域、各行各业。目前收录汉字200多亿、图片170万底、图表4000多张及视音频资料8000小时。

新华社针对高等院校的实际需求，利用教育专网发布平台，研制开发了具有教育参考性、权威性和回溯性的《新华社高等教育专供信息》产品，为高校管理者和相关教育管理部门负责人提供教学改革、宏观经济政策等内容信息，帮助学生、教师利用新华社多媒体数据库系统检索到所需要的学习和科研用的各种资料和参考数据。

1. 新华社多媒体数据库（高等教育普通版）

利用新华社多媒体数据库的采集平台，汇集新华社文字、图片、图表、视音频和报刊等全部资源，充实各高等院校的校园网、图书馆的内容资源；同时为广大师生提供多种形式的、丰富的多媒体资料。数据库主要栏目包括：新华电讯、新华报刊、教育信息、名校浏览、特供数据库、学术论文、人才市场、环球财经、新华图片和新华视频。各栏目的信息如下：

新华电讯：中文新闻稿、英文新闻稿、体育新闻、1948—2003年新闻稿。

新华报刊：经济参考报、国际先驱导报、瞭望、半月谈、中国证券报。

教育信息：中国教育动态、外国教育动态、心理互动、教育研究、国际交流、留学天地、民办教育、职业教育、历史回溯（教育概况、高教概况、高校历史、研究生、博士后）。

论文素材：新华报告、诺奖文库、每日财政分析、财经报告。

人才市场：毕业就业、人才市场。

特供数据库：法规库、人物库、译名库、组织机构库、背景资料库、国际译名、中外词汇翻译。

环球财经：中外行业资讯（电子、纺织和电信等）、宏观统计数据、金融统计数据、行业统计数据。

新华图片：军事图片、体育图片、教育图片、社会图片、经济图片。

新华视频：国内外时政新闻、财经新闻、体育新闻、娱乐新闻等视频资料。

2. 新华社多媒体数据库（高等教育管理版）

提供以部委信息、高官信息、深度调研、专家分析报告、热点专题及海内外媒体动态等为主要内容和特色的专供信息。主要栏目包括：每日快递、教育舆情、参考信息、前沿报告、热点专题和历史回溯。

3. 数据库检索

新华社多媒体数据库提供多级分类查询功能。有全文检索，二次检索，中英文及图片、文字、音像多媒体混合检索，以及分库和跨库联合检索等。

（1）快速检索

快速检索如图 9.1 所示。

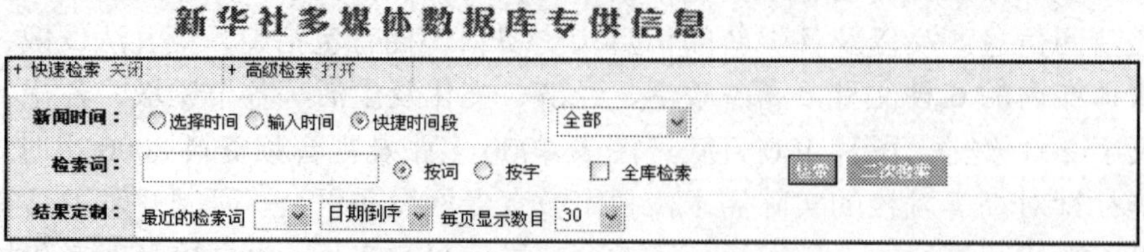

新华社多媒体数据库专供信息

+ 快速检索 关闭　+ 高级检索 打开

新闻时间：○选择时间 ○输入时间 ⊙快捷时间段　全部

检索词：　⊙ 按词 ○ 按字　☐ 全库检索　检索　二次检索

结果定制：最近的检索词　日期倒序　每页显示数目 30

图 9.1　快速检索

（2）高级检索

高级检索如图 9.2 所示。

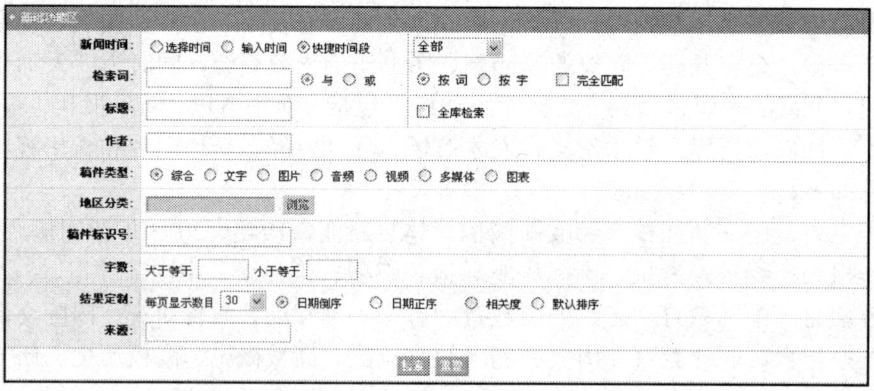

新闻时间：○选择时间 ○输入时间 ⊙快捷时间段　全部

检索词：　⊙ 与 ○ 或　⊙ 按 词 ○ 按 字　☐ 完全匹配

标题：　☐ 全库检索

作者：

稿件类型：⊙ 综合 ○ 文字 ○ 图片 ○ 音频 ○ 视频 ○ 多媒体 ○ 图表

地区分类：　浏览

稿件标识号：

字数：大于等于　小于等于

结果定制：每页显示数目 30　⊙ 日期倒序　○ 日期正序　○ 相关度　○ 默认排序

来源：

图 9.2　高级检索

9.3　英文事实和数值型数据库

9.3.1　DIALOG 商情数据库

美国 DIALOG（http://www.dialogweb.com）是世界上最早的也是规模最大的一家电子信息服务公司，其用户遍布世界各地。DIALOG 系统以商情数据库为显著特色，称雄于全球信息服务业。它的主要服务是提供数据库联机查询，也提供数据库的光盘和软盘产品。

DIALOG 有 40 多种语言的联机数据库 500 多个。它的数据库可分为两大类：一类是研究和开发数据库，有数学、物理、化学、地学、生物、药物、医学、工程、高技术、计算机、安全和标准等；另一类是商业方面的数据库，有报刊新闻、财经、分析报告、技术转让、专利、版权和商标等。

DIALOG 系统目前有 200 多个经济商情数据库，其中多数是事实型数据库，内容非常丰富全面，根据数据库内容细分成若干类别，如公司企业新闻、公司名录及财政、公司兼并与采购、国家市场研究、商贸信息及重大事件、经济统计与预测、金融与银行、经济法规及知识产权等，每一个类别都包含了十几甚至几十个数据库（文档）。可以说，DIALOG 系统是提供商情信息最强大的信息系统之一。

DIALOG 系统是一个联机数据库，检索费用比较贵，采用指令式检索方式，主要是为专门从事检索工作的专业人员使用。

9.3.2 贝尔斯坦/盖墨林化学数据库

CrossFire Beilstein/Gmelin 数据库（通常也简称为 CrossFire）为当今世界上最庞大和享有盛誉的化合物数值与事实数据库，由 Elsevier MDL（Elsevier 的子公司 MDL Information System）出版，由 Beilstein 和 Gmelin 两个数据库组成，前者收集有机化合物的资料，后者收集有机金属与无机化合物的资料。该库均可通过 CrossFire Commander 客户端进行检索使用，目前以 MDL CrossFire Commander 7.1 为平台，数据库每季度更新一次。CrossFire Beilstein/Gmelin 数据库除了支持化学结构式、子结构式和化学反应式检索外，还支持立体结构式、化合物的事实数据和文本关键词等检索。

CrossFire Beilstein 最早可回溯到 1771 年，覆盖 1772 年至今的文献。

1. 数据库介绍

1）CrossFire Gmelin 数据库：世界上收录数据最全面的有机金属和无机化学数据库，包括《盖墨林无机与有机金属化学手册/Gmelin Handbook of Inorganic and Organometallic Chemistry》1772—1975 年的数据和来源于 1975 年以后的相关学科重要核心期刊中的数据。其适用于无机化学、有机金属化学、材料科学和化学工程等专业的研究人员。CrossFire Gmelin 可检索数据包括：

① 超过 240 万种化合物，包括配位化合物、合金、固溶体、玻璃与陶瓷、高分子及矿物等，包含 800 多种不同的化学和物理性质条目。

② 超过 130 万种结构式，包括有机金属化合物的可检索结构式。

③ 超过 184 万种反应式。

④ 超过 124 万篇引文、篇目及文摘。

2）CrossFire Beilstein 数据库：世界上最大的有机化学数据库。数据来源于 1779—1959 年的《贝尔斯坦有机化学手册/Beilstein Handbook of Organic Chemistry》、《Beilstein 有机化学大全》从正编到第四补编的全部内容和 1960 年以来各种国际性的期刊、专利文献、某些重要的学位论文和会议报告等述及的所有有机化合物。其适用于所有化学、毒物学、药理学和化学生物学等相关专业的研究人员。CrossFire Beilstein 可检索数据包括：

① 化合物：超过 969 万种化合物的结构式信息及其所有相关科学事实和数据，包括所有相关化学属性数据、物理属性数据及生物活性数据（包括描述药效数据、环境毒物学数据）。

② 反应式：超过 1012 万条反应式，详细记载了化合物的制备（包括反应物及中间产物的合成路线）、反应条件，方便用户通过反应式检索选择、研究特定的反应路径。

③ 文献：超过 203 万篇引文、篇目及文摘，自由与化合物、反应式结果互相超链连接。

3）Beilstein/Gmelin 的利用：有机化学家和无机化学家可从中取得合成反应信息，

检查是否某种化合物已被合成，相关文献资料出处。物理化学、分析化学、生物化学和药物化学等研究人员可查询某种化合物的各种热力学、电学、光学、磁学、电化学、生物活性、生理作用和天然来源等属性；理论化学及计算化学研究人员更可利用数据库中的化合物结构和属性信息，发展理论和计算方法。无机和有机金属材料方面的化合物信息，有助于半导体、光电陶瓷材料和工业触媒等材料的开发。

2. 数据库的检索

Beilstein/Gmelin 数据库提供多途径检索的方式，除了支持化学结构式、子结构式和化学反应式检索外，还支持立体结构式、化合物的事实数据和文本关键词等检索，也可以文字或数值进行分子性质检索，功能强大。

CrossFire 系统具备方便、灵活的查询功能，可以将多种检索运算符和数据类型进行组合以检索相关的结构、反应及文本数据，如图 9.3 所示。

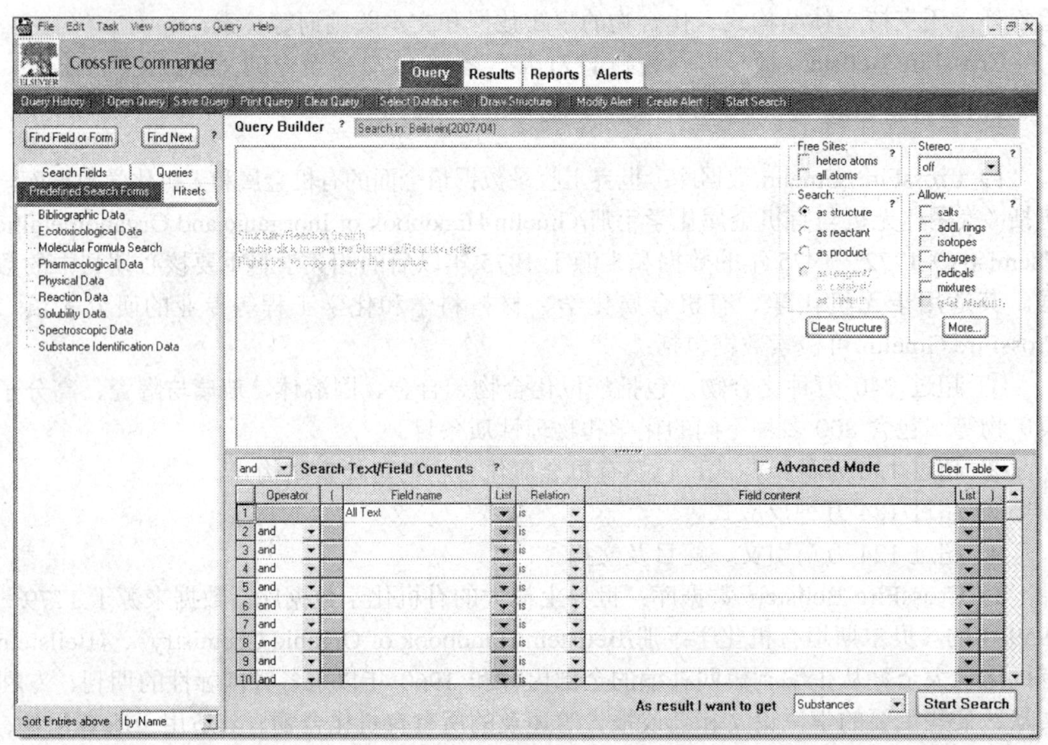

图 9.3 Beilstein/Gmelin CrossFire 检索界面示例

1）选择数据库：根据需要选择 Beilstein、Gmelin 和 Patent Chemistry 数据库中的一个或多个数据库。

2）结构检索（Structure Search）：系统提供 3 个结构编辑器：The CrossFire StructureEditor、ISIS/Draw 2.5 和 MDL Draw。利用 options 菜单中的 select structure editor 选择结构编辑器。对结构图的几点说明如表 9.2 所示。

表 9.2　对结构图的几点说明

界面显示		解释说明
Free sites：hetero atoms/all atoms		在杂原子或所有原子上设置自由基
stereo	off	结构中的任何立体信息都将被忽略
	absolute	完全按照所绘的立体结构信息进行检索
	relative	按照所绘的立体结构相关信息进行检索
	racemic	外消旋结构
search	structure	结构
	reactant	化学反应物
	product	化学生成物
	reagent/catalyst/solvent	试剂/催化剂/溶剂
allow	salts	盐类
	addl. rings	附加环
	isotopes	同位素
	charges	变价
	radicals	自由基
	mixtures	混合物
result	Substance	检索物质
	Reactions	检索反应
	citations	检索引文

3）文本检索（Search Text）：可以单独作为检索途径进行检索，也可以与结构式或反应式检索进行组配检索。系统默认的检索字段是全文检索（All Text），单击下拉框可选择其他检索字段，检索字段间可以进行逻辑组配。在字段内容栏（Field content）输入相应的关键词或表达式进行检索。字段跟内容之间的关系（relation）有：is、starts with、ends with、contains、<、<=、>、>=及 exists 等。

4）事实检索（Fact Search）：通过下拉菜单或浏览检索字段树（Search Fields Tree）选择一个字段或字段代码，并输入相应化合物的数据、关键词等检索词，这些检索词也可以通过 List 进行选定。在高级检索模式（Advanced Mode）中可以直接输入由字段代码和逻辑运算符号对检索词进行组配而形成的检索表达式进行检索。

9.3.3　ISI 化学数据库

ISI 化学数据库（ISI Chemistry）是一个事实型的化学数据库，它是专门为满足化学与药学研究人员的需求所设计的数据库。该库收集了全球核心化学期刊和发明专利的所有最新发现或改进的有机合成方法，提供最翔实的化学反应综述和详尽的实验细节及化合物的化学结构和相关性质，包括制备与合成方法。目前包含两个数据库，一个是 Current Chemical Reactions（CCR），另一个是 Index Chemicus（IC）。这两个数据库与 SCI 等 3 个引文数据库集成在 Web of Science 检索平台（WOS）中。

1）Current Chemical Reactions：收录一步或多步反应的新合成方法，可以跟踪新的合成技术。数据源自重要期刊和一些权威机构的专利，每一步反应都提供精确的反应式及反应详细信息。目前收录了 1985 年至今的超过 88 万个反应，每月新增反应 3000 个，还包括 19 世纪以来 Institut National de la Propriete Industrielle 收集的 14 多万个反应。

2）Index Chemicus：主要聚焦新化合物的快讯报道，包含国际一流期刊中报道的新型有机合成反应的结构及重要的数据，许多记录具有从原料到最终产物的反应过程，是揭示生物活性化合物和天然产物有关最新信息的重要来源。目前收录有 1993 年至今的 260 万个化合物，每周新增约 3500 个化合物。

在 WOS 检索平台上 ISI Chemistry 有四种检索方式：General Search、Cited Reference Search、Structure Search 和 Advanced Search。这里着重介绍 Structure Search 检索方式，其他三种检索方式与 SCI 数据库检索方式相同。

在 WOS 检索平台上选择 Structure Search 检索方式，可以用化合物结构、化学反应式或反应的详细信息对两个化学数据库进行检索。绘制和显示反应式/结构式需安装插件 Wos_ChemistryPlugin.exe，检索窗口如图 9.4 所示，检索过程如下：

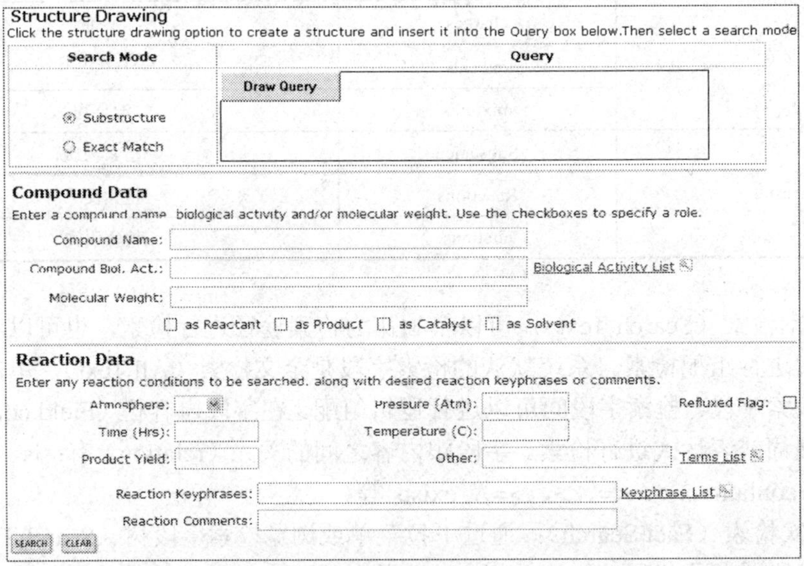

图 9.4　ISI Chemistry 检索窗口

1）选择 Structure Search 检索方式。

2）选择两个化学数据库中的一个或全部。

3）选择一个或多个检索途径：Structure Drawing、Compound Data 或 Reaction Data。

4）在检索框中输入相应检索词，如化学结构、化学反应式等。

5）执行检索。

注意：系统对各检索途径的多个检索框执行逻辑“与”运算。

1. Structure Drawing（结构式检索）

单击“Draw Query”按钮，将调用结构式或反应式绘制窗口（如图 9.5 所示），绘制好结构式/反应式，用绿色返回箭头将所绘制的结构式/反应式转到检索框中，选择对所绘制结构做亚结构（Substructure）检索或精确匹配（Exact Match）检索，视需要联合化合物数据和反应数据进行检索。

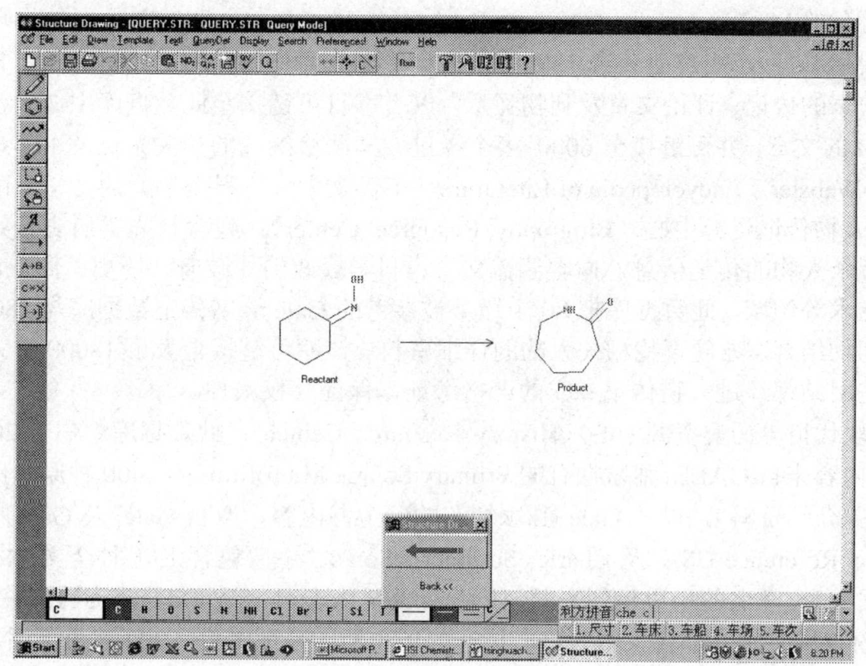

图 9.5 ISI Chemistry 绘制反应式

2. Compound Data（化合物数据检索）

每一反应都有反应物、生成物、催化剂和溶剂等，可以在 Compound Dara（化合物数据）栏中对 Reactant（反应物）、Product（生成物）、Catalyst（催化剂）和 Solvent（溶剂）进行名称、化合物生物活性和分子量等的检索。

3. Reaction Data（反应数据检索）

在相应检索框中输入检索条件，反应条件包括：Atmosphere（保护气）、Time（反应时间）、Product Yield（产率）、Pressure（压力）、Temperature（温度）和 Other（其他）等，还可以在 Reaction Keyphrases（反应关键词）、Reaction Comments（反应内容）框中输入相应检索词进行检索。

9.3.4 Gale 出版集团的参考性资料数据库

Gale 集团是全球最大、最权威的参考书出版商和在线数据库供应商。其数据库系列核心内容来自于 Gale 集团多年来出版的众多参考书系列。这些参考书系列中的参考资料被公认为世界上相应学科领域中（文学、历史、商业和人物传记等）最权威、最全面的参考资料，并且为 Gale 集团独家拥有。

1）文学资源中心（Literature Resource Center)：此数据库包含 Gale 集团的著名印刷系列（文学传记、文学评论等），如，Contemporary Literary Criticism、Twentieth-Century

Literary Criticism 和 Contemporary Authors 等，每个系列均已出版一、二百卷。主要包含 12 万名全球作家的传记，45000 篇文学批评，5000 篇作品概述、情节摘要及说明，并包含 275 种全文文学学术期刊中的所有 45 万篇全文文章。Literature Resource Center 3.0 整合了著名的 Modern LanguageAssociation（MLA）international Bibliography（现代语言协会的国际书目），用户能获得 180 万条来自于现代语言协会的书目信息以及各种文学风格的作家的传记、评论文章及刊物文章。以上书目可链接至此数据库中 275 份全文期刊中 85%的文章，并可链接至 6000 多个经过专家严格挑选的相关站点及 1 万条来自于 Merriam-Webster's Encyclopedia of Literature（韦氏文学大百科全书）的文学术语定义。

2）人物传记资源中心（Biography Resource Center）：包含自人类历史开始至今的 100 多万个人物的传记信息，内容涵盖文学、科学、政治、政府、历史、商业、娱乐、体育和艺术等领域。此数据库把 80 个最常被参考的 Gale 著名传记数据库与 280 种以上的全文刊物结合，方便查找相关人物的详细资料。该库可链接至大于 18000 个人物的网站，这些网站都经过人物传记专家的严格考证，保证其权威性。

3）现代世界历史资源中心（History Resource Center）：此数据库聚焦于 20 世纪的 100 年，内容来自 GALE 独家拥有的 Primary Source Microfilm 的 1400 种原始历史档案（包含相关介绍资料），以及 Gale 独家拥有的参考书内容，取自 Gale 及 Gale 收购的：Macmillan Reference USA 及 Charles Scribner's Son's。主要包含 150 种全文学术期刊的全部全文文章，著名的历史新闻来源，如 Keesing's Record of World Events（1931—1945），1400 多份权威专家（耶鲁大学）精心挑选的历史地图及地图集，900 多份插图。

4）商业与公司资源中心（Business & Company Resource Center）：此数据库中包含 4000 多份期刊，其中 3200 多份为全文期刊，回溯期 20 年，极少期刊延迟期（embargo）超过一个月，被 ISI 收录的期刊共 359 份，其中全文刊 216 份。Investext Plus（投资报告大全）完整收录商界专家编撰的商业信息及其分析，其中很多珍贵的资料从未在其他参考书中出现过。全文提供各个商业领域的相关报告，均保留了当初出版时的 PDF 格式和编排方式，完整收录报告中的图表、照片和图片。为读者提供全球顶级投资银行、顾问公司和法律机构的研究和分析报告，有助于了解行业动向、分析公司财务状况及研究合并和收购的最佳时机。700 多家投资银行和 190 个贸易组织研究机构的研究报告，收录 200 多万份报告，每周增加 5000 份新报告，精选 1982 年至今的完整资料。

5）十八世纪作品在线（Eighteenth Century Collections Online）：Gale 的重要在线数据库，收录了 1700—1799 年间所有在英国出版的图书和所有在美国和英联邦出版的非英文书籍 13.8 万种，超过 3 千万页，涵盖各个学科，可进行真正意义的全文检索。ECCO 涵盖了这个期间历史、地理、法律、文学、语言、参考书、宗教哲学、社会科学及艺术、科学技术及医学等各个领域的资料，提供从各个角度研究社会（包含医学、科学、社会和宗教）等各个方面的变迁，对历史研究很有价值。

6）Association Unlimited（学会组织名录）：包括了大约 46 万个国际性及美国国家税务局（Internal Revenue Service，简称 IRS）认可的非营利性成员机构的名录资料，跨越各个领域。其中有 2.3 万个美国国家级协会，2 万个国际协会组织，11.1 万个美国地区性、州及地方级协会名录。

7）Opposing Viewpoints Resource Center（相反论点）：提供当今热点问题或事件的

事实信息及支持与反对者的各种观点。其 Topic Overviews 使研究人员能够深入了解社会问题的各个层面，从而更加精确地组织他们的研究工作。并与取自 30 多种期刊、报纸的全文文章实现了无缝整合。

9.4 其他事实与数值型信息检索

网络资源非常丰富，网上免费的事实与数值数据库以及以提供事实与数值为主要内容的网站数量也很庞大，为我们查找各类参考资料、事实信息提供了一条非常便利实用的途径。网络上常见的参考资源有字典、词典、百科全书、年鉴、传记资料、地理信息、机构名录和统计资料等。

1. 字典、词典检索网站

（1）allwords.com（http://www.allwords.com）

这里英语在线字典，检索结果给出词语标准读音，英文释义及英、法、德、荷、意和西班牙文翻译。支持多语种检索，还提供多种语言服务网站的链接。

（2）Dictionary.com（http://dictionary.reference.com）

该网站被誉为最好的在线综合性语言词典，链接了多家在线词典。直接在页面顶部的检索框中输入要检索的词，即可得到多种在线词典提供的读音与释义。

（3）OneLook Dictionaries（http://www.onelook.com）

可同时查几百部不同的词典，或选择某类专业性词典（如计算机、科技、商业、体育、宗教或缩略语等）进行查找。输入检索词后可以得到所有包含此词的在线词典的网站地址列表，继续单击可以链接到某一在线词典的该词条。

（4）Your dictionary（http://www.yourdictionary.com）

可以联到涉及世界上 150 多种语言的 800 多种网上字典。

（5）Merriam-Webster OnLine Dictionary（http://www.merriam-webster.com/dictionary.htm）

韦氏在线词典最好的超链接词典，允许截词检索，有联机帮助和读音指南。

（6）Longman Web Dictionary（http://www.ldoceonline.com）

网站中包括 Longman Dictionary of Contemporary English 和 Longman Advanced American Dictionary 中的全部词汇，以及另外 15000 条百科条目，提供在线词汇查询服务。

（7）金山翻译在线词典

网址：http://cb.kingsoft.com

（8）英语、德语、西班牙语词典（NetzNutz：Wörterbücher – Dictionaries）

网址：http://www.gmsmuc.de/look.htm

（9）英汉医学词典（ESAURUS Online English – Chinese Medical Dictionary）

网址：http://www.esaurus.org/

（10）汉英字典、英汉字典（English – Chinese Online Dictionary）

网址：http://www.tigernt.com

（11）联机双向翻译字典

网址：http://www.freedict.com/

（12）汉语大词典

网址：http://edu.ewen.cc/books/hd20.asp

2. 百科全书检索网站

（1）Encyclopedia Britannica Online（http://www.britannica.com）

英国大百科全书在线版，是一个以 EB 资源为主要资源的综合性资源检索网站，可以按主题展开浏览或直接按字序浏览，还可以按关键词检索浏览。

（2）简明哥伦比亚百科全书（第六版）（Columbia Encyclopedia，Sixth Edition）

网址：http://www.encyclopedia.com

网上免费的百科全书，提供选自《哥伦比亚百科全书》（第六版）超过 5.7 万篇的文章，每篇文章可以链接到相关报纸、期刊的文章以及图像和地图。

（3）加拿大百科全书（Canadian Encyclopedia Online）

网址：http://www.thecanadianencyclopedia.com/

（4）格罗利尔多媒体在线百科全书（http://auth.grolier.com/cgi-bin/authV2）

该网站提供几种比较著名或流行的百科全书和参考工具书，如《格罗利尔多媒体百科全书》（Grolier Multimedia Encyclopedia）、《美国百科全书》（Encyclopedia Americana）及《新知识全书》（The NewBook of Knowledge）等。

（5）McGraw-Hill/Access Science（http://www.accessscience.com）

这是一部在线科技百科全书，它能提供科技发展最新信息，可以从 20 个大主题展开搜索。数据库中共有 7100 多篇文章，115000 条词典条目，还提供历史上 2000 多位著名科学家详细传记。信息内容涉及科学技术各领域，数据保持每日更新。

（6）各国百科全书（http: // countries-book.db66.com/）

系统地全方位介绍世界各国风光、文化、人文、国情、地理和气候等的知识性网站。该网站分为检索和浏览两大系统。其检索系统可直接键入关键词进行检索，同时提供二级检索；而浏览系统则可以按照“导航条”、“汉拼目录”分类浏览，同样设置了二级检索。

（7）西方符号和表意文字百科全书（SYMBOLS.Com—Encyclopedia of Western Signs and Ideograms）

网址：http://www.symbols.com/

它是世界上最大的在线符号百科全书。包含 2500 多个西方符号，按照书写符号分为 54 组。提供 1600 多篇详尽讨论其历史、使用及意义的文章。

（8）世界知识百科全书（E-Conflict World Encyclopedia）

网址：http://www.countryreports.org/

（9）天文学和天体物理学百科全书（Encyclopedia of Astronomy and Astrophysics）

网址：http://eaa.iop.org/

由 Nature Publishing Group 出版的参考工具书，天文学和天体物理学最全面的参考工具书，由 800 多位世界一流的天文学和天体物理学专家撰写，涉及的范围非常广泛，质量较高。现有 2150 多个词条。

（10）生命科学百科全书（Encyclopedia of Life Science）

网址：http://mrw.interscience.wiley.com/emrw/047001590X/home/

由 Nature Publishing Group 出版的参考工具书，涵盖了生命科学研究的各个领域，从分子水平到生物体水平，包含了跨生物学和生物医学的结构、过程、方法、系统和应用。由 5000 多位世界一流的科学家参与策划、撰写和编辑工作，集权威性和易读性为一体。现有 3300 多个词条。

（11）细胞因子百科全书（Horst Ibelgaufts'COPE: Cytokines Online Pathfinder Encyclopaedia）

网址：http://www.copewithcytokines.de/

提供各种细胞因子及其受体的基因结构、氨基酸顺序的详尽资料，是进行细胞因子研究必须浏览的网站。

（12）电化学百科全书（Electrochemistry Encyclopedia）

网址：http://electrochem.cwru.edu/ed/encycl/

（13）联机百科全书（Online Encyclopedia）

网址：http://www.informationsphere.com/

3. 年鉴检索网站

（1）Infoplease（http://www.infoplease.com）

这是《咨询年鉴》的网络版，也是一种综合性网络参考源。它集成了 Columbia Encyclopedia、Webster College Dictionary、The Infoplease Atlas、The IIME Almanac with Information Please 和 The ESPN/Information Please Almanac 等年鉴、地理资料及词典方面工具书的内容，通过一个统一的搜索引擎来检索。其中年鉴部分包括各种统计数据、事实性资料和历史记录。

（2）The Old Farmer's Almanac（http://www.almanac.com）

这是初版于 1792 年的 The Old Farmer's Almanac 的网络版，提供天文、天气、气象、烹饪菜谱和园艺技巧等信息查询。该年鉴每年 9 月份出版，编辑原则是“有用且必须有趣”。

（3）中国年鉴信息网（http://www.chinayearbook.com/）

提供我国出版的各学科、各专题年鉴的内容介绍、出版者、出版日期和定价等信息，并提供在线购买服务。

（4）中国年鉴网（http://www.yearbook.cn）

中国年鉴网是由中国版协年鉴研究会唯一正式举办，中国版协年鉴研究会网络中心主办并负责全面运营，全国各年鉴编纂单位共同参与建设的面向全国年鉴界和社会公众，为我国各年鉴提供宣传和服务，并为各级政府及社会各界提供研究、决策支持及其他信息服务的信息资源网站。

4. 传记资料检索网站

（1）Marquis Who's Who（http://www.marquiswhoswho.com）

这是盖尔公司（Gale Group）的一个传记资料网站。提供世界各地各个时期超过 100

万个人物的传记资料，这些人物遍布政府、商界、科技、艺术、娱乐与体育等各学科领域。传记资料来自多种标准传记词典，250 多种期刊以及源自 Marquis Who's Who 各种出版物的 90 余万条信息。可以通过人物姓名、国籍、职业、生活时代、生活地区和宗教等途径检索到相关的传记信息。

（2）American National Biography Online（http://www.anb.org）

该在线传记以《American National Biography》为蓝本，是查找在美国历史和文化上起到重要影响的人物的最重要的传记工具。收录 18000 余人，每季更新，每年增加数百条新条目，并对已有条目进行修订，以保证其准确性和及时性。提供数千幅图片，通过超链接参照，并链接到相关网站。可以按全文（词和词组）、人物姓名、性别、职业和出名领域、出生时间、出生地、死亡日期及写传人姓名等途径进行检索。

（3）Biographical dictionary（http://www.s9.com/）

（4）Biography（http://www.biography.com）

5. 地理信息检索网站

（1）Columbia Gazetteer of the World（http://www.columbiagazetteer.org）

该网站提供行政区划（地理区域、区县、州省、城市、地区、首都、乡村、行政区和特区等）、自然地理（海洋、湖泊、岛礁、河流、海湾、航道、溪流、岛屿、山脉、峡谷和冰河等）及特殊地区（国家公园、纪念碑、名胜古迹、港口堤坝、机场、核设施工厂、矿山、运河、购物中心、大型运动场、军事基地和防线等）三方面地理资料。提供的检索方式有地名类型检索、地名检索和词检索（即全文检索）。

（2）Map Quest（http://www.mapquest.com）

该网站主要提供美国街道地图、里程信息和驾驶指南，还提供公路旅行所需信息（饭店、餐厅、车站和天气等）及黄页（街道、公共服务机构、服务场所和购物等）。可以通过单击地图搜索到所需地点，也可以通过地图查询到最佳行车路线及里程、飞行路线，附近的旅行设施和服务点、医生、律师、保险及租房等信息。

（3）Multimap UK（http://www.multimap.com）

这是欧洲最流行的地图网站，提供一系列免费检索服务。该网站提供英国、欧洲和美国的街道平面图，世界各地的公路图，旅行指南，航空照片以及地方信息；还可以帮助人们了解一些饭店、娱乐、度假村、餐馆和火车票预订点和天气预报等信息，并获得相关服务。

（4）图行天下（http://www.go2map.com）

“图行天下（Go2map）”是中国最著名的地图服务解决方案提供商，为用户提供电子地图租用、在线地图服务及地图数据销售等全面的地图服务。现有 100 多个城市地图上的 POI（Point of Interest）数据，囊括了直辖市、省会城市和大多数经济发达的中等城市及旅游城市。其中对北京、上海、广州等 29 个城市进行了大规模的信息普查，数据较丰富。

（5）About:Geography（http://geography.about.com）

（6）Yahoo!Maps（http://maps.yahoo.com）

6. 机构名录检索网站

（1）在线电话簿（Telephone Directories on the Web）

网址：http://www.infobel.com/en/world/

（2）国际组织年鉴（Yearbook of International Organizations On-Line）

网址：http://www.uia.org/organizations/ybonline.php

（3）美国机构名录（http://dirline.nlm.nih.gov/）

由美国国家医学图书馆提供，主要收集了美国约 17000 个政府机构、研究机构、公司和学术机构等信息。

（4）美国学校名录（American School Directory）

网址：http://www.asd.com

收集了美国 10.4 万所中小学的资料，内容包括校名、地址、办公电话、校长姓名和学校类型等。

（5）中国网上 114（http://www.china-114.net/main/corp/default.asp）

通过网站不但能够查询全国乃至全世界各单位的电话号码，而且能够查询单位的名称、联系人、传真、邮编、职工人数、主要产品（或服务）、电子邮件地址及网站地址等详细资料。

（6）中华大黄页（http://www.chinabig.com.cn）

提供以中国内地为主，包括港、澳、台地区在内的近 310 多万家工商企业信息，具有全面高度智能搜索、强大的关键字查询功能，可方便快捷地根据公司名称、产品分类、公司地址等多种方式进行查询，更可以用中文简体、中文繁体和英文三种版本随时转换查询。

（7）中国电信黄页（http://www.locoso.com/）

中国电信最具专业性和权威性的黄页信息查询网站。

（8）全球黄页（http://www.21page.net）

全球黄页是登载各行业用户数据、交通地理及公众服务信息的黄页网站。

（9）黄页大全（http://www.ypall.com）

黄页大全是一个大型的网上黄页查询系统，包括企业黄页和网络黄页。

7. 统计资料检索网站

（1）中国统计信息网（http://www.stats.gov.cn）

由中国国家统计局主办，提供各类全国性、地区性和行业性统计公报。设有统计公报、统计数据、统计分析、统计书架、统计法规、统计管理、数据直报和统计链接等栏目。另外还介绍统计机构、统计动态、统计标准、统计制度和统计知识等。

（2）中国人口信息网（http://www.cpirc.org.cn）

提供最新的人口统计数据。

（3）UNESCO Institute for Statistics（http://www.uis.unesco.org）

联合国教科文组织统计学网站，提供有关教育、科技、文化和交流领域的全球性的可靠统计数据。其中包括各种主题的统计报告数据库、各种统计表、统计速报和各国统计等栏目。

（4）POPIN-UN Population Information Network（http://www.un.org/popin/）

提供世界人口发展趋势，地区性人口信息。

8. 物质检索网站

（1）化学元素特性（http://www.webelements.com/）

提供化学元素周期表，及各元素的物化特性数据。

（2）物理学参考数据（http://physics.nist.gov/PhysRefData/）

由美国国家科技信息中心提供，包括物质基本物理属性、原子和分子光谱数据、核物理属性、射线及放射属性用凝聚态物质属性等。

（3）物理化学参数数据库（http://physics.nist.gov/cuu/constants/index.html）

本章主要参考文献

http://info.crossfiredatabases.com/[OL].

http://www.cei.gov.cn[OL].

http://www.chinainfobank.com[OL].

http://www.csdb.cn[OL].

http://www.drcnet.com.cn[OL].

http://www.info.xinhuanet.com[OL].

http://www.thomsonscientific.com.cn/[OL].

http://www.wanfengdatga.com[OL].

第 10 章　网络学术资源的收集

10.1　综合搜索引擎

随着因特网的快速发展，网络信息资源越来越丰富。用户要在网络的海洋里查找信息，就像大海捞针一样，搜索引擎正是为了解决这个“迷航”问题而出现的技术。搜索引擎提供的搜索和导航服务已经成为互联网上非常重要的网络信息服务。

10.1.1　搜索引擎概述

1. 搜索引擎的概念

搜索引擎（Search Engine）是指根据一定的策略、运用特定的计算机程序搜集互联网上的网站、网页及其他信息，并对收集到的信息进行相关组织和处理，建立相应的数据库和索引文档，为用户提供搜索服务的系统。

从使用者的角度看，搜索引擎提供一个包含搜索框的页面，用户在搜索框输入词语递交后，搜索引擎就会在数据库中进行搜索，并返回跟用户输入的内容相关的记录。

2. 搜索引擎的组成

搜索引擎一般由搜索器、索引器、检索器和用户接口四个部分组成。

1）搜索器。其功能是在互联网中漫游，发现和搜集网络信息；

2）索引器。其功能是理解搜索器所搜索到的信息，从中抽取出索引项，用于表示文档以及生成文档库的索引表；

3）检索器。其功能是根据用户的查询在索引库中快速检索文档，进行相关评价，对将要输出的结果排序，并能按用户的查询需求合理反馈信息；

4）用户接口。其作用是接纳用户查询、显示查询结果、提供个性化查询项。

3. 搜索引擎的工作原理

搜索引擎通过网络机器人（Network Robot）搜索软件，在因特网上自动跟踪发掘和收集各种网页信息；再利用索引软件对网页信息内容建立索引文档，从而构造出一个巨大的网络信息库；最后用户在搜索引擎服务器的 WWW 站点或网页上进行关键词检索而得到搜索结果。其工作原理具体可概括为以下几个过程。

1）网页信息的采集。每个独立的搜索引擎都有自己的网页抓取程序（Spider）。Spider 定期对一定 IP 地址范围内的网站顺着网页中的超链接，连续地抓取网页。由于互联网中超链接的应用很普遍，理论上，从一定范围的网页出发，就能搜集到绝大多数的网页。

2）索引系统的建立。搜索引擎抓到网页后，对采集到的网页信息进行信息语词切分、语词词法分析、词性标注、去除重复网页、分析超链接和计算网页的重要度等相关的自然语言处理，建立索引文件系统。

3）提供检索服务。通过人机交互的理论和方法，搜索引擎检索界面接受检索者提交的查询请求（可对查询内容、逻辑运算、相近关系及出现位置等进行限制），在索引数据库中进行检索，找到匹配该查询请求的网页信息，显示相应的检索结果。为了用户便于判断，除了网页标题和URL外，还会提供一段来自网页的摘要以及其他信息。

4. 搜索引擎的分类

1）全文搜索引擎。全文搜索引擎是名副其实的搜索引擎，国外代表有Google，国内则有著名的百度搜索。它们从互联网提取各个网站的信息（以网页文字为主），建立起数据库，并能检索与用户查询条件相匹配的记录，按一定的排列顺序返回结果。

根据搜索结果来源的不同，全文搜索引擎可分为两类，一类拥有自己的搜索程序（Indexer），俗称“蜘蛛”（Spider）程序或“机器人”（Robot）程序，能自建网页数据库，搜索结果直接从自身的数据库中调用，上面提到的Google和百度就属于此类；另一类则是租用其他搜索引擎的数据库，并按自定的格式排列搜索结果，如Lycos搜索引擎。

2）目录索引。目录索引虽然有搜索功能，但严格意义上不能称为真正的搜索引擎，只是按目录分类的网站链接列表而已。用户完全可以按照分类目录找到所需要的信息，不依靠关键词（Keywords）进行查询。目录索引中最具代表性的莫过于大名鼎鼎的Yahoo和新浪分类目录搜索。

3）元搜索引擎。元搜索引擎（META Search Engine）接受用户查询请求后，同时在多个搜索引擎上搜索，并将结果返回给用户。著名的元搜索引擎有InfoSpace、Dogpile和Vivisimo等，中文元搜索引擎中具代表性的是搜星搜索引擎。在搜索结果排列方面，有的直接按来源排列搜索结果，如Dogpile；有的则按自定的规则将结果重新排列组合，如Vivisimo。

4）其他非主流搜索引擎形式。

① 集合式搜索引擎。该搜索引擎类似元搜索引擎，区别在于它并非同时调用多个搜索引擎进行搜索，而是由用户从提供的若干搜索引擎中选择，如HotBot在2002年年底推出的搜索引擎。

② 门户搜索引擎。AOL Search、MSN Search等虽然提供搜索服务，但自身既没有分类目录也没有网页数据库，其搜索结果完全来自其他搜索引擎。

③ 免费链接列表（Free For All Links，FFA）。一般只简单地滚动链接条目，少部分有简单的分类目录，不过规模要比Yahoo等目录索引小很多。

5. 全文搜索引擎常用语法规则

目前在互联网的搜索引擎数量非常多，各个搜索引擎都有自己的特点，所使用的检索语法也没有统一的规定，以下这些语法规则被一些主要的搜索引擎所采用，当然涉及到具体应用时需参考所使用搜索引擎的使用说明。

（1）逻辑检索

搜索引擎基本上都支持“与”、“或”和“非”布尔逻辑运算，但是不同的搜索引擎使用的运算符号不完全相同，常见的有“AND”、“OR”、“NOT”以及“＋”、“－”、“&”、

“,”、“ | ”等逻辑符号。

绝大多数的英文搜索引擎使用“AND”、“OR”和“NOT”这三个逻辑符号。而中文搜索引擎一般用空格表示逻辑与，用“,”或“ | ”表示逻辑或，用“－”表示逻辑非，用“+”表示某个词汇必须出现在搜索结果中，用双引号表示精确查找，用括号调整优先级。

（2）截词检索

国外的大多数搜索引擎用“*”和“？”作为截词符（或称通配符），可进行词干一致或前方一致或后方一致检索词的检索；中文搜索引擎不使用截词检索。

一般用“*”指代单词的某个字符串，如“com*”代表 computer、communication 等，用“?”指代单词的某个字符。

（3）位置检索

一般用在国外的搜索引擎中，中文搜索引擎不使用。

1）ADJ。限制两个挨在一起的单词的先后位置，如“Microsoft ADJ Internet”表示 Microsoft 必须在 Internet 之前。

2）NEAR。限制两个单词之间的其他单词数量，使用位置算符“NEAR/n”，n 是两个词之间的单词的数目，例如，“computer NEAR/5 gamc”表示在 computet 和 game 这两个关键词之间的单词数目不得超过 5 个。

（4）字段检索

1）filetype。查找特定格式的文件。网上存在大量非网页格式的文件，如 office 文件、pdf 文件等。如输入“狼牙山五壮士 filetype:ppt”表示搜索“狼牙山五壮士”的幻灯片文件；输入“2008 时事政治 filetype:doc”表示搜索“2008 年时事政治”的 DOC 格式文件信息。注意 filetype 前必须空一格，否则表示在网页中搜索 filetype 这个词，而且在百度中仅输入“filetype:ppt”、“filetype:doc”等也无搜索结果。

2）intitle。限定标题，只在网页标题内进行搜索。例如检索清华大学主页，排除仅仅在网页中含有“清华大学”这个词组的其他网页，只需输入“intitle:清华大学”即可；如查找霍金的《时间简史》只需“intitle:时间简史”，如果输入“intitle:时间简史 filetype:pdf”则能查找到《时间简史》的 PDF 格式。

3）inurl。限定域名，只在指定的 URL 中进行搜索。网页编制者往往把网页主题的拼音首字母作为 URL 中的路径名，如关于“校务公开”的网页用“xwgk”作路径，关于“使用技巧”的网页用“syjq”作路径，关于“搜索引擎”的网页用“ssyq”作路径。请注意路径名与网址的区别，路径名仅是网址中的一个词，是一个目录名。所以搜索“校务公开”可用“校务公开 inurl:xwgk”，搜索“photoship 使用技巧”可用“photoship inurl:syjq”或“photoship inurl:jiqiao”，搜索“搜索引擎”可用“搜索引擎 inurl:ssyq”。我们也常用 inurl 来查找网址，如查找 netlibrary 的网址只需在 Google 输入“inurl:netlibrary”，查找 ebrary 的网址只需在 Google 输入“inurl:ebrary”。

4）site。限定在某类网域或某个网站中进行搜索。“site:”后跟具体的网域或网站地址，网址前的“http://”必须删去，“www.”省略也可。如在绍兴文理学院网（http://www.zscas.edu.cn）搜索越文化信息，只需输入“越文化 site:zscas.edu.cn”。在天空网（http://www.skycn.com）搜索网际快车，只需输入“flashget site:skycn.com”。在中国教育和科研计算机网(www.edu.cn)上搜索校园文化，只需输入“校园文化 site:edu.cn”。

5）link。检索含有某个具体链接的网页。如在 Google 中，“link:www.zscas.edu.cn”搜索到的每个网页中都含有 www.zscas.edu.cn 这个网页的链接。

6. 全文搜索引擎的常用术语

1）域名。域名是计算机主机在 Internet 上的地址。域名在整个 Internet 必须是唯一的，字母大小写在域名中没有区别，一台计算机可以有多个域名。常见的域名后缀包括：代表商业组织的“.com”，代表教育机构或大学的“.edu”，代表非营利组织的“.org”，代表网络的“.net”，代表非军事性政府组织的“.gov”，代表军事性政府组织的“.mil”，代表中国的“.cn”，代表日本的“.jp”等。

2）模糊检索。匹配方式为模糊匹配的检索，搜索引擎对输入的关键词在数据库中对每个字进行匹配比较，只要相关记录中含有这些字即满足检索条件。模糊检索相当于对每个字进行逻辑与组配，显然这种检索反馈的信息量大，但准确性欠佳。

3）精确检索。匹配方式为精确匹配的检索，搜索引擎对输入的关键词在数据库中对整个词进行匹配比较，只有相关记录中含有整个词才满足检索条件。相对于模糊检索，准确性要高一些。要使用精确检索，在输入关键词时一般要用双引号引起，或直接在高级检索的“包含以下完整字词（或关键词）”输入框中输入关键词。

4）网页快照。搜索引擎通过预览各网站，拍下网页的快照，为用户存储大量的应急网页。当网页被删除或暂时无法连接时，用户可单击网页快照以查看该网页的快照内容。

10.1.2 百度搜索引擎

百度创建于 2000 年 1 月，2000 年 5 月百度首次为门户网站——硅谷动力提供搜索技术服务，之后迅速占领中国搜索引擎市场，成为最主要的搜索技术提供商。2001 年 8 月，百度发布 Baidu.com 搜索引擎 Beta 版，从后台技术提供者转为面向公众独立提供搜索服务，并且在中国首创了竞价排名商业模式，2001 年 10 月正式发布 Baidu 搜索引擎。2003 年 12 月百度推出贴吧，开搜索社区化之先河。2005 年 8 月，百度在美国纳斯达克上市。百度现已成为全球最大的中文网站和中文搜索引擎（http://www.baidu.com）。如图 10.1 所示。

图 10.1　百度搜索引擎首页

1. 百度产品

百度产品很多（见图 10.2 所示），主要提供新闻、网页、贴吧、知道、百科、MP3、图片、视频、下吧、网站、词典、国学、黄页、风云榜等搜索服务。

图 10.2 百度产品大全

1）网页搜索。网页搜索是中国互联网用户最常用的搜索引擎，每天完成上亿次搜索；也是全球最大的中文搜索引擎，可查询数十亿中文网页。

2）百度网站。是一个类似于图书馆分类方式的主题目录，百度网站导航也采用主题分类的方法，人工维护、更新，及时为您推荐最优秀的网络资源，是您在互联网上查找信息的快速指南。目前百度网站导航总共分为 5 个大类，70 多个子类目。

3）新闻搜索。百度新闻不含任何人工编辑成分，真实地反映每时每刻的新闻热点，突出新闻的客观性和完整性。鉴于越受关注的新闻将会被越多的转载或引用，焦点新闻就是通过自动计算一篇新闻被所有新闻网站转载和引用的次数来确定的。

4）MP3 搜索。在每天更新的数十亿中文网页中提取 MP3 链接从而建立的庞大 MP3 歌曲链接库。拥有自动验证链接有效性的卓越功能，总是把最优的链接排在前列。通过歌曲名或是歌词片断，都可以用来搜索您想要的歌词。

5）图片搜索。从数十亿中文网页中提取各类图片，建立了世界第一的中文图片库。到目前为止，百度图片搜索引擎可检索图片已经近亿张。百度新闻图片搜索是从中文新闻网页中实时提取新闻图片，它具有新闻性、实时性、更新快等特点。

6）百度知道。您可以搜索问题和回答，可以提出问题或回答问题，也可以通过首页目录的方式浏览知道的已解决问题和待解决问题。

7）百度百科。百度百科是一部用户可随时创建新词条或补充、完善已有词条，所有人共同协作编写的中文知识性网络百科全书。

2. 百度搜索语法

1）“␣”（空格键）、“｜”（竖线）和“－”（减号）分别代表逻辑与、逻辑或和逻辑非。使用逻辑或、逻辑非符号时请在符号前加一空格。

2）“＋”表示必须出现包含某检索词，“－”表示必须不出现某检索词，等同于逻辑非。注意“＋”、“－”前均有一空格，“＋”、“－”后不能有空格。

3）允许使用 intitle、site 和 inurl 字段限制搜索。

4）允许使用 filetype 文件搜索。“filetype：”后可以跟以下文件格式：DOC、XLS、PPT、PDF、RTF 和 ALL。其中，ALL 表示搜索所有这些文件类型。您也可以通过百度文档搜索界面（http://file.baidu.com/），直接使用专业文档搜索功能。

5）双引号。对输入词加上双引号，把输入词作为一个整体进行精确匹配搜索。

6）书名号。搜索电影、电视剧、小说，用“《》”可得准确结果，如搜索《手机》可准确得到该电影的相关信息，否则就是通讯工具的信息。

7）高级搜索和个性设置。如果对百度各种查询语法不熟悉，可以使用百度集成的高级搜索界面，可以方便地做各种搜索查询。您还可以根据自己的习惯，改变百度默认的搜索设定，如每页搜索结果数量，搜索结果的页面打开方式等。

3. 百度特色

1）百度快照。每个未被禁止搜索的网页，在百度上都会自动生成临时缓存页面，称为“百度快照”。当您遇到网站服务器暂时故障或网络传输堵塞时，可以通过“快照”快速浏览页面文本内容。百度快照只会临时缓存网页的文本内容，所以图片、音乐等非文本信息是不存储的。打开网页快照时，只从百度中调用文本信息，而非文本信息是从原网页中调用的。

2）相关搜索。百度提供和您的搜索词相类似的一系列搜索词，这些搜索词是以前别人曾使用过的搜索词。百度相关搜索排布在搜索结果页的下方，按搜索热门度排序。您可以通过参考别人是怎么搜的，来获得一些启发。

3）拼音提示。您只要输入查询词的汉语拼音，百度就能把最符合要求的对应汉字提示出来。它事实上是一个无比强大的拼音输入法。拼音提示显示在搜索结果上方。如输入“zhurongji”，提示如下：“您要找的是不是：朱镕基”。

4）错别字提示。由于汉字输入法的局限性，我们在搜索时经常会输入一些错别字，导致搜索结果不佳。别担心，百度会给出错别字纠正提示。错别字提示显示在搜索结果上方。如，输入“唐醋排骨”，提示如下：“您要找的是不是：糖醋排骨”。

5）生活搜索（http://life.baidu.com）。一个跟人们日常生活密切相关的搜索引擎导航系统，包括：天气预报、地图搜索、火车车次、航班班次、酒店查询、电视预告、食品价格、常用电话、文档搜索、手机号码、股票信息、计算器、度量转换、英语辞典、IP 地址、地区区号、邮政编码、政府机构、交通处罚、消费者维权、万年历、历史上的今天、成语词典、汉语字典、百科词典和货币兑换等

6）搜索风云榜（http://top.baidu.com）。以每天上亿次搜索数据为基础，提供最权威的中文搜索风云榜。

10.1.3 Google 搜索引擎

Google 的创始人 Larry Page 和 Sergey Brin 在斯坦福大学的学生宿舍内共同开发了全新的在线搜索引擎，它是目前被公认为全球规模最大的搜索引擎。它使用一种自创的称为 PageRank™（网页级别）技术来索引网页，索引是由程序“Googlebot”执行的，它会定期地请求访问已知的网页新拷贝。页面更新愈快，“Googlebot”访问的也愈多，再通过在这些已知网页上的链接来发现新页面，并加入到数据库。您可以使用多种语言查找信息、查看股价、地图和要闻，查找美国境内所有城市的电话簿名单、搜索数十亿的图书并详读全球最大的 Usenet 信息存档——超过十亿条帖子，发布日期可以追溯到 1981 年。您甚至不必特意访问 Google 主页，只要通过 Google 工具栏，就可以从网上的任何位置执行 Google 搜索。Google 搜索引擎的网址有：http://www.google.com/、http://www.google.cn/和 http://g.cn）等，如图 10.3 所示。

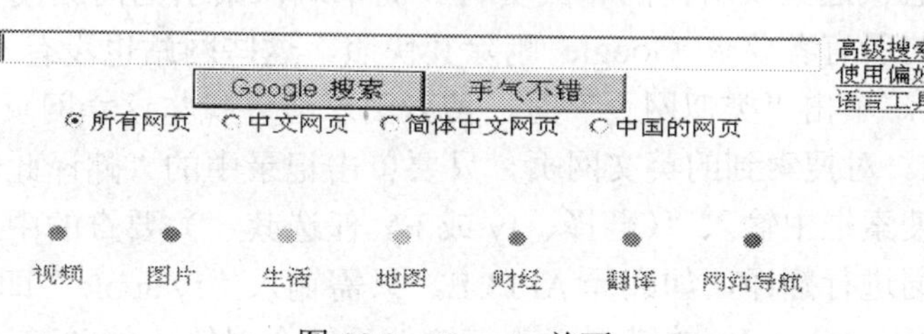

图 10.3 Google 首页

1. Google 产品

Google 作为多语种的综合性搜索引擎，可以搜索各语种的博客、财经、大学、地图、快讯、热榜、生活、视频、图片、图书、网页目录、网页、网址导航、学术、资讯等。

1）博客：从博客中搜索感兴趣的主题。

2）大学搜索：搜索特定大学的网站。

3）地图：查询地址、搜索周边和规划路线。

4）快讯：定制实时新闻，直接发至邮箱。

5）图片搜索：搜索超过几十亿张图片。

6）图书搜索：搜索图书全文，并发现新书。

7）网页搜索：搜索全球上百亿网页资料库。

8）网页目录：按分类主题浏览互联网。

9）学术搜索：搜索学术文章。

2. Google 语法

1）“␣”（空格键）、“｜”（竖线）和“－”（减号）分别代表逻辑与、逻辑或和逻辑非。使用逻辑或、逻辑非符号时请在符号前加一空格。

2）双引号。Google 自动忽略“http”、“.com”、“的”和数字等忽略词，使用英文双引号可将这些忽略词强加于搜索项。例如，输入“柳堡的故事”时，加上英文双引号会使“的”强加于搜索项中。

3）“＋”（加号）。表示必须有某检索词，注意“＋”号前必须空一格。如要搜索“要搜索星球大战前传 I”，只需输入“星球大战前传＋I”，当然也可用双引号解决。

4）允许使用 intitle、site、inurl 和 link 等字段限制搜索。

5）允许使用 filetype 文件搜索。“filetype：”后可以跟以下文件格式：DOC、XLS、PPT、PDF、RTF 和 SWF。与百度相比，增加了 SWF，它是 flash 文件格式。

6）Google 搜索不区分英文字母大小写，所有的字母均按小写处理。

3. Google 特色

1）网页快照。Google 在访问网站时，会将看过的网页复制一份网页快照，以备在找不到原来的网页时使用。单击“网页快照”时，您将看到 Google 将该网页编入索引时的页面。Google 依据这些快照来分析网页是否符合您的需求。在显示网页快照时，其顶部有一个标题，用来提醒您这不是实际的网页。符合搜索条件的词语在网页快照上突出显示，便于您快速查找所需的相关资料。尚未编入索引的网站没有“网页快照”，另外，如果网站的所有者要求 Google 删除其快照，这些网站也没有“网页快照”。

2）类似网页。单击“类似网页”时，搜索引擎会寻找与这一网页相关的网页。

3）翻译功能。对搜索到的英文网页，只要单击记录中的“翻译此页”，就会对该网页进行翻译。在搜索框中输入“（翻译、fy 或 FY 任选其一）要查的中（英）文单词”，即能对所输入的词进行翻译，如翻译 APPLE，只需输入“fy apple”即可。

4）错别字改正。Google 的错别字改正软件系统会对输入的关键词进行自动扫描，检查有没有错别字。如果发现用其他字词搜索可能会有更好的结果，它能提供相应提示来帮助纠正可能有的错别字。例如，搜索“互连网”，Google 会自动提示“您是不是要找：互联网”。如果您点击“互联网”，Google 将以“互联网”作为关键词进行搜索。因为 Google 的错别字改正软件系统是建立在互联网上所能找到的所有词条之上，它能够提示常用人名及地名的最常见的书写方式，这是一般的错别字改正软件所不及的。

5）Google 工具栏。是一个免费的 IE 插件，功能包括：在不打开 Google 网页的情况下随时搜索并查看相关页面信息；查看 Google 对网页的 PageRank；阻止自动弹出窗口；自动填写表单；用不同颜色标识关键字。

6）手气不错。按下“手气不错™”按钮将自动进入 Google 查询到的相关性最高的网页，您将完全看不到其他的搜索结果。例如，要查找 Stanford 大学的主页，只需在搜索字段中输入“Stanford”，然后单击“手气不错”按钮，而不必单击 Google 搜索按钮，Google 将直接带您进入 Stanford 大学的官方主页 www.stanford.edu。

7）Google 的学术搜索。Google 已经整合了重庆维普和万方数据的期刊论文数据库元数据，所以可通过此学术搜索相关的期刊论文。

8）定义。要查看字词或词组的定义，只需键入“define”，接着键入一个空格，然后键入您需要其定义的词。如果 Google 在网络上找到了该字词或词组的定义，则会检索该信息并在搜索结果的顶部显示它们。通过包含特殊操作符“define:”，并使该操作符与您需要其定义的字词之间不留空格，还可获得定义的列表。例如，搜索 [define:HTML] 将显示从各种在线来源收集到的“HTML”定义的列表。

9）提供天气、股票、邮编、手机号码、货币转换、计算器等功能。查天气只需输入“城市名 天气（天气、tq、TQ 任选其一）”，查询股票价格和股市行情只需输入“股票名称或代码 股票（股票、gp、GP 任选其一）”，查询邮政编码或长途电话区号只需输入“要查的城市地名或邮政编码或电话区号 邮编（邮编、yb、YB 任选其一）或区号（区号、qh、QH 任选其一）”。

10.2 专业搜索引擎

10.2.1 Scirus 学术搜索引擎

Scirus（http://www.scirus.com）是目前因特网上最全面、综合性最强的科技文献搜索引擎，由 Elsevier Science 开发。

Scirus 的信息来源主要有两个方面：网络和期刊数据库，其中 Web Sources 占 40%，Database Sources 占 60%。Scirus 网络资源丰富，目前已有超过 4.8 亿个与学科相关的网页，其中包括 1.56 亿个“.edu”站点，0.54 亿个“.org”站点，0.09 亿个“.ac.uk”站点，0.52 亿个“.com”站点，0.36 亿个“.gov”站点以及超过 1.43 亿个其他相关的 STM 和世界各地的大学站点。除此之外，还有 2280 万项来源于 LexisNexis 的 USPTO 专利，1790 万篇来源于 Medline 文摘，770 万篇来源于 ScienceDirect 的全文，589000 篇来源于SAGE Publications的全文，452000篇来源于 NDLTD的全文，424000 篇来源于 Nature Publishing Group 的全文，264000 篇来源于 Institute of Physics Publishing 的全文，97000 篇来源于 Project Euclid 的全文，79000 篇来源于 Crystallography Journals Online 的全文等。

Scirus 涉及科学研究领域中的多个学科，包括计算机科学、工程、能源与技术、农业与生物学、环境科学、天文学、地球与行星学、生物科学、生命科学、医学、神经系统科学、药理学、化学与化工、材料科学、语言学、法学、心理学、社会与行为科学、社会学、数学、物理学、经济、金融与管理科学等。

Scirus 检索结果的排序：缺省情况下，Scirus 将检索结果按照相关度进行排序；也可以将检索结果按照日期排序。

Scirus 用户可以免费浏览所有检索到的因特网主页的信息，其提供的期刊资源出可免费查看题录和文摘，但获取全文需要预先注册并支付费用。

1. Scirus 语法

1）强调符“＋”、“－”：“＋关键词”表示你的搜索结果将包含此关键词，“－关键词”表示你的搜索结果将不包含此关键词。注意：＋和－只能用在第二个关键词，而不能用在第一个关键词前。也可用在字段代码前，如搜索“health -au:smith”。

2）布尔逻辑：AND、OR 和 ANDNOT。

3）双引号：使用双引号“”对词组精确搜索，如搜索“groundwater pollution”。

4）截词符：用“？”代表某一字符，如用“te?t”将搜索出 test、text 等；用“*”

代表字符串，如用“parasit*”将搜索出 parasite、parasitic、parasitology 和 parasitemia 等词。

5）字段代码：au:author、ti:title、jo:journal、ke:keywords、url:url、dom:domain name 及 af:author affiliation。

2. Scirus 检索

1）基本检索：Scirus 基本检索非常简单，用户仅需输入检索词，敲一下回车键（Enter）或单击“search”按钮，即可得到相关资料，检索界面如图 10.4 所示。

SCIRUS
for scientific information only
Advanced search | Preferences
Search

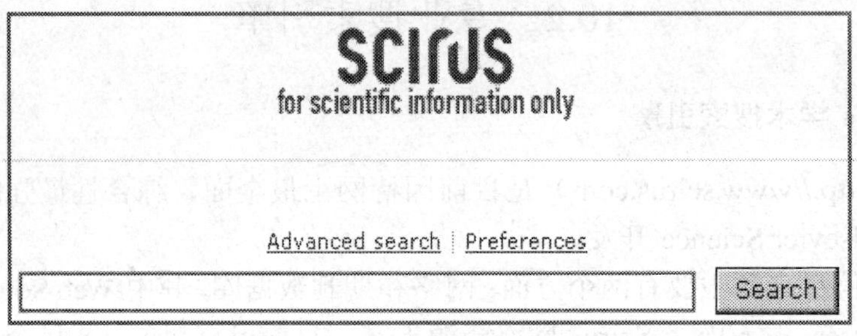

图 10.4　SCIRUS 学术搜索首页

2）高级检索：可提供两个字段进行组配检索，并可限制各种条件，高级检索界面如图 10.5 所示。

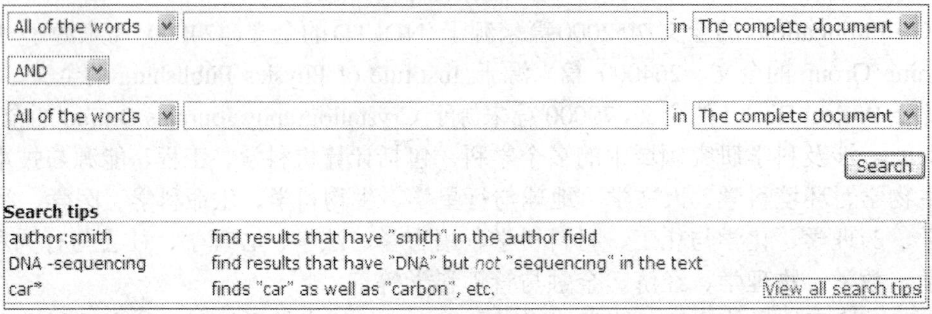

All of the words
in
The complete document
AND
All of the words
in
The complete document
Search
Search tips
author:smith
find results that have "smith" in the author field
DNA -sequencing
find results that have "DNA" but not "sequencing" in the text
car*
finds "car" as well as "carbon", etc.
View all search tips

图 10.5　SCIRUS 高级检索

All of the words：检索结果中必须包括输入的每一个检索词，逻辑关系相当于“AND”。

Any of the words：检索结果中可包括一个或多个检索词，相当于“OR”。

Exact phrase：检索结果与输入短语严格匹配，相当于引号“ ”的应用。

用户可以对检索年限、文献类型（任何类型：文摘、文章、图书、公司主页、会议录、专利、预印本、科学家主页、学位论文等）、文件格式（任何格式：PDF、HTML、Word、PPT、Tex、PS 等）、文献来源（各个具体的数据库）、主题范围（如农业及生物科学、化学及化学工程、计算机科学等 20 个主题）等五方面进行限制。

3）个性化设置：单击 Preferences 即可进行个性化设置，包括每页显示记录数（Number of results）、是否打开新窗口（Results windows）等。

10.2.2 同方知网的知识搜索

CNKI 知识搜索是同方知网推出的以 CNKI 总库资源为基础，共涵盖中国学术期刊、博硕士论文、会议论文、报纸文章、专利标准等 4000 多万篇专业学术文献的学术搜索平台，检索界面如图 10.6 所示。在 CNKI 知识搜索平台上能搜索：文献搜索、数字搜索、翻译助手、图形搜索、工具书、历史上的今天、学术资源、学术统计分析、学术定义、学术趋势、新概念、表格搜索、大众热点等。

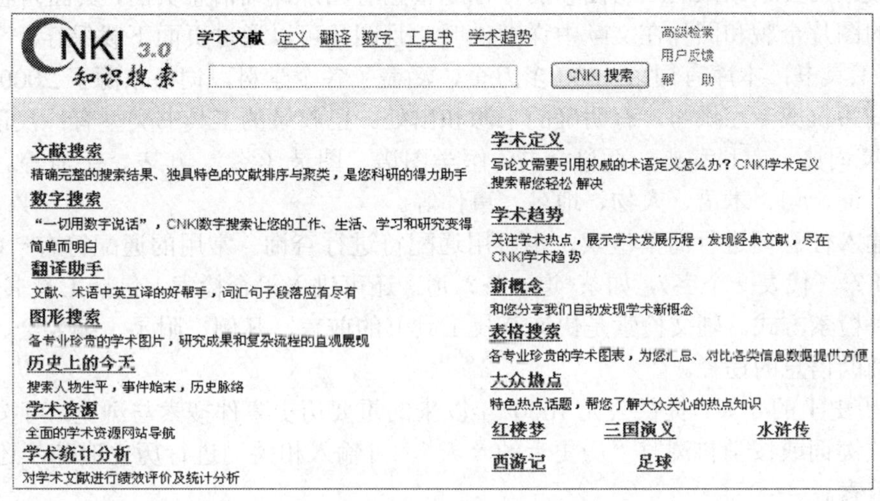

图 10.6 CNKI 知识搜索

1）文献搜索：在输入框中输入检索词，单击"搜索"，检索系统根据输入的检索词在资源总库中搜索，检索结果自动生成文献类型和知识聚类。您可以单击相应的文献类型或者知识聚类词汇查看检索结果。搜索位置有全文、标题、关键字、作者、摘要，搜索结果可按相关度、被引次数、下载次数、时间排序。

2）数字搜索：提供数字知识和统计数据搜索服务，以数值知识元、统计图片/表格和统计文献作为基本的搜索单元。数值知识元是描述客观事物或者事件数值属性（如时间、长度、高度、重量、百分比、销售额、利润等）的知识单元（如 2006 年全国高考人数、中国经济总量、QQ 用户数、三峡大坝高度、公务员报考人数、深圳移动用户数、2005 年外资投资额、头发重量、重庆农业人口等）。数据来源于五大全文数据库及 CNKI 实时采集的各地方统计网站和中央各部委网站。

在检索框里输入任意检索词，单击按钮，即可得到搜索结果。单击文献来源链接，即可进入该知识元来源文献的全文链接。使用"CNKI 数字搜索"还可以进行以下相关内容的检索：搜索准确数字、相关课题调研、时间搜索、数字验证搜索、本地搜索、按年份查询。

3）翻译助手：汇集了从 CNKI 系列数据库中挖掘整理出的 120 余万常用词汇、专业术语、成语、俚语、固定用法、词组等中英文词条以及 1000 余万例句，形成海量中英在线词典和双语平行语料库。提供英汉词语、短语的翻译检索，还提供句子的翻译检索。不但对翻译需求中的每个词给出准确翻译和解释，还给出大量与翻译请求在结构上相似、内容上相关的例句，方便您参考后得到最恰当的翻译结果。

在检索框输入需要翻译的中英文词句内容，系统就会自动分析用户的翻译需求，给出翻译结果。翻译结果中被检索词是显示为红色的，整个翻译结果包括“英汉&汉英词典”、“相关短句”、“相关文摘”三部分的内容。

4）图形搜索：图片数据都出自 CNKI 全文库收录的优秀期刊、论文、报纸等，比如想查看矿井通风系统构造图，直接输入“矿井通风”，然后单击“搜索”按钮即可。可以直接单击搜索结果的缩略图和图片标题来查看图片详细信息页面，页面内容包括清晰完整的图片全貌和图片在文献中详细说明，且图片可以通过页面下载保存。

5）工具书：本库有词条 1000 多万个，涵盖了各个学科，词条来源于 2000 多部工具书，均为权威专家撰写，有明确的来源和出处。已收录的工具书类型有：汉语词典、英汉/汉英词典、专科辞典、百科全书、医学图谱、图录（鉴）、年表、手册等。可快速查询字、词、句、术语、人物、地名、事件等。

可输入任意词进行简单检索，也可用通配符进行查询。常用的通配符有*（代表多个字）和？（代表一个字），如茶*道、茶？道。还可进入组合检索，包括工具书、条目、辅文三种检索方式。辅文检索是快速查找工具书的前言、凡例、附录、编委会、作者、后记等辅助信息的途径。

6）历史上的今天：提供公元 1000 年以来的重要历史事件搜索与浏览，可按每日重大历史关键词或按学科浏览“历史上的今天”，可输入相关词进行历史追踪，还可按时间进行搜索。

7）学术资源：全面的学术资源网站导航，分行业导航、学科导航、网站类型导航三种。

8）学术统计分析：对学术文献进行绩效评价及统计分析。

9）学术定义：在检索框输入检索词，单击“搜索”，搜索结果中，被检索词是显示为红色的。有些词显示的是蓝色字体，是指该词在学术定义库中也有详细定义，用户可以根据需要直接单击查看其学术定义。还可以单击检索结果记录右下方的“定义来源”链接，页面会自动进入该定义的来源文献的“知网节”，用户可通过进一步了解文献详细信息来获取所查定义相关的更多内容。

10）学术趋势：学术趋势是依托于 CNKI 资源总库中的海量文献和千万用户的使用情况提供的学术趋势分析服务。通过关键词在过去一段时间里的“学术关注指数”，您可以知道您所在的研究领域随着时间的变化被学术界所关注的情况，又有哪些经典文章在影响着学术发展的潮流；通过关键词在过去一段时间内的“用户关注指数”，您可以知道在相关领域不同时间段内哪些重要文献被最多的同行所研读。

11）新概念：是基于 CNKI 现有文献，按照年份、专业、类别收录了 2000 年至 2006 年，每年 CNKI 库中出现的新概念。还可按术语的关键词手动搜索。

12）表格搜索：提供各个行业的专业表格数据，所有的表格数据都出自 CNKI 全文库收录的优秀期刊、论文、报纸等，CNKI 表格查询库内容涵盖了文、史、哲、经济、数理科学、航天、建筑、工业技术、计算机等所有学科和行业。简单检索就可以得到想要查询的相关表格，并且可直接查询表格出处。比如，您想查看我国人口增长趋势，直接输入“人口增长”，然后单击“搜索”按钮即可。

13）大众热点：特色热点话题，帮您了解大众关心的热点知识。

10.3 搜索引擎使用技巧

10.3.1 搜索引擎搜索技巧

1）怎样成为搜索高手——选择适当的查询词：一句话概括，就是根据网页特征选择适当的查询词，当然这需要你多次实践。很多类型的网页都有某种相似的特征，例如，小说网页通常都有一个目录页，小说名称一般出现在网页标题中，而页面上通常有“目录”两个字；软件下载页通常软件名称在网页标题中，网页正文有下载链接，并且会出现“下载”这个词；明星个人资料页的标题通常是明星的名字，在页面上会有“姓名”、“身高”等词语出现。所以选择适当的查询词，再加上熟练使用 filetype、intitle、site、inurl 等搜索语法，能够使你成为搜索高手。

2）找软件下载：一般用软件名称加上“下载”这个特征词就能满足需要。但考虑安全性，我们一般在比较熟悉的网站（如天空网、华军网、电脑之家）下载软件，则可用 site 语法局限在具体的网站内下载软件。

例，flashget 下载

例，网际快车 site:skycn.com

3）找问题解决办法：工作和生活中遇到的各种各样疑难问题，常用描述问题的词汇作为关键词。如 IE 浏览器默认主页被修改并锁定，可用“浏览器主页 被修改”搜索。

4）找产品使用教程：常把产品名称作为关键词，加上“教程”、“指南”、“使用指南”、“使用手册”、“从入门到精通”等特征关键词，而在 URL 链接中，通常会有汉语拼音的“jiqiao”来标注这个页面是技巧帮助性页面，且这些教程一般以 PDF 格式居多，也有少量是 DOC 格式的，所以也可用 filetype:pdf 来限制。

例，photoshop 技巧集锦

例，数码相机 使用指南

例，dreamweaver inurl:jiqiao

5）找英汉互译：百度、Google 均提供中英文互译功能。百度单击词典进行查询，而 Google 则用“fy、FY、翻译”（三者任选一个）加上需翻译的词输入网页查询框，单击“搜索”按钮即可。

6）找专业报告：重要文档在互联网上存在的方式往往不是网页格式，而是 Office 文档或者 PDF 文档。多数上市公司的年报、很多公司的产品手册，也以 PDF 格式放在网上。用 filetype 这个语法来对搜索对象做限制，冒号后是文档格式，如 PDF、DOC、PPT、XLS 等。

例，霍金 黑洞 filetype:pdf

7）找论文：先找到论文网站，然后在这些网站上查找自己需要的资料。直接找论文时，一般论文主题会出现在网页标题中，而且常有“关键词”、“摘要”等论文的特征词汇。

例，关键词 摘要 intitle:物流

8）找范文：找市场调查报告范文，网页标题中通常会有“XXXX 调查报告”的字样，在正文中通常会有“市场”、“需求”、“消费”等特征词，所以利用 intitle 甚至 filetype 语法来搜索。找申请书范文，如入党申请书，常有“我志愿加入中国共产党”等特征词；找工作总结范文，正文中常有“一、二、三”、“第一，第二，第三”和“首先，其次，最后”等特征词，网页标题中常会出现“工作总结”四个字。

例，市场 消费 需求 intitle:调查报告 filetype:doc

例，我志愿加入中国共产党 入党申请书

例，第一 第二 第三 intitle:工作总结

9）找谜底：只需把谜面和“谜底”作为关键词搜索。

例，“眼皮上落着一只苍蝇 谜底”

10）找医疗健康信息：在标题中会注明疾病的名称，同时会有诸如“预防”、“治疗”和“消除”等特征性关键词，所以常用疾病名称和特征作为关键词。也可以先用搜索引擎查找这类疾病的权威专业网站，然后到这些专业网站上求医问药，获取有关知识。

例，消除青春痘

例，预防口腔溃疡

11）找人：首先就是搜他/她的名字，正式名、曾用名、小名、网名、英文名、绰号等，有时候还需要添加籍贯、生日、曾就读的学校、曾呆过的班级、曾有过的作品、曾工作过的单位、曾经的婚姻伴侣等限制条件。

12）找明星资料：搜索明星官方网站、Fansite 或者其他网站娱乐频道的明星专题，这些网站往往有较丰富的信息。找明星图片时，用明星的名字，加上“图片”、“写真”、“相册”、“图集”等特征词；找明星档案时，用明星名字，加上“身高”、“籍贯”、“档案”等特征词。明星的姓名通常出现在网页标题中，因而可使用 intitle。

例，章子怡 身高

例，档案 intitle:林青霞

13）找产品信息：一般到制造商的官方网站上找第一手产品资料，然后利用 site 语法直接在该网站范围内查找需要的产品资料。如果想了解某种类型的产品的性能，用产品名称加上诸如“选购指南”、“综合评测”、“从入门到精通”等特征性词汇做查询词，就可以轻松搜到类似文章。

例，MP3 播放器 site:Samsung.com.cn

例，MP3 播放器 选购指南

14）找网上购物信息：常用商品名称加上“价格”、“购物车”等特征词，或先找一些著名的购物网站，然后在网站内搜索。

例，保罗西蒙 购物车

例，金庸全集 购物车

15）找企业或者机构的官方网站：一般常用其名称作为查询词进行搜索，另外企业或机构的名称常出现在网页标题上，因此可用 intitle 进行限制。

10.3.2 网络学术资源的其他收集办法

1. 定期检索阅读各专业有关网络信息资源的研究论文

研究论文本身就是学术研究成果的体现形式，而网络学术信息资源也是学术研究的一个方面。因此，这方面的研究成果也会通过研究论文的形式公开发表于学术性期刊上，图书情报类期刊是刊载这一专题论文最多的期刊。定期检索阅读这类论文有助于全面地掌握某些专业学科网络信息资源的最新情况和发展趋势。国内网络学术信息资源方面的研究活动比较活跃的领域一般有医学、生物学、农学、化学等。

2. 访问专业学会、协会、研究中心网站

与国内外学术机构交流，充分了解其研究领域、科研项目及其相关成果，也是把握专业科研领域最新进展和发展趋势方面信息的重要途径。许多从事科学研究的学会、协会、学术组织和研究中心，都在因特网上建立了自己的园地，访问这些网站，可得到大量学科专业的资源线索。

3. 访问著名大学图书馆网站的网络学术资源导航

大学图书馆是网络学术信息资源研究的前沿，是十分可靠的参考信息发生地和集散地。国内外都有一些大学图书馆的资源导航做得非常出色，具有很高的参考价值。如北京大学图书馆的资源导航，即是国内做得很出色的一个网络学术信息资源的参考站点。

国外大学图书馆大多设有网络学术信息资源导航，可以帮助拓宽视野，扩大检索面。对专业人员来说，熟悉几所对口的专业大学图书馆网页的结构，了解其资源导航的位置和用法，一定会大有帮助。

4. 访问专业的参考网站

因特网上信息浩如烟海，一些机构专门对某些专业领域的资源进行搜集和分类整理，将分布在世界各地的资源组织起来，建立虚拟图书馆或资源链接中心。在虚拟图书馆中，信息资源按专业分类，而资源的位置是透明的。用户从这类站点出发，便可以访问分布在世界各地的专业站点，如同这些资源被集中放置一样，极大地方便了资源共享。

5. 巧用数据库的一些指南

打开一个网站，可以通过以下四点来了解一个网站的内容：一是 About Us，国外绝大多数网站都有这个栏目，主要介绍该网站的历史、现状、收录范围、联系地址，而这些都是了解一个检索网站所必须掌握的基本信息；二是 FAQ（常见问题解答），不是每个网站都一定具备 FAQ，但如果有的话，那就一定是值得参考的内容；三是 Help，这对回答检索过程中的疑问是最有帮助的；四是试用 Free Trial，国外许多数据库都提供试用检索服务。

10.3.3 著名搜索引擎网址

1. 多语种搜索引擎

（1）Google http://www.google.com/
（2）Yahoo http://www.yahoo.com/
（3）Microsoft Live Search http://www.live.com/

2. 中文搜索引擎

（1）百度 http://www.baidu.com/
（2）网易有道 http://www.youdao.com/
（3）搜狐搜狗 http://www.sogou.com/
（4）新浪搜索 http://cha.iask.com/
（5）天网搜索 http://e.pku.edu.cn/
（6）中搜 http://www.zhongsou.com/
（7）21CN http://search.21cn.com/
（8）飞客 BT 搜索 http://bt.fkee.com/
（9）搜友博客搜索 http://www.souyo.com/
（10）雅虎易搜 http://www.yisou.com/
（11）麦布搜索 http://www.mybu.net/
（12）腾讯搜搜 http://www.soso.com/
（13）络龙医疗健康搜索 http://www.yisou.us/
（14）易搜查 http://yisoucha.com/
（15）北京搜索 http://www.beijingso.com/

3. 英文搜索引擎

（1）SearchMash http://www.searchmash.com/
（2）ASK http://www.ask.com/
（3）Search http://www.search.com/
（4）Ask Jeeves http://www.askjeeves.com/
（5）AllTheWeb http://www.alltheweb.com/
（6）HotBot http://www.hotbot.com/
（7）AltaVista http://www.altavista.com/
（8）Gigablast http://www.gigablast.com/
（9）Lycos http://www.lycos.com/
（10）Open Directory http://dmoz.org/
（11）Netscape Search http://search.netscape.com

4. 新闻搜索引擎

（1）Ananova http://www.ananova.com/

（2）Newsknife.com http://www.newsknife.com
（3）NewsNow http://www.newsnow.co.uk/
（4）NewsTrawler http://www.newstrawler.com/
（5）Rocketinfo http://www.rocketnews.com
（6）DailyEarth.com http://dailyearth.com/
（7）HeadlineSpot http://www.headlinespot.com/
（8）Kiosken http://www.esperanto.se/kiosk/engindex.html

5. Blog 搜索引擎

（1）Blogdigger http://www.blogdigger.com/
（2）Blogging Headline News http://blogging-news.info
（3）BlogStreet http://www.blogstreet.com/
（4）CRAYON http://www.crayon.net/
（5）Fagan Finder http://www.faganfinder.com/blogs/
（6）NewsIsFree http://www.newsisfree.com
（7）Syndic8.com http://www.syndic8.com/

6. 期刊搜索引擎

（1）FindArticles.com http://www.findarticles.com/
（2）MagPortal http://www.magportal.com/
（3）Scirus http://www.scirus.com

7. 购物搜索引擎

（1）BizRate http://www.bizrate.com/
（2）DealTime http://www.dealtime.com
（3）Froogle http://www.froogle.com
（4）Kelkoo http://www.kelkoo.co.uk/
（5）MSN Shopping http://shopping.msn.com/
（6）mySimon http://www.mysimon.com/
（7）NexTag http://www.nextag.com/
（8）PriceGrabber.com http://www.pricegrabber.com/
（9）Yahoo Shopping http://shopping.yahoo.com/
（10）Buyer's Index http://www.buyersindex.com/
（11）ePublicEye.com http://www.epubliceye.com
（12）PriceScan http://www.pricescan.com/
（13）shop.com http://www.shop-com.co.uk

8. 专业搜索引擎

（1）AddAll http://www.addall.com/

（2）Ditto http://www.ditto.com/

（3）Kazaa Media Desktop（MP3 only） http://www.kazaa.com/

（4）Insiderinfo http://www.insiderinfo.com/

（5）MIDI Explorer（MIDI sound files only） http://www.musicrobot.com/

（6）The Music Finder（artists & songs， not files） http://www.music-finder.net/

（7）Picsearch（images、web） http://www.picsearch.com/

（8）PublicRadioFan.Com http://www.publicradiofan.com/

（9）Radio-Locator http://www.radio-locator.com/

（10）TheFeedRoom http://www.feedroom.com/

9. 专业儿童搜索引擎

（1）Ask Jeeves For Kids http://www.ajkids.com/

（2）KidsClick! http://www.kidsclick.org/

（3）Yahooligans http://www.yahooligans.com/

（4）Awesome Library http://www.awesomelibrary.org/

（5）Diddabdoo http://www.dibdabdoo.com/

（6）Education World http://www.education-world.com/

（7）Fact Monster http://www.factmonster.com/

（8）Kids Search Tools http://www.rcls.org/ksearch.htm

（9）Teach-nology.com http://www.teach-nology.com/

（10）TekMom's Search Tools for Students http://www.tekmom.com/search/

本章主要参考文献

http://search.cnki.net[OL].

http://www.baidu.com[OL].

http://www.google.cn[OL].

http://www.scirus.com/srsapp/aboutus/[OL].

第 11 章　信息资源的分析利用、组织与论文写作

11.1　信息资源的收集技巧

利用参考工具和数据库是获得信息的主要途径，只要方法得当，往往事半功倍，在短时间内获得大量切合课题需要的文献。但是任何一种检索资源都只能收录有限的文献信息，而且检索资源与原始资源之间往往有时间差。为了弥补系统检索的缺陷，可以借助于其他方法来搜集信息。

11.1.1　信息资源的其他收集方法

1. 经常浏览新书和新刊

（1）新书、新刊陈列

为了揭示馆藏、提高书刊的利用率，图书馆经常挑选一些新到馆的书刊，在阅览室特设的书架上陈列出来。这些书刊一般都是某一学科的重要著作，或者某一领域的核心期刊，陈列期间一般不外借，只能在室内阅览。通过翻阅陈列的新书和新刊，可以及时获得最新信息。

（2）专题书刊展览

为了配合党和国家的中心任务、重大的政治事件或者宣传国内外科学技术的新成就，图书馆经常围绕某一题目，选择有关的图书、期刊、资料、图表和照片等，举办专题书刊展览。这类展览主题明确、重点突出、图文并茂，所搜集的资料全，针对性强。

（3）书目查询

书目报道是宣传、揭示和通报馆藏书刊的重要方法。图书馆经常将新到的中外文图书资料按照类别和文种编排起来，印成单页的或者成册的书目，分发给有关的单位和读者参考。或者提供计算机书目检索功能，这种书目检索往往对所有互联网用户开放，用户可免费检索。通过这类通报性的新书目录，可以了解图书馆的新书入藏情况，读者可通过直接借阅或馆际互借等多种手段来利用图书馆的藏书。

（4）新书评价

图书评论活动是宣传图书，辅导读者阅读的有效方式。图书出版发行部门、政府宣传部门、图书情报部门或其他相关机构为了报道、宣传和推荐图书，对于一些重要的或者优秀的图书，通常在一些网站、BBS、报纸等媒体上刊登一些评论文章供读者参考。评论文章的作者通常是具有一定水平的研究人员或者技术人员，文章内容客观公正。借助这种书评活动，可以了解图书的内容和价值，从而搜集到有用的信息。

2. 参加会议

近年来，随着经济的发展和科学技术频繁交流，每年都有大量的学术会议和专业会

议在召开。常见会议类型有研讨会、技术鉴定会、订货会、展览会、交易会、产品展销会、信息发布会等。其中研讨会和技术鉴定会是获取信息的最重要的会议形式。

（1）研讨会

召集有关的科学研究、教学和工程技术人员就某一问题或者技术项目进行研究讨论的会，称之为研讨会。参加研讨会的人一般具有较高的学术水平或者较丰富的实践经验，因此，研讨会上所发表的意见，大致能反映某一课题或者某一项目当前的研究状况和研究水平。

研讨会一般都要求入会者提交学术论文，会议多采用大会发言与小组讨论相结合的形式。在这一类型会议上，除了采用索取会议资料、录音、记录等方式搜集信息以外，还可采用会后访问、交谈等方式进一步详细调查和搜集自己感兴趣的信息。

（2）技术鉴定会

技术鉴定会是为了评价某项科研成果的技术水平和社会效益，邀请有关专业人员和权威人士召开会议，对该项成果或技术的新颖性、先进性和实用性做出审定和评价，并提出相应的处理意见。技术鉴定会要审查和研究待鉴定项目的全套资料，例如计划任务书、设计图纸、性能试验报告、生产运行考核报告、使用说明书、用户使用报告等。这就为搜集某一技术的完整信息提供了便利条件。

虽然不同类型的会议，内容不同，参加人员不同，但通过会议可以得到很多有用信息。

1）参加同一会议的人，一般都是同行业或者相同专业的人。会议讨论问题集中，发言比较深入。这是搜集行业信息和专业信息的有利时机。

2）会议使平时分散在各地的同行聚集一堂，通过参加会议，可以在短时间内同时搜集到各地同行的信息。

3）通过倾听与会者对别人发言的讨论和对别人产品的评价对信息的理解会更深刻、更全面。

4）会议期间，会议代表之间可以互相交流、探讨。在这种交流过程中，可以及时澄清疑问，有助于更加准确地理解和吸收信息。

3. 参观考察

参观不仅能进行广泛的信息交流，而且还可以获得各种各样的文献型和非文献型信息，因此，参观是搜集信息的一种重要方法。参观时搜集信息的机会主要来自于：

（1）接受单位的综合情况介绍

参观前，接受参观的单位总要对本单位的情况进行一般综合性介绍，例如职工人数、机构设置、科研技术人员在总人数中所占的比例、科研方向、技术能力等。

（2）实地参观

实地参观可以进一步证实综合情况介绍的准确性，还可以搜集到一些没有介绍的信息，例如工作流程、操作人员的熟练程度、广大员工的工作积极性、人际关系等。

（3）交谈与询问

在参观过程中，参观者可以与被参观单位的科研人员、技术人员和操作人员进行广泛的思想交流，提出的各种问题一般都能得到满意的回答。

（4）被参观单位发放的资料

为了扩大影响或者宣传产品，被参观单位往往会向参观者发放一些如情况介绍、产品说明书、编辑的刊物等文字材料。

4. 发放调查表

调查表是由某一单位向被调查的个人或者单位发放的，附有明确调查内容并有统一格式的一种表格。调查表是搜集信息的一种较好的方法，它的主要特点是：

1）有明确的调查目的，针对需要解决的问题，确定所要调查的人群，灵活设计调查问卷。

2）选择调查样本不受地理位置和其他因素的限制，因而可以根据调查需要来确定调查样本的个数及其分布空间，从而提高调查结果的代表性和准确性。

3）调查对象有充分的时间考虑自己的意见，而且不影响其正常工作，因而可以提高调查对象的合作意愿。

4）可以节省召开会议、外出调查等直接征询意见所需要的大量经费。

根据调查对象的选取原则，调查可以分为重点调查和抽样调查等。

11.1.2 信息资源的收集技巧

1. 根据信息资源的收集目的不同，选择合适的文献类型

不同类型的文献产生于科学研究和生产实践的不同阶段，不同类型的文献有不同的写作目的和不同的特点。因此，必须了解各类型文献的特点，并根据信息资源收集的目的不同，选择合适的文献类型。

1）图书。叙述内容系统、全面，一般比较成熟，代表了某一时期某一学科的发展水平。但出版周期较长，内容缺乏新颖性。

2）期刊。出版周期短，反映成果及时，内容新，信息量大，是利用率最高的文献类型。绝大多数的文献需求是期刊论文。

3）科技报告。反映的是新兴学科和尖端学科的研究成果，内容新颖、专业性强，能代表一个国家的研究水平。因为保密性的特点，因而有时不易获得。

4）会议文献。围绕着某一学科或专业领域的新成就和新课题来进行交流、探讨，代表了某一学科或专业领域的最新研究成果及国内外的水平和发展趋势。因而是非常重要的信息资源。

5）专利文献。专利具有新颖性、创造性和实用性的特点，专利文献内容可靠、出版迅速、格式规范，也是一种很重要的文献类型。

6）学位论文。具有一定的独创性，探讨的问题专深，论述系统详尽，有较高的参考价值。

7）标准文献。对工农业新产品和工程建设的质量、规格、参数及检验方法所做的技术规定，是人们在设计、生产和检验过程中共同遵守的技术依据。

8）政府出版物。是各国政府及所属机构颁布的文件，如政府公报、会议文件和记录、法令汇编等，具有正式性和权威性的特点。

9）产品样本。对定型产品的性能、构造、原理、用途、使用方法和操作方法、产品规格等所做的具体说明。产品样本往往配有外观照片、结构图，直观性强、技术成熟。

10）技术档案。生产建设、科技部门和企事业单位针对具体的工程或项目形成的技术文件、设计图纸、图表、照片、原始记录的原本及复制件，是生产领域、科学实践中用以积累经验、吸取教训和提高质量的重要文献。

除了以上10种主要文献类型以外，还有报纸、新闻稿、统计资料等类型的文献。

因此，针对所查课题分析确定文献类型，如果属于基础理论性探讨，要侧重于查找期刊论文、会议论文。如果是尖端技术，应侧重于科技报告。如属于发明创造、技术革新，则应侧重于专利文献。如为产品定型设计，则需要利用标准文献及产品样本。

2. 在没有相关检索工具或检索信息资源的情况下，可利用追溯法查找相关文献

追溯法包括两种方法，一种是利用原始文献所附的参考文献进行追溯，另一种是利用引文索引检索工具进行追溯。

科学研究的连续性和继承性决定了学术论文之间的相互参考与借鉴，因此可利用原始文献所附的参考文献进行追溯查找。一篇学术论文往往要参考或引用几篇、几十篇，甚至上百篇其他论文的内容，并在文末将其作为参考文献列出。某篇参考文献又会引用其他几篇、几十篇，甚至上百篇论文的内容。所以用参考文献进行追溯查找，在某种程度上可以扩大文献来源。但参考文献数量有限，查找的文献不够全面，而且往往追溯年代越远，文献内容越陈旧，与课题关系越小。所以，一般情况下，追溯法是在没有检索工具或检索工具不齐备的情况下，作为查找文献的一种辅助方法来利用。

而引文检索工具恰好相反，首先以一篇重要的早期相关文献作为检索的起点，利用引文索引查出所有引用过这篇文献的人及其文献出处，从而得到与课题相关的文献。

3. 根据课题的内容特点，确定查询时间范围

不同的课题，对信息的要求也不一样。有的课题要求是最系统完整的资料，是关于学科发展的所有信息，强调的是信息的系统性和完整性；有的课题要求是最新的资料，是关于学科发展最前沿的信息，强调的是信息的新颖性。当然还有一些课题仅仅是要求有一大批资料，没有新颖性和系统的要求。所以对不同的课题，确定一个不同的时间查询范围。

例如要查一个关于《红楼梦》研究历史的课题，所需的信息就必须系统、完整、全面的，查询时就要从这一课题开始的年代，即从清代乾隆年间对《红楼梦》的考证开始，一直到现在。

4. 根据课题内容，确定好关键词

一般在进行数据库检索的时候，使用得最多的检索途径是关键词。检索结果如何，完全取决于所输入的关键词。所以如何确定关键词确实是一个非常关键的问题，怎么强调其重要性都不过分。然而关键词的确定并非是一件轻而易举的事，要考虑诸多因素，那到底如何确定关键词呢？

1）根据课题要求进行主题分析，确定检索课题的各主题因素，如主体因素、通用

因素、时间因素、位置因素和文件类型因素等，然后选用可能的关键词，尤其注意对表达主体因素的长主题词的切分处理，并充分利用截词检索功能。

2）检索提问的概念往往不止一个，而一个概念往往又涉及多个同义词或相关词。为了提高查全率，要确定多个同义词，或上位词，有时甚至用反义词。如用“计算机”检索，要考虑“电脑”、“微机”、“微型计算机”等同义词。为了准确地表达检索提问式，可以使用逻辑“与”、逻辑“或”、逻辑“非”对检索词进行组配。

3）关键词与分类号相结合进行交叉组配检索，比单纯用关键词和单纯用分类号检索要优越得多。关键词具有直观、专指和使用方便的特点，人们往往更喜欢使用关键词进行直接检索，而忽视与分类号交叉组配检索，却不知分类语言的系统性和网络性刚好能弥补关键词的分散性，两者结合定会减少误检漏检，提高检索效果。

4）在关键词查询中，有时结果不能让人满意，这时可将关键词更改成意思相同或相近的另一些词，也可把关键词进行缩短。如将“文献检索”，更改为“文献”、“检索”、“查询”等检索词，并进行适当的逻辑组配，这样可找到另一些相关的资料，也有选择的余地。

11.2 个人信息管理工具——E-Reference Tool

11.2.1 个人信息管理工具概述

研究人员需要获取文献信息以完成研究工作，信息以各种不同的格式来自于各种不同的来源，信息没有一个统一的格式，大多数读者以传统的卡片作索引目录、用剪贴做笔记、或用 Word、Excel 等软件处理书目信息，可是当要写文章赶报告的时候却找不到自己所需要的资料。用文字处理软件的 copy 和 paste，虽然快速，却仍不能处理不同期刊要求不同引用格式的问题。如果使用一些整合性工具收集、整理、管理和引用各种信息，则能大量节省研究人员的宝贵时间。使用合适的个人文献信息管理工具，能较好地完成文献检索和管理任务。特别是随着个人文献信息管理软件的不断发展，更加增强了文献管理与论文写作的结合功能。如通过设置科技论文写作模板的方式，简化了科研人员在科技论文写作和投稿方面的程序，提高了写作效率。

个人文献信息管理工具（personal bibliographic management tools/software，或者称 E-Reference Tool）也被称为书目数据库管理软件（bibliographic database management，简称 BDM）或者电子文献目录管理（electronic bibliography managers）和参考文献管理软件（reference management software），它是一种帮助个人管理书目资料的软件，专为参考文献而设计的管理系统，打通了信息检索、管理和论文写作的流程，指导用户收集、整理、管理和引用参考文献，保存整个职业生涯里的文献情报资料。可由网上数据库下载数据，保存、管理及支持检索个人数据，边写作论文边引用文献，可将手稿按照学术期刊的要求格式化论文及自动加上引用索引。

目前，市场上提供给读者使用的个人文献信息管理软件有近 60 多种，有基于桌面和基于 Web 两种类型。较流行而著名的软件有：EndNote、Reference Manager、ProCite 及 Papyrus。除此以外，还有 WriteNote、RefViz、RefWorks、NoteExpress、LibraryMaster，

Rers-11、Bookend、Journallog、DataFacts、PC-files、WinRe-fer、Notebook Ⅱ、Sci-mate、Bibliography、Autobiblio、RefSys、Citation、GetARef、Biblioscape、Bibliographica、Scribe、GetARef 和 Unix-refer 等。这些软件的基本功能大同小异，主要包括：

1）从各种不同的来源收集信息资料：系统提供了各种资料库的检索结果直接转入系统的功能。用户可以利用浏览器插件直接把检索结果从数据库中批量输入系统，也可以将不同数据库的检索结果直接转入系统，建立并维护自己的数据库，以统一的格式保存信息资料。

2）检索查询功能：文献信息输入后，可按不同的字段进行检索，如用 Author、Title、Journal、Keyword、Subject 等进行布尔逻辑组配检索，并可做记录排序或增删等。

3）查重修改：当用户陆续汇集许多资料后，系统可以自动查重修改，并允许将重复的记录删除和修改书目信息，用户可以自己根据需要确定去重的标准，还可以管理和组织图像图表等资料。

4）编辑记录：建立自己的近义词表，可以在需要的时候检索并提取相关的记录，通过网络共享数据。

5）直接搜索网络信息：在不打开浏览器的情况下，系统的 Z39.50 功能可以直接检索提供 Z39.50 网站的信息，检索对象包括网络数据库、书目文献数据库和图书馆馆藏信息，并能直接将检索结果下载到自己的信息管理系统中，可帮助用户进一步扩大检索范围，跟踪最新研究动态。而检索各图书馆的馆藏信息，则可以为获取原文指明方向，便于通过馆际互借服务从其他图书馆传递文献。

6）显示文献资料状况：系统提供字段记载某条文献信息是否有全文或正申请复印中。

7）可加注个人读书心得：系统提供自定字段，让用户随时将读书心得或重点笔记加注在该条书目记录内，方便以后写文章时直接调用。

8）利用文字处理系统产生引用资料清单：如使用 MS Word、Word Perfect 等写文章时，系统利用“Cite While You Write”（边写作边引用）功能，找出文中引用的文献在资料库中对应的记录，在文章中直接插入附注，在文章末尾自动产生参考书目。

9）自动产生期刊所需的参考书目格式：个人文献信息管理软件提供数百种期刊引用格式以供用户选择。由于在科学领域内没有标准的文献引用格式，投稿时不同的期刊有不同的投稿要求，个人文献信息管理软件能根据出版社的要求选择特定的参考文献引用格式，撰写论文和专著时，文后的参考文献清单可以从自建信息库中直接输出，该功能极大方便了读者投稿。

10）产生科技写作模板，简化论文投稿程序：个人文献信息管理软件提供的“Cite While You Write”功能，可以按照学术期刊的要求格式化论文，方便研究人员一步到位地建立符合投稿要求的论文格式，节省了大量时间。

目前，世界上使用范围最广的个人文献信息管理软件有 EndNote、Reference Manager、ProCite 以及 PaPyrus，其中，前三种都是美国 ISI 公司的产品。ISI ResearchSoft 是全球个人文献资料管理工具的领导者，超过 100 万用户。ISI ResearchSoft 网址：http://www.isiresearchsoft.com/，读者可以从网络上下载该公司的人文献信息管理工具，如 EndNote、Reference Manager、ProCite 等软件的试用。EndNote 的主要特点是直观和客户化，非常易学易用，适合一般或多种学科，目前在全球约有 50 万研究人员和学生在使用这一软件，网址：http://www.endnote.com/。

Reference Manager 的功能非常强大，可以实现在因特网上的书目检索并创建适合研究论文写作的专业的书目数据。Reference Manager 可以在多个打开的数据库上检索并提供拼写检查、同义词等功能。特别是其网络版允许多用户对数据进行读写操作，更适合于研究工作组的集体使用，网址：http://www.refman.com/。

ProCite 数据库提供高级检索和排序功能，使数据易于存储，可以灵活定制，适于情报专家是图书馆员和针对特殊馆藏的理想软件，网址：http://www.procite.com/。

这三个软件是基于桌面的，主要使用对象为教师、研究人员和研究生，在处理个人文献目录的功能上基本相同。不同之处在于输入数据的过滤和输出书目格式的差别。由于这三个软件由同一公司开发，因此，它们在功能上越来越趋近于一致。

ISI 还基于网络推出了另一种个人文献信息管理软件 WriteNote，这是第一个适合学生（本科生、成人教育、社区大学）使用的完全基于网络的文献信息管理软件。WriteNote 是一种适合普通学生使用的研究与写作工具，可以帮助学生发现与使用网络信息资源，指导学生收集、整理、管理和引用参考文献，对于摘引的网页进行加注和保存，在个人文献库中组织参考文献以及辅助学生写作论文和添加参考文献，建立一个基于 Web 的个人图书馆。

11.2.2 EndNote 收集、整理、管理和引用参考文献

EndNote 是目前世界上广泛使用的个人文献信息管理软件之一，它的主要功能包括维护书目文献数据库、从其他数据库中下载书目文献、为写作产生合适的书目文献格式、帮助用户完成科技论文的写作。

1. EndNote 的使用

（1）打开 EndNote 软件

单击 Windows 中的操作系统的“开始”，在程序中选择 EndNote，再选择 EndNote Program，打开 EndNote 程序。打开 EndNote 后，选择 Open an existing EndNote library，系统将让你选择一个参考文献库（Reference Library），在下拉菜单中选择 hidden Markov model and support vector machine.enl，如果 hidden Markov model and support vector machine 没有出现在下拉菜单中，单击 Browse 按钮，系统会跳出一个窗口让选择，开启 Reference library，如图 11.1 所示。

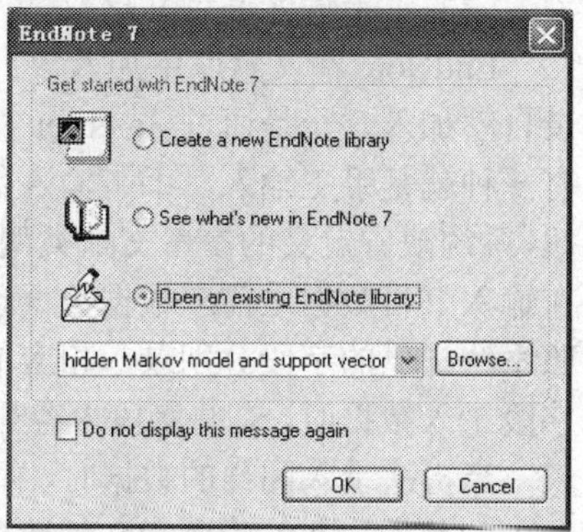

图 11.1 打开 EndNote 软件

开启 hidden Markov model and support vector machine Library 时，可以看到 EndNote reference library 窗口呈现所有的参考文献，如图 11.2 所示。在 EndNote reference library 的窗口中可以看到第一作者的名字(Author)、年代(Year)、标题(Title)。可以利用 EndNote Preferences（选择 Edit→Preferences）来修改窗口中呈现的字段。可以透过

预览窗口(Show Preview)看到更多该笔参考文献的资料。如欲选择不同的格式，可从工具列的下拉选单中选择欲呈现的输出格式。

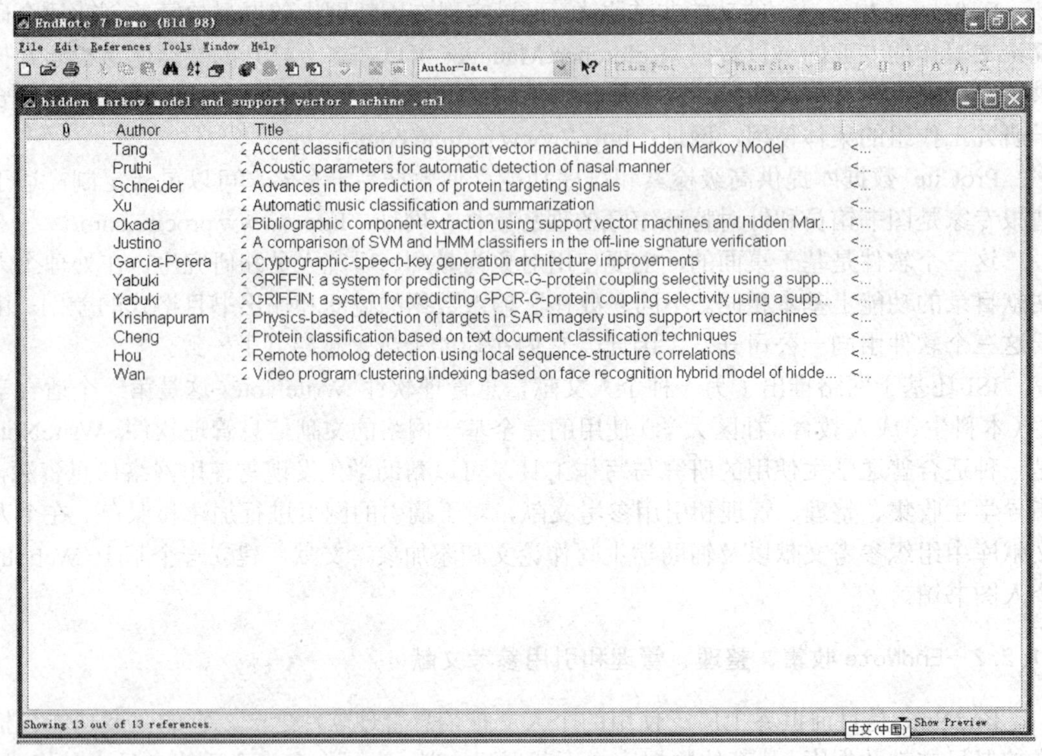

图 11.2　EndNote 收集的参考文献

（2）建立新的参考文献库

在输入书目文献记录之前应首先建立一个参考文献库。在工具条上单击 New Library 按钮，并给出相应的数据库名，则建立了一个* *.enl 格式的书目数据库。建立了数据库之后，就可以添加书目数据了。库中的数据可以被拷贝、重命名、删除、移动、压缩等。为了保证数据可安全，应经常对数据进行备份。

（3）手工输入书目文献数据

EndNote 在文献库中加入数据的方法有三种：一是将用户从某一数据库中下载的记录自动加入，一是通过 Internet 直接连到某些数据库并将数据直接加入到文献库中，还有一种就是手工输入。手工输入数据的具体方法是：在工具条上单击 New Reference 按钮，系统缺省定义的参考文献类型是期刊论文，EndNote 中共提供了 26 种书目文献格式。在输入书目数据之前应根据数据选择相应的文献类型。以期刊论文型书目数据为例，按照系统提供的字段分别录入相应的内容，则完成了一条书目数据的录入。注意：在某些字段录入数据时，有些字段内容显示为红色，这是因为 EndNote 为这些词建立了词组列表，当再次录入同样的数据时，相同的部分就会自动完成。关闭文献数据，则保存了该录入的数据。在编辑参考文献数据的过程中同时进行拼写检查。

（4）在 EndNote 中编辑书目文献

在 EndNote 中可以对数据记录进行修改和删除操作。首先，通过双击选中记录打开该条数据。然后，修改相应的部分。在完成编辑修改工作之后，关闭该条记录则将修改结果保存在记录中。当需要删除某一条数据记录时，首先单击选中该记录，然后在菜单中选择 Reference 操作，单击 Delete Reference 删除该记录。

（5）利用过滤器输入下载的参考文献数据

为了能够把文本格式的数据输入到 EndNote 数据库中，需要选择适当的过滤器。EndNote 中提供 300 多个过滤器。首先，从某一数据库中下载一组记录。了解该数据库的名称和数据提供商，因为不同的数据提供商提供的数据格式不相同。在向某个数据库中输入数据之前，应首先打开该数据库。在开始输入参考文献前，应先选定需要使用的过滤器。具体方式是单击 Edit→Import Filters→Open FilterManager，如图 11.3 所示，从中选择需要的输入过滤器，并关闭过滤器管理。

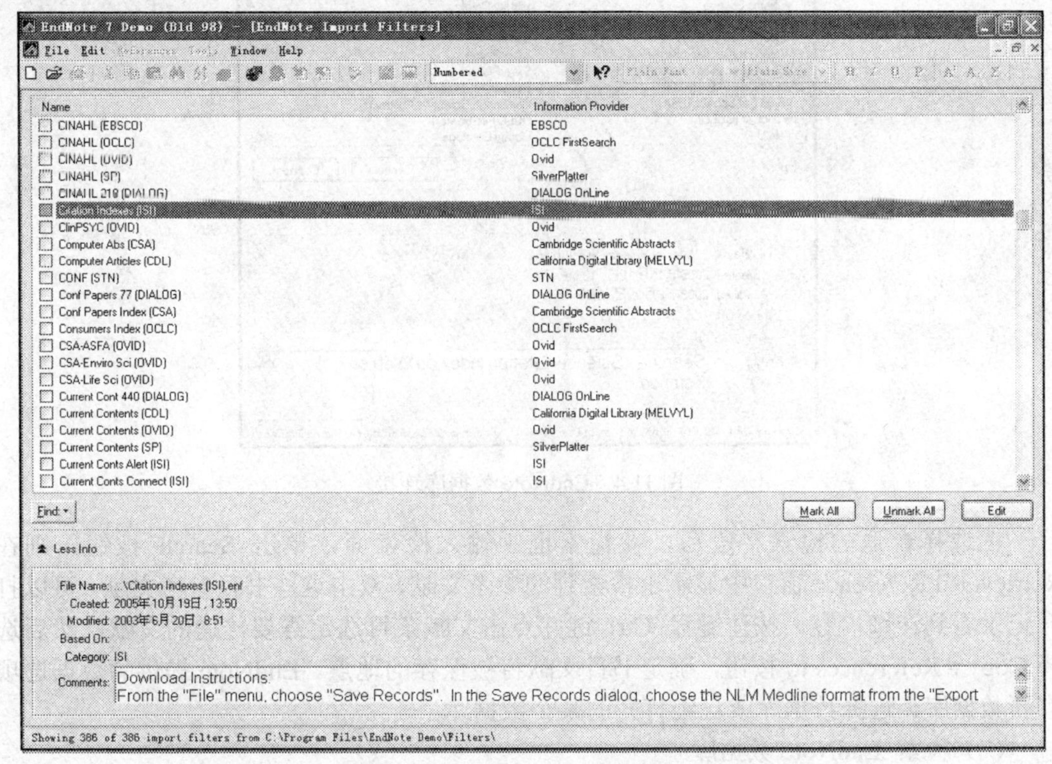

图 11.3 EndNote 过滤器选择

点击主工具条上的输入按钮或者单击 File→Import，则可以看到对话框，然后单击右上角的 Choose File 按钮，选择输入数据的来源文件，在 Import Option 中选择需要使用的过滤器，在 Duplicates 中选择 Import All、Discard Duplicates、Import into Duplicates Library 中的任何一种操作方式。在 Text Translation 操作中选择一种操作方式。一般来说，对于所有的文本文件都选择 No Translation 方式，对于 MARC 格式文件，一般选择 ANSEL 转换。完成以上动作后，单击下方的 Import 输入数据。输入后窗口中将显示新输入的参考文献，打开菜单中 Reference 栏，选择 Show All References，可以看到数据库中的所有记录。

（6）通过因特网直接连接数据库下载数据

EndNote 数据库连接 EndNote 软件可以通过因特网直接连接某些数据库，并直接将数据下载到 EndNote 库中。在主工具条上点击连接标记，则系统列出可供连接的文件数据库的列表。从列表中选择需要打开的数据库，然后单击 Connect 按钮，进行数据库连接。当连接成功之后，系统会显示一个检索窗口和一个被检索文献的窗口，如图 11.4 所示。

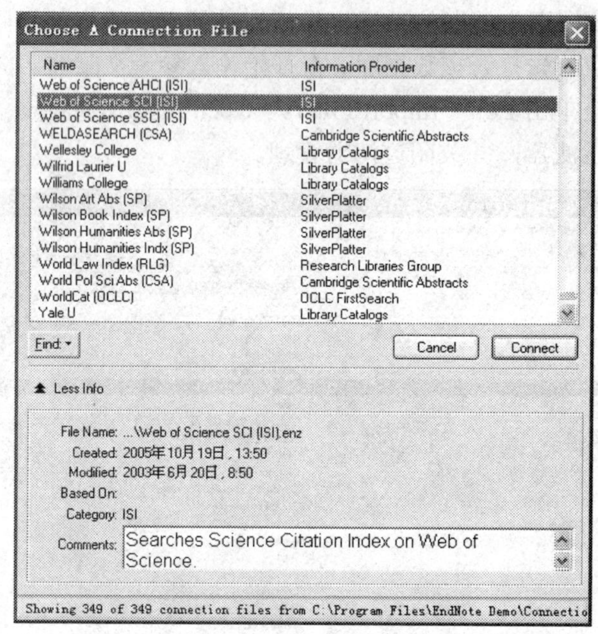

图 11.4　EndNote 数据库连接

在选择合适的检索字段后，在检索框中输入检索词，单击 Search 按钮，则在 Retrievaled Reference 窗口中显示出检索到的参考文献，双击这些书目参考文献，可以打开记录看到详细内容。按住键盘 Ctrl 键并点击文献条目选定需要传递的文献，然后选择 Copy # References to 按钮，确定书目文献将被保存的地点。EndNote 提供的数据选项有新数据库、选择数据库或已经打开的某个数据库。

（7）检索 EndNote 数据库

EndNote 可以提供功能完备的检索功能来检索自身的数据库。检索时首先单击主工具条上的检索按钮，选定可以看到如下检索界面，输入检索词，如图 11.5 所示。单击 Perform Search 按钮，则显示检索结果，EndNote 中还可以进行一些较复杂的布尔逻辑检索操作。

（8）创建参考文献书目或阅读文献目录

通过 EndNote 可以创建参考文献目录或者提供给学生的阅读文献目录。按住 Ctrl 键，在某个数据库窗口中选定一些参考文献。在菜单栏中单击 References 并选择 Show Selected References，此时屏幕显示的是选定的参考文献。然后，按照自己的需要进行排序，并选择需要的文献格式。主工具条提供了参考文献格式菜单，其中包括了四种基本格式。单击 Select Another Style 可以打开 EndNote 提供的输出格式的全部列表，从中选择自己需要的格式，并单击Choose确定。此时，系统将返回到数据库窗口，并只显示选定参考文献。在主工具条上点击输出按钮，系统弹出对话框供用户选择输出的地点、输出文件名和保存类型。一般情况下，保存文献类型选择 Rich Text Format（.rtf）格式。

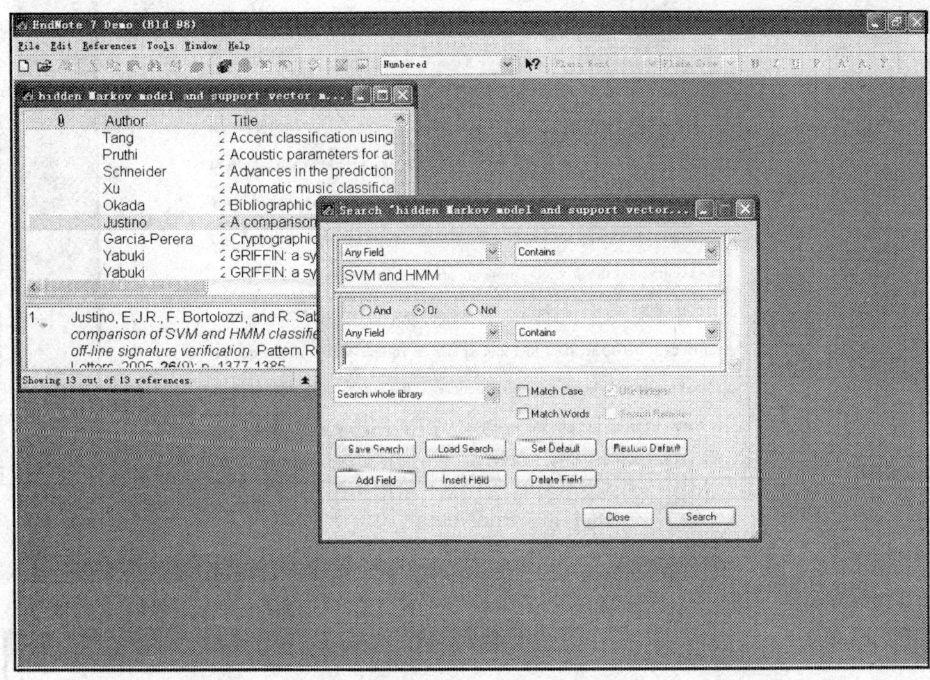

图 11.5　EndNote 检索

（9）在文字处理过程中使用 EndNote

EndNote 可以与文字处理程序结合使用。在利用文字处理程序写作文章的时候，可以随时插入参考文献并在文章结束时自动产生参考文献目录；也可以利用 EndNote 写作论文。安装 EndNote 过程中系统自动在 Microsoft Word 或 Word Perfect 文字软件中安装工具插件，也就是 Cite While You Write 工具。安装 EndNote 之后，打开 Word 菜单工具栏，选择 EndNote 子菜单，则可以看见一些与 EndNote 相关的附加命令，如图 11.6 所示，这些附加命令也可以通过移动工具条的方式使用。具体方法是点击菜单栏中的 View 选项，然后选择 Toolbars，并单击 EndNote6 显示移动工具条。

2. 利用 Word 和 EndNote 写作论文

（1）利用 EndNote 写作模板按照《Nature》杂志投稿要求写作论文

从 EndNote 工具 Tools 菜单中，选择写作模板（Manuscript Templates），如图 11.7 所示，出现 Manuscript Templates 窗口，从模板中选择 Nature.dot 并单击 Open 开始写作，如图 11.8 所示。

按照模板引导为文章添加标题。如果文章模板中从未添加过作者，则文档中的作者列表为空白，此时，单击 New 在列表中增加作者。输入作者名和联系方式，单击 OK，则作者姓名显示在文件列表中。从列表中选择姓名单击 OK，则添加作者完成。

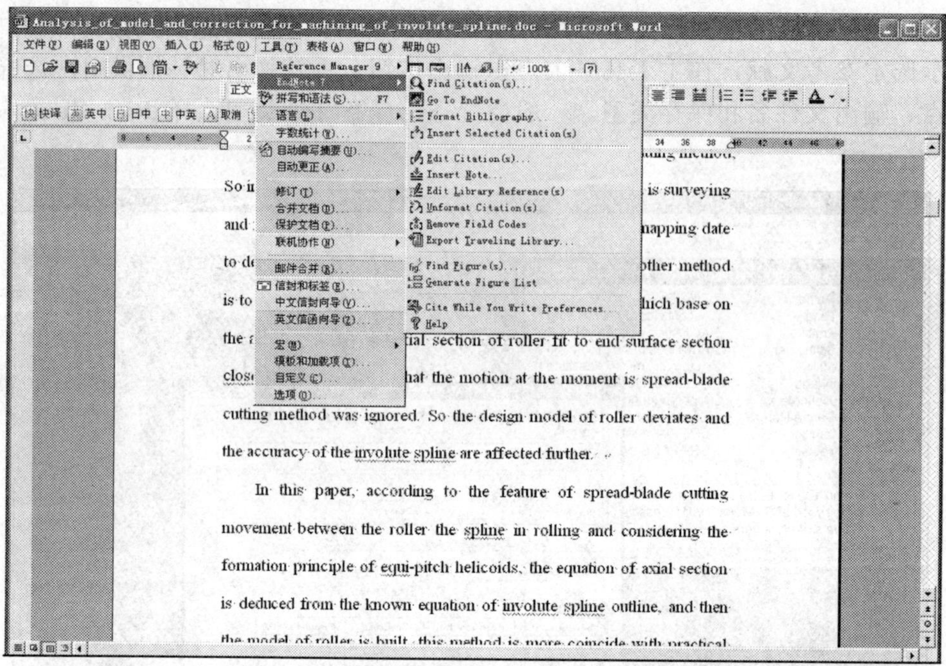

图 11.6 EndNote 附加命令

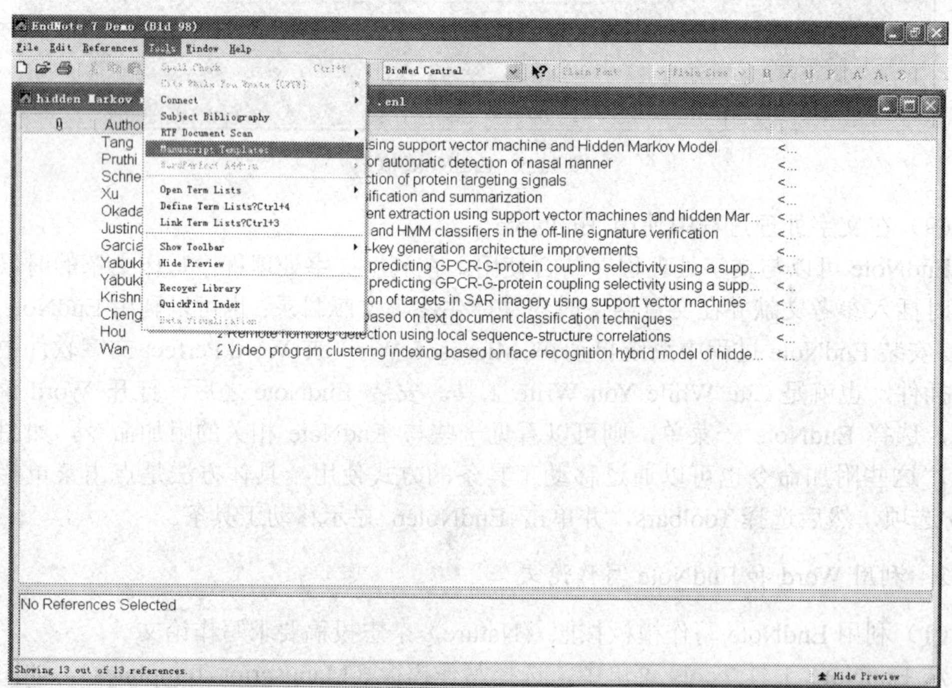

图 11.7 选择写作模板

在章节窗口列出了《Nature》杂志要求的论文章节格式。一般情况下单击 Next 缺省选择所有的章节部分，也可以在窗口中按照自己的需求选择一些文章组成部分。单击 Finish 完成整篇论文的手稿模板构建，并显示新的 Word 文件，如图 11.9 所示。

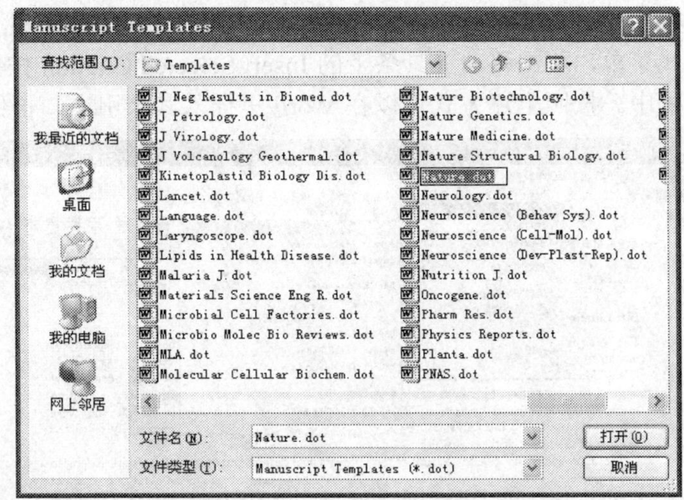

图 11.8　确定写作模板

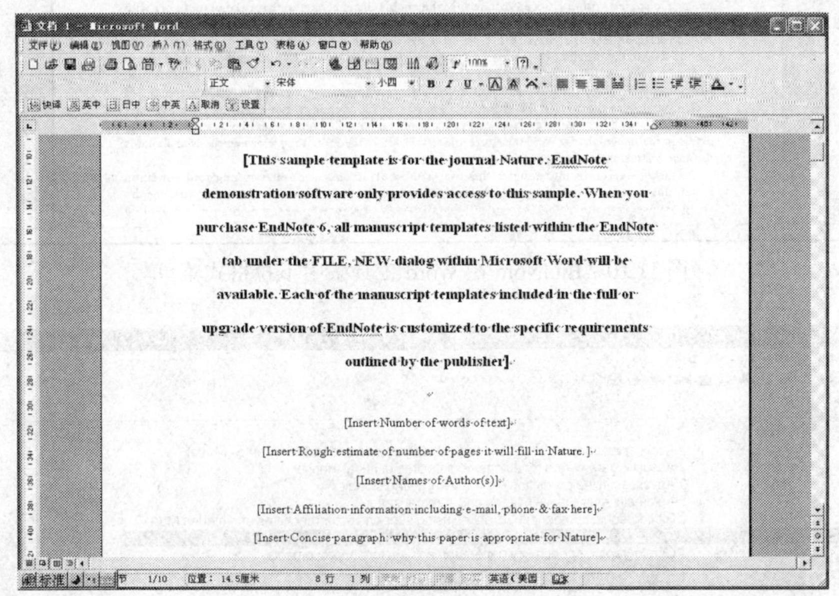

图 11.9　EndNote 写作模板

（2）引用 EndNote 中的参考文献

利用 EndNote 可以在 Word 里写学术论文，可边写边引用参考文献，直接采用预制的 1000 多种学术期刊的格式模板编辑论文。如需要在一篇名为 Robot 的文章中插入参考文献，可以将鼠标移到欲插入的引文处，在需要插入第一个引文的句尾的句号前插入一个空格以区分文章和引用文。首先决定需要使用的引文格式，点选 Word 工具条的工具然后选择 EndNote 工具条中下拉格式菜单，单击移动工具条上的 Go to EndNote 按钮，切换到 EndNote 程序中，如图 11.10 所示。选择欲插入的参考书目，如图 11.11 所示。选择 EndNote 工具条中下拉格式菜单，选择 Cite While You Write，单击 Insert Selected Citation 按钮，此时 Word 即自动加入该条参考书目，文章中的参考文献格式如图 11.12 所示。也可以选择 EndNote 工具条中下拉格式菜单，选择 Cite While You Write，单击

Return to Word 按钮，返回到 Word 文档。点选 Word 工具条的工具，然后选择 EndNote 工具条中下拉格式菜单，单击移动工具条上的 Insert Selected Citation 按钮，则该参考文献被加入文章原稿中。按照上述方式可以在 Word 里插入其余引文，再保存文件即可。

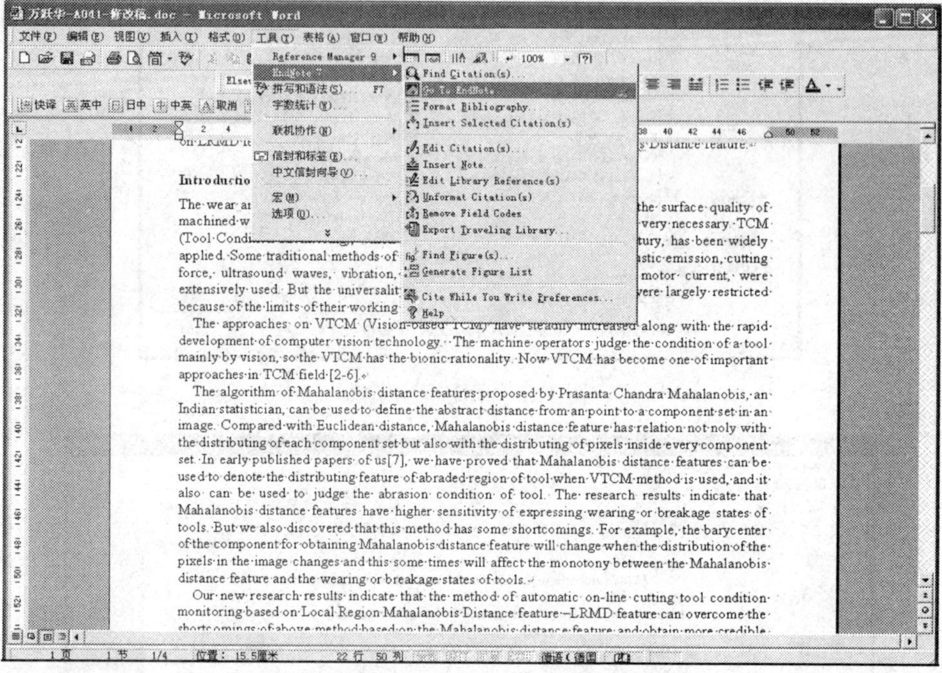

图 11.10　EndNote 在 Word 工具条中下拉格式菜单

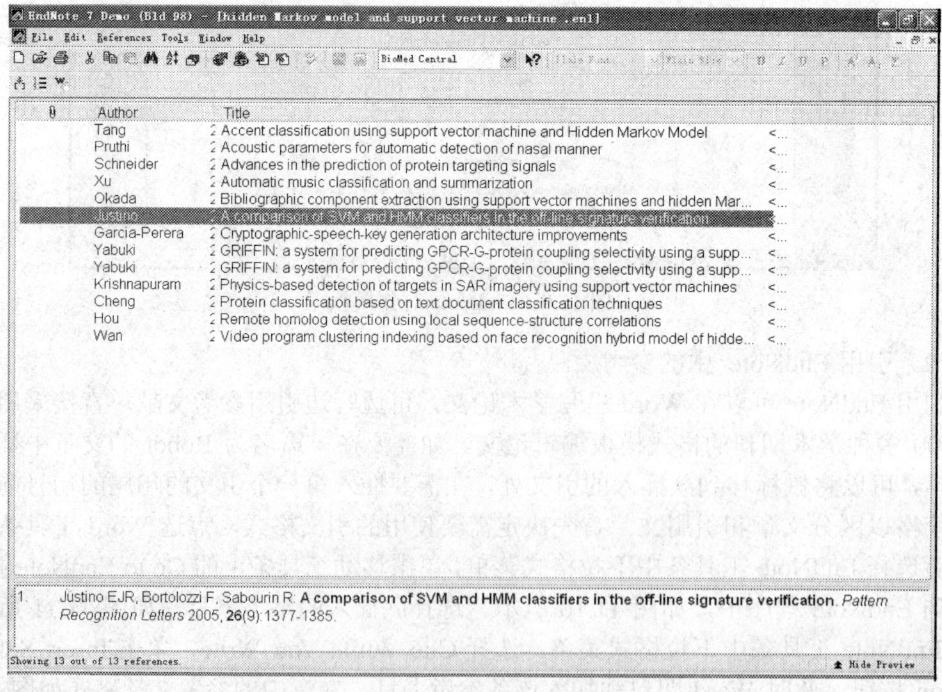

图 11.11　在 EndNote 选择欲插入的参考书目

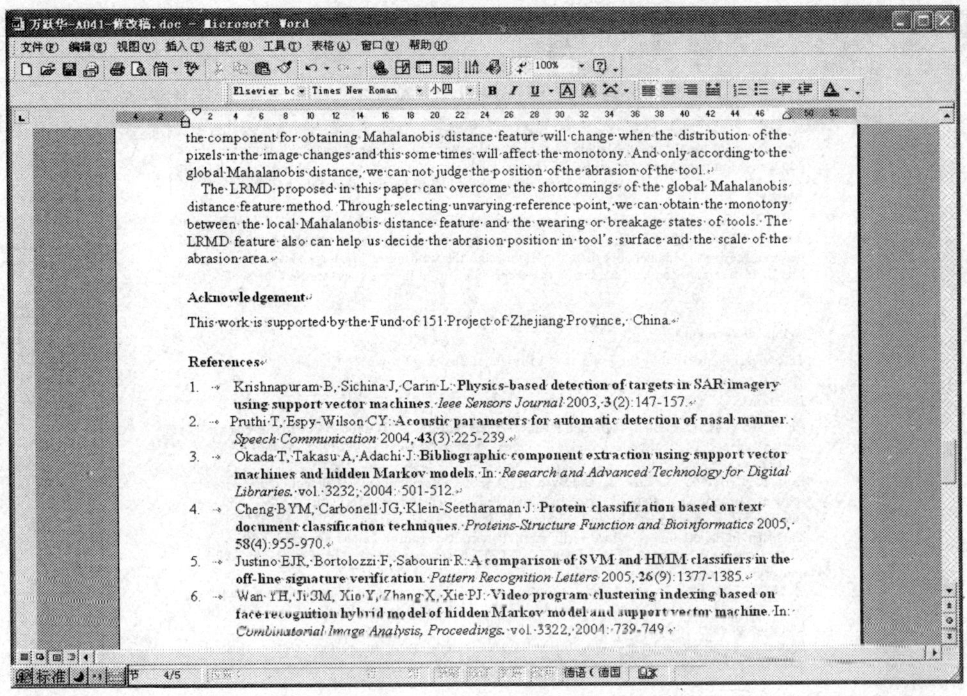
the component for obtaining Mahalanobis distance feature will change when the distribution of the pixels in the image changes and this some times will affect the monotony. And only according to the global Mahalanobis distance, we can not judge the position of the abrasion of the tool.

The LRMD proposed in this paper can overcome the shortcomings of the global Mahalanobis distance feature method. Through selecting unvarying reference point, we can obtain the monotony between the local Mahalanobis distance feature and the wearing or breakage states of tools. The LRMD feature also can help us decide the abrasion position in tool's surface and the scale of the abrasion area.

Acknowledgement

This work is supported by the Fund of 151 Project of Zhejiang Province, China.

References

1. Krishnapuram B, Sichina J, Carin L: **Physics-based detection of targets in SAR imagery using support vector machines.** *Ieee Sensors Journal* 2003, 3(2): 147-157.
2. Pruthi T, Espy-Wilson CY: **Acoustic parameters for automatic detection of nasal manner.** *Speech Communication* 2004, 43(3):225-239.
3. Okada T, Takasu A, Adachi J: **Bibliographic component extraction using support vector machines and hidden Markov models.** In: *Research and Advanced Technology for Digital Libraries.* vol. 3232; 2004: 501-512.
4. Cheng BYM, Carbonell JG, Klein-Seetharaman J: **Protein classification based on text document classification techniques.** *Proteins-Structure Function and Bioinformatics* 2005, 58(4):955-970.
5. Justino EJR, Bortolozzi F, Sabourin R: **A comparison of SVM and HMM classifiers in the off-line signature verification.** *Pattern Recognition Letters* 2005, 26(9): 1377-1385.
6. Wan YH, Ji SM, Xie Y, Zhang X, Xie PJ: **Video program clustering indexing based on face recognition hybrid model of hidden Markov model and support vector machine.** In: *Combinatorial Image Analysis, Proceedings.* vol. 3322, 2004: 739-749.

图 11.12 用 EndNote“Cite While You Write”功能生成引文

当需要改变引文格式的时候(如将论文投递到其他杂志)，点选 Word 工具条的工具，然后选择 EndNote 工具条中下拉格式菜单，单击移动工具条上的 Format Bibliography 按钮，则跳出如图 11.13 所示的对话框。

EndNote Format Bibliography
Instant Formatting | Libraries Used
Format Bibliography | Layout
Format: 万跃华-A041-修改稿.doc
With output: J Management Eng | Browse...
Annotated
Author-Date
BioMed Central
J Management Eng
Numbered
Show All
Temporary cit
Left {
确定 | 取消 | 帮助

图 11.13 EndNote 中改变引文格式

在该对话框可以选择参考文献通用格式，也可以选择某种期刊的参考文献格式。如果选择 Author-Date 输出格式，接着单击 OK。系统会自动帮你将数字格式的引文转换成 Author-Date 的输出格式。如果选择《Nature》期刊的参考文献格式，系统会自动将数字格式的引文转换成《Nature》的输出格式，如图 11.14 所示。

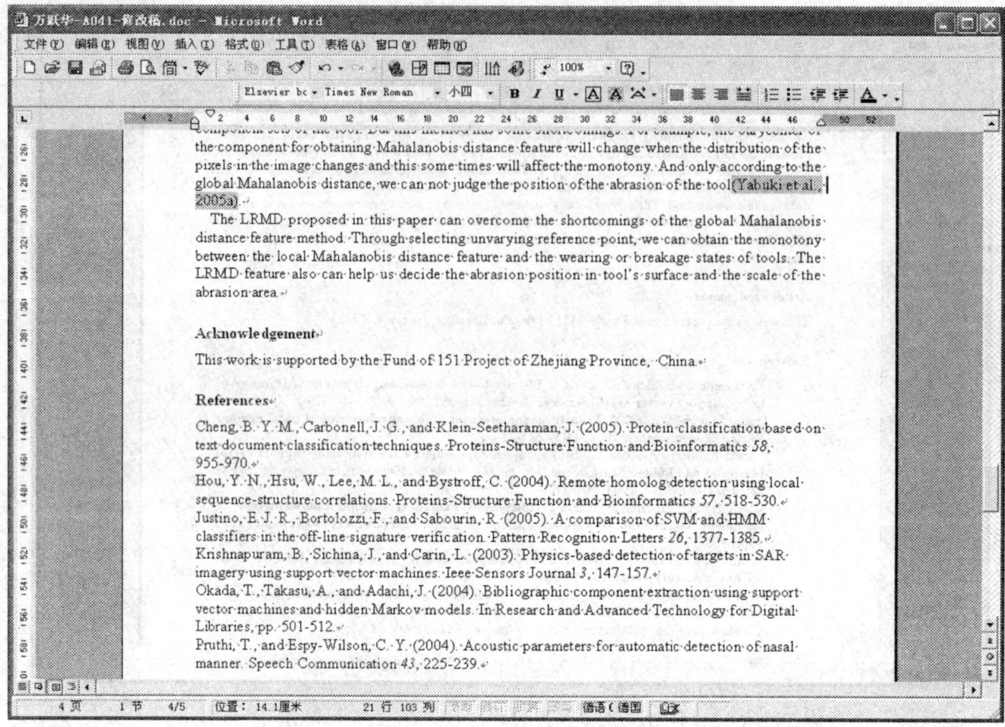
the component for obtaining Mahalanobis distance feature will change when the distribution of the pixels in the image changes and this some times will affect the monotony. And only according to the global Mahalanobis distance, we can not judge the position of the abrasion of the tool(Yabuki et al., 2005a).

The LRMD proposed in this paper can overcome the shortcomings of the global Mahalanobis distance feature method. Through selecting unvarying reference point, we can obtain the monotony between the local Mahalanobis distance feature and the wearing or breakage states of tools. The LRMD feature also can help us decide the abrasion position in tool's surface and the scale of the abrasion area.

Acknowledgement

This work is supported by the Fund of 151 Project of Zhejiang Province, China.

References

Cheng, B. Y. M., Carbonell, J. G., and Klein-Seetharaman, J. (2005). Protein classification based on text document classification techniques. Proteins-Structure Function and Bioinformatics *58*, 955-970.

Hou, Y. N., Hsu, W., Lee, M. L., and Bystroff, C. (2004). Remote homolog detection using local sequence-structure correlations. Proteins-Structure Function and Bioinformatics *57*, 518-530.

Justino, E. J. R., Bortolozzi, F., and Sabourin, R. (2005). A comparison of SVM and HMM classifiers in the off-line signature verification. Pattern Recognition Letters *26*, 1377-1385.

Krishnapuram, B., Sichina, J., and Carin, L. (2003). Physics-based detection of targets in SAR imagery using support vector machines. Ieee Sensors Journal *3*, 147-157.

Okada, T., Takasu, A., and Adachi, J. (2004). Bibliographic component extraction using support vector machines and hidden Markov models. In Research and Advanced Technology for Digital Libraries, pp. 501-512.

Pruthi, T., and Espy-Wilson, C. Y. (2004). Acoustic parameters for automatic detection of nasal manner. Speech Communication *43*, 225-239.

图 11.14　数字格式的引文转换成《Nature》的输出格式

EndNote 软件自动根据文献出现的先后顺序编号，并根据指定的格式将引用的文献附在文章的最后。如果在文章中间插入了引用的新文献或者对文章的引用进行增、删、改以及位置调整，软件将自动更新编号，并将引用的文献插入到文章最后参考文献中适当的位置。

EndNote 处理中文有点问题，主要是显示不正确，但其功能不受影响。实际上，真正的不方便之处在于中英文混合引用的时候。这时，由于习惯不同，中英文文献格式会出再混乱。如，某个文献的多位中文作者排列时出现类似“刘某某,张某某,et al”字样而不是中文习惯里的“刘某某、张某某，等”字样。

11.2.3　Reference Manager 收集、整理、管理和引用参考文献

Reference Manager 是 ISI 下属的 ISI ResearchSoft 公司推出的几个书目信息管理软件之一。作为研究和写作的工具，研究人员、教师、学生和图书管理员借助它可以更好地收集、管理和利用文献信息。使用 Reference Manager 可以完成下列或更多的工作。

1. Reference Manager 的使用

（1）打开 Reference Manager 软件

单击 Windows 中的操作系统的“开始”，在程序中选择 Reference Manager，再选择 Reference Manager，打开 Reference Manager 程序。当打开 Reference Manager 时，如果先前已使用 Reference Manager，先前所使用的最后一个数据库会自动开启，如图 11.15

所示。检查对话框下方的数据库卷标确定模板数据库是开启的。若未开启，从 File 菜单选择 Open Database 继续。窗口下方的标签显示已打开的数据库，若用鼠标单击某个数据库，使其成为当前的工作数据库。预设的参考文献清单区包含参考文献编号（Reference ID）、作者（Author）和文章篇名（Title）三栏。

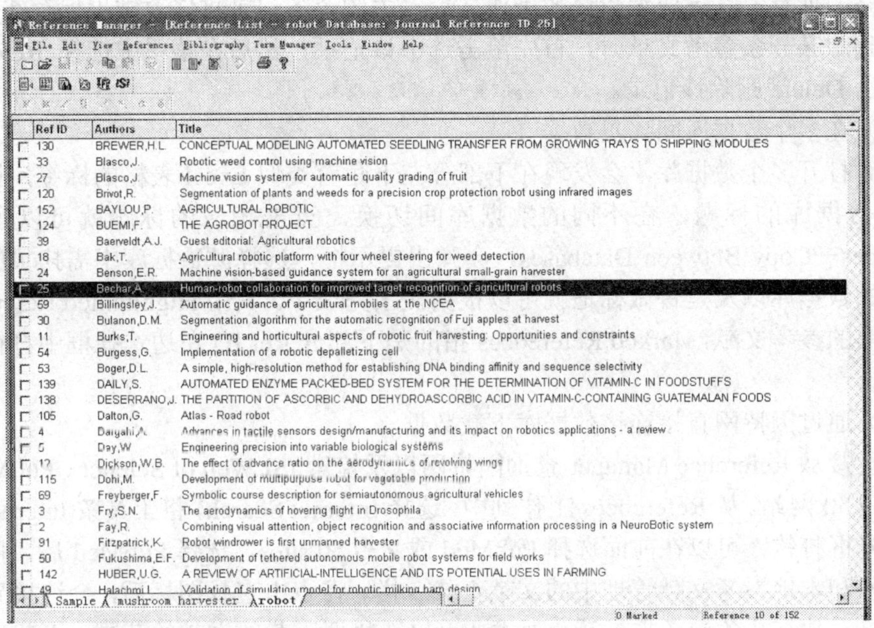

图 11.15 Reference Manager 用户界面

除了能对记录进行浏览，还能通过 References 菜单中的 New、Edit、Delete、Duplicate 和 Copy Between Databases 等命令，实现对数据记录的添加、编辑、删除、去重和在数据库之间拷贝等操作。

（2）新建数据库

新建数据库实际上是新建一个以 RMD 为后缀的文件，即 Reference Manager Databases。具体方法是：单击 File 菜单中的 New Database 命令，弹出如图 11.16 所示的窗口，选择新建数据库的位置，在文件名栏键入新建数据库的名称（图例为 neural network and robot），单击 New 按钮，完成新建 neural network and robot 数据库。

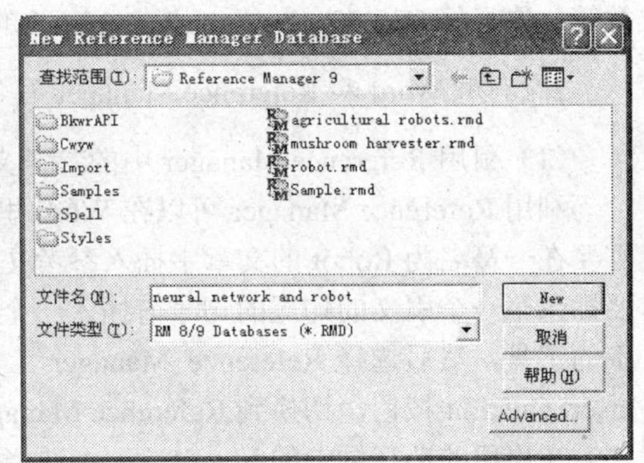

图 11.16 确定新建数据库的位置和名称

（3）手工输入书目文献数据

手工输入数据的具体方法是：在工具条上单击 Reference 按钮，选择 New，在 Reference Edit 窗口上方的 Reference Type 字段，在出现的下拉选单中选择一种 reference type，选择 Journal 可以输入期刊文章，选择 Journal (Full)可以区分完整的期刊，而不是单篇的文章，RefID 会自动依照输入到数据库中的 reference 顺序自动产生。

（4）在 Reference Manager 中编辑书目文献

在 Reference Manager 中可以对数据记录进行修改和删除操作。指向欲编辑更改的参考文献，单击 References→Edit，会出现和增加参考文献一样的窗口。修改完毕保存，关闭窗口即可。另一方法为，指向欲编辑的参考文献后，在 Reference List 窗口的上部分直接修改保存。在完成编辑修改工作之后，关闭该条记录将修改结果保存在记录中。当需要删除某一条参考文献时，首先单击选中该记录，然后在菜单中选择 Reference 操作，单击 Delete 删除该记录。

（5）在多个数据库间拷贝数据

同时打开多个数据库，会发现在下部分左下角有类似 Excel 表格的标签，标题就是打开的数据库的标题，在不同的数据库间切换，点击相应的标题就可以了。单击 References→Copy Between Databases，会弹出提示框，选择源数据库中需拷贝的参考文献和目的数据库以及是否做标记就可以根据提示完成了。其中 Highlighted References 指的是变黑的参考文献，Marked References 指的是下部分 Ref ID 左边选择框中打钩的参考文献。

（6）通过因特网直接连接数据库下载数据

可直接从 Reference Manager 查询因特网以及检索 ISI Web of Science、PubMed 或数百个 Z39.50 网站。从 References 工作列中，选择 Internet Search，将工具条 Internet Search 前的选择框打钩，可以在前面选择 PubMed 或 Z39.50 sites。选择 PubMed 后，接下去的查找工作和本地参考文献管理中的文献查找一样。在点击查找图标后，会连接到服务器上，并显示共有几条参考文献符合要求。可以选择要下载的文献的范围。下载下来的文献可以直接保存为一个新的数据库，也可以通过在数据库间拷贝数据的方式，加到其他已有的数据库中。选择 Z39.50 sites 后，工具栏 Internet Search 后面有一个可以激活的图标（Selecting Z39.50 Hosts and Databases）。点击这个图标，在弹出的选择框中选择想要连接的服务器。点击 Configure 后，可以增加删除修改服务器和数据库的信息、连接参数等。选择好 Z39.50 sites 后，按 PubMed 的方式在网上查找并保存数据。

2. 利用 Word 和 Reference Manager 写作论文

（1）引用 Reference Manager 中的参考文献

利用 Reference Manager 可以在 Word 里写作学术论文，并边写边引用参考文献，如需要在一篇名为 Robot 的文章中插入参考文献，可以将鼠标移到欲插入的引文处，在需要插入第一个引文的句尾的句号前插入一个空格以区分文章和引用文。点选 Word 工具条的工具，然后选择 Reference Manager 工具条中下拉格式菜单，点击移动工具条上的 Insert Citation 按钮，切换到 Reference Manager 程序中，如图 11.17 所示。

在出现的选择框中的 Identifying 中选择要查找的关键词、Look 中选择要查找的数据库、Citation 中选择引用中是否要出现 Author Date（根据书籍杂志的要求确定），点击 Insert 后，要是有符合要求的文献就出现类似 Reference List 的上下窗口，找到要引用的文献，再点击 Insert 插入引用，如图 11.18 所示。就在光标处插入了引用。点击移动工具条上的 Insert Marked References 按钮，在同时打开 Reference Manager 并在其中将欲引用的文献前面的方框打钩后，可以选择 Insert Marked References 来引用文献。点击移动工具条上的 Recall Last Search 按钮，重新出现 Insert Citation 时出现的查找结果，以选择相应的文献。

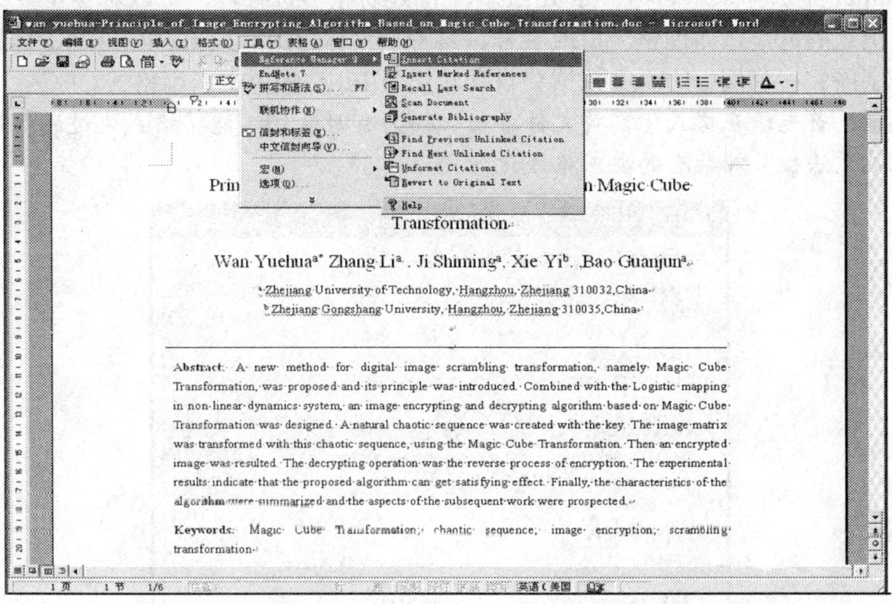

图 11.17 Reference Manager 在 Word 工具条中下拉格式菜单

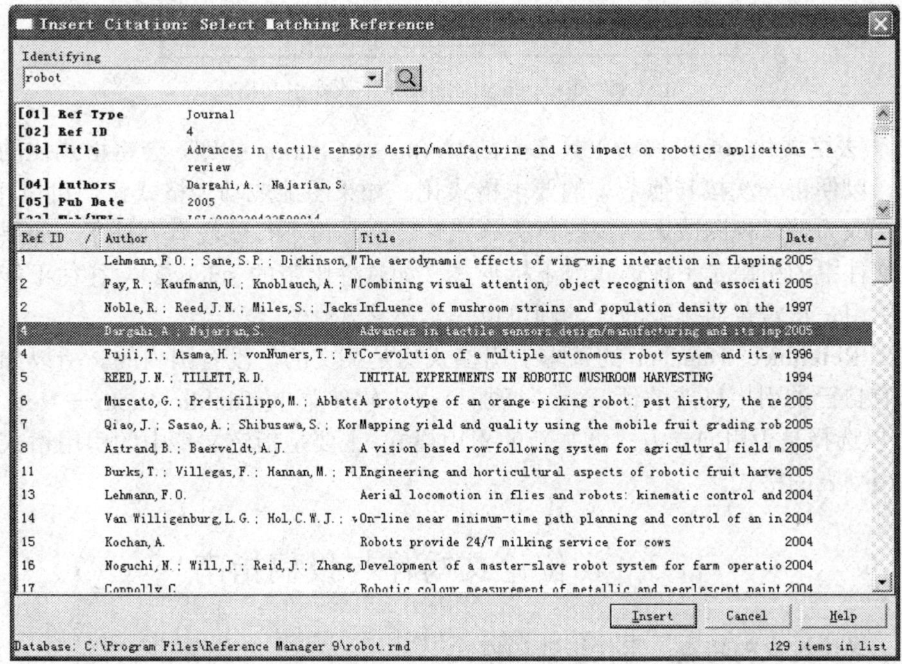

图 11.18 在 Reference Manager 选择欲插入的参考书目

（2）文献引用格式化

当需要改变参考文献的格式或其编排的时候（如将论文投递到其他杂志），点选

Word 工具条的工具，然后选择 Reference Manager 工具条中下拉格式菜单，点击移动工具条上的 Generate Bibliography 按钮，则弹出如图 11.19 所示的对话框。从弹出的选择框的 output 中选择杂志名称，如 IEEE。下面还有很多选择项，可以对文章中文献的引用进行细致的调节，如调整字型或字号、参考书目标题(Bibliographic title)、标号顺序、空格等字段。在草稿中的引文数据会自动转换为 IEEE 的内文引用格式。

注意：首先请在格式化前将文件备份，因为有时软件不能将格式化过的引用还原，当然也就无法按另外杂志的要求格式化。

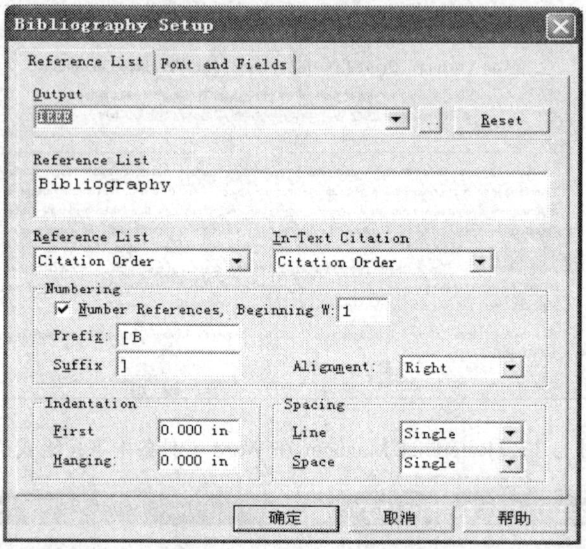

图 11.19 Reference Manager 中改变引文格式

还原/去格式化。点击移动工具条上的 Unformat Citation 按钮，会将格式化的引用重新还原，以便再一次按其他杂志的要求格式化。如果不能成功去格式化，可以将 Word 页面视图改为普通视图或大纲视图再去格式化。要是再不行就没有办法了。如果格式化好后，文件中的引用是上标形式或下标形式（如软件附带的 science），往往不能去格式化，而引用是正常普通排版的话，则可以正常去格式化。

由于 Reference Manager 的杂志引用格式均是英文的，没有国内的。所以如果国内的杂志有自己的引用格式的话，需要增加。点击软件菜单 Biobliography→New Output Style 可以选择是否用向导方式增加新的引用格式。主要是指定文章中的引用格式和文章末尾引用列表的格式。

11.3 学位论文写作与投稿指南

11.3.1 学位论文的特点、写作步骤和格式

学位论文，也叫毕业论文，是大学生、研究生毕业时为申请相应学位而提交供评审用的学术论文，是检验其学习效果，考察其学习能力、科研能力及学术论文写作能力的重要标准之一。学位论文分学士论文、硕士论文、博士论文三级。

1. 学位论文的特点

学位论文是一种特殊的科研论文，其格式不同于一般的科研论文。学位论文写作过程更复杂，写作格式更严谨。比如论文写作之前要写开题报告，写作格式应符合学位论文规范等。具体来说，学位论文的特点有如下几方面：

1）内容上的学术性。学位论文是对本科生或研究生多年学习成果及科研能力的检验，体现了学生一定的科研水平。它不是概况介绍、调查报告或总结一类的文章，而是侧重于对事物进行抽象概括的叙述或论证，对形成和引用的材料进行认识上的深入加工，形成自己的学术观点，具有一定的学术性。

2）立论上的创造性。论文的基本观点来自具体材料的分析和研究，所提出的问题在本专业学科领域内有一定的理论意义或实际意义，并通过独立研究，体现出作者的认知和看法。但学位论文的等级不同，其质量和水平也参差不齐。

3）交流、传播的无序性。学位论文一般不公开出版，而是以打印稿收藏或电子版存储在学位授予单位或国家法定的学位论文收藏单位，一般仅供单位内部使用。近年来，有一些硕士、博士论文的文摘在期刊上发表，有一些博士论文以图书单行本的方式发行，国内很多的硕士、博士论文也可以通过学位论文全文数据库检索到。

4）版式、装订的规范性。学位论文的目的是供审查答辩之用，所以在版式上有严格的要求，如必须严格按照学位论文的格式进行论文的写作、参考文献的引用和论文的装订等。

2. 学位论文的写作步骤

学位论文的写作包括：选题、材料收集、开题与编写提纲、撰写成文、修改定稿等步骤。

（1）选题

所谓选题是指选定所要研究或讨论的主要问题，选题不等于论文的题目，也不等于论文的论点。有些选题是老师直接布置的，有些选题是自己思考形成的，一般应该选择什么内容作为论文的主题呢？

1）要选亟待解决的选题：在自然科学和社会科学的各个领域，总有一些尚待解决的问题，寻求解决这些问题的方案便是一个很好的选题。

2）要选具有开创性的选题：以前没人研究过或有人研究过但尚不完全，还有进一步探讨余地的选题。

3）要选争鸣性的选题：研究这种主题，有时候要在众说纷纭的情况下提出自己的新见解；有时候可以针对某一种说法进行辩论，阐明自己的新主张。

4）要选总结实践经验的选题：把积累的成果和实践经验通过总结、条理化、系统化，上升为理论，形成完整的体系。

5）要选补充前说、纠正通说的选题：补充前说是对前人研究成果的发展性研究，纠正通说就是对通行的看法中不正确的观点进行纠正，使人们得到正确的认识。

选题时要注意两点：一是专业要对口。要力求与自己所学的专业对口，并且是自己的兴趣和特长之所在，以有利于扬长避短，保证论文质量。二是选题大小要适中。一般来说，选题宜小不宜大，提倡小题大做。太大了，研究不易透彻，论文会缺乏深度。选择小一点的课题，特别是重要的小课题，如学科中的关键问题，经过深入研究，抓住其本质和核心，多方面、多层次进行挖掘，有理有据地阐述自己的新观点、新见解，把一个重要的小问题彻底解决，论文就会有分量、有价值。

（2）材料收集

材料是构成论文的一个重要因素，论文的质量如何，取决于材料是否充实、准确、可靠。材料是形成论文观点的基础，是表现观点的支柱。

不管是通过科学观察、实地调查和科学实验，把观察到的现象与测量到的数据详细记录下来而得到的材料，还是从各种载体类型的文献信息资料中搜集到的他人实践和研究成果的资料，都是我们需要收集的材料。

通过文献检索的方法，可以更加方便、快捷地搜集文献资料。但针对学位论文的特点，资料搜集有其特殊性：第一，在学位论文写作的不同阶段对文献查询有不同的要求。学位论文必须先进行开题，开题的主要目的是确认论文选题是否恰当、新颖、不重复以及是否具有学术研究价值等，所以开题时的资料查询更多要求全和新、获取文献以文摘型为主，这个阶段的要求和一般性的课题查询的要求类似；正式开始学位论文写作后，资料查询则要求翔实、深入、获取文献以全文型为主。第二，在检索工具的选择方面，除了按学科选择各种类型资源外，一定要查询国内外的学位论文库和一些重要的专著。第三，在检索结果的选择方面，对资料的学术性要求较高，而且更多要求一次文献（即全文）。当通过检索不能获取全文时，还需要采取各种方法和途径进行索取，尤其是国外的学位论文和一些重要的会议论文、期刊论文和专著等，可通过图书馆或其他文献提供单位的馆际互借和文献传递得到复制品。

（3）论文开题

对搜集到的材料特别是文献资料进行分析、概括、比较、提炼，了解论文选题的研究现状、所存在的问题、需要解决的问题等，并撰写文献综述。

之后还要撰写开题报告。开题报告是学位论文写作和一般学术论文写作的一个重要差别之一，开题报告其实是对论文选题进行检验和评估认定的过程。学位论文的选题是否具有学术价值和新颖性、大小是否适当、是否能够反映写作者的专业科研水平，以及其论文论点是否成熟等，都是通过开题报告来考察的。开题报告中还要提出课题的主要论点或预期得出的结论、主要论据和研究（论证）的基本思路以及论文主要内容的结构安排等。

（4）拟定写作提纲，安排论文结构

1）拟定写作提纲：写作提纲是论文写作的设计图，是全篇论文的骨架。它起疏通思路、安排材料、形成结构的作用。一般包括如下项目：题目、基本论点或中心论点、内容纲要、大项目（大段段旨）、中项目（中段段旨）、小项目（段中的一个材料）。

2）安排论文结构：论文的结构要围绕中心，语不离宗，富于逻辑，准确表达。不论是简单列举，还是按类归纳；不论是循时空经纬发展顺序，还是夹叙夹议去安排，都要注意逻辑上的循序渐进，使读者易于接受。

（5）撰写初稿

当写作提纲确定后，接下来就是执笔撰写初稿，即把思想、材料有机地统一起来，形成自己的观点。在论文写作中如何运用材料来表现主题，是关系论文成败的重要问题，需要注意以下三个问题：

1）材料要真实。学位论文是一项严肃的科学研究活动，来不得半点含糊和虚假。一篇论文只要有个别材料“失真”，也会导致读者对整个材料的真实性和论文的观点产生怀疑，有时甚至产生严重的后果。

2）材料要典型。典型材料是指那些能够深刻揭示事物本质并有代表性的材料。典型材料不是偶然的、个别的现象，是能反映事物发展客观规律的事例。

3）材料要集中。材料集中就是在运用材料来表现主题时要紧扣主题，一切材料都要围绕论文的主题来选取。要选取那些能突出和说明主题的材料，并让其在论文中占据主要地位。

（6）修改定稿

论文初稿完成后，还需要对论文进行一定的修改，有时候甚至需要进行第二次文献资料搜集，以便更好地适应写作的要求。

1）修改主题。论文写完后，作者应进一步审视主题是否正确，是否有特色，是否已把必须表达的思想完全表达无遗。

2）修改结构。层次和段落的安排是否条理分明，论文的分段是否恰当，论文结构是否紧凑和谐。

3）修改材料。修改材料的目的是力求使观点能统帅材料，材料能够说明观点，实现材料和观点的统一，充分表现主题。

4）修改语言。语言的修改主要是对字、词、句及标点符号的修改。

5）修改标题。标题的修改包括节段标题和总标题的修改。节段标题要检查层次、数目是否清楚，有无混乱，格式是否一致。

3. 学位论文写作格式

学位论文是学生学习期间必须完成的重要教学和实践环节，是学生专业知识、实践能力的综合体现。学位论文的内容包括以下部分：封面；开题报告；摘要（中、英文）；关键词（中、英文）；目录；正文；参考文献；附录（可选）；论文答辩记录、评分表、任务书、评语等。

学位论文的各个主要项目的具体写作格式如下。

（1）封面

论文封面格式一般由学位授予单位统一印制，学生可根据封面的统一格式打印制作。具体项目包括中图法分类号、密级、编号、题名、申请学位级别、专业、指导教师、日期等项目。

（2）开题报告

开题报告一般包括以下内容：论文题目；所选论题的背景情况，包括该研究领域的发展概况；本论题的现实指导意义；本论题的主要论点或预期得出的结论、主要论据及研究（论证）的基本思路；本论文主要内容的基本结构安排。

（3）题名

题名又称题目或标题，是用最恰当、最简明的词语反映论文中最重要的特定内容的逻辑组合。论文题名是一篇论文给出的涉及论文范围与水平的第一个重要信息，也是必须考虑到有助于在选定关键词和编制题录、索引等二次文献时可以提供检索的特定实用信息。题名应简明、具体、确切，能概括文章的特定内容，符合编制题录、索引和检索的有关原则，一般不超过 20 个字。必要时可加副篇名，用较小字号另行起排。篇名应尽量避免使用非公知公用的缩略语、字符、代号和公式。

（4）摘要（中、英文）

摘要应能客观地反映学位论文的主要内容，具有独立性和自含性。一般不超过 500 字，英文摘要的内容一般应与中文摘要相对应，中英文各占一页。摘要一般包含以下内容：

1）研究目的。

2）研究的主要内容，完成了哪些工作。

3）获得的基本结论和研究成果，突出论文的新见解。

4）结论或结果的意义。

（5）关键词（中、英文）

关键词是反映论文主题概念的词或词组，一般每篇可选 3－8 个。中文关键词应尽量从《汉语主题词表》中选用。未被词表收录的新学科、新技术中的重要术语和地区、人物、文献等名称，也可作为关键词标注。中英文关键词应一一对应，分别排在中英文文摘的下方。中文关键词之间用空格分隔，英文关键词之间用分号分隔。

（6）目录

将论文的主要标题列出，一般列至二级标题；目录应当同时列出各标题所在的页码，目录一般占一页。

（7）前言

前言又称引言，属于整篇论文的引论部分。其写作内容包括：研究的理由、目的、背景、前人的工作和现在的知识空白，理论依据和实践基础，预期的结果及其在相关领域里的地位、作用和意义。引言应言简意赅，不要与摘要雷同，不要成为摘要的注释。前言并不是必需的，其篇幅也应视论文篇幅的大小及论文内容的需要来确定。

（8）正文

正文部分表述的主要内容是作者详细地阐述个人的研究成果，特别是详细地阐述作者提出的新的、独创性的东西。对于文科性质的学位论文，在这一部分，作者必须根据课题的性质，或正面立论，或批驳不同的看法，或解决别人的疑难问题，来周详地论证论文中的全部思想和新的见解。对于理科性质的学位论文，写作内容可以包括：调查对象、实验和观测方法、仪器设备、材料原料、实验和观测结果、计算方法和编程原理、数据资料、经过加工整理的图表、形成的论点和导出的结论。具体要求如下：

1）文内标题力求简短、明确，题末不用标点符号（问号、叹号、省略号除外）。层次不宜过多，一般不超过 5 级。大段落的标题居中排列，可不加序号。层次序号可采用一、（一）、1、（1）、1）；不宜用①，以与注号区别。

2）标点符号使用要遵守《标点符号用法》（GB/T15834-1995）的规定，数字使用要执行《出版物上数字用法》（GB/T15835-1995）的规定，文稿中的计量单位应严格执行《量和单位》（GB 3100-3102-93）的规定。

（9）结论

论文的结论部分是最终的、总体的结论，但不是正文中各段的小结之简单重复。当然结论应该准确、完整、精练。结论部分的写作内容一般应包括以下几个方面：

1）本文研究结果说明了什么问题，得出了什么规律，解决了什么理论或实际的问题。

2）对前人有关的看法作了哪些修正、补充、发展、证实或否定。

3）本文研究的不足之处或未予解决的遗留问题，以及解决这些问题的可能关键点和方向。

（10）致谢

必要时可在文末以简短的语言对给研究工作或论文写作给予了资助、帮助、指导等的机构或个人致以谢意。

（11）参考文献

学术论文文后列出参考文献的目的一是尊重别人的学术成果；二是反映真实的科学依据，文责自负；三是指明引用资料的出处，便于检索利用。

国家标准《文后参考文献著录规则》（GB/T 7714-2005）对参考文献的标注方法和参考文献的著录项目与著录格式作出了详细的规定。

1）参考文献的著录应执行《文后参考文献著录规则》（GB/T 7714-2005）及《中国学术期刊（光盘版）检索与评价数据规范》的规定，采用顺序编码制，在引文处按论文中引用文献出现的先后以阿拉伯数字连续编码，序号置于方括号内。一种文献在同一文中被反复引用者，用同一序号标示，采用小于正文的字号编排。

2）参考文献列表时应以“参考文献:”（左顶格）或“参考文献”（居中）作为标识；序号左顶格，用阿拉伯数字加方括号标示；每一条目的最后均以实心点结束。

3）各种参考文献的类型，根据《文献类型与文献载体代码》（GB3469-83）规定，以单字母方式标识：M-专著，C-论文集，N-报纸文章，J-期刊文章，D-学位论文，R-研究报告，S-标准……

各种类型的参考文献著录格式如下：

1）专著：[序号] 主要责任者，其他责任者.文献题名[M].出版地：出版者，出版年，起止页码（任选）.

2）论文集：[序号] 主要责任者，其他责任者.文献题名[C].出版地：出版者，出版年，起止页码（任选）.

3）报纸文章：[序号] 主要责任者，其他责任者.文献题名[N].报纸名，出版日期（版次）.

4）期刊文章：[序号] 主要责任者，其他责任者.文献题名[J].刊名，年卷（期）：起止页码.

5）学位论文：[序号] 主要责任者.论文题名[D]. 学位授予单位所在地：授予单位，授予时间，所在页码.

6）研究报告：[序号] 主要责任者，其他责任者.报告题名[R].机构所在地：机构名称，日期，所在页码.

7）国际标准、国家标准：[序号]标准编号，标准名称[S].

8）电子文献：[序号]主要责任者.电子文献题名.电子文献的出处或可获得地址，发表或更新日期/引用日期（任选）。

11.3.2　学位论文的开题查询

1. 学位论文完成过程

1）任务布置：学校根据有关学位论文的要求，布置毕业论文任务，安排指导教师。

2）选题：选题由指导教师和学生共同确定，选题确定以后，由指导教师拟定“毕业论文任务书”。

3）课题查询：学生在确定选题后，检索相关文献资料，并对相关资料进行分析整理，编写文献综述，拟定论文开题报告，完成外文翻译。

4）撰写：完成相关准备工作后，按开题报告规定的进度正式撰写论文。

5）审阅修改：学生完成论文初稿以后，交由指导教师审阅。学生根据指导教师的修改意见，学生进行修改、补充。

6）最后定稿：修改后的论文经指导教师审阅后，认为达到规定要求的，可以定稿。

7）申请答辩：完成毕业论文撰写的各项工作以后，学生将所有与毕业论文相关的资料交给指导老师，并申请进行答辩。

8）评阅论文：在毕业论文答辩前学校组织相关教师对拟答辩论文进行评阅，签署评阅意见和建议成绩。

9）答辩：学校组织各相关专业教师组成毕业论文答辩小组，负责本专业学生的论文答辩和成绩评定工作。

10）评定成绩：根据指导教师成绩、评阅人成绩和答辩成绩综合确定毕业论文的成绩。

2. 学位论文的开题查询

学生在正式撰写论文之前，必须对所选课题的背景、现实意义、研究价值和可行性进行总体考虑，对毕业论文的基本框架和主要内容进行总体安排，并形成开题报告。撰写开题报告前必须对所选课题进行课题查询。

（1）分析研究课题

首先对课题进行分析与研究，了解课题检索的目的和范围，明确课题要解决的实质问题。这是制定检索策略的根本出发点，也是检索效率高低和成败的关键。需要明确的问题有：课题的检索目的；课题的主题或主要内容；课题所涉及的学科范围；所需信息的数量、语种、年代范围、类型等具体指标。

从查询的复杂程度来划分，课题查询可分为简单查询、一般查询和复杂查询三种，不同的查询，其要求是不一样的。

简单查询是指一些非常简单的查询，通常是指参考/事实的查询和特定文献的查询。比如针对具体问题的准确答案，或解决问题，或作为论据和引证查询。又比如根据某一篇文献的线索查找原文，或已知某一作者，查询其所有发表的论文等。

一般查询比简单查询稍复杂，一般也不查询参考或事实型资源，而以文献查询为主，但查询较简单，查询数量也较少，有时可能只需要浏览一些简短的摘要或者参考几篇概论性文章。查询的主要目的是为了大致了解某一问题，并就问题的某一方面，表述自己的观点，撰写小型论文。

复杂查询是指一些比较复杂的查询，如查阅某一专题的前沿和最新资料，了解研究动态、发展趋势；或对某一课题做全面调查研究，全面细致地了解国内外有关该课题所有出版物的情况，涉及的年代和文献范围也较广，以便了解该课题的整个发展过程，撰写综述或研究报告；还可以对某一课题做深入的专题研究，在充分掌握材料和重要研究成果的基础上，提出创造性的具有一定学术水平的观点或论断，撰写研究报告或学术论文。这些查询需要检索多种文献信息资源如期刊论文、学位论文、会议论文、研究报告、重要专著甚至视听资料等才能达到目的。

课题分析另外一项重要任务就是明晰检索的主题内容，提取主题概念，确定中文及相应的英文检索词。同时注意挖掘隐含的主题概念，将表达同一概念的同义词一一列出，并确定主题词之间的逻辑关系。例如查找“马铃薯的药用价值”的这个课题，既要查询“马铃薯”这个概念的信息，也要查询“土豆”，而二者之间是逻辑“或”的关系。

（2）选择检索资源

根据主题范围、学科属性、信息类型、时间范围、检索功能和服务方式等多种因素综合考虑，选择合适的检索资源和数据库。

1）学科属性是检索资源是否适用的首要因素。首先要保证所选择的资源与检索课题的学科一致，其次应考虑所选资源在该学科领域的权威性如何，尽量使用权威性的专业数据库作为检索资源。

2）了解检索资源收录的范围和特色收藏，包括资源收录的文献类型、相关的核心出版物和边缘出版物覆盖面、收录的时间跨度、覆盖的地理范围、是单语种还是多语种等。

3）了解检索资源的检索方法和系统功能。特别是数据库检索系统，一般都有关键词、分类、题名等多种检索途径，而且支持如布尔逻辑检索、位置检索、截词检索等多种检索技术，并能对检索结果进行排序、显示、保存、打印、下载等处理。一般通过检索系统的帮助功能了解各检索资源的相关信息和检索技巧。

（3）制定初步的检索表达式

根据课题要求，确定相关概念词或检索词，并对这些检索词用逻辑关系进行组配，构成检索表达式。

常用的检索字段有题名（TI）、作者（AU）、出处（SO）、摘要（AB）、出版年（PY）、主题（SU）等，指定字段检索可提高文献的查准率；常用的检索技术有布尔逻辑、位置算符、通配符等多种，检索技术可帮助构造更有效的检索策略；最常用的检索途径是关键词检索，确定关键词是最重要的也是最困难的工作，关键词选用合适与否是检索效果好坏的关键。确定关键词时应注意以下几点：

1）选用涵盖主要主题概念的词汇，关键词必须清楚地界定研究的主题。

2）选用意义明确、具有实质意义的概念词，不用一般的、共性的或通俗性的词汇。

3）选用各学科通用的专门术语，不使用过长的词组或短语。

4）了解关键词的检索范围，有些数据库的关键词查询范围还包括题名、摘要等字段。

（4）优化检索策略

对初步的检索表达式进行预检，并对检索结果进行质量和数量上的分析评估。评估主要从以下几方面进行分析：检索结果是否有助于你对所研究的课题进行全面的认识和了解；检索结果是否全面或部分涵盖了研究课题的内容；检索结果是否涵盖研究课题所包括的国家（地区）、时代、语种范围；检索结果是否太多或太少。

根据评估结果来优化检索策略，当检索结果和研究课题不相关的记录太多时，或者和研究课题相关的记录太少甚至没有时，就必须重新考虑检索表达式，对检索策略进行优化，进行缩检、扩检或重检。

1）检索策略的优化之一：检索的细化。

① 主题细化，或者用主题词表、索引词表选择更专指的主题词或关键词。

② 通过浏览结果选择更专指的词。

③ 运用算符 and，with，near，not 等限制或排除。

④ 指定字段检索。

⑤ 从年代和地理及语言、文献类型上限制。

2）检索策略的优化之二：检索的扩展。

① 对已确定的检索词进行其同义词、同义的相关词、缩写和全称检索，保证文献的查全率，防止漏检。如查“环境污染”，除了输入检索词“环境污染”直接进行查询外，还可用“大气污染”、“水污染”、“化学污染”、“工业污染”等检索词查询。

② 利用系统的助检手段和功能。有的系统提供树形词表浏览，可以用规范词、相关词、更广义的上位词进行扩展。

③ 利用论文所引用的参考文献。当找到和课题相关的论文时，可参考其引用的参考文献。同样可以利用引文数据库，由找到一篇相关文献开始，从文献引用与被引用的关系入手，采用“滚雪球”方式找到更多的相关参考资料。

④ 使用运算符 or 或截词符“*”、“？”等进行扩展检索。

（5）对检索结果进行组织整理

根据检索系统提供的检索结果输出方式，选择需要的记录以及相应的字段、文摘或全文等，并对检索结果进行科学的分析、比较、归纳和综合研究。检索结果是不是与研究主题相关？检索结果是学术性文章还是一般性文章？检索结果的可靠性和权威性如何？检索结果的新颖性和先进性如何？在分析检索结果时这些问题都是需要考虑的。有时候浏览作者的联系地址，了解作者所属机构和学术经历，也有助于对检索结果的判断。

根据课题要求和检索结果的分析研究，对检索结果进行去粗取精，去伪存真的工作，从中筛选出可供论文作依据的材料。

11.3.3 文献综述的特点和写作方法

文献综述是对某一时期、地域范围内有关特定课题的全部或大部分文献资料进行分析、比较、整理、归纳，在此基础上全面、系统、准确、客观地概述某一主题内容而形成的一种情报研究报告。

1. 文献综述的特点

1）语言的概括。综述是在阅读理解大量原始文献的基础上，对原始文献中的各种理论、观点和方法进行分析，从中找出共性或具有发展性的特征和规律，同时舍弃原始文献中的论证、计算、推导过程等细节，并用简洁、精炼的语言加以概括和描述。

2）信息的浓缩。综述一方面表现出对大量原始文献的综合描述，集中反映一定时期内一批文献的内容，浓缩大量信息；另一方面，它综合叙述了广泛时空范围的发展和情况，既有纵向描述，又有横向覆盖。因此一篇综述可以反映几十至上百篇的原始文献，信息密度非常大。

3）内容的客观。综述的客观性表现在两方面：一方面要客观地叙述和列举各种理论、观点、方法、技术及数据，如实地反映原文献的内容，不得随意歪曲，或是断章取义；另一方面，在分析、比较各种理论、观点、方法时要有一种客观的态度，应基于客观进行分析、比较，并不发表自己的相关评论。

2. 综述的作用

从事科学研究、制定决策的人都喜欢阅读相关的文献综述，一些用户已将文献综述作为一种主要的信息来源。综述的作用主要表现在以下几方面：

1）便于科研人员及时了解学科、专业、专题发展动态。综述集中报道了一大批相关文献，从不同角度将各种理论、观点、方法条理化、系统化，反映了问题的全貌。报道时既有纵向延伸，又有横向比较，或是纵横交错，因此用户能全面、系统地了解某方面的进展或概况。

2）节省科研人员时间。综述覆盖了几十至上百篇原始文献，浓缩各方面信息，用户可在极短的时间内了解到大量信息，且不存在语言障碍。用户无需阅读大量原始文献，减少了重复阅读。

3）提供回溯检索途径，扩大文献量。综述文后往往附有大量参考文献及其有关信息，而且综述一般是按一个或几个专题、问题进行综述的，因此参考文献一般也属于同一类的或具有相关性，读者可从这些参考文献入手进行回溯检索，直接查找阅读自己感兴趣的原始文献，并集中掌握一批相关文献。

3. 综述的组成结构

综述论文的组成结构包括：论文标题、作者、单位、地址、摘要、关键词、引言、正文、结束语、致谢、参考文献等。

综述常用标题有“××进展”、“××概况”、“××动态”、“××现状”、“××发展动向”。结束语部分包括本文课题的重要意义，存在的主要问题、展望等。

4. 综述的编写程序

1）拟订编写提纲，制订编写计划。

2）进行系统、广泛的文献检索或实地调查。

3）进行分析与综合，以形成综述所需要的材料，并提炼出明确的概念和论点。

4）编写时按上述组成部分进行构思着笔。

5）修改时，要确保各种数据的正确，同时要注意语法修辞。

11.3.4 文献述评的特点和写作方法

文献述评是对某一特定课题，全面搜集国内外有关文献，经过加工、整理、鉴别、分析、综合，进行描述和评论的一种信息研究成果的文体写作。

1. 述评的特点

述评的特点是有述、有评。即除了具有文献综述的性质和特点外，还要根据其技术成就或研究成果的现实水平和动态、存在的问题等进行分析对比，提出自己的见解和观点，做出评价，指出发展方向，提出有分析、有根据的预测和建议。文献述评的撰写要求比较高，具有权威性，往往对所讨论的专题或学科的进一步发展起到引导作用。所以有人称它是“指导和评价科研的科研”。

2. 述评的写作

述评写作内容主要包括：前言、历史概况、现状分析、预测、建议、结束语和附录等部分。

1）前言。阐明述评对象的基本情况，说明被选课题的目的和意义、搜集资料范围以及编写的原则；简要介绍本文的内容、性质及适用的范围等。

2）历史概况。对历史状况及当前状况，尽量全面叙述。特别要指出重大进展阶段的条件、特点和意义。对这一课题的看法、论点、成就和国内外的发展情况以及尚未解决的主要问题都要同时介绍。

3）现状分析。着重写清国内外的成就、现有水平和发展特点，国家在这方面的政策，需要解决的问题以及作者的评价。

4）预测。根据历史发展概况、国内外现状以及其他专业可能给予本专业的影响，指出发展的几种可能性，对发展可能起的作用、影响以及可能出现的问题等。

5）建议。根据以上的分析、评论和预测，提出应采取的技术路线、发展步骤以及有关建议。这一部分主要把希望别人重视的理由写清楚，说明采用新技术、新措施的重要性和采用的可能性。

6）结束语。概括地说明正文的任务、工作方法、所得出的结论、意义、作用、评价和今后发展前景的展望以及根据发展的情况，指出应注意的若干事项等。如果正文中已经有了明确详细的论述，结束语也可以省略。

11.3.5 文摘的特点与编写方法

文摘是指以提供论文内容梗概为目的，不加评论和补充解释，简明、确切地记述论文重要内容的短文。

1. 文摘的功能

1）让读者尽快了解论文的主要内容，以补充题名的不足。读者是否需要阅读某篇论文的全文常通过文摘来判断，因此文摘担负着吸引读者和将论文的主要内容介绍给读者的任务。

2）为文献检索提供方便。论文发表后，文摘杂志或各种数据库对文摘可以不做修改或稍作修改而直接利用，从而避免他人编写文摘可能产生的误解、欠缺甚至错误，同时提高文献处理速度。

3）为信息交流提供帮助。世界上各类文献都是用不同的语种发表的，但文摘是把各语种文献均译成某一语种，如英语等，帮助读者克服语言上的障碍。

2. 文摘内容

1）目的：主要指成果研究、研制、调查等的前提；研究的目的和任务；所涉及的主题范围。若文献题目体现了研究的目的，文摘中此项内容可省略。

2）方法：主要指研究所用原理、理论；条件、对象；材料和工艺；结构；手段和程序；论点和论据等。这是文摘的主要组成部分。

3）结果：指研究、开发、调研活动所得到的新发现、新理论、新方法和新数据。把摘录的重点放在与前人研究成果不同的新理论、新观点、新工艺和实用价值更高的发现上。

4）结论：指结果分析、结果研究比较；结果的评价和结果应用；研究成果仍存在的问题、如何进一步研究的假设、建议及发展的预测等。

5）其他：指不属于研究、研制、调查的目的，但就其见识和情报价值而言也是重要的信息。

要突出论文的新见解部分，这是摘要的核心内容，必须写得明确。对于报道性摘要，方法、结果、结论一般宜写得详细，目的与其他可以写得简单，根据情况也可以省略。

3. 文摘写作步骤

1）把论文中的关键词和关键句划下来，认真检查每段的标题、主题句、说明句和结论句，注意表示对比、对照或要素的词。

2）列出论文的要点。认真阅读整篇论文，论文中的重点自然也是文摘中强调的内容。

3）把论文的每部分浓缩成一两句话，对于撰写文摘很有帮助。

4）草写文摘。尽量用自己的语言来撰写文摘，否则写出的文摘就比较冗长而且不自然。写出简明、浅易的文摘需要斟酌每一个用词，反复阅读并加以修改。

5）核实最后的草稿。明确文摘的实用性、代表性和可读性。也可请同行阅读，确保其重点清楚，内容一致和客观。

4. 文摘写作注意事项

1）要客观、如实地反映一次文献内容。

2）要着重反映新内容和文中特别强调的观点。

3）要排除在本学科领域已成常识的内容，不要简单重复题名中已有的信息。

4）书写要合乎语法、保持上下文的逻辑关系。

5）结构严谨，表达简明，语义确切。一般不分段落。

6）要用第三人称的写法。应采用“对……进行了研究”、“报告了……现状”、“进行了……调查”等记述方法标明一次文献的性质和文献主题，不必使用“本文”、“作者”等作为主语。

7）除非该文献证实或否定了他人已出版的著作，否则不用引文。

8）要采用规范化的名词术语（包括地名、机构名和人名）。尚未规范化的名词，以使用一次文献所采用者为原则。新术语或尚无合适汉文术语的，可用原文或译出后加括号注明原文。

9）商品名需要时应加注学名。一般不用缩略语、略称、代号、公式、方程式等。

10）应采用国家颁布的法定计量单位。要注意正确使用简化字和标点符号。

11.3.6 国内外论文投稿指南

学术论文大多数是通过学术期刊发表的，也有的是通过学术会议的论文集或专业报纸发表，前者是学术论文发表的主要形式。投稿，一般是指作者向学术期刊投寄学术论文。投稿要讲究方法，如果投稿不当会影响论文的发表率。为了提高论文的发表率，投稿时应注意以下几个问题：

（1）要了解学术期刊的办刊方针

学术期刊一般都有明确的办刊方针。办刊方针规定了学术期刊的性质、任务、报道范围、读者对象、刊期、版面以及发行方式。投稿时尤其要注意它的报道范围和刊期。

若投寄的稿件不在其报道范围之内，自然不会发表。刊期短者，发文的速度快且用稿量相对较大；刊期长者，发文的速度慢且用稿量相对较小。

（2）要了解学术期刊的等级

学术期刊有正式出版者，也有非正式出版者。鉴别标志是其有无正式刊号，即 ISSN 号或 CN 号，前者是国际统一刊号，后者是国内统一刊号。除保密性学术刊物外，正式出版刊物一般较同类非正式出版刊物的档次要高，对论文的质量要求也更高。

学术期刊根据其主办单位的级别也可分为国家级、省级、地市级等。一般地，主办单位的级别愈高，其刊物的档次愈高，对论文的水平要求愈高。除此之外，学术期刊还有核心期刊和非核心期刊之分。所谓核心期刊是指本学科中刊载专业学术论文量大，引用率及文摘量、利用率高，被专家公认为代表该学科或该领域发展水平和方向的少数期刊。真正的核心期刊并非具有“行政”上的效力，而具有“学术”上的权威性。正因如此，目前不少高校把学术论文是否在核心期刊上发表作为评价论文水平的一个标准。所以，作者在投稿时要充分考虑自己文稿水平的高低，既不要“低稿”“高投”，也不要“高稿”“低投”。

（3）不要“一稿多投”

所谓“一稿多投”，是指同一作者的同一论文，同时投向多家期刊。它容易造成多家刊物同时或先后发表同一篇论文，造成“一稿多刊”，对社会造成重复发表，有损作者声誉和期刊的质量。

几乎所有的学术期刊均在《稿约》中写明，不得“一稿多投”。期刊一般在收到稿件后的三个月内通知作者是否采用，如过期不通知作者，作者可另行处理。

本章主要参考文献

任胜国，周敬治. 1999. 文献信息检索教程[M]. 北京：北京图书馆出版社.

肖珑. 2003. 数字信息资源的检索与利用[M]. 北京：北京大学出版社.

GB 6447-86，文摘编写规则[S].